华东政法大学法律史研究中心　编

# 法律史研究

## （第7辑）

本期执行主编：洪佳期　陈灵海

法律出版社
LAW PRESS·CHINA
北京

**图书在版编目(CIP)数据**

法律史研究. 第7辑 / 华东政法大学法律史研究中心编. -- 北京：法律出版社，2023

ISBN 978-7-5197-8006-7

Ⅰ. ①法… Ⅱ. ①华… Ⅲ. ①法制史-世界-文集 Ⅳ. ①D909.9-53

中国国家版本馆CIP数据核字(2023)第101686号

**法律史研究(第7辑)**
**FALÜSHI YANJIU(DI-7 JI)**

华东政法大学法律史研究中心 编

策划编辑 徐 菲
责任编辑 徐 菲
装帧设计 李 瞻

**出版发行** 法律出版社
**编辑统筹** 法律出版社
**责任校对** 裴 黎
**责任印制** 胡晓雅
**经　　销** 新华书店

**开本** 710毫米×1000毫米 1/16
**印张** 29.25 **字数** 522千
**版本** 2023年7月第1版
**印次** 2023年7月第1次印刷
**印刷** 北京虎彩文化传播有限公司

地址:北京市丰台区莲花池西里7号(100073)
网址:www.lawpress.com.cn
投稿邮箱:info@lawpress.com.cn
举报盗版邮箱:jbwq@lawpress.com.cn

销售电话:010-83938349
客服电话:010-83938350
咨询电话:010-63939796



**书号**:ISBN 978-7-5197-8006-7
**定价**:100.00元

凡购买本社图书,如有印装错误,我社负责退换。电话:010-83938349

**出版支持**

国家社科基金
优秀社科学术社团奖励性补助项目资助

华东政法大学
地方高水平大学建设项目资助

# 目　录

## 专　论



## 史　料



## 札　记

# 专　　论

# 英国法史学家塞尔登的人生与事业

陈　梅

对于英国的法律史学,学者的普遍观点是将其开端追溯至17世纪,这一时期经过爱德华·柯克(Edward Coke,1552~1634年)、约翰·塞尔登(John Selden,1584~1654年)、马修·黑尔(Matthew Hale,1609~1676年)三位学者不断发展,创造出了历史主义法学,为英国后来的历史法学奠定了基础。但关于英国17世纪法律史研究兴盛的原因,以及17世纪英国的法律史学究竟处于一种怎样的状态,身为英国法律史研究的先驱,塞尔登的法律史研究究竟是怎样的,这些都是研究外国法律史尤其是英国法律史的学者应当了解的,国内却没有系统研究;通过对塞尔登的系统了解,可以一窥17世纪英国法律史学的状态。

## 一、塞尔登的生平

塞尔登是英国17世纪最著名的法律史学者之一,平生都致力于法律史的研究。他既是一名精于普通法的律师,又是一位杰出的博学好古学者,他将人文主义的历史研究方法运用于法律发展研究中,逐渐成长为17世纪英国具有代表性的法律史学家。通过对他的法律史学著作和研究方法的考察,可以看出英国17世纪上半叶法律史学的概貌。

### (一)学术引路人罗伯特·科顿(1620年之前)

约翰·塞尔登于1584年12月16日出生于英国的苏塞克斯郡,塞尔登的祖父是一个贫寒的农民,其父亲是当地的一个自耕农,而他的母亲来自一个家境富裕的骑士家庭,且是这个家庭的独生女和继承人。

1598年,塞尔登进入牛津哈特学院,1600年正式入学。但塞尔登未完成大学学业,他于1602年转入克里弗德律师学院接受普通法的法律教育。塞尔登20岁时被内殿律师学院接纳,成为其法律学徒。由于内殿律师学院的教育很分散,塞尔登有很多时间从事正式学习以外的活动。① 正是在律师学院期间,塞尔登结识了对其以后的生活产生深刻影响的人——罗伯特·科顿(Robert Cotton,1571～1631年)。

科顿是一位有成就的学者和古物学家,他对塞尔登大为赏识,因而雇用了年轻的塞尔登为其复制和整理研究所需要的资料。塞尔登与科顿密切的私人与学术交往,帮助他与科顿及其家族建立了密切的联系,可以认为他的学术起步很大程度上受益于科顿的赞助和广泛的学术关系网。

科顿优质丰富的私人藏书对塞尔登的学术生涯产生巨大影响。该图书室是当时英国私人收藏手稿文献最丰富的地方,甚至超过了皇家图书馆、律师学院和军事学院(the College of Arms)。科顿图书馆的文献包括非常重要的英语语系文明文献,例如《贝奥武夫》(*Beowulf*),是当时保存的盎格鲁－撒克逊时期最古老的、最长的一部较完整的文学作品。又如《高文爵士与绿衣骑士》,是展现中世纪封建贵族文化精髓的重要文献资料。另外还有其他重要的历史资料,如两份1215年《大宪章》的权威副本、9世纪的《盎格鲁－撒克逊编年史》等。在这里塞尔登有机会阅读学习珍贵的历史手稿和文献资料以及藏书,这对塞尔登之后的博学之名有很大帮助。塞尔登除了是科顿图书馆的常客,也是内战期间科顿图书馆的保护人之一。1623年,塞尔登在谈到科顿时表示:"他非常乐意将收集的书籍和手稿提供给研究文学和国家事务的学生。"至今大英图书馆依然保存着一份由罗伯特·科顿爵士借给塞尔登的13部著作以及这些著作的地点清单。②

科顿对塞尔登另一重大影响是把塞尔登引入其学术圈。科顿在威斯敏斯特宫附近的房子是当时伦敦古物协会以及知名学者们举办会议的场所,许多古物协会的成员经常一起聚会,交流历史观点。1588年至1605年,英国古物协会非常活跃,向英国学者传播欧洲大陆的历史思想和技术。协会的大部分成员都是律师,他们讨论的大多数问题在某种程度上都与英国法律的历史有关,塞尔登也经常参

① See Paul Christianson ed., *Oxford Dictionary of National Biography*, Oxford University Press, 2004, p. 324.

② See G. J. Toomer, *John Selden: A Life in Scholarship*, Oxford University Press, 2009, p. 403.

加聚会,并成为科顿所举办会议中的一员。他们争论的许多话题都引起塞尔登对英国法律史的兴趣,如英国法律和行政机构的起源、荣誉头衔、早期议会的历史等。[①] 除此之外,塞尔登经常参加罗伯特·科顿在其私人图书馆中举办的学术研讨会,塞尔登在这里与其他学者交流学术观点,当时参加会议的都是英国著名的律师、政治家、历史学家等,包括威廉·卡姆登(William Camden,1551~1623年)、亨利·斯佩尔曼(Henry Spelman,1562~1641年)、爱德华·柯克、托马斯·霍布斯(Thomas Hobbes,1588~1679年)等,后期还有马修·黑尔。在与这些人的交流中,塞尔登不仅受益匪浅,而且还赢得博学的美名。[②]

**(二)跌宕起伏的政治生涯(1621~1649年)**

在伊丽莎白一世(Elizabeth Ⅰ,1533~1603年)当政后期,英国资本主义快速发展,倾向于资本主义的乡绅队伍逐渐壮大,资产阶级也渐渐成长起来,他们希望通过议会来维护自己经济利益并表达政治主张。其时,强盛的专制王权成为资产阶级发展的阻碍,王权和议会之间的冲突也越来越频繁。

就在绝对主义面临危机的情况下,苏格兰国王詹姆士一世(James Ⅰ,1566~1625年)登上英格兰的王位,他的执政风格与都铎王朝之前的君主大相径庭。都铎王朝的君王们在不断扩大王权的同时,会尽量避免与议会的冲突,谨慎地处理议会与国王的关系,并就某些国策征询议会的支持。詹姆士一世则不同,他主张君权神授,追求绝对的君主专制,特别讨厌限制他绝对君主权力的英格兰议会。詹姆士一世的这种政治心态显然与久已形成的英格兰政治文化传统格格不入,也与英格兰社会发展的现实水火不容。詹姆士一世下决心要把他的这套专制理论付诸实践时,王权与英格兰议会的尖锐冲突显然无法避免。[③]

在詹姆士一世之后,查理一世(Charles Ⅰ,1600~1649年)与议会的矛盾更为尖锐,在经历了"白金汉公爵案"、"五骑士案"以及"船税案"一系列事件之后,"王在法下"和"王在议会"的宪制传统都遭到查理一世的破坏。[④] 国王的专权对宪制和法律的破坏与践踏,以及对人民自由的损害,引发了学者们对于限制王权的思考,寻求维护英国宪制传统的方法。正是在这样的政治背景下,塞尔登开始

---

① See John Baker, *Collected Papers on English Legal History*, Cambridge University Press, 2013, p. 755.

② See Paul Christianson ed., *Oxford Dictionary of National Biography*, Oxford University Press, 2004, p. 325.

③ 参见唐菲菲:《宪法、宪政与民主——对英国宪政历史和理论的批判性研究》,南开大学2014年博士学位论文。

④ 参见徐煜:《近代早期英国宪政的发展与转变》,光明日报出版社2017年版,第35页。

了长达十几年的议员政治生涯。17世纪20年代,是塞尔登政治活动的黄金时期。

1.议会主张权利的法律顾问

在近代早期英国的政治文化中,历史先例和档案尤其重要,会影响政治审议。作为建立规则和制度的一种方式,先例和议会立法一样有效,但先例的优势在于它不需要政治对手的同意。因此,17世纪早期开始,议会越来越多地在伦敦塔内的议会记录中为他们的政治主张寻找先例。与此同时,詹姆斯国王也聘请学者对档案进行梳理,以发掘非议会方式增加收入的先例。①

在这种背景下,塞尔登在法律研究方面的专长很快就被认为是一项重要的优势,而且围绕《什一税史》的争论已经让人们看到了塞尔登将其非凡的学术成就转化为解决政治问题的能力,以及塞尔登从政的意愿。1621年年初,英国上议院为了恢复"由于废弃和缺乏实践,现在几乎消失了的古老的上议院特权",选择塞尔登协助议会的活动。塞尔登并不是1621年议会的一员,只是承担议会法律顾问的角色,上议院就其所主张的权利请教塞尔登,想要通过寻找先例和追寻历史来支撑其权利主张的正当性和权威性。上议院成立了一个特权委员会,以建立并正式记录上议院的特权和程序。该委员会聘用塞尔登制作《上议院特权书》,作为贵族个人以及议会的权利手册。它最重要的内容是关于上议院司法职能的先例,包括弹劾程序。②

这一行动帮助1621年议会在长时间的中断后成功地恢复其司法职能。恢复的上议院司法权威立即被用来起诉臭名昭著的贪婪垄断者大法官弗朗西斯·培根(Francis Bacon,1561~1626年)等。1621年6月,议会休会后,国王发出逮捕令,逮捕塞尔登等人,塞尔登被监禁。幸运的是,温彻斯特主教等的介入,促使塞尔登在5周后被释放。1621年12月18日,议会复会时,下议院请求赛尔登帮其准备《抗议书》。《抗议书》宣称"议会的自由、特权和管辖权是古老的,毋庸置疑的天生权力和英格兰臣民的遗产",反对国王要求其不要讨论与外交政策有关的问题。抗议者激怒了詹姆斯一世,他立即解散了议会,并亲自将载有《抗议书》的这一页议会日志撕了下来。幸运的是,塞尔登并没有卷入这场纷争,也没有被逮捕、监禁。

因为塞尔登作为顾问向议会提供过帮助,1624年3月2日塞尔登被选为兰彻

① See Ofir Haivry, *John Selden and the Western Political Tradition*, Cambridge University Press, 2017, p. 26.

② See Ofir Haivry, *John Selden and the Western Political Tradition*, Cambridge University Press, 2017, p. 27.

斯特议员。然而,作为议会新人,他并不是议会中特别突出的成员。1626 年,塞尔登被选为贝德温的议员,在这次议会中,他与朋友塞缪尔·特纳(Samuel Turner)等其他议员合作反对白金汉公爵,并被下议院任命为白金汉公爵弹劾案的负责人之一。1626 年 6 月国王突然解散议会,阻止了对白金汉公爵的弹劾。1626 年议会解散后,塞尔登和其他人都面临被逮捕的命运,塞尔登因此离开了伦敦。①

2. 辩护"五骑士案"

1627 年,英法战争爆发。由于未能通过议会获得资金,查理一世不得不寻求其他途径来筹集资金、军队和物资,以继续与法国斗争。查理一世在不召开议会的情况下,开始向贵族与大臣们强行征收借款。1627 年,五位骑士因抗议强制借款被查理一世逮捕入狱。五人寻求释放人身保护令,枢密院指示监狱长在回复令状时说,五人是因国王的"特殊命令"而被监禁的。在这样的背景下,发生了著名的"五骑士案",塞尔登作为托马斯·达内尔(Thomas Darnell)的辩护人参与了这起案件。

在这次听证会上,他不仅作为一名辩护人,而且作为历史学家和宪制主义者,对自己的论点进行了广泛的宪法分析。塞尔登向法院提出,监禁只能"通过陈述或起诉"进行。塞尔登认为,在没有提出具体理由的情况下,监禁一个人违反了《大宪章》第 29 章,按照塞尔登的解释,该条款规定"没有正当的法律程序,任何自由人都不会被监禁"。尽管拉丁语"per legem terrae"最初的意思是"按照国家的法律",但"正当的法律程序"一词已被用于《大宪章》14 世纪法定译本中,在长期的习用和人民的同意中成为一种习惯。②

在这个词的两种不同意义上,塞尔登的论点是具有历史性的。他用语言学分析了《大宪章》的文本,引用了不同版本的《大宪章》在不同时间适用和反复适用的证据,分析了其明显适用于自由人而非农奴的重要性。为了驳斥首席检察官的论点,即第 29 章中的"law of the land"(国家的法律)不仅涉及普通法,而且涉及其他法律,塞尔登解释说,"国家法"就是指普通法,在这种情况下,如果没有大陪审团的陈述或起诉,就不会有重罪的审判。塞尔登反驳道:"我们没有读懂'law of state'(国家法)。"塞尔登认为通常提到"law of the land"(国家法)时,就是指

---

① See Ofir Haivry, *John Selden and the Western Political Tradition*, Cambridge University Press, 2017, p. 29.

② See Harold J. Berman, *The Origins of Historical Jurisprudence: Coke, Selden, Hale*, Yale Law Journal, Vol. 103:7, p. 1651 – 1653(1994).

基本法,此基本法具有至高无上性,虽然根据议会法案而被接纳进这个王国的其他法律都可以泛称为"a law of the land"(国家法),但它们没有资格被认为是基本和普遍的"the law of the land"(国家法)。塞尔登显然是反对绝对国家主权对个人自由的侵犯,认为普通法才是国家至高无上的法,而依据"国家法律"和"国家事务"对人身自由进行侵犯是违背《大宪章》精神的。

尽管塞尔登做了充分的辩论和陈述,但法院不接受这种解释,海德大法官(Nicholas Hyde,1572~1631年)说,如果没有宣布监禁的理由,那么"它应该被假定为国家问题",这就超出了法院的权限。显然,这种观点为一种无法预见的、不受法院管辖的、任意监禁的权力打开了大门。①

3. 权利请愿书的起草者之一

五骑士虽然最终被释放,但这一事件的发生促使柯克等普通法法律人意识到,由《大宪章》与普通法规定的英国人的人身自由权利正在遭到严重的侵犯,《大宪章》与"人身保护令状"都处于危机之中。1628年春天,就在法院判决"五骑士案"几个月后,新一届议会召开,议会迅速将该案作为议会外税收和非法监禁问题的象征。4月4日,英国下议院通过了柯克的一项动议,要求与上议院就"英格兰某些古老而基本的自由"召开一次会议。在柯克的带动下,下议院开始起草《权利请愿书》,塞尔登也参与其中,并负责为《权利请愿书》寻找先例和权威根据。② 在将《权利请愿书》提交上议院讨论时,下议院委派柯克本人以及塞尔登等四人为代表参与讨论。在上议院有关《权利请愿书》的多场辩论中,塞尔登发表了许多精彩的演讲,在说服大多数贵族支持这项提议上起到重要作用。正是在这种背景下,塞尔登在1628~1629年的议会中脱颖而出,成为下议院中的领袖人物之一。

随后不久,议会被查理一世解散,此后连续几年没有召开议会。"国王在议会中"的混合体制被查理一世的"无议会"个人专制取代,议会陷入几个世纪以来从未有过的弱势状态。与此同时,查理一世发出了逮捕和监禁下议院9名成员的逮捕令,塞尔登便是其中之一。最终,塞尔登作为议会的领袖人物之一,被逮捕并送进了伦敦塔。1631年5月,塞尔登在朋友们的帮助下被释放。1634年秋,塞尔登向国王递交了其亲手书写的"最谦卑的请愿书",1635年2月,国王通知法官,他

---

① See Ofir Haivry, *John Selden and the Western Political Tradition*, Cambridge University Press, 2017, p. 36 – 39.

② See Thomas Garden Barnes, *Shaping the Common Law: From Glanvill to Hale*, 1188 – 1688, Stanford University Press, 2008, p. 215.

已收到塞尔登的请愿书，并同意彻底释放他。[①]

4. "长期议会"的议员

1640年"长期会议"召开，塞尔登作为牛津大学的代表而成为其中一位议员，一直到1649年内战结束。在整个16世纪40年代议会活动中，塞尔登的宪法观始终如一，他既不是议会党，也不是保皇党，只是维护传统的宪制框架，恢复传统宪法。在极端主义日益加剧和立场转变的背景下，塞尔登是支持协商寻找冲突解决办法的少数温和派之一。尽管总是少数人，但经过坚持不懈的努力，他最终在议会活动的两个主要领域取得了胜利：在教会和国家的关系问题上，他在防止建立英格兰长老会[②]方面发挥了突出作用，说服议会任何宗教问题的解决都必须服从于政治权威；在国王和议会之间的冲突中，他和他的盟友最终赢得了"长期议会"的支持，恢复宪法，在国王和议会之间建立稳定的平衡，保持1640年至1641年实现的政府改革。[③]

然而，因军队政变，塞尔登的努力付诸东流，这次政变使英国陷入长达11年的军事独裁。但从长远来看，他的宪制思想最终在查理二世（Charles Ⅱ，1630～1685年）复辟时期获得胜利，塞尔登在挽救英国宪法方面发挥了重要作用。

塞尔登漫长的政治生涯构成了塞尔登法律史研究的外在动因。17世纪上半叶议会和国王之间斗争激烈，为了维护自己主张的权威性与合理性，双方都积极从历史和先例中寻找支撑，当时政治和历史之间联系非常紧密。塞尔登身为议会的议员，政治生涯长达十几年，一度成为议会的领袖人物之一，必然也会基于自己的政治追求而不断进行法律史研究。

**（三）最后岁月（1649～1654年）**

1649年年初，国王被处决，英国宪法形同虚设，取而代之的是一些毫无意义的假象。塞尔登无意在军队控制的弑君政权中发挥作用。从1649年查理一世受审和处决开始，赛尔登就不再正式参与政治。后来有人多次拉拢他进入克伦威尔政权并推荐以政治职位，但塞尔登拒绝了。1643年，下议院选举他为伦敦塔记录员和管理员，1652年，由于年龄和健康原因，他辞去职务。[④]

---

① David Sandler Berkowitz, *John Selden's Formative Years: Politics and Society in Early Seventeenth-Century England*, University of Chicago Press, 2003, p. 248－250.

② 长老会是苏格兰的国教。

③ Ofir Haivry, *John Selden and the Western Political Tradition*, Cambridge University Press, 2017, p. 68－74.

④ See Ofir Haivry, *John Selden and the Western Political Tradition*, Cambridge University Press, 2017, p. 80.

无论以前的政治分歧如何,克伦威尔显然很看重塞尔登的法律能力,这样一位享有盛誉的学者能对他的统治合法性带来极大的帮助,所以克伦威尔反复尝试将这位伟大的学者引入新政权。但塞尔登都拒绝了,他认识到这个政权的真正性质,拒绝了所有要求他参加英国临时政府的请求。虽然塞尔登拒绝参与任何政治活动,但塞尔登对新政府的政治和法律发展保持着浓厚的兴趣,这与他终身投身于英国法律和宪法的研究有关。

塞尔登是个富有的老人,但他并没有安逸地享受晚年生活。虽然他已经退出政治活动,但他仍然享有声望和影响力,他成了政治上受迫害学者的保护者,维护、鼓励并帮助他们,甚至出资帮助这些学者。塞尔登还积极维护学术资源,如伦敦塔的记录、大学图书馆以及科顿家族的记录,使其免受篡改。① 晚年,他有更多的时间学习、研究,陆续出版了许多著作。

塞尔登过着平静的晚年生活;与朋友和学者们交流,直到生命的最后时刻,他的智力一直保持活跃。1654 年 11 月 30 日,塞尔登去世,他的葬礼在 12 月 14 日举行。塞尔登在尘世的大部分财产都分给了他的四位内殿学院的同事,他们也是他的遗嘱执行人,其中就有马修·黑尔。塞尔登将大部分的藏书送给了牛津大学,这是牛津大学所收到的个人最多的书籍和手稿捐赠。②

## 二、塞尔登的主要著作与观点

塞尔登的法律史作品的特点主要有两个:一是范围宽广,不仅仅关注英国法律的发展以及欧洲国家的法律史问题,对东方法律史也有很多论述。二是古代宪制思想为其法律史作品中最为突出的议题。事实上,无论是英国法律史还是欧洲法律史乃至东方法律史的写作,古代宪制思想都是塞尔登作品中最为重要的组成部分,这是因为他深受当时兴起的古代宪制思潮的影响。另外,塞尔登的著作《什一税史》,使塞尔登以法律史学家的身份在 17 世纪声名远播,是塞尔登法律史研究中里程碑式的著作,不仅集中表现了塞尔登的人文主义历史研究方法,也是塞尔登法律史研究走向成熟的标志。

在 16 世纪的欧洲,主张国王享有完整主权的倾向越来越强烈,国王的权威逐渐侵犯到民族和地方的自由权与特权,破坏宪法的权威。自由权和特权受到

---

① See Ofir Haivry, *John Selden and the Western Political Tradition*, Cambridge University Press, 2017, p. 82.

② See Paul Christianson ed., *Oxford Dictionary of National Biography*, Oxford University Press, 2004, p. 324.

威胁的人很自然地就会捍卫自己的利益,反过来强调,他们的权利根植于于任何国王都不可侵犯的法律之中。神学家和哲学家认为,这些权利是理性与自然,高于一切意志;但另外一种同样具有说服力的观点认为,这些权利扎根于神圣而久远的习惯,这些习惯久远到不可追忆。这样,在许多国家都兴盛了诉诸"古代宪法"的习惯,证明其所主张的权利是不可追忆的,国王也无权废除和改变它们。[①] 一直到17世纪初,很难找到不与历史神话相伴随的宪法运动。

面对这样的运动,国王及其党人极力证明法是由国王制定的而不是不可追忆的。如果宪法主义者能证明法比国王更古老,他们就能主张王位的基础就在于选举或契约,但如果法是在国王之后才存在的,那就只能是法的权威基于国王,是国王批准了这些法律,国王就可以主张拥有废止或者改变这些法律的权力。因此,宪法主义者必须要论证法是无限古老的,其存在是早于已知的最早的国王的,这就必然涉及对习惯、规定、权威、法等概念的历史起源研究。[②] 塞尔登对法律史的研究正是基于这种思潮的影响,他在之前普通法律师"古代宪制"的思想基础之上,又对其进行了发展,提出了许多有影响力的代表性观点。

塞尔登的著作虽多,但他关于古代宪制的代表性观点主要集中在《英格兰雅努斯神》《荣誉头衔》《对福蒂斯丘的注释》这几本著作中。这几本著作也是迄今为止,学者们提到最多的几本,因为塞尔登的古代宪制思想才是他为英国历史法学作出的最大贡献。另外,塞尔登的《什一税史》,不仅是什一税主题方面的代表作品,全面体现了塞尔登法律史研究方法,而且从另一个角度重新诠释了什一税,在当时引起了很大的轰动,塞尔登由此名声大噪。

**(一)《英格兰雅努斯神》**

塞尔登在1610年出版了一部中世纪时期法律史著作:《英格兰雅努斯神的另一张面孔》(以下简称《英格兰雅努斯神》)。这本书是献给罗伯特·塞西尔(Robert Cecil)伯爵的,他是当时英格兰最有影响力的人之一,塞尔登期望能借此书获得罗伯特伯爵的赞助,但是其希望最终还是落空了,伯爵在这本著作出版后两年就因病去世了。[③]

---

① 参见泮伟江:《一个普通法的故事:英格兰政体的奥秘》,广西师范大学出版社2015年版,第72页。

② 参见[英]J. G. A. 波考克:《古代宪法与封建法:英格兰17世纪历史思想研究》,翟小波译,译林出版社2014年版,第32~36页。

③ See Paul Christianson ed., *Oxford Dictionary of National Biography*, Oxford University Press, 2004, p. 334.

此书的标题是一个比喻,把诺曼征服事件比作两头神雅努斯①,以1066年为转折点考察英国法律和政治制度的历史。塞尔登向前追溯到布列吞人的德鲁依教,向后则一直论述到安茹王朝的第一个国王——亨利二世(Henry Ⅱ,1133～1189年)在位期。这是英国第一部详细叙述这一时期法律的著作,他希望在这部著作中更公正地更清楚地说明英国世俗法律的起源和运作程序。② 诺曼征服的转折点意义是塞尔登这部作品中重点论述之处。塞尔登在著作中表示,虽然征服者威廉毫无疑问在征服英国之前是一位不受英国法律约束的"自由君主",但是,他通过对忏悔者爱德华法律的肯定,承认了英格兰普通法的有效性,从而限制自己,去接受法律。塞尔登认为,封建法与撒克逊习惯法的混合,产生了一个有力而充满生机的混合宪制政体。③

1.英国前罗马时期的宪制结构

从有限的文献证据中,塞尔登创造了一个具有说服力的前罗马宪法模式。塞尔登首先反驳了早期的历史学家用建国君主的神话解释英国政府起源的做法,也不认同萨莫特和布鲁特传说④的起源,认为它们没有实在证据证明,并拒绝从中世纪编年史学者编写的故事中书写古代英国历史,因为这些学者所生活的时代离这些事件发生的时代很远,而且没有可信赖的证据佐证,并不具有可信度。

他遵循了良好的人文主义实践,将自己的叙述建立在可信赖的文献资料的基础上。所以他非常依赖凯撒(Gaius Julius Caesar,公元前100～前44年),和塔西佗(Tacitus,公元56～120年)对于英国部分的记录。此外,塞尔登仿效威廉·卡姆登等学者的做法,他们已经论证,早期英国人的制度、习俗和法律与高卢同时代的制度、习俗和法律相似;因此,塞尔登通过查询记录在册的高卢和日耳曼社会的文献资料,为他的前罗马时期英国宪制图景添加了细节,并通过这些证据证明当时英国的政治权力处于分散状态。⑤

在本书中,塞尔登认为古代宪法作为一种政治结构出现,其中主权的标志并

---

① 雅努斯神是古罗马中的守门神,有两副面孔,一面看向过去,另一面望向未来。

② See Graham Parry, *The Trophies of Time: English Antiquarians of the Seventeenth Century*, Oxford University Press, 1995, p. 97.

③ See Graham Parry, *The Trophies of Time: English Antiquarians of the Seventeenth Century*, Oxford University Press, 1995, p. 105.

④ 萨莫特是诺亚之子雅弗的儿子,布鲁特是布鲁图斯的儿子,他们都是来自特洛伊的难民,分别建立了英格兰王国和爱尔兰王国。

⑤ See Graham Parry, *The Trophies of Time: English Antiquarians of the Seventeenth Century*, Oxford University Press, 1995, p. 108.

不在于君主。在小国国王或女王的统治下，英国人聚集在一起，通过公开的交流会议讨论并决定诸如外交关系或战争与和平等重要问题。这些王国太小了，所以英国南部最适合贵族政治，而不是君主制：

> 国王既不是全岛的君主，也不是不列颠人的君主。因为在肯特的一个郡，同时也有四个王，其他各郡的情况也是一样的。因此，我们居住的地方，即现在称为英格兰的地方，是由几个人统治的，并受到贵族的统治。①

英国社会的统一来自普通法和宗教，而不是任何单一的政治权威。宗教领袖德鲁伊人充当仪式、道德和法律的守护者。在德鲁伊酋长的领导下，德鲁伊人被其他人认为是最有学问的人，终身担任这一职务，他们用口述的方法培养自己的接班人。德鲁伊人被描绘成结合了天主教牧师和法官的显著特征的人，他们聚集在一个类似中央集会的地方，为整个英国制定、解释和维护法律：

> 德鲁伊人习惯于开会，解释存在中的法律，并根据需要在某些特定的地方制定新的法律；就像现在一样，所有的法律问题都要在英国的威斯敏斯特大厅来决定。②

这些法律没有写下来，这样的法律必然是从习俗中产生的，也成为习俗的一部分，且他们没有把这些归于一个王室立法者的意志。事实上，塞尔登对前罗马时代的解释，比起霍特曼（François Hotman，1524～1590 年）对古代高卢的描述，并没有给君主制留下多少空间。塞尔登认为，国王们建立了英国古代宪法，德鲁伊教在其会议上维护并制定法律，主要行政权留给前罗马时代的英国国王们，这些国王更像贵族而不是君主，他们在比英国郡更小的地区行使了这种有限的权力。在给出了普通法生成的历史解释之后，塞尔登仍然需要论证英国是如何变成一个单一的君主制国家的。

虽然罗马人第一次把英国南部置于管辖之下，塞尔登却很少用篇幅来描述罗

---

① Martha A. Ziskind, *John Selden*: *Criticism and Affirmation of the Common Law Tradition*, American Joumel of Legal History. 22.

② Martha A. Ziskind, *John Selden*: *Criticism and Affirmation of the Common Law Tradition*, American Joumel of Legal History. 22.

马不列颠。塞尔登提到了凯撒的远征,解释了早期罗马统治的抛弃是英国对引进拉丁法的反抗,并记录了克劳狄(Claudius,公元前10~54年)的征服①及其产生的影响,包括罗马人在本国政府和法律下于英国各地的城市定居情况。塞尔登敏锐地意识到罗马帝国对普通法的影响,但他认为这发生在罗马人离开英国很久之后。所以罗马统治在英国几乎没有留下什么宪法遗产,与之形成深刻对比的是撒克逊法律和制度的持久特征。②

2. 盎克鲁-撒克逊宪法

塞尔登认为,君主和法律是随着撒克逊人的入侵而来,并为英格兰古代宪法提供了基本框架,这一框架在诺曼征服中幸存下来,一直延续到塞尔登自己的时代。虽然有7个撒克逊王国存在,但只有一位国王拥有公认的宗主国地位。与古代英国不同,撒克逊英国拥有真正的君主制。"国王一直是7位统治者中的一位,他被认为是全英格兰的君主",这些国王颁布法律,正如伊内国王(King Ine)③所言:"我是靠西方上帝之王撒克逊人的恩典来颁布法律的,我父亲凯雷德,我的主教希达,和我所有的议员,和我百姓的长老和智者,都要听从他们的劝告和命令。"④

在其他法律法规中经常出现类似的短语和句子,根据这一证据和其他证据,塞尔登认为,这种协商采取了一种体制形式,塔西佗所描述的觉醒的日耳曼人成为盎格鲁-撒克逊人的智者,而盎格鲁-撒克逊人又组成了议会。"这些集会由撒克逊人(贤人会议)和大议会命名,最后,我们借用了法国议会的名称",这种说法认为议会的根源来自古德国人。除制定法律外,这类机构还选出在当地执行法律的人。⑤ 在相同的会议上,还选出一些村长作为法官在村庄执行法律。塞尔登在这里论述的在议会中选择地方官员的先例,将成为议会批准王室部长和地方选

① 公元43年,罗马皇帝克劳狄一世率军入侵不列颠,征服不列颠后,变其为罗马帝国的领土。罗马人以位于泰晤士河口的伦敦为中心,向四面八方修起大道,连接各地的城市,使伦敦成为罗马不列颠统治和对外联系的中心。

② See Martha A. Ziskind, *John Selden: Criticism and Affirmation of the Common Law Tradition*, American Journal of Legal History.

③ 韦塞克斯(Wessex)的国王,688~726年在位,因694年制定的《伊内法》而出名,这是第一部肯特之外的盎格鲁-撒克逊国王制定的法律,揭示了盎格鲁-撒克逊人社会的历史,揭示了伊内国王的基督教信仰。

④ See Lawrence E. Klein, *The Politics of the Ancient Constitution: An Introduction to English Political Thought*, 1603-1642, Macmillan Press, 1992, p. 59.

⑤ See Lawrence E. Klein, *The Politics of the Ancient Constitution: An Introduction to English Political Thought*, 1603-1642, Macmillan Press, 1992, p. 60.

举地方治安官等官员的理由。它足以确立议会中的国王自英国君主制早期起,就在古代宪法中行使最高的法律制定权这一关键点。

在《英格兰雅努斯神》中,塞尔登在有详细记载撒克逊社会的文献情况下提出了他的古代宪法观点。得益于前人的盎格鲁－撒克逊学术成果,他可以借鉴《萨克森法典》的手稿或印刷版,以及生活在威廉征服时代的早期历史学家的著作,这些都提供了大量的证据。撒克逊人分为贵族、自由人、获释奴隶和奴隶四大阶层,他们遵循许多仍与英国人一起使用,或至少"在祖辈时代合法"的习俗。例如,35 名撒克逊贵族,在一次特殊仪式中作为年轻人获得武器,这是受封爵士的仪式,以军事保有权持有他们的土地,下层阶级从领主那里租下他们的农场,以实物作为回报。通过向"被谋杀者的整个家庭"支付"头钱"或"一定数量的牛头",这种对犯罪特别是谋杀的开脱,以及通过严刑拷打审判的做法别具异国色彩,使塞尔登注意到习俗和制度连续性的变化。也就是说,塞尔登认为英国在撒克逊时期受到外来国家习俗和法律的影响。①

国王、高级警官、财政大臣、司库、法官和治安官等中央和地方办公室起源于撒克逊人社会和政府,以许多微妙的方式共同工作。以军事保有权保有土地的勇士贵族也填补了当地的官职,并成为贤人会议的成员。这种社会和政治模式之间的共生关系产生了一种坚定而灵活的宪法,一种通过抛弃旧的和增加新的法律不断调整以适应新环境的宪法;古代宪法可以在不危及其基本形式的情况下适应相当大的变化。

接下来撒克逊制度面临的两大挑战,基督教的胜利和维京人的胜利,对其连续性构成了重大的挑战。第一个问题,即撒克逊人的转变及其影响,塞尔登在本著作中用相当多的篇幅直接和间接论述了这一问题。基督教牧师改变的不仅仅是撒克逊人的崇拜和道德。塞尔登把基督教的重新引入归功于国王埃瑟尔伯特(Ethelbert),并解释说:"他也听从了智者的建议,根据罗马人的例子,命令他的人民使用指定的法律程序。这些用英语写成的,到目前为止或者在这个时候是由他们保存和遵守的。"②从皈依基督教之时起,撒克逊国王和他们的顾问就借鉴外国的先例,将新的宗教融入他们的旧律法中。所施加的惩罚多次要求归还从教堂和教会人员处抢来的物品,并以硬币代替实物付款,延续了几个世纪之久。塞尔登

---

① See Graham Parry, *The Trophies of Time*: *English Antiquarians of the Seventeenth Century*, Oxford University Press, 1995, p. 110.

② Graham Parry, *The Trophies of Time*: *English Antiquarians of the Seventeenth Century*, Oxford University Press, 1995, p. 111.

根据对法律法典的比较研究,展示了国王借用他国法律,但本国法律依然是稳定发展的。

对基督教作用的肯认不仅创造了新的法律,而且提供了一个全新的受过教育的顾问小组,作为道德和法律事务的顾问,基督教牧师被纳入皇家政府。他们与郡长坐在一起,在郡法院审理案件,并就法律的编纂向国王提供咨询。没有任何破坏,撒克逊法律和社会就吸收了新的宗教。

维京人的入侵造成第二个严重的问题,因为丹麦人长期统治着英格兰的大部分地区,至少有一位丹麦国王克努特(Knud Ⅱ,995~1035年)①统治着整个王国,但塞尔登在很大程度上是通过忽视维京人入侵来解决这个问题的。例如,他没有把阿尔弗雷德国王(Alfred the Great,849~899年)②创造的各种类型的东西与反对维京入侵者的斗争联系起来,也没有指出韦塞克斯国王通过重新征服丹麦而统一了英国。唯一的让步是,塞尔登几次提到克努特国王的法律,认为克怒特国王是保存古代宪法的人,确认了早期撒克逊国王的法律,并将它们完整地传递给了其后继者。③

塞尔登通过对《盎格鲁-撒克逊法典》的分析,特别是兰巴德(William Lambarde,1536~1601年)收藏的那些法典,从这些证据中,他得出了撒克逊法律、宗教和社会习俗相互渗透的证据,以及许多法律用撒克逊语写成一直持续到今天的事实。撒克逊宪法的框架,通过法律和协商的皇家统治模式,被证明是强大和灵活的,足以吸收一群外国侵略者的影响和具有潜在颠覆性的宗教的改变。然而,最大的挑战不是来自罗马,也不是来自丹麦,而是来自诺曼。

3. 诺曼的影响

诺曼征服是不可否认的事实,这对那些希望将普通法追溯到盎格鲁-撒克逊时代的人来说是一个重大障碍。塞尔登比同时代的许多精通普通法的律师更直截了当地面对在征服时期基本法的中断问题。塞尔登在开始讨论诺曼人时,借鉴了中世纪的历史学家,如12世纪初的马尔梅斯伯里·威廉(William Malmesbury,1095~1143年)、12世纪晚期的霍维登·罗杰(Roger Hoveden,1174~1201年)、

---

① 斯凡八字胡须王之次子,斯凡八字胡须王在1014年征服了英格兰的大部分地区,成为第一个被英格兰人承认为国王的丹麦人。

② 阿尔弗雷德是英格兰盎格鲁-撒克逊时期韦塞克斯王朝的国王,也是英国历史上真正第一位称呼自己为"盎格鲁-撒克逊之王"的君主。他英勇地统率臣民对抗北欧维京海盗民族的入侵,并进行了广泛的军事改革,被后世尊称为阿尔弗雷德大王。

③ See Paul Christianson, *Young John Selden and the Ancient Constitution*, 1610-1618 Proceedings of the American Philosophical Society, Vol. 128:4, p. 280(1991).

13 世纪初的马修 · 帕尔斯(Matthew Paris,1200 ~ 1259 年),以及对兰巴德的考古学中所包含的对法律的分析,把威廉公爵的入侵描绘成一次真正的征服:[1]

> 诺曼底的威廉 · 杜克(William Duke)以双重权利为幌子和对哈罗德(Harald)的收回权[2],获得了一大笔遗产,并接管了整个英格兰的王室政府。"就职后,他慷慨地把英国的土地和财产给了他的追随者们;把剩下的那一点置于永久奴役的枷锁之下。"因此,在诺曼人来了之后,除了国王本人以外,在英格兰没有其他基于自由占有的权利而占有土地的人……就像那些通过宣誓效忠和敬拜的人,永远承认一位上等的领主,他们所拥有的财产都是由这些领主赐予的。[3]

显然,这一变化不仅包括由一些领主取代另一些领主;它还涉及贵族性质的重大转变,这是对保有权制度的一项重大修改。塞尔登认为威廉企图使他的英国王位主张合法化,从而把他的统治扩展到英格兰,而不仅仅是靠武力。塞尔登意识到法国历史法学派成员提出的关于封建土地保有起源的争论,他已经站在了把这些见解运用于英国,从而得出封建法与征服者一起来到英国结论的边缘。[4] 威廉一世不仅引进了新的法律和习俗,如宵禁、保护鹿和野猪以供皇家狩猎、建立独立的教会法庭,以及在所有法律诉讼中以法语取代英语等,还以不同的方式使用旧的法律和程序。

塞尔登引用马修 · 帕尔斯的话指出,威廉一世将军役领地扩展到教会土地,根据自己的喜好,征召主教和牧师;他的士兵在敌对或战争时期都绝对服从于他。征服者有权决定保留哪些英国法律、废除或修改哪些法律,不喜欢的英国法律,就将其搁置一边;对于他所认可的,就在这部分法律中添加一些来自诺曼的习俗和法律,其中一些对维护王国的和平最有效。这表明,威廉一世在征服时拥有绝对

---

① Graham Parry, *The Trophies of Time: English Antiquarians of the Seventeenth Century*, Oxford University Press, 1995, p. 113.

② 爱德华死后无嗣,威廉 · 杜克通过自己的姨祖母艾玛(埃塞烈德的妻子和爱德华的母亲),以微弱的血统来主张他的权利;同时声称,他 1052 年在伦敦访问哈罗德时,后者许诺给他王位。

③ Paul Christianson, *Young John Selden and the Ancient Constitution*, 1610 - 1618, Proceedings of the American Philosophical Society, Vol. 128:4, p. 279(1991).

④ Graham Parry, *The Trophies of Time: English Antiquarians of the Seventeenth Century*, Oxford University Press, 1995, p. 113.

的权力,哪怕只是一瞬间。①

从上述内容可以看出塞尔登为英国封建制度确立了诺曼血统,为撒克逊后的英国君主制奠定了专断的基础,但他又从对这种解释的明确支持中退了回来。这在一定程度上源于他的人文主义历史方法。把威廉一世描绘成一个绝对征服者的证据来自历史学家的证据,而这些历史学家都生活在威廉征服一个多世纪之后。据推测,更接近这一事件的其他文献,如兰巴德收藏的印刷版的克努特、"忏悔者爱德华"、"征服者威廉"时期的法律,指出了一种比马修·帕尔斯更不具有灾难性的征服观。因此,塞尔登的文献学方法使他淡化了这些中世纪历史学家的解释②:

> 现在,这在作家中并不罕见,他们认为征服者威廉带来一个明确的、新的法律面貌。这是真的,这是必须承认的,他确实做了一些新的改变(你可以在兰巴德的考古学中看到其中的一部分),尽管根据律师们的争论,人们可能会说,英格兰帝国和政府是被他推翻的,但是威廉是从英格兰获得了名称,而不是从诺曼人那里。③

尽管盎格鲁-撒克逊国王和领主不再统治英国,但断裂的理由仍然模棱两可,尤其是征服者威廉的法律似乎与忏悔者爱德华或克努特的法律差别不大。事实上,通过仔细比较诺曼时期的官职和早期的荣誉头衔与撒克逊人的头衔,就会注意到伯爵只有在征服之后才会世袭,但塞尔登在这一时期并没有注意到,所以在书中最后得出了这样的结论:"就像在所有其他案件中一样,主持正义和管理公共事务,诺曼人和撒克逊人的头衔几乎是一样的。"④从这里可以看出,塞尔登想表达的是撒克逊宪法战胜了诺曼征服者,并对其行为施加了限制。

然而,塞尔登在本书中并没有说明这个答案,只是在前言中有一段很长的说明性段落,试图在解决表面矛盾的同时,保持他对诺曼征服的暧昧态度。其结果

---

① See Graham Parry, *The Trophies of Time: English Antiquarians of the Seventeenth Century*, Oxford University Press, 1995, p. 114.

② See Paul Christianson, *Young John Selden and the Ancient Constitution*, 1610 - 1618, Proceedings of the American Philosophical Society, Vol. 128:4, p. 281(1991).

③ Paul Christianson, *Young John Selden and the Ancient Constitution*, 1610 - 1618, Proceedings of the American Philosophical Society, Vol. 128:4, p. 281(1991).

④ Martha A. Ziskind, *John Selden: Criticism and Affirmation of the Common Law Tradition*, American Journal of Legal History.

是巧妙地将征服与习俗融为一体,形成了一种连贯的解释:大陆封建习俗与诺曼人一起进入英国,因为威廉一世引入了许多新的法律,尤其是关于军役领地的法律,而且他还允许英国人,以"以示用而非使用"的方式保留一些古老习俗,征服者作为恩典给予被征服者"对他们古代律法的报答"。不然,无法解释威廉征服之后不仅保留了大量撒克逊法律,还保留了撒克逊宪法的基本形式。①

在接下来的几个世纪中,威廉一世的继承人继续修改古代宪法。所需的封建法律与撒克逊人的习俗混合产生强有力的、至关重要的混合宪制政体。例如,亨利一世(Henry I,1068~1135年)在引入一些诺曼习俗的同时,进一步加强了宪法中的撒克逊元素,恢复了铸币,并重申了忏悔者爱德华的法律。甚至亨利一世对封建救济制度的革新,继承军役土地的人应向其领主支付钱财,也源于撒克逊人的继承习俗——当拥有军役土地的乡绅死亡的时候,应当就武器、盔甲、马等向其领主支付钱财。因此,这表明是在修改恢复旧的法律,而不是建立一个新的法律。②

整体上看,塞尔登认为威廉并不是通过征服获得了王位,而是因为血统,以收养和赠与为幌子而获得王位;是英格兰的法律赋予征服者继承的权利,所以他无法根据自己的权威改变法律,因此,以前生效的撒克逊法律不得不继续下去。虽然塞尔登承认威廉的到来给英格兰的习惯法注入了诺曼的封建因素,却并没有使古代法出现断裂。因为既然说威廉征服了英格兰的法律,那就说明英格兰在威廉征服的时候存在其本身固有的习俗和法律,那就是英格兰的古代法,在威廉征服之后这些法律和习俗继续保持,许多法律和制度都可以找到撒克逊来源。

塞尔登在这本著作中将古代宪法描述成君主、贵族、神职人员(先是德鲁伊教,后是基督教)以及自由人分享主权,并强调议会制定、记录和解释法律的中心地位的混合君主制。塞尔登极支持混合政体,并认为诺曼时期的议会来源于撒克逊时期的贤人会议,只是在诺曼时期受到法国的影响,改名为"议会"。塞尔登认为,"这些集会现在的确存在于这个国家当中,由三个部分完美和谐地组合在一起,国王、上议院、下议院或者平民代表,它们联合在一起共同处理国家的公共事

① See Lawrence E. Klein, *The Politics of the Ancient Constitution* : *An Introduction to English Political Thought*, 1603 - 1642, Macmillan Press, 1992, p. 65.

② See Martha A. Ziskind, *John Selden*: *Criticism and Affirmation of the Common Law Tradition*, American Journal of Legal History.

务”①。在《英格兰雅努斯神》中,塞尔登搭建了一种混合宪制框架体系,这也是他在以后的政治生涯中一直坚持的政治立场;无论王权和议会如何争斗,塞尔登始终既不支持君主的绝对权威,也不支持议会的完全主权,只认为混合宪制才是最为稳定的宪制体系。

**(二)《荣誉头衔》**

《荣誉头衔》是塞尔登早期作品中主题涉猎最广的一部,也是他在英国和欧洲大陆阅读广度最大的一部。《荣誉头衔》描述了诸如国王、公爵、伯爵、男爵和骑士等头衔的历史发展,并进行了深刻的分析,虽然该论著重点分析的是西欧头衔,但也对亚洲和非洲等国家的头衔及相关问题进行了分析。书中的注释包含了古代、中世纪和当时古物学知识,以及法律、历史、哲学知识,而书后的“作者表”提供了引用古典和中世纪文献的索引,通过这些可以看出塞尔登的博学多才绝非浪得虚名。②

这本著作分为两部分,第一部分关涉君主制,包括7章内容。该部分主要讨论东西方君主制的历史术语的起源与发展,以及王室礼仪与徽章的变化。第二部分总共11章,除第8章是对封地起源的专章讨论外,其他章节主要论述低于君主的其他头衔的历史发展。塞尔登在这本著作中,通过对头衔变化的比较,表达出对威廉征服问题的观点,不仅承认英国在威廉征服之后政治制度发生了改变,而且也是征服者将封建法律引入英国。以下就著作中体现其观点的重要章节加以论述。

1. 公爵和伯爵

在“公爵与伯爵”这一章中,塞尔登指出:“公爵起初是皇帝手下的军事将领。后来,它通常被用在军事上保护边疆的人身上,在罗马帝国末期之前,该职位就伴随领土扩张而传播到其他地域。”③在君士坦丁大帝统治下,新的伯爵职位是通过从朝廷派出重要人物来管理行省而建立的。然而,无论公爵和伯爵在君士坦丁统治时期或查士丁尼统治时期有多大不同,他们之间还是有竞争的。在君士坦丁统治时期之后不久,两者都衰落了。在罗马帝国后期,公爵仍然是一个军事部门,伯爵主要是一个合法的部门,其军队是为了防御和执行正义而设立。在接下来的几个世纪,出现了许多由公爵管辖的小伯爵,但其他的则继续“在荣誉、权

---

① Paul Christianson ed., *Oxford Dictionary of National Biography*, Oxford University Press, 2004, p. 331.

② G. J. Toomer, *John Selden: A Life in Scholarship*, Oxford University Press, 2009. p. 217.

③ G. J. Toomer, *John Selden: A Life in Scholarship*, Oxford University Press, 2009. p. 218.

力和司法权上与公爵相同,就像第一等级的行省伯爵一样”。一种接近等级秩序的头衔开始应用:

> 但在法兰西帝国之前,公爵和伯爵很少有私人性质的,更确切地说,他们是政府的名誉官员,当这个省有政府在管辖的时候。各省也没有把他们变成私人的,因为他们并不是臣服于封建王朝,而是按照皇帝或国王的意愿,在一定的时间内臣服于他们的统治之下。①

在君士坦丁大帝统治时期之后五百多年的时间里,公爵和伯爵的职位保留了许多原有的特征,但发生了巨大的变化,这种变化首先在法国发生,其次在西欧其他地区发生。根据塞尔登的说法,这种转变开始于8世纪加洛林王朝取代墨洛温王朝成为法兰克国王的时期。

塞尔登引用了一些例子,如对巴伐利亚州的塔西洛公爵(Tassilo,741~796年)②的分封,以及萨尔斯堡(Salzburg)大主教辖区的一些分封。当然,这些文献不仅记载了封建头衔的起源,还说明了这种做法在德国的传播。加洛林人(Carolingian)③开始了这一进程,但直到奥托大帝(Otto the Great,912~973年)时期940年的时候,才有了这样的荣誉称号,被授予封建王朝的继承权,拥有尊称下的领地,并附属于国王。然而,法国皇室权力在加洛林王朝晚期以及卡佩王朝的早期衰落,因此公爵和伯爵就可以使他们的头衔和财产世袭:

> 首先是加洛林王朝的衰落,然后是巴黎的休卡·皮特(Hugh Capet)伯爵的例子,他之前获得了法国的最高荣誉,曾被授予公爵或终身贵族头衔,但却通过巧取豪夺或者军事力量建立他们的尊严和领地,并让他们的后代继承。然而,为了使他们的分裂得到更大的保障,他们承认了国王至高无上的地位,并让世袭封地永远向国王表达敬意……但是在他们的领土上,他们篡夺了所有的主权,制定法律,任命地方官员,作出不受上诉约束的判决,征募军队,铸造货币,征收进口税、补贴,等等。并且

① See Paul Christianson, *Discourse in History, Law and Governance in the Public Career of John Selden*, 1610–1635, University of Toronto Press, 1996, p. 153.

② 根据《法兰克王室年代记》,塔西洛于757年,在贡比涅举行的仪式上,向丕平及其继承人效忠,成为丕平的封臣,并成为封地的领主。

③ 加洛林贵族成员以“宫相”的身份涉理王国朝政,在751年,加洛林家族取代墨洛温家族,正式登上法兰克王国的王位。

他们可以像古代的国王那样使用王冠,不同于现在国王所用的,因为它不是拱形的。①

在不到两个世纪的时间里,公爵从一个行政职位变为一个世袭的头衔,这个头衔附属于一个在法国有主权的领地。将近500年之后,这些公爵和伯爵才重新回到法国国王的统治之下。塞尔登在追溯了欧洲大陆的头衔后,转向了英国。

在英国,"公爵"(Dux)这个词经常出现在盎格鲁-撒克逊的文献中,但威廉征服之后,为了避免冒犯征服者的头衔(威廉在诺曼的时候是公爵头衔),这个词语就很少使用了。塞尔登认为,在征服之前公爵或储君也用撒克逊人的习语"伯爵"(Earles)来称呼。盎格鲁-撒克逊人对伯爵的称呼来自"Ear或Ar"(荣誉),或者"Arlic或Eorlic"(荣誉的)。② "伯爵"既是行政性的也是荣誉性的,能管辖行省并隶属于国王。之后Earle经常以Comes的形态在拉丁文中出现,Comes体现了伯爵的行政和荣誉头衔性质。诺曼征服虽然保留了过去的一些做法,但使英格兰与近代大陆的做法更接近。在早期诺曼时期,主要将Comes翻译为Comites。然而,不仅这个名称的翻译改变了,威廉一世也通过使伯爵既是封建的又是世袭的方式改变了头衔的实质。"征服者威廉首先将教会所有遗产和财产置于他的至高无上的统治之下,也不允许这片土地上的任何一寸土地脱离他直接或间接的占有,创造了不同的伯爵称号,并使它封建和世袭。"③

塞尔登在其著作《英格兰雅努斯神》中也指出,征服者以封建制的方式将英国的所有土地都授予英国人,并补充道:"征服前的伯爵……他们只是军官,还没有世袭。威廉统治之后,他们开始有了一定的酬金和继承权。"④在《英格兰雅努斯神》中,它缺乏那种可以彰显其重要性的比较语境。然而,在阅读《荣誉称号》中有关盎格鲁-撒克逊和早期诺曼伯爵的章节时,会很清晰地发现欧洲大陆上的公爵和伯爵在经过几个世纪的官职和荣誉地位之后,在一个多世纪的时间里,逐渐变成了封建和世袭的。在征服英格兰后的几年里也发生了类似的转变,这本书的结构使人得出结论:具有重大意义的征服已经发生了。

---

① Paul Christianson, *Discourse in History, Law and Governance in the Public Career of John Selden*, 1610-1635, University of Toronto Press, 1996, p. 153.

② Kelly Boyd, *Encyclopedia of Historians & Historical Writing*, Routledge Press, 1999, p. 632.

③ 参见[美]理查德·塔克:《自然权利诸理论:起源与发展》,杨利敏、朱圣刚译,吉林出版社2014年版,第83页。

④ Graham Parry, *The Trophies of Time: English Antiquarians of the Seventeenth Century*, Oxford University Press, 1995, p. 116.

2. 男爵

征服的种种影响在塞尔登论文的其他几个部分中都有体现,特别是在"男爵"的章节中。可以看出,这个头衔最初是指仆人或军官,后来,它被用来表示"国王的仆人、佃户或军官,在某些领土上具有某种管辖权",并最终意指所有低级的"显贵或贵族",这些显贵或贵族直接隶属于法国国王。在盎格鲁 - 撒克逊时期,"在英格兰,最接近男爵的名称是乡绅(Thane)",乡绅是比伯爵等级低的领主,向伯爵支付地租是其一种荣誉。当时,男爵有两种形式存在,一种是国王的领主,另一种是普通的领主。①

塞尔登对盎格鲁 - 撒克逊法律和制度的理解,自他写《英格兰雅努斯神》以来已经相当成熟,但他仍然遇到了严重的不确定性,正如他自承:"在有关撒克逊的片段中,还有一些其他的事情我恰巧知道了,但我无法理解。"②不过,他还是很清楚,当"男爵"这个词出现在克努特国王的法则和爱德华国王的法则中时,它代表了后来的一种入侵。显然,在盎格鲁 - 撒克逊时期,这一称号一直留在欧洲大陆。

男爵是在诺曼征服后来到英格兰的,塞尔登将领主(Thane)与男爵(Barons)等同起来,并认为这些领主虽然比伯爵地位低,但他们的土地都是世袭的封建领地,要么是直接从国王手中继承,要么是间接通过大领主的统治。威廉征服后,征服者将几乎整个英格兰都置于封建的统治之下,他将一些土地分配给伯爵,把较小的领地分配给"国王的男爵"。在塞尔登时代,司法权仍然以"宫廷男爵"的身份幸存下来。在诺曼早期,承认男爵完全取决于拥有这样的权属:

> 当征服者使王国的大部分土地成为军役和荣誉的附属物时,如使伯爵世袭;他同样把别人派到小一点的地方,有基本的管辖权,他们都是男爵,有专属的男爵法庭,因此,这个名称直到今天对每个领地来说都是一个附属的权利或义务。因为,那些没有伯爵爵位却有特殊管辖权的男爵,他们把一部分领地又割让给别人……他们的尊荣,不是出于古时的令状,也不是出于特封,乃是出于普查统计,或是出于他们的财产所有权和使用权。有一些人获得了特别的荣耀,国王赏赐许多骑士酬金,或者通过中间让与的土地使用权而获得许多财产,这都解释了荣誉

---

① See G. J. Toomer, *John Selden: A Life in Scholarship*, Oxford University Press, 2009, p. 216.

② Kelly Boyd, *Encyclopedia of Historians & Historical Writing*, Routiedge Press, 1999, p. 634.

和议会男爵。①

这段丰富又复杂的内容不仅解释了普通法术语如“宫廷男爵”的起源,而且更多地暗示了二级和三级封臣、男爵的类别,这些都是由次等分封造成的。能看出塞尔登对威廉一世提出的种种革新有了微妙的了解。在亨利三世统治的后半段,发生了两个重要的变化:保有男爵变为敕封男爵,直接隶属于王;由于当时议会频繁召开,没有一个被认为是荣誉贵族,而是被议会令状召唤,或者通过敕封创造尊严。直到一个多世纪后的亨利二世统治时期,皇家特封男爵才出现。塞尔登捕捉到了由征服者引入的男爵动态多变的含义,随时间的变化而适应了英国社会。②

3. 封建法

在16世纪和17世纪,封建法律的起源和发展问题是一个备受争议的话题,塞尔登因为主张不同的起源而陷入这些争论:

> 普遍的观点认为封建法存在于北方的伦巴第王国,大约于公元570年,他们入侵了意大利,因为自身的习俗,他们带来了更为正式的军事封地制度,并且频繁使用。③

根据这一解释,查理曼大帝(Charles the Great,742~814年)在征服伦巴第王国后,继续授予终身的封地,并在奥托大帝的统治下变为世袭直到1150年左右才废除,两名“米兰执政官”杰拉尔德斯(Gerardus)和奥伯图斯(Obertus)才将这些习俗写入法律。这也引起了人们对罗马法的复兴与封建习惯法编纂关系的关注。封建制度和封建法律从伦巴第传播到欧洲其他地区。在很长一段时间里,这是一个令人信服的解释。然而,塞尔登再次站在霍特曼这一边,反对封建法律的意大利起源,转而支持法国起源:

> 虽然在伦巴第人中存在封建法是真的,但很明显,在法兰西帝国之前,如果古老的法律不允许的话,那么除了作为骑士的酬金,骑士服役所

---

① Paul Christianson, *Discourse in History, Law and Governance in the Public Career of John Selden*, 1610-1635, University of Toronto Press, 1996, p. 157.

② See G. J. Toomer, *John Selden: A Life in Scholarship*, Oxford University Press, 2009, p. 221.

③ Paul Christianson, *Discourse in History, Law and Governance in the Public Career of John Selden*, 1610-1635, University of Toronto Press, 1996, p. 159.

> 拥有的土地，文献中所出现的 Terra Salica 还能是什么？在布尔多的教堂里，人们是这样评价它的……那些萨利克法律比意大利伦巴第王朝还要古老。①

虽然伦巴第人在很早的时候就有了兵役，就像大多数北欧人一样，但是塞尔登认为，他们并没有遵循封建法律规定的惯例，直到查理曼大帝按照他自己国家的世袭习俗，把封建制度带进了意大利。不过，他们继承荣誉称号的继承权，很可能在奥伯图斯的时代是允许的。虽然塞尔登没有指出这一点，但他已经说明了加洛林人是如何将封建法律扩展到德国，并使其成为西罗马帝国的法律的。在帝国之外，通过模仿或者通过各国的普遍同意，欧洲大部分地区都采取了封建财产的形式，但毫无疑问，封建权利是通过效仿而传播，帝国和其他王国对名称的认同证明了这一点。

这些制度和术语甚至延伸到东罗马帝国后期。"西罗马帝国的封地佃户，现在在欧洲到处都是，都以 Homines，Vassi，Vassalli 等名词为人所知"。塞尔登将"封臣（Vassall）"这个词追溯到古高卢语中的 Gues，Gaus，Gais，其意为英勇的或军事化的人；并再次强调法国是封建习俗的起源。他对那些从古罗马法中推导出封建法律的人进行了简要的反驳，指出，罗马军队军事土地占有使用是完全不同的，因为其所有的旧民法卷，无论是名义上的还是实质上的，都没有触及真正的封地。所有这些加在一起，形成了一种连贯的辩论立场，把封地和其他类型的兵役区分开来。简言之，封建法律起源于法兰克人，首先通过征服加洛林王朝传播，其次通过其他国家效仿传播。②

英格兰也不例外。盎格鲁－撒克逊人和伦巴第人一样，都有自己的军事土地占有形式：

> 在诺曼人之前的英国，很明显是军事采邑制……克努特国王的法律所确定的租地继承税只需要支付军事装备费用，就证明了这一点；他们的伯爵和领主们都具有类似的骑士服役义务。而且，在那个时候，似乎王国的所有土地（除了一些享有极大豁免权的特权之外）都是

---

① Paul Christianson, *Discourse in History, Law and Governance in the Public Career of John Selden, 1610 - 1635*, University of Toronto Press, 1996, p. 160.

② See G. J. Toomer, *John Selden: A Life in Scholarship*, Oxford University Press, 2009, p. 224 - 226.

> 如此……由国王直接或间接掌握着。①

塞尔登讨论了几份教会特许状,这些特许状不提供军事服务,但必须提供“桥梁的修复、战争税和加德城堡的修复”。

随着诺曼人的征服,封建法律传入英国,“我们现在所拥有的那种军役封地或酬劳,直到诺曼人才出现”。塞尔登将英语单词“field”(田地)追溯到“feads”(封地)之后,通过区分封建土地和分配土地,完成了对英国封建土地的论述:

> 现在,每一个封地或采邑地在佃户死后都要支付租地继承税,或后继者也以某种购买的形式出现了(就像今天一样)。但在没有土地使用权的地方,遗产可以自由地分配给继承者们,他们声称这是祖先留下的。正是由于这种差别,Feudum(采邑)和Alodium(分配)才被翻译成这样。这种区别通常在它们之间体现得很明显:Alodium现在主要指的是非基于服务或服从的土地占有,只需要承认给予者的优越地位。

塞尔登把分配土地追溯到了诺曼征服之前,他区分了征服之前存在的分配土地与征服之后封建土地的区别,这一区别让人们更加关注封建土地使用权的性质。《荣誉头衔》这一简短的关于英格兰的章节清楚而简洁地证实征服者威廉将封建法律引入英国,进而对古代宪法进行了重大修改。②

在对诺曼征服进行了颠覆性的解释之后,塞尔登终于迈出了一大步,《英格兰雅努斯神》序言中提出的假设已经变成一种全面的历史解释。塞尔登在对各种荣誉头衔进行历史叙述的过程中,对欧洲大陆封建法律的起源及其在英国的应用进行了细致、复杂的历史分析。《荣誉头衔》显示了塞尔登对人文主义历史方法的精通,对欧洲学术资源的成熟把握,以及对英语证据(包括手稿资料)的熟悉,在当时是少有人能匹敌的。在斯佩尔曼的作品出版之前,塞尔登系统地展示了征服者将封建法律引入英国,极大改变了英国法律的性质。就是从两位学者的研究开始,“英国的封建主义起源于诺曼征服”的观念深入人心。③ 对荣誉头衔起伏不定的历史探索,不仅使塞尔登更坚定地与封建法律、民法或罗马法联系在一起,也促

① G. J. Toomer, *John Selden: A Life in Scholarship*, Oxford University Press, 2009, p. 230.

② G. J. Toomer, *John Selden: A Life in Scholarship*, Oxford University Press, 2009, p. 232.

③ See Graham Parry, *The Trophies of Time: English Antiquarians of the Seventeenth Century*, Oxford University Press, 1995, p. 109.

使他从比较的角度来看待英国普通法,并反思法律本身的性质。

### (三)《对福蒂斯丘的注释》

这本著作是塞尔登对约翰·福蒂斯丘(John Forteacue,1394~1479年)的著作《英格兰法礼赞》所作的注释,但他就普通法甚至法律的发展问题,在著作中表达了与福蒂斯丘不同的观点,从另一个新的角度来诠释普通法的发展。

福蒂斯丘认为:英国的宪法是最古老的,英国普通法的悠久历史建立在英国君主政体的特洛伊起源的基础上。英格兰王国是英国人最早居住的地方,接下来罗马人统治了这个国家,后来经历了不列颠人占领、撒克逊人入侵才改名为英格兰。此后的一段时间,丹麦人控制了整个王国,控制了撒克逊人,但最后是诺曼人征服了这个王国,直到现在,还延续着王国的统治。在上述统治的所有时期,英格兰王国仍然由自己的习惯风俗统治。如果这些习惯和风俗不对,那些国王中的有些人就会改变或完全废除它们,尤其是罗马人。他们用武力使英格兰的领土为自己所有,用同样的权力和权威使英格兰的法律灭绝。至于古代的法律,罗马的民法,在古代延续了这么久也没有得到证实,威尼斯人的法律也是如此。在最初的时候,不列颠人的土地还没有人居住,罗马也还没有建造,世界上任何一个国家的法律都没有这么古老过,因此英国人的风俗习惯在所有风俗习惯中是最好的。柯克接受了福蒂斯丘的观点,还更强调风俗习惯不变的本质,甚至支持将普通法追溯至特洛伊神话时期。①

塞尔登没有认可福蒂斯丘的想法,而主流习惯法律师,包括诸如霍特曼这样的欧洲大陆名人,以及英国普通法实践者都受福蒂斯丘的影响,这促使塞尔登阐述了一系列关于法律本质的立场。他受到福蒂斯丘的启发,并借鉴了自己早期研究的材料,对古代宪法进行了详尽的描述,认为其是风俗习惯不断变化的组合,而风俗习惯本身也是在不断变化的。先是撒克逊人把英国的风俗和自己的风俗混合在一起,后来丹麦人、古英国人、撒克逊人的风俗又混合在一起,它们被威廉一世称为神圣的爱德华法律,后来又加入了诺曼人的风俗。②

对于福蒂斯丘否认罗马人用罗马法律统治英国,认为罗马人没有改变英国法律的观点,塞尔登以一种更开阔的历史视野提出了另一种截然相反的观点。塞尔登的历史资料中没有一个明确提到罗马人把他们的法律带到英国,所以塞尔登不

---

① See Ofir Haivry, *John Selden and the Western Political Tradition*, Cambridge University Press, 2017, p. 232 - 234.

② See Ofir Haivry, *John Selden and the Western Political Tradition*, Cambridge University Press, 2017, p. 235.

得不以概率为依据。他首先指出罗马法显然适用于在英国定居的罗马人的殖民地,因为每一个殖民地都残留着宗主城市的痕迹,有着像圣礼一样的仪式,还有相似的寺庙、公共商业场所,而且文学、硬币、铭文等大量证据都表明殖民地曾经在英国存在过,至少在那里罗马人生活在他们自己的法律之下。塞尔登不仅说明罗马对英国文明的影响,而且认为这种影响是相互的,即英国的文明也改变了罗马文明。塞尔登认为克劳迪安之后,英国人开始影响罗马语言、修辞学、习惯、娱乐活动、饮食等。

塞尔登以法律只是整个文化综合体的一部分的观点为基础,展示了英国宗教的毁灭可能也包括了古代法律的丧失。克劳迪安在罗马当政之后,征服了不列颠,罗马法律的使用和研究在这里就更容易了。他禁止那些具有决定争端的能力和掌握这种知识的德鲁依人再信奉他们的宗教,因为他们最受人尊敬和重视。当德鲁依教的神圣仪式被皇帝禁止时,他们便没有像以前那样受人尊敬,因此就倾向于接受罗马的法律,这些法律既征服了他们,也带走了以前对德鲁伊教的尊敬。塞尔登提出了一种富有想象力、错综复杂的历史重建,通过论证德鲁伊教被征服,对本土传统逐渐减少尊敬,英国人被罗马文化日益同化,来解释罗马法律的胜利。①

塞尔登对不同国家法律发展的广泛而又深刻的研究,使他能够一定程度上跳出普通法心智的狭隘性,看到法律的变化。塞尔登认为所有普遍的法律原本都是同样古老的。所有的一切都是建立在自然的基础上的,没有一个国家不从自然中取走它们的根据,而自然在所有方面都是一样的,法律的开端也必须是一样的。虽然自然法则确实是不可改变的,但它是有限的,被限制的自然法是在每个国家都使用的法律。由于人理性的弱点和各国种种便利的原因,解释者们各种不同的意见使自然法所遭受的限制完全不同。所以,虽然这些风俗习惯都有同一个来源——自然,但各国法律既有不同又有相同之处。不同的国家,如同不同的人,有不同的汇编和推论,所以他们的律法,从同一个根源出发,成长为各自的法律。②

关于普通法的起源,塞尔登认为普通法和其他国家的法律一样,即在目前普通法所管辖的这片土地上诞生第一个国家后。紧接着为市民社会的便利而在这里设立了自然法律。随着社会和国家的不断发展,最初的自然法则就不断地增

---

① See Daniel Woolf, *The Idea of History in Early Stuart England*, University of Toronto Press, 1990, p. 312 - 314.

② 参见[美]理查德·塔克:《自然权利诸理论:起源与发展》,杨利敏、朱圣刚译,吉林出版社2014年版,第94页。

加、改变以及被解释,直到成为现在的样子。就像船和房子一样,经过长时间不断的修补,现在的船已经没有一件是当初的材料了,但它仍然是那艘船和那间房子。一般而言,通常一个国家法律的荣誉或优越性基本不源于古老性的差异,因为在本质上每个国家的法律都是一样古老的,法律是无法被比较的,最适合这个国家的法律就应该被称为最好的法律。①

在这丰富又复杂的论述中,塞尔登将所有法律体系都简化为区域习惯法。通过参考宪法的基本原则,以及为了使法律的发展适应社会必须要对法律进行修改,来解释宪法之间的差异,他提供了一个持久的、复杂的解决方案,将变化和连续性结合到任何现存的宪法中。最后,塞尔登找到了一系列的原则和有说服力的修辞形象——不断被修补的船和房子,以一种更理论化的方式表达了对早期《英格兰雅努斯神》中有关古代宪法的看法。塞尔登抛开了他的普通法同行所推崇的不可追忆的习惯,以及对其不合时宜的使用,提出了一种深刻的习惯法的历史模式。

尽管他修改了福蒂斯丘的观点,塞尔登仍然坚持许多关于英国宪法睿智而悠久的传统普通法主张。对塞尔登版的福蒂斯丘的《英格兰法礼赞》的注释,虽然简短且有些隐蔽,但包含了塞尔登对法理学本质的一些重要见解,以及对英国宪法史的一些重要贡献,能出色地捕捉到《英格兰雅努斯神》中已经出现的宪法的连续性和变化的景象。最重要的是,在欧洲大陆的语境下与福蒂斯丘的相遇,促使塞尔登引经据典地讲述了法律的本质,将所有的法律都变成了合理化的惯例,并首次揭示了一种新的自然人权理论。将自然法在实际应用中解释成各种管辖范围的习惯法,为塞尔登对上帝的律法的类似看法铺平了道路。这一主题构成了他伟大著作《什一税史》的核心。

**(四)《什一税史》**

塞尔登的《什一税史》展现了伟大的想象力和学术分析能力,标志着他作为学者的全面成熟。即使在今天,它仍然是关于这个主题的典范历史著作。为了纪念罗伯特·科顿爵士,《什一税史》广泛收集了科顿大量的中世纪手稿作为证据,并为科顿和塞尔登的深厚友谊留下了不朽的丰碑。②

1.《什一税史》的写作背景

在17世纪早期,教会什一税的问题引起了许多争议。造成这种情况的主要

---

① See Harold J. Berman, *The Origins of Historical Jurisprudence*: *Coke*, *Selden*, *Hale*, 103 Yale Law Journal, Vol. 103:7, p. 1654(1994).

② See Ofir Haivry, *John Selden and the Western Political Tradition*, Cambridge University Press, 2017, p. 37.

原因是,什一税是教区神职人员的主要收入来源,但这种经济收入已没有充分正当的理由支持。此外,关于哪些产品和收入是可征税的以及征收多少,法律、习俗和法规是不一致的,而且往往是不公平的。不仅神职人员对此不满,那些不得不支付什一税的人也很不满,不满堆积的结果就是导致很多诉讼。在亨利八世时期,修道院被解散后,由修道院所控制的征收什一税的权利被王室夺取,并最终出售或以其他方式转让给其他世俗人。即使是属于神职人员的什一税土地财产,也经常由世俗人来耕种。从理论上讲,教会法院对什一税的诉讼具有管辖权,但普通法院和大法官法院常常根据援引的法规或习俗不适用的说法进行"禁止"干预。所以教会为了维持自己的利益,就不断声称什一税是教会神圣的权利。①

塞尔登的《什一税史》因为内容与当时宣扬的神圣权利学说是背道而驰的,在当时引起了极大的争议,并多次被教会攻击,但他坚定认为,他写这本书的目的纯粹是历史性的,其目的完全是纠正他所看到的和听到的有关于什一税的历史事实错误。实际上,《什一税史》源于对亨利·斯佩尔曼爵士的驳斥。斯佩尔曼在其出版的著作中认为,什一税是教会应享有的权利,应当受到尊重。斯佩尔曼追随经院派认为,所有的什一税都源自上帝和自然的法则,属于教区牧师的神圣权利。事实上,斯佩尔曼曾警告过收取什一税的普通民众:"将这些收款归还给教会,并不是慷慨和仁慈的表现,而是责任和必要性的体现。"他还不止一次地暗示,教会的所有土地都应该归还神职人员。这位重要的古物学者的权威给予了一些英国教会当局大力支持,在这样的支持下,一些英国教会当局更有理由强制要求给教区教堂支付什一税。②

2.《什一税史》的代表性观点

塞尔登以批判的眼光审视了斯佩尔曼和其他许多人引用的所有资料来源,利用希伯来语、希腊语、拉丁语、法语、德语、盎格鲁-撒克逊语和英语的文献,重建了古代异教徒和犹太人、早期和中世纪基督徒支持宗教机构的做法。这一结果表明了斯佩尔曼论点的历史时代错误,也颠覆了正典律师们几个世纪以来一直提出的观点。由于触及敏感问题,而且削弱了神权理论的基础,《什一税史》引发了几次激烈的回应。

塞尔登研究了整个西欧什一税历史的理论和实践。他认为斯佩尔曼所引用的无论是神职人员、博学之士、神父的训诫,还是《教会法》的主张,都没有为历史

① See David Sandler Berkowitz, *John Selden's Formative Years: Politics and Society in Early Seventeenth-Century England*, University of Chicago Press, 2003, p. 67.

② G. J. Toomer, *John Selden: A Life in Scholarship*, Oxford University Press, 2009, p. 327 - 329.

的使用提供足够的指导。这是塞尔登解释的关键,也是其研究引起抗议风暴的关键。他认为神学家和正典律师的论点具有倾向性,甚至是利己观点的表达,这些观点在特定的语境中产生,是对其他观点的回应。通过一以贯之地应用这种怀疑论原则,他的历史解释揭开了有关神法实际应用的面纱。如同自然法则一样,上帝的法则只有在特定司法管辖区的习惯法中才能具体存在。①

《什一税史》用前七章的篇幅调查了犹太人和基督教的什一税发展情况。塞尔登在这部作品的开始部分,先以希伯来语版本的《圣经》为材料,对什一税进行了基础性论述。由于希伯来语是当时被普遍承认的最古老的语言,所以作者在什一税起源问题上确立了学术权威。在《圣经》中,塞尔登将什一税回溯到亚伯拉罕向麦基洗德的进贡:

> 亚伯拉罕打败了哥头剌马等四大王,撒冷城的义王(麦基洗德)作为至高者上帝的祭司……为亚伯拉罕祝福道:"愿亚伯拉罕受造物主至高者的赐福!愿至高者上帝永受赞颂,因他把敌人交到你的手中!"亚伯拉罕将所得的十分之一献给了义王。②

塞尔登对上述材料的最后一句话进行了语言学和法学方面的详细研究。他提问:"所得的"在《创世记》所记诸事件的语境下,是什么意思?应该理解成"战利品、掠夺物",还是"亚伯拉罕的财产"?如果指的是亚伯拉罕的财产,那么它只是与"上帝的活物和地上长出的东西"有关吗?塞尔登通过对《旧约》《塔木德书》和其他犹太教著作的分析,以及运用在闪米特语方面的长处,他还参考了古叙利亚语和阿拉伯语的圣经译本,通过比较各语言所代表的民族习惯法,得出了自己的结论。这里亚伯拉罕上交的财产,是他战利品的一部分,而不是所有财产,后来犹太人的什一税征收范围也逐渐开始缩小。

这主要回应了当时因为社会发展而产生的有关什一税的纠纷。原来的什一税是根据土地的年产量来交付的,但由于农业土地开始被用于开采石、煤炭或金属,征收什一税的人就声称,上述这些产品也要征收什一税。塞尔登当然是持反

---

① Kathleen Loncar, *John Selden's History of Tithes: A Charter for the Landlord*, 11J. Legal Hist. 218 (1990).

② Graham Parry, *The Trophies of Time: English Antiquarians of the Seventeenth Century*, Oxford University Press, 1995, p. 120.

对意见的,于是就追溯了什一税最初的征收范围是什么,以借此回答这个问题。①

除此以外,塞尔登在教会的前400年里,没有找到证明有什一税的证据。在接下来的4个世纪里,教会神父们都支持什一税的捐献,并在荷马和米兰征收什一税。对谷物和家畜按年份强制征收什一税的制度直到查理曼时期才出现。查理曼大帝颁布的世俗法律是第一次有记录地在西欧创造一种合法的什一税权的尝试,从此以后,什一税才成为教会的固定财政收入。在这里,塞尔登认为什一税是由封建法律确立起来的,并且与封建制度有着千丝万缕的联系。② 在查理曼时期,世俗人开始频繁地将什一税奉献给特定的教堂或修道院。教士们因为教会权力的扩张而咄咄逼人,也开始更频繁地宣称,所有的什一税都是他们的神圣权利:

> 在更频繁的情况下,所有者可以选择将他们的永久奉献的权利单独给任何教堂或修道院,对教会的捐款是按照习俗或神圣的方式建立起来的,不付款也可以免责。根据教会的普遍观点,他们认为什一税是神圣的权利,但这是从神职人员允许的一般惯例中解释出来的。在这个时期,教会法非常频繁地提及他们的权利。查理曼大帝颁布的第一个法律可能会成为在国内普遍适用的法律,但这种实践并没有遍及欧洲。③

从上述段落可以看出,在查理大帝统治时期,什一税还没有成为一种普遍的制度。后来随着教会权力的不断扩张,强制征收的什一税才在整个西欧广泛传播,教会关于教区权利的争论得到了胜利,教会圈子里神圣权利的主张很有优势,早期赠与的证据都被掩盖了。然而,在同一时期的神学家,尤其是道明会教徒和方济会修士,开始质疑什一税神圣权利的确切性质,或者说事实上它是否存在:

> 在这之后的时间里,通过对以前的仲裁转让程序作出反对的法令,以及在教会法的条文中假定什一税的一般权利,教会法变得越来越有力量,教区权也变得越来越稳固。但是,在他们的一般权利是根据什么法律而产生的问题上,圣典学者和神学家的意见是不同的。根据所有基督

① See Graham Parry, *The Trophies of Time*: *English Antiquarians of the Seventeenth Century*, Oxford University Press, 1995, p. 122.

② See Kathleen Loncar, *John Selden's History of Tithes*: *A Charter for the Landlord*, 11J. Legal Hist. 218(1990).

③ Kathleen Loncar, *John Selden's History of Tithes*: *A Charter for the Landlord*, 11J. Legal Hist. 218 (1990).

教国家的普通法的惯例(就我所读到的而言),它们受风俗习惯的约束,
而且有时不交付,有时只交付一部分。①

法国、德国、西班牙、意大利等其他国家的法典表明,是世俗法律规定在特定管辖范围内实施什一税的税收政策的,欧洲的习惯法牢牢地控制着征收的方方面面。

在后七章中,塞尔登将应用于整个西欧的模型应用到英国的历史资料中,包括许多中世纪的手稿。从盎格鲁－撒克逊法典开始,到爱德华六世为改革英格兰新教正典法而设立的委员会结束,他系统地讨论了大约41个法案、请愿书、法令和其他文件,这些文件涉及设立和限制什一税。塞尔登仔细分析了盎格鲁－撒克逊人的材料,以及后来的修正材料。他指出,在盎格鲁－撒克逊时期或早期诺曼时期,很少有证据表明存在一种普遍实行的什一税制度。例如,《末日审判书》中列出了许多教堂的财产,但在那些教堂的收入中很少能找到什一税。英国的什一税制度大约在撒克逊时代中期建立起来,其发展也不连贯,按教区征收的常规什一税,直到亨利三世(Henry Ⅲ,1207～1272年)在位期间才开始,在这之前,什一税是由个人提供自己土地上每年生产的产品。这就反驳了神学家的观点,认为什一税是一种远古就有的制度,是随着教会的成长而发展的,也反驳了斯佩尔曼认为什一税是属于教区牧师的神圣权利的观点,毕竟在亨利三世之前是不存在按教区征收什一税的。②

犹太的什一税是从摩西律法开始的,随着公元64年第二圣殿的破坏而停止。对古希腊和罗马的资料来源,特别是斯佩尔曼所引用的资料的分析,没有发现任何证据表明它们实行了由法律强制执行的宗教比例捐款制度。在盎格鲁－撒克逊时期或早期诺曼时期,所有现存的资料都指出,什一税是根据捐献人的意愿免费提供给教区或修道院的。塞尔登列举了许多早期手稿中"自愿奉献"的例子,在约翰国王(John Plantagenet,1166～1216年)统治之前最普遍的做法是,由俗人通过自愿奉献将他们财产的什一税奉献给修道院或教堂,许多所谓的"捐款的什一税"都是从这些自愿奉献中找到来源的。塞尔登对他的发现非常自豪,因为他发现什一税起源于西欧,是自由自愿的奉献。③

---

① Kathleen Loncar, *John Selden's History of Tithes: A Charter for the Landlord*, 11 J. Legal Hist. 218 (1990).

② G. J. Toomer, *John Selden: A Life in Scholarship*, Oxford University Press, 2009, p. 271－272.

③ Kathleen Loncar, *John Selden's History of Tithes: A Charter for the Landlord*, 11 J. Legal Hist. 218 (1990).

在发现了什一税源于世俗人的自愿奉献之后,塞尔登又意识到由于罗马教皇精心策划并执行了一项新法律,普遍征收什一税的权利就归属了教区牧师,并在整个西欧蔓延开来。这一神圣的什一税运动包括通过法令废除一切自愿的奉献,将自愿定期交付的什一税变成按惯例应交付的什一税。与此同时,教皇对世俗统治者施加强大的压力,要求他们在世俗法律中以合法的方式将什一税纳入其中。

从1200年开始,这一事业在教皇英诺森三世(Innocent Ⅲ,1161~1216年)的统治下达到顶峰,与此同时,教皇在西欧的政治权力也达到顶峰。塞尔登认为,教区的什一税权可能来自上帝,但只有在教皇篡夺权力时,国王也不得不屈服于神职人员的要求时,这种权利才会强加于世俗人。通过对英格兰国王的诱惑和威逼,这种权利才进入普通法,并在英国普遍实行。普通法规定强制征收的什一税是现金交付,而且是固定数量的,并不是按财产的实际比例征收。教区神职人员在英国的什一税权利要依靠中世纪议会通过的保护财产权的法规,所以如同在其他欧洲国家一样,收缴什一税仍受习惯法的约束,因此也受成文法变化的约束。①

教会不仅通过自己的强权使什一税的征收方式从自愿捐赠转变成强制普遍征收,更为变本加厉的是,为了更好地维护教会征收什一税的权利,营造什一税权是教会天然享有的思想氛围,教会采取了公然欺骗的方式掩盖真相。塞尔登在一些十二三世纪财政公共档案、诉讼材料、宪章中发现了蛛丝马迹,牧师在强迫世俗者交付什一税后,从公共记录中删除了早先自愿奉献的所有内容,以此保护这一权利,因此塞尔登对这种冒用神名的作恶者和辩护者感到愤怒。

塞尔登在著作中除了不齿于教会的行为之外,还隐藏着对基督教会的独特看法,它设想了一个由君主和人民管理的教会,其融入社会,并因俗人以及神职人员的奉献而丰富起来。这种看法帮助他重新解释了《什一税史》。在经院派取得胜利之后,大家都相信什一税一直是属于教区牧师的,即使像斯佩尔曼这样优秀的学者也没有真正发现它的缺陷。只有塞尔登通过对早期手稿来源和科顿古文献资料收藏中的公共档案的调查,才发现相反的证据。②

## 三、塞尔登的研究方法、特点与贡献

作为17世纪英国最著名的法律史学者,塞尔登孜孜不倦地进行研究,对英国

① Jason P. Rosenblatt, *Renaissance England's Chief Rabbi: John Selden*, Oxford University Press, 2006, p. 218-221.

② Jason P. Rosenblatt, *Renaissance England's Chief Rabbi: John Selden*, Oxford University Press, 2006, p. 224.

法律史研究作出了重大贡献。他重新诠释了英国古代宪制，把柯克的历史主义向前推进了一大步，超越了不可改变的远古基本法的概念，变为发展的过去以及进化的基础法的概念。他将人文主义史学研究方法与法律发展研究相结合，推动法律史研究专业化的发端，为后世法律史研究奠定了基础。

**（一）方法与特点**

1. 博学好古

16 世纪，英国深受文艺复兴的影响，史学思想发生巨大转变，开始关注起人类自身历史的发展，逐渐摆脱神学的奴役。因文艺复兴运动而掀起的好古之风也在英国广泛传播，人文主义的史学研究方法也随着英国博学好古研究的兴盛而传播开来。塞尔登深受博学好古之风的影响，所以在史学研究上呈现典型的人文主义史学研究方法的特点。

文艺复兴运动使许多欧洲人对古希腊古罗马文明产生了极大的兴趣和热情。他们迫切地想要了解古希腊和古罗马世界，但关于古代世界的文献记载并不多，人们就把目光投向记载古代世界辉煌文明的古物上，这些古物不仅承载着古希腊古罗马的文明，更吸引人文主义者的是其背后所隐藏的精神价值。为了更好地通过古物了解古希腊和古罗马文明，古物研究者也对古钱币、铭文、碑刻、纹章、希伯来语以及各种古典语言展开了研究。

对上述技能的掌握，使人文主义者更为深入地了解历史，他们在对古代文明产生一定认知之后，意识到古希腊古罗马世界相比自己所处世界的差异性和遥远性，从而产生了“历史感”。“历史感”使这些人文主义者不再盲目地仿古代作品，因为他们可以通过细致的古物研究以及所掌握的广博的辅助知识，区分出错误和虚假的信息，形成一种批判性地看待古代作品的意识。人文主义者们在这种意识的指导下，首先通过各种辅助学识来辨认出真正的古代作品，其次在精通古代语言的基础上再来理解古代作品。可以说，博学好古研究推动了文本批评研究的兴起。①

现代史学的辅助学科——校勘学或文献学的源头可以追溯至意大利文艺复兴时期的洛伦佐·瓦拉（Lorenzo Valla，1407～1457 年），②他是该时期最有影响力的文本批评研究者之一，其完成于 1440 年的著作《君士坦丁伪赠礼考证》，就证

---

① 参见朱晶进：《文艺复兴时期英国的博学好古研究与民族史书写》，中国社会科学出版社 2018 年版，第 34～37 页。

② 参见朱晶进：《文艺复兴时期英国的博学好古研究与民族史书写》，中国社会科学出版社 2018 年版，第 38 页。

伪了罗马教会染指世俗政权的文献资料《君士坦丁的赠礼》。他的方法主要包括两方面:一是将同时代的古拉丁语言与著作中的语言相对照;二是通过法律、政治、历史等相关资料与既有研究成果进行证明。这就是现代学术上的"内证法"与"外证法"。瓦拉开创了"内证法",对文艺复兴时期的学术作出了重大贡献;提供了一种新的研究思路,对原始文献的使用,必须要先检验文献的真实性和可靠性。①

随着文艺复兴运动的发展,意大利的博学好古之风逐渐传到西欧各国,英国第一位博学好古研究学者是约翰·利兰(John Leland,1503 ~ 1552 年),他在亨利八世的支持下,考察英国的抄本收藏和图书,以恢复英格兰的文学传统,国王还授予他"皇家古物官"的头衔。约翰·利兰注重通过实地考察收集资料,热衷于收集古物,也注重收集年代久远的古代手稿,这些对古物与手稿的研究经历为利兰的古物学研究奠定了坚实的基础。

英国的博学好古研究氛围是在 16 世纪中叶慢慢形成的,奠定英国博学好古研究基础的是威廉·卡姆登。卡姆登喜欢实地考察,因此他周游英国,是一个"读万卷书,行万里路"的实践者,并将周游时的见闻记录下来,累积了大量的一手资料,包括官方记录与私人谈话,以及各地图书馆藏品等,并与地方的学术流派交流,兼容并包,博采众长,写下了英国最为重要的史学著作之一——《大不列颠志》。卡姆登的史学观已经摆脱了中世纪修道院史学,抛弃了基督教神学的历史观。他注重现实世界,但对于古代历史也十分重视,主张以理智而谨慎的态度来研究历史,希望通过各种研究手法还原古代历史的原貌。这已经是较为成熟的人文主义史学观念。②

另外,卡姆登是追随比昂多(Flavio Biondo,1392 ~ 1463 年)的,他的《大不列颠志》可以看作向比昂多的名著《辉煌的意大利》的致敬。③ 卡姆登继承比昂多对古物研究充满的热情,对资料来源持批判的态度。在对史料的批判和甄别上,卡姆登在继承利兰的基础上,将考古实物作为验证史学的手段之一。他喜欢通过分析找寻历史事件的前因后果,通过对比正误参照、详略互补来找寻历史的真相。④卡姆登将英国古物研究发扬光大,影响了整个斯图亚特王朝时期的史学研究。他

① 参见徐波:《博学好古研究与西方史学》,载《四川大学学报(哲学社会科学版)》2005 年第 1 期。

② 参见朱晶进:《文艺复兴时期英国的博学好古研究与民族史书写》,中国社会科学出版社 2018 年版,第 63 页。

③ 参见邹薇:《文艺复兴时期的英国史学》,四川大学 2006 年硕士学位论文。

④ 参见朱晶进:《文艺复兴时期英国的博学好古研究与民族史书写》,中国社会科学出版社 2018 年版,第 65 页。

还建立了英国古物研究家学会,定期举行会议、交流学术。因此有人评论,“英国考古学、古器物研究长期处于西方该领域研究的前列,与卡姆登奠定的传统是分不开的”。[①]

好古学在英国的兴盛,使越来越多的好古者热衷于收集古物以及古老的历史文献资料等。对古物的热爱使历史学的辅助学科如钱币学、金文学、古语言学、纹章学等发展起来,这些辅助学科的发展又推动了英国考古学的发展,这些客观的历史文物以及各种辅助学科的发展,推动历史靠近真相,也为历史文献资料真伪的鉴定提供了方法。另外,好古者对手稿和古文献资料的广泛收集,则为史学研究奠定了基础。

塞尔登是继卡姆登之后,英国最为杰出的博学好古学者,塞尔登与卡姆登有诸多学术交往,卡姆登经常就古语言问题向塞尔登讨教,塞尔登也经常参加古物研究的研讨会。塞尔登深受博学好古之风的影响,约翰·弥尔顿(John Milton,1608～1674 年)就曾评价塞尔登是英格兰最为博学之人,他不仅精通希伯来语、拉丁语等多种古典语言,而且在碑刻铭文、纹章、古钱币等古物方面也颇为精通,所以在法律史学研究方法上,塞尔登呈现出典型的人文主义史学研究方法的特点。

2. 重视历史与现实的联系

塞尔登虽然深受博学好古之风的影响,但塞尔登不像普通的古物学家,沉浸于古物之中,致力于挖掘构建古代世界,丝毫不关心过去与当前现实世界的联系。身为优秀的历史学家,塞尔登声称不把历史本身当作目的,除非历史研究能说明问题,否则,就毫无意义。真相是以过去的事实为基础,这与他对历史研究目的的看法最为密切相关。他不关心“光秃秃的、没有任何价值的古代”;他关心的是过去“珍贵而有用的部分”,因为过去只有这一部分,才能“照亮现在”。[②] 只有过去的这一部分能帮助当代的人们了解他们的法律、习俗和制度,从而解决他们的疑问和问题。

这一观点体现在《荣誉头衔》的序言中,他说:“我认为没有真正过时的头衔,与这些相关的知识可以帮助对目前使用的这些东西的理解。在他们的世界是盛行的,但在现在没有留下太多痕迹的东西,我心甘情愿地放弃了。”他在《什一税史》前言中也表达了同样的观点:“这本著作的目的不是从旧时代的残余中吸取

① See Paul Christianson ed., *Oxford Dictionary of National Biography*, Oxford University Press, 2004, p. 217.

② See John Baker, *Collected Papers on English Legal History*, Cambridge University Press, 2014, p. 760.

教训,用这种不完美的模式来产生任何创新。古物也仅仅说明过去是什么,但为了对目前的实践和怀疑给予别的解释,就算是古物不受重视的部分,我也重视它。"[①]从塞尔登的这些言论中可以看出,他注重过去与现在的联系,以及过去对现在的影响,而不像古物研究者一样只关注古物本身、沉迷于过去。

塞尔登也曾向他的朋友和赞助人罗伯特·科顿爵士表达了自己这种历史观,"不容质疑的是对于光秃秃的、枯燥乏味的古代过分关注的行为,可能很快就会沦落到昏聩的地步,这样的行为只会碌碌无为而已。所以,忽视古物能对现在产生启示的宝贵部分,只不过是一种无知的初期阶段;其实正是这一部分在国家、法律、历史和对作家的理解方面对当下给予了必要的启示"。[②]

从塞尔登对历史研究目的的看法可以清楚地看出,他并没有把自己看作一个叙事历史学家,而是努力成为一个启示性历史学家。他的目的并非仅仅通过讲述历史故事来实现,而是揭示历史事实的真相,并将过去时代的教训传授给现在的人们。他只在过去"有用的"部分的基础上写作,只有这部分才能给现在以"光明";通过历史经验给当下以启示是他作品的主要根基。

3. 追求历史真实性

塞尔登认为,"历史就是事实",而历史学家的任务就是发现事实并将其公之于众,这个想法从一开始就支配了他。历史是实际上已经发生的事情、过去人们实际上是怎么想的,历史学家的调查和写作因此受到严格的限制,并被事实和现象限制。[③] 历史学家必须处理各国人民的法律、制度、惯例,以及人们对这些事情的意见,但他必须将所有这些事情仅作为一种历史来处理。

塞尔登把自己限制在事实陈述的范围内,而且不允许他自己的个人观点或对这些事实的个人解释出现在他的历史著作中。他拥有对历史真相的热爱,他发现真相只存在于现状和过去的事实中,完全没有受到历史学家自身的人格影响。客观的历史真相被包含在事实中也只能在事实中,历史学家的职责是让自己知道并让别人也知道历史真相。[④] 因此,塞尔登在《什一税史》的序言中宣称"不会为选定的结论创造历史,宁愿通过证明的方式追求真理"。在不止一篇文章中,他严厉抨击那些只看证明自己所倾向理论的证据和相反证据的人。他在回答蒂勒斯利

---

① Harold D. Hazeltine, *Selden as Legal Historian: A Comment in Criticism and Appreciation*, Harvard Law Review 105(1911).

② See Harold D. Hazeltine, *Selden as Legal Historian: A Comment in Criticism and Appreciation*, Harvard Law Review 105(1911).

③ See Kelly Boyd, *Encyclopedia of Historians & Historical Writing*, Routledge Press, 1999, p. 1082.

④ See Kelly Boyd, *Encyclopedia of Historians & Historical Writing*, Routledge Press, 1999, p. 1083.

(Richard Tillesley,1582～1624年)①的问题时说,“我的例子表明外行不是唯一的授权人,而蒂勒斯利告诉你,这位赞助人给了他们精神方面的监督,所以他认为一切都证明了这一点。蒂勒斯利倾向于寻找他认定结论的常见例子,然后认为他们遇到的每件事都证明了他们的所作所为。我们在法律学院中不使用这种逻辑”。② 这向我们透露了塞尔登对历史调查归纳过程的坚持。作为一名法律史学家,他坚持用历史资料告诉人们过去的故事,从真实而权威的历史资料中归纳出结论,而不是有倾向性地为某个自己支持的结论创造历史前提。

对于历史真实性的追求使塞尔登执着于寻求和使用原始材料和一手文献资料,这些材料、资料就是他历史著作的坚实基础。在他的作品中,他不止一次地表达了对于一手文献以及原始手稿资料的热爱。在《荣誉头衔》序言中,他说:“无论我的调查可以帮到你什么,我向你所倾吐的都没有引用二手的东西。”当他在《什一税史》的序言中讨论他的权威根据时,他评论道:“只有根源,或者是能让我清楚看到根源的东西才能让我满意;我认为每个明智的读者都会对此满意。”③因为塞尔登只满足于最好的根据,而最好的根据本身就是由第一手的资料构成。他对这些权威根据的依赖在他最早的著作中可以观察到,并且一直持续下来,这是他所有作品最具特色的特征。例如,他写的英国法律史著作,部分是以英国古典法学家的作品为基础,如格兰维尔(Ranulf de Glanvill)、弗莱塔(Fleta)等;但他更经常地倚仗一手资料,如宪章、认罪书、年鉴、原始令状和法令等。只有查询过这些资料,他才觉得自己在逐渐靠近法律史的真相。④

塞尔登强调,他在研究和写作英国历史时需要使用手稿材料,因为在他的时代里,英语手稿资料很丰富。用他自己的比喻来说,仅仅使用印刷材料来学习和写作英国历史就像是建一个用泥堆起来的不牢固的建筑物,只有木材和石材的使用才能加强和巩固它。他遵循自己的戒律,所以在他关于法律史的著作中,他大量使用了手稿材料这样的“木材和石材”。不仅在他的法律史著作中,在他其他历史著作中,他都拒绝完全依靠印刷资料,而是选择仔细研究他自己图书室和各种图书馆的手稿,当然也包括科顿图书馆的资料。

事实上,塞尔登重视历史真实性的历史观影响了他编写历史著作的整体态

---

① 蒂勒斯利是一名英国牧师,以出版捍卫什一税的著作而出名。

② See Daniel Woolf, *The Idea of History in Early Stuart England*, University of Toronto Press, 1990, p. 281.

③ Daniel Woolf, *The Idea of History in Early Stuart England*, University of Toronto Press, 1990, p. 282.

④ See G. J. Toomer, *John Selden: A Life in Scholarship*, Oxford University Press, 2009, p. 68.

度。他对于历史事实的崇高理想——历史真相存在并且只存在于事实中——有意识地和有目的地指导他收集和使用信息资源。正是这种高度的理想指引他以“最准确的搜寻方式”行使他的“调查自由”,努力寻求权威典据、“好引证”、“可靠的遗迹”,因为只有这些真实而可靠的资料和历史文物,才能让他更清楚地看到历史真相。① 为了筛选出最真实可靠的史料文献资料,塞尔登与卡姆登一样,对文献资料的来源和内容始终保持批判的态度,并且对权威文献资料也不是盲目认同,而是持怀疑的态度,通过同步性方法对其进行校验。

4. 校验与同步性证明方法

塞尔登严厉批判对文本进行“大胆但无知的批评和修改”的人。他通过审查历史写作材料,经常会发现虚构和涂改的文字。他会看各种版本的文本,并注意到它们的一致和不一致的观点,将印刷版与手稿的内容进行比较,又从档案和其他文献来检查印刷版,甚至连文献的注解也要考证。他曾经评论道:“古代作家的遗迹应该准确无误地传达给公众,我们应该避免篡改他们的著作。那些之前犯错的人通过注释,以推测解释的方式纠正,留下自认为更好的判断。印刷品中字母的变化仅仅是为了引导读者更早地看到这些改编者所看到的东西,而不是最初作者所要表达的东西。”②

塞尔登坚持用可信度高的资料来支持他关于过去事实的论点。选择权威资料之后,接下来就是解释它们,并在建立历史结构中使用它们。他把所有的关注、全部的技巧以及他所有的博学,都用来解释他文献中的文字和段落。他除了经常比较和检查文献与印刷副本,以及各种不同的版本外,还会查询同时代的判决书、特许状、编年史,法条、年鉴和认罪卷,他注意到并解释了他们的一致意见和不同意见,以便确定历史真相。③ 他以一种归纳的方式,根据历史资料得出规则和制度存在或不存在的结论。塞尔登十分谨慎,不会以没有足够证据的方式得出结论。而且塞尔登也坚持查看资料的历史背景,关注资料的来源,以确定真实事件不会与其背道而驰。

塞尔登用“同步”(synchronism)这个词来表示时间上的一致性——通过时间序列(chronological)和连续性(coherence)来检验历史真相。通过“同步性方法”

---

① See Harold D. Hazeltine, *Selden as Legal Historian :A Comment in Criticism and Appreciation*, Harvard Law Review 105(1911).

② Harold D. Hazeltine, *Selden as Legal Historian:A Comment in Criticism and Arrreciation*, Harvard Law Review 105(1911).

③ See Frank Smith Fussner, *The historical Revolution: English historical writing and thought*, 1580 - 1640, Cambridge University Press, 2010, p. 207.

来研究一份文献,首先要弄清楚它是否符合它所处的历史背景,其次要注意所描述的事件是否按时间顺序发生在特定的时间点。狭义上讲,同步性不过是一个不言自明的命题:历史事件或人物必须根据其日期结合在一起。例如,西萨克森州的国王克努夫(Kenulph)不能参加某一宗教会议,因为当时他已经死了。因此,断言克努夫在那个时间点参加该会议的文件一定是可疑的。通过这种方法,塞尔登发现了中世纪的许多宗教文献造假,教皇和其他宗教成员的传说常常充斥着谎言。例如,枢机主教巴洛尼乌斯(Cardinal Baronius)提出证据,声称达马苏斯教皇(Pope Damasus)在大约380年颁布了有关什一税的法令,塞尔登认为这是虚构的。根据对其他证据的综合分析,这不符合那个时代的连贯图景。①

然而,从更广泛的意义上说,同步性可以说是根据古文字学的知识来进行整个年代测试。例如,《什一税史》开篇的几句话提出了一个问题:如何解释《圣经》中亚伯拉罕将其侄子罗德救回来的时候,他受到了麦基洗德的祝福,他按照《圣经》把自己的全部财产的十分之一给了麦基洗德?② 面对这个问题,塞尔登对同一段经文的希腊文、阿拉伯文、希伯来文和拉丁文译本进行了比较,以语言学的发展作为证据,得出这样的结论:亚伯拉罕所付的钱,不过是战利品的十分之一,而不是其全部财产的十分之一。除了《什一税史》,塞尔登的大多数论点都或多或少地依赖于语言学的检验,尤其是《荣誉头衔》中的观点。通过这些测试,塞尔登区分了历史的真伪。精确的年表使精确的历史成为可能。时间、地点和环境必须彼此一致,如果不一致,就需要解释。因此,历史学是证据对一系列问题的解释。

5. 注重比较

塞尔登广泛研究了西方国家的法律体系,这为他提供了比较法史学家所必需的广泛的观点和知识。塞尔登对比较研究的基本准则的认识是,首先要对两个或两个以上要比较的东西进行分别研究和单独研究。③ 他确实非常看重自己研究每个国家和每个时代的法律历史的必要性,得到的结果成为他归纳比较的基础。

塞尔登谨慎地使自己的作品所引用的资料不背离语境。例如,他不会单独地

---

① Frank Smith Fussner, *The Historical Revolution: English Historical Writing and Thought*, 1580–1640, Cambridge University Press, 2010, p. 208.

② 亚伯拉罕的侄子罗德在战争中被俘虏,亚伯拉罕出动兵马解救罗德,在回来的路上,路过撒冷城。撒冷的国王麦基洗德出来迎接他,还给他和部下带来了饼和酒,并为亚伯拉罕祝福。亚伯拉罕把打胜仗所得的战利品拿出十分之一来,献给麦基洗德,以表示对他的感谢。

③ See D. R. Woolf, *Reading History in Early Modern England*, Cambridge University Press, 2001, p. 278.

引用某些相关的资料,“不过,我还是谨慎而又简短地把那篇文章的来龙去脉也写了下来。这样,读者掌握了文献的全部情况,就可以尽可能多地收集相关资料”。[①] 但塞尔登做的远不止这些。他不是简单地着手收集先例,而是试图发现具体的做法和意见是如何与它们出现的时代环境以及它们所处的历史传统相联系的。

比较历史学是在语境中构建事件的手段,通过拓宽比较的基础,塞尔登能够克服大多数不精确类比的错误。在《荣誉头衔》中,他详细描述了关于比较历史学的观点,指出“在任何民事争论被提出的国家和时代,没有什么比仔细检查法律、风俗习惯、所接受的解释及其影响更有助于作出正确的判断”。在《什一税史》中,他也比较了不同时代、不同国家的什一税理论和实践。

塞尔登在《什一税史》中强调:旧的圣典学者所提出的主张必须根据时代的性质来解释。如果教规只是表达了某一特定时期教会的观点,很明显,它们不能作为实践中什一税是如何交付的证明。当他提到“违反教规的远古习俗和旧条例”时,他指的是可以根据当代记录加以核实的交付习俗或传统。那些坚持认为所有的什一税都应遵守摩西律法的人,他们的错误在于要么没有定义他们的术语,要么没有区分不同时代的习俗。[②]

通过这种比较的方式,塞尔登注意到许多国家和不同时段法律发展的特征,以及一个或多个国家、一个或多个时代所特有的特征,也注意到一项法律制度对另一项法律制度的影响,几个世纪以来法律发展的轮廓也被细致地描述出来,这使塞尔登克服了许多著名法学家所无法克服的普通法心智的局限性,以一种更为开阔的视野来看待英国普通法的发展。正是这种全球范围的法律发展探索突出表明了塞尔登的著作特征,使其在比较法学研究史上具有深远的意义。[③]

16世纪末至17世纪中叶,虽然英国的历史研究在文艺复兴和博学好古风潮下有所进步,但还未彻底从神权思想的束缚中挣脱出来,处于一个向现代过渡的时期。塞尔登的法律史研究方法已经具有明显的现代化特征,这在当时来说是非常先进的。他深受博学好古研究的影响,不仅是博学好古研究的领军人物,而且更进一步在博学好古的基础上发展出先进的法律史研究方法,将历史研究方法与

---

① See D. R. Woolf, *Reading History in Early Modern England*, Cambridge University Press, 2001, p. 279.

② D. R. Woolf, *Reading History in Early Modern England*, Cambridge University Press, 2001, p. 279.

③ Harold D. Hazeltine, *Selden as Legal Historian: A Comment in Criticism and Appreciation*, Harvard Law Review 105(1911).

博学好古研究方法运用于法律发展研究当中,这使其成为英国法律史研究专业化的先驱。正是由于这种法律史研究方法,塞尔登才能比同时代的法学家更能看清英国普通法的发展,在其法律史著作中提出许多有影响力的观点。

**(二)主要贡献**

1.推动古代宪制思想研究

16世纪的英格兰出现了一种全面继受罗马法的主张,维护这种主张的不仅有弗朗西斯·培根等著名学者,詹姆斯国王也基于罗马法中所存在的“国王的意志是具有法律效力的信条”的观点,站在推崇罗马法立法理性一边。相比当时的普通法,罗马法显然与詹姆斯的政治主张更为契合。在这样的背景下,英国普通法面临前所未有的危机。恰如比较法学家茨威格特所说,“在英国法律中,只有一个时期,普通法曾全面面临被罗马法完全驱逐至少被挤到一边的危险”。[①]

面对这样的情形,以柯克为代表的法律职业者仍然坚定捍卫普通法的权威性,通过普通法的不可追忆性来论证普通法的权威。柯克认同福蒂斯丘关于普通法的观点,认为普通法的历史是悠久的,从无法记起的时间起就已经存在。[②] 柯克强调的“不可追忆性”观念,即通过证明普通法自远古时期就已经存在,来证明普通法的先天合理性,并对后来者形成先天约束力。因为主张普通法的连续性,柯克否认诺曼征服对普通法的影响,他甚至认同是布鲁图斯王在公元前12世纪将普通法由希腊引入不列颠的。在当时的政治背景下,柯克维护普通法的至高无上地位,是为了维护英格兰“王在法下”的古代宪制传统,有其积极作用和意义。可以看出,中世纪英格兰人的典型浪漫主义思想对柯克的影响,他对普通法传统的看法过于抽象和理想,缺少应有的细节,因此经常受到古物学者的抨击。

以柯克为代表的普通法律师在当时存在一种悖论:当时的普通法律师认为普通法就是习惯,因为法律可能是某代人的智慧结晶,但习惯是数代人的智慧总结,而法律总是在不断变化和调整以适应社会的变化。本来这样的思维应当会导致一种关于法律性质的历史概念,然而主张法律是习惯的普通法律师相信,普通法连同其他宪法一直就是它现在的样子。柯克认为,古代习惯的存活证明了,经过习用的考验,它已经被证明是现代的了,但事实上习惯已经变化了。[③]

---

① 参见[德]K.茨威格特、[德]H.克茨:《比较法总论》,潘汉典等译,法律出版社2004年版,第290页。

② 参见泮伟江:《一个普通法的故事:英格兰政体的奥秘》,广西师范大学出版社2015年版,第63页。

③ 参见[英]J.G.A.波考克:《古代宪法与封建法:英格兰17世纪历史思想研究》,翟小波译,译林出版社2014年版,第35页。

柯克是塞尔登的好友,对塞尔登有重大影响,塞尔登也支持普通法连续性观点,和柯克一样试图通过古代宪制来限制王权的膨胀。但塞尔登广泛研究各国历史,拥有真正的历史学家的眼界,他看到了普通法的历史演变,把柯克的历史主义向前推进了一大步,超越了不可改变的远古基本法的概念,变为发展的过去以及变化的基本法的概念。① 对于塞尔登来说,英国法律在其历史进程中经历的巨大变化,尤其是在诺曼征服之后,不仅构成了一种前进的进步,而且也使后代继续前进。柯克完全明白,在诺曼征服之后,普通法已经发生变化,但其全部重点在于连续性。塞尔登不仅看见了连续性,还敏锐地发现了连续性中所存在的变化。他相信基本英国宪制和原则的远古永恒特征,但他同时也看到了不同时期发生的变化,这些变化在逐步完善这些基本制度和原则。② 塞尔登通过论述习惯法的两面性(一方面习惯法是永恒不变的,另一方面习惯法又是变化的)来说明,正是这种变化中的不变给予了普通法权威。

塞尔登因为使用人文主义历史研究方法,并不认同柯克等人对普通法的古老崇拜,而认为所有的法律原本都是同样古老的,都起源于自然。自然虽说永恒不变,却是可以限制的,有限的自然法律就是现在各国所使用的法律。普通法也是远古自然法的一种演变结果。国家诞生之后,出于发展的考虑,自然法被不断地增加、改变以及解释以适应国家的发展变化,直到成为现在的普通法。除了在《对福蒂斯丘的注释》中所说的船的例子外,塞尔登还以河流作为比喻,生动表达了自己的观点:一条河流在流经的途中会不断注入新的河水,但这条河还是这条河,并不会因为注入新的流水就完全改变。就像普通法一样,虽然经历了罗马法的影响,添加了撒克逊人的习俗,以及后来威廉征服后,加入了很多诺曼习俗与封建法,但是这都只是为普通法这条源远流长的河流添加新的内容而已,而河的源头没有改变过,这条河也从来没有断流过。③

通过上述思想,塞尔登解决了普通法律师们的"威廉征服"难题。在塞尔登看来,"威廉征服"的确把封建法引入了英格兰,改变了普通法,但即使如此,威廉还是要宣称继承的是爱德华的法律,并且他和他的后继者通过契约来约束他们遵守作为征服者予以统治的法律,他们屈服的正是基本法的权威。虽然普通法的内

① 参见[美]哈罗德·J.伯尔曼:《法律与革命(第2卷):新教改革对西方法律传统的影响》,袁瑜琤、苗文龙译,法律出版社2008年版。

② See Harold J. Berman, *The Origins of Historical Jurisprudence*: *Coke*, *Selden*, *Hale*, Yale Law Journal, Vol. 103:7, p. 1663(1994).

③ See Ofir Haivry, *John Selden and the Western Political Tradition*, Cambridge University Press, 2017, p. 408.

容已经完全改变,但是经过长久时间演变而被英格兰人民所同意的基本法没有改变,即宪制的基本原则和框架没有改变。就像历史上其他国家和种族对英格兰的入侵一样,威廉只是给普通法带来了改变,但并没有改变基本法。

塞尔登关于普通法的这种观点,完全被马修·黑尔继承。马修·黑尔在塞尔登的基础上又进一步发展了普通法,并诞生了第一本专题研究英国普通法发展史的著作。黑尔也认为,法律的本质在于稳定的连续性,并且在其著作《普通法史》中引用了塞尔登以船为喻的方式来说明普通法连续性与改变之间的关系。黑尔将普通法比作阿尔戈号船①,在他看来,普通法就像阿尔戈号船一样,虽然在漫长的航行中不断被修补,船身的材料不断被替换,几乎没有出发时的任何材料,但在返航靠岸时仍是出发时的那艘船。②

黑尔认为,随时间的流逝,实体法也许被完全改变了,但确认法律系统中其他规则具有约束力的宪法规则、基本宪制框架仍然没有改变。就像阿尔戈号船,可能船舱的位置和用来搭建船结构框架的材料发生了变化,但船的框架结构却没有发生变化。这些变化都是在框架内的修修补补所产生的,并不能使阿尔戈号船(普通法)变成另外一艘船。如果将框架拆解,就算用旧材料搭建起新框架的船,这艘船也不是阿尔戈号船。③

在黑尔所构建的普通法体系中,法的起源问题并不具有证明普通法权威的绝对作用,即普通法的起源丝毫不影响其效力。因为黑尔认为,普通法本身就是不断变化的,它并不是通过追寻不可追忆性来获得其权威性的,而是在于对其"习用、接纳和践行"。④ 黑尔试图将法的客观历史与法的历史性区分开来,只有阿尔戈号船上的人对其的修补与使用("习用、接纳和践行")而形成的共同确信,才能使阿尔戈号彻底被改变,而不是船上的材料被全部更换。这种"习用、接纳和践行"的观点使法律更趋理性化,即法律作为一种解决问题的手段和技术,通过"习用、接纳和践行"来适应或回应随社会发展而不断出现的各种需求。⑤

---

① 阿尔戈号船是希腊神话中最大的船,以赫拉克勒斯、俄尔甫斯和忒修斯等人为代表的英雄们,在雅典娜的护佑下,乘坐此船去寻找金羊毛,历尽艰险后方才返回家乡。

② 参见[英]马修·黑尔、[美]查尔斯·M.格雷编:《英格兰普通法史》,史大晓译,北京大学出版社2016年版,第135页。

③ 参见江小夏:《理性之争语境下的普通法——以17世纪英格兰大法官黑尔为中心》,华东政法大学2016年博士学位论文。

④ 参见[英]马修·黑尔、[美]查尔斯·M.格雷编:《英格兰普通法史》,史大晓译,北京大学出版社2016年版,第137页。

⑤ 参见江小夏:《理性之争语境下的普通法——以17世纪英格兰大法官黑尔为中心》,华东政法大学2016年博士学位论文。

爱德华·柯克、约翰·塞尔登和马修·黑尔是普通法的捍卫者,为维护普通法的地位作出了巨大努力。正是在他们的努力下,普通法才从危机中走向复兴,避免了在“罗马法继受”的大潮下彻底衰落。正是为了申明普通法至上地位的合法性,塞尔登继承柯克的古代宪制思想,不遗余力地从历史中寻找根据。现实的需要催生了英国的法律历史主义,推动了英国法律史研究的发端。

2. 推动法律史研究的专业化

英国的法律体系是以普通法为主体的,而普通法是以判例法为主要形式,判例法的发展和完善源于历史上判例的积累。因此,英国的法律是在历史中渐进地形成的,是在经验主义的基础上成长起来的,而不是在理性主义的基础上建构起来的。英国法律的发展路径和英国历史的发展路径是同构的,都充满了经验主义的色彩。所以,在英国法律的发展史上很少出现伟大的法学家,专门研究法律史的法学家更是到了17世纪才开始出现。[①] 塞尔登作为17世纪最伟大的法律史学者之一,是将人文主义历史研究方法运用于法律史研究的先驱。

意大利的人文主义思潮在十五六世纪之交已经完全影响英国,但最早系统运用人文主义史学研究方法的是波利多尔·维吉尔(Polydore Vergil),他是位纯粹的历史学家,著有《英国史》(1534年出版)。紧接着就是博学好古研究学者威廉·卡姆登,通过人文主义的历史研究方法,使博学好古学在英国发展到巅峰。但卡姆登只是一个古物研究者,只注重过去的事物,致力于构建古代社会风貌,并不在意古代与现代社会的发展之间的联系。塞尔登与卡姆登关系友好,是继卡姆登之后博学好古研究学者中的领军人物,深受人文主义史学研究方法的影响。同时塞尔登又接受过良好的法律教育,是一个法学家,在当时英国古代宪制思想潮流的影响下,致力于法律发展研究。塞尔登的多种身份和广博的学识,使他将博古好学中的人文主义历史研究方法与法律发展研究相结合起来,不仅继柯克之后成为英国法律史研究的先驱,而且使英国法律史研究更加专业化。[②]

塞尔登的法律史研究方法成为后来英国法律史学者的研究范式。17世纪初的英国,历史研究还未完全与文学脱离。英国的史学与文学一直有着深厚渊源,“17世纪早期作家最喜欢的一个类比是史学和戏剧”,他们认为历史就是一场戏。维诺格拉多夫也曾在他的《近代现代英国史学概论》中谈道:“这一时期实际上没

---

① 参见于洪:《论现代英国法律史学的兴起》,载《史学集刊》2017年第1期。

② See John Baker, *Collected Papers on English Legal History*, Cambridge University Press, 2013, p. 760.

有把历史看作一门独立的科学,而把它看做文学的一个分支。”①可以说,塞尔登真正将法律史当作一门严肃的学科对待,其研究方法在当时的英国是非常先进的,甚至具有一些现代性。

首先,塞尔登拥有崇高的历史观,知道自己研究历史的使命就是寻找历史真相,所以非常重视法律史写作所依赖的文献资料。他不仅注重使用一手资料,而且对文献资料也持批判的态度,不会盲目使用,甚至用“同步性”的方法来验校文献资料内容的真实性,力求用真实的资料去发现历史真相。塞尔登是真正将法律史当作一门学科认真研究,而没有像其他历史学家一样,在其中穿插文学散文或者传说故事。其次,塞尔登在法律史研究方面非常注重比较研究的方法,强调在研究法律发展时,不能只将眼光局限于一种法律发展的研究,而要横向对比研究,这样才能发现问题的答案。

在十六七世纪,普通法心智的缺陷就是缺乏比较,普通法律师们只注重于普通法,醉心于普通法的不可追忆性。塞尔登作为这个时代的法律史学家,不仅研究普通法的法律发展,而且也很注重法国、德国等欧洲大陆国家的法律甚至希伯来法的发展。经常对比不同国家法律的不同之处,所以他才能看到普通法连续性中的变化。正是因为认同塞尔登法律史研究方法的贡献,以及塞尔登在英国法律史研究中的开创性地位,梅特兰才以塞尔登的名字命名了塞尔登协会。②

---

① 参见[美]J. W. 汤普森:《历史著作史》,孙秉莹、谢德风译,商务印书馆 1992 年版,第 900 页。

② See John Baker, *Collected Papers on English Legal History*, Cambridge University Press, 2013, p. 763.

# 18～19 世纪吧达维亚的华人家事法

## ——以《公案簿》为中心的考察

路晓霞*

吧达维亚,即今印度尼西亚首都雅加达,又称吧市、吧城。1619 年,荷兰人武力占领雅加达后,将其改名为"吧达维亚"。荷印殖民期间,在吧城华人居住区实行殖民统治下的华人自治。自治机构即为吧城华人公堂(以下简称公堂)。公堂留存下来的司法档案被今人以"公案簿"为名出版,其案例起于 18 世纪 70 年代,终于 20 世纪初期。以《公案簿》为中心考察 18～19 世纪的吧城华人家事法,不仅可以深化对中国传统民事法律实践的认识,而且有助于丰富近代华人自治法律秩序的研究。正如费慕伦所说,"当时以何种法律,应用于吧城乎？总而言之,法律之一部,实由荷兰祖国而来,另有一部曰观理之法律者,实由吧市高级官厅而来,但民法则仍按照当地民族之固有习惯也"①。

---

* 路晓霞,汕头职业技术学院副教授。本文系汕头职业技术学院重点科研项目"吧达维亚华人法理文化研究——以《公案簿》为中心的考察"(项目批准号 SZK2019Z02)的阶段性研究成果。

① 费慕伦:《十七八世纪荷兰东印度公司之司法与华侨》,载《南洋学报》1953 年第 3 卷第 1 辑。转引自沈燕清:《荷兰殖民统治时期爪哇华人法律地位探析》,载《八桂侨刊》2012 年第 4 期。

## 一、吧城华人的自治与秩序

### （一）荷印的殖民法律政策

1. 荷兰东印度公司的授权与委任

1602 年，荷兰东印度公司成立，以组织和鼓励荷兰人向远东进行商业和殖民扩张。荷兰东印度公司成立之初，殖民者就下定决心，除非严重关涉他们商业利益，否则给予当地法律充分尊重。

1609 年起，荷兰国会和公司最高董事会向东印度群岛殖民地派任总督。荷印总督既是商业公司的总负责人，又是殖民地行政司法权力的总负责人。

1619 年 10 月 11 日，荷印总督燕·彼得逊·昆委任吧城苏鸣岗为华人甲必丹①协助管理吧城约 400 名华人的事务。委任状为："现核准苏鸣岗为华人之领袖，有权处理一切民事，并与吾人共策进行。据此万历四十八年九月。"②

自此，吧城华人开始了荷印政府委任下的华人自治。荷兰东印度公司实行委任下的本地人自治，背后是其作为商业团体的秩序观念：在严重关涉他们商业利益的场合外，给予当地法律充分尊重。

2. 荷兰政府时期的多元主义法律政策

1799 年荷印殖民政府建立，依然贯彻殖民政府委任下的本地人自治政策。此后，曾历经短暂的法国（1806～1811 年）和英国（1811～1816 年）殖民统治时期，但对华人影响不大，本文不作论述。

1818 年荷印殖民当局公布基本行政法规，重新引入 18 世纪的荷印殖民政府管理与本地人自治相结合的二元行政管理体制。1836 年公布的基本行政法规第 80 条更是明确规定：本地人应处于本地首领的管理之下。这一殖民地行政模式，一直持续到殖民地的最后时期。

1848 年荷兰政府通过对在荷属东印度的欧洲人制定的民法典和商法典，将在荷属东印度的居民按照宗教信仰划分为欧洲人和本地人。据此，荷属东印度多元主义法律政策、本地人适用本地法律，第一次获得宪法性确认。1855 年《荷属东印度行政法规》第 109 条沿用殖民地最初的制度安排，重新按照种族而非宗教信仰划分法律适用对象，将中国人、阿拉伯人和印度居民囊括在本地人之列。

虽然，1854 年《荷属东印度统治法案》规定，荷兰国王拥有对荷印殖民地最高

---

① "甲必丹"是荷兰语 kapitein 的音译，原意为上尉。

② 《开吧历代史纪》，许云樵校，载《南洋学报》1953 年第 9 卷第 1 辑。

的立法权。[①] 1854年《宪法》第75条第3款规定,当习惯法与西方的公平和正义原则相冲突时,将不被采用。此条款一直被沿续。1925年宪法规定,只有在习惯法与社会公共利益或当地社会需要相违背的情况下,才能被立法推翻。

这种情况一直持续到20世纪20年代。1924年第556号国家公报发布的规则中,除家庭法和继承法方面亚裔外国人(包括中国人)还可以受自身国家法律调整外,所有其他欧洲民法将对他们适用。1925年《荷属东印度国家法》第131条第1款规定,荷印东印度的民法和商法将采用成文形式;第4款规定,本地人仅在其社会需要的情况下,受成文法调整。[②] 换句话说,直至1925年,对于包括华人在内的本地人,荷印政府仍确认习惯法继续有效,只是在某些情况下采用成文民法。

**(二)殖民政府与公堂的关系**

1.殖民统治之下的自治

无论是在荷兰东印度公司时期,还是在荷兰殖民政府时期,吧城华人都是寄居殖民地政府之下接受殖民地政府管理的本地人。

1847年12月3日,吧城驻扎官致书公堂,称吧城华人不循规矩,车马滥驱于街衢,妄自尊大,并无钦敬于荷兰人,且所用华美之物多有骄傲之态,故敢藐视于荷兰。为此,公堂特制定吧城华人条规19条,称倘有不遵禁令者,将付荷人究治其罪,决不姑宽。其中第19条规定:"各凛规矩,以行五达道,凡在途中,若骑马或坐车,若在前有车马而我不可行过于前,至遇上人尤当钦敬,且荷兰之有前程者,或骑马或坐车,须逊而旁行,不可在前;若见王上须当停车、下马,不可犯上,因我诸吧城华人系羁旅附居,蒙荷兰所福荫故也。"[③]

1913年1月,因中港仔公馆门户掉漆兼损坏,公堂讨论漆新、大修还是重建。雷珍兰[④]陈进木认为,公堂场地狭小,且门窗旧式,不甚威严壮观,比之吧城副驻扎官之衙署并新式器用,差距太远,建议另寻开阔场地新建。公堂玛腰许金安明确反对:"人当自量,我等之所有远逊于吧城副驻扎官……欲以公堂之衙署,比之于吧城副驻扎官衙署,则我不侔也。况我等议员毫无才学,如公堂建筑壮丽,则其

---

① 参见沈厥成编:《荷属东印度历史》,商务印书馆1935年版,第76页。

② See M. B. Hooker ed., *Adat Law in Modern Indonesia*, Oxford University Press, 1978, p. 71.

③ 《公案簿》(第5辑),吴凤斌等校注,厦门大学出版社2005年版,第228页。吧城华人条规前18条为:一是凡在家为子弟者,务宜孝友于父兄,且各尊敬于母婶;二是朝夕须当问安;三是出必告、反必面;四是所为必有常;五是出言须和顺;六是步履宜仔细;七是尊上敬长,卑以自牧;八是含忍宽容,毋得角口;九是凡在外,毋交淫朋;十是毋饮鸩酒;十一是毋见利忘义;十二是毋损人利己;十三是父兄须当钦敬子弟,切宜教笃;十四是交关务必忠厚,接人须有礼;十五是出入不可妄昧,持己当以恭;十六是所行道路男左女右;十七是衣服朴素;十八是饮食简约。

④ 雷珍兰,荷兰语 Luitenant,原意为中尉。

人与衙署全不相配……如开公堂柜项四五千盾，而其紧要处或受益处，几乎全无，该项留为周济贫人更妙。”公堂议定开蓄项1500盾修整漆新。

可以看出，18～19世纪的吧城华人，视荷人为“上人”，视自己为“羁旅附居”之人。吧城华人接受殖民政府的管理，但在自治范围内，以种族利益优先，“开公堂柜项四五千盾，而其紧要处或受益处，几乎全无，该项留为周济贫人更妙”。

2. 接受吧城地方法院指导

1824年吧城地方法院设立，规定争议在20盾以上的案件由其管辖。1850年4月，吧城地方法院致书公堂，重申公堂具有处理金额20盾以下案件的管辖权：“为接公堂于1月31日第4号之字，因恳欲亚黎黄茂生之物件，有欠梁福三米项雷9盾。若此事情，免恳兰得力（吧城地方法院），因钱项至20盾之数，公堂本有权力可自权衡，令封其厝是也。”①

1850年，吧城地方法院致书公堂，要求公堂安排值馆官员时应考虑经验不足官员与经验丰富官员的搭配，防止值馆官员因业务不精熟而怠误公务：“兹知少年诸胡勃实（值馆官员）若在座，诸事未谙，凡代问原、被告之事，不若老成之胡勃实矣，是以不能略速案夺。但祈玛腰须定规例，以后若设兰得力（审判庭），不可二位少年胡勃实在座，务须一位老成并一位少年在座方可。”②

1854年，吧城地方法院要求公堂遵照《君厘书》（通告）第130条审理争讼案件，该条规定：“若原、被告不得自赴对质者，可用人代理，其代理人当遵所使之意，以尽其情，内中或言词虚妄，或数法不明，或情愿处和，须吊其原、被告对质，然后据实申详。”③

荷印政府对吧城华人实施管理的机关是吧城地方政府。公堂不仅接受吧城驻扎官的行政、司法监督，而且受吧城地方法院的业务指导。通过这样的权力安排，荷兰间接控制吧城华人的司法权。

**（三）公堂的议事规则与权限**

1866年，公堂将议事习惯明确为《定公堂列台所任之权条规》。④

---

① 《公案簿》（第7辑），聂德宁等校注，厦门大学出版社2007年版，第157页。

② “兰得力规定今后由一老一少公馆官员同座审理案件”，参见《公案簿》（第6辑），［荷］包乐史等校注，厦门大学出版社2006年版，第234页。

③ “兰得力重申争讼案件审理程序一案”，参见《公案簿》（第8辑），侯真平等校注，厦门大学出版社2009年版，第338页。

④ 参见《公案簿》（第11辑），聂德宁、吴凤斌、［荷］包乐史校注，厦门大学出版社2012年版，第100～101页。

1. 公堂的议事规则

一是公堂的集体议事规则。第1条规定:“公堂设嘧喳唠(审判),①玛腰首座同列台及朱俱在座。玛腰讯原、被告供词,朱(葛礁)当计供。讯毕,问列台意见和同否?如不同者,则从多人意见而断。倘有一二员坚执不从者,必从多人者而判。如一二不从者,将其意见登在案簿。”

公堂议事,首座主导。公堂意见不一致时,按多数意见议决。公堂内悬挂的木刻碑记阐释了公堂议事的意义:“公者平也,平公察理;堂者同也,同堂论事。情有真伪,事有是非,非经公堂察论,曷以表其准!”②

实践中,存在官员频繁请假缺席的情形。如1852年1月16日吧城驻扎官致书公堂:“凡公堂会勘诸案件,连玛腰在内至少者亦当五人在议,此五人须在座画押,然不宜宽放诸在座之人频托游逸,以废公事。”

二是公堂官员的日值规则。第2条规定:“公馆逐日二员公勃低(值馆官员)及朱(朱葛礁)在座,如有人投请事务,审勘其是非,朱当依供记明登簿。如小事能和者可判,毕事存案。若不得结局,当详公堂内覆讯定夺。”

2. 公堂的权限

一是给婚字。第3条规定:“公堂要给婚字,二员公勃低(值馆官员)同朱在座。公勃低问男女家之主婚人要交寅者男女姓名、住址、年纪、交寅何日,及主婚人姓名、媒妁人姓名。朱记登《婚簿》,令两家主婚人及媒妁人在画押毕,呈与公勃低查察明白。二员公勃低及朱亦画押婚簿,俟另日将婚字遣达氏(公堂衙役)送交男家收执。”

二是出售冢地。第4条规定:“凡人要买风水者,先向掌冢地蛮律查勘出单,然后向公堂给买。朱登入《风水簿》,公勃低查察明白,令其出单付执,公勃低画押收项。但不时公勃低到冢地查勘。”冢地收入是公堂的重要经济来源。公堂曾于1809年、1828年两次上书荷印总督申请向荷、唐孤贫养济院借款来买入丹戎、式里陂二冢地,然后通过出售冢地得费来抨还欠项并支理公堂日常开支。荷印总督准许后,该欠项于1854年全部还清,其后,公堂开始有蓄项。

1912年10月,代理雷珍兰陈进木询问是否当真施行现场查勘?大玛腰直言:“不能当真施行,因此事公堂属员有缺,如每人买风水地,须有公馆官员实地查验,

---

① 《公案簿》(第8辑),侯真平等校注,厦门大学出版社2009年版,第20页。

② [荷]包乐史、吴凤斌:《吧城公馆档案研究:18世纪末吧达维亚唐人社会》,厦门大学出版社2002年版,第3页。

现我等仍不能照此施行”，同样是因为公馆官员缺额导致。①

三是掌庙宇。第 6 条规定：“定二员公勃低掌庙宇，查察和尚及庙公诸事。如无规矩，立即请知公堂查勘。每逢正月初四日，列台齐到观音亭礼佛，清明亦齐到礼佛致祭。祀坛七月设孤，列台齐到礼佛拜孤，每年轮换一炉主。若要择新炉主，当二员公勃低到处鉴察。”

四是掌公堂柜项。第 5 条规定：“公堂置一铁柜，用钥匙三支。玛腰及公勃低同朱各掌一支。若所蓄之项，只可用于冢事祭费，修理冢、路、桥梁、祀坛，及地宅、公馆厝等费，又可开达氏二名薪金、及蛮律一名及马礁六名之薪金。如开此项，当请知公堂。倘必须开费大项，务宜请知挨宝嗹（吧城驻扎官）案夺方可。但公勃低逐月将数呈入公堂查察，然后清柜交盘过阄。如公项积多，可付人借去，逐月取息。”公堂柜项自 1866 年从玛腰之手转入公堂之手后，蓄项日积月累，以至 20 世纪初期，公堂有财力向吧城贫困无依的鳏寡者按月发放养老月钱。②

**（四）公堂官员的遴选**

1901 年 3 月，公堂呈请荷印政府拟定官服，请求用于“大玛腰、甲必丹，及雷珍兰、朱葛礁（公堂朱葛礁）所用”。“大玛腰、甲必丹，及雷珍兰”通常被称为“列台”。

1. 公堂列台的遴选

1633 年，公堂设雷珍兰来协助甲必丹工作。增设雷珍兰后，公堂事务开始由甲必丹独理变成公堂官员共理。18 世纪初期，公堂开始形成 1 位甲必丹、6 位雷珍兰的结构。1837 年，荷印政府升任公堂甲必丹陈永元为首任玛腰时，公堂官员除玛腰外，还有甲必丹 1 位、雷珍兰 7 位及名誉雷珍兰③ 2 位。

1851 年 4 月商人王元龙申请名誉雷珍兰一职，由此可以看出新任雷珍兰遴选的条件。

若是要求钦赐雷之职，则其本身或伊父兄伯叔合当有益于敉文明

---

① 参见《公案簿》（第 14 辑），吴凤斌、聂德宁、[荷]包乐史校注，厦门大学出版社 2016 年版，第 505～506 页。

② 三老妇，公堂皆准，每月发三妇人每月三盾；一男人，每月二盾五方，因公堂认为养月钱原意给予妇人。参见《公案簿》（第 14 辑），吴凤斌、聂德宁、[荷]包乐史校注，厦门大学出版社 2016 年版，第 543 页。

③ 1809 年至 1813 年英国莱佛士主理吧城事务时，公堂增设“钦赐甲必丹”（名誉）、“钦赐雷珍兰”衔。名誉雷珍兰，无署理公堂事务之权，但在雷珍兰之职出现空缺时，可提升为雷珍兰，以署理公堂事务。

> 者,抑或世系媲美而礼仪兼优者,方可称职……论王文元不过一匹夫而已,敢突然求恳钦赐甲必丹职衔者,在他自负势力胜人,任从所求王上必然赐矣。据其所行,足见全然不识我唐规矩何也。朝廷备官,所以表有德,亦所以彰有功也,而元龙何德、何功乎?况其入字所恳,王上亦未有案夺付他,他竟然再入字,自认在前有碍越级,今改恳雷珍兰之职。反起反倒,其欲逐逐,愈见其不知礼,而且王法视若卞髦矣。本堂细思,不得承受其所恳。①

一是"有益于敖文明"。吧城华人,很难在经济领域之外"有益于敖文明者"。换句话说,富人才可能成为新任列台。1854年9月,林光琼上书恳补名誉雷珍兰职,称"虽贫寒,然立心秉正,荷印政府原非厚富人,贫而能正亦堪授职",公堂以"为人可堪,碍微寒耳"②为由不予举荐。1871年李佛诚申请名誉雷珍兰之职,公堂认为,"论其为人,可称伶俐,凡事不苟,但家不中资,惟仰其俸银为生;若授以名誉雷珍兰职,则位重而望轻,无可为佐护其职,有伤名爵"。③

应注意的是,公堂建议不批准王元龙所请,但吧城驻扎官1851年6月告知公堂荷印总督已批准王元龙为名誉雷珍兰。对于公堂官员的遴选,公堂有建议权,但荷印政府才有决定权,通常情况下,荷印政府会采纳公堂的建议,本案是《公案簿》所载的唯一例外。④

二是"世系媲美"。公堂认为不得承受王元龙所恳的关键在于王文元"不过一匹夫"。在新任雷珍兰呈禀上,家世通常被放在首要位置。如1872年11月李子凤的呈禀:"昔先祖李长哥公班衙授钦赐甲必丹之职,及先父李伯泰亦钦赐雷珍兰之职。"

某些情况下,家世甚至起着决定性作用。1849年9月,荷印总督授予玛腰陈永元继子陈思聪名誉雷珍兰一职。为此,吧城驻扎官致书公堂:"此因敖文明(荷印政府)念及玛腰勤劳于公事,甚然有益,是以付此王上《案夺字》,以表敖文明之意:'在前,职以通知玛腰欲恳上人之事,兹经承受,职甚喜乐。在职思之,玛腰亦

① 《公案簿》(第7辑),聂德宁等校注,厦门大学出版社2007年版,第188~189页。

② 《公案簿》(第9辑),吴凤斌等校注,厦门大学出版社2009年版,厦门大学出版社2002年版,第36~38页。

③ 参见《公案簿》(第12辑),[荷]包乐史、聂德宁、吴凤斌校注,厦门大学出版社2013年版,第323~324页。

④ 就公堂官员的举荐而言,王元龙申请案是《公案簿》所载唯一没有被荷印政府采纳公堂意见的案例。

获此嘉赏,因汝已经勤劳于王事二十余年,有为国之事而忘己之私故也。职本知敖文明赐玛腰于此职者,甚犯敖文明之例,然欲以悦玛腰之心,此例姑从权,而玛腰应当勤劳于公事。'"①吧城驻扎官清楚任命陈思聪为名誉雷珍兰"甚犯敖文明之例",但"欲以悦玛腰之心,此例姑从权"。

三是"礼仪兼优者"。1883 年 5 月,公堂评议许耀基、邱浚昌恳补公堂雷珍兰之缺,认为"两人营生则绰有余裕,素行亦隙无可攻,且又不吸洋鸦,实堪署补缺任"。"礼仪兼优",包括"素行无可攻"及"不吸洋鸦"。

还应注意,公堂官员遴选非常重视籍贯。1872 年 3 月,粤人梁德水申请雷珍兰之职,公堂拒绝:"其规矩与福建人不同。自古以来,所有公堂窒者(官员)皆是福建人"。②

2. 朱葛礁的遴选

作为公堂书记员,朱葛礁的作用在于记录公堂事务或草拟公堂文书,而非署理公堂事务。1750 年,公堂设"朱葛礁"③一名。1766 年,公堂增设朱葛礁一名。此后,遂有大朱、二朱之称。设朱葛礁之后,公堂议事记录开始保存下来,《公案簿》所载最早记录为 1787 年。

与公堂列台一样,朱葛礁是获得荷印殖民政府委派的官员,没有主动辞职,也没被荷印总督罢免,职务为终身制。朱葛礁可以升任公堂列台,如 1769 年 11 月至 1790 年 10 月任朱葛礁的林春光,于 1790 年 10 月升任雷珍兰。公堂遴选朱葛礁,重视以下条件。

一是"老成练达"。1861 年义塾师周淡申请为公堂朱葛礁,自称:"素行循蹈规矩,不敢逾越以贻羞。"公堂认为"老成练达之人,合当补职",给予举荐。1894 年邓仲宏恳补二朱之缺,公堂认为"郑仲宏系是经纪生理事务,迴非历练公事者,恐难堪簿书鞅掌之劳"。④ 可见,公堂认为老成练达之人才可堪簿书鞅掌之劳。

二是"素行良善"。1882 年 9 月,黄钟英求补二朱之缺。公堂不予举荐,认为"钟英现为义塾教读,所得束脩尚多于二朱之俸银,况为二朱诸费备加,何以足用?欲行清廉者,难矣!且其为人昧理寡恩,其母丧未及二年,即娶继室,忘父母哀恻之心,忘恩于母,不知礼义。"

---

① 《公案簿》(第 6 辑),[荷]包乐史等校注,厦门大学出版社 2006 年版,第 132 页。

② 参见《公案簿》(第 12 辑),[荷]包乐史、聂德宁、吴凤斌校注,厦门大学出版社 2013 年版,第 407～410 页。

③ 朱葛礁,荷兰语 Secretaris,原意为书记员。

④ 《公案簿》(第 14 辑),吴凤斌、聂德宁、[荷]包乐史校注,厦门大学出版社 2016 年版,第 203 页。

三是刑人之子不可用。林长裕求朱葛礁之职,公堂不予举荐,理由是:“刑人之子,本堂历来不曾援用。此辈倘一入用,举堂缙绅不第羞与此等伍,亦恐贻外人笑,谓以此辈混何也?况本堂数项,经手多由朱葛礁,而林长裕远自垄来,岂能深信?”[1]林长裕之父曾因犯法被羁押5年。

吧城华人社会,实行的是荷印殖民政府委任下的华人自治:华人间的民事纠纷由公堂裁决。与此间接控制司法权的模式相对应,荷兰殖民政府在荷属东印度地区实行法律多元主义,本地人处于本地法律的管辖之下,即华人适用华人法律。公堂官员通常来自吧城华人权贵世家,没有受过法律专业教育。但是,300年间,公堂基本维护了吧城华人社会的法律秩序,缘何?

综上可见,至少包括以下三个方面的原因:一是公堂裁判受上级机关吧城地方政府的监督,倒逼公堂类案要同判;二是吧城地方法院对公堂业务进行一定的专业化指导;三是公堂处理的纠纷类型相对集中,多为给婚字纠纷、离婚纠纷、继承纠纷及其他家事纠纷,列台易于通过职业实践实现专业化成长,从“兹知少年诸胡勃实若在座,诸事未谙,凡代问原、被告之事,不若老成之胡勃实矣,是以不能略速案夺”即可见之。

## 二、吧城华人的结婚法

### (一)公堂给婚字制度

公堂给婚字制度始于1717年。[2] 针对唐人因琐事离婚和通过离婚逃避债务问题,该年荷兰东印度公司发布政府公告:任何人(包括寡妇)结婚/离婚均需到公堂申请,公堂对申请审核通过者登记结婚/离婚;对公堂审核结果有异议,可向吧城地方政府申诉。

1. 婚字的申领程序

吧城华人到公堂申领婚字,值馆官员询问男女主婚人如下问题:一是交寅者的姓名;二是交寅者的家庭住址;三是交寅者的年纪;四是婚宴的日期;五是主婚人的姓名;六是媒妁人的姓名。值馆官员询问这些问题,在于查核是否存在违律违礼情形。1788年8月《公案簿》记载:“据自古以来,蒙上人案定:凡吧城华人男女结婚,

---

① 《公案簿》(第14辑),吴凤斌、聂德宁、[荷]包乐史校注,厦门大学出版社2016年版,第194~196页。

② 参见[荷]包乐史、吴凤斌:《吧城公馆档案研究:18世纪末吧达维亚唐人社会》,厦门大学出版社2002年版,第38页。

着吧城华人甲必丹查问二家来历，果无奸拐重婚，准给婚字，付其成亲。”①

查核无违律违礼情形后，公堂颁给写有“凭托媒妁，合和琴瑟，结缔朱陈”②字句的婚字。婚字仅一份，由男方收存。同时，由朱葛礁登记于婚簿。婚簿由两家主婚人及媒妁人画押，值馆官员与朱葛礁亦画押。

2. 申请人为主婚人

申领婚字，是由交寅双方主婚人而非交寅者到公堂处申领，即婚簿画押者为主婚人而非新郎、新娘。对此，1864 年吧城副驻扎官建议公堂：“近来林顺德一事因从唐例，新郎、新娘不得相通言甚是不妙。建议以后吧城华人交寅，除了两家主婚到公馆领婚字外，须新郎、新娘亲到公馆画押。”

但是，公堂以唐人成例为由拒绝：“凡居吧之人，不论唐、番人等，各有成例，俱当遵行。我吧城华人交寅之例，惟凭两家父母或至亲主婚主意传言而已。苟主婚人合意议定，合当交寅，新郎、新娘不须干与。”③

3. 婚字的确凭意义

公堂充分认可婚字的公信力：“论纵有后悔，断无改移。若宴客拜神，不过遵行古礼私家之事，过则已焉，非若婚字确凭，百年不朽。倘遇事故，可献公廷，此婚字所为重也。”

婚姻登记制度是衡量婚姻法律进步性的重要标志。中国旧制，结婚采取仪式制，当事人按照民间习俗举行结婚仪式，过则已焉。而吧城华人从 18 世纪初期开始实施结婚登记制度，倘遇事故，婚字可献公廷。除血缘外，婚姻是产生亲属关系的重要途径，涉及重大社会利益变更。对比传统仪式制，婚姻登记具有显著的制度进步性。

**（二）婚约制度**

1. 婚约的私契效力

对于中国传统社会的婚约，公堂认为：“论吧城华人婚事，既过手指办，则为成事。苟无大故，不得反悔。”④

---

① 《公案簿》（第 10 辑），[荷]包乐史、聂德宁、吴凤斌校注，厦门大学出版社 2010 年版，第 520 页。

② 吴凤斌、聂德宁、谢美华编纂：《雅加达华人婚姻——1772—1919 年吧城唐人成婚注册簿》，厦门大学出版社 2010 年版，“前言”、第 1～2 页。

③ 《公案簿》（第 10 辑），[荷]包乐史、聂德宁、吴凤斌校注，厦门大学出版社 2010 年版，第 449～450 页。

④ 《公案簿》（第 12 辑），[荷]包乐史、聂德宁、吴凤斌校注，厦门大学出版社 2013 年版，第 35、42～44 页。

1825年4月,张和、光荫妻同叫禀李旺。光荫妻称,张和托杨曲娘为媒,要娶自己女儿李卅钫,自己已禀明小叔李旺,李旺亦许诺;但前二日,小叔将李卅钫唤去,要另配他人。公堂查勘张和及媒妁人杨曲娘,果如光荫妻所言。张和称仍愿承受李卅钫。公堂斥责李旺:“自己明知侄女已定配于人,乃生不良之心,别配于人,大干国法、理宜微责,以警后来;今列台仁慈,欲玉成美事,不欲二家积怨在心,故暂饶汝罪,但侄女须配与张和,才和道理,汝愿否?”李旺从命。公堂即日给婚字。①

1850年8月,林秀生来公堂请求解除婚约。林秀生之继妹曾凤娘与林如川订婚,双方已交付戒指及生庚为凭。现林如川两次推迟婚礼。公堂吊讯林如川,则称因生理不就,无项完婚,要么宽限,要么解除婚约。在公堂劝解下,林秀生同意解除婚约。公堂说辞为:“一物不成,两物原在,各成所是,无乎不可。”

2. 媒妁人的“保媒”功能

交寅男女不在婚簿上画押,而媒人则要画押。媒人为何如此重要?

例如,吴燕之继女(15岁),系吴燕之妾冬桂与已故杨斗所生。媒妁人涂成代陈清河向吴燕求婚,已交付戒指,吴燕收银30盾,冬桂之故主吴言娘收银50盾。因冬桂不同意婚事吴燕要悔婚。1832年8月,陈清河来公堂叫禀吴燕。

公堂讯问涂成是否知吴燕之女姓氏,涂成答姓“杨”,公堂责问“既知姓杨,何不对杨家求亲”。公堂训斥:“今涂成为媒,胡混求亲,因杨家不知,以致多端。”②据此,公堂判令:吴燕所取雷30盾及吴言娘所收之雷50盾,亦俱须还于陈清河;如其无还,涂成当支理。本案中,陈清河来公堂叫禀的是吴燕,但公堂却让媒妁人涂成承担担保退还聘礼的责任。

又如,1832年12月胡成娘叫禀黄馨案。胡成娘经媒妁人黄馨介绍,将订婚戒指交黄大美,但黄大美没有足额给付胡成娘聘礼100盾,只给付了51盾。胡成娘欲悔婚,黄大美不愿。公堂在经得黄大美同意解除婚约的情况下,判令胡成娘与黄大美互相返还对方财物,如不足,由媒人黄馨补足。③

“国有律例,民有私约”。旧制中的婚约,以戒指或/和聘礼为凭。“民有私约如律令”,诚实守信是婚约的重要基础,当事人如违反诚信解除婚约,大干国法,理宜微责,但公堂多姑饶其罪,仅裁处返还财物。

---

① 《公案簿》(第2辑),袁冰凌、[法]苏尔梦校注,吴凤斌、侯真平、聂德宁订补,厦门大学出版社2004年版,第186~188页。

② 《公案簿》(第3辑),聂德宁等校注,厦门大学出版社2004年版,第24~26页。

③ 《公案簿》(第3辑),聂德宁等校注,厦门大学出版社2004年版,第45~46页。

媒妁,泛指媒人。媒,谋合二姓者;妁,斟酌二姓者。媒人“合二姓之好”的“说媒”功能为世人熟知,但其在婚约制度中的“保媒”功能则鲜为人知。媒人的保媒功能体现为:女方毁婚不能足额退还聘礼,媒人补足。

**(三)主婚人制度**

1. 异姓主婚

1858年7月,张锦廷来公堂投禀,称自己侄女张粪箕娘被其表兄廖龙官二阻扰婚事。张锦廷称,已故张老二是自己家兄,由自己代理故兄事务,家嫂钟氏不能守节已改适他人,侄女随之而去,与廖龙官二一起生活。龙官二则称张粪箕娘并未与自己同居,而是与其母舅钟妙精同居,倘有人向其表妹求婚,也应与母舅相商才是。张粪箕娘称自幼由母舅抚养,不知家叔张锦廷代理故父,家叔从未来省视自己。①

对此争议,公堂认为:一是叙明男大当婚、女大当嫁。张粪箕娘年已22岁,正标梅待字之时,如果吉士欲求,长辈应承受;二是指出张锦廷有过,既然张锦廷代理其故兄事务,竟然置侄女多年不闻问;三是叙明钟妙精有功,钟妙精虽属甥舅之亲,却抚养张粪箕娘成人;四是如钟妙精两年时间没为侄女配婚,则由张锦廷择婚。

对于在吧华人异姓能否主婚问题,1861年12月公堂在答复唐孤贫养济院“主婚人是否应当为掌业人”咨询中叙明了态度:“此论吧人做遗嘱所立掌业人,因其未必尽属至亲,异姓亦有之。从唐例,主婚当父母,既无父母必由亲及疏,未有异性之人可为主婚。如果由其母养大,父没有履行抚养责任,可为母亲主婚。”②

2. 再醮之主婚人

刘已娘是刘亚二之女,19岁时遵父命与管亚才交寅,但没给婚字。一年后与管亚才分离,3个月女儿由父亲刘亚二代为抚养。其后,刘已娘与荷兰人私合数月后回家。父亲刘亚二要将其嫁给林如日,刘已娘不同意,欲嫁给伊斯兰信徒伽於。为此,刘已娘入禀吧城驻扎官请求由自己主婚。1847年6月,吧城驻扎官向公堂咨询该案。

公堂意见为:“论我吧城华人规例,为父母者,为其女主婚只是一次而已。及后若欲再醮,任从伊女所择何人,但务必不可玷辱祖宗方可。”③

---

① 《公案簿》(第10辑),[荷]包乐史、聂德宁、吴凤斌校注,厦门大学出版社2010年版,第144～146页。

② 《公案簿》(第10辑),[荷]包乐史、聂德宁、吴凤斌校注,厦门大学出版社2010年版,第340～341页。

③ 《公案簿》(第5辑),吴凤斌等校注,厦门大学出版社2005年版,第153～155页。

3. 主婚人违规的责任

宋杞娘自幼失去父母,由姨夫刘添叔抚养成人。宋杞娘出嫁,刘添叔叫来宋亚庆做主婚人。1825年2月,宋长生来投告。① 宋长生称自己根本不认识宋亚庆是何人,怎可为宋杞娘主婚,何况宋杞娘有胞兄宋新客。雷珍兰黄永禄即日吊讯刘添叔询问宋亚庆是何许人,刘添叔称是自己从路上叫来的,不知其住处。

对于刘添叔的荒唐行为,公堂斥责:“婚姻大事,刘添叔胆敢罔法妄结姻亲,着路人作主婚,瞒上之罪愆,发押禁中,庶乎不枉……兹添叔之妻,恳求公堂乞赦其夫愚昧无知之罪,列台仁慈恻隐,念添叔有抚养杞娘之恩,将功补过,开恩赦出。”对于媒人钟友哥,公堂训斥:“不知来历,敢作媒妁,大干法律,理合警戒,怜其年老,又细查作媒说合系伊妻,因其妻有别故,领伊代押号,罪可姑恕。”怜其年老,又细查做媒说合系其妻,罪可估恕。同时,念添叔有抚养杞娘之恩,将功补过,开恩赦出。又谕宋长生,不得再行多端。

吧城华人,初婚实行的仍是“父母之命”的包办婚姻,“我吧城华人交寅之例,惟凭两家父母或至亲主婚主意传言而已。苟主婚人合意议定,合当交寅,新郎、新娘不须干与。”但是,再婚则施行的是自主婚。“论我吧城华人规例,为父母者,为其女主婚只是一次而已。及后若欲再醮,任从伊女所择何人,但务必不可玷辱祖宗方可。”

值得深入思考的是,主婚人违律的法律后果,传统律法的规定与吧城华人的实践存在显著差距。

《大清律例》中“嫁娶违律主婚媒人罪”规定:凡嫁娶违律若由男女之祖父母、父母、伯叔姑兄姊及外祖父母主婚者,违律之罪独坐主婚,男女不坐;余亲主婚者,事由主婚为首,男女为从;事由男女,男女为首,主婚为从;犹离异改正离异者妇女并归宗。从正式律文上看,只要嫁娶违律,主婚人入罪,婚姻一律无效。

《大清律例》中“嫁娶违律主婚媒人罪”所附条例规定,“嫁娶违律应行离异者,与其夫及夫之亲属有犯,如系先奸后娶,或私自苟合,或知情买休,虽有媒妁婚书,均依凡人科断。若止系同姓及尊卑良贱为婚,或居丧嫁娶,或有妻更娶,或将妻嫁卖娶者,果不知情,实系明媒正娶者,虽律应离异,有犯仍按服制定拟”。② 例文改变了律条对婚姻效力的规定:一是违律情节较重的情形,如先奸后娶、私自苟合等,婚姻一律无效,应判决离异;二是违律情节较轻的情形(如同姓为婚、居丧嫁

---

① 参见《公案簿》(第2辑),袁冰凌、[法]苏尔梦校注,吴凤斌、侯真平、聂德宁订补,厦门大学出版社2004年版,第158页。

② 参见《大清律例》,嫁娶违律主婚媒人罪,例四。

娶等)，酌免离异，婚姻可能有效。

公堂对于违律嫁娶者的惯常处理模式为：首先是昌明“大干国法，理宜发押”；其次转入“情有可原”，理由如“列台仁慈”“不欲二家积怨在心”“将功补过”等；最后是“不得生端”，默认违律婚的效力。与大清律条、例文相比，公堂不仅以训诫代替入罪，而且默认违律婚的效力。

**(四)禁止结婚的情形**

1.异籍婚

1766年7月25日荷兰东印度公司发布政府公告，指出按照唐人习惯，在信佛教的唐人接受另一种宗教是死罪；同时重申1717年4月不准中国男性与伊斯兰女性结婚的决定。①

1788年6月，新梲厘戎到公堂申请蔡捷明与其出身婢唠吉结婚，求公堂给婚字。唠吉已拜吧城华人游六郎为义父，起华人名为陈贤娘。7月21日，荷印司法官询问公堂：蔡捷明欲与荷兰新梲吉立之女婢领交寅字，以从吧城华人礼法。为何数次恳求，公堂执意不从？

1788年8月13日，公堂解释拒绝的理由：一是根据以往惯习，公堂“未尝有提起异色人等及各色出身婢亦准给字”；二是“况数年前，土库内上人有出示，不许番、吧城华人结婚”；三是“细查案律及历代甲必丹未有此例，无可从援，故未敢擅专，以干国法”。9月1日，荷印司法官案准二人结婚。9月12日，公堂发给二人婚字。②

八十多年后，1871年8月，茂物吧城华人陈碧芳想娶荷兰女娘那劳氏，向茄荖旺甲必丹请求给婚字。茄荖旺甲必丹吴锦麟称，自己从未见过此例，不敢擅专，请求茄荖旺驻扎官裁夺。茄荖旺驻扎官通过吧城驻扎官向公堂咨询：该地甲必丹应否给该二人婚字？公堂意见，不给婚字，认为：“若论我吧城华人之婚制，凡要给婚字者，男女务必同类。今陈碧芳与娘那劳氏乃属异籍，是故不得向唐头人给婚字。”③

异籍婚不给婚字，不被合法化，但不代表异籍男女不能共同生活。吧城存在

---

① 参见[荷]包乐史、吴凤斌：《吧城公馆档案研究——18世纪末吧达维亚唐人社会》，厦门大学出版社2002年版，第39～40页。

② 《公案簿》(第1辑)，[荷]包乐史、吴凤斌校注，厦门大学出版社2002年版，第71～73、80～81页。

③ 《公案簿》(第12辑)，[荷]包乐史、聂德宁、吴凤斌校注，厦门大学出版社2013年版，第357页。

大量华男纳番妇的案例。如1787年雷珍兰高根官遗嘱纠纷案中,[①]与高根官同居的番妇达六人之多[②]。

2. 居丧嫁娶

一是居父母丧不得嫁娶。居丧不得嫁娶,凡父母之丧未满,女嫁夫,男娶妻,忧戚之期忘哀戚之心,不孝之大。

例如,1870年11月16日,公堂给连益昌与黄玉娘婚字。值馆官员为陈思聪与李子昌,因李子昌守母孝未在座,仅陈思聪裁处。11月23日,公堂以"连益昌继母丧期未阕"为由要撤销该婚字:"据唐例,居丧不得嫁娶。此事乃公勃低之过,合当拆破给婚字。即日谕知男女两家主婚人,此事须待服阙,方可成婚。"[③]

又如,1893年10月,吧城许家嫡母去世未到一年,许家欲嫁娶。公堂意见,不给婚字,按《大清律例》,子为嫡母居丧斩衰三年,计二十七个月终,方准婚嫁。[④]

二是嫁娶为遵死者遗命例外。

例如,李宝兴之父1883年5月14日身故,李宝兴5月26日娶文登林茂义之女林吟娘为妻。唐孤贫养济院官员高琼瑶于该年7月询问公堂:此是否明犯居丧嫁娶条不可接受。[⑤] 公堂认为:《大清律例》居丧嫁娶之篇,确有载凡男女居父母丧而嫁娶者,杖一百,并离异。但辑注又载明,若男女系亲在之日订婚于居丧之时,嫁娶则是有父母之命,只坐罪不离异。

又如,1912年6月,邓天森祖母新亡,祖母遗嘱要求其从速完婚,不可再缓。因其三年前已订邓家满意的婚事,两次欲完婚,皆因服亲孝服而中止。邓天森恳求公堂判准此次完婚,其兄黄金龙可为主婚人。[⑥] 公堂官员无一阻挡,称公堂亦曾判一在吧城有孝服者完婚。

三是伯叔之丧未阕,公堂可给婚字。例如,1882年11月,许清泉之女不日出阁,但碍其三叔许清波甲辞世,未至期年;许家又是吧城缙绅之门,值馆官员陈文

① 参见《公案簿》(第1辑),[荷]包乐史、吴凤斌校注,厦门大学出版社2002年版,第8~11页。

② 六婢为春梅(武讫人)、吗哞(巴厘人)、春桂(暹罗人)、冬菊(暹罗人)、当寅(暹罗人)、罗果(武讫人)。

③ 《公案簿》(第12辑),[荷]包乐史、聂德宁、吴凤斌校注,厦门大学出版社2013年版,第265~266页。

④ 《公案簿》(第14辑),吴凤斌、聂德宁、[荷]包乐史校注,厦门大学出版社2016年版,第175页。

⑤ 《公案簿》(第13辑),聂德宁、吴凤斌、[荷]包乐史校注,厦门大学出版社2014年版,第419页。

⑥ 《公案簿》(第14辑),吴凤斌、聂德宁、[荷]包乐史校注,厦门大学出版社2016年版,第463页。

炳认为婚姻礼仪出于世家，不知是否应给其婚字，将该事提交公堂讨论。对此，公堂议决，同意给婚字，理由是："大凡婚姻之事，据吧居之俗，惟父母之丧服为重，宜遵律制。而行若伯叔之终服，则不须深究。今许家子女甚众，若必拘律例，一一待伯叔之服阕而后嫁娶者，此乃人情所难行，而女子有标梅之叹矣。就礼仪而论，或有守经，或当行权，推其轻重之分，无致大背于理，是亦可行也。故曰此事不必深究。"①

3. 和奸为婚

一是情有所原，法所不加。蒋成元 40 岁，做打铁生意；张登娘 19 岁，为张亚润之女。某年 2 月 7 日夜，张登娘出走，张亚润查寻不到，报警。第二天蒋成元携张登娘到警察处，称二人已通奸，愿依礼而行，纳聘金请给婚字。张亚润未置可否。1866 年吧城副驻扎官委托公堂查勘蒋成元、张登娘偷情苟合案。

公堂意见："吧城华人婚姻，男女必由父母之命。若乃钻穴逾墙而为濮上桑中之约，致贻父母羞，合当究责。但碍蒋成元四十而未有家，张登娘年登十九而未有室，况山居浅室而有两下偷情，亦为父母者防闲不密所致耳。今蒋成元既愿依礼纳聘并给婚字，永结终身之好，张亚润亦愿从。本堂细按，情有可原，亦法所不加也。"

二是甘愿处和，姑开法网免责。1858 年 1 月，吧城副驻扎官委托公堂查勘 29 岁的简桂阳与年仅 14 岁的林荖郁娘通奸案。公堂认为："按律例所载，男女私奸，奸夫淫妇各杖一百。今林荖郁娘处女也，不待父母之命，第因天癸未开，情有可矜，姑开法网免责，宜将此罪再加之简桂阳身上。桂阳既已有罪，且年登廿九岁，岂曰小子无知，竟敢奸淫及未成人处女。此罪浮于律杖，拟未足蔽辜。独据番妇供称，愿将此女付简桂阳为妾，不欲生端，林荖郁娘愿充为桂阳小妾，甘心受制。简桂阳之妻亦愿其夫纳林荖郁娘为偏房，共理家政。由此而观，一干敌主俱已甘愿私下处和。"②

《大清律例》犯奸条规定："凡和奸者，杖八十；有夫者，各杖九十。刁奸者，各杖一百。"律后注：和奸，谓男女情愿，和同私奸也。刁奸，谓奸夫刁诱奸妇，引至别所通奸，亦和奸也。凡和奸者杖八十，为妇人无夫者言之。若有夫而与人和奸，则杖九十。在吧城，风化日开，强调"情有可原，亦法所不加"，但存在对未成年女性

① 《公案簿》（第 13 辑），聂德宁、吴凤斌、［荷］包乐史校注，厦门大学出版社 2014 年版，第 384～385 页。

② 《公案簿》（第 11 辑），聂德宁、吴凤斌、［荷］包乐史校注，厦门大学出版社 2012 年版，第 32～34 页。

保护不力的问题。

4. 同姓为婚

1855年3月,北茄浪驻扎官通过吧城驻扎官咨询公堂:该地有二吧城华人争执婚礼,一曰同姓不可为婚,虽外夷亦当以礼,无礼则伤风化,而羞辱矣;一曰在唐则然,在外夷则不拘执此礼。

公堂回复:"按古礼所载,同姓不婚,此周家元圣之所定也。嗣后,圣贤迭兴,代有其人,而无敢易成规,迄今几千余岁,盖谓古今立法之美也。我吧自大明万历年间建设公堂,一切婚事载在简书,不但未见其事,且亦未闻其语。若谓在夷不拘此礼,则吾侪辈亦可服夷之服矣。既无服夷之服,则同姓为婚,断乎不可。"①

5. 有妻更娶

一是有妻不得更娶。例如,1790年12月,蔡捷振托谢亚燕为媒向彭新妹求亲,听说彭新妹有80文债务未还,就主动托谢亚燕交给彭新妹80文及订婚戒指、衣物。其后,彭新妹发现黎捷振已娶妻,拒绝成婚。蔡捷振来甲必丹府求禀彭新妹及谢亚燕,要求要么成亲,要么还钱。列台斥责蔡捷振:"有妻而求亲,不得无罪;不为究治,是其所幸,还敢提钱乎?"②

又如,已娶妻的茄荖旺甲必丹张亚四于1865年3月4日又与钟质娘交寅,且招戏唱。1865年4月,唐孤贫养济院委托公堂查勘茄荖旺甲必丹张亚四所为是否犯唐例。③ 公堂意见为"违法背例","在小民可谓无知,在甲丁可谓藐法"。

二是正婚明娶曰妻,暗娶曰妾,逾距宜责其罪。戴三阳已有结发妻子陈鸾娘,再娶吴丁仔鲂之女,用彩旗、灯、乐器、马车进赘。1849年7月,陈鸾娘来公堂求禀与戴三阳分离。公堂未准二人离婚,但对戴三阳的行为进行儆责:"论我吧城华人规例,正婚明娶曰妻,暗娶曰妾。今据虽无给《婚字》,与新婚一般,无怪鸾娘羞赧,兼有犯唐孤贫养济院规例,则不得为无过……论戴三阳有三过:一是伊妻陈鸾娘染病许久,绝无看顾;二是正室尚在,而再娶妻;三是再娶之时,妻敢用彩旗、灯、乐器、马车,置正室于何地?有此三过,违我唐规,宜责其罪,以警后人方可。"④

从唐律到清律,对于违律嫁娶都予以严惩,不仅当事人和主婚人要责以徒杖之刑,而且已成婚的男女也要被判处离异。而在吧城,公堂依律不给婚字和原情处理各有代表。

---

① 《公案簿》(第9辑),吴凤斌等校注,厦门大学出版社2009年版,第100~101页。

② 《公案簿》(第1辑),[荷]包乐史、吴凤斌校注,厦门大学出版社2002年版,第367页。

③ 《公案簿》(第10辑),[荷]包乐史、聂德宁、吴凤斌校注,厦门大学出版社2010年版,第568~569页。

④ 《公案簿》(第6辑),[荷]包乐史等校注,厦门大学出版社2006年版,第93~95页。

公堂依律不给婚字的情形包括：一是对于异籍，公堂固守男女务必同类才给婚字的习惯。但也存在特殊个案，如1788年蔡捷明与出身婢唠吉结婚案，该案特殊之处不仅在于唠吉拜华人为义父、起华人名，还在于该结婚由荷印司法官案准后公堂给予的婚字。二是公堂固守"同姓不婚"传统，不给同姓者婚字。"男女同姓，其生不蕃"。西周以来，我国即实行"同姓不婚"的律法原则。明、清律规定凡同姓为婚者各杖六十，离异。三是对于有妻更娶，公堂意见为"有妻而求亲，不得无罪，不为究治，是其所幸"。

公堂原情处理的情形包括：一是对于居丧嫁娶，公堂遵循居丧不得嫁娶的原则，但认为遵死者遗命例外、居伯叔之丧不必深究。儒家传统重视丧礼，强调"亲丧而致哀"，故"凡父母之丧未满，女嫁夫，男娶妻，忘哀戚之心，不孝之大者也"。①二是对于和奸为婚问题，公堂通常以"情有可原，亦法所不加"为由不予干涉，即使涉及侵害未成年人权益的问题，如果"一干敌主俱已甘愿私下处和"，公堂也不追究责任。

## 三、吧城华人的离婚法

### （一）吧城华人离婚的程序

1. 值馆官员初审

对于求离案件，公堂值馆官员先是"劝和"。公堂"劝和"说辞通常是："男以女为室，女以男为家，夫倡而妇随，方成夫妻"；"当力改前非，不可持自己之性，须依旧和好"；"原无大过，因口角而已，不可遂起求离之心"；"独不思既生下许多子女，岂可中道而相弃"等。剔除男卑女尊的内容，这些说辞与时下基层法院对离婚案件的调和说辞惊人一致。

劝和的，公堂毕事存案。存案对于"屡屡生端"的案件发生证据效力。不能劝和的，值馆官员以"职不能夺"提交下一程序——将情申详公堂大嘧（公堂集体会议）裁夺。

2. 是否准离由公堂集体议决

准离与否由公堂集体议决，议决结果区分两种情形：一是对于没有给婚字的求离案件，公堂不予干预。如1868年2月29日，李月娘求离黄德茂一案，公堂认为，二人"既无婚字，生端事件只能由警察裁夺"。二是对有给婚字的求离案件，

① （清）沈之奇：《大清律辑注》，怀效锋、李俊点校，法律出版社2000年版，第261页。

作出准离与否的议决。如果公堂议决准离,男女在离簿上签名即完成离婚手续。①

3. 疑难案件或者不服判案件申报吧城驻扎官定夺

对于裁判权限不明的案件,公堂将提交吧城驻扎官裁夺。1852年6月,吧城公堂审理黄润娘求离其夫陈瑞德一案。陈瑞德提出管辖权异议:其与黄润娘的离婚、财产纠纷已在吧城地方法院起诉,该案尚未审结,应待其案夺之后公堂再予裁夺。对此,公堂申请吧城驻扎官定夺。1852年7月22日,吧城驻扎官回复公堂"唯公堂裁之,但从常时之例与唐规"。1845年4月25日,许文楚与陈秀娘同来公堂求离,公堂认为应该准离,但因二人在三宝垄给婚字,公堂不敢擅准,请求吧城驻扎官案夺。吧城驻扎官准公堂所请:"任从其便,准其离婚。"

对于当事人坚执不从公堂裁决的案件,公堂报请吧城驻扎官裁夺。例如,1873年10月,候日娘(22岁)求离其夫刘亚禄(33岁)。② 二人结婚4年,有生不育。公堂判离,碍亚禄强不愿从。公堂将情申详吧城驻扎官,祈请其将公堂所判定夺。又如,1874年7月钟珠娘(31岁)求离刘文德(34岁),文德不从公堂判离,公堂于10月6日将情申吧城驻扎官。该年10月16日,吧城驻扎官案准公堂所判。③

**(二)公堂裁判离婚的标准**

1. 准妻离的标准

一是夫不顾衣食。例如,1846年12月,陈茶娘求离邱其生,二人结婚4年,并无生育。现邱其生双目失明一年余,陈茶娘求离:"夫良人者,所仰望终身也。今若此,何以为生?"④公堂准离:论邱其生双目失明,实不能顾其妻子,况一年有余坐而待食,无怪茶娘要分离。

又如,1861年9月,赖丁岸娘求离戴坤水。赖丁岸娘称二人交寅3年以来,戴坤水不给任何资费,所有开支俱赖其所带金银器兑充为资,现已兑尽。公堂认为:"若日食资费,日引月长终不可缺。语不云乎,一朝无食,父子无义,况其妻也?论

① 吧城华人公堂裁决离婚纠纷不涉及夫妻财产分割,夫妻因分离引发的物件追回纠纷,可至吧城地方法院诉讼取讨;较少涉及子女归属。吧城华人公堂处理夫妻分离后子女的归属问题坚持两个原则:一是子女须从父;二是子女未满7岁前,由母代养至7岁付还,父按月贴补资费。本文限于研究主题,对这两个问题不展开讨论。

② 《公案簿》(第13辑),聂德宁、吴凤斌、[荷]包乐史校注,厦门大学出版社2014年版,第37~38页。

③ 《公案簿》(第13辑),聂德宁、吴凤斌、[荷]包乐史校注,厦门大学出版社2014年版,第123~125页。

④ 《公案簿》(第5辑),吴凤斌等校注,厦门大学出版社2005年版,第68~69、179~180页。

夫妻父子之情，人尽夫也，父一而已，胡可比也。势不得不判其离遏。”①

二是夫酷殴。在黄经娘求离朱登郎一案中，公堂表明了其对“夫酷殴”的态度：“大凡常人之情，最钟爱者夫妻父子也。故吧城华人之例，父教其子，夫责其妻，不得为过。虽然犹有说焉，苟殴而至重伤，是无夫妻父子之情也，其过同于殴人一体。”②1832 年 8 月，公堂承吧城驻扎官命，查勘陈活娘为其女黄月娘入字求离一案。胡援雷不同意分离，认为自己未曾缺衣少食。公堂会议：“论黄月娘年华尚少，未必有速绝夫妇之情，尽系于其母之唆使。至于援雷，纵有角口，少掌其妻，此亦夫妇之间往然也。前日公馆回勘其无伤，足见非有毒打。若非毒打越律，又非衣食不顾，而付离遏，于理不顺。”③

在准离与否的问题上，公堂区分“酷殴”与“稍打”。夫酷殴妻，夫妻之情断绝，理宜分离；但如果夫求宥判合，是离是合由妻决定。若非毒打越律，公堂认为少掌其妻为夫妇之间往然。

三是“夫三年不还”。23 岁陈清娘是蔡澄渊之妻。二人婚后 10 个月蔡澄渊即因经济案件遂入狱七八个月，出狱后下落不明近两年。1884 年 8 月 8 日，陈清娘以“下落不明近两年”为由求离。公堂召讯蔡澄渊之父，其父称不知儿子下落；儿媳妇求分离，自己同意。对于下落不明未满 3 年的情形，公堂是否准离？公堂意见为“当俟三年之后，然后判理”。④

2. 准夫离的标准

1850 年 9 月 13 日，罗丙秀因其妻邱江娘与高巴阳私奔而请求依法治罪。公堂议决：“邱江娘敢背结发亲夫，寅夜行私奔之约，伤风败俗，情固不宥；高巴阳奸有夫之妇，公然犯在逃之案，藐视国法，厥罪惟均。依《大清律例》，理宜各杖满百，判其分离。今邱江娘、高巴阳既犯此科，恳依我唐法律微责其罪，以警后来。”⑤如何“微”？该案并未记录籐责实际数量，1832 年查利进之妻陈员娘与钟

---

① 《公案簿》(第 10 辑)，[荷]包乐史、聂德宁、吴凤斌校注，厦门大学出版社 2010 年版，第 333～335 页。

② 《公案簿》(第 10 辑)，[荷]包乐史、聂德宁、吴凤斌校注，厦门大学出版社 2010 年版，第 99～100 页。

③ 《公案簿》(第 3 辑)，聂德宁等校注，厦门大学出版社 2004 年版，第 21～22 页。

④ 1881 年 5 月 13 日，甲必丹陈光华将其在班芝兰的宅邸当银 15,000 盾，半年利息 450 盾。其典当房屋的原因是其长女陈清娘丈夫蔡澄渊负债入狱。陈光华为此忧虑不堪，三年后去世，终年 55 岁。

⑤ 《公案簿》(第 7 辑)，聂德宁等校注，厦门大学出版社 2007 年版，第 56～59 页。

亚四通奸案中,公堂判处的是藤刑15下。①

公堂的司法说理表明了对妻“淫佚”的态度:“大凡夫妇乖迕,或因家道不顺,或中馈失调,或悍妇懒惰,以致口角者,皆属小节,怨怒易释……妻有桑中之行,此人情所大不堪,势难复合。”②

3. 势难和合齐禀准离

一是情绝准离。陈腾云(26岁)求离吴春娘(20岁),二人结婚5年,育一子一女。陈腾云求离理由是不守妇道,目虽无见,奈外言流传。吴春娘同意分离,称夫已娶新妾,故诬告乱请;夫不良,入赘不满一年即奸表妹于闺房,自己为其纳为侧室;夫要开店,自己为其出资2000盾,却血本无尽;夫与寡妇同居,自己已守寡二年,并无给费。公堂会议:“勘其供词,夫妻互发其私耻,彼此各埋痛恨,情两绝矣,断难和合。”③

林雍娘(18岁)与陈永寿(27岁)结婚6个月未孕。1876年8月,林雍娘求离陈永寿,原因是家姑使夫在外娶娼,夫经3个月不归家门;夫诬自己盗窃家姑之耳环及钮仔报警,其实该物是夫言买给自己所用之物,恩义已绝。陈永寿称,妻子怠惰,妇道甚缺;借用家母之耳环、钮仔,价银一百多盾,欲图而不还,如还家母之物,则从离之。公堂会议判离:“夫妇之伦,结之以恩,合之以义。勘得陈永寿结发未几,忍将妻请治安官,控告以盗贼之事。设使事明之后,至妻子缧绁(牢狱)之中,那时经官刑之妻,岂不败辱门户?由此观之,恩义皆绝矣。斯时也,林雍娘上既受阿姑酷楚,下竟被夫耻辱,痛心求离,无怪其然。”④

二是恩爱未洽准离。1854年5月,黄溶川(年龄不详)与林色娘(40岁)结婚未足一年,即来公堂求离。黄溶川称林色娘与儿子媳妇不相容,林色娘归宁近一年,有妻实是无妻;林色娘同意分离,称自己乃续弦之人,子女媳妇不以自己为母,而以异人相视。公堂准离:“论二比乃续弦夫妻,其情实出参商;况夫妻未久,恩爱未洽,遂致多端。”⑤

---

① 1832年8月24日,查利进之妻陈员娘与钟亚四通奸,查利进请求公堂先责其罪,后判分离。公堂裁处科责二人各15下,然后挂牌示众。参见《公案簿》(第3辑),聂德宁等校注,厦门大学出版社2004年版,第23~24页。

② 《公案簿》(第13辑),聂德宁、吴凤斌、[荷]包乐史校注,厦门大学出版社2014年版,第18~20、101~102、338~340、361~362、473~474页。

③ 《公案簿》(第13辑),聂德宁、吴凤斌、[荷]包乐史校注,厦门大学出版社2014年版,第33~34页。

④ 《公案簿》(第13辑),聂德宁、吴凤斌、[荷]包乐史校注,厦门大学出版社2014年版,第259~260页。

⑤ 《公案簿》(第9辑),吴凤斌等校注,厦门大学出版社2009年版,第3页。

三是其他准离情形。1858 年 7 月，沈好娘、黄福星同来求离，理由是“决志求离，自结婚以来，夫妻轮流生病，想必二人没有姻缘”。公堂认为：“按彼夫妇所称，并无别故。谓夫妻轮流疾病，言非姻缘，揣理而断，却亦可信。况二比俱愿分离，劝之无益。”①

1876 年 6 月，邱连贵（23 岁）求离黄芝礼默娘（18 岁）。二人结婚一年，未有产育。邱连贵称求离原因是自己要回唐，回期未定，且无余资养妻。黄芝礼默娘同意离婚。公堂会议：“察邱连贵之供词，自认贫乏，又欲回唐，情难强合，且其妻亦愿离之。若不判离，徒误黄芝礼默娘青春，较为无益。”②

爱情具有排他性和专一性，妾、侧室的介入往往会带来家庭内部的纷争。婚姻也从来不是简单的男女两性的结合，对于与一方家庭同居生活的夫妻来说更是如此。

4. 初次齐禀通常不准离

1874 年 8 月，蔡万娘（20 岁）求离林炳辉（22 岁），二人结婚 2 年，子一岁。妻求离原因是自己归宁，夫言思儿，谁知遂留不还，且请乳母以示决绝。夫同意分离，称妻骄悍成性，不愿再合。值馆官员因双方各执己见，难强再合，提交公堂讨论。公堂会议：“察其两边供词，惟各执己见，互相气，实无可离之情。公堂判断：林炳辉当使人迎接，而万娘亦宜相从，仍归和好，不得违逆。”③

1870 年 3 月 18 日，黄玉成、谢凤娘齐禀求离。公堂不准离，认为：“大凡唐例，妇人终身无权，在家由父，出嫁从夫。今谢凤娘既嫁与黄玉成，自当以黄玉成之是从矣……事因黄玉成与岳母生端，遽与割爱求离。揣其由，非出本心，乃父母所唆使也。盖夫妻离合之情，必由己出，而后可就事而断。黄玉成既不得相安于岳母，移出别居，诚为妙策。谢凤娘合当随移。”④但是，后家庭矛盾升华为夫妻矛盾，二人再来求离，公堂准离。在该时代，与父母或岳父母同居的家庭较多，家庭不睦亦成为夫妻不睦的重要原因。

---

① 《公案簿》（第 10 辑），[荷]包乐史、聂德宁、吴凤斌校注，厦门大学出版社 2010 年版，第 117～118 页。

② 本案中，值馆官员讯问邱连贵：既无余资，安得回唐？如能回唐，便有余资以为妻安家之费。邱连贵供称：自己前有一二千盾为顾妻之计，故敢求婚，今所有之项已经费尽，惟作龟里，每月薪金 15 盾。自己在吧果系贫乏不能养妻，又欲赴父命回唐。若不离之，恐致两误。参见《公案簿》（第 13 辑），聂德宁、吴凤斌、[荷]包乐史校注，厦门大学出版社 2014 年版，第 249～250 页。

③ 《公案簿》（第 13 辑），聂德宁、吴凤斌、[荷]包乐史校注，厦门大学出版社 2014 年版，第 109～110 页。

④ 《公案簿》（第 12 辑），[荷]包乐史、聂德宁、吴凤斌校注，厦门大学出版社 2013 年版，第 129～130、137～139 页。

1908年11月13日高文卓娘求离冯炎辉,二人曾于三四个月前来公堂求离,值馆官员见该夫妇年少无知,讼词等同儿戏,劝其和好偕归;二人又来控告,公堂当堂准其分离。①

通常认为,中国旧制有"出妻",无"出夫"。这与吧城华人的离婚法律实践不一致。吧城华人的"出妻"不是"七出",而是"一出":"大凡夫妇乖迕,或因家道不顺,或中馈失调,或悍妇懒惰,以致口角者,皆属小节,怨怒易释……妻有桑中之行,此人情所大不堪,势难复合。"并且,吧城华人发生了大量"出夫"案件。"出夫"情形包括"夫不顾衣食""夫酷殴""夫三年不还"。"出夫"的背后是中国传统律法与伦常的相互渗透:"夫不顾衣食""夫酷殴""夫三年不还",严重违反夫纲,属于义绝。中华法系最本质的特征就是律法与伦常的相互渗透与结合。正如《唐律疏议》所言:"德礼为政教之本,刑罚为政教之用,犹昏晓阳秋相须而成者也。"

中国传统旧制中的"和离"制度在吧城华人社会得到较好的实施,公堂阐释"夫妇之伦,结之以恩,合之以义",但如果恩义皆绝或俱愿分离又劝之无益的,公堂办理离婚登记。但同时,公堂强调"盖夫妻离合之情,必由己出,而后可就事而断",不仅强调离婚自主,不受父母所迫,也强调不可因口角遂起求离之心,初次齐禀公堂通常不准离,除非有公堂认可的可离之情。

**(三)离婚后子女抚养教督问题**

公堂认为,"按理而论,夫妻离异,子女归父,此不易之定制也"。同时,公堂亦认为,"子年尚稚,交母抚养,父贴费若干;年至七岁,当送还其父教督"。

1.子女归父

例如,1852年6月,昌贞娘求离林源德。② 二人争议的焦点是过房子林永周的抚养问题。昌贞娘要求将林永周判归自己抚养,因永周乃家姊所付,过房公证书上是自己之名,非林源德之名;林源德则要求将永周判归自己,称过房费用为自己所出。公堂对此判令:贞娘云称公证书系她之名,但唐规岂有无父之人?此事如源德不愿,可起诉至吧城地方法院。

又如,陈瑞德与黄裕娘生二子一女,二人于1852年7月离婚,公堂依吧城华人常规裁处二子一女皆归陈瑞德。后黄裕娘将二子交与陈瑞德。1855年10月,陈瑞德来公堂叫禀黄裕娘,要求其交还女陈海娘。黄裕娘称恩情不舍,不同意交还,且称前年家翁身故,自己曾送此女送丧戴孝,非欲占其女,并承诺待女长成后

---

① 参见《公案簿》(第14辑),吴凤斌、聂德宁、[荷]包乐史校注,厦门大学出版社2016年版,第103、219、288、292、386~387页。

② 《公案簿》(第8辑),侯真平等校注,厦门大学出版社2009年版,第58页。

仍是陈门之女。对于二人的夺女纠纷,公堂裁处:"细按吧城华人规例,夫妻离异,子女当归其父。况乎前年黄裕娘求离之时,情愿子女尽还于陈瑞德,《案牍》可稽,足见黄裕娘当交还此女也明矣。但黄裕娘舍心不下,尚有恋恋之情。且敢强辩有兰得力(吧城地方法院)案夺方肯从命,殊不合理。伏恳吧城挨宝嗹(驻扎官)作主,饬喻黄裕娘送还女子于陈瑞德,以固本堂案夺。"①后吧城驻扎官案准,陈海娘被送归其父。

2. 七岁以下可由母代养,父贴资费

叶白娘(21 岁)求离林玉海(22 岁),二人争议的焦点是 2 岁幼子绒吉的抚养问题。林玉海坚执要求自己抚养,称妻性悍多端,兼吃鸦片及赌博,所留家资俱被荡尽,且恐子被叶白娘苦毒;叶白娘坚执自己抚养,称"乃氏亲生,何云不顾?况尚哺乳,何能放心?"对此未及 7 岁幼子的抚养争议,公堂意见为:"当堂判离,其子暂付母养,待至七岁,方还其父。每月玉海当给其儿费三盾。"②

后因林玉海欲不遵公堂所判,现时取回其子,公堂将此案请吧城驻扎官案夺。吧城驻扎官回复公堂"从公堂案夺即可,宣谕彼夫妇知情是也"。

3. 父同意,可由母抚养教督

1832 年 12 月,苏天寿与唐温娘离婚案,二人结婚 14 年之久,有一子年 13 岁。苏天寿欲往别埠,归期待定,二人协议离婚。苏天寿同意唐温娘将子抚养至十八岁,方归苏天寿。公堂会议:"论苏天寿夫妻既然不睦,而且寿欲往别埠,不思归计,早已绝夫妻之情矣。况温娘亦甘愿分离,足见夫妻两相情绝,宜准其分离,各从别适。但其子清水暂付温娘抚养,至年十八方归于天寿。"③

1845 年 4 月,吧城驻扎官委托公堂查勘许文楚与陈绣娘求离一案。④ 许文楚称,其愿意贴妻子回垄路费 400 盾,并同意将亲生女蜜娘归母抚养。公堂登记在案,判付二人分离。

田秀彝与林君娘同居生活 16 年,育有三子,一子回唐,二子田和振在吧已婚,三子田德水 11 岁。林君娘改适张亚永 8 年。1865 年 7 月,田秀彝向吧城副驻扎官申请将儿子田德水付林君娘抚养,该案委托公堂查勘。

林君娘已为长子娶室,但幼子游荡不识字,想带回幼子,命从师习读;倘得成人,前夫要带回,自己愿付之,自己只愿幼子成人而已,别无他求。田德水称愿意

---

① 《公案簿》(第 9 辑),吴凤斌等校注,厦门大学出版社 2009 年版,第 142～143 页。

② 《公案簿》(第 13 辑),聂德宁、吴凤斌、[荷]包乐史校注,厦门大学出版社 2014 年版,第 101～102 页。

③ 《公案簿》(第 3 辑),聂德宁等校注,厦门大学出版社 2004 年版,第 44 页。

④ 《公案簿》(第 4 辑),侯真平等译注,厦门大学出版社 2005 年版,第 112～113 页。

和母亲一起居住。公堂乐成其事:“今林君娘既愿取回,从师教督,田秀辫亦经愿从。本堂酌量,此田德水合当付林君娘取去教督为是。”①

对于子女的抚养,公堂遵循传统宗法制度:子女归父(或宗),此不易之常经。但又有妥协与退让:子女年幼,由母代养至七岁归父,父贴资费;父同意下子女可由母亲抚养,民从私契。可以说,在子女抚养教督权问题上公堂的权变,是传统宗法制度在亲情、经济面前的些微矫正,而非以子女的健康成长为前提。未成年人的权益保护,直到20世纪上半叶才被法律认可。

调解是诉讼离婚的必经程序。正所谓:法律是神圣的,但不是万能的。任何时候,法律都不可能解决婚姻家庭的所有问题,法律也不应当介入所有的婚姻家庭问题。婚姻家庭纠纷内含丰富的社会和家庭伦理道德内容,且夹杂着生活和感情方面的复杂因素,如果单纯依照法律条文机械下判,不利于纠纷的处理和积怨的化解。故对于离婚纠纷案件处理,应当先行调解,以维护家庭这一社会细胞的稳定。

公堂裁处离婚纠纷,一是强调离婚自主。“夫妻离合之情,必由己出,而后可就事而断”。二是以是否“绝夫妻之情”判决离婚的基本标准。吧城华人社会将夫妻之情作为婚姻关系的基础,“夫妇之伦,结之以恩,合之以义”,将恩义皆绝视为已绝夫妻之情,将俱愿分离又劝之无益的也视为已绝夫妻之情。

## 四、吧城华人的家庭法

### (一)吧城华人的监护制度

1. 华人子女几岁成年

1848年4月,吧城副驻扎官询问吧城华人公堂:吧城华人之子几岁可成丁及至可离父母之手?吧城华人之女几岁可称成人?男女是否相同?公堂答复:男子年十六岁便称成丁,二十则为弱冠。然虽已及冠或已受室,若父在,则家中之道终不得自专,惟在外其私己生理事,可得主裁。女子年十五及笄,然虽及笄,若在家须从父,出嫁方从夫,亦不得自专。②

陈三英买女婢一名,银2500盾,尚欠1000盾,援引毛银哖担保,毛银哖代还后于1852年9月30日与陈三英在公证人处立《欠字》。毛银哖向陈三英屡讨该项未果,诉至吧城地方法院,吧城地方法院将陈三英拘押在禁。陈三英之母杨红

---

① 《公案簿》(第10辑),[荷]包乐史、聂德宁、吴凤斌校注,厦门大学出版社2010年版,第576~577页。

② 《公案簿》(第5辑),吴凤斌等校注,厦门大学出版社2005年版,第278页。

娘向吧城地方法院投诉，称陈三英立《欠字》时“年未长成，不该立字，不该拘禁”，并提交陈三英之父陈参之遗嘱作证。1854 年 2 月，吧城地方法院委托公堂查勘陈三英签署《欠字》时年龄。

公堂查勘陈参于 1845 年 12 月 27 日所立公证遗嘱中叙明“陈三英年十二岁”，答复意见为：“据杨红娘所言，及陈参之《遗嘱》，可见陈三英于 1852 年立字之时，年才十九岁。遵我吧城华人规矩，年未廿岁未可为成人。然或父兄尊长为之作主婚娶者，虽未二十，亦可谓之成人矣。”①公堂意见，陈三英签订《欠字》时年 19 岁且未婚，行为能力欠缺，《欠字》无效。

依中国旧制，男子年 20 岁或年 16 岁以上且已婚，为成年人；女子年 15 以上可成婚。应注意的是，中国旧制上的年龄为虚岁。虚岁以人刚出生时为 1 岁，此后按经历的春节次序递增。

2. 监护权原则归父

詹搭 1832 年 12 月身故，遗下一子名詹兑，年 6 岁。詹兑已被其外祖母率往览旁，詹搭之妻李惜娘也意欲去往览旁。1834 年 7 月 12 日，詹接生，詹搭之堂弟，到公堂叫禀李惜娘，请求公堂追还堂侄詹兑，以使堂兄烟祀有主。李惜娘辩称，此子与詹接生无干。公堂称：“既知姓詹，自当归之詹裔以奉烟祀，汝先夫虽在九泉之下，累世有赖矣！当思尔夫之情，与尔为夫妇，仅生此子，若不率归，詹家不几灭绝，尔心何安乎？”②

李惜娘执意不从。同年 7 月 17 日，李惜娘向吧城驻扎官投控詹接生及郑六一（詹接生姐夫）：詹接生不让自己前往览旁，实为“盖欲与氏为无耻之事”，让自己成为郑六一的小妾。吧城驻扎官于 7 月 19 日致书公堂要求查勘。

公堂吊讯詹接生，詹接生大呼冤枉，称郑六一是自己姐夫，给自己姐夫纳妾将自己姐姐置于何地？郑六一亦否认欲饲陈惜娘为小妾。公堂讯问陈惜娘纳妾事，陈惜娘语塞，且承认尽卖家业欲往览旁。公堂认为，陈惜娘系诈言，系诬告詹接生。同时，公堂查明，詹接生虽非詹搭之亲兄弟，但詹接生之父詹仕锦是詹搭与陈惜娘结婚时男方的主婚人。

公堂答复吧城驻扎官：祈望严禁陈惜娘离吧，并致书览旁，吊东桂妻同詹兑来吧，以让詹搭之烟祀有主！

3. 例外情形归妻

统观《公案簿》案例，监护权不归父的例外情形包括以下两种。

---

① 《公案簿》（第 8 辑），侯真平等校注，厦门大学出版社 2009 年版，第 306 页。

② 《公案簿》（第 3 辑），聂德宁等校注，厦门大学出版社 2004 年版，第 207～210 页。

一是遗嘱设定妻、母的监护权。通过遗嘱指定监护起源于罗马法。吧城华人认可遗嘱指定监护的效力,如下文1787年高根官遗产纠纷案中高根官即付妻陈审娘代理抚养子女、付母王连娘代理抚养回唐儿曹,公堂意见是以遗嘱为重。

二是在宗亲没有追讨情况下,妻事实上承担监护责任。黄淡巴立遗嘱,由妻沈芳娘为掌业人及孩子黄哲仁的抚养人。沈芳娘后改适李永利。黄淡巴之妹夫甲必丹郑肇基向吧城地方法院请求取消沈芳娘的掌业人资格及变更孩子抚养人为自己,理由是:凡唐妇,其夫已故改嫁,当绝夫家事业,纵有亲生之子,不得随带,当交还其夫至亲。1860年11月,吧城地方法院委托公堂查勘。

公堂意见为:"沈芳娘已改适他人,其子黄哲仁务必归于至亲之人,或兄弟及伯叔抚养教督为是。因其至亲之人并无上书追讨,雷珍兰郑肇基虽有挂杀(代理),谊属外戚。"

该案中,公堂确认沈芳娘改适李永利,"当绝夫家事业",无权再为掌业人及抚养人;但是,郑肇基属外戚,无权追讨,沈芳娘仍事实上承担监护责任。

4.公堂有权撤销监护人

王必宗是王必则之胞兄,向吧城地方法院诉请变更王必宗的监护人,理由是:王必则所行不善,至18岁尚不识唐字、荷字,不知礼仪,吃鸦片、赌博、斗鸡、狎优,靡所不为;而王文成作为王必则的代理人,竟置不闻;现闻王文成又欲以其亲之女配与王必则,其意盖谓王必则与其亲戚成婚,将来免清算王必则该得之项;何况年少成婚,又非幸事,自己即是明证,年少结婚,家产荡尽。

1869年7月,吧城地方法院委托公堂查勘该案。公堂发现,王必则写自己名字笔画都先后倒置,荷字更是不识;王必则称自己平时畜鸡畜鸭,看戏游玩而已。公堂回复:"即为参酌,此等无学无能,可谓王文成代理抚育有失教督提携之责。"①

1869年8月,吧城地方法院案夺:废黜王文成代理王必则掌业事;立甲必丹陈文速②代理王必则掌业,如王必则欲行婚事,当达知陈文速为是;王文成一个月内,须结册清算交盘与陈文速掌理。

---

① 《公案簿》(第12辑),[荷]包乐史、聂德宁、吴凤斌校注,厦门大学出版社2013年版,第31~34、53页。

② 1870年7月,陈文速被小商衙案夺入破产之籍,又被禁在欠债狱内,且被黜公堂公职。参见《公案簿》(第12辑),[荷]包乐史、聂德宁、吴凤斌校注,厦门大学出版社2013年版,第403~404页。

现代监护制度起源于罗马法。[①] 罗马法设置监护制度的目的在于补充被监护人的能力,同时设置保佐制度以代理被保佐人管理其财产。以上可见,吧城华人的代理掌业与教督子女制度与罗马法的监护制度趋同。当然,吧城华人的监护制度亦具有中国传统宗族法特征,即监护权原则归父,仅在父遗嘱指定监护或宗亲不追讨情况下,母才可以监护。

从王必宗变更监护人案可以看出,注重对未成年人的教育历来是中华民族的传统美德。就吧城华人而言,教育包括如下内容:一是引导,包括教知礼仪、教识唐字、荷字等;二是约束,包括防范制止吃鸦片、赌博、斗鸡、狎优等。监护人严重失职,公堂可以变更监护人,以保护未成年人的合法权益。

5. 未成年人的信仰问题

朱喜淡是朱定与番妇之女,朱毛讫之妹,朱才娘之侄女,父母皆已故,由姨母番妇茄诗抚养多年。1849年6月,朱喜淡16岁,其兄将其携回父家后,朱喜淡不辞而回姨母家。朱才娘到吧城驻扎官处投请,要求追回此女,阻止入失畓。吊讯朱喜淡,称愿从姨母,且愿信仰伊斯兰教,不愿从姑母。

公堂回复吧城驻扎官:"论我吧城华人须遵吧城华人之规例,盖在唐并无别籍;若论现即在吧各色人等规例,须遵吧城驻扎官权衡作主,以致人等各守其规例。或有人要入失畓,无请知,任从其便;若请知,当查其父母、叔伯、兄弟允从否。因我唐规例,凡是不得自专,须遵其父母、叔伯、兄弟之命方可。虽欲改姓,亦然也。若遵王上于1766年7月23日案夺,内有唱明须遵1717年2月9日案夺,则我吧城华人不得入失畓。"[②]

中国传统社会,以家族为本位。中国的家族是父系的,亲属关系只从父亲方面来计算,母亲方面的亲属是被忽略的,她的亲属称为外亲,以别于本宗。[③]

**(二)父母与成年子的关系**

1. 母告子的经济纠纷

例如,1787年11月14日,许萃娘来公堂叫禀儿陈国使,请求公堂裁处陈国使还其钱3350文,以单为证。陈国使则称自己代母许萃娘买物用钱6348文,对除外,母尚欠自己2998文,以册为证。公堂问许萃娘是否愿坐还此项,许萃娘称"容乞静思,异日回复"。[④]

---

① 参见最高人民法院民法典贯彻实施工作领导小组主编:《中华人民共和国民法典总则编理解与适用》,人民法院出版社2020年版,第162页。

② 《公案簿》(第6辑),[荷]包乐史等校注,厦门大学出版社2006年版,第76～78页。

③ 参见瞿同祖:《瞿同祖法学论著集》,中国政法大学出版社2004年版,第10页。

④ 《公案簿》(第1辑),[荷]包乐史、吴凤斌校注,厦门大学出版社2002年版,第3页。

又如,1788年4月9日,谢日娘来公堂叫禀儿洪沛郎,称洪沛郎将厝典当向唐孤贫养济院借钱200文,孤贫养济院追讨,自己代还赎厝;现儿欲再典此厝,自己不同意,除非他先还自己所赎之钱。公堂谕洪沛:“尔若有钱200文还尔母收去,尔母自当将厝字还尔。”①

再如,王语生是王午之长子,在唐出生;王午在吧有妻戴惜娘,生子王志生。王午遗嘱指定遗产代理人为妻戴惜娘、子王志生。1834年8月,吧城地方法院委托公堂查勘戴惜娘、王志生代理王午诉子王语生还项案。王语生辩称,自己父亲王午致书唐地让自己来吧;到吧后,父亲即付本钱与自己做生理,自己获利后欲还本钱给父亲,父亲让自己将该本钱逐年寄些回唐,交自己母亲及弟弟收执为费;父亲临终称,扣除已寄的十多年批银后,其余与自己全部消账。本案父告子的背后是继母和同父异母弟弟与哥哥的经济纠纷。

2. 父告子的不孝纠纷

1883年5月,万丹驻扎官致书公堂查勘黄开和告其子黄壬春不孝案。② 黄开和称自己派人向子黄壬春索回借住之厝,黄壬春不仅诋毁自己,还称如果自己过去则要被殴辱。黄壬春辩称其父乖戾不法、丧心病狂、恶行无数。

对此不孝案,公堂叙明唐规:依据《大清律例》,凡骂祖父母、父母,及妻妾骂夫之祖父母、父母者,并绞。须亲告乃坐。公堂答复意见为:黄壬春无父之心明于列炬。驻扎官应惩治施刑,以使国民中诸吧城华人有所警省、恪遵伦常,亲其亲、长其长。

3. 子告母通奸的纠纷

1845年4月,陈澳夏(17岁)同其妹陈良娘(14岁)到公堂叫禀其母徐梅娘。二人称父尸骨未寒,家母即背籍与番人裹富通奸。公堂吊讯徐梅娘,查证其与裹富通奸属实。公堂裁处:“论徐梅娘伊夫丧服未满而养奸夫番人,此系干犯我吧城华人规例,其罪一也;暗匿番奸在伊家将近一年而无报默,其罪二也。若论裹富久宿梅娘之家,无请知默氏亦不得为无过。祈将二人明罪其罪,以警将来。”③陈劝是陈澳夏之堂兄,向公堂请求率归陈澳夏兄妹,公堂准许。

对此,徐梅娘不服。1845年5月,徐梅娘入字吧城驻扎官投诉公堂。同时,报警称儿子陈澳夏在路上辱骂自己,警察将陈澳夏拘留。吧城驻扎官要求公堂答复。

---

① 《公案簿》(第1辑),[荷]包乐史、吴凤斌校注,厦门大学出版社2002年版,第37页。

② 《公案簿》(第13辑),聂德宁、吴凤斌、[荷]包乐史校注,厦门大学出版社2014年版,第404~405页。

③ 《公案簿》(第4辑),侯真平等译注,厦门大学出版社2005年版,第117~118页。

公堂意见：徐梅娘供词实属错误，此系本堂照我吧城华人规例是也；若论陈澳夏骂母之事，则未明，因其证人猫唠欣与梅娘供词相左；梅娘因陈澳夏告裹富之事，而挟恨在心，唤警察拘陈澳夏于哨口，却无报与吧城驻扎官，又无报与玛腰，亦无报与该街区负责人，越分已极；及至陈澳夏已经被拘于哨口，亦已足矣，如何敢再入字诬告等事，公堂绝不轻宥。

可以说，在 18～19 世纪的吧城，生活着一些经济较为富足的华人，华人家庭一父多母、再婚现象较为突出，使得成年子与父母的欠项纠纷更易发生，甚至成年子与父母的其他纠纷也夹杂着经济纠纷，如黄开和告子不孝案起因于父亲索回儿子借住之厝。应注意的是，对于父母与成年子之间的欠项纠纷，公堂裁处并未叙及伦常，而是按普通经济纠纷处理。

**（三）出嫁女与父家的关系**

1. 出嫁女不得带走父亲香火

1858 年 1 月，陈永全来公堂叫禀陈惜娘擅取香火案。陈永全称，姑母陈惜娘趁自己不在家时，偷走自家香火，请公堂追究。陈惜娘辩称，陈永全之父只是自己父亲的堂侄。陈永全之父活着的时候，对自己父亲的香火照顾不周、奉祀不诚。因担心陈永全效仿其父亲，所以取回父亲香火奉祀。

公堂裁处为："论吧城华人之例，水有源，木有本，祖宗派脉相承，方为合理。今陈惜娘虽是陈姓，既已适人，则从其夫之姓矣。欲礼陈家之香火，乖谬太甚。"① 陈惜娘同意交还香火，公堂口谕陈永全当奉祀得宜，方不愧为人后者之本心。

2. 父家祭祀费从夫所命

1861 年 6 月，公堂讨论"得业之唐妇，是否应开用年节祭祀之费"问题。② 对此问题，公堂有如下两种观点。

一是出嫁女不须担待祭祀之费。玛腰陈永元的意见为"妇人不须干预父家祭祀"，理由为：从唐例，得业当在于男子，故年节祭祀由其所理；在唐妇人原无得业，惟得出嫁时首饰妆奁而已，故无干与祭祀之费。在吧之人，子当担待祭祀之费；若妇人既嫁从夫为姓，不须干与父家祭祀。公堂官员高西川、黄清渊同意陈永元的意见。

二是出嫁女是否担待祭祀之费交由其夫决定。公堂官员陈逢义的意见为：

---

① 《公案簿》（第 10 辑），［荷］包乐史、聂德宁、吴凤斌校注，厦门大学出版社 2010 年版，第 78～79 页。

② 《公案簿》（第 10 辑），［荷］包乐史、聂德宁、吴凤斌校注，厦门大学出版社 2010 年版，第 321～322 页。

(1)照例子女虽俱得业,其男子当担年节祭祀之费。女子虽有得业,不须干与;(2)在唐倘富家,虽女子亦有得业,妆奁随嫁之业,祭祀之费不须干与;(3)在吧女子有得业,如其心欲祭祀不为过,不祭祀亦不为过,但当从夫之命。公堂官员陈思聪、陈文速同意陈逢义的意见。

公堂最终意见为:"唐例,男子为重,故得业必在男子,年节祭祀男子担支,不可或缺。女子既嫁,不须干预。在唐妇人无得业,出嫁随带妆奁亦有,既嫁从夫,当顺其夫所命,不须干预祭祀之费。在吧妇人得业亦有,若有子嗣,则男子当担支祭祀之费,妇人惟出心欲祭可,不祭亦可,务必当从夫所命。"

中国传统旧制认为,既嫁从夫。对于出嫁女与父家的关系,吧城华人遵循此规,认为出嫁女无权礼父之香火,即使从父家得业,出嫁女是否开年节祭祀之费也由夫决定。

**(四)唐孤贫养济院①保护孤儿财产**

1. 唐孤贫养济院的设立、收入来源及主要职能

1690年,甲必丹郭郡观请建唐孤贫养济院,荷兰东印度公司同意,是年动工完成,筑病厝、义学和议事厅,设武直迷②理事,并立一名书记员(美色干朱)总理钱银出入。

唐孤贫养济院的收入来源主要有四项:一是婚税。二是丧葬税。三是无继承人者的遗产。吧城华人,不论甲必丹、百姓,若死无继承人者,荷兰公班衙(东印度公司)政府将他财物、奴婢、家器,一尽叫卖,将钱落入孤贫养济院病厝,以为诸病人孤儿的饮食之资。四是捐金。鉴于唐孤贫养济院收入不足以支出,1780年6月,荷兰公班衙计划从唐人寄钱回唐的批银中抽银作为唐孤贫养济院的费用,公堂认为此举不妥,建议通过捐银来募唐孤贫养济院费用,此建议被荷印总督采纳。18世纪末期开始,吧城华人逐年的捐金成为唐孤贫养济院的重要收入来源。

唐孤贫养济院主要职能为:一是为凡唐人有疾病、癫狂失性而无依倚者,盖有此厝以居之;二是为唐人父母弃世、无人教导及贫苦之儿,请一位唐人先生以教之,如此则贫儿不致艰于读书;三是为在吧孤儿代管钱财。"子女幼少,其父母临终时,做遗嘱愿将其财物寄孤贫养济院为生放之本,每发其利息,给饲此人儿女,候长成完娶后,入字讨出前寄钱额,朱葛礁逐一查算还清,不可混为乌有。"③

---

① 唐孤贫养济院,荷兰语Weeskamer,音译为美色干。

② 武直迷,荷兰语Boedelmeester,意思为财产管理官。武直迷三年一任,一般情况下不得连任。

③ 《开吧历代史纪》,许云樵校,载《南洋学报》1953年第9卷第1辑。

2. 唐孤贫养济院对孤儿财产的保护

首先是帮助孤儿核清遗产数量。吧城华人死亡，继承人或其他亲属须到唐孤贫养济院报告，并在限期之内将遗产清单交于唐孤贫养济院，由唐孤贫养济院进行核对。如詹红娘身故，1870 年 1 月 19 日，唐孤贫养济院官员高琼瑶检查遗业时怀疑蔡清海隐匿詹红娘遗物，要求蔡清海在观音亭立誓，以雪无欺。①

其次是代遗产权利人追讨欠项。1846 年 3 月，荷印高等法院委托公堂查勘唐孤贫养济院诉故邓盛德之代理人邓全生等，欠银项 3088.31 盾，并令还该欠项 5% 的年利。②

最后是孤儿成年后将遗产并利息归还。林溪胜（19 岁，是年结婚）是林元益的过房子，向唐孤贫养济院申请只领取遗项 50,000 盾做生理，希望余额 125,000 盾仍存于唐孤贫养济院生利。唐孤贫养济院向吧城驻扎官申请是否准许。③

可以说，创设唐孤贫养济院是吧城华人社会的重大家事制度创新。唐孤贫养济院为在吧有疾病、癫狂失性而无依倚者提供食宿，为孤儿及贫苦之儿提供教育，为在吧孤儿代管钱财。而在中国传统社会，没有出现过类似的社会机构。

## 五、吧城华人的继承法

1912 年 1 月，吧城华人公堂玛腰寄书爪哇岛各地华人地方官员及素有名望者，询问他们对吧城华人社会适用荷兰继承法的意见——是直接适用还是修改后适用。公堂收到的回复中，多对男女享有同等继承权的问题持保留意见；更有人指出，适用荷兰继承法，即使华人官员同意，华民估计也不会接受。④ 该年 5 月，公堂再议此事⑤，议而未决。

### （一）吧城华人以遗嘱为重

吧城华人以遗嘱为重："吧城华人之例违心眠字（遗嘱）为重，故有立违心眠字者，当从违心眠字而行。倘内中所分或有多寡不宥齐，务当叙明何故，但嫡子不得忘忆无叙入违心眠字内，所分大小当承受。"

---

① 《公案簿》（第 12 辑），［荷］包乐史、聂德宁、吴凤斌校注，厦门大学出版社 2013 年版，第 168 页。

② 《公案簿》（第 5 辑），吴凤斌等校注，厦门大学出版社 2005 年版，第 14～16 页。

③ 《公案簿》（第 5 辑），吴凤斌等校注，厦门大学出版社 2005 年版，第 214～215 页。

④ 《公案簿》（第 14 辑），吴凤斌、聂德宁、［荷］包乐史校注，厦门大学出版社 2016 年版，第 432 页。

⑤ 《公案簿》（第 14 辑），吴凤斌、聂德宁、［荷］包乐史校注，厦门大学出版社 2016 年版，第 448～449 页。

1. 以遗嘱为重,所分大小当承受

高根官1787年6月28日18时作遗嘱,同年9月27日逝世。高根官对子、妻、婢、母、女及其他人的遗嘱如下:一是付子高荣全(6岁,系春梅所生)20,000文,万一荣全早萎,此钱付高荣杰(12岁,系妻郭瑞娘所生)、高荣辉(7岁,系故妻所生,其名已忘记)、高荣叠(3岁,系马年所生)三人均分;其余所有物业付高荣全,如高荣全寿不果,其财业尽付高荣叠;总承中拿出6000文付高荣杰、高荣辉、高荣叠三人均分;洪溪酒灶付高荣全、二百戈蔗厂付高荣杰、日落山蔗厂付高荣辉,洪溪寮窑之地付高荣叠,各照原价承坐。二是付妻陈审娘5000文、代理掌财帛并抚养子女;付妻郭瑞娘厝一间、女婢一名;付妻黄志娘25文,死后不许黄志娘入家门并管家人。三是付婢春梅、马年、春桂、冬菊、当寅五名出身,其中春梅、马年须抚养其子候至成人或回家方准出去改适;春梅、马年、当寅各付钱100文;付罗果终身收一间厝税,死后此厝付女儿高意娘。四是付女儿高意娘(20岁,系罗果所生)、高填娘(18岁,系故妻李荫娘所生)、高变娘(15岁,系妻陈审娘所生)各3000文,三人平时所收之厝,若有意爱,亦可照价承坐;付女儿高清娘(系郑栋官之寡妇)1000文,前已付妆奁不得取回。五是付母亲王连娘3000文;儿曹回唐山后,付母亲代理抚养。六是付双柄伴陶公令公子①1000文;付代理人(遗产管理人)王珠生、高潭官、柳杨官各500文。七是寄钱3000文充入祠堂,寄钱5000文建置厝宅,付儿曹(儿辈)居住。

同年11月,黄志娘向公班衙投词申诉。公班衙委托公堂"照依唐人礼法"提出处理意见。公堂意见为黄志娘应依照遗嘱而行,理由是:"唐人祖家常例无做遗嘱字,凡人身故儿子幼稚,财业其妻执掌。若妻改适,付其本夫亲长暂掌抚养,其儿子长成,即将业交还执掌。然我吧城华人住吧,属公班衙辖下,公班衙有设梁礁(公证)做挂沙字(代理),此法甚佳,凭上人公论裁决。"②

2. 嫡子泛视为外人、子嗣无叙入其中的遗嘱无效

一是嫡子泛视为外人的遗嘱无效。高长兴是高敬信与前妻所生嫡长子。高敬信于1850年7月22日去世,生前立有两份遗嘱:一份作于去世前三四个月,付长子高长兴与妻许真礁、子高明兴、子高永兴、女高畴娘五人均分产业;另一份作于去世前一个月,产业由许真礁并其儿女高明兴、高永兴、高畴娘四人均分,高长兴仅付银100盾,"因此子甚是不孝故也"。

高长兴起诉,要求按第一份遗嘱执行;许云礁称高长兴所取已多,且屡次忤逆

---

① 双柄,荷兰语 Raad van indie,原意为荷印评议员委员。

② 《公案簿》(第1辑),[荷]包乐史、吴凤斌校注,厦门大学出版社2002年版,第11页。

父命,使高敬信痛恨在心,因而改立遗嘱。

公堂的意见是"合长兴而均分其业",第一份遗嘱有效。公堂认为:"论我吧城华人规矩,弟不可以加兄,后不可以逾先,此常经也。夫高长兴,先母所出,而又居长,理当格外加恩,不宜泛视外人,况其父高敬信已为其娶媳,前之遗嘱又定平分其业,则爱子之念已伏于初心。揣其不孝之诬,或因继母有觊觎之见,故以不孝之名,激其改立遗嘱。平心而论,前之遗嘱乃治命之至情,后之遗嘱则昏乱而难信。"①

二是儿子无叙入归女的遗嘱无效。刘亚四与前妻付水娘生育三女,作公证遗嘱付妻掌理其业,与三女均分家业;及前妻故,刘亚四再娶沈水娘,生二男四女。现刘亚四故,没再作遗嘱,仅留前遗嘱。1874 年 10 月,吧城驻扎官向公堂咨询:该遗嘱是否有效?②

公堂答复"无效":二男子合当得业,盖刘亚四立遗嘱之时,尚未生男故也;至于四未长成女,由承业人抚养,至日后长成,担支其出嫁妆奁即可。公堂认为:吧城华人常例,如父母死后有遗嘱者,则从其遗嘱分业,但男子若无因故,不得忘致分外;况《大清律例》陈明,凡男子者合当承业,其女子皆无得业,父母惟配其妆奁而已。

三是孙无叙入归外甥的遗嘱无效。1847 年 10 月许裕娘立遗嘱,将所有遗业尽付其外甥吴兑掌理。1852 年 3 月,许裕娘身故。吴宗茂,许裕娘之孙,到吧城地方法院起诉吴兑,要求"对半均分"许裕娘遗业。吴兑指出,吴和生是许裕娘之夫吴晶过继之子。

1852 年 4 月 20 日,吧城地方法院咨询公堂意见。公堂意见为:"据原告之证人供词,但知吴和生是吴晶与许裕娘之子,而不能指果系许裕娘亲生之子;被告之证人供词,但闻吴和生是吴晶过继之子,亦不能确指其实。二比之言,俱属不明,难以为凭,盖因年代已久。所可凭者,吴晶之遗嘱明言其子吴和生得业,吴和生之婚字又明言其父吴晶主婚。由此观之,则其子明矣。纵然不是亲生子而是过继子,在我吧城华人规矩,亦当得业。吧城华人规矩:'有子归子,无子归孙,或其孙别无兄弟,可以独得乃祖之业。'今许裕娘之遗业,合当由子及孙而归吴宗茂,非他人所能摇夺矣。"

嫡孙无叙入产业归甥,违反吧城华人经义"有子归子,无子归孙,或其孙别无兄弟,可以独得乃祖之业"。

---

① 《公案簿》(第 8 辑),侯真平等校注,厦门大学出版社 2009 年版,第 68～70 页。

② 《公案簿》(第 13 辑),聂德宁、吴凤斌、[荷]包乐史校注,厦门大学出版社 2014 年版,第 135 页。

3. 妻可依据遗嘱掌业,改适则与庙绝

1892年1月,状师惹各媚致书公堂咨询:一吧城华人身故,立遗嘱尽将产业付与其妻。其两个儿子,却一无所有。其夫所立遗嘱是否合法?如遗嘱不合法,该产业是否将尽归二子承受?①

公堂答复为:其儿子应得几多,其妻应得几多,惟凭业主所愿。公堂认为:《大清律例》并没有禁止夫死将业归妻而不归男子。别籍异财之第一条有云,若祖父母、父母在者,子孙分异财产别立户籍者,亲告坐罪。若父母自愿将产分异子孙者,无论。男子虽当承父业,但其母尚在,不应强索抑勒。

该案中,公堂以“父母在,子不得别籍异财”来论理妻依据遗嘱可享有继承权益。应予注意的是,妻享有的遗嘱继承权,须与“妻”身份相符:如妻不守节,夫族可“母出与庙绝”来要求其返还该产业归宗。

黄发娘于1844年12月11日身故,其于1843年10月20日作公证遗嘱,付其宗亲黄元掌业,黄发娘之母林容娘仅得200盾。1845年9月,林容娘到吧城地方法院起诉,要求解除黄云的遗业管理人资格,改由自己作为女儿的遗业管理人。林容娘称:自己是黄发娘生母,从国法而论,为人子者岂得自专付他人掌业?何况黄元并非近亲,只是远亲。吧城地方法院将该案委托公堂查勘裁处。

公堂认为:“论林容娘供词自认与徐如川已经结为野合夫妻,曾生下一男一女,照我吧城华人规例,此所谓‘母出与庙绝’,何异他人?然而伊女黄发娘犹念母女之情,在其遗嘱内有立付伊母荣娘200盾作为送葬之费,亦已足矣。”②

4. 嫡孙女无叙入归侄的遗嘱有效

1852年8月,吧城华人汤照身故,汤照遗嘱立其侄可总承其业,其明婚子故汤骄之女汤远娘只付些微银盾。唐孤贫养济院特咨询公堂:汤照应当以嫡孙为先,而侄居后,他却不然,甚无公道。

公堂认为当遵遗嘱,理由是:“论我吧城华人规矩,嫡孙若男,当承祖业,但碍汤照之孙是女,则不如亲侄之得力。本堂酌量此情,当从汤照之治命,而遵其遗嘱实当。”③

5. 女与子分享遗产的遗嘱有效

陈逢春于1848年6月21日立公证遗嘱:“陈仙娘系娶杨丁仔钫娘所生,应得

① 《公案簿》(第14辑),吴凤斌、聂德宁、[荷]包乐史校注,厦门大学出版社2016年版,第116~117页。

② 《公案簿》(第4辑),侯真平等译注,厦门大学出版社2005年版,第161~163页。

③ 《公案簿》(第8辑),侯真平等校注,厦门大学出版社2009年版,第234页。

直洛吗呀(地名)地六分之一。"

陈逢春之子陈瑞德请求吧城驻扎官查勘陈仙娘是不是陈逢春之女。1856 年 12 月,吧城驻扎官委托公堂查勘该事。公堂通过查勘证人陈逢春之弟陈逢角、杨丁仔钫娘及证人李弼娘,认为:"据诸消视(证人)之供及杨丁仔钫娘自认,可见陈仙娘实系陈逢春之女,且陈逢春《遗嘱》已经自认,合当从《遗嘱》而行。"①本案中,根据陈逢义《遗嘱》,陈瑞德对陈仙娘的继承权没有异议,其有异议的仅是陈仙娘是否为其父之亲生女。

从 18 世纪末期的高根官遗产纠纷案可见,在吧华人以遗嘱为重,各继承人所分大小当承受。据此,在吧之妻、母、女,甚至婢及其他人享有遗嘱之下的继承权益。该时代的吧城华人女性,很多拥有个人财产,而其财产的一个重要来源就是遗嘱继承。

应予注意的是,吧城华人所称的遗嘱实际上是今人的遗嘱与遗赠的复合体。今人的遗嘱,限于法定继承人范围之内的人;遗赠则不能是法定继承人范围之内的人,而限于法定继承人以外的人。

**(二)吧城华人死故分业之例**

吧城驻扎官曾在 1863 年 1 月、1865 年 2 月、1865 年 6 月,三次以书面的形式咨询吧城华人公堂"吧城华人死故分业之例"的具体内容。从公堂的讨论及答复可以管窥公堂官员对于中国传统律法的认知。

1. 公堂第一次答复

1863 年 1 月,针对吧城驻扎官关于"吧城华人死故分业之例"的咨询,公堂答复:"吧城华人之例违心眠字为重,故有立违心眠字者,当从违心眠字而行。倘内中所分或有多寡不宥齐,务当叙明何故,但嫡子不得忘忆无叙入违心眠字内,所分大小当承受。如有人临终不及做违心眠字,有嫡子一、庶出子一、未嫁女一、妻一,遗业作十二份而分,嫡子得六、庶子得三、未嫁女得一、本妻得二;如有嫡子二、庶出子二、未嫁女二、妻一,作二十二份而分,二嫡子得十二、庶子得六、未嫁女得二、本妻得二。如有过房子,同庶出之例。余若无者,俱可类推。如嫡庶有一二先故,其子可承得父业;如嫡庶子俱无,则其父母及兄弟及妻均分;如其妻先已再醮,不宜分得如女子;父母及兄弟及妻又无者,则其至近之亲可得。如妇人夫在而故,业归伊子;如无子,则归伊夫;又无夫,则归夫兄弟可耳。"②

① 《公案簿》(第 9 辑),吴凤斌等校注,厦门大学出版社 2009 年版,第 170～172 页。

② 《公案簿》(第 10 辑),[荷]包乐史、聂德宁、吴凤斌校注,厦门大学出版社 2010 年版,第 387～388 页。

公堂的此次答复,叙明无遗嘱下的吧城华人死故分业惯习:(1)嫡多庶寡;(2)未嫁女享有一定份额;(3)妻享有一定遗产继承份额;(4)如嫡子、庶子先故,其子承得父业;(5)如嫡庶子俱无,则父母、兄弟与妻均分;(6)再醮妻与出嫁女不享有遗产继承份额;(7)无父母、兄弟及妻者,近亲可得;(8)妇人夫在而故,业归其子;(9)妇人夫在无子,业归其夫;(10)妇人无子又无夫,则业归夫之兄弟。这些答复中,可以明确的是:在没有遗嘱的情况下,子、妻、女均享有一定的遗产继承份额,只是子多而妻、女寡。

公堂此次答复存在的最大问题是:抽象问题用具体案例作答,以列举方式回答了抽象性的子、妻、未嫁女的继承份额问题,必然存在法律漏洞,这表明公堂对吧城华人死故分业的理解更多依靠经验,而非逻辑。

2. 公堂第二次答复

荷印殖民政府在1855年12月8日颁布第79号"国例":"凡吧城华人死故分业之例,同于和(荷)人一体。"[①]1865年1月,荷印总督案夺成立专门调查组,调查是否需改易1855年"国例"。该调查组由缎力经宁为负责人,缎绵氏、缎迷伴兰波为成员,缎书礼嗄为辅助人员。[②] 1865年2月,吧城驻扎官再次致书公堂询问吧城华人死故分业之例。

在第一次答复的基础上,公堂的本次答复补充了螟蛉子(过房子)的继承权问题:若未有嫡子,先有螟蛉,则螟蛉子从嫡子而得;若有嫡子,后又螟蛉,从庶出而得;苟无嫡子、庶子,则螟蛉子均得。公堂补充过房子继承权的答复:先有过房子,后有嫡子,过房子与嫡子均得;先有嫡子,后有过房子,过房子从庶子而得。公堂的此处答复并不认可诸子均分,而是认可嫡庶螟蛉有别。

公堂此次答复亦存在语意未明的问题:"若嫡子、庶子、螟蛉子俱无,其业一半充入美色干(孤贫养济院),一半归伊至亲。近而父母、兄弟,远而亲堂从堂其亲,当代为过房一人,以为承嗣。"若嫡子、庶子、螟蛉子俱无,究竟是一半充入孤贫养济院、一半留归至亲,还是由宗亲为被继承人立嗣一子以继承全部呢?

公堂的此次答复还存在与上一次答复前后矛盾的问题:一是守贞之妻如何继承问题。公堂本次答复为"妻若守贞,可取公项取息,以奉崇祀,且可以养育螟蛉"。公堂的上次答复是妻直接享有继承份额,而非从公项取息。二是夫的继承

---

① 《公案簿》(第10辑),[荷]包乐史、聂德宁、吴凤斌校注,厦门大学出版社2010年版,第535页。

② 《公案簿》(第10辑),[荷]包乐史、聂德宁、吴凤斌校注,厦门大学出版社2010年版,第535~536页。

问题。公堂本次答复为“妻死故，有业作七份，与子五份，本夫得二”。公堂的上次答复是有子归子，无子才归夫。

公堂的第二次答复虽然补充了螟蛉子的继承问题，但没有有效解决问题，而产生了更多的问题。

3. 公堂第三次答复

1865年6月，吧城驻扎官再次致书公堂，要求公堂详细回复吧城华人分业之例。对此，公堂官员各抒己见，却发现难成定论。

甲必丹陈浚哲认为，遵从1863年答复，上增添一条：“惟添入无嫡子、庶子及螟蛉，其业存公。其至亲尊长，当参酌代为过继一人，以承宗祀以为得业。如其亲不为之过继，其业归伊父母兄弟及妻均分。”陈浚哲的建议仍“模糊难解”——无嫡子、庶子及螟蛉，是存公，还是归伊父母兄弟及妻均分？

甲必丹黄锦章亦认为，遵从1863年答复，上增添一条：“已嫁女子不宜得业。如无嫡子、庶子及螟蛉，其业一半当归父母、兄弟及妻均分，一半存公。其亲当代为过继一人，以为承业。若父母兄弟及妻俱无，其业一尽存公。”

甲必丹陈思聪认为，在1863年答复上添入“无嫡子、庶子及螟蛉及妻，其业存公，其父母及胞兄弟须代为过继一人，以为得业一半额，一半当归父母兄弟均分”。

甲必丹高西川与郑肇基意见一致，建议在1863年答复中添入“妻故无夫无子，其业归公、姑。”

甲必丹陈文速、连文清及陈江流的意见一致，建议添入“已嫁女与未嫁女同得。若无嫡子、庶子及螟蛉，又无至亲，其业存公，其亲当代为过继一子，以为承祧。若妻故无夫又无子女，其业存公，其夫至亲当代螟蛉一子以为得业”。

玛腰陈永元建议不宜更添，因为“此事前详者公堂也，今日所言亦公堂也，不宜更添，添则前后异词矣”；后又建议添入：“苟无嫡子、庶子、螟蛉及妻、女子，其业归伊父母、兄弟未甚明晰，须叙明：但得其业者，当追思既得之业所由来，留心代为过继一人，以承故人宗祀，庶乎情例兼得，是为可耳。”

最后，公堂对吧城驻扎官的回复是：“吧城华人死故分业之例，须从和（荷）1863年所详，不可更易。”①

公堂的多次答复，前后异词，以致吧城驻扎官回复公堂“何其愚也”。可以说，吧城华人死故分业之例的最大问题，就是对于遗产继承中国没有形成成文法典，而让公堂几个来自吧城权贵世系的官员短时间内“造法”是强人所难。当然，

---

① 《公案簿》（第10辑），[荷]包乐史、聂德宁、吴凤斌校注，厦门大学出版社2010年版，第571～572页。

中国传统社会没有形成体系化的成文法,不代表没形成一些具体的继承惯习,这也是公堂能够答复吧城驻扎官“吧城华人死故分业之例”的根本原因。

**(三)立嗣继承**

立嗣,也称过房,指在中国传统社会,为确定家祀、身份和财产的承继人,在没有亲生子的情况下,通过立嗣来法律拟制亲子。立嗣制度是中国传统法律中的特有制度。

1. 严格区分嗣子与养子

吧城华人社会,严格区分嗣子与养子:立过房书以子与人为嗣子,生身之母无权可与争执;无立过房书,谓养子,其权尚在生身父母。如1867年6月,公堂答复吧城驻扎官询问“吧城华人立过房书之例”:“论吧城华人之例,子有亲生,亦有过继,自古有之。然既立过房书以子与人,生身之母无权可与争执。若仅以子女与人抚养教督,无立过房书,只可谓养子而已,其权尚在生身父母,他人不与焉。倘有父故,其母欲他适,所有子女当归还翁姑,或其夫之至亲。”①

2. 立嗣的形式要件和实质要件

其一,形式要件:过房书。一般来说,立嗣有“过房书”为凭。例如,1849年1月8日吴发生向公证人哖温奚孙立过房书:“吴发生同伊故妻沈真娘亲生一男名福水年14个月,愿过继与雷珍兰吴昭阳为子。自今以后,养育婚娶,与亲生无异,不得擅放原家。”

又如,1857年7月10日,郑智同番妇与郑海水立公证过房书,内容为:“郑智同其妻卅里吧云:晚系苟合夫妻,生一子,年一岁,未有命名。今欲名曰郑顺香,愿付与郑海水过房,如其己子一般。从今以后,悉任郑海水养育教督。郑海水云:‘晚过继郑智之子郑顺香为子,愿养育如己子一般,身后之事可同明婚亲生子,均得遗业,凡属家人当以己子相视。’”②

其二,实质要件:同宗昭穆相当与爱继。“立继之道,非序则爱。”③立继之道:一是同宗昭穆之序。“无子者,听养同宗于昭穆相当者。”二是爱继。明代《问刑条例》规定:“无子立嗣,除依律外,若继子不得于所后之亲,听其告官别立。其或择立贤能及所亲爱者,若于昭穆伦序不失,不许宗族指以次序告争,并官司受理。”

---

① 《公案簿》(第11辑),聂德宁、吴凤斌、[荷]包乐史校注,厦门大学出版社2012年版,第139页。

② 《公案簿》(第10辑),[荷]包乐史、聂德宁、吴凤斌校注,厦门大学出版社2010年版,第197页。

③ 陈全伦、毕可娟、吕晓东主编:《徐公谳词——清代名吏徐士林判案手记》,齐鲁书社2001年版,第601页。

1880 年 2 月 14 日,蔡森林去世,遗下一子三女,子为蔡麒麟,女为蔡真娘、蔡春娘、蔡清娘,未留遗嘱。一子三女皆未成年。儿子蔡麒麟于 1880 年 4 月 21 日殇,即其父去世两个多月后死去。

麒麟殇后,唐孤贫养济院即定其应承之业归其姊妹蔡真娘、蔡春娘、蔡清娘。蔡森林胞弟蔡溪林入禀吧城地方法院,要求其子金淮当承麒麟之遗业,因麒麟只有姊妹,并无胞兄弟故也。而吧城地方法院认为,唐孤贫养济院不得擅专,将吧城华人死者家业判归何人应承,盖承业之人虽死无遗嘱,而其权之不可泯者,全赖自己公平判断,是以将该案交吧城华人公堂权衡三女能否承蔡麒麟之业。

蔡森林有同胞兄弟三人:一为蔡火林,有二子;二为蔡木林,有二子;三为蔡溪林,亦有二子。蔡火林为故蔡森林之妻的代理人,负责教督养育诸子女。1883 年 2 月,吧城地方法院致书询问公堂:谁可承蔡麒麟之业?[①]

公堂答复:“本堂互为权衡,仍遵清朝律例,无子立嗣,先尽周亲,及妇人夫亡愿守者,合承夫分,须凭族长择昭穆相当之侄为嗣等例。而蔡麒麟以年幼之故,合遵不得概为立嗣之例。况蔡森林周亲尚多,昭穆相当之侄,可为立继,自不必为未婚之子立继焉。然欲为蔡森林立继,当凭其妻与蔡火林择贤择爱,听其自便,庶几永如己出,无有后悔。若其三女,只俟笄字之时,酌配妆奁而已。盖户未绝,无女子承业之条。至若蔡溪林,断断不得霸强,必以其子金淮勒令承继。”

3. 违律立嗣

李梓隆 1859 年 3 月身故,于 1858 年 6 月 7 日向公证员缎吉宁作遗嘱,付正妻怀孕遗腹子得业,过房子李千昭 10 万盾,付自己弟弟李梓凤(年 13 岁,后为公堂玛腰)3 万盾。后遗腹子脱胎死亡。唐孤贫养济院案夺,李梓隆遗产付过房子李千昭得。

1861 年 1 月,吧城地方法院委托公堂查勘李伯达(李梓隆之叔)、李子凤(李梓隆之弟)诉陈甘郎、吴荣辉关于李梓隆遗业案。[②] 李伯达等诉称:李千昭实为陈经娘(李梓隆之妻)舅吴荣辉之子,以表弟为过房子,不仅取自异姓,而且丧失人伦,且未告知李梓隆之母,亦无请知宗人尊长,过房无效,李梓隆遗业应重新分配。公堂答复吧城地方法院意见为:“论唐例,欲过继为子,务必由亲及疏,择昭穆相当之人。今李梓隆过继吴荣辉之子,乃属异姓,为不合式。况吴荣辉乃李梓隆正妻

① 《公案簿》(第 13 辑),聂德宁、吴凤斌、[荷]包乐史校注,厦门大学出版社 2014 年版,第 398～400 页。

② 《公案簿》(第 10 辑),[荷]包乐史、聂德宁、吴凤斌校注,厦门大学出版社 2010 年版,第 317～318 页。

之母舅,吴荣辉之子与李梓隆正妻同辈,以表弟为儿子,又见尊卑失序,可谓悖理。按例而论,李梓隆现既无子,其得业当惟亲是问。"①

1872年12月20日,吧城驻扎官委托公堂查勘吧城义民告吴荣辉谋产业献子废伦以败坏纲纪事。② 该投控称,李梓隆临终之际被岳父陈甘郎胁迫作公证,不仅将自己妻弟吴荣辉之子过继给李梓隆为嗣,而且指定自己作为李梓隆百余万盾遗业的代理人;及至李千昭去年完婚向陈甘郎领其继父遗业时,不过剩十余万而已。公堂回复吧城驻扎官意见为:依唐例而论,以表弟为子,昭穆不相当,不顺理;至于甲必丹陈甘郎同甲必丹吴荣辉设局逼使李梓隆,以表弟为子,及从中谋其财产,此是家中之事,难以指明。在本次公堂裁决中,公堂官员吴荣辉不到。

1872年12月31日,公堂会议李千昭领故李梓隆遗业事。高西川、黄清渊称宜招李千昭到堂面讯其事,及恳查唐孤贫养济院之数簿。公堂议定致书吧城副驻扎官早赐定夺,以便施行。1873年2月18日,吧城驻扎官急向公堂讨回陈甘郎诸字。③ 此案公堂没有后续。

可见,过房引发的宗亲与外戚的继承权纠纷,公堂根据《大清律例》及吧城华人礼法,坚定地站在宗亲一旁;但本案历经十余年,法律并未在本案得到切实的实施。

从严格意义上说,吧城华人的继承法与现代的继承法并非同一概念:前者所称的遗嘱实际上是今人的遗嘱与遗赠的混合体;今人的遗嘱限于法定继承人范围之内的人,遗赠则限为法定继承人以外的人,而不能是法定继承人范围之内的人。

## 六、结语

### (一)吧城华人家事法:相对宽容与进步

一是吧城华人在1717年即开始实施结婚/离婚登记制度。婚姻登记是衡量婚姻法律进步性的重要标志。中国旧制,结婚采取仪式制,当事人按照民间习俗举行结婚仪式,过则已焉,无婚字为凭;而婚姻登记,倘遇事故,婚字可献公廷。离婚登记制度,可以解决唐人因琐事离婚和通过离婚逃避债务问题。

二是当事人如违律解除婚约、违律嫁娶,公堂惯常处理模式为:首先,昌明"大干国法、理宜发押";其次,转入"情有可原",理由如"列台仁慈""不欲二家积怨在

① 《公案簿》(第10辑),[荷]包乐史、聂德宁、吴凤斌校注,厦门大学出版社2010年版,第216~220页。

② 《公案簿》(第12辑),[荷]包乐史、聂德宁、吴凤斌校注,厦门大学出版社2013年版,第517~519页。

③ 《公案簿》(第12辑),[荷]包乐史、聂德宁、吴凤斌校注,厦门大学出版社2013年版,第521、539页。

心”“将功补过”等；最后，默认已成事实，或解除婚约，或发给婚字。从唐律到清律，对于违律解除婚约、违律嫁娶都予以严惩，不仅当事人和主婚人要责以徒杖之刑，而且已成婚的男女也要被判处离异。而在吧城，公堂常以训诫代替发押，并且配以默认婚约解除或嫁娶的效力。

三是吧城华人的离婚法律实践，既有“出妻”，也有“出夫”。吧城华人的“出妻”不是“七出”，而是“一出”——“妻淫佚”；“出夫”情形较多，如“夫不顾衣食”“夫酷殴”“夫三年不还”等。“出夫”的背后是伦常对中国传统律法的渗透：“夫不顾衣食”“夫酷殴”“夫三年不还”等，严重违反夫纲，属于义绝。“出夫”与“出妻”的对等，使“男尊女卑”得到了一定消解。

四是对于子女的抚养，公堂虽然遵循“子女归父（或宗），此不易之常经”的传统宗法制度，但存在一定的妥协与退让：子女年幼，由母代养至 7 岁归父，父贴资费；父同意下子女可由母亲抚养；父故子女归宗，但前提是宗亲才可追讨，宗亲不追讨，母或外戚可抚养未成年子女；抚养未成年的人，可做其主婚人，主婚人不必同姓。吧城华人在未成年子女抚养教督问题上的权变，是对僵化的传统宗法制度的矫正，有助于未成年人的健康成长。

五是吧城华人的家事法律，不仅具有身份法属性，而且具有财产法属性。在 18～19 世纪的吧城，生活着一些经济较为富足的华人，华人家庭一父多母、再婚现象较为突出，成年子与父母的欠项纠纷更易发生，甚至成年子与父母的其他纠纷也夹杂着经济纠纷，如黄开和告子不孝案起因于父亲索回儿子借住之厝。应注意的是，对于父母与成年子之间的欠项纠纷，公堂裁处并不叙及伦常，而是按普通经济纠纷来处理。正所谓：“清官难断家务事。”法律是神圣的，但不是万能的。对于民众的家庭生活，法律保持了其谦抑性。

六是吧城华人以遗嘱继承为重。“吧城华人之例违心眠字为重，故有立违心眠字者，当从违心眠字而行。”遗嘱继承与个体财产所有权紧密相关。法哲学家密拉格利亚认为，“法定继承的直接基础是建在血统关系及家产共有之上，而遗嘱继承的直接基础，是建在财产所有权之上：所有人除须履行其义务外，得自由处分其财产；遗嘱的权利是与财产所有权不能分离的，它由此而得到它的理由和意义。”①另外，依据遗嘱，妻、女、母、姐妹可以继承一定份额的遗产，这在一定程度上矫正了宗法制度下男女继承权不平等问题。

---

① ［意］密拉格利亚：《比较法律哲学》（下册），吴泽炎等译，中国政法大学出版社 2005 年版，第 811 页。

### (二)吧城华人家事法律秩序相对宽容与进步的背后原因

一是在中国传统律法体系之中,例文通常会变通严苛且僵化的律条。公堂引用律例不会注明是《大清律例》的律条或例文,而是以“大干国法”或“按《大清律例》”一语而过。相对来说,《大清律例》436条律条比较严苛与僵化,而近2000条例文则比较变通,如“嫁娶违律主婚媒人罪”律条规定主婚人徒杖且婚姻一律无效,而例文区分情节来认定婚姻是否有效,先奸后娶、私自苟合等违律情节较重的婚姻无效,同姓为婚、居丧嫁娶等违律情节较轻的酌免离异,婚姻可能有效。苏亦工认为,消解律条的严苛与僵化,正是例文产生的原因:“明清律因大量承袭《唐律》,其中的有些条文,特别是有关婚姻、家庭、继承等条文仍僵化地坚守儒家礼教的信条,与明清社会的实际情形不免有些脱节,明清朝廷为因应这些变化不得不在正律之外制定许多条例予以适当的变通。”①

二是唐人可权衡情理来规避中国传统律法的严苛与僵化。如“情有可原,亦法所不加也。”又如,公堂认为伯叔之丧未阕可给婚字:“大凡婚姻之事,据吧居之俗,惟父母之丧服为重,宜遵律制。而行若伯叔之终服,则不须深究。今许家子女甚众,若必拘律例,一一待伯叔之服阕而后嫁娶者,此乃人情所难行,而女子有标梅之叹矣。就礼仪而论,或有守经,或当行权,推其轻重之分,无致大背于理,是亦可行也。故曰此事不必深究。”情理是华人民族精神的高度凝炼和集中表达。

三是吧城华人新的惯习可适当消减中国传统律法的严苛与僵化。种族的惯习不是一成不变的,任何惯习都与人们所处的环境相一致。正如《论法的精神》译者张雁深总结的,“一般的法律是人类的理性,各国的法律是人类理性在特殊场合的适用;因此,法律和地理、地质、气候、人种、风俗、习惯、宗教信仰、人口、商业等等都有关系”②。吧城华人生产生活在殖民统治之下的商业社会,自然形成新的惯习,公堂称之为“吧例”,如“论我吧城华人规例,为父母者,为其女主婚只是一次而已。及后若欲再醮,任从伊女所择何人,但务必不可玷辱祖宗方可”。

四是荷兰法律对削减中国传统律法的严苛与僵化也产生了一定的积极影响。华人走出去来到荷属东印度,接受荷兰的殖民统治,中国律法亦受到外来法律的影响。吧城华人的结婚/离婚登记制度、公证遗嘱制度、唐美色干代管寡幼的遗产制度,明显受到荷兰法律的影响。当然,这种影响不是出于保护华人的目的,而是出于便于殖民统治的目的,但客观上产生了一定的积极影响。

---

① 苏亦工:《明清律典与条例》,中国政法大学出版社2000年版,第287页。

② [法]孟德斯鸠:《论法的精神》(上),张雁深译,商务印书馆1963年版,第15页。

# 唐代地方司法僚佐初探

刘　毅

唐代地方司法僚佐是指设置于唐代各级地方行政机构府、州、县行政长官之下的、辅助长官处理司法事务的官员。他们"掌律、令、格、式，鞫狱定刑，督捕盗贼，纠逖奸非之事，以究其情伪，而制其文法。赦从重而罚从轻，使人知所避而迁善远罪"①，本文所探讨的唐代地方司法僚佐，主要包括府一级的法曹参军、州一级的司法参军以及县一级的司法佐。

迄今唐代法律史学研究中，对地方司法制度中的司法属官这一官僚阶层的研究尚不充分，似未有学者发表专以唐代地方司法僚佐即法曹参军、司法参军、司法佐为研究对象的论著，尚有较大的研究空间。② 本文以唐代地方司法僚佐中的法曹参军、司法参军、司法佐为主要的研究对象，将三者作为一个整体即司法僚佐来进行整体性

① （唐）李林甫等：《唐六典》，陈仲夫点校，中华书局 1992 年版，第 749 页。

② 严耕望《唐代府州僚佐考》是考察唐代地方属官的开创之作，以唐代府州的所有僚佐为其研究对象，在法曹参军的研究上着墨亦不多。赖瑞和《唐代基层文官》设专章探讨唐代的参军与判司，论述范围较严氏之书为广，不以州府为限，兼论及亲王府、都督府之参军与判司，但也没有对法曹等司法僚佐进行专门的探讨。李方将其所发表的一系列西州官吏的论文汇集成书，题名《唐西州官吏编年考证》，以文书为研究对象，兼考释文书所涉及之官员姓名，并不是对唐代司法僚佐全方面的考察。夏炎《唐代州级官府与地域社会》也涉及法曹参军事、司法参军事的内容，但不局限于州府之司法僚佐。总体来说，学界对唐代地方司法僚佐的研究还略显薄弱，系统性并不强，缺乏专研性著述。

的研究和把握。具体而言,主要是通过对其历史沿革、设置情况、称谓、员额分布、名额增减、职掌、任职途径、品秩、俸禄、参与国家立法现象、与其他僚佐之关系乃至唐人心目中之印象等方面进行研究,试图对唐代地方司法僚佐有一个较为系统和全面的把握。

## 一、唐代地方司法僚佐的范畴与相关职官分辨

### (一)唐代地方司法僚佐的范畴

中国古代行政制度的一大特点是行政兼理司法,这一点在地方行政上体现得尤为鲜明。唐代在中央设有专门的司法机构,在地方却并未设置独立的司法机关,其对地方司法事务的处理模式是在各级军政长官的统领下,设置一批辅助官僚即司法佐官协助其分掌具体的司法事务。这种职官设置模式,就构成了唐代地方司法僚佐这一官僚群体。

在司法权并不独立、司法机构难与行政机构相分离的古代社会,司法权的享有和行使,往往被其他非专职司法官员染指。概言之,从长官到佐贰,乃至与本文所探讨之司法僚佐同级的其他官员,在史料中都可以找到他们行使司法职权的相关记载。限于篇幅,本文不可能对所有与司法权之行使有关的官僚进行全面的考察,因此,就本文所界定的唐代地方司法僚佐的范畴而言,主要包括府一级的法曹参军、州一级的司法参军以及县一级的司法佐。除寻常州府外,设置于地势险要之地的都督府亦为唐代地方军政机构,其内部职官的设置与一般的州府大致相同,“官有定员,职有专任”①,因此,都督府中的司法僚佐即法曹参军事、司法参军事亦包含在本文所称之唐代地方司法僚佐的范畴之内。除都督府外,唐朝统治者为镇守边陲、防备外族入侵以加强中央管辖,沿袭汉代以来旧制而设置之诸都护府下亦设置有法曹参军事、分曹理事,因此,这类衙署中的法曹参军事自然也是唐代地方司法僚佐的重要组成部分。此外,根据《唐六典》的记载,唐代诸亲王府中亦设置有法曹参军事,但亲王府并不属于地方行政、军事机构,而唐以前的史料中多次出现历朝历代担任过亲王府法曹参军事的人物,故将王府诸法曹(司法)参军纳入本文所探讨的范畴之内,一则不失为一条较好的研究脉络,有助于厘清迄唐为止这类司法僚佐的演变;二则能全面探析有唐一代这类司法官员的整体面貌。除此之外,笔者发现,根据《唐六典》之记载,主掌钱粮户籍的户曹(司户)也具有“剖断人之诉竞”之职能,此当为民事裁判职能运作在唐代的体现。以现代

---

① 孔令纪编:《中国历代官制》,齐鲁书社1993年版,第155页。

司法的眼光看,其自然也属于司法的范畴。但若将其置于1000多年前的唐朝,其司法色彩却并不鲜明。这一方面是中国古代封建社会"诸法合体,民刑不分"而以刑为主法制特色之体现;另一方面,民事裁判权分离于较具独立性的法曹之外的职能分工也足以说明这一点。因此,户曹(司户)并非本文所要探讨的内容,对其不置于本文中进行分析。要言之,本文所要探讨的唐代地方司法僚佐,包括设置于诸州府、诸县、亲王府、都督府、都护府下的法曹参军事、司法参军事、司法佐等官员,而不涉及享有民事裁判权的户曹(司户)参军。

**(二)判司、录事参军、参军事、行参军之分辨**

尽管在诸州、诸县、诸都督府、都护府、亲王府、诸卫率府乃至诸镇、诸戍中的具体设置情况不尽相同(具体设置情况、品秩可参看附表一),但录事参军、判司、判司外诸曹、诸司以及参军事均属上述各类唐代军事、行政机构以及府衙中的佐官系统。虽职分轻重、品别高低,但他们均是作为各级官府之僚佐发挥作用,以维持本衙署的运作。

1. 录事参军事

录事参军事在不同的衙署中有不同的称谓。其中,在府(包括三都府、亲王府、卫府、太子卫率府)中称司录参军事,而在都督府、都护府以及诸州则称录事参军事。录事参军事始设置于晋代,根据杜佑《通志》的记载,此职的设置一开始仅存在于诸公府之中,从隋代开始才为地方郡守的属官。隋炀帝时改称主簿,唐高祖李渊又将其改复为录事参军事。《唐六典》卷三十载其职责:"司录、录事参军事掌付事勾稽、省署抄目。纠正非违,监守符印。若列曹事由异同,得以奏闻。"①根据学者王永兴的研究,其主要负责行使勾检职权,属于监察官中勾官之一种。《锦绣万花谷》前集卷十三载:"录事参军又云纠司,纠职、纪纲掾皆录事参军,谓以纠察为职。"②如崔师:

> 秩满,调蕲州录事参军。纪谬绳违,不避强御……六曹资其纲纪,十部赖其风化。③

崔师之墓志,共有同名两篇,但两者在内容上却有所出入。除在墓主人下葬时间记载不同外,两篇在记载蕲州录事职责的文字表述上亦有差异。后篇即景云

① (唐)李林甫等:《唐六典》,陈仲夫点校,中华书局1992年版,第748页。
② (宋)佚名:《锦绣万花谷》前集卷一三,文渊阁四库全书版。
③ 周绍良、赵超主编:《唐代墓志汇编续集》,上海古籍出版社2001年版,第423页。

〇〇四《大唐故蕲州录事参军崔君墓志铭并序》载之如下:

绳违纠谬,坐啸杖以宣风;振领提纲,卧理由其闭阁。[①]

虽然二处记载略有不同,但大致能够反映出录事参军的基本形象,即他们均属于僚佐阶层中的纲纪类属官。如成都府录事参军就被直接称为"劾察之曹"[②],崔晞担任西河郡录事时,"七曹从绳以端肃,一郡闻风而自清"[③]。当然,作为录事参军事,他们在掌管本衙署的印信之外,还负责全面审核本衙署之公文,并从中纠举违反期限或者法律规定的官吏。"所谓'失'指公事失误,即处理案件是否违反了相关制度的规定;所谓'稽'是稽程,即是否在规定的时间内将公事处理完毕。'杪目'是指一个官府的收入和发出的文书的目录,此需由勾官审核并签署,此即省署杪目。"[④]如果诸曹所处理之事务有相左之处,则录事参军事可在听取后向行政长官奏进。从这一点可以看出,录事参军事是独立于列曹之外的属官。此外,从《唐六典》以及新旧《唐书》关于其品秩的记载可知,设置于同一府衙内部的录事(司录)参军事的品秩较其余诸曹、诸司都略高。

2. 判司以及诸曹

判司与判司外诸曹共同构成了列曹。其中,判司为州府六曹参军事之别名,判司外列曹的名目与设置则较为特殊。它们往往是根据具体衙署的性质所作的具体的设置。如胄曹,因其职能主要是管理军用器械、分廨缮造,故仅设置于具有军事职能的卫率府等衙署之下。相比之下,六曹判司则负责处理各衙署的日常事务,故其基本为所有种类的衙署所普遍设置,只是具体在同类衙署(如州的上、中、下等,都督府的大、中、下等)中因为事务的繁简而有所减省。此外,从其名称以及《唐六典》对其分掌事务的规定中不难发现,其所处理之事务与唐代中央设置于尚书省之下的六部有一定的对应关系,且基本能够囊括那个时代官府所能摄理的所有社会事务。各衙署往往根据其性质而在设置上作出种种调整。大致而言,可以分为以下几种情况:

(1)除判司外,增设他曹以理事。其代表如亲王府。亲王府在六曹外,还增置谘议参军事、骑曹参军事各一人,记室参军事二人。其中,谘议参军事主咨询参

---

① 周绍良、赵超主编:《唐代墓志汇编续集》,上海古籍出版社2001年版,第444页。

② 周绍良、赵超主编:《唐代墓志汇编续集》,上海古籍出版社2001年版,第952页。

③ 中国文物研究所、千唐志斋博物馆编:《新中国出土墓志·河南(叁)千唐志斋(壹)》(下册),文物出版社2008年版,第116页。

④ 李世愉、孟彦弘:《中国古代官制概论》,中国社会科学出版社2009年版,第112页。

谋军事，记室主上表章，奏报书记，二职之所以置于亲王府而为寻常州府所无，一则可能是因为亲王府为宗室；二则是承袭前朝做法之故。

(2)不全置六曹，而增置他曹以适应本衙署之需要。如左右卫、左右骁卫于六曹中仅设仓、兵二曹，省却其余四曹，同时另置骑曹和胄曹，并设骑曹、胄曹参军事各一人以统领其事，组成四曹来佐理大将军掌管本卫事务。这其实也与诸卫府本身属于军府有关。

(3)省并六曹中数曹，且不另行增置。如下州，不置司功参军事、司兵参军事以及司士参军事，而由仓曹判功曹事，户曹判兵曹事，法曹判士曹事。究其原因，盖是由省却的诸部门在此级别行政机构内职能色彩并不强烈。

3. 参军事

参军事，最早出现于东汉末年朝中的三公府，此后两晋南朝均设置有此官职。它与诸曹参军的区别，从南朝宋对这一职官的设置中可略见端倪：

> 晋永嘉之乱，中州人士避乱南度，晋元帝以琅琊王镇建业，悉罗致为参军、掾属、行参军，所谓百六掾是也……至宋有……长流贼曹、刑狱贼曹、城局贼曹、法曹……凡十八曹参军，参军不署曹者，无定员。①

从中可看出两者在南朝宋时的两个区别，一是是否署曹；二是员有无定额。另外，晋元帝司马睿为网罗南渡避乱的中州人士，以参军等官职相授，也能够反映参军事无定额的特点，进而也能充分反映出此职地位之低下。唐代承前朝旧制，亦设此官，但品秩依然较低，所从事的也是出使、杂检校以及导引等并不重要甚至人人可为的事务，位卑职轻，故而往往是作为官员进入仕途所经历的第一个官职。如辰州参军韦某(疑其名与表字俱失)：

> 讬公表授辰州参军……小官微禄，非所尚也。遂退居幽栖谷旧业，诗酒自乐。②

辰州参军为韦某一生所担任的唯一一个官职。此官即便是在以美词佳句为逝者歌功颂德的墓志铭作者来看也只是“小官微禄”，不为时人所崇尚，以致只能凭借诗酒，自娱自乐。

---

① (宋)胡三省：《通鉴释文辨误》卷九，文渊阁四库全书版。

② 周绍良、赵超主编：《唐代墓志汇编续集》，上海古籍出版社2001年版，第854页。

唯一与南朝宋不同的是,唐代各衙署中的参军事均有具体数额的规定。不过这并非显示出该职置的重要,笔者认为,之所以有如此变化,主要是因为隋唐以来,官吏委任上辟署制没落,取而代之的是选官权逐步集权于中央。《通典》谓唐代之州府参军"掌直侍督守,无常职,有事则出使"①。对州府参军这一职能上的特点,赖瑞和先生在其《唐代基层文官》一书中还有详尽考释,兹不赘述。但值得注意的是,一些唐代墓志在记载一些参军事的履历时,却大大夸大其作用,如陇西李尚旦:

> 弱冠授益府□军事……参谋六联之事,□扬百城之能,于是巴蜀澄清,岷峨化洽……②

墓志铭谓其"参谋六联之事",知益府后所缺之字,当为"参",即以参军辅助其他六联处理政务。即其本身并无专属于其职之政务,然而墓志铭中却将西蜀政治清明、民风和洽归功于职仅参军之李尚旦。更有甚者,甚至将一府之事功,尽归之于参军:

> 选授河南府参军。府中之事,可大者,可则者,皆出□府君之画,时望充塞。③

之所以会出现这样的记载,笔者认为主要有两个方面的原因:其一,参军事本身无职守的特点决定其几乎可以参赞一府内各类事务。后一铭文中所谓的"皆出……之画",或许仅仅是因为该参军参与河南府多方面事务之故。其二,这与墓志铭往往惯用美词佳句、歌功颂德的文体有着必然关系。

4. 行参军

然而值得注意的是,在《唐六典》所记载的所有府衙的佐官中,唯有亲王府还另外置有行参军四人。但笔者在翻检唐代墓志时,却发现州府中似亦有此职置:

> (陆广秀)唐解褐朝散郎、行忠州参军事。④

---

① (唐)杜佑:《通典》,中华书局1984年版,第188页。

② 周绍良、赵超主编:《唐代墓志汇编续集》,上海古籍出版社2001年版,第589页。

③ 中国文物研究所、千唐志斋博物馆编:《新中国出土墓志·河南(叁)千唐志斋(壹)》(下册),文物出版社2008年版,第151页。

④ 周绍良、赵超主编:《唐代墓志汇编续集》,上海古籍出版社2001年版,第334页。

上文已经讲过,参军事往往是士人步入仕途所任之释褐官,此处陆广秀解褐所任之职,或为忠州之行参军。这就与《唐六典》所载之职置有所出入,这一问题在后文之职置一节中有专门探讨,暂存而不述。行参军一职,《唐六典》认为是晋代所加置的观点,值得商榷。晋以前三国时期的蜀国,丞相诸葛亮的府中已设置有行参军①,因此,虽不能断言此官职最早出现在蜀汉,但论定该官职的设置应在晋代以前,当属无疑。由于此官可由行政或军事主官自行辟召,所以称“行”。其品秩在亲王府中较参军事又要低一阶,可以说是以上所提及的佐官中品级最低的了。

从以上的介绍、分析中可以看出,在各类衙署的僚佐群体中,司录(录事)参军事地位最高,职能亦最重。首先,从地位上来看,他们仅位于长史与司马等府衙上佐;其次,从所行使的职权看,他们统领包括判司在内的诸曹,同时通过“付事勾稽、省署抄目”职权的行使来综领督察下属诸曹,诸曹则在录事参军事的统辖下,分曹理事;最后,参考《唐六典》关于诸官品秩的记载,并以职事官的品位来看,三都府、诸州、诸卫、太子率府、都督府、都护府的司录(录事)参军事比判司高一等,亲王府的司录(录事)参军比判司高二等。行参军与诸曹参军事在职事官的品位差别上较司录参军事与诸曹参军事为更大。如三都府的参军事较诸曹参军低二等,亲王府的行参军较诸曹参军低三等,都督府、都护府、诸州中的行参军甚至低于诸曹参军四等,有的衙署如诸卫、诸太子卫率府则直接省置,这更彰显出参军事位卑职轻的特点。

## 二、唐代地方司法僚佐的历史沿革

### (一)法曹(司法)参军、司法佐的历史沿革

《唐六典》在追溯法曹参军、司法参军的演变过程时,将其沿革概括为:“汉、魏已下,州、郡有贼曹、决曹掾,或法曹,或墨曹。自隋以下,改复并与上同”②据此可知,自汉魏开始,州郡刺史之下就开始出现专职司法的佐官。

1. 两汉

根据史籍记载,汉代太尉府掾史中有贼曹、决曹,分别掌管盗贼事和罪法事。而在诸州郡中所设置僚属中的官吏设置“略如公府曹”③。各曹长官为掾,副职称史。例如《西汉会要》卷三十三中郡掾中可考的,有如下三种司法佐官:

> 贼曹掾。《薛宣传》:贼曹掾张扶。《通典》云:主刑罚;决曹掾《薛宣

---

① 参见(唐)杜佑:《通典》,中华书局1984年版,第188页。

② (唐)李林甫等:《唐六典》,陈仲夫点校,中华书局1992年版,第742页。

③ (南朝·宋)范晔:《后汉书》,(唐)李贤等注,中华书局1965年版,第3621页。

传》:决曹掾王立,又路温舒补决曹史。《汉旧仪》云:决曹掾主罪法事;贼捕掾。《张敞传》:贼捕掾絮舜。师古曰:主捕掾。①

又如,西汉时期的何比干:

汉何比干字少卿,少学《尚书》于晁错,兼通法律,为汝阴狱吏、决曹掾。平活数千人,武帝时为廷尉正。②

汝阴为秦所置古县,其置郡是在三国魏明帝景初二年(公元238年),故其在西汉时亦应为县,何比干时任汝阴决曹掾,由此可知该职非但仅为郡守之僚佐,亦为县令(长)之属官。

东汉郡县下的司法僚佐的设置与西汉并不存在太大差异。《靖康缃素杂记》卷六《虑囚》下有"应奉为郡决曹史,行部四十二县录囚徒数百十人"③。此处所提到的应奉为东汉末年人,可见,东汉诸郡亦设置有决曹。另外,名为《后汉杨公碑阴题名》的石碑上有"郸孟縱,字河洛,决曹书佐"字样④,同样可以为上述结论提供有力的实物佐证。

汉代亦有"掌天下刑狱"⑤的辞曹,见于《后汉书・陈宠传》。但陈宠所署辞曹为司徒鲍昱府下所置,无法据此推断出其所处东汉时期州郡亦设有此曹分理狱讼。

值得注意的是,汉代的法曹执掌与后世迥异,他们主邮驿科程事,并不具有司法职能,因此,汉代的法曹并不是唐代法曹的前身。对此,《海录碎事》亦作出结论云:"两汉有决曹贼曹,主刑法,即司法参军也。或谓之墨曹。"⑥虽然两汉的决曹贼曹与唐代的法曹在各个方面并非完全一致,但是将其视为唐代法曹这一司法阶层的渊源,当属无疑。

2. 魏晋南北朝

(1)曹魏

前引《海录碎事・臣职》云"魏置理曹掾,法曹也"⑦,可见,理曹掾为三国时期

① (宋)徐天麟:《西汉会要》,上海古籍出版社2006年版,第379页。
② (清)赵宏恩等修:《江南通志》卷一五〇,文渊阁四库全书版。
③ (宋)黄朝英:《靖康缃素杂记》卷六,文渊阁四库全书版。
④ 参见(宋)欧阳修:《集古录》卷二,文渊阁四库全书版。
⑤ (南朝・宋)范晔:《后汉书》,(唐)李贤等注,中华书局1965年版,第1548页。
⑥ (宋)叶廷珪:《海录碎事》卷一二,文渊阁四库全书版。
⑦ (宋)叶廷珪:《海录碎事》卷一二,文渊阁四库全书版。

魏国新置的司法官员。《事物纪原》卷六引《白氏六帖》则云："魏置理曹掾，盖法曹也，即今司理之任。"①《白氏六帖》据称为唐代白居易所撰，《事物纪原》为宋代高承所撰，由此可见，后世均认为后代的司理参军的前身为前代设置的法曹，而曹魏的理曹掾则为后代法曹的渊源之一。在魏国，担任此职的人有高柔。其于《三国志》内的本传谓：

转拜丞相理曹掾……迁为颍川太守，复还为法曹掾。②

(2)晋朝

据《晋书·职官志》记载可知，晋代的州、郡、县均设有协助刺史、郡守以及县令、长执掌司法事务的属吏。《晋书》卷二十四云：

县大者置令，小者置长……法曹门干、金仓贼曹掾史……狱小史、狱门亭长、都亭长、贼捕掾等员。③

由此可见，晋代县级行政机构下的司法属官就有法曹门干、贼曹掾史、贼捕掾等。除此之外，晋代还设有明法掾、法曹郎令史等员，西晋著名律学家张斐就曾以明法掾的身份表上所注之律(《晋书》三十《刑法志》)。但未审二职置是否于地方州郡中设置。

(3)南朝

杜佑认为，"晋宋以下，虽官曹名品互有异同，大抵略如汉制"，④这一点在南朝宋的职官设置上有较好的体现。南朝宋太尉府下所设掾、属亦含法曹与辞曹，但二者职能与东汉一样，"辞曹主辞讼事，法曹主邮驿科程事"。⑤ 实际执掌缉捕盗贼以及定罪量刑的仍然为贼曹。然而有疑惑的是，建元初官员刘琎的上书中提到自己所担任的法曹参军之职掌，与太尉府下法曹迥异：

臣昔以法曹参军，奉讯于厅庙之末。王每断狱，降声辞，和颜色，以

① (宋)高承：《事物纪原》卷六，文渊阁四库全书版。
② (晋)陈寿：《三国志》，中华书局1982年版，第683~684页。
③ (唐)房玄龄等：《晋书》，中华书局1974年版，第746页。
④ (唐)杜佑：《通典》，中华书局1984年版，第188页。
⑤ (南朝·梁)沈约：《宋书》，中华书局1974年版，第1220页。

待士女之讼。①

刘琎以法曹参军参与奉讯,殆此处之法曹参军又兼具司法职能耶?

《南齐书·百官志》在列举公督府的僚佐时统计共有十八曹,其中,“城局曹以上署正参军,法曹以下署行参军,各一人”②。由此可见,南齐公督府的僚佐中主管司法的官员有贼曹。至于法曹,在《南齐书》所载的担任过此职的官员传记中找不到其具有司法职能的佐证,但胡三省认为当时的法曹应为司法机构。

(4)北朝

北朝的法曹成为具有司法职能的机构,为可考之事实。典型代表官员为宋世景:

……迁彭城王勰开府法曹行参军……迁司徒法曹行参军。世景明刑理,著律令,裁决疑狱,剖判如流。③

可以看出,宋世景在司徒法曹行参军任上负责处理狱讼事务,这一点显然与汉代的法曹在职能上有着极大的差别。北魏任中部法曹的杨椿因折狱公正而受到孝文帝的嘉奖,④亦能证明北魏时法曹已经是掌管法狱的司法机构。

除此之外,北朝刺史、太守下还设置有诸掾史、诸掾佐等属官,县令长下设户曹等五曹掾。其中的北魏,州一级分曹治事的属官称为从事,其中执掌司法职能的即为法曹从事。

3. 隋朝

隋朝虽仅历两代,但无论是文帝还是炀帝在地方行政区域以及官员称谓上均做了较大的调整。根据《唐六典》的记载,隋文帝即位后,罢郡置州,将以前诸曹之名俱改为司,法曹参军事随之也改称司法参军事。如刘子翊:

开皇初,为南和丞,累转秦州司法参军事。⑤

隋炀帝即位后,又罢州置郡,将参军之名更为书佐。司法参军改称司法书佐。《隋书》中所记载的担任过郡下此职的人较多,在此但举一例:

---

① (南朝·梁)沈约:《宋书》,中华书局1974年版,第1865页。

② (南朝·梁)萧子显:《南齐书》,中华书局1974年版,第313~314页。

③ (北齐)魏收:《魏书》,中华书局1974年版,第1902页。

④ 参见(唐)李延寿:《北史》,中华书局1974年版,第1487页。

⑤ (唐)魏征等:《隋书》,中华书局1973年版,第1651页。

> 河东陈孝意……大业初,为鲁郡司法书佐,郡内号为廉平。太守苏威尝欲杀一囚,孝意固谏,至于再三,威不许。孝意因解衣,请先受死。良久,威意乃解,谢而遣之,渐加礼敬。①

书佐一职,汉已有之。作为汉代郡太守之属吏,本为负责文书缮写的小吏,而陈孝意所任之书佐,显然已经成为掌判一曹、影响长官决策以致能够决定囚徒生死的重要司法僚佐,其权势地位殊非昔日可比。

陈孝意例为隋代郡下设置有司法僚佐的典型事例。除此之外,隋炀帝即位后,在县级司法属官的称谓上亦做了改动。如其将秦汉以来于县所置佐官县尉改为县正,之后又改为县户曹、县法曹,隋代孙伏枷即担任过万年县的法曹②。

唐承隋制,在政治体制的设计以及分职设官等诸多方面都沿袭了隋朝的做法,判司以及诸曹的设置即为其中之一。只不过在具体称谓上将书佐复改为参军事,唐玄宗开元初年(公元713年)为法曹参军。

**(二)唐代地方司法僚佐沿革之规律**

从以上的分析中可以看出,法曹一职,从汉代诸郡太守自辟僚属,分曹判事开始,经历了魏晋南北朝的演变,至隋基本成形,并为唐朝所承袭。这一历史沿革过程蕴藏了此职置发展演化的三个规律:一是分掌司法职权的机构逐渐减省,机构从繁冗趋于精简。如两汉可考的地方司法辅佐机构有决曹、贼曹以及捕曹,形成三曹分理法务的局面,之下的属员更是繁芜不堪;发展到隋朝,主要的司法佐官有贼曹和法曹,而以法曹为诸衙署所普遍设置的司法机构。这一趋势在唐代也继续得到了体现。至于唐朝,见于《唐六典》等官修政书的司法辅助机构仅剩下法曹一曹。这不仅是司法机构发展过程中所具有的特点,同样也体现于众曹乃至整个封建社会行政机构的发展演变中。以诸曹为例:南朝宋、南齐公督府下共计十八曹,而至于唐代,法曹之外也仅置五曹,即使加上非为各衙署普遍设置的数曹也不过十曹左右,这显示出各衙署下设机构不断精简的发展脉络。二是六曹判司的设置与尚书省六部基本能够一一对应,这也和六部于中央的建立一样,反映出封建社会行政体制不断完善、行政效率逐步提高的历史规律。三是司法权力由分散掌控转为集中行使。即将原来分别由贼曹、决曹、贼捕曹分别行使的刑狱职权、罪法职权以及缉捕职权收归,统一由法曹负责行使。这就便于一个部门统一协调,进而提高司法效率。概言之,法曹(司法)、司法佐从汉至唐的发展经过,体现出地

① (唐)魏征等:《隋书》,中华书局1973年版,第1656页。
② 参见(宋)司马光:《资治通鉴》,中华书局1956年版,第2243页。

方司法机构不断精简、司法权力集权化以及司法效率不断提高的历史规律。

## 三、唐代各类衙署中司法僚佐的设置

在前文中已经说明,本文探讨之唐代地方司法僚佐,不以寻常州、府、县三级行政区域为限,同时也将亲王府、都督府、都护府以至镇、戍等衙署囊括于内。根据《唐六典》的记载,法曹(司法)参军、司法佐在唐代各类衙署中的设置情况大致如表1所示:

表1 唐代法曹(司法)参军、司法佐的分布、员额以及品秩

| 各级行政区域 | 名称 | 员额 | 品级 | 属员及人数 |
|---|---|---|---|---|
| 京兆、河南、太原府 | 法曹参军事 | 2人 | 正七品下 | 府9人,史18人 |
| 大都督府 | 法曹参军事 | 2人 | 正七品下 | 府4人,史8人 |
| 中都督府 | 法曹参军事 | 1人 | 从七品上 | 府4人,史8人 |
| 下都督府 | 法曹参军事(兼掌士曹事) | 1人 | 从七品下 | 府3人,史6人 |
| 大都护府 | 法曹参军事 | 1人 | 正七品下 | 府3人,史4人 |
| 上都护府 | — | — | — | — |
| 上州(户满四万) | 司法参军事 | 2人 | 从七品下 | 佐4人,史8人 |
| 中州(户两万以上) | 司法参军事(兼掌司士事) | 1人 | 正八品下 | 佐3人,史6人 |
| 下州(户不满两万) | 司法参军事(兼掌司士事) | 1人 | 从八品下 | 佐2人,史4人 |
| 亲王府 | 法曹参军事 | 1人 | 正七品上 | 府1人,史2人 |
| 万年、长安、河南、洛阳、奉先、太原、晋阳县 | 司法佐 | 5人 | — | 史10人 |
| 京兆、河南、太原诸县 | 司法佐 | 4人 | — | 史8人(万户以上增置佐1人,史2人) |
| 诸州上县 | 司法佐 | 4人 | — | 史8人(万户以上增置佐1人,史2人,余同畿县) |

续表

| 各级行政区域 | 名称 | 员额 | 品级 | 属员及人数 |
|---|---|---|---|---|
| 诸州中县 | 司法佐 | 3人 | — | 史6人(四千户增置佐1人、史2人) |
| 诸州中下县 | 司法佐 | 2人 | — | 史4人 |
| 诸州下县 | 司法佐 | 2人 | — | 史4人 |

《唐六典》为唐玄宗时宰相李林甫等人所编撰,因此,此表较为清晰和完整地展示了唐代中期各衙署法曹参军等司法僚佐的设置情况。因诸司法僚佐的官品与俸禄会于后文展开探讨,所以,此处重点分析法曹(司法)参军于不同类型衙署中的称谓与员额两个方面的问题。

**(一)诸司法僚佐的称谓**

杜佑在《通典》中对州、府中司法佐官的称谓作出了辨别:"在府曰曹,在州曰司。府曰功曹、仓曹;州曰司功、司仓。"①杜佑指出二者在称谓上的区别,却并未指明此种分别始于何时。严耕望先生对这一问题进行了更为细致的探讨,并考证出此称谓之别始于开元初年(公元713年)。他认为:"是此制本承自隋,置司功、仓、户、兵、法、士六参军,府州无别。至开元初,始尊府职为曹,乃由在府曰曹,在州为司之别耳。"②也即开元之前,府州司法僚佐的称谓按照唐初沿袭隋朝而有所改易的做法,均称为司。开元后,府的司法僚佐在称谓上始冠以曹名,以别于诸州。《唐六典》卷三十"京兆、河南、太原府下"注对录事参军以及六曹判司称谓的沿革有着十分具体的描述,并且指出唐初承袭隋之六司书佐,而将书佐之名改为参军事,只不过到了开元初,才都改称"曹",以别于诸州。因此,严氏当是以《唐六典》为立论之基础。然而,令人疑惑的是,后世的很多史料诸如新旧《唐书》在一些官员的传记上的记载却明显与杜佑《通典》以及严耕望先生得出的结论不一,试举一例以证之:

> 永淳二年(公元683年),解褐授婺州参军,累转扬府法曹参军。州人前仁寿令孟神爽豪纵……凑,景龙中历迁将作少匠、司农少卿。③

---

① (唐)杜佑:《通典》,中华书局1984年版,第910页。

② 严耕望:《严耕望史学论文集》(上卷),上海古籍出版社2009年版,第368页。

③ (后晋)刘昫等:《旧唐书》,中华书局1975年版,第3141~3142页。

凑即韦凑,其传显示其于永淳三年(公元672年)步入仕途,景龙年间先后担任将作少匠、司农少卿,知其经过数次迁转后署扬府法曹的时间应在永淳之后、景龙之前。永淳为唐高宗所用之倒数第二个年号,景龙为中宗复位后所用年号,两者均在玄宗之前,故韦凑担任扬府法曹的时间自然就在玄宗朝之前。扬府虽名"府",实际上当为扬州之别号,因为开元以前仅有三府,号曰"三都府",分别为上都京兆府、东都河南府以及北都太原府,开元八年(公元720年)虽又增置中都河中府,但是年寻即罢之;故而唐前期并不存在扬州府一说。韦凑累转之职,实为州之判司。《新唐书》直言其"迁扬州法曹",亦为有力之佐证。唐墓志中亦有一处称扬府法曹:

> 曾祖宝裕,唐扬府法曹、苏州司马、封丘令;①

此为武周延载延州参军宋懿墓志之碑文。据其墓志记载,其高祖晖长在南朝齐担任平原王功曹,知其曾祖署扬府法曹一职,当在唐初,而如上所论,唐初并无扬州府,知此处实当为州之司法。因而,若按《唐六典》之记载以及严耕望先生所言,开元前诸州府俱应称某司,又何以在此能冠以法曹之名?更难以推断出开元以前州府无别的结论。翻检新旧《唐书》,类似例证还有数处。其中较具代表性的还有《陆扆传》一例。陆扆本人并未担任法曹参军,但其父陆鄯曾担任陕州法曹参军。陆扆于唐僖宗光启二年(公元886年)才登进士第,此时距唐玄宗开元年间已去160余年,故据此可以确定,陆鄯担任法曹参军的时间远在开元之后。其所署为州之判司,本应作司法参军,而传记中却记为法曹②,此处史实亦与严耕望先生所下"府州无别……至开元初,始尊府职为曹"之结论完全相左,是《唐六典》所记载与严氏之结论,似有值得怀疑与商榷之处。《唐六典》为本朝官僚承旨所编修,而严氏治史素以细致严密著称,出现这一史料与史料相左、史论与史料相悖之情况,大致有如下两种可能:

第一种可能,以《唐六典》之记载为是,进而肯定严氏之结论。换言之,新旧《唐书》在编撰时没有注意到这类职官称谓在开元以前存在州府无别的特点;

第二种可能,以新旧《唐书》的记载为是,亦即开元年并非曹司二称谓在州府使用上存在严格区别的时间分界点,在开元之前,府即名曹,而不称为司,更不是在开元后因尊崇而升格为曹。

---

① 周绍良、赵超主编:《唐代墓志汇编续集》,上海古籍出版社2001年版,第333页。

② 参见(后晋)刘昫等:《旧唐书》,中华书局1975年版,第4668页。

在这两种可能中,笔者倾向于前一种。理由大致包括如下两个方面:一方面,《唐六典》作为官修政书,为本朝官员所编撰,且其编撰以及奏上时间为玄宗在位的开元年间前后,由是书来记载当时在衙署以及官吏称谓上所作之调整,其史实与后朝所编史书如五代之后晋人刘昫等所撰《旧唐书》以及300余年后由北宋欧阳修等所撰《新唐书》相比,应更为可信。因为时任官僚甚至宰辅的编撰者,无论是对本朝官制抑或是政令应该都是较为熟悉的,更不太可能去杜撰未曾发布的政令。不仅如此,即便是在后世所编撰的新旧唐书的职官志中,对法曹和司法这两种在不同衙署的不同称谓亦作明显区别,这些都是历史文献之有力佐证。另一方面,笔者认为无论是在唐朝还是后世,抑或后世所编撰的史书中,都存在对这两种称谓混用的情况。赖瑞和先生亦有此发现。① 如新旧唐书在狄仁杰的仕途履历上出现了两种截然相反的记载:《旧唐书》载其通过阎立本举荐而出任并州都督府法曹②,而《新唐书》则直言其署并州法曹参军③。若为并州都督府,则当为法曹;若为并州,则应名司法。二处记载必有一处不实,但从这种记载中可以看出,后人在这一职官称谓的使用上显然已不太严格,而通记为法曹。不仅正史如此,类似记载还体现于唐人的一些墓志之中,从其名称即可看出④。其中最为显著的为皇甫松龄之墓志,其墓志题名为"唐故□□□法曹参军事皇甫府君墓志铭",⑤然在铭文的具体内容中则称其"遂参集□巫州司法参军事"⑥,其混用之特征,显而易见。而这种情况之所以出现,大概是因为法曹为汉代以来诸朝所普遍设置的机构,其在发展演变中也逐步向掌控司法职能的方向转变,因此,后世用它作为司法机构的惯称就比较自然。

**(二)诸司法僚佐的名额**

1.诸司法僚佐员额设置的特点

表2较为直观地展示了唐代玄宗朝以前各类衙署中司法僚佐的分布。从这一分布中,可以发现唐代前期司法僚佐员额设置的两个特点:

---

① 参见赖瑞和:《唐代基层文官》,中华书局2005年版,第173~174页。

② 参见(后晋)刘昫等:《旧唐书》,中华书局1975年版,第2886~2887页。

③ 参见(宋)欧阳修、(宋)宋祁:《新唐书》,中华书局1975年版,第4207页。

④ 在此试举出一例:《故幽州功曹魏君墓志铭并序》中之"幽州功曹",参见周绍良、赵超主编:《唐代墓志汇编续集》,上海古籍出版社2001年版,第16页。

⑤ 参见周绍良、赵超主编:《唐代墓志汇编续集》,上海古籍出版社2001年版,第78页。

⑥ 周绍良、赵超主编:《唐代墓志汇编续集》,上海古籍出版社2001年版,第78页。

表2 《唐会要》载增省司法僚佐事

| 时间 | 增省官吏事 |
| --- | --- |
| 贞元三年(公元787年) | 宰相张延赏请求省减官员的建议被采纳,同年闰五月八日,敕令减省州府僚佐,诸上、中、下州俱留上佐、录事及司户参军,中州增留司兵,上州再增留司士。京兆、河南府"司录、判司……量留一半,参军全留,余并停省……"[1] |
| 贞元六月二十日 | 兴元府奏请留置司录参军、户曹参军、法曹参军各两人 |
| 贞元十四年八月(公元798年) | "魏博节度使欲置管内州县官……法曹参军已上,请依前置双曹。……相州、贝州、博州、澶州、卫州司法参军……已上,请依前置……"[2] |
| 贞元十七年三月(公元802年) | 敕令"天下州府别驾,及司田、田曹参军、除京兆、河南、太原三府外,其诸州府判司双曹者,各省其一"[3] |
| 元和六年九月(公元811年) | 吏部奏请减省王府中除五品以上官、录事参军一人、功曹参军二人以外的官吏 |

〔1〕(宋)王溥:《唐会要》,上海古籍出版社2006年版,第1449~1450页。
〔2〕(宋)王溥:《唐会要》,上海古籍出版社2006年版,第1449~1450页。
〔3〕(宋)王溥:《唐会要》,上海古籍出版社2006年版,第1449~1450页。

一是根据诸行政区的地位高下而为设置,地位越高,则员额越多,反之则为减省。唐代将州划为8个等级,将县划分为10个等级,并以此作为确定官吏分布名额的一个重要依据。州之八等,以府为上;县之十等,以赤为上。因此,京兆、河南、太原因其级别为府而置有两名法曹参军;万年、长安、河南、洛阳、太原、晋阳五县因其分别为三都所治而被命为赤县,奉先因其处有唐睿宗之桥陵而于"开元十七年十一月十日升……为赤县"①,此七县列诸县之上,故均置司法佐5名。京兆、河南、太原诸县则因其分别为三都之旁邑而被划分为畿县,位仅次于诸赤县,置有4名司法佐。

二是根据户口的多寡而为设置。户口的多寡一方面直接决定了该行政区域的等级上下,另一方面也成为影响该行政区域司法僚佐设置数量的直接因素。户口越为殷实,则该辖区内的行政、司法等事务则更加繁剧,在不通过变革行政体制以提高行政效率的前提下,最简便快捷的方式就是增加官吏的名额,以及不断细化行政分工。这就需要通过两种办法解决:其一,增置佐官名额;其二,分置多曹

① (宋)王溥:《唐会要》,上海古籍出版社2006年版,第1345页。

以理事。反之,则减省名额,省并数曹。如上州户满4万而置司法参军二人,中下则各置一人;诸州上县比诸畿县,置有司法佐4员。

即使是对上州的确定,也不是完全以户口作为唯一标准。《通典》中有一处记载可以为证。《通典·职官十五》“开元中,定天下州府”下注:

按武德令,三万户以上为上州。永徽令,二万户以上为上州。显庆元年九月敕,户满三万以上为上州,二万以上为中州。先以上州、中州者仍旧。开元十八年三月敕,太平日久,户口日殷,宜以四万户已上为上州……①

其后不远处又有一处注文:

亦有不约户口以别敕为上州者。又谓近畿者为畿内州,户虽不满四万,亦为上州。其亲王任中下州刺史者,亦为上州。王去任后,即依旧式。②

前一注文显示,《通典》所谓“定天下州府”的标准从唐初高祖朝到中叶玄宗间竟变化了4次,这一方面反映出唐代户籍的增加;另一方面,这一标准的变化也使一些州的地位不断升降,而升降之后的官吏名额就必须进行适当的调整。而按照后一注文,则往往数额不够上州标准的中下州,因为有亲王担任刺史而升格为上州。亲王卸任后又复降格为中下州。这样就又从另一维度决定着该州府可以设官的名额。

其实,作为确定佐官数额的两个标准并不是独立地发挥作用,二者是互为影响的。即使在某个时期内,由朝廷确定的划定上、中、下三个等级的标准保持不变,一些原来等级略低的行政区也会因为其他原因而提升其地位。一是因自身辖区内户口的增多而升格。如经翁俊雄考证,唐朝晚期,荆州以“荆州井邑,十倍于初”而升为府③,这样一来,设置于该府之内的司法僚佐自然也要增加。二是如上面所引之后一注文,因其有亲王担任行政长官而升格。两者虽然处于相互影响之地位,但并非没有先后关系。对于后一种升格情况,以中州为例:若担任刺史的为亲王,则其会因此升格为上州,并按上州标准设置职官。对于前一种升格情况,则以诸

① (唐)杜佑:《通典》,中华书局1984年版,第188页。
② (唐)杜佑:《通典》,中华书局1984年版,第188页。
③ 参见翁俊雄:《唐代的州县等级制度》,载《北京师范学院学报》1991年第1期。

州上县与中县的比较为例:诸州中县因其划定之地位较诸州上县低一级,而减置法曹佐一员;但是,《唐六典》又同时作出规定,若户口满4000户,则增至佐一人、史二人,这样一来,在中县所设置的司法员额就与上县持平。由此,笔者认为,唐代在确定各类衙署中司法僚佐名额中,首先考虑的是等级,这主要是通过朝廷颁布之政策予以划定;其次是户口,即在不变动所划定之等级的情况下,规定可以通过户口的多寡而加置管理。概言之,其所遵守的原则应为:以等级为纲,而以户口具其增省。

2. 唐代司法僚佐员额的增减

然而,包括司法僚佐在内的唐代各类衙署中的官员数量并不是一成不变的,其往往也会受种种因素的影响而发生波动。其中,唐代中央政府通过发布敕令的方式来增减州府等衙署中的官吏名额即为其中一个原因。《唐会要》卷六十九"州府加减官"条下记载了天宝以后州府官僚的增省情况。其中涉及诸曹、诸司官吏增减的共计9个事例。而其中涉及法曹(司法)官员的共有5事。

从《唐会要》的记载中,可以注意到唐代司法僚佐减省的几个重要特征:

第一,唐代对州府司法僚佐的减省,集中于唐朝后期,尤其是唐德宗在位的贞元年间。这一规律不仅体现在司法僚佐的减省上,同样也符合其他州府官员。根据笔者统计,从玄宗天宝开始到唐王朝最后一个年号天祐的200余年间,关于减省官吏的事例①共计三十余例,其中,天宝二例,宝应一例,大历六例,建中一例,元和四例,太和三例,会昌五例,天祐一例,而以贞元为最,计十一例。涉及曹司的,大历三例、贞元四例、元和二例;涉及司法僚佐的,则贞元四例全属之,另有表中所列元和六年(公元811年)一例;

第二,贞元朝四次减省中,又以贞元三年(公元787年)此次涉及面最广、力度最剧。对《唐会要》所载贞元三年所颁之敕,严耕望先生以《新唐书》之张延赏本传证其"减"字为谬②。若为减,则上州所置之上佐为别驾、长史、司马各一人,减置一人则无上佐之任,如此则应述之为停省,故严氏之论为确。如此,则诸上、中、下州所留判司就均不含法曹(司法),这不能不说是对州府等衙署中司法机构裁撤最剧烈之一次。

因此,《唐会要》所载这些州府官吏员额的减省事例,反映出唐代中后期以来官吏名额上的波动,而唐代官吏的增省集中之所以会出现在唐代中后期,大概有两个方面的原因:

第一个原因,是冗官局面的出现。设官在于治民,因此,冗官无非两个原因:

---

① 此处所言事例,不以唐朝政府发布的正式敕令为限,还包括州府等诸衙署的奏请、官员的奏议等,只要涉及官员减省的,便别为一例。

② 参见严耕望:《严耕望史学论文集》(上卷),上海古籍出版社2009年版,第369页。

其一,民户不见减少而官吏增加;其二,民户见减少而官吏并不见减少,出现所谓的“十羊九牧”的现象。唐后期的冗官,大抵可归之于后者。唐后期民户减少,大致出于两个原因。首先是战乱导致人口绝对减少。安史之乱后,州县残破,因战乱而死亡的人数更是不计其数。张延赏于贞元三年(公元787年)五月上奏请求减官正是出于对这一情况的考虑。他在奏章上说:

为政之本,必先命官。旧制官员,繁而且费,州县残破,职此之由也。臣在荆南,所管州县阙官员者不下十数年,吏部未尝补授,但令一官假摄,公事亦治。以此言之,官员可减,无可疑也。①

张延赏在德宗朝担任宰辅,结合其在奏章中所言“州县残破”,知其在荆南任官之时应当就在安史之乱之后,而他任职荆南时便发现自己所管州县十余年没有官员且吏部并没有补授,而州县政事只需要派遣一官假摄其事便可得到处理,由此得出减官之法可行,且符合时势所趋之结论。

其次是民户相对减少,亦即脱籍。脱籍直接使国家税源枯竭,国家财政收入骤减。如果增税,则加重百姓压力,使经历过战乱的百姓更加穷困;如果不加重赋税,又无法满足朝廷养官的需要,这样就不得不裁撤冗员。表2所载元和六年(公元811年)九月的减官事便是听从宰相李吉甫的奏请所下敕令:

元和六年六月,宰臣李吉甫奏请减职员,量定中外官俸料:“……然而人未富者,盖由流品尚杂,职员尚多,存无事之官,食至重之税,生人转困,冗食益繁……国家自天宝以后,中原宿兵,见在军士可计者,已八十余万,其余去为商贩,度为僧道,杂入色役,不归农桑者,又十有五六。是天下以三分劳筋苦骨之人,奉七分待衣坐食之辈……澄源正本,孰急于斯!……其间有职出异名、事离本局、府寺旷废、簪组因循者甚众。况赋敛日寡,而受禄者渐多;设官有限,而入色者无数……故有一邑之地,虚设群司;一乡之间,徒分县职……凡此之流,并需厘革。”②

李吉甫奏章中所记“其余去为商贩,度为僧道,杂入色役,不归农桑者又十有五六”即为脱籍之写照,在这种情况下,“赋敛日寡,而受禄者渐多”,减官之法,势

① (宋)王溥:《唐会要》,上海古籍出版社2006年版,第1225页。

② (宋)王溥:《唐会要》,上海古籍出版社2006年版,第1226~1227页。

在必行。这一点亦可从会昌四年(公元844年)五月、六月吏部的两次奏议①以及同年六月十九日中央所颁之"准敕,以税额多少,悉定佐官"②的敕令中得到体现。

第二个原因,为严耕望先生所指出,"盖自唐中叶以来,一般府州政事渐为方镇所夺,至'州官事闲',故曹司员额逐渐省废也"。③ 方镇下往往设有独立之幕府,而充任幕府的官员往往被派往巡察所辖诸州县,有的甚至直接兼任州县之职,成为"控制州县的实权派"④,与此相对,诸州县原有之属吏则成为闲职,此亦为减省官吏的重要原因。

概言之,探讨唐代地方司法僚佐名额减少之原因,应与其他官员的减省一道,融入当时的政治经济的大背景下去考察。一方面是因为冗官,裁汰闲官为时势所趋;另一方面则是方镇的夺权致使州官俱成闲职,此类职官的设置已经没有必要。

3.新旧唐书、《唐六典》名额之出入及其原因

翻检《旧唐书·职官志》以及《新唐书·百官志》,不难发现二书在记载唐代参军与判司在各衙署中的设置名额上与《唐六典》的记载出入较大(具体相出入的情况见附表1)。相对而言,三书在司法僚佐的数额上差异相对较小。以《唐六典》为参照,可勘校出三书记载相异之处:

《旧唐书·职官志》与《唐六典》存在如下几点差异:

其一,《旧唐书》仅记载了唐代诸县下司法佐、史人数,而未注明其余衙署判司下属员的名额,或于佐史下注曰"隋书有之"⑤、"隋曹有佐史人数"⑥,或但言"各有佐史"⑦,而不见其名额。

其二,《旧唐书》认为下都督府置有"士曹参军事一人,从七品下"⑧,中州有"司士参军事一人,正八品下"⑨,此二处记载与《新唐书》相同,《新唐书》还载明两处判司下的属吏名额⑩;而在《唐六典》中,下都督府与中州均不设置司士这一判司,其中,下都督府士曹事由法曹兼判,中州则司法兼掌司士事。这就使得新旧

---

① (宋)王溥:《唐会要》,上海古籍出版社2006年版,第1226~1227页。其奏文中有"应诸州县佐官,近令约户税多少,量减佐官,实欲渐去冗员,以惩尸素"一语。

② (宋)王溥:《唐会要》,上海古籍出版社2006年版,第1226~1227页。

③ 严耕望:《严耕望史学论文集》(上卷),上海古籍出版社2009年版,第371页。

④ 孔令纪编:《中国历代官制》,齐鲁书社1993年版,第157页。

⑤ 参见(后晋)刘昫等:《旧唐书》,中华书局1975年版,第1916页。

⑥ 参见(后晋)刘昫等:《旧唐书》,中华书局1975年版,第1918页。

⑦ (后晋)刘昫等:《旧唐书》,齐鲁书社1993年版,第1923页。

⑧ (后晋)刘昫等:《旧唐书》,齐鲁书社1993年版,第1916页。

⑨ (后晋)刘昫等:《旧唐书》,齐鲁书社1993年版,第1918页。

⑩ 参见(宋)欧阳修、(宋)宋祁:《新唐书》,中华书局1975年版,第1313、1315、1318页。

《唐书》中二衙署的法曹(司法)所享职权较《唐六典》中大为缩小。

其三,《旧唐书》所载明的数县下司法佐的人数与《唐六典》并不相合。如中县,后书记为"佐三人",前书则为二人;又诸州下县,前书作一人,而后书记为"佐二人"。除此之外,《唐六典》言中县若户满四千户,则增置佐一人、史二人,这一点又不为《旧唐书·职官制》所载。

《新唐书·百官志》与《唐六典》存在如下几点差异:

其一,《新唐书》与《旧唐书》恰恰相反,只记载唐代诸县下司诸司佐之职置,而未言其名额,但言"凡县有司功佐、司仓佐、司户佐、司兵佐、司法佐、司士佐……等,畿县减司兵,上县有司户、司法而已"①。

其二,《旧唐书》所载之诸州府、亲王府、都督府等衙署判司下司法属吏数据多与《唐六典》不合,且数额几乎都少于《唐六典》所载;此规律不仅体现于司法属吏,同样也体现于其余诸曹、诸司所置属吏上。

其三,《新唐书》认为大都督府六曹判司均只设参军事一人署领其事②,而《唐六典》中,除了功曹、士曹,包括法曹在内的四曹均置参军事二人。

除此以外,《新唐书》还认为下都督府与中州均置士曹(司士),而并非由法曹(司士)兼掌其事,此点已于上文说明,兹不复述。

《唐六典》与新旧唐书之所以对司法僚佐与属吏的员额存在不同的记载,其原因是多方面的。其中最为重要的原因之一,当为唐代诸朝各类衙署在官吏名额上的变动。具体而言,即因唐代中央政府对州府等衙署包括僚佐、属吏在内的官员的增省,使得各时期的名额不一。这一点同样体现于其余诸曹之中。如在唐西州担任士曹的张善和(善和为其表字,其名已阙),其墓志铭载其因办事勤勉而从安西都护府参军事转署士曹,然无论是据《唐六典》还是新旧唐书,各类都护府下均不置士曹参军,但其铭文后还有"孜孜守职,六局叹其用心;肃肃一司,上下赞其能任"③的赞语,反映出其在担任此职时赢得官府同僚一致好评,又似证其曾署此职,难为虚构。这就足以说明历代职官在设置以及数额上变化不一的事实。同理,新旧唐书在司法僚佐设置及员额上之记载与《唐六典》的不同,亦仅说明新旧唐书并没有以《唐六典》为编撰之依据。其具体编撰本于何朝之官制,已无从稽考。这样一来,在不以《唐六典》为底本依据的前提下,在衙署为一代所建、职员

① 参见(宋)欧阳修、(宋)宋祁:《新唐书》,中华书局1975年版,第1319页。

② 参见(宋)欧阳修、(宋)宋祁:《新唐书》,中华书局1975年版,第1314~1315页。

③ 墓志铭名称已阙,参见周绍良、赵超主编:《唐代墓志汇编续集》,上海古籍出版社2001年版,第104页。

为诸朝所变的大背景下,新旧唐书与《唐六典》在记载上出现相左之情况,也就不难理解了。

## 四、唐代地方司法僚佐的职掌及特殊职使

### (一)诸史籍于记载职掌上之相异现象及其思考

对于地方司法僚佐及法曹、司法参军之职掌,两唐书、《唐六典》与《通典》四书均有记载。其中,《旧唐书·职官制》记为"法曹、司法掌刑法"①,其记载最为简略,对其职权的界定亦颇为宽泛。《通典》则认为法曹、司法"掌律令、定罪、盗贼、赃赎之事"。相比之下,《唐六典》载之最详:

> 法曹、司法参军掌律、令、格、式,鞫狱定刑,督捕盗贼,纠逖奸非之事,以究其情伪,而制其文法。②

通过比较《通典》与《唐六典》的记载,可以发现二书所界定的司法僚佐的职掌基本一致。其中,律令、盗贼、定罪三事于二书体现得较为明显;至于量刑,《唐六典》有"定刑"这一明示,而《通典》中则体现为"赎"一字。赎刑为历代所通置,通过交纳赎金来决定处刑之轻重以及执行方式即为量刑的问题。因此,对二书记载其职掌的概括,基本能够包括唐代地方司法僚佐的职能范围。

值得注意的是,《新唐书》对于司法僚佐职掌的记载。《新唐书·百官志》有两处记载了法曹、司法参军的职掌,且两处所言职掌在范围上有所差异。第一处为"王府官"条下,即作为王府官的法曹参军事"掌按讯,决刑"③;另一处在外官中"西都、东都、北都"条下,即作为外官的法曹、司法参军事掌"鞫狱丽法、督盗贼、知赃贿没入"④。相较之下,依主持编订此书的宋代史官的观点,唐代各王府法曹似只有定罪量刑之权,而无督捕盗贼之责。这一点与作为外官的法曹(司法)存在不同是显而易见的。这就引发对另一问题之反思:不同类型衙署⑤内所设置的司法僚佐之职能是否完全一致?由此又引出对另一个范围更大的问题的思考,即在不兼掌他曹事的情况下,设置于不同衙署内的同一性质的僚佐在职掌上是否完

---

① (后晋)刘昫等:《旧唐书》,齐鲁书社1993年版,第1920页。
② (唐)李林甫等:《唐六典》,陈仲夫点校,中华书局1992年版,第749页。
③ (宋)欧阳修、(宋)宋祁:《新唐书》,中华书局1975年版,第1306页。
④ (宋)欧阳修、(宋)宋祁:《新唐书》,中华书局1975年版,第1309页。
⑤ 此处所言不同类型,如亲王府与诸州府;而诸州之上中下三等,则为同一类型的衙署。

全一致？

笔者认为答案均是否定的。亦即设置于不同类型衙署内的僚佐在职能上并非完全吻合，司法僚佐亦是如此。先证前一结论。以《唐六典》所载诸州府以及亲王府中的户曹参军为例：①

诸州府户曹（司户）参军所掌事务：户籍、计帐、道路、逆旅、田畴、六畜、过所、婚姻。

亲王府户曹参军所掌事务：封户、田宅、僮仆、弋猎。

显然，虽均属户曹，但是二衙署中户曹之职能并不是完全一致的。州府户曹所辖事务较亲王府中户曹更宽更为繁芜，某些事务由于其性质和特征，只能由州府户曹来执掌，如婚姻、道路诸事务；而亲王府中的管理弋猎事务的职能也为州府户曹所无。

除户曹外，其余诸曹如士曹、仓曹之职能，在州府与亲王府所体现的也各不一样，在此不一一阐释。由此便不难发现，即使属于同一性质甚至同一称谓之僚佐，也会因为设置于不同的衙署内而在执掌事务的范围和内容上有所出入。之所以会出现这一情况，笔者认为，大致可以归之于如下两个方面的原因：其一，由判司所附设之衙署的性质所决定，该判司不可能具备某一职能。如对户籍事务的执掌，就仅为州府户曹所掌，因为即使是亲王府内的人丁，其户籍也应由所在州县统一造册；亲王府本身并不是一级行政区域，不能代国家行使户籍管理职能。其二，由某些事务的性质决定，某类衙署内的某种判司不可能管理这一事务。如对津梁事务的执掌，就仅为州府士曹所执掌，因为亲王府并无独立之辖地。概言之，不同的衙署本身所具备的政治性质决定了其内置机构的职能与权限。推之法曹，当与此同。

### （二）唐代地方司法僚佐的执掌

虽然前文通过户曹一例推断出包括法曹在内、设置于不同类型衙署的同类判司在职掌上不完全相同，但并不妨碍在《唐六典》以及新旧唐书的记载的基础上，参引史籍中相关具体事例对唐代地方司法僚佐的职掌予以梳理与归纳。概言之，唐代法曹（司法）参军的职掌主要包括：

① 之所以要选择州府与亲王府，是因为二衙署中基本都全置判司之六曹。若以一六司不全之衙署与一判司俱备之衙署中某司进行比较，则不全置六曹衙署内户曹往往会因兼掌他曹甚至通判六曹而拥有极大之权限，无法说明此处之问题。

1. 掌律、令、格、式

从史料来看,具体包括奏驳不合于时的律令以及删定律、令、格、式两方面的职能。最具代表性的事例当属贞观年间裴弘献奏驳律令一事:

> 其后蜀王法曹参军裴弘献驳律令四十余事,乃诏房玄龄与弘献等重加删定。玄龄等以谓:"古者五刑,刖居其一。及肉刑既废,今以笞、杖、徒、流、死为五刑,而又刖足,是六刑也。"于是除断趾法,为加役流三千里,居作二年。①

此事发生于太宗贞观五年(公元631年)之前。太宗即位不久即发现以断右趾代死刑的做法仍过于残酷,但这一立场一表达即受到王珪、萧瑀等大臣的反对。在此背景下,作为王府参军的裴弘献顺时应势,提出自己对律令的见解并被太宗敕令参与律令删定工作。

唐史中由诸衙署司法僚佐参与删定律令格式之事,还有玄宗朝阎义颛一例:

> 开元初,玄宗敕……瀛州司法参军阎义颛等,删定格、式、令,至三年三月奏上,名为《开元格》。②

与裴弘献事不同的是,阎义颛此次参与删定的法律形式为"格"。但此二事例均反映出,唐代地方司法僚佐的职能之一,是对律、令、格、式是否适用进行监督,对不便于时的法律文本则进行删改。

2. 鞫狱量刑、剖断狱事

其中,府之法曹行此职责的,最著名的当属李林甫任宰相时的吉温:

> 京兆尹萧炅使法曹吉温鞫之……温入院置兵部吏于外,先于后厅取二重囚讯之,或杖或压,号呼之声,所不忍闻。皆曰"苟存余生,乞纸尽答。"兵部吏素闻温之惨酷,引入皆自诬服,无敢违温意者。顷刻而狱成。③

吉温因其为吏残酷而在李林甫求治狱吏时被萧炅推荐,其后与另一酷吏罗希

① (宋)欧阳修、(宋)宋祁:《新唐书》,中华书局1975年版,第1409页。

② (后晋)刘昫等:《旧唐书》,齐鲁书社1993年版,第2150页。

③ (宋)司马光:《资治通鉴》,中华书局1956年版,第2648页。

奭成为奸相排斥异己的左膀右臂，时人称为“罗钳吉网”，其虽非善类，但这也足以反映出京府法曹在鞫狱上之职能。

州之司法行此职责的，在《新唐书》中亦有一例：

圣历初……调蒲州司法参军。有父子连坐论死者，澣曰：“条落则本枯，奈何俱死？”议贷其父，太守不听，固争，卒原。①

在此例中，正是在齐瀚的坚持下，蒲州太守才减父之死刑。另外，唐代宋行之墓志中亦有所体现：

（宋行）又除虔州司法参军，以其剖决无滞，延誉上闻。②

宋行在武德七年（公元624年）后、贞观八年（公元634年）前出任虔州司法，在此官任上，因能够剖决疑狱而声誉著于外。此两处俱为诸州司法参军职能在量刑上的体现；

除州府以外，都督府法曹亦如是。一些碑铭反映出这一点：

转桂州都督府法曹参军。清棘，察梧囚，明慎用法而不留狱。③

3. 督捕盗贼

唐代地方司法僚佐职责之一，为督捕盗贼。《太平广记》中有载：

大和中，魏南华摄密州司法掾，时盗杀殷氏父子，吏追捕不获，南华得梦，往验之，捕盗以归。④

姑且不去探讨魏南华凭借托梦捕拿盗贼是真是假，这故事可以说明督捕盗贼是唐代地方司法官吏的重要职责之一。

---

① （宋）欧阳修、（宋）宋祁：《新唐书》，中华书局1975年版，第4468页。
② 周绍良、赵超主编：《唐代墓志汇编续集》，上海古籍出版社2001年版，第17页。
③ （清）董诰等编：《全唐文》，中华书局1983年版，第897页。
④ （宋）李昉等编：《太平广记》卷一二八，文渊阁四库全书版。

4. 纠察不法,按杀权贵

此职责,见于高宗朝后期的韦凑:

> 凑……迁扬州法曹。州人盂神爽罢仁寿令,豪纵,数犯法,交通贵戚,吏莫敢绳,凑按治,杖杀之,远近称伏。①

对骄纵不法、交通权贵的治下属民盂神爽,在诸多官吏均不敢管束的情况下,升为州法曹的韦凑却敢将其绳之以法,进而按杀之。

5. 宣读皇帝判决之敕令

由法曹宣读皇帝敕令,史籍中仅见一例:

> 乃使临察御史颜真卿送敕至东京,殿中侍御史崔寓引慎名,令河南法曹张万顷宣敕示之。②

这是在唐玄宗以诏令形式对杨慎矜等一干人等作出判决后,派遣署河南法曹的张万顷去宣读敕书,以示圣裁。

以上史籍中记载的数人传记、碑铭乃至野史中所反映出来的法曹(司法)参军等的职责,基本能够与《唐六典》所记载的职掌相吻合。唐代地方司法僚佐的职掌,大致包含以上几种。但需要说明的是,以上所举事例或只能反映出司法僚佐某一方面的职能,而非其全部,如崔恽之墓志仅用"司奸"二字综述其职责:

> 终以惟明克允,司奸陇西。③

根据其墓志记载,崔恽历经迁转,终于秦州法曹任上,秦州地处陇西,故墓志称其"司奸陇西",而言其职任之所在。至于司奸之具体职责如何,则阙而不录,未作详言。

值得注意的是,除法曹(司法)等专职司法僚佐外,史料所载之其余诸曹有时亦会涉及司法事务。如源某(其名已阙):

---

① (后晋)刘昫等:《旧唐书》,齐鲁书社1993年版,第2563页。

② (后晋)刘昫等:《旧唐书》,齐鲁书社1993年版,第3227~3228页。

③ 赵文成、赵君平编选:《新出唐墓志百种》,西泠印社出版社2010年版,第248页。

以斋郎出身,仕邢州司士参军,其□为政也,断有剸犀之锋,识辨回邪之诈,察物惩奸,公庭耿耿。①

源某掌司士事,本非法吏,却能“察物惩奸”,是法司之职权,或为他曹所染指。

**(三)唐代地方司法僚佐其他职使**

除以上所列举的司法僚佐所具有的基本司法职能外,史料中还有用不少司法僚佐充任他事的。这类官僚虽署司法之任,却因其具有某方面专长而自己主动或者被征召去从事一些与司法无关的事务,如以下几种情况:

1.论用乐律

开元八年,瀛洲司法参军赵慎言论郊庙用乐表曰祭天地,宗庙乐合用商音……请加商调,去角调。②

此例中,赵慎以瀛洲司法参军这一司法官僚的身份,参与讨论郊庙祭天地用何种乐调的问题,并提出于五音中更用的建议。调和音律本属乐官之职分,却为一司法佐官所插手,据此可以推断赵慎本人应在音律上有一定造诣。

2.刊定音韵

因与刘臻、颜之推……八人撰为《切韵》五卷,书成于仁寿元年。唐仪凤二年,长孙讷言为之注……天宝十载,陈州司法孙愐重为刊定,改名《唐韵》。③

《说文系传考异》附录记载这一事例更为详细。它还载明孙愐之所以要亲自重新刊定并改《切韵》为《唐韵》,是因为他“以切韵为谬略”④。他能够断定正误,说明他对于音韵学有所专长。

3.为史书作注解

辅元兄希元,高宗时洛州司法参军,章怀太子召令与洗马刘讷言等

① 周绍良、赵超主编:《唐代墓志汇编续集》,上海古籍出版社2001年版,第784页。
② 《苑洛志乐》卷二〇,文渊阁四库全书版。
③ 《重修广韵》提要,文渊阁四库全书版。
④ 《说文系传考异》,文渊阁四库全书版。

> 注解范晔《后汉书》,行于代。①

高宗朝,担任洛州司法参军的格希元被章怀太子召去为范晔所撰《后汉书》作注解,其所从事亦与司法毫无瓜葛。

4. 修检书籍

> 于是行冲表请通撰古今书目,名为《群书四录》,命……曹州司法参军殷践猷……等分部修检,岁馀书成,奏上,上嘉之。②

《新唐书》之殷践猷本传载其"举文儒异等科",并在任曹州司法时身兼丽正殿学士一职③,说明其本人长于文学,因此,才会被选中与韦述等人一起修检古今书目。

其实,某一职官被充使他任的现象并不限于司法僚佐,也不只为唐代所独有。如隋代宰相姚察之子姚思廉,在担任河间郡司法书佐期间便被炀帝诏许续写梁、陈二代史书,并参与修订《区宇图志》一书④,可知此种情况非一朝一职之特例。

**(四)动态的法曹——敦煌吐鲁番文书中的法曹办公形态**

除唐代正史、官修政书以及墓志、碑铭等文献外,出土的敦煌吐鲁番文书中亦包含较为丰富的关于唐代地方司法僚佐的资料。通过对比,笔者发现,正史、墓志在司法僚佐的记载上更倾向于记载其仕途经,其中不少墓志因以夫妻并序的形式出现而往往更能反映出其家庭情况、俸禄待遇等方面的问题。与上述文献以官员个人为中心来记述的特点相对,敦煌吐鲁番文书则更倾向于以地方司法机构为描摹的对象。是以从敦煌吐鲁番出土的有关法曹的文书中,能窥见法曹办公规章程序之一斑。

作为附设于行政机关之下的非独立司法机构,法曹的办公流程通过其文书得到了最为形象的展示。而所涉及的具体事务不同,其所采用的文书在格式上亦有一定的差异。通过对这些文书的研读以及比对,可以大致了解法曹在文书格式、用词乃至办公流程上的数个特点。

第一,包括法曹在内的诸曹,其办公有一套固定的公文用词。敦煌吐鲁番文书作为公文,其文辞显然没有诗文碑铭一样华丽细腻,行文以简练通达为其特色,因此,长期的行政工作使一套公文用词固定并沿用下来。如"谨牒",即法曹所使

---

① (后晋)刘昫等:《旧唐书》,齐鲁书社1993年版,第2541页。
② (后晋)刘昫等:《旧唐书》,齐鲁书社1993年版,第3178页。
③ 参见(宋)欧阳修、(宋)宋祁:《新唐书》,中华书局1975年版,第5683页。
④ 参见(后晋)刘昫等:《旧唐书》,齐鲁书社1993年版,第2492页。

用文书之具结者所常用之结束用语;"符到奉行",为上级衙署之法曹行文至下级衙署时用作强调的结束语。

第二,多件文书显示,法曹参军处理本曹事务,往往多凭借其下属吏,因此,处理这些事务所用牒文,多出自其下府、佐、史之手,其本人并不亲自拟写,而往往是在对外发出之时,签署自己姓名,并在名字之前冠以所任官职。如《虞侯司及法曹司请料纸牒》①:

7 黄纸伍拾张　　壹拾伍张典李义领
(中略)
9 牒件状如前,谨牒
10 开元十六年六月　　日府李义牒
11 法曹参军王仙乔

这是一件反映法曹办公过程的典型文书。法曹向府衙请求领取办公用纸的文书,法曹参军王仙乔本人并不亲自写牒,而是由其属下"府"李义先行具结,然后自己再署上官职姓名后发出。

不仅同府办公如此,即使是超越所隶属府衙本身对外发出符文,亦不例外。如西州都督府法曹向其管辖之高昌县下达符文,也是先由属吏"府"宋闰具文,再经法曹参军签署后向下发出②。

这样的文书记载在敦煌吐鲁番文书中比比皆是,这说明法曹事务虽由法曹参军一人主持,但负责实施具体工作的还是府、佐、史等无品秩之法曹属吏,这一运作形式在展示法曹运作情况的同时,在客观上也保留了丰富的法曹官员的资料。

## 五、唐代地方司法僚佐的管理制度

唐代地方司法僚佐的管理,主要包括其任职途径、官品、俸禄等几个方面的问题。现一一叙述如下。

### (一)唐代地方司法僚佐的任职途径

正如赖瑞和先生所言,"州府判司通常不是士人释褐之官,而是第二甚至第三任官"③。以新旧唐书为例,其中释褐担任此官的人极少,大部分的官员都是从其他任上转任过来的。大致而言,其任职途径包括如下数种。

① 黄文弼:《吐鲁番考古记》,中国科学院1954年版,第38～40页。
② 唐长孺主编:《吐鲁番出土文书》(第7册),文物出版社1986年版,第86～87页。
③ 赖瑞和:《唐代基层文官》,中华书局2005年版,第175页。

1. 荐授

此即通过其他官员的推荐而调任此职。通过此途径担任法曹的有唐代名相狄仁杰:

> 时工部尚书阎立本为河南道黜陟使,仁杰为酷吏诬告,立本见而谢曰:"仲尼云:观过知仁矣。足下可谓海曲之明珠,东南之遗宝。"荐授并州都督府法曹。①

狄仁杰正是在河南道黜陟使阎立本的推荐下,才以汴州判佐的职位上调署法曹。但前面已提到,狄仁杰调任之法曹,是为并州法曹抑或并州都督府法曹,新旧唐书记载不一。另一例为前面提到的唐高宗朝后期的韦凑:

> 凑,永淳初,解褐婺州参军事。徙资州司兵,观察使房昶才之,表于朝,迁扬州法曹。②

如前所言,参军事因其位卑职轻,而往往作为官员进入仕途所担任的第一个官职,即释褐官。扬州法曹(实应当为扬州司法,前文已论)官品较参军事高、职责较重,故在此作为官员仕途中的迁转官。

2. 文艺登科

此在正史中仅有一例:

> 时钧为殿中侍御史,锷为京兆府法曹,俱以文艺登科,名重于时。③

李锷为京兆府法曹,其入仕途径为文艺登科,即通过科举获此官职。

3. 召授

这实际上是辟署制之一种。如李桐客:

> 李桐客……建德平,太宗召授秦府法曹参军。④

---

① (后晋)刘昫等:《旧唐书》,齐鲁书社1993年版,第2886~2887页。

② (宋)欧阳修、(宋)宋祁:《新唐书》,中华书局1975年版,第4264页。

③ (后晋)刘昫等:《旧唐书》,齐鲁书社1993年版,第3637页。

④ (后晋)刘昫等:《旧唐书》,齐鲁书社1993年版,第4785页。

李桐客在窦建德被平后，被时为秦王的李世民召授为王府法曹，实际上就是受秦王之征辟。通过这一方式授予此官在唐史中亦不多见，李桐客作为例外，应该与其是前朝遗老以及新朝建立中网罗人才、收拢人心的历史背景有关。

4. 对策

如唐玄宗时期的杨仲昌：

> 子仲昌……累调，不甚显。以河阳尉对策，玄宗擢第一，授蒲州法曹参军……①

蒲州在开元八年（公元720年）一度升为中都河中府，虽然旋即罢之，但仍不失为唐前期四辅州之一，杨仲昌数次调动都未获授显职，只做到河南尉；但因其对策中表现优异而被唐玄宗选为第一名并授予蒲州法曹参军一职。此于正史中亦仅见此例。

5. 累转

此即寻常迁转，应是多数官员的任职途径：

> （徐有功）累转蒲州司法参军，绍封东莞男。②

又如裴遵庆：

> 以门荫累授潞府司法参军，时年已老，未为人所知。③

裴遵庆虽亦门荫入仕，但并非释褐而是在年迈之时才出任潞州司法一职。这也证明了上述判断，究其原因，还是与判司的品秩较高有关。

6. 调选

新出土之唐代墓志中有一例，见《故苏州司法参军崔君墓志铭并序》：

> 皇家克复，调选授亳州司法参军……终于苏州司法。④

---

① （宋）欧阳修、（宋）宋祁：《新唐书》，中华书局1975年版，第4315页。

② （后晋）刘昫等：《旧唐书》，齐鲁书社1993年版，第2817～2818页。

③ （后晋）刘昫等：《旧唐书》，齐鲁书社1993年版，第3355页。

④ 赵文成、赵君平编选：《新出唐墓志百种》，西泠印社出版社2010年版，第248页。

该墓志所载之崔潘,在安史之乱之前,曾先后被任命为琅琊沂水县尉、幽州蓟县尉、魏州昌乐主簿。但为躲避战乱,而未前往上任。直至唐王朝平定叛乱、克复中原,才又选授亳州司法。

由此可见,作为判司之一的法曹往往一般不用作士人的释褐官,而需要一次甚至多次的升迁才能担任,这反映出其品秩较高(最高可达正七品)、职责较重(州府长官的重要僚佐)以及地位较寻常参军事更高的特点。

**(二)唐代地方司法僚佐的品秩及俸禄**

1. 品秩

唐代官员品秩划为九品三十阶,其中职事官分三十等。法曹(司法)参军官品,在不同衙署中不等。上文表1反映出诸衙署内司法僚佐的品秩,从中可以看出其品秩的规定大体有如下规律:第一,诸府之中,亲王府法曹品秩最高,为正七品上,官阶均高三都府、大都督府法曹一阶。第二,从三都府到下州法曹,级别每降一等,其官阶降二阶;从大都督府到下都督府,级别每降一等,其官阶降一阶。这一规律不仅体现于法曹(司法),亦体现于其余五曹(五司)。第三,下都督府法曹之官阶与上州平。此外,对设置于诸县的司法佐、史并没有品秩的规定。

2. 俸禄

包括正史、碑铭等诸多唐代史料中,并没有关于法曹(司法)具体俸禄丰厚与否的记载,因此,只能从唐代对官员俸禄的一般性规定中去粗略了解。根据《新唐书》卷五十五《食货志》五对武德年间唐代各级别的官员俸禄、俸料等的具体规定,以武德元年(公元618年)定制为例,对应各官员品秩,可知各衙署内法曹(司法)参军的俸禄如表3(从品官上、下按降一等发放)所示:

**表3 诸衙署法曹(司法)参军俸禄**

| 职官 | 品级 | 粟/石 | 职分田/顷 | 货币/钱 |
|---|---|---|---|---|
| 亲王府法曹参军 | 正七品上 | 80 | 3.5 | 2100 |
| 三都府法曹参军 | 正七品下 | 80 | 3.5 | 2100 |
| 大都督府法曹 | 正七品下 | 80 | 3.5 | 2100 |
| 大都护府法曹 | 正七品下 | 80 | 3.5 | 2100 |
| 中都督府法曹 | 从七品上 | 70 | — | — |
| 下都督府法曹 | 从七品下 | 65 | — | — |
| 上州司法参军 | 从七品下 | 65 | — | — |

续表

| 职官 | 品级 | 粟/石 | 职分田/顷 | 货币/钱 |
|---|---|---|---|---|
| 中州司法参军 | 正八品下 | 60 | 2.5 | 1600 |
| 下州司法参军 | 从八品下 | — | — | — |

唐代俸禄相当于现在的工资,除此之外,唐代的官员还可按月领取一定的实物,称为俸料。只不过到了开元二十四年(公元736年),"令百官防阁、庶仆俸食杂用以月给之,总称月俸"①。根据《续文献通考·职官考》②所记玄宗开元二十四年例,参照各衙署中司法僚佐的品秩,不难把握各官员所得月俸情况如表4所示:

**表4 诸衙署法曹(司法)参军月俸表**

| 职官 | 品级 | 食料/钱 | 防阁/钱 | 月俸/钱 | 九用/钱 | 共计/钱 |
|---|---|---|---|---|---|---|
| 亲王府法曹参军 | 正七品上 | 350 | 1600 | 1750 | 350 | 4050 |
| 三都府法曹参军 | 正七品下 | 350 | 1600 | 1750 | 350 | 4050 |
| 大都督府法曹参军 | 正七品下 | 350 | 1600 | 1750 | 350 | 4050 |
| 大都护府法曹参军 | 正七品下 | 350 | 1600 | 1750 | 350 | 4050 |
| 中都督府法曹参军 | 从七品上 | 350 | 1600 | 1750 | 350 | 4050 |
| 下都督府法曹参军 | 从七品下 | 350 | 1600 | 1750 | 350 | 4050 |
| 上州司法参军 | 从七品下 | 350 | 1600 | 1750 | 350 | 4050 |
| 中州司法参军 | 正八品下 | 300 | 625 | 1300 | 250 | 2475 |
| 下州司法参军 | 从八品下 | 300 | 625 | 1300 | 250 | 2475 |

除此之外,《新唐书·食货五》还在月俸之外规定百官禄米发放标准:

> 禄米则岁再给之:……六品百斛,自此十斛为率,至从七品七十斛,八品六十七斛,自此五斛为率,至从九品五十二斛。外官降一等。③

由此可知,禄米发放只分正从,不别上下,从正七品至从八品分六等并分别按年得禄米80斛、70斛、67斛、62斛、57斛、52斛。

---

① (宋)欧阳修、(宋)宋祁:《新唐书》,中华书局1975年版,第1399页。
② 参见《续文献通考》,文渊阁四库全书版。
③ (宋)欧阳修、(宋)宋祁:《新唐书》,中华书局1975年版,第1399页。

虽然以上数据较为直观地展示出某个时期内管员的俸禄,但是一则因其无法与当时物价相比较,二则只能代表某个固定时期内的工薪水平,而非唐朝政府始终执行的工资标准,所以还难以了解法曹(司法)官员的俸禄是否丰厚。故而,对这一答案的了解,可以从某些担任过此职或类似同品职务的官员的诗文中钩沉之。在唐代正史及相关的墓志碑铭中,笔者尚未发现有直接反映法曹一职俸禄优厚与否的资料。唯一一篇与法曹有关的,为《唐安州都督府法曹参军郭文应亡妻范阳卢氏墓志铭并序》,是篇为都督府法曹郭文应本人为亡妻所撰墓志,其虽称自己"业素贫儒,守道自处。夫人虽衣食莫给,而无愠嗟"①,但卢氏亡故在其出任都督府法曹以前,故郭文应哀叹其亡妻"夫禄未霑,遄来告逝"②,至于自己所署法曹俸禄如何、署曹后是否还会令家人"衣食莫给",则无从得知。故对法曹俸禄多寡的探讨,只能比之于与其同阶之他曹。如严耕望以及赖瑞和均引白居易所作诗《初除户曹喜而言志》来说明判司中户曹俸禄的优厚③。在此之前,白居易还写有一篇奏折,主动向唐宪宗讨求京兆户曹一职,"傥授此官,臣实幸甚"④,这也反映出京兆户曹俸禄之优厚。若推之于同府之法曹,则可知其俸禄亦当可观。然而,某些史料所反映出的事实,却恰恰与此相反。如亳州司兵李群,"不享丰禄"⑤,担任汴州司士的郑某,"官历三命,家唯四壁"⑥,一位担任司士参军的官员竟至家徒四壁,其俸禄之低,可想而知。由此似乎又可证同州同阶之亳州、汴州二司法俸禄必不优厚。更有甚者,较一般判司品秩、地位高的录事参军,生活亦颇为困窘:

> 宦薄无余俸,家贫无遗业……居无四邻,饮食阙监酪,衣服无寒暑。⑦

---

① 中国文物研究所、千唐志斋博物馆编:《新中国出土墓志·河南(叁)千唐志斋(壹)》(下册),文物出版社2008年版,第203页。

② 中国文物研究所、千唐志斋博物馆编:《新中国出土墓志·河南(叁)千唐志斋(壹)》(下册),文物出版社2008年版,第203页。

③ 分别参见严耕望《唐代府州僚佐考》第(三)节[载《严耕望史学论文集》(上卷),上海古籍出版社2009年版]、赖瑞和《唐代基层文官》第四章第九小节。

④ (唐)白居易:《白居易集》,黑龙江人民出版社2005年版,第1257页。

⑤ 周绍良、赵超主编:《唐代墓志汇编续集》,上海古籍出版社2001年版,第875页。

⑥ 中国文物研究所、千唐志斋博物馆编:《新中国出土墓志·河南(叁)千唐志斋(壹)》(下册),文物出版社2008年版,第239页。

⑦ 中国文物研究所、千唐志斋博物馆编:《新中国出土墓志·河南(叁)千唐志斋(壹)》(下册),文物出版社2008年版,第252页。

此墓志中所提及之郑某,唐署右金吾卫录事参军。根据《唐六典》之记载,左右金吾卫录事参军皆正八品上,其品秩与中州录事参军相同,而郑某虽任此职,却沦落到"衣服无寒暑"的境地,其俸禄之微是显而易见的。由此推之于较其官品更低的卫府司法参军,官禄之薄,可想而知。若说卫府录事官品略低,不足为证,则又可举成都府录事参军以证之。成都府录事参军徐某墓志载其"守卑禄于郡府"①,堂堂一府之录事参军,竟至于"守卑禄",此又可为同府判司俸禄微薄之另一有力佐证。

如此,则诸处史料所反映出的情况就有相悖之嫌,据此似难以对唐代地方司法僚佐俸禄之厚薄作出断言。需注意的是,诗文以及墓志所反映的,一则只能反映出这些官员的个人家庭情况,与其供养之家庭成员以及本身之固有生活条件联系较强;二则诸官员所处时代并不相同,而如上文所阐述,唐代的官俸并不是一成不变的。此外,官员的消费能力也会受同时期物价水平的影响,在这几方面因素的影响下,史料所反映出的相左之情况,也就不难理解了。不过,结合法曹(司法)参军等司法僚佐的品秩本身就较为低下(《唐六典》载王府法曹品最高,正七品上)、地位亦不为时人所重(后文将有所阐释)的特点,加之上述部分史料的佐证,似又可以断言,唐代司法僚佐之大部分,与其他诸曹的判司相同,并不享有较为优厚的俸禄待遇。白居易在授户曹后之所以欣喜,并认为其俸禄"足以奉晨昏"②,想必与其所署户曹附设于京兆府之下,不无必然之联系。

3. 法曹参与国家立法:一个值得思考的问题

从唐代地方司法僚佐的品秩中可以看出其官品并不算高,有的甚至处于官僚群体的最底层。但就是这样一些品秩不高、权位不重的下层官吏,却能够参与国家层面的立法。如前面所提到的裴弘献与阎义颛二人,前者担任蜀王法曹,官正七品上;后者署瀛洲司法,其品秩至高不过从七品下;前者被太宗委任与宰相房玄龄等高级官员,参与了断趾法的废除,后者被玄宗敕令参与删定格式并最终定《开元格》。一个秩不过七品的小官,却能参与如此重大的国家立法,其中的原因是值得反思和探究的。

通过对唐代数次删定律令格式事例的比对分析不难发现,在有史可查的太宗至宣宗大中年间,唐代历任君主就多次通过敕令的方式让位处官僚集团底层的官员参与律令格式的删定。二唐书相比而言,《旧唐书·刑法志》当中的记载更为详尽,故本于其所载,如表5所示:

---

① 周绍良、赵超主编:《唐代墓志汇编续集》,上海古籍出版社2001年版,第952页。

② (唐)白居易:《白居易集》,黑龙江人民出版社2005年版,第53页。

表5 《旧唐书·刑法志》中判司参与律令格式的删定事纪

| 诸朝 | 时间 | 参与官员 | 立法工作 |
| --- | --- | --- | --- |
| 太宗朝 | — | 蜀王法曹裴弘献 | 驳律令,参与删改 |
| 睿宗朝 | 景元初 | ……右卫率仓曹参军罗思贞、刑部主事阎义颛…… | 删定律令格式,定《太极格》 |
| 玄宗朝 | 玄宗开元初 | ……同州韩城县丞侯郢琎、瀛洲司法参军阎义颛…… | 删定格式,定令,定《开元格》 |
| | 开元六年(公元718年) | ……幽州司功参军侯郢琎…… | 删定律令格式,定《开元后格》 |
| | 开元二十二年(公元734年) | 中书令李林甫……明法之官前左卫胄曹参军崔见、卫州司户参军直中书陈承信…… | 删定旧律令格式及敕 |
| 宣宗朝 | 大中七年五月(公元853年) | 左卫率仓曹参军张戣 | 奏进《大中刑法统类》一十二卷 |

从表5可以看出,唐代有判司参与修订律令格式的事例共计六例,分别历太宗、睿宗、玄宗、宣宗四朝,所修订的法律形式包括律令格式,而尤以格为主。参与修订律令的官员,上至宰辅,下至官品仅为九品的县丞,其级别地位相差甚大。而这一种立法现象的出现,笔者认为主要有三个方面的原因。

第一个原因,是参与删定律令格式的往往都是谙习法律,或者直接从事司法工作的官员。前一种官员中最具说服力的例子,当为表5中所列开元二十二年的崔见。按其记载,崔见本任前卫胄曹参军,因其属"明法之官"而被玄宗选中参与修订律令。又如,在玄宗朝两次参与格的修订的侯郢琎,其于开元初以韩城县丞的身份参与撰定《开元格》,又于开元六年在幽州司功参军任上参与编定《开元后格》。县丞为县令(长)之贰,其职责包括辅佐县令掌管狱讼在内的事务,侯郢琎其后升任幽州司功,虽分管官员考课等与司法无关的事务,但其应当熟悉法律,否则也不会从众多县丞之中选中他来从事律令的修订。后一种官员即包括诸州府的法曹(司法)参军。他们因为职务本身的需要,而必须经常与律令打交道,所以往往也熟悉律令。杜佑一例,即为明证:

佑以荫补济南参军事、剡县丞……元甫有疑狱不能决,试讯佑,佑为辨处,契要无不尽。元甫奇之,署司法参军……①

① (宋)欧阳修、(宋)宋祁:《新唐书》,中华书局1975年版,第2354页。

杜佑明于断狱这一点被韦元甫发现时,其尚在剡县县丞任上,据此可推断,剖断狱讼,当属其所任县丞之职责所在;而其同样因为这一点被韦元甫任用为司法参军。这说明司法参军职位,往往也是任之以明法之士。如此,作为熟悉一朝律令的官员,而被选中参与国家律令的修订,也就不难理解了。

第二个原因,如前文在分析法曹(司法)参军被任用于与司法无关的事务的情况一样,既然法曹(司法)参军会因其具有其他方面的特长而被委以他任,其余判司或者其他衙署的官员也会因为明于律令而被委以删定律令的重任。正因这种不拘于职的用人模式,使其余判司的官员可能参与律令的修订工作。

第三个原因,笔者认为应与唐代的律学有关。唐代虽在科举中开设明法一科,但通过明法一科入仕的,所任之官亦不得超过六品。因此,大部分士子并不会选择应此科之试。此外,国子监下虽设律学博士一职,但所教学生亦以文武官八品以下及庶人之子弟为限,大大低于太学博士所教授学生的标准。① 这些都是唐代律学式微的体现。结果,包括官场在内的社会熟习法令的人数较少,而国家法度又要因时损益,这样在挑选修订律令官之时,就会考虑选任熟习或者从事法律工作的司法官员,而不论其官品之高低、职位之轻重。

## 六、唐代地方司法僚佐的地位

探讨唐代地方司法僚佐的地位,主要从两个方面予以展开。一方面,探讨其在判司中所处之地位,主要是通过对法曹(司法)、司法佐与其余五曹(五司、五司佐)的关系来分析;另一方面,探讨其在当时一般人心目中的地位,换言之,即司法僚佐之唐人印象。下面试分述之。

### (一)司法僚佐与其他僚佐之关系

严耕望先生对州府六曹司之地位有十分精练的分析。严氏通过对唐代墓志铭所记录之官员任职之升降,判断六曹司“实际地位之序次当为功、兵、仓、法、户、士……不但其执掌与中央六部相应,即位序似亦一致也”。② 但笔者认为,这一点并不足以反映六曹地位之全貌。而要对六曹地位及执掌事务之重要性有全面的把握,还需要通过对六曹在诸衙署中的设置及省并之情况进行分析,如此方可见个中之端倪。

文后的附表1,展示了《唐六典》中判司即判司外诸曹在各衙署内的设置情况。除一些行政级别较高或地位较尊的衙署通设六曹外,其余衙署中六曹设置往往不

---

① 参见(唐)李林甫等:《唐六典》,陈仲夫点校,中华书局1992年版,第561页。

② 参见严耕望:《严耕望史学论文集》(上卷),上海古籍出版社2009年版,第378页。

全。对于司法僚佐,则除诸卫、太子卫率府、镇、关等衙署内均不设法曹外,其余衙署,上至亲王府、三都府,下至诸州下县,均设置有执掌司法事务的官吏,并无一衙省置。新旧二唐书在此点所载亦无差别。而诸州上县以下,则六司佐皆仅置司户、司法二佐,足以说明二佐职任之重要。正如前文所论证的,之所以会出现一些司佐官员省而不置的情况,是因为他们在此级别行政机构内职能色彩并不强烈。这也从反面证明法曹无论是在任何衙署,都因为其所执掌事务的重要性而难为省并。因此,在诸曹(司)品秩相同的情况下,严耕望先生虽指出其实有位次之先后,但这无法否定法曹(司法)这类内设司法机构在职能上的重要性远胜于功曹(司功)等机构。试举功曹以证之。严氏引权德舆《送睦州李司功赴任序》中"郡功曹实亚都吏,而冠六联"一语得出功曹居于六曹之首的结论①,但《唐六典》记载,下州已开始省置司功一职,畿县以下亦均不置功曹佐,此位虽尊,然职任不如司法(佐)重要。之所以如此,大概可作如下两方面的解释:其一,位次之尊与职任之重并非据同一标准所作判断,所以二者并无必然之对应关系;其二,就功曹本身而言,或许是因为其掌握了对包括其余诸曹(司)僚佐在内的官吏的考课大权而被视为诸吏之冠。

**(二)司法僚佐之唐人印象**

唐代墓志史料中虽有数篇关于法曹的墓志铭存世,但是直接反映出唐代司法僚佐地位与形象的文字,或并不多见,或多为辞藻华丽之赞语,难以作为评价其印象之较客观证据。唯一一句最为有名且最为学者所常引的反映司法僚佐之地位的诗句,为大文豪韩愈所撰:

> 判司卑官不堪说,未免捶楚尘埃间。②

该诗是韩愈在赶赴江陵府任法曹参军途中所作。赖瑞和先生以江陵府在当时已属冲要大府,而府法曹在韩愈眼中仍未摆脱"卑官"身份,进而由此推之于其他衙署内法曹地位之卑可想而知。③ 韩愈所署官职为江陵府法曹,而其诗却统称所有判司俱属卑官,而不以法曹一曹为限。笔者认为,虽然韩愈对包括法曹在内的判司形象的描述如此灰暗,但大致是中允的。与官品所决定之俸禄一样,对司法僚佐地位的探析,同样可以凭借于同阶其他诸曹(司)。韩愈之论断,可以从其余的唐代史料中找到佐证。如上引之汴州司士郑某:

① 参见严耕望:《严耕望史学论文集》(上卷),上海古籍出版社2009年版,第377页。
② (唐)韩愈:《韩昌黎诗系年集释》,钱仲联集释,上海古籍出版社1984年版,第257页。
③ 参见赖瑞和:《唐代基层文官》,中华书局2005年版,第180页。

而沦湮狭位,讫不得开张于世……韬济物之略,而不得施;束理化之心,而不得展。[①]

其墓志直称其身沦"狭位",无法施展韬略、教化天下,以致竟被描述为"不得开张于世"。其妻子裴氏之墓志中,也记载郑氏"位卑而道高"[②],该司士地位之卑,可得而知。这一点,从司士一职之设置也可看出。《唐六典》载司士仅置于寻常州府之上州、诸京县、畿县,而中州、下州以及寻常之诸县均不置此官,这是其职任不重、地位不高之明证。若言司士位卑源于其职置,则又可举录事参军为证。如前文所引成都府录事参军徐某:

低颜俯容三十余岁,(下)大□亦终下位。[③]

徐某身为府之录事参军,其地位仅次于长史、司马等上佐,而身处"下位",在衙署中"低颜俯容"竟长达三十余年,则成都府下包括法曹在内的其余诸曹判司之地位必然更为卑下了。

除以同阶之其余诸曹进行对照外,史料中亦有不少直接反映司法僚佐地位的资料。这些资料主要见于唐代官员的墓志铭中。如华州司法参军范阳卢公墓志直言其:

而位不崇,寿不永,岂非天无全功之道欤?[④]

此处担任华州司法的范阳卢公,从信州上饶尉入仕,终于华州司法,却仍然地位不崇,是司法参军地位卑低之明证也。

由此可见,唐人心目中包括法曹(司法)在内的诸曹判司,整体上是地位不高的。之所以会出现这一情况,大致可以作如下两方面的理解:其一,这些官员品秩普遍较低,这也是其地位不高的主要原因。唐代墓志铭在记载这些官员的情况时,往往将其俸禄与地位放在一起进行描述,而官员的俸禄主要由其品秩所决定。

① 中国文物研究所、千唐志斋博物馆编:《新中国出土墓志·河南(叁)千唐志斋(壹)》(下册),文物出版社 2008 年版,第 239 页。

② 中国文物研究所、千唐志斋博物馆编:《新中国出土墓志·河南(叁)千唐志斋(壹)》(下册),文物出版社 2008 年版,第 243 页。

③ 周绍良、赵超主编:《唐代墓志汇编续集》,上海古籍出版社 2001 年版,第 952 页。

④ 乔栋、李献奇、史家珍编著:《洛阳新获墓志续编》,科学出版社 2008 年版,第 442 页。

因此,品秩不高、俸禄不厚就决定其必然不为唐人所重。其二,诸曹判司在唐代地方各级军政机构官僚群体中仅仅处于中下层级,其上有上佐长史、司马,纲纪属官录事参军,其下就为无品之府、佐、史等小吏。何况法曹(司法)仅仅为诸曹(诸司)中之一曹(司),这使其印象在整个僚属群体中显得更为渺小。

## 七、结论

上文对包括法曹参军、司法参军、司法佐在内的唐代地方司法僚佐的历史沿革、设置、称谓、员额分布、名额增减、职掌、任职途径、品秩、俸禄、参与国家立法现象、与其他僚佐之关系乃至唐人心目中之印象进行了较为全面的分析,并试图对其基本面貌进行较为全面的勾勒。通过以上分析,可以发现这一官僚群体的一些重要特征。

第一,唐代地方司法僚佐位处唐代官僚体系中的底层,属于唐代文官中的基层文官。在他们之中,官品最高的为正七品上,官品最低的仅列从八品下,其官品普遍较低。其中,县一级的司法佐、史,甚至没有被赋予官品,其实际上属于吏的阶层。因此,他们俸禄较低,待遇较差,在同时代唐人心目中的印象也是以灰暗色调为主,处于"下士"之列。

第二,从此类官员的任职途径以及迁转情况,亦可了解唐代此类官员的任用特点,乃至窥见唐代政府于官吏培养上模式之一斑。此类官员因其品秩略高于不署曹之参军事,而不为士人释褐所担任,往往被用作士人仕途上的迁转官,并且往往是作为官员所担任的第二任、第三任官职。这或许也与诸曹参军分掌州府之部分事务、要求其有一定的工作经验有关。如前面对诸曹(司)以及参军事的辨析中所述,一些参军事因为不署曹而得以广泛参议诸曹事务,经过一段时间后,便升迁为一曹(司)之长。此种情形,在唐代史料中极为常见,前面所述之唐代名相狄仁杰即为著例。另一方面,诸曹(司)之上还有纲纪类属官司录参军以及上佐,此几类官员数额都较少,往往一府仅各设一员,而法曹(司法)作为诸曹(司)之一,其要升任上职的机会并不大。因此,包括法曹(司)在内的参军一职往往也成为官员在仕途上所担任的最后一个官职。

第三,唐代地方司法僚佐虽然品秩并不高,地位亦不甚尊,但这无法抹杀其在唐代地方行政事务处理上的重要作用,从某种意义上来说,正是这一群体的存在,推动了唐代法制的发展。以下数点可证。其一,从汉代设置专司贼曹、决曹等司法官员以来,司法僚佐历代均设,说明这一职置之重要,已为历代所不能废。另外,两宋袭设此职以议法断刑也说明了这一点。其二,从唐代诸曹的设置以及省并情况看,下州仅存司仓、司户和司法三司,诸州上县以下竟仅留司户佐和司法佐,可见法曹与掌管赋税户籍等重要事务的户曹一样,因其本身职掌一方之刑狱而成为州府等的重要分支机构。由此便可推知,司法僚佐在各级地方中已成为辅佐行政长官处理行政事务的左膀右臂。其三,如上文所阐述,部分唐代地方司法僚佐,甚至参与国家层面"律""格"等法律文本的制作,因此,难以割裂其在推动唐代法制建设中的重要作用。其四,从唐代一些官员的诗文中,亦可推知法曹(司法)等司法僚佐,因其职责之重而为世人所关注,如燕国公张说:

> 官有决曹,掌兹法狱;非惟议罪,亦以防欲。所贵仁恕,非矜窘束;吏苟吹毛,人安措足……或大或小,时重时轻;无以快志,期乎得情。孰曰非重,国之政令;孰曰非轻,人之性命。①

此为张说所作《狱箴》中语。由此可推知,法曹(司法)参军、司法佐等唐代地方司法僚佐,其职掌事务宏观上是对国家律令的执行,微观上也掌控着单个个人的生杀大权,因此,他才发出感慨:"孰曰非重""孰曰非轻"。

除张说以外,后世有识之士亦认识到此官职责之重,如宋代的袁燮在《江阴军司法厅壁记》中所述:

> 决曹为郡僚,列纠掾理,官下品秩微矣。然律令所在,职有常守。自两千石之势临制境内如古诸侯,可谓贵重矣。至于断狱弊讼,不敢专也,必取平焉。官虽卑,贤者为之,可使郡政如权衡之公,是岂可忽哉?②

此处所称,亦为决曹,亦可由此推知历代司法僚佐的重要作用。他们虽然地位卑下、俸禄微薄,但务使贤者任之,方能安定一方。此官职责之重,实不容忽视。

通过以上分析可以看出,唐代地方司法僚佐作为唐代政府所设置,辅助各级行政长官处理司法事务之官员,虽然地位不尊、俸禄不厚,但其职责却关乎国家政令的实施与人民群众权利的维护和保障。因此,正是这些默默无闻、地处唐代官僚底层的的司法工作者的存在,为唐代地方法制建设提供了最为广泛而有力的保障。

---

① (唐)张说:《张燕公集》卷十二《狱箴》,文渊阁四库全书版。

② (宋)袁燮:《絜斋集》卷九《江阴军司法厅壁记》,文渊阁四库全书版。

# 附 录

附表1 唐代各级行政区域中参军与判司的设置

<table>
<tr><th>职置<br>衙署</th><th>司录参军事</th><th>功曹参军事</th><th>仓曹参军事</th><th>户曹参军事</th><th>兵曹参军事</th><th>法曹参军事</th><th>士曹参军事</th><th>参军事</th></tr>
<tr><td>京兆、河南、太原3府</td><td>2人,正七品上;属员:录事4人,从九品上;府2人,史2人</td><td>2人,正七品下;属员:府6人,史12人</td><td>2人,正七品下;属员:府8人,史16人</td><td>2人,正七品下;属员:府11人,史22人,账史1人</td><td>2人,正七品下;属员:府9人,史18人</td><td>2人,正七品下;属员:府9人,史18人</td><td>2人,正七品下;属员:府7人,史14人</td><td>6人,正八品下;杂使:执刀15人、典狱18人、问事12人、白直24人</td></tr>
<tr><td rowspan="2">亲王府</td><td>1人,从六品上;属员:录事1人,从九品下</td><td>1人,正七品上</td><td>1人,正七品上</td><td>1人,正七品上</td><td>1人,正七品上</td><td>1人,正七品上</td><td>1人,正七品上</td><td>2人,正八品下</td></tr>
<tr><td colspan="8">(1)咨议参军事1人,正五品上<br>(2)记室参军事2人,正六品上<br>(3)骑曹参军事1人,正七品上<br>(4)行参军4人,从八品上</td></tr>
<tr><td>卫府</td><td colspan="8"></td></tr>
<tr><td rowspan="2">左、右卫</td><td>各1人,正八品上</td><td>—</td><td>各2人,正八品下</td><td>—</td><td>各2人,正八品下</td><td>—</td><td>—</td><td>—</td></tr>
<tr><td colspan="8">(1)骑曹参军事各1人,正八品下<br>(2)胄曹参军事各1人,正八品下</td></tr>
<tr><td>亲府、勋一府、勋二府、翊一府、翊二府5府</td><td>—</td><td>—</td><td>—</td><td>—</td><td>各1人,正九品上</td><td>—</td><td>—</td><td>—</td></tr>
</table>

续表

| 职置<br>衙署 | 司录参军事 | 功曹参军事 | 仓曹参军事 | 户曹参军事 | 兵曹参军事 | 法曹参军事 | 士曹参军事 | 参军事 |
|---|---|---|---|---|---|---|---|---|
| 左、右骁卫 | 各1人,正八品上 | — | — | — | 各2人,正八品下 | — | — | — |
| | (1)骑曹参军事各1人,正八品下<br>(2)胄曹参军事各1人,正八品下 | | | | | | | |
| 翊府 | — | — | — | — | 各1人,正九品上 | — | — | — |
| 左、右武卫 | 各1人,正八品上 | — | 各2人,正八品下 | — | 各2人,正八品下 | — | — | — |
| | (1)骑曹参军事各1人,正八品下<br>(2)胄曹参军事各1人,正八品下 | | | | | | | |
| 翊府 | — | — | — | — | 各1人,正九品上 | — | — | — |
| 左、右威卫 | 各1人,正八品上 | — | 各2人,正八品下 | — | 各2人,正八品下 | — | — | — |
| | (1)骑曹参军事各1人,正八品下<br>(2)胄曹参军事各1人,正八品下 | | | | | | | |
| 左、右领军卫 | 各1人,正八品上 | — | 各2人,正八品下 | — | 各2人,正八品下 | — | — | — |
| | (1)骑曹参军事各1人,正八品下<br>(2)胄曹参军事各1人,正八品下 | | | | | | | |
| 左、右金吾卫 | 各1人,正八品上 | — | 各2人,正八品下 | — | 各2人,正八品下 | — | — | — |
| | (1)骑曹参军事各1人,正八品下<br>(2)胄曹参军事各1人,正八品下 | | | | | | | |

续表

| 职置<br>衙署 | 司录参军事 | 功曹参军事 | 仓曹参军事 | 户曹参军事 | 兵曹参军事 | 法曹参军事 | 士曹参军事 | 参军事 |
|---|---|---|---|---|---|---|---|---|
| 左、右监门卫 | 各1人,正八品上 | — | — | — | 各1人,正八品下 | — | — | — |
| | 胄曹参军事各1人,正八品下 | | | | | | | |
| 左、右千牛卫 | 各1人,正八品上 | — | — | — | 各1人,正八品下 | — | — | — |
| | 胄曹参军事各1人,正八品下 | | | | | | | |
| 左、右羽林卫 | 各1人,正八品上 | — | 各1人,正八品下 | — | 各1人,正八品下 | — | — | — |
| | 胄曹参军事各1人,正八品下 | | | | | | | |
| 诸府别将 | — | — | — | — | 1人,上府从八品下,中府正九品上,下府从九品下 | — | — | — |
| 太子左右卫率府、太子左右司御率府、太子左右清道率府 | 各1人,从八品上 | — | 各1人,从八品下 | — | 各1人,从八品下 | — | — | — |
| | 胄曹参军事各1人,从八品下 | | | | | | | |
| 太子左右监门率府、太子左右内率府 | 各1人,正九品上 | — | — | — | 各1人,正九品下 | — | — | — |
| | 胄曹参军事各1人,正九品下 | | | | | | | |

续表

| 职置<br>衙署 | 司录参军事 | 功曹参军事 | 仓曹参军事 | 户曹参军事 | 兵曹参军事 | 法曹参军事 | 士曹参军事 | 参军事 |
|---|---|---|---|---|---|---|---|---|
| 大都督府 | (录事参军事)2人,正七品上;属员:录事2人,从九品上;史4人 | 1人,正七品下;属员:府4人,史6人 | 2人,正七品下;属员:府4人,史8人 | 2人,正七品下;属员:府5人,史10人,账史1人 | 2人,正七品下;属员:府4人,史8人 | 2人,正七品下;属员:府4人,史8人 | 1人,正七品下;属员:府4人,史8人 | 5人,正八品下;杂使:执刀15人、典狱16人、问事10人、白直22人 |
| 中都督府 | (录事参军事)1人,正七品下;属员:录事2人,从九品上;史4人 | 1人,从七品上;属员:府3人,史6人 | 1人,从七品上(凉州加1人,仍加府1人,史2人);属员:府3人,史6人 | 1人,从七品上;属员:府4人,史7人,账史1人 | 2人,从七品上;属员:府4人,史8人(若管内无军团,虽有军团唯管三州已下者,省兵曹一人) | 1人,从七品上;属员:府4人,史8人 | 1人,从七品上;属员:府3人,史6人 | 4人,从八品上;杂使:执刀15人、典狱14人、问事8人、白直20人 |
| 下都督府 | (录事参军事)1人,从七品上;属员:录事2人,从九品上;史3人 | 1人,从七品下;属员:府2人,史2人(州管户不满一万者,不置功曹,其事隶入仓曹) | 1人,从七品下;属员:府3人,史6人 | 1人,从七品下;属员:府4人,史7人,账史1人 | 1人,从七品下;属员:府3人,史6人 | 1人,从七品下(兼掌士曹事);属员:府3人,史6人 | — | 3人,从八品下(管户不满一万者,省一人);杂使:执刀15人、典狱12人、问事6人、白直16人 |

续表

| 职置<br>衙署 | 司录参军事 | 功曹参军事 | 仓曹参军事 | 户曹参军事 | 兵曹参军事 | 法曹参军事 | 士曹参军事 | 参军事 |
|---|---|---|---|---|---|---|---|---|
| 大都护府 | 1人,正七品上;属员:录事2人,从七品上;史2人 | 1人,正七品下;属员:府2人,史2人 | 1人,正七品下;属员:府2人,史2人 | 1人,正七品下;属员:府3人,史3人,账史1人 | 1人,正七品下;属员:府3人,史4人 | 1人,正七品下;属员:府3人,史4人 | — | 3人,正八品下 |
| 单于都护府 | — | — | 2人 | — | 2人 | — | — | — |
| 上都护府 | 1人,正七品下;属员:录事2人,史3人 | 1人,从七品上;属员:府2人,史2人 | 1人,从七品上;属员:府2人,史2人 | 1人,从七品上;属员:府3人,史3人,账史1人 | 1人,从七品上;属员:府3人,史4人 | — | — | 3人,从八品上 |
| 上镇 | 录事1人,史2人 | — | 1人,从八品下;(职同诸州司仓)属员:佐1人,史2人 | — | 1人,从八品下;属员:佐2人,史2人 | — | — | — |
| 中镇 | 录事1人 | — | — | — | 1人,正九品下;属员:佐1人,史4人 | — | — | — |
| 下镇 | 录事1人 | — | — | — | 1人,从九品下;属员:佐1人,史2人 | — | — | — |
| 上关 | 录事1人;属员:府2人,史4人 | — | — | — | — | — | — | — |

续表

| 职置/衙署 | 司录参军事 | 功曹参军事 | 仓曹参军事 | 户曹参军事 | 兵曹参军事 | 法曹参军事 | 士曹参军事 | 参军事 |
|---|---|---|---|---|---|---|---|---|
| 中关 | 录事1人，属员：府1人，史2人 | — | — | — | — | — | — | — |
| 下关 | — | — | — | — | — | — | — | — |
| | | | | | | | | |
| 职置 | 录事参军事 | 司功参军事 | 司仓参军事 | 司户参军事 | 司兵参军事 | 司法参军事 | 司士参军事 | 参军事 |
| 上州 | 1人，从七品上；属员：录事2人，从九品上；史3人 | 1人，从七品下；属员：佐3人，史6人 | 1人，从七品下；属员：佐3人，史6人 | 2人，从七品下；属员：佐3人，史7人，账史1人 | 1人，从七品下；属员：佐3人，史6人 | 2人，从七品下；属员：佐4人，史8人 | 1人，从七品下；属员：佐3人，史6人 | 4人，杂使：执刀15人、典狱14人、问事8人、白直20人 |
| 中州 | （录事参军事）1人，正八品上；属员：录事1人，从九品下；史2人 | 1人，正八品下；属员：佐2人，史4人 | 1人，正八品下；属员：佐2人，史4人 | 1人，正八品下；属员：佐3人，史5人，账史1人 | 1人，正八品下；属员：佐3人，史4人 | 1人，正八品下（兼掌司士事）；属员：佐3人，史6人 | — | 3人，正九品下；杂使：执刀10人、典狱12人、问事6人、白直16人 |
| 下州 | （录事参军事）1人，从八品上；属员：录事1人，从九品下；史2人 | — | 1人，从八品下（兼掌司功事）；属员：佐2人，史4人 | 1人，从八品下（兼掌司兵事）；属员：佐3人，史5人，账史1人 | — | 1人，从八品下（兼掌司士事）；属员：佐2人，史4人 | — | 2人，从九品下；杂使：执刀10人、典狱8人、问事4人、白直16人 |

续表

| 职置 | 录事 | 司功佐 | 司仓佐 | 司户佐 | 司兵佐 | 司法佐 | 司士佐 | 无 |
|---|---|---|---|---|---|---|---|---|
| 万年、长安、河南、洛阳、奉先、太原、晋阳七县 | 2人,从九品下;佐2人;史2人 | 3人;史6人 | 4人;史8人 | 5人;史10人 | 3人;史6人 | 5人;史10人 | 4人;史8人 | 典狱14人,问事8人,白直18人 |
| 京兆、河南、太原诸县 | 2人;史3人 | 3人;史5人 | 4人;史7人 | 4人;史7人,账史1人(万户以上增置佐2人、史4人、账史1人) | — | 4人;史8人(万户以上增置佐1人、史2人) | 4人;史8人 | 典狱10人,问事4人,白直10人 |
| 诸州上县 | 2人;史3人 | — | — | 4人;史7人,账史1人(万户以上增置佐2人、史4人、账史1人) | — | 4人;史8人(万户以上增置佐1人、史2人,余同畿县) | — | 典狱10人,问事4人,白直10人 |
| 诸州中县 | 1人;史2人 | — | — | 3人;史5人,账史1人(四千户增置佐1人、史2人、账史1人) | — | 3人;史6人(四千户增置佐1人、史2人) | — | 典狱8人,问事4人,白直8人 |

续表

| 职置 | 录事 | 司功佐 | 司仓佐 | 司户佐 | 司兵佐 | 司法佐 | 司士佐 | 无 |
|---|---|---|---|---|---|---|---|---|
| 诸州中下县 | 1人 | — | — | 2人;史4人,账史1人 | — | 2人;史4人 | — | 典狱6人,问事4人,白直8人 |
| 诸州下县 | 1人 | — | — | 2人;史4人,账史1人 | — | 2人;史4人 | — | 典狱6人,问事4人,白直8人 |

注:本表为笔者依据《唐六典》整理所制。

# 宋代赏格考

秦肖楠

本文对宋代的赏格进行具体的研究和分析，建立在学界对宋代告赏领域研究的基础之上，扩大到对官员政绩的赏格方面，涉及政治、经济、监察、生活、刑事诉讼诸多领域。① 笔者运用文献分析的方法对出现在历史文献中有关“赏格”的内容进行分析，所分析的文献侧重于宋代的基本史料，如《宋史》《续资治通鉴长编》《宋会要辑稿》《庆元条法事类》。通过对宋代各个领域的“赏格”的介绍，对“赏格”适用的效果及其存在的问题进行分析解读，加深对宋代“赏格”的内容、性质、作用、影响的理解，以期对我国当代法治建设有所贡献。

## 一、宋代赏格的渊源、特征与背景

### （一）宋代赏格的渊源及特征

关于中国古代法律的起源，有“刑始于兵”的说法。在原始部落之间最初的战争中，军队的组织需要严格统一的纪律规定，军事行动需要有序的行为规范和一致的

① 关于宋格的研究成果，有马小红《“格”的演变及其意义》、吕志兴《宋格初探》、张晋藩和郭成伟主编《中国法制通史》（第5卷）、薛梅卿和赵晓耕主编《两宋法制通论》、戴建国和郭东旭合著《南宋法制史》、郭东旭《宋朝法律史论》、郭东旭《宋代法律与社会》、郭东旭等合著《宋代民间法律生活研究》、郭东旭和刘志刚合著《宋代经济领域中的告赏立法》、王艳《宋代告赏立法探析》、马永娟《宋代举告制度研究》、王艳《宋代赏赐制度运行中的利弊博弈》、王艳《举告奖励：宋朝对职务犯罪的抑制措施》、戴羽《〈天盛律令〉的告赏立法探析》、顾吉辰《北宋军赏制度考述》等。

行为规则。在长期的军事行动中就会形成固定的规定，这些规定就演变成法律，适用于整个社会。军队的纪律性主要依靠刑罚。但是，要想提高军队的战斗力，调动每一个将士的作战积极性，必须制定有关于奖励军功的规则。秦朝在商鞅变法时确定了按军功受爵的制度，即以斩敌首级的数量来确定赏赐标准，这一制度的严格实行使秦国的国力大增，为秦国吞并六国打下了基础。按军功受爵是国家在制定法律时运用奖赏这一激励措施的典型体现。这种将官员等级评定建立在一个客观事实基础上的做法，为后世法律中关于奖赏的规定做了很好的示范。

宋朝相比前朝，中央集权加强，在强化中央集权的立法指导思想下，宋朝的中央统治者势必要制定更完善的法律来加强自己的统治。“元丰七年三月，按照神宗所定的原则，由刑部侍郎崔台符等编辑的《元丰编敕令格式》完成。命官之赏等十有七，吏、庶人之赏等七十有七，又有倍、全、分、厘之给凡五卷，有等级高下者，皆为格。”①

宋朝通过对生产关系的变革极大地解放了生产力。宋朝统治者在维护封建土地所有制的基础上，允许土地买卖，促使土地流转加快，在保持自耕农数量增长的基础上，土地兼并现象严重，出现了大量无地的农民，改变了自魏晋以来农民的人身依附性，这为手工业、商业的发展积累了大量的人力资源。宋朝在手工业、农业发展的基础上，商品经济大大发展，这为宋朝的中央财政收入提供了巨大的来源。但对手工业、商业征税相比农业来说有其困难，宋朝为此制定了详尽的经济、民事方面的法律，并在法律中制定了大量的赏格条文来鼓励人民告发经济犯罪，从而确保国家税收的征收。

宋代统治者通过赏格来加大对臣民的控制，从而维护自己的统治。如宋高宗赵构在稳定自己的统治之后便加大赏格的力度。“举行仁宗法度，应嘉佑条制与今不同者，自官制役法外，赏格从重，条约从宽。”②

宋代赏格的主要特征是采用奖赏钱财的形式，一般都是赏钱五十贯或者一百贯；对于官员一般都是采用减少磨勘年限的形式进行奖赏。磨勘的程序非常复杂，其目的是确保官员升迁的秩序，宋代在很多赏格中规定了减少官员的磨勘年限，这样可以加快一些官员升迁的步伐。③

---

① 陈振：《宋史》，上海人民出版社2020年版，第366页。

② （元）脱脱等：《宋史》，中华书局1977年版，第459页。

③ 参见肖建新：《宋代行政责任追究制度研究的基本问题》，河北大学2007年博士学位论文。宋代的磨勘由磨勘和引对两个环节组成。磨勘的内容和过程要复杂一些，既要考核官员的基本条件，如磨勘年限、举主，又要审核州郡或铨司的解状、举主撰写的举状、自己填写的家状以及考课官吏机构的考状（印纸、历子、考辞、考第）。在此基础上，进入磨勘引对程序，也叫作侍次轮对。只有通过引对，才能被改官叙迁。在这一过程中，地方的州县、监司，中央的御史台、尚书四选等扮演了重要角色。

### (二)宋代赏格发展的政治背景

一直以来,如何处理中央与地方的关系,都是统治者所要面临的一个问题。唐末以来官僚贵族控制地方的政治局面被彻底摧垮,形成了节度使割据的局面。经过五代十国藩镇割据的战乱局面,得以统一中国的宋代开国之君赵匡胤担心地方势力危害自己的统治,便向大臣询问良策,赵普的建议被赵匡胤采用:"惟稍夺其权,制其钱谷,收其精兵,则天下自安矣。"①赵匡胤"杯酒释兵权",将节度使统辖的州县收回中央,并通过行政、财政、军事方面的措施削弱地方的权力,加强宋代的中央集权。

为实行中央集权的措施,宋朝大力发展科举制度,选拔大量文官任地方长官,防止地方武将专权。宋初以中书门下长官"同平章事"履行宰相的职权,为限制其权力,另外设置参知政事作为副宰相。虽然宰相可以经皇帝的批准行使一定的行政权力,但宋朝又同时设立枢密院,来分割宰相的权力。枢密使是枢密院的长官,为限制武将的权力,一般由文臣担任,其有调兵之权而没有统兵之权。北宋前期建立三司制度,有盐铁司、度支司、户部司,将财权统一集中于中央,以削弱地方的权力。宋朝的一切行政命令决定权完全归于皇帝,宰相失去了原有的权力。

宋朝在地方设置路、州、县三级行政机关,并对地方行政实施分权管理的制度,在路级行政机构设置经略安抚司,负责一路的军事和政治;设置转运使,负责一路赋税的征收转运;设置提点刑狱司,负责一路的司法监察事务;设置提举常平司,负责一路的常平、义仓、免役及市易、坊场、河渡、水利事务。在地方设置通判,用来制衡知州,通判可以直接向皇帝汇报地方的情况。

### (三)宋代赏格发展的社会经济背景

"在经济方面,宋代土地私有化,经济高度发展,商品经济发达。"②宋代时期,煤炭大量开采,铁矿和铜矿的开采量也大大增加,这些变革极大提高了农具的制造水平,提高了农业的生产效率,为宋代经济的发展奠定了基础。宋朝初期,经济凋敝,政府鼓励人民大力开垦荒地;对于民间的土地,不抑制兼并。这使一部分富民得以集聚大量的钱财,又使一部分劳动者成为无地的雇佣者,这种雇佣关系为工商业经济的发展奠定了基础。"宋朝政府为了保障财政收入,开始加强了对工商业的控制,对重要商品如盐、酒、茶、矾等实行专卖制度。"③

两宋时期,国内社会秩序相对稳定,有利于工商业的发展;两宋以来,与辽、金、蒙古的长期战争则需要大量的军费,宋朝政府不得不大力发展商品贸易以增加收入。北宋时期,在东南沿海设立市舶司,促进进出口贸易的发展。南宋时期,

---

① (宋)李焘:《续资治通鉴长编》,中华书局2004年版,第49页。

② 吕志兴:《宋元丰以后法律体系的变化》,西南政法大学2008年博士学位论文。

③ 宋小维:《宋代经济法制初探》,载《河南大学学报(社会科学版)》1998年第3期。

由于国土面积大量丧失,便更加注重海外贸易的发展。南宋高宗绍兴三十年(公元1160年),市舶司年收入已经是北宋时期的3倍。绍兴三十二年(公元1162年),仅泉州、广州两市市舶司收入就达二百万缗,约占年度财政收入的二十分之一。[①]宋代经济的发展主要表现为商品经济的发展,商业税收占税收的比重上升。

## 二、宋代赏格的类型

### (一)政治领域的赏格

宋代政治与行政律法方面的赏格主要分布在职制门、选举门及文书门中。宝元二年(公元1039年)六月十九日,右正言、直集贤院吴育言:"条例之中,明有赏格,诏酬奖者有司疾速施行。"[②]从这则史料可以看出,宋代对于赏格的重视,而在适用赏格时,又要参酌作为宋代行政法的"则例"。宋代的赏格在宋代的行政法律制度中占据着重要地位。

1. 等级特权方面的赏格

"中国古代各个不同等级的人,身份地位、权利、义务都不相同,礼仪、服饰、器用都有严格的规定,不能僭越。"[③]到宋朝时期,社会内部地主阶级上层的政治地位彻底树立起来,这以宋朝确立了官户作为代表。宋朝的官户除享有优厚的俸禄以外,朝廷也允许高中级的官僚恩荫其子弟及亲属做官。官户在赋税及犯罪议刑方面也享有很多特权。

中国古代社会等级森严,如果皇室以外的人冒用皇家的名义或器物,将构成犯罪。而皇家为了严惩此种行为,以赏赐金钱的形式鼓励群众告发僭越者以及相关的制造工匠。在中国古代社会,服饰的样式及颜色永远都不是一个小问题,此事事关统治者的统治权威。宋朝的官制非常复杂,即使在宋神宗改革之后,宋朝的官制仍分为九品十八级,各个等级所能穿的官服颜色是不一样的。四品以上可以着紫色官服,六品以上可以着绯色官服,九品以上可以着绿色官服。《庆元条法事类》卷三《服饰器物》中对在服饰及装饰方面僭越的赏格进行了规定。[④] 龙或日月星辰是皇家的专属,除皇家以外的任何人不得用作衣服的装饰。为了维护皇家

---

① 参见薛梅卿、赵晓耕主编:《两宋法制通论》,法律出版社2002年版,第322页。

② (清)徐松:《宋会要辑稿》,刘琳等校点,上海古籍出版社2014年版,第8295页。

③ 何勤华:《中国古代等级法观念的渊源及其流变》,载《法学》1992年第9期。

④ 参见(宋)谢深甫:《庆元条法事类》,戴建国点校,载《中国珍稀法律典籍续编》第1册,黑龙江人民出版社2002年版,第7页。"赏格,诸色人,告获僭拟乘舆服用,谓以龙或者日月星辰作为装饰物,非小儿、妇人,以红、黄做衣服,或者以红、黄两种颜色做透背、锦背、绣背段、帐幕、扇子。若工匠造者:杖罪,钱三十贯;徒罪,钱五十贯。"

的特权,宋朝还以法律规定了民众不许采用一些颜色的布料来做衣服以及其他生活用品,如红、黄两种颜色,成年男子以此颜色的布料做衣服,将受到惩处。

"告获以效金为服饰及卖或与贩若为人造者,钱三百贯。告获采捕翡翠若卖或兴贩及为人造并服用者,装饰诸物同,钱三百贯。"①绍兴五年(公元1135年),高宗谓辅臣曰:"宜申严禁,仍定销金及采捕金翠罪赏格。"②金为最为珍贵的贵金属,其用途为统治者所限制。如告发捕获有人以金为衣服的装饰或者贩卖与人,奖励钱三百贯;以翡翠作装饰物及贩卖的,给予相同的赏格。

"告获服饰辄四夷者,钱五十贯。"③告发民众穿衣模仿宋朝周边的少数民族的,赏钱五十贯。宋朝时期的经济制度虽然得到较大的发展,但是在思想文化方面仍然恪守儒家的传统思想,且统治者认为民众模仿少数民族穿衣也会危及统治,故严厉打击模仿四夷的衣着行为。

2. 职制方面的赏格

宋朝初期地方官制只有州县两级,宋太宗以后路逐渐演变为地方的行政机构。路级的长官级别较高,对于路级官员的考核很大程度上取决于皇帝。而赏格主要适用于州县两级官吏。《庆元条法事类》卷五职制门二《到罢》中规定:"赏格,繁难县令阙官及六年以上,如有愿授者,候任满无过犯,减磨勘两年。"④也即对于难以治理的地方县令阙官,如果有官员愿意主动担任此官职,将给予其减少磨勘两年的奖赏。绍兴三十二年(公元1162年)八月十三日沅州知州上报朝廷:卢阳、黔阳、麻阳三个地方所处的地理位置十分偏僻,且气候恶劣,对于这三个地方的县令,应该给予任期届满循两资的奖励。经过吏部的核查,给予三县县令升迁的奖励。沅州即今天的芷江,在宋朝时是偏远及难以治理的地方,对卢阳、黔阳、麻阳三县的县令,任满即给予减少磨勘两年的奖赏。宋代不仅对偏远地区的地方长官给予奖赏,而且还奖励治理地方有功的官员到富庶的地方任职。"宋朝将任职地区与官员的治绩相联系,治绩优异者,可以享受在条件优厚地区任职的待遇。"⑤

磨勘是宋代官员的一种主要考核方式。宋朝对京朝官和地方官执行两种不

---

① (宋)谢深甫:《庆元条法事类》,戴建国点校,载《中国珍稀法律典籍续编》第1册,黑龙江人民出版社2002年版,第8页。

② (元)脱脱等:《宋史》,中华书局1977年版,第3579页。

③ (宋)谢深甫:《庆元条法事类》,戴建国点校,载《中国珍稀法律典籍续编》第1册,黑龙江人民出版社2002年版,第8页。

④ (宋)谢深甫:《庆元条法事类》,戴建国点校,载《中国珍稀法律典籍续编》第1册,黑龙江人民出版社2002年版,第60页。

⑤ 江晓敏:《宋代中央政府对地方官员的任用、管理与监察》,载《南开学报》1994年第1期。

同的考核方式。宋真宗咸平四年(公元1001年),由审官院具体负责京朝官的考察,重要的京朝官员的任命由皇帝亲自审批。景德四年(公元1007年),朝廷规定文武官任满三年以上,方得升迁。后逐渐形成文臣三年、武臣五年磨勘制度。宋代针对官员规定的赏格里面有大量的减少磨勘年数的规定,以调动官员的积极性。

《庆元条法事类》卷七职制门四《监司巡历》中对于举报官员收受财物规定了详细的赏格。① 宋代的监司是指路级机构的长官,如转运使、提点刑狱使、提举常平司,负有监督地方官员的职责。监司在巡察州县及监司的属官办理公事时,随行的公吏士兵不准索要民众及官员的财物,如索要,给予严惩,鼓励广大官民告发,并根据吏人士兵所受刑罚的不同给予不同的奖励。

宋代鼓励负有监察之责的行政长官平反冤狱。为了防止监司的属官受财枉法,又鼓励群众举报,并进行奖赏。宋代监司定期巡察州县,并对州县的刑狱进行监察。"转运使不是专职监察刑狱的,除了刑狱外,他还要监运粮草,但必须把录问刑禁放在首位。提刑司设置后,转运使这一职责仍然保留,至于提点刑狱司,则是专职监察刑狱的官员。"②为了防止冤狱的产生,庆历七年(公元1047年)三月规定:"转运、提刑司每巡历至州县。其有禁系人身死,如情理不明,有拷掠痕,立便取索公案差官看详,依公施行。"③监察案件,重点在于对疑狱的监察,监司可以直接取索或取会案件。

"自两汉以降,因漏泄秘事而遭弃市免官,或贬黜远流者不可胜计。历代王朝涉嫌漏泄者或为宗室贵胄,或为近侍重臣,因职务和身份之便闻知朝廷禁密,且擅自宣泄于外,此即'漏泄禁省语'。"④《宋刑统》中对漏泄大事规定了严厉的处罚:"诸漏泄大事应密者,绞。非大事应密者,徒一年半。"⑤其中的大事,指的是讨伐谋叛之人或对敌作战之类的军事行为,这些军事行动信息的泄露会导致行动的失败。《庆元条法事类》卷八职制门五《漏泄传报》中对官员及百姓举报听探、传报、漏泄朝廷机密的人给予重奖。⑥ 朝廷机密的保密关系国家政局的安危,特别是在

---

① 参见(宋)谢深甫:《庆元条法事类》,戴建国点校,载《中国珍稀法律典籍续编》第1册,黑龙江人民出版社2002年版,第125页。"诸色人,告获监司巡按州县官及属官差出干办公事同。随行公吏兵级于所部受乞财物,笞罪:钱二十贯;杖罪,钱三十贯;徒罪,钱五十贯;流罪,钱一百贯。"

② 王云海主编:《宋代司法制度》,河南大学出版社1992年版,第428页。

③ (清)徐松:《宋会要辑稿》,刘琳等校点,上海古籍出版社2014年版,第8560页。

④ 陈玺:《唐代"漏泄禁中语"源流考》,载《华东政法大学学报》2012年第1期。

⑤ (宋)窦仪等:《宋刑统》,薛梅卿点校,法律出版社1999年版,第174页。

⑥ (宋)谢深甫:《庆元条法事类》,戴建国点校,载《中国珍稀法律典籍续编》第1册,黑龙江人民出版社2002年版,第147页。"赏格,诸色人,告获听探、传报、漏泄朝廷机密事若差除,谓未出尚书省、枢密院者。每人钱五百贯,系公人,仍转一资。"

关系重大决策之时。王安石变法作为宋代的一项重要事件,在实行之初就遭到反对派的百般阻挠,因此王安石以及其他负责变法的大臣在同宋神宗商议变法时都格外小心,以防止商议的变法的决策泄露,否则就会增加变法的困难,加大变法遇到的阻力。朝廷大事的保密同王朝的安危有很大的关系,因此,宋代统治者用丰厚的赏格来鼓励群众及官员告发泄露朝廷机密的行为。绍兴四年(公元1134年)宋高宗令尚书省发布诏令,对举告泄露边防军务的人赏钱千缗。

《庆元条法事类》卷八职制门五《对移》中规定:“赏格,命官,对换司理、司法参军,任满本职无遗缺,免试。”①司理主要掌管狱讼勘鞫之事,司法参军主要掌管议法断刑之事。宋代对这两种官员规定在任期间没有过失的,给予奖励。因这两种官职所承担的具体职责相近,所以在职制门中规定这两种官员可以对移。

《庆元条法事类》卷十一职制门七《舍驿》中规定:“告获马铺以递马私借赁与人及借赁之者,每匹钱五贯。”②驿站的马匹是驿站运行的根本,赏格中规定对于告发借赁递马行为的奖赏标准,有利于宋代驿站运行的稳定。宋代常年战争,与辽、金、西夏、蒙古作战,骑兵是必不可少的。但是自北宋始,宋朝便缺乏大片草原养马;南宋时国土大量沦陷,致使养马的区域更为缩小,宋朝廷只有鼓励地方多养马匹,以备国用。宣和六年(公元1124年),又诏立赏格:如果一路的官员能够养马达到三千匹,一州能够达到一千匹,一县能够达到三百匹,其提点刑狱使、地方长官各升一职;如果养马匹数量能够加倍,减少磨勘年限。

《庆元条法事类》卷十一职制门八《差破当直》中规定:“赏格,诸色人,告获知情、容留他处逃亡军人冒名当直者,每人赏钱一十贯。”③对军人的严格管理是保持军队战斗力的重要方式,中国历代王朝为严明军纪,对逃亡的军人都是严加处置。宋朝对藏匿逃亡军人的行为给予严惩,对于举报知情或容留逃亡军人的,给予举报一人赏钱十贯的奖励。

《庆元条法事类》卷十二职制门九《荫补》中规定:“赏格,诸色人,告获荫补曾犯刑责人及将校荫补召保不如法,钱一百贯。”④宋朝在立国之初,需要大量的官

① (宋)谢深甫:《庆元条法事类》,戴建国点校,载《中国珍稀法律典籍续编》第1册,黑龙江人民出版社2002年版,第153页。

② (宋)谢深甫:《庆元条法事类》,戴建国点校,载《中国珍稀法律典籍续编》第1册,黑龙江人民出版社2002年版,第176页。

③ (宋)谢深甫:《庆元条法事类》,戴建国点校,载《中国珍稀法律典籍续编》第1册,黑龙江人民出版社2002年版,第203页。

④ (宋)谢深甫:《庆元条法事类》,戴建国点校,载《中国珍稀法律典籍续编》第1册,黑龙江人民出版社2002年版,第236页。

员治理国家，于是在宋太祖、宋太宗时期便沿袭唐、五代以来的荫补制度，大量的荫补官员的子弟为官，并确定了几种荫补的种类，如奉贺表荫补、诞节荫补、郊祀荫补。宋代初期便为冗官埋下了伏笔，后期的皇帝虽然竭力想改变宋朝前期形成的冗官局面，但已经难以改变，只有通过提高荫补的门槛来限制荫补的人数，对于曾经触犯过刑责的人坚决不能荫补，对于不按法律荫补的人，许人举告。

《庆元条法事类》卷十三职制门十《理赏》中规定："赏格，命官被敕书奖谕，升半年名次。"①从这则条文可以看出宋朝奖励官员频繁，在官员被皇帝的敕书奖谕时，都要升半年的名次。这种奖励可以加快官员的晋升，有利于提高官员为政的积极性。

3. 选举方面的赏格

宋代科举取士，奸弊丛生。有的命题人十分苛刻，或者固执偏见，导致是非颠倒。一些不学无术的人得以中第，一些有才学的人却苦考而不中，于是很多人便钻营取巧加以作弊。科举考试中主要有五种作弊方法：传义、换卷、易号、卷子出外、誊录减裂。绍兴元年，出现了很多雷同甚至一字不差的试卷，这主要源于考官或者誊录者受贿，他们让考生直接抄袭，或者直接在誊录中作弊。为了防止作弊，有大臣建议，在考试中，应加强试院监的大门、中门的门禁，禁止一切物品的传递，再采用糊名法，誊录法。但这些措施对防止作弊仍起不到很大的作用。故统治者制定严格的赏格，对于主考官，相关的考试官员、雇人考试的人以及参与作弊的人的犯罪行为，制定了较高的赏格标准，由政府出钱来奖励举告考试作弊的人。《宋史》中有记载："及出官钱，立赏格，许告捉怀挟、传题、传稿、全身代名入试之人。"②

嘉熙二年（公元 1238 年），臣僚言："今后令牒官各从本职长官具朝典状保明，先期取本官知委状，仍立赏格，许人指实陈首。"③宋朝十分重视通过科举制度选拔人才，为了防范官员们利用权力在科举取士中徇私舞弊，专门组织官员的亲属及门客参加科举考试，不料此举成为官员们一项新的特权。在牒试中乱象丛生，有伪造籍贯的，有冒充官员亲属及门客的。并且牒试也使吏治更加腐败。所以朝廷立下赏格，鼓励人民告发在牒试中舞弊的行为。

宋朝尤其重视官员的法律能力，为此设置了一些法律考试。宋朝的法律考试分为明法科、明法新科及刑法试，其中刑法试由刑部、大理寺等中央司法机构主

---

① （宋）谢深甫：《庆元条法事类》，戴建国点校，载《中国珍稀法律典籍续编》第 1 册，黑龙江人民出版社 2002 年版，第 274 页。

② （元）脱脱等：《宋史》，中华书局 1977 年版，第 3636 页。

③ （元）脱脱等：《宋史》，中华书局 1977 年版，第 3641、3642 页。

持。考试对象为京朝官及州县的幕僚官。考试对象分为律令大义及断案。参加试刑名考试的地方官员皆由地方三司推荐,优秀者除任命为法官外,还有可能获得循资、铨试免试等奖励。但是随着考试的逐年开展,考试的要求标准逐年放宽,这对整个试刑名考试产生不利影响。为此,有大臣进言,应对这项考试的赏格进行修改,以适应考试的发展。大理卿宋伯友言:"虽见行赏格差优,而考试之格分数增倍,是至就合格者少。"①朝廷听取宋伯友的建议,加大了考试的难度,减少了录用的人数,但同时加大赏格标准,使这一制度更好地发挥作用。

武举考试是中国古代科举考试中为了选拔武将而设置的一种考试,始设置于唐代武则天时期,是国家选拔人才、维护统治的一种重要方式。武举考试到了宋朝有了新的发展。唐代武举考试内容较多,史书记载:"长安二年,始置武举。"②宋代的武举考试在继承唐代马射及马上武艺考核的基础上,增加了刀枪等多种兵器操作的考核,使之适应宋代长期战争的需求。《宋史》记载:"宋之科目,有进士,有诸科,有武举。"③仁宗赵祯亲自主持举人考试及武举考试:"八月丁丑,策制举人。戊寅,策武举人试骑射。"④宋朝自建立以来,一直重视对武将的防范,所以在选拔武将的同时也关注考试者的文化修养。这种考试内容的设置本意上是为了选拔文武双全的武官,但是在宋朝重文轻武的背景下,很多考不上进士的秀才也去参加武举考试,以经义、诗赋求试。"其后太学诸生久不第者,多去从武举,已乃锁厅应进士第。"⑤但这些人的武艺不精或者不通武艺,于是便出现了很多代替考试的情形。针对这种现象,宋朝专门出台赏格,对于举报在武举人武艺考试中,请人代替考试或者代替考试的人,皆奖励一百贯。《庆元条法事类》卷十五选举门《试武艺》中规定:"告获试武艺遣人代名及代之者,钱一百贯。"⑥对于那些买通考官使人代替考试的人,朝廷制定赏格,并鼓励官员进行逮捕。

4. 文书方面的赏格

宋朝为了加强专制统治,加强了对国家文书及档案的保管,在中央设置了皇家档案馆,在全国各地官府设立了专门收集保存公文案牍的架阁库。除制定专门的法律对官府文书的书写及保存进行规定外,还制定了一些法律作为禁令及赏格来确保

---

① (清)徐松:《宋会要辑稿》,刘琳等校点,上海古籍出版社2014年版,第5529页。

② (宋)欧阳修、(宋)宋祁等:《新唐书》,中华书局1975年版,第1170页。

③ (元)脱脱等:《宋史》,中华书局1977年版,第3604页。

④ (元)脱脱等:《宋史》,中华书局1977年版,第214页。

⑤ (元)脱脱等:《宋史》,中华书局1977年版,第3686页。

⑥ (宋)谢深甫:《庆元条法事类》,戴建国点校,载《中国珍稀法律典籍续编》第1册,黑龙江人民出版社2002年版,第317页。

档案文书的保存管理。宋代的磨勘过程以勘验各类文字档案为主要形式，使宋代官员的档案材料变得越来越重要，档案文书管理制度也随之日益完善。①

"架阁代指档案，涉及户籍赋役、诉讼刑名等重要档案。"②架阁的文书皆是政府的公文，关系国家的统治。《庆元条法事类》卷十七文书门二《毁失》中对于文书方面的赏格作出规定。③《庆元条法事类》卷十七文书门二《架阁》及《毁失》中对于人们举报违反文书领域法律的犯罪规定了详细的赏格（见表1、表2）。

**表1　举报违反文书印刷领域犯罪的赏格**

| 项目 | 犯罪情形 | 赏格 |
| --- | --- | --- |
| 诸色人 | 告获私雕印时政、边机文书者 | 钱五十贯 |
| | 御书、本朝会要、国史、宝录者 | 钱一百贯 |
| | 告获私雕或盗印律、敕、令、格、式、刑统、绩降条制、历日者：盗印 | 钱五十贯 |
| | 私雕者，增添事件，撰造大小本历日贩卖同 | 钱一百贯 |
| | 告获辄雕印举人程文者 | 杖罪，钱三十贯；流罪，钱五十贯 |

资料来源：（宋）谢深甫：《庆元条法事类》，戴建国点校，载《中国珍稀法律典籍续编》第1册，黑龙江人民出版社2002年版，第360、366、375、377页。

**表2　举报违反文书管理领域犯罪的赏格**

| 项目 | 犯罪情形 | 赏格 |
| --- | --- | --- |
| 诸色人 | 告获以父祖告、勅、宣、札卖与人及买者 | 钱三十贯 |
| | 告获急脚马处铺曹司、兵级将所传制书或诸军补授文贴卖与人、赍发并买之者 | 钱三十贯；馀文书减半 |
| | 告获以宣、勅、告身、出身之书之类寄附质卖而诈称毁失者 | 钱五十贯 |
| | 告获私有图书、谶书及传习者：不全成，堪行用 | 钱五十贯 |
| | 告获私有图书、谶书及传习者：全成，堪行用 | 钱一百贯 |

资料来源：（宋）谢深甫：《庆元条法事类》，戴建国点校，载《中国珍稀法律典籍续编》第1册，黑龙江人民出版社2002年版，第360、366、375、377页。

---

① 参见苗书梅：《宋代官员选任和管理制度》，河南大学出版社1996年版，第412页。

② 石百千：《从〈庆元条法事类〉管窥宋代文书档案制度》，载《兰台世界》2015年第3期。

③ （宋）谢深甫：《庆元条法事类》，戴建国点校，载《中国珍稀法律典籍续编》第1册，黑龙江人民出版社2002年版，第317页。"赏格，诸色人，获藏匿、弃毁、拆换见行及应架阁文书，有情弊者：非重害，钱五十贯；重害，钱一百贯。告获官司因被强盗辄毁匿簿籍、欺隐官物者，钱五十贯。罪止流者，转一资。"

“绍熙元年三月八日,诏建宁府将书坊日前违禁雕卖策试文字日下尽行毁板,仍立赏格,许人陈告。”①对于私自雕刻印制策试文字的模板及私自印刷的,朝廷鼓励广大官民举报,如系官吏失察,一概定罪处罚。

5.军事领域的赏格

宋代战争不断,统治者给予各级州县官军优厚的赏格,这种对于州县的官军服役期满给予的赏赐是固定的。绍兴十四年(公元1144年)七月二十七日,诏:“京西、湖北、淮南州军应有立定到任、任满酬赏去处,如罢任在十三年终已前,并依旧格推赏。”②

北宋时期,与西夏及辽接壤,边界线的防御一直是宋朝军事的一个大问题,朝廷明立赏格,鼓励骁勇之士为国效力。“宋太宗是役也,边民之骁勇者竞团结以袭敌,或夜入城垒,斩取首级来归。上闻而嘉之,曰:获生口者人赏钱五千,得首级三千;马上等十千,中七千,下五千。”③

淳熙十五年(公元1188年)五月二十八日,修立《诸军及配军逃入郴桂界捕获赏格》。臣僚言:“诸军及配军逃亡入郴州、桂阳军界,捕获者以海行赏格倍给。”④专门针对逃往郴州宜章、桂阳县的士兵制定2倍优于通行于全国的赏格,是因为这两个地方民风彪悍,逃兵往往集聚而为盗,严重危害统治。宋朝时农民起义不断,朝廷残酷镇压农民起义,对于官兵订立赏格,依据所斩敌的首级给予奖励。干道元年(公元1165年)十月二十九日,臣僚言:“如官军与贼拒敌,计所斩贼级立定赏格,或逐处居民自能杀贼者,亦依例推赏。从之。”⑤

绍兴二十六年(公元1156年)七月二十五日,三省、枢密院言:“今参酌捕获海船贼徒,每只十人以上,欲支钱三百贯;二十人以上,欲支钱四百贯;三十人以上,欲支钱五百贯。从之。”⑥朝廷诏令言道:对于一些聚集的盗贼,每个人都有不同的原因为盗,如果用重兵捕杀,又有不忍之心,如果全部招安,则又有一些不悔改之人。如果能够捕杀盗贼的首领,交给官府查验,官府将给予奖赏,以所杀盗贼的等级高下给予不同等级的赏赐。

为了鼓励招安,宋朝朝廷对于农民起义的首领,根据排名的先后给予赏赐(见表3)。

---

① (清)徐松:《宋会要辑稿》,刘琳等校点,上海古籍出版社2014年版,第8352、8353页。
② (清)徐松:《宋会要辑稿》,刘琳等校点,上海古籍出版社2014年版,第3245页。
③ (宋)李焘:《续资治通鉴长编》,中华书局2004年版,第612页。
④ (清)徐松:《宋会要辑稿》,刘琳等校点,上海古籍出版社2014年版,第8267页。
⑤ (清)徐松:《宋会要辑稿》,刘琳等校点,上海古籍出版社2014年版,第8864页。
⑥ (清)徐松:《宋会要辑稿》,刘琳等校点,上海古籍出版社2014年版,第8862页。

表 3　农民起义首领给予招安的赏格

| 名次 | 赏格 |
|---|---|
| 第一名 | 武功大夫、忠州刺史、正将差遣 |
| 第二名 | 武翼大夫、合门宣替舍人、副将差遣 |
| 第三名 | 武显郎、合门祇候、准备将领差遣 |
| 第四名 | 武经郎 |
| 第五名 | 武翼郎、并诸州兵马都监 |
| 第六名以下及小头领 | 并令首领保明，以次赏之 |

**（二）经济领域的赏格**

1. 货币领域的赏格

一直以来，许多海外的国家大批量储藏中国的铜钱，宋朝铸币虽多，但一直存在钱荒的问题。朝廷严厉打击铜钱出界的行为，禁止铜钱贩运出国。宋朝周边的国家在与宋朝进行经济贸易往来的时候，都要求用宋朝的铜钱进行交易。这样一来，宋朝的铜钱大量流入四周的国家，而四周的国家就把交易所换来的铜钱当做宝物予以储藏。沿海郡县的民众很多人从事海洋贸易，因而宋朝的铜钱越来越少。为了控制铜钱的外流，自宋初始，历代皇帝经常下达铜钱出口的禁令。宋太祖年间法律规定："铜钱阑出江南、塞外及南蕃诸国，差定其法，至二贯者徒一年，五贯以上弃市，募告者赏之。"①皇上认为此种政策十分可行，便准予施行。

宋朝对于民众举告私自用铜钱交易制定了详细的赏格，如表 4 所示：

表 4　违反铜钱出境管理犯罪领域的赏格

| 情形 | 刑罚 | 赏格 |
|---|---|---|
| 诸色人，获以铜钱出中国界者：知情引领、停藏、负载人并减半 | 徒罪 | 钱三百贯 |
| | 流罪 | 钱三百五十贯 |
| | 配远恶州 | 钱四百贯 |
| | 死罪 | 钱五百贯，获三百贯以上者奏裁 |

① （元）脱脱等：《宋史》，中华书局 1977 年版，第 4375 页。

续表

| 情形 | 刑罚 | 赏格 |
| --- | --- | --- |
| 诸色人,获以铜钱与蕃商博易者:知情引领、停藏、负载人并减半 | 徒罪 | 钱二百五十贯 |
| | 流罪 | 钱三百贯 |
| | 配远恶州 | 钱三百五十贯,获五百贯以上者奏裁 |

资料来源:(宋)谢深甫:《庆元条法事类》,戴建国点校,载《中国珍稀法律典籍续编》第1册,黑龙江人民出版社2002年版,第412页。

宋代的货币流通分为铁钱区和铜钱区,铁钱区又分为川陕路以及陕西、河东路。如果将这两个铁钱区的铁钱混用以及将铁钱流通到铜钱区,将处以严惩,对举报者予以奖赏。将铜钱流入铁钱区的,也将处以严惩。朝廷对此设立赏格,如表5所示:

**表5 举报违反铜钱使用区域的犯罪领域的赏格**

| 情形 | 刑罚 | 赏格 |
| --- | --- | --- |
| 告获川、陕路铁钱与陕西、河东路铁钱侵越行用及将铁钱入铜钱界行用者 | 杖罪 | 钱一十贯 |
| | 徒罪 | 钱二十贯 |
| | 流罪 | 钱三十贯 |
| | 编管 | 钱四十贯 |
| | 配 | 钱五十贯 |
| 告获将铜钱入川、陕界者 | 杖罪 | 钱五贯 |
| | 徒罪 | 钱一十贯 |
| | 流罪 | 钱二十贯 |

资料来源:(宋)谢深甫:《庆元条法事类》,戴建国点校,载《中国珍稀法律典籍续编》第1册,黑龙江人民出版社2002年版,第412页。

宋代的钱大多为铜所制,民间有人采铜私自铸钱。民间伪造货币的行为,我们统称为私铸钱的行为。"关于私铸钱,'赏罚并行'是古代社会治理恶钱的重要策略之一。唐代时为有效打击盗铸犯罪,官府数次名示赏格,鼓励民间揭举。"①

私铸钱犯罪能够危及封建王朝的基本统治,为此,宋代大力打击私铸钱的犯罪行为,并从钱币的用料铜开始管制。宋代对私铸钱的行为处以严刑,并鼓励广大群众告发,给予群众金钱上的奖励;对于治理有功的官员,给予金钱奖励及予以

① 陈玺:《唐代恶钱治理规则的构建与运作》,载《社会科学辑刊》2017年第1期。

升迁(见表6、表7)。宋太祖乾德五年(公元967年)十二月颁发诏书:“诸州轻小恶钱及铁铅钱等,限一月悉送官,限满不送者罪之有差,敢私铸者弃市。”①南宋时期对私铸钱行为的打击依然严厉,“诸私铸钱者,绞,谓私铸当三、当二小平或铁钱及夹锡钱。余条称私铸钱者准此”。②

**表6 官员查获私铸钱及百姓举报私铸钱的赏格**

| 情形 | 后果 | 赏格 |
| --- | --- | --- |
| 命官,亲获私铸钱 | 未成 | 减磨勘一年 |
| | 已成 | 减磨勘二年 |
| | 所获钱五百贯以上 | 减磨勘三年 |
| | 三千贯以上 | 转一官,选人循两资 |
| 诸色人,获私铸钱 | 未成 | 钱一百五十贯 |
| | 已成 | 钱三百贯 |
| | 所获钱一百贯以上 | 仍转一资 |
| | 五百贯以上 | 百姓愿充进议副尉,公人愿充进武副尉者 |
| | 一万贯以上 | 与承信郎 |
| | 获私以杂物造钱,虽未成者,不及一百文减半 | 钱一百贯 |

**表7 百姓举报私铸钱犯罪及私铸钱使用的赏格**

| 类型 | 情形 | 钱数 |
| --- | --- | --- |
| 诸色人 | 告获制造、卖、借若与人铸钱作具者,买、借及受之者同 | 钱一百贯 |
| | 获官司受纳诸色人钱、谓小平当三并官铸钱。专库拣揑之类以私铸钱混杂换易者 | 钱一百贯 |

① (宋)李焘:《续资治通鉴长编》,中华书局2004年版,第197页。

② (宋)谢深甫:《庆元条法事类》,戴建国点校,载《中国珍稀法律典籍续编》第1册,黑龙江人民出版社2002年版,第418页。

续表

| 类型 | 情形 | 钱数 |
| --- | --- | --- |
| 诸色人,告获有私铸钱不捶毁而辄行使者 | 不满一百文 | 钱三十贯,五十文以下减半 |
| | 一百文以上 | 钱四十贯 |
| | 一贯文以上 | 钱五十贯 |
| | 十贯以上 | 钱七十贯 |
| | 每十贯文增五贯文 | 三百贯止 |

资料来源:(宋)谢深甫:《庆元条法事类》,戴建国点校,载《中国珍稀法律典籍续编》第1册,黑龙江人民出版社2002年版,第420~421页。

光宗年间,降低了知州、通判、都监、县令、巡检、县尉捕获私铸钱给予奖励的门槛,将奖励的门槛降低为一火以上。因为稽查私铸钱本属不易,能够查得三四火已经十分困难,如此才得到减磨勘半年的奖励,为此,加大赏格的标准才能调动地方长官治理私铸钱的积极性。

唐代元和初年(公元806年)时,全国的采铜量达到二十六万六千斤;到了宣宗时期,采铜量大幅度上升,达到六十五万五千斤。宋元丰时,铜的产量为一千四百六十五万五千九百六十九斤①。相比较唐代的产铜数量,宋代产铜的数量增加了许多倍,宋代铜钱的铸造数量也大大多于唐朝,但是宋代陷入了一个铸铜钱越多则铜钱越缺乏的怪象。

政和六年(公元1116年)六月十一日,诏:"访闻诸路民间多是销毁铜钱,打造器皿,毁坏钱宝,为害不细。仰尚书省申明条法,重立赏,严行禁止。"②《庆元条法事类》中对于举报私自破坏铜钱犯罪的行为规定了具体的赏格,如果有工匠用铜钱打造器皿或者进行贩卖、杖罪,奖赏举告者五十贯;徒一年,奖赏举告者七十贯,每一等加十贯;流放二千里的,奖赏举告者一百贯,每等加一十贯。③

2. 榷禁领域的赏格

宋代对于茶、盐、酒、乳香、铜等都实行榷卖制度,一方面是政府为了增加财政收入,另一方面是为了防止这些基本生活物资流入辽、金等敌国。宋代时期,绢在国民经济中占据着重要的地位,在一定程度上也起到了货币的作用。《庆元条法事类》卷二十八榷禁门中的赏格规定,如果抓获有人携带武器护送人们走私,发现

① 参见(元)脱脱等:《宋史》,中华书局1977年版,第4526页。

② (清)徐松:《宋会要辑稿》,刘琳等校点,上海古籍出版社2014年版,第8319页。

③ 参见(宋)谢深甫:《庆元条法事类》,戴建国点校,载《中国珍稀法律典籍续编》第1册,黑龙江人民出版社2002年版,第428页。

走私的货物中有政府榷卖的物品,按所抓获的人数,每人赏钱二十贯。因为捕获走私榷卖货物的人或者对这些人进行救助造成轻伤的,给予三匹绢的补助,重伤的,给予五匹绢,废疾的,给予十匹绢,笃疾的,给予十五匹绢,死亡的,给予二十匹绢。①

宋代对酒类的专卖控制十分严格,官府对酒曲的控制也较为严格。酒曲必须由官府制造,私人不得制造酒曲。假如民间有暗自造酒曲者,或有超过划定区域酿酒出售,都要处以苦役、徒刑乃至极刑。《庆元条法事类》卷二十八榷禁门一中规定:"赏格,诸色人,告获在禁地内私自拥有酒曲及从外地贩运来的官酒,当官府检查时酒曲及官酒已经不在的,准笞罪给。禁地外酒曲准此。"②该赏格鼓励百姓举告私自制造及储存酒曲的行为。

对酒赋税的征收是宋朝重要的财政收入来源。宋朝在地方设立场务,负责专卖物品的生产及税收的征收,为了增加国家的税收并考核主管酒务的官员,宋朝根据场务规模的大小及增加税收的数目来制定不同的奖赏标准(见表8):

**表8 官员经营场务增加税收的赏格**

| 奖赏额数 | 增及一倍 | 增及二倍 | 增及三倍 | 增及四倍 |
|---|---|---|---|---|
| 七千贯以上 | 升三季名次 | 减一年磨勘 | 减一年半磨勘 | 减二年磨勘 |
| 二万一万贯 | 减三季磨勘 | 减一年磨勘 | 减三年磨勘 | — |
| 四万三万贯 | 减一年磨勘 | 减二年磨勘 | 减三年磨勘 | 减四年磨勘 |

资料来源:(元)脱脱等:《宋史》,中华书局1977年版,第4521页。

宋朝对盐的开采、贩卖管理十分严格。绍兴二年(公元1132年)五月一日,奉圣旨:"若有捕获私盐,即依绍兴法计数推赏。"③

命官亲获私有茶、盐,腊茶一斤比草茶二斤,余条依此,如表9所示:

---

① 参见(宋)谢深甫:《庆元条法事类》,戴建国点校,载《中国珍稀法律典籍续编》第1册,黑龙江人民出版社2002年版,第384页。

② (宋)谢深甫:《庆元条法事类》,戴建国点校,载《中国珍稀法律典籍续编》第1册,黑龙江人民出版社2002年版,第397页。"告获笞罪的,赏钱五贯;告获杖六十的,赏钱六贯,每等加一贯;告获徒一年的,赏钱二十贯,每等加十贯;告获流二千里的,赏钱七十贯,每等加一十贯。禁地外私有酒曲者:告获笞、罪杖,赏钱三贯;告获徒一年,钱五贯,每等加五贯。"

③ (清)徐松:《宋会要辑稿》,刘琳等校点,上海古籍出版社2014年版,第6560页。

表9 官员查获私卖茶、盐的赏格

| 茶重/斤 | 赏格 | 盐重/斤 | 赏格 |
| --- | --- | --- | --- |
| 三百 | 升半年名次 | 一千 | 升半年名次 |
| 八百 | 免试 | 一千五百 | 免试 |
| 一千二百 | 减磨勘一年 | 二千 | 升一年名次 |
| 二千 | 减磨勘一年半 | 四千 | 减磨勘一年 |
| 三千 | 减磨勘二年 | 五千 | 减磨勘一年半 |
| 四千 | 减磨勘二年半 | 七千 | 减磨勘二年 |
| 五千 | 减磨勘三年 | 八千 | 减磨勘二年半 |
| 七千 | 减磨勘三年半 | 一万 | 减磨勘三年 |
| 一万 | 转一官 | 二万 | 减磨勘三年半 |
| 三万 | 取旨 | 三万 | 转一官 |
| — | — | 十万 | 取旨 |

《庆元条法事类》卷二十八榷禁门一中对告获私有乳香及造假乳香作出了规定。[①] 象牙、乳香、真珠、犀等皆是从国外贩运来的宝物。乳香是一种中药名,也为宋朝的禁榷物品,宋朝禁止私人贩卖,对于走私乳香及制造假乳香的行为,宋朝给予严惩。

宋代同前代王朝一样,对矿产尤其是金属矿产的开采冶炼均实行严格的榷禁政策。当时全国有很多铜矿产地,政府在铜矿产地派驻官员进行管理。北宋前期的铜矿开采由国家统一经营,实行劳役制,国家役使民众劳作,或者强迫士兵和流配的囚徒劳作。劳役制下的劳动者劳动积极性不高,生产效率十分低下,阻碍了铜矿的开采。后来劳役制逐渐被招募制及私人承买制取代。私人承买制实际上是一种官有民营的制度,宋代的私人承买制长期以来就实行二八抽成的制度,鼓励民间矿产开发。由于铜是铸造货币及军器的重要材料,对国家的安全有至关重要的作用,所以国家对铜的管制是十分严格的,铜矿场的私人承买者必须把余下

① 参见(宋)谢深甫:《庆元条法事类》,戴建国点校,载《中国珍稀法律典籍续编》第1册,黑龙江人民出版社2002年版,第400页。"赏格,命官,亲获私有乳香,累及:五十斤,升半年名次;一百斤,免试;二百斤,减磨勘二年;三百五十斤,减磨勘三年;五百斤,转一官。诸色人,告获私有乳香者,准价以官钱,给五分。告获私有乳香,谓准价给外,于犯人别理者,即造假乳香及知而贩卖者同。不满一十斤,钱一十五贯。每一十斤加一十五贯,至七百五十贯止。"

的八分铜卖给官府,不能私自处置。随着北宋冶铜业的发展,炼铜场所不断增加,铜产量大幅度增加,政府所增收的铜矿已足以满足国家的需要。所以,政府无力买也不想买那八分铜,这导致这些铜在市场上流通。

《庆元条法事类》卷二十八榷禁门一中对告获私有铜矿石及铅矿石的赏格作出了规定。[①] 南宋之时,因国土的丧失导致生产胆铜需要的生铁原料的缺乏,铜的产量大幅度下降,为此,南宋对铜实行严格的榷卖制度,在私人承买制的情况下,炼铜匠户除上交官府二分所炼之铜作为税收外,必须把余下的八分铜卖给国家。如发现私有铜矿及私下交易,官府将给予严惩。如果有人报告官府,告发捕获有人私自拥有铅的,给予告发人奖励,奖励最高金额为五十贯。告发捕获有人私自拥有铜的,计算所拥有的铜的价格,加倍奖赏给告发人。在法律中,相比于拥有铅,南宋对于告发私自拥有铜的行为给予更高的赏格。因为铜在国家中的战略地位远远高于铅的战略地位。

《庆元条法事类》卷四十七赋役门中有一些赏格规定,"唐五代税草所用计量单位,除'束'外,还有'围'和'分'。一围等于十束,一束等于十分,一束约为三尺上下"。[②] 可见宋代对于私自将税草向外输出的行为是严厉打击的,税草关系国家马匹的喂养,事关军事的成败。从历史来看,历代王朝的衰败皆与后期财政的崩溃有关,而中国古代王朝的财政总是与税收紧紧联系在一起。宋朝在加强中央集权的前提下,杜绝了藩镇割据的局面,中央强有力地控制了全国的税收。但是两宋王朝在中央维持数目庞大的禁军以及官职差遣制度形成的文官制度,使财政支出的压力一直伴随整个南宋王朝;每年向辽、金、西夏的巨额钱财的缴纳更使宋朝统治者对税收的征收格外重视。

3. 赋税领域的赏格

宋代为了限制地方官吏的权力,往往对同一职能设置多个机构进行分权。如宋代在路一级负责征税的就有三个机构。转运司主要负责路一级普通赋税的征收,提点刑狱司有征收总经制钱赋税的权力,提举常平司主要负责茶盐等赋税的征收。转运司作为最主要的征税机构,并不负责财税的直接征收,其主要职能是督促地方征税机构完成征税的总额。主要征税机构是州县政府以及乡里的乡司。[③] 宋代中央政府为了实现对这些地方官员的控制,防止其在征税过程中徇私

---

① 参见(宋)谢深甫:《庆元条法事类》,戴建国点校,载《中国珍稀法律典籍续编》第1册,黑龙江人民出版社2002年版,第404页。"赏格,诸色人,告获私有铜及鍮石者:杖罪,钱五贯;徒一年,钱一十五贯,每等加一十贯;流二千里,钱六十五贯,每等加一十贯。"

② 刘进宝:《唐五代"税草"所用计量单位考释》,载《中国史研究》2003年第1期。

③ 参见樊颖:《宋代赋税征收机构研究》,山东大学2015年硕士学位论文。

舞弊,便制定了大量的赏格条文来鼓励群众的监督。

提举常平司在王安石变法时期设立,历经波折,时废时立。提举常平司作为一级征税机关,其下设许多机构进行具体税种的征收,并利用各种赏罚手段进行监督。

南宋地方县级政府在税赋的征收中广泛依赖揽户包揽代纳民户税赋,这促使很多州县的吏人充当揽户。朝廷专门为这些充当揽户的吏人制定了赏格。① 对于充当揽户的公吏,如果在应缴纳的赋税之外向民户索要钱财,根据揽户所应受的刑罚,杖罪的赏钱五十贯;徒以上罪的,赏钱一百贯。在宋代的基层吏人中,押录和乡书手起到重要作用,前者管理赋税账簿,后者编造管理租税征收文书。赏格:诸色人,告获人吏、乡书手辄将税租薄归私家者,钱五十贯。② 吏人及乡书手负责税租薄的编制,如果他们贪赃枉法,听人举告,也对举告人予以奖赏。

科买、折纳及支移都是宋朝时的税收缴纳方式。科买是指征购,折纳是指按钱折价缴纳粟棉。支移是宋朝为了应对边境的军事战争而采取的一种税收缴纳方式,实际上是赋税与劳役相结合的一种税收征收措施,需要民众将赋税缴纳到政府指定的地点,最初实行于河北、陕西等路,后来也在其他路推行,要求获得丰收的州内民众将财物缴纳到歉收的州。对于科买、折纳及支移之物,由转运使决定并申报户部,然后下发各州,由各州三日内将应科买、折纳支移的财物及应当缴纳的地点通告县里,县里接到通知后五日内必须出榜公示。民众告发官员科买、折纳及支移不符合法律的规定,或县里不出榜公示,一些官员与商人互相勾结,乘机牟利的,赏钱五十贯。民众有告获以欺骗手段逃避支移税租者,以其应缴纳给官府的钱全部奖励给告发者,两千贯止。③ 宋代对于一些在赋税征收过程中的赏格统计如表10所示:

---

① 参见(宋)谢深甫:《庆元条法事类》,戴建国点校,载《中国珍稀法律典籍续编》第1册,黑龙江人民出版社2002年版,第626页。"赏格,诸色人,告获州县吏人、乡书手、专、斗揽纳税租受乞财物者,杖罪,钱五十贯。徒以上罪,钱一百贯。"

② 参见(宋)谢深甫:《庆元条法事类》,戴建国点校,载《中国珍稀法律典籍续编》第1册,黑龙江人民出版社2002年版,第636页。

③ 参见(宋)谢深甫:《庆元条法事类》,戴建国点校,载《中国珍稀法律典籍续编》第1册,黑龙江人民出版社2002年版,第661页。"赏格,诸色人,告获科买及折纳物官司远限,或不预榜示而急为期限致贩人乘时邀力,与贩人同情为弊者,钱五十贯。告获诈冒避免支移税租者,计所亏官钱,全给。二千贯止。"

表 10 官员查获偷税及百姓举报偷税的赏格

| 情形 | 刑罚 | 赏格 |
|---|---|---|
| 命官,令、佐催纳积欠或拖欠税租 | 五千贯 | 升半年名次 |
| | 一万贯 | 免试 |
| 告获诈称灾伤减免税租者 | 杖罪 | 钱一十贯 |
| | 徒罪 | 钱二十贯 |
| | 流罪 | 钱三十贯 |
| 命官,于税租簿账有欺弊而犯人应配 | 职官能自举劾者 | 免试 |
| 命官,磨勘,覆磨出税租簿内亏失 | 本年亏失累及二百五十贯,隐陷旧额致久远亏失,累及一百贯 | 免试 |
| | 本年亏失累及五百贯,隐陷旧额,致久远亏失累及二百贯 | 减磨勘一年 |
| 诸色人告获税租簿账有欺弊者,计所直数多者整数倍给。三百贯止 | 杖罪 | 钱一十贯 |
| | 徒一年 | 钱二十贯,每一等加一十贯 |
| | 流二千里 | 钱七十贯,每一等加一十贯 |

资料来源:(宋)谢深甫:《庆元条法事类》,戴建国点校,载《中国珍稀法律典籍续编》第 1 册,黑龙江人民出版社 2002 年版,第 628、633、654 页。

宋代统治者意识到对茶、盐、酒等专卖物品赋税的征收对国家财政的重要作用。宋朝为了使其严密的禁榷专卖律法得以实施,则必须打击违反专卖的行为,制定赏格来鼓励广大群众告发。范仲淹认为茶盐商税的征收虽然减少了商人的利润,但是对其造成的危害并不大。宋朝庞大的财政开支需要加大国家税收的征收,在税收的征收中,如果不取自商人,就要取自农民。①

**(三)监察领域的赏格**

1. 财用门方面的赏格

财用门是关于财政分配与管理的规定。宋代由户部掌财政之权,但另设三司予以代行。提点刑狱司是主管封桩、无额上供、经总制钱物、常平广惠等税收的路一级长官。对于各路的提点刑狱司,征收无额上供达到六千贯的,给予转一资的

① 参见(宋)李焘:《续资治通鉴长编》,中华书局 2004 年版,第 3387、3388 页。

奖励。① 以此可以看出宋朝对征收无额上供之钱的重视。“无额上供钱是州郡上供定额之外的分摊,它和转运司负责的常额经赋虽同出州县却分别隶属于两个不同的财政管理体系,为了防止这些赋税在使用中的混淆,宋朝由提点刑狱司掌管无额上供钱。”②“无额钱虽然成为宋朝一种定期的财税征收,对地方官员并没有规定具体的定额。但朝廷制定赏格,对征收无额钱较多的官员给予奖励。”③经制钱是始于北宋宣和年间的一种附加杂税,是北宋政府为了筹措军费,除农业税以外,增加的一些商业税收。“总制钱是南宋政府在正常的田赋、商税之外征收的各种杂税,是南宋的重要的税源。”④虽然朝廷内废除经总制钱的呼声一直没有停止,但是南宋时期,国土面积大大缩小,农业税收入减少,且连年战争,需要征收经总制钱来维持国家的财政。为此,政府制定赏格来确保经总制钱的征收。

《庆元条法事类》卷三十财用门一中对征收经总制钱做了详细的规定。并对从一万贯到二十万贯的经总制钱的征收制定了明确的赏格,如表11所示:

**表11 对官员征收经总制钱的赏格**

| | | | | | | |
|---|---|---|---|---|---|---|
| **经制钱** | 二十万贯以上 | 十五万贯以上 | 十万贯以上 | 五万贯以上 | 一万贯以上 | 一万贯以下 |
| | 减磨勘二年 | 减磨勘一年半 | 减磨勘一年 | 减磨勘半年 | 减磨勘一季 | 升一年名次 |
| **总制钱** | 二十万贯以上 | 十五万贯以上 | 十万贯以上 | 五万贯以上 | 一万贯以上 | 一万贯以下 |
| | 减磨勘一年 | 减磨勘三季 | 减磨勘半年 | 减磨勘一季 | 减磨勘升半年名次 | 升一季名次 |

资料来源:(宋)谢深甫:《庆元条法事类》,戴建国点校,载《中国珍稀法律典籍续编》第1册,黑龙江人民出版社2002年版,第452页。“赏格,命官知、通考内收经总制钱及额无拖欠远限:谓如额钱二十万贯,收及二十万贯以上,方合推赏。”

南宋孝宗赵昚在重修《淳熙法册》时,深刻感受到民间疾苦,认识到如果一直对官员征收经总制钱实行丰厚的赏格,民众会愈加穷困,这不利于整个国家的发

① (宋)谢深甫:《庆元条法事类》,戴建国点校,载《中国珍稀法律典籍续编》第1册,黑龙江人民出版社2002年版,第444页。“赏格,诸色人,吏人躯磨点检出收到无额上供钱物供申数目不实,而侵隐移易别作窠名收系若支使者:诸州,三千贯,累满者同,提点刑狱司依此。提点刑狱司,六千贯,转一资。”

② 王红信:《宋代提刑司的财政职责》,载《沧州师范专科学校学报》2010年第1期。

③ (清)徐松:《宋会要辑稿》,刘琳等校点,上海古籍出版社2014年版,第7162页。“诸驱磨点检出收到无额上供钱物供申数目不实,升一名,一千贯升二名,二千贯升三名,四千贯升四名,七千贯升五名,一万二千贯转一资,三万贯已上取裁。”

④ 陈振:《宋史》,上海人民出版社2020年版,第628页。

展。当初开国时,对民间的征税只是局限于二税,但后来又增加了无额上供钱。既然没有名分及规定的数额,肯定是白白取自百姓。又立赏格让官员搜刮百姓钱财,孝宗赵昚实在于心不忍,便把这些赏格都删去了。

庞大的财政支出使宋朝将官员的征税能力作为考核的主要标准,并制定详细的考核制度以供考核机构实施,配以相应的赏罚标准。[①]《庆元条法事类》卷三十一财用门二中规定:“赏格,任内开破应在司官物者:根据钱数的多少及利息的高低来确定奖赏的标准。”[②](见表12)

**表12 对官员征税的赏格**

<table>
<tr><th>情形</th><th>奖赏</th><th colspan="5">钱数</th></tr>
<tr><td rowspan="6">命官,任内开破应在司官物者</td><td rowspan="2">升半年名次</td><td>五十万</td><td>三十万</td><td>二十万</td><td>十万</td><td>五万</td></tr>
<tr><td>八分四厘</td><td>八分六厘</td><td>八分八厘</td><td>九分二厘</td><td>九分六厘</td></tr>
<tr><td rowspan="2">免试</td><td>五十万</td><td>三十万</td><td>二十万</td><td colspan="2">十万</td></tr>
<tr><td>八分七厘</td><td>八分九厘</td><td>九分一厘</td><td colspan="2">九分五厘</td></tr>
<tr><td rowspan="2">减磨勘二年</td><td>五十万</td><td>三十万</td><td colspan="3">二十万</td></tr>
<tr><td>九分</td><td>九分二厘</td><td colspan="3">九分四厘</td></tr>
<tr><td rowspan="6">诸色人,吏人界内开破应在司官物者</td><td rowspan="2">钱二十贯</td><td>五十万</td><td>三十万</td><td>二十万</td><td>十万</td><td>五万</td></tr>
<tr><td>八分四厘</td><td>八分六厘</td><td>八分八厘</td><td>九分二厘</td><td>九分六厘</td></tr>
<tr><td rowspan="2">钱四十贯</td><td>五十万</td><td>三十万</td><td>二十万</td><td colspan="2">十万</td></tr>
<tr><td>八分七厘</td><td>八分九厘</td><td>九分一厘</td><td colspan="2">九分五厘</td></tr>
<tr><td rowspan="2">转一资,不愿转资者,钱六十贯</td><td>五十万</td><td>三十万</td><td colspan="3">二十万</td></tr>
<tr><td>九分</td><td>九分二厘</td><td colspan="3">九分四厘</td></tr>
</table>

告获诸州官物已支应关应在司而远限,若本司承关不上簿因而失行举催致失

---

① 参见(宋)谢深甫:《庆元条法事类》,戴建国点校,载《中国珍稀法律典籍续编》第1册,黑龙江人民出版社2002年版,第519页。“赏格,命官,州县理欠官,各随所管月日每年通计所理,逐年开纳及理五分。二年:五千贯以上,减磨勘半年;一万贯以上,减磨勘一年。三年:五千贯以上,减磨勘一年;一万贯以上,减磨勘二年。诸色人,州县理欠吏人各随所管月日每年通计所理,纳及五分,三年者:一万贯以上,转一资。五千贯以上,指射差遣一次。告获欠官物隐寄财产,以所隐寄给三分之一。告获卖买及给纳及估计官物并抵挡财产有情弊亏官,以所亏钱全给。三百贯止。”

② (宋)谢深甫:《庆元条法事类》,戴建国点校,载《中国珍稀法律典籍续编》第1册,黑龙江人民出版社2002年版,第494页。

隐官物者,每纳及一分给三厘。

2. 库务门方面的赏格

库务门是宋代法律中专门规定商税征收和仓库管理的法律门类。宋朝的商税征收主要分为商品流通税及买卖交易税,商品流通税是针对长途贩卖的商人,由商品运输过程中的场务机构按其货价的2%予以征收,商人在经过每一个场、务机构时均需交一次税,并由场、务机构发给收据,称为“引”;商人要保存场、务机构发的“引”,到下一个征税机构时作为证明并继续缴税。如果有人告发捕获客贩运输盐时不将引状交于所路过的场、务检验核实,每席钱一贯,五十贯止。政府对举报上交“引”的人给予奖励,以打击商人偷税漏税。凡是开设店铺及进行生产并贩卖的手工业者都要上缴3%的买卖交易税。

两宋时期制定的赏格不仅要打击商人偷税漏税的行为,也严厉打击场务官员私自加重税收或者私自谋利的行为。宋朝在正税之外还有很多的杂税,如力胜钱就是商人在用船进行货物运输时,须根据商船所载其货物量,向船主课税,如果商船的船主在上缴的力胜钱之外私自装载货物,以所匿税装载货物的1/3给举报的人。为了打击征税的官员随意折变、贪赃枉法,对于举报官员私自折变的人,给予一百贯的奖励。折变是官员在征税时,将应缴的实物折抵成钱,或者将应缴的钱折成实物;官员随意定价,大大加重了纳税者的负担。宋朝时期为避免官员在其当地培养自己的势力,对地方官员多为异地任命。由中央统一对官员进行差遣,接受任命的官员要即刻上任,有的官员赴任的路途较长,需要携带一些财物,带上随从。宋朝时对官员在上任的过程中所携带的财物是免于征税的,但也出现了一些官员在上任途中或者在公事出差之时替人携带物品,朝廷对告获此种行为的也给予奖励(见表13)。

**表13 举报官员替人携带财物的赏格**

| 情形 | 赏格 |
|---|---|
| 告获衔前被差充场务专知辄兑卖与人承代管干者 | 一束,钱五贯;五束,钱一十贯。每五束加五贯,至五十贯止 |
| 告获承买场务计会做无人承买,避免折变 | 钱一百贯 |
| 告获网船于应破力胜外应私载匿税物者 | 以所告匿税物,给1/3 |
| 告获匿税以没官物 | 不及一贯全给;两贯以下给一贯;两贯以上给五分[1] |

注:〔1〕(宋)谢深甫:《庆元条法事类》,戴建国点校,载《中国珍稀法律典籍续编》第1册,黑龙江人民出版社2002年版,第542、547、553页。

宋朝对于管理库务的官员赏赐非常优厚,但是缺乏相应的惩治措施,这不利于对库务方面的管理(见表14)。

**表14　举报违反税收征管犯罪的赏格**

| 情形 | 赏格 |
|---|---|
| 告获受纳税草于耗外输纳者 | 一束,钱五贯;五束,钱一十贯。每五束加五贯,至五十贯止 |
| 告获装发及受纳官物称量不如法 | 准所亏价给二分,至二百贯止 |
| 赏格,诸色人,告获给纳卖买干系公人减克受乞财物 | 以所告匿税物,给1/3,笞罪,钱五贯;杖罪,钱一十贯;徒罪,钱二十贯;流罪,钱三十贯;死罪,钱五十贯 |
| 告获给纳卖买官下公人、兵级受乞财物 | 笞罪,钱二贯;杖罪,钱三贯;徒罪,钱五贯;流罪,钱一十贯 |
| 监籴毂官限内籴绩抛数亦通理 | 一十万石,升一季名次;二十万石,升半年名次 |
| 赏格,诸色人,告获听探仓库见在及纲运钱物名数传报,致他司截拦占取者 | 钱五十贯[1] |
| 告获以巧伪湿恶粮草中卖 | 计所亏全给,至二百贯止 |
| 告获因事添给券过数或不应给券而妄作名色请托出给者 | 钱三百贯 |
| 告获公人违法借请、借兑、请给 | 徒罪,钱五十贯;流罪,钱八十贯[2] |

注:[1](宋)谢深甫:《庆元条法事类》,戴建国点校,载《中国珍稀法律典籍续编》第1册,黑龙江人民出版社2002年版,第560、564页。

[2](宋)谢深甫:《庆元条法事类》,戴建国点校,载《中国珍稀法律典籍续编》第1册,黑龙江人民出版社2002年版,第574、581、603页。

**(四)生活领域的赏格**

1. 农业户口领域的赏格

宋代开国以来,非常重视农业的发展,鼓励农民开垦荒地,增加粮食种植面积,广泛种植桑树,为宋代经济的发展奠定了坚实的基础。"田税制度经由唐宋之际的税制变迁,至北宋之后,成为国家独一的主体税种形式,以往田税与丁税、户税的分合杂糅状态不复存在了。"①田赋的征收成为宋代税收的基础。

赋税不均是宋代赋税制度的弊病之一,其重要原因是隐田现象严重。由于赋税轻重主要取决于土地多少,因此,民户竞相隐田,以便逃税。政府为了维护财政

① 吴树国:《唐宋之际田税制度研究》,东北师范大学2007年博士学位论文。

收入,一方面加大对土地的清查,如北宋的"方田均税法"与南宋的"经界法",确保已有土地赋税的征收;另一方面鼓励广大农户开垦荒地,以此来扩大赋税征收的来源。《庆元条法事类》卷四十九农桑门中规定:"赏格,命官,有碱地县令,佐,能劝诱民户开耕收刈苗稼者:系官荒田有碱,召人请佃开耕,收刈苗稼者:亦准此。开垦荒地三顷的,给主管官员升半年名次;开垦荒地七顷的,给主管官员升一年名次;开垦荒地十顷的,减主管官员磨勘一年;开垦荒地二十顷的,减主管官员磨勘二年;开垦荒地三十顷,减主管官员磨勘三年。"[1]政府鼓励地方官员劝诱民众开垦荒地或者耕种官田的荒地,并根据开垦田地的数量给予奖赏。孝宗隆兴九年,王之奇上奏增加开垦荒地的赏格,民众有雇人开垦耕种荒地的,由官方协助予以登记,并拿出官府的钱财十万缗充农具等用。"以种粮不足,又诏淮东总领所借给稻三万石。"[2]政府为鼓励广大民众开耕荒田,给予农民开垦荒田配备了水利设施,并且支持官员的劝民开垦工作,拿出一部分财政支出来购买农具。

绍兴十九年(公元1149年)十一月二十一日,户部奏请皇上制定官员劝诱民众回乡耕种抛荒土地的赏格(见表15):

**表15 官员任期内百姓在其治所开垦荒地的赏格**

| 情形 | 面积/顷 | 赏格 |
| --- | --- | --- |
| 知州:在任期内其所管辖的各县开垦的荒地 | 一千 | 转一官 |
| | 七百 | 减磨勘三年 |
| | 五百 | 减磨勘二年 |
| 知县、县令:到任之后其治所内开垦荒地 | 五百 | 承务郎以上转一官;承直郎以下依条施行 |
| | 四百 | 承务郎以上减少磨勘年限三年;承直郎以下循一资,仍减磨勘年限一年,愿以循资当举官者,当举官一员 |
| | 三百 | 承务郎以上减磨勘二年;承直郎以下循一资,愿以循资当举官者,当举官一员 |
| | 二百 | 减磨勘一年半 |
| | 一百 | 减磨勘一年 |

资料来源:(清)徐松:《宋会要辑稿》,刘琳等校点,上海古籍出版社2014年版,第6092、6093页。

---

① (宋)谢深甫:《庆元条法事类》,戴建国点校,载《中国珍稀法律典籍续编》第1册,黑龙江人民出版社2002年版,第682页。

② 参见(元)脱脱等:《宋史》,中华书局1977年版,第4175页。

除调动官员开垦荒地的积极性以外，宋朝着力于鼓励民众尤其是土豪大户前往闲田较多的州县定居并开垦耕田。（见表16）

**表16　对土豪大户劝诱百姓开垦荒地的赏格**

<table>
<tr><th>情形</th><th>人数</th><th>钱数</th></tr>
<tr><td rowspan="2">并令州县访闻籍记土豪姓名，每五十家递迁一等。无官人至五百家，补承信郎；五百家，有官人充辖官，无官人令依今来措置补名目人与递迁充部押官，并依效用备官法支破请受，理为资任</td><td>如能招致耕田人户一百家者</td><td>有官人差充部押官，无官人补甲头</td></tr>
<tr><td>招及一百五十家者</td><td>有官人减二年磨勘，无官人依八资法补守阙进义副尉</td></tr>
<tr><td rowspan="3">及立赏招诱未来之人，大率每招到一户、耕田三十亩者，支钱四贯文，以次第增添</td><td>有能招诱人户十家、耕田三顷者</td><td>支钱四十贯文</td></tr>
<tr><td>一百户、耕田三十顷者</td><td>支钱四百贯文</td></tr>
<tr><td>二百五十户、耕田七十五顷者</td><td>白身与补进义副尉，不愿就名目者，支钱一千贯文</td></tr>
</table>

宋朝农田水利的兴修对于提高粮食产量有重要作用，政府鼓励官员兴修水利，并以此作为官员考课的一个标准。《宋会要》中记载："诸当职官在任期内兴修水利的，兴修的水利能够灌溉农田千顷的，给予第一等奖励，能够灌溉农田七百顷的，给予第二等奖励，能够灌溉农田五百顷的，给予第三等的奖励，能够灌溉农田三百顷的给予第四等奖励，能够灌溉农田一百顷的给予第五等奖励。"①《宋史》中记载，宜城县令朱纮在任期间修复木渠，并且未花费公款而修成，木渠修好以后，可以灌溉六千余公顷土地，所以对朱纮转官一等，授予大理寺丞。②

光尧皇帝绍兴三年（公元1133年）十月十六日，尚书礼部员外郎舒清国言："诸路残破州县，乞以户口增否别立守令考课之法，分为上中下三等，每等又分为三，置籍比较。县令课绩，知、通考之；知州课绩，监司考之；考功会其籍而较其优劣。凡赏格，用见行条法赏格之最优者。"③宋朝对在任期间户口增加的地方官给予奖赏。

---

① （清）徐松：《宋会要辑稿》，刘琳等校点，上海古籍出版社2014年版，第6131页。

② 参见（元）脱脱等：《宋史》，中华书局1977年版，第2366页。

③ （清）徐松：《宋会要辑稿》，刘琳等校点，上海古籍出版社2014年版，第6231页。

宋朝针对树木种植专门制定了赏格①,并针对桑树种植制定了专门的赏格。(见表17)

表17 官员任期内劝导百姓种植桑树的赏格

| 情形 | 数量/株 | 赏格 |
|---|---|---|
| 命官,县丞任满,任内种植林木滋茂 | 三万 | 承务郎以上,减少磨勘年限一年;承直郎以下,占射差遣 |
| | 六万 | 承务郎以上,减少磨勘年限二年;承直郎以下,循一资 |
| | 九万 | 承务郎以上,减少磨勘年限三年;承直郎以下,循一资,仍占射差遣一次 |
| 应县令丞于本县界内种桑 | 三万 | 承务郎以上减少磨勘年限二年;承直郎以下循一资 |
| | 六万 | 承务郎以上减少磨勘年限四年;承直郎以下循两资,并与占射 |
| | 守倅劝课部内植二十万 | 转一官 |

宋朝时,地方很多民众不在户口之列,为此,朝廷鼓励地方官员清查漏户,以增加赋税收入,有利于国家统治。政和六年(公元1116年)七月二十日,户部言:淮南转运使进言,之前对于知州、通判及县令制定的赏格不太可行,很少有地方官员得到奖赏。一县的户口,多的也不过三万户,遗漏没有登记在册的也不过千户左右。总之,应该对赏格进行详细的规定。②

2. 道释领域的赏格

《庆元条法事类》卷五十道释门一中规定:“赏格,诸色人,告获以应毁纳度牒乞卖与人及受买若盗诈而欲冒之者:公人将亡僧、道度牒盗卖与人及受买洗改书填同。已度者,钱二百贯:如系童行告获,给与度牒剃度。未度者,钱五十贯。告获僧、道质当师号、紫衣度牒,公凭同,钱三十贯。”③度牒本来是国家在对僧人出家的一种严格审批下颁发的资质,以保证国家的税收,达到国家对僧人的控制。

① 参见(宋)谢深甫:《庆元条法事类》,戴建国点校,载《中国珍稀法律典籍续编》(第1册),黑龙江人民出版社2002年版,第686页。

② 参见(清)徐松:《宋会要辑稿》,刘琳等校点,上海古籍出版社2014年版,第6231页。“看详令佐任内增收漏户八百户,升半年名次;一千五百户,免试;三千户,减磨勘一年;七千户,减磨勘二年;一万二千户,减磨勘三年。知、通随所管县通理,比令、佐加倍。从之。”

③ (宋)谢深甫:《庆元条法事类》,戴建国点校,载《中国珍稀法律典籍续编》第1册,黑龙江人民出版社2002年版,第699页。

但到了宋代前期，度牒仅是一纸单纯的身份证明文件。到了宋代中期以后，封建国家长期奉行“卖度牒以资国用”的重要财政措施来实行。宋代法律规定，已经死亡的僧人及道士的度牒必须上交国家，以规范对度牒的管理。如果有人私自将应该上交或者毁弃的度牒卖与他人，对于举告者进行奖赏，并根据是否已对他人进行剃度而给予不同的奖赏。已经剃度的，奖励金钱二百贯，还没有剃度的，奖励金钱五十贯。紫衣和师号是宋代对于僧人及道士的一种官方认可。“宋代在僧官管理上，通过颁赐紫衣、师号的激励手段，达到引导僧众向世俗荣典看齐而顺从国家的行政管理，加强政府对佛教的行政控制的目的。”①

宋朝政府发的度牒，数量很多，价格很高，归纳起来看是充当了一种特殊的商品和货币。② 度牒统一由文思院制造，并加盖尚书省及祠部左右司的印，但是在民间有很多伪造者，朝廷虽然予以重惩，但仍然不能禁止。如果官吏能够查获伪造度牒的全伙，无论是何种官吏，皆给予奖励。官吏能够查获在流通中的伪造度牒的，朝廷给予重重奖励；如果没有查出，给予重罚。

虽然僧人和道士是在寺院和道观修行，但是宋朝为了加强对道释领域的管理，明确规定僧人及道士剃度的权力为国家所拥有，禁止私人剃度及买卖度牒，如果有人私自剃度僧道并将来历不正及去世僧人的度牒卖与僧道，已经剃度的，给予举报者二百贯奖励；如果抓获的人属于童行，还没有剃度，对举报者赏钱五十贯。

《庆元条法事类》卷五十道释门一中对此作出了规定。③

《庆元条法事类》卷五十道释门一中规定：“赏格，诸色人，告发捕获僧、道私自以本寺观人承绩并系户绝而擅自住持者，钱五十贯。”④宋朝的法律也对寺院道观进行严格的规定，尤其是对寺院及道观的主持，对因为他们对寺院及道观有重要的影响。寺观的人不能私自任命主持，必须经过政府统一任命。

《庆元条法事类》卷五十一道释门二中规定：“赏格，诸色人，告获僧、道于缘边、次边游索者，每名钱五十贯。”⑤僧人和道士可以外出化缘，但宋代的法律规定

---

① 刘长东：《论宋代的僧官制度》，载《世界宗教研究》2003 年第 3 期。

② 史旺成：《宋代经济财政中的“度牒”》，载《北京师范学院学报》1984 年第 2 期。

③ 参见（宋）谢深甫：《庆元条法事类》，戴建国点校，载《中国珍稀法律典籍续编》第 1 册，黑龙江人民出版社 2002 年版，第 702 页。“赏格，诸色人，告获私自披剃或私度人为僧、道，若伪冒者并以应毁纳度牒乞卖与人，乃受买若盗诈而欲冒之者：公人将亡僧、道度牒盗卖与人及受买洗改书填同。已度者，钱二百贯；如系童行告获，给与度牒剃度。未度者，钱五十贯。”

④ （宋）谢深甫：《庆元条法事类》，戴建国点校，载《中国珍稀法律典籍续编》第 1 册，黑龙江人民出版社 2002 年版，第 705 页。

⑤ （宋）谢深甫：《庆元条法事类》，戴建国点校，载《中国珍稀法律典籍续编》第 1 册，黑龙江人民出版社 2002 年版，第 712 页。

僧人和道士不能够沿边境进行化缘。宋代一朝,一直面临边境战争的威胁,为了边境的军事安全和战争,禁止僧人和道士沿边境化缘,并对举报者给予奖励。

《庆元条法事类》卷五十一道释门二中规定:“赏格,诸色人,告获童行冒若卖买帐,每名官司吏人点检,见者各减半。钱一百贯。”[①]伪造童行帐籍的行为,从根本上危害了宋代对于僧道之人的管理制度。童行帐籍是宋代政府对于僧尼及道士管理的主要依据。宋代对于成为僧尼及道士的资格有严格的要求,必须通过特恩剃度或者考试经业剃度及购买度牒,才能成为僧尼及道士。由于宋代的僧尼和道士都免于缴税,所以宋代政府极力控制僧尼和道士的数量,并通过法律对宋代的僧尼及道士进行规范化的管理。

《庆元条法事类》卷五十道释门一中规定:“赏格,诸色人,告获童行令人代试经并代之者,每名官司吏人点检、见者各减半。钱一百贯。告获童行于两州供帐试经者,钱一十贯。”[②]童行,指出家入寺观尚未取得度牒的少年。宋代为了限制佛教势力的过度膨胀,对成为童行的资格有诸多限制;童行仍然具有户籍,必须向政府缴纳赋税。比如,规定有八种情况禁止出家为童行,童行要想成为僧尼,其主要途径是经过考试,童行考试的内容主要为念诵佛经。所以童行一旦进入寺院,其主要职责就是念诵佛经,以准备政府统一组织的剃度考试。在这期间,童行必须将自己的详细情况在当地政府登记造册,并经过当地政府的考察。所以,宋代政府对童行的考试及系账制度的规范十分重视,对违反童行考试及系账制度的人员,政府将严厉予以打击,并对举报这些犯罪的人员给予奖赏,对于举报代替考试的人员赏钱一百贯,对于举报童行在两个地方登记造册的人员奖励十贯。

《庆元条法事类》卷五十一道释门二中规定:“赏格,诸色人,告获钟应铸而辄以金投弃,或以金错末制造释、道像塔器用者,钱二百贯。”[③]佛教徒及道教徒为了表达自己虔诚的信仰,用一些贵金属来塑像及制造日常用的器具,这种行为是为国家所明令禁止的,对告发有人私自在铸造钟及器具时镀金的行为,奖励二百贯。

3. 畜产领域的赏格

畜产门主要是朝廷为了保护官马以及耕牛,官马关系军事战争以及国家的邮驿系统,耕牛关系国家农业生产。宋朝在中央设置了太仆寺、群牧司及驾部作为

---

① (宋)谢深甫:《庆元条法事类》,戴建国点校,载《中国珍稀法律典籍续编》第1册,黑龙江人民出版社2002年版,第715页。

② (宋)谢深甫:《庆元条法事类》,戴建国点校,载《中国珍稀法律典籍续编》第1册,黑龙江人民出版社2002年版,第693页。

③ (宋)谢深甫:《庆元条法事类》,戴建国点校,载《中国珍稀法律典籍续编》第1册,黑龙江人民出版社2002年版,第726页。

管理畜牧业的机构,加强对官营畜牧业的管理。《庆元条法事类》卷七十九畜产门中规定:“赏格,诸色人,官马生驹:马每匹给,六十日,钱一贯,三年,钱二贯;骡每匹给,一年,钱五百文、绢半匹。”①宋朝不仅对官马生驹给予奖励,而且对官方的马驹管理也十分严格。北宋时期官方马驹二岁就用印入籍,南宋时将官方马驹入籍的时间提前了一年。

《庆元条法事类》卷七十九畜产门中规定:“赏格,诸色人,告获官马堪支而验为不堪者,每匹钱五贯。五十贯止。”②如果有人将能够正常使用的官马验为不能使用,对于举报者给予每匹五贯钱的奖赏。

《宋刑统》中对于故杀官私马牛的规定是:“诸故杀官私马牛者,徒一年半。”③《庆元条法事类》中对故杀官私牛马的规定是:“诸故杀官私马、牛,徒三年。”比较《宋刑统》与《庆元条法事类》的条文,我们可以发现南宋的法律条文要严于北宋,这是因为南宋时期的战争环境比北宋更加严酷。《庆元条法事类》卷七十九畜产门中规定:“赏格,诸色人,告获杀官、私牛及私自杀者,每头钱五十贯。三百贯止。告获杀官、私马,每匹钱二十贯。一百贯止。获马铺收得别铺官隐藏过五日不申官,或虽在限内而杀者,钱三十贯。”④

宋朝时期,虎、豹、狼这些猛兽对人们造成一定的威胁,为此朝廷在《庆元条法事类》卷七十九畜产门中明文规定了对捕获这些猛兽的金钱及物质奖励。⑤ 由于虎匠是专门从事捕获猛兽者,所以朝廷对虎匠捕获猛兽制定了更高的奖赏标准。

4. 其他领域的赏格

《庆元条法事类》卷七十七服制门中规定:“赏格,诸色人,告获故弃毁缘敕葬供顿之物者:笞罪,钱五贯;杖罪,钱一十贯;徒罪,钱一十五贯;流罪,钱二十贯。”⑥服制门主要规定丧服制度以及遭父母丧与为官之间的关系,宋朝对违反丧葬制度的

---

① (宋)谢深甫:《庆元条法事类》,戴建国点校,载《中国珍稀法律典籍续编》第1册,黑龙江人民出版社2002年版,第879页。

② (宋)谢深甫:《庆元条法事类》,戴建国点校,载《中国珍稀法律典籍续编》第1册,黑龙江人民出版社2002年版,第883页。

③ (宋)窦仪等:《宋刑统》,薛梅卿点校,法律出版社1999年版,第236页。

④ (宋)谢深甫:《庆元条法事类》,戴建国点校,载《中国珍稀法律典籍续编》第1册,黑龙江人民出版社2002年版,第891页。

⑤ 参见(宋)谢深甫:《庆元条法事类》,戴建国点校,载《中国珍稀法律典籍续编》第1册,黑龙江人民出版社2002年版,第896页。“赏格,诸色人,获猛兽,每头,小而未能为害者,减半。虎匠:狼,绢二匹,钱一贯;豹,绢三匹,钱二贯;虎,绢五匹,钱五贯。馀人:狼,绢二匹;豹,绢三匹;虎,绢五匹。”

⑥ (宋)谢深甫:《庆元条法事类》,戴建国点校,载《中国珍稀法律典籍续编》第1册,黑龙江人民出版社2002年版,第840页。

很多行为给予严重的惩罚,鼓励广大官民告发,根据犯罪者刑罚的不同给予五贯到二十贯的赏格。

《庆元条法事类》卷八十杂门中规定:"赏格,诸色人,告获辄弃毁神臂弓者,徒罪,钱二百贯。"①《庆元条法事类》卷八十杂门中规定:"赏格,诸色人,告获故烧官山林者:延烧者减半。不满一亩,钱八贯;一亩,钱一十贯,每亩加二贯。五十贯止。告获官、私船火发辄解缆者,钱五十贯。"②

乾道六年(公元1170年)夏,赈浙西被水贫民。乾道七年(公元1171年)八月,湖南、江西旱,立赏格以劝积粟之家。宋朝在出现灾害时,政府出钱买米,救济百姓。乾道七年,政府订立赏格来激励官员群众捐献出粮食进行赈灾。赏格的标准如表18所示:

**表18 对百姓或官员捐献粮食进行赈灾的赏格**

| **项目** | **一千五百石** | **二千石** | **四千石** | **五千石** |
|---|---|---|---|---|
| 无官人 | 补进义校尉 | 补进武校尉 | 补承信郎 | 补承节郎 |
| 进士 | — | 免文解一次 | 补上州文学 | 补迪功郎 |
| **项目** | **一千石** | **二千石** | **三千石** | — |
| 文臣 | 减二年磨勘 | 减三年磨勘 | 转一官 | — |
| 选人 | 转一官 | 循一资,各与占射差遣一次 | 循两资,各与占射差遣一次 | — |
| **项目** | **一千石** | **二千石** | **三千石** | — |
| 武臣 | 减二年磨勘 | 减三年磨勘 | 转一官 | — |
| 选人 | 转一资 | 选人循一资,各与占射差遣一次 | 选人循两资,各与占射差遣一次[1] | — |

注:〔1〕参见(元)脱脱等:《宋史》,中华书局1977年版,第4341页。

五千石以上,文武臣并取旨优与推恩。③ 景定二年(公元1261年),朝廷制定赏格,鼓励广大群众进入京城卖米,以平衡京城的米价,防止京城因米短缺而造成米价上涨。

---

① (宋)谢深甫:《庆元条法事类》,戴建国点校,载《中国珍稀法律典籍续编》第1册,黑龙江人民出版社2002年版,第910页。

② (宋)谢深甫:《庆元条法事类》,戴建国点校,载《中国珍稀法律典籍续编》第1册,黑龙江人民出版社2002年版,第914页。

③ 参见(元)脱脱等:《宋史》,中华书局1977年版,第4343页。

### (五)刑事诉讼领域的赏格

"盗"罪是中国最古老的犯罪之一,盗罪一般分为强盗和窃盗两种。《尚书·吕刑》记述上古之制云:"苗民弗用灵,制以刑,惟作五虐之刑曰法。"①历代统治者皆把强盗犯罪当作危害统治的主要犯罪予以打击。《庆元条法事类》卷八十杂门中对官员以及普通民众抓获强盗及窃盗者的赏格给予明确规定,并将强盗划分为普通的强盗以及凶恶的强盗。凶恶强盗对人身危害性远远大于普通强盗,故对于抓获凶恶强盗的赏格要优于普通强盗的赏格(见表19):

**表19　对官员及百姓抓获强盗的赏格**

| 项目 | 情形 | | | | |
|---|---|---|---|---|---|
| 命官 | 亲获凶恶强盗一人 | 亲获凶恶强盗二人 | 亲获凶恶强盗三人 | 亲获凶恶强盗五人 | 亲获凶恶强盗七人 |
| | 升半年名次 | 免试 | 减磨勘二年 | 减磨勘三年 | 转一官 |
| | 亲获强盗二人 | 亲获强盗三人 | 亲获强盗五人 | 亲获强盗七人 | 亲获强盗十人 |
| | 升半年名次 | 免试 | 减磨勘二年 | 减磨勘三年 | 转一官 |
| 诸色人 | 亲获凶恶强盗一人 | 亲获凶恶强盗二人 | 亲获凶恶强盗三人 | 亲获凶恶强盗五人 | 亲获凶恶强盗七人 |
| | 转一资,钱五十贯 | 转一资,钱二百贯 | 下班祗应 | 进武校尉 | 承信郎 |
| | 获窃盗,每人杖罪 | 获窃盗,每人徒罪 | 获窃盗,每人流罪 | — | — |
| | 钱一贯 | 钱三贯 | 钱五贯 | — | — |

嘉定七年(公元1214年)二月四日,荆湖南路安抚司奏:"郴州桂阳县令任满无盗贼疏虞,与减二年磨勘,选人循一资,付吏部施行。"②从此文可以看出,郴州桂阳县的县令治盗有方,所以给予减两年磨勘、选人循一资的奖励。县尉主管一个县的治安,捕获盗贼是县尉的主要职责。宋仁宗时期,天圣七年(公元1029年)大理寺对一些县尉是否亲自捕获强盗表示质疑,朝廷下诏,在适用赏格进行奖赏时,必须要弄清楚县尉是否亲自捕获强盗这一事实;对于一些官员行贿欺瞒获得奖赏的,必须革去其功名。③

① 刘俊文:《唐律疏议笺解》,中华书局1996年版,第1380页。
② 参见(清)徐松:《宋会要辑稿》,刘琳等校点,上海古籍出版社2014年版,第4320页。
③ 参见(清)徐松:《宋会要辑稿》,刘琳等校点,上海古籍出版社2014年版,第4364页。

《宋会要》中对捕获强盗的赏格给予明确规定,当强盗劫获的钱财达到十贯,或者持武器抢劫的钱财达到五贯,或者杀伤人的,才给予捕获者奖赏。捕获的强盗不符合这些规定的,不能给予奖赏。对于广南路抓获的强盗,强盗抢劫的赃款达到五贯以上且被财物的主人认领的才能给予奖励;若财物的主人死亡,须经过官府的查验,才可以给予奖赏。如果提刑司失察,将由皇帝降旨予以罢免。①

宋朝时期不仅中央政府有权力发布赏格,地方官员为了所管辖境内的治理,也可以在当地制定奖赏的标准,鼓励官吏们大力逮捕为害一方的盗贼。《宋史》中便有对一个官员在地方制定赏格鼓励逮捕盗贼的记载。“李中师字君锡,开封人。举进士……提点开封府界。境多盗,中师立赏格,督吏分捕,尽得之……乃擢度支判官,为淮南转运使。”②李中师为了逮捕其境内的盗贼,订立赏格,取得了很好的效果。

中国历代法律对于死刑都格外重视。宋以前的历代王朝都设立了死刑复核的机关,但宋以前的地方刑事案件大多是由地方长官的佐官或者狱吏代为审理的,这不利于刑事案件审判的公正性及权威性,并滋生了很多腐败行为。宋朝建立之初就非常重视官员的审案能力,并逐渐确立了地方长官亲自审理刑事案件的制度。真宗曾下诏,“诏纠察在京刑狱并诸路转运副使、提点刑狱及州县长吏,凡勘断公案,并须躬亲阅实,无令枉滥淹延”③。

宋朝制定了一些赏格来防止地方的司法主管官员徇私枉法,如表20所示:

**表20 对百姓举报官员徇私枉法的赏格**

| 情形 | 刑罚 | 钱量 |
|---|---|---|
| 诸色人,告获主守故纵囚亡 | 杖以下罪 | 钱一十贯 |
| | 徒以上罪 | 钱二十贯 |
| 诸色人,告获老疾应赎人充庄宅牙人者,私牙人同 | — | 钱一百贯 |
| 诸色人,告获部送已决配流、编管、羁管、移乡人而故纵 | 杖罪 | 钱五贯 |
| | 徒罪 | 钱一十贯 |
| | 流罪 | 钱二十贯[1] |

注:[1]参见(宋)谢深甫:《庆元条法事类》,戴建国点校,载《中国珍稀法律典籍续编》第1册,黑龙江人民出版社2002年版,第768、774、795页。

---

① 参见(清)徐松:《宋会要辑稿》,刘琳等校点,上海古籍出版社2014年版,第3283页。
② (元)脱脱等:《宋史》,中华书局1977年版,第10644页。
③ (清)李焘:《续资治通鉴长编》,中华书局2004年版,第2303页。

## 三、宋代赏格的适用

### (一)赏格的适用程序

宋朝自建立以来贯彻以文官治国的国策,对于官员的考核制度也为历代最严格。同时,宋朝的磨勘制度实行得较为完善和彻底,随着磨勘制度的盛行,磨勘制度逐渐取代了考课制度。宋朝的磨勘主要是考核官员任期内政绩的优劣。磨勘制度由中央到地方建立起一套严密的体系,决定了官员的循资及官员的升迁。宋朝在赏格中规定了很多减少官员磨勘年限的奖励措施,用以激发官员为政的积极性。

宋太宗时设置审官院,负责对京师中下级文官的考核;设置考课院(在元丰官制改革后其职责交由吏部的侍郎左选吏部),负责对地方幕职州县官的考核。对知县由知州通判考核后交给监司考评,最后由朝廷的中央部门决定赏罚;对知州有监司和中央两级考核。宋朝对京朝官和地方官确定了不同的考核方式,对于地方官的考核主要集中在垦田、赋税及人口治安几个方面。宋朝对于地方官员考核的基础就是印纸历子。朝廷在外派地方官员时,向官员发放印纸历子,由官员在其任上的时候进行填写,以此来对官员进行奖惩。印纸历子先由其上级官吏进行审核,然后交由审官院进行考核,对于印纸历子中记录的地方官员在任期间作出的一些功绩,符合赏格制度规定的奖励种类的,按照规定及流程给予奖赏。宋朝的考课制度中规定每年应该有一考,事实上只是由官员的上级主管官吏进行批书,在满任时才向朝廷上交,由朝廷主管官员进行考核。

真宗朝时,朝廷对于地方官员在任期内增加户口及赋税极其重视,要求官员在上任时详细记录其户口和赋税情况,到离任对比其增减;由新上任的官员进行验收确认,并且上奏证明确保无误。然后由离任的官员交由审官院或流内铨,通下逐司点勘,并会问三司。在宋朝对官员的考核中,三司发挥着重要作用。

针对不同的领域,宋朝对官员赏赐过程中的复核也分为许多种。比如,针对刑事诉讼领域的赏格就要经过刑部的复核;对于赋税及经济领域的赏格,就要由户部进行复核;在农业户口领域的赏格中,知州如完成赏格所规定的劝农耕种田数,向转运司申请,转运司查明后上报户部,再由户部覆查定夺;县令如劝导民众恳辟田亩,增加赋税收入及复耕抛荒土地后申明知州,知州限半月内覆实,然后申明转运司,转运司一个月查明后申明尚书省户部,如果知州县令于所订立赏格外开垦田土,计数累赏,如所申明不实,交刑部严办。

宋朝的赏格中对于普通百姓的奖励多以金钱的形式进行。宋朝时以铜钱为基本的货币,铜钱以贯为基本单位,赏格中多出现赏钱多少贯的规定。理论上一贯应该等于一千文,但由于宋朝的钱币制度混乱,私铸钱不止,民间劣钱、小钱泛滥,各州还有权自己铸钱,实际上一贯等于八百文左右,况且还存在川陕铁钱区及铅锡钱。所以在奖赏民众金钱时,与赏格的规定会有一定的出入。

**(二)赏格适用过程中存在的问题**

1. 赏罚不明、无功而赏降低赏格的作用

宋朝前期,政治治理较为完善,赏格制度的运用对整个社会起到较好的作用,而在北宋中后期及南宋时期,国家对社会的治理及控制能力逐渐降低,吏治也更加腐败,赏格对整个社会所起的作用逐渐降低。宋朝初期是宋朝赏格的初创时期,就军事方面来说,宋朝初建立时,宋太祖与宋太宗一直致力于收复幽云十六州,所以在军事领域的赏格不仅大力鼓励戍边的将士奋勇杀敌,而且对于边疆的民众杀敌也制定了优厚的赏赐标准。在军事行动中,赏与罚格外重要,北宋时期对于赏格的执行是较为严格的,但到了南宋时期,由于经历了北宋的大溃败,南宋军纪的执行力及严格性大不如北宋。比如,北宋时期对于将士的赏赐是以斩敌首级的多少来进行计算的。而到了南宋时期,在对敌作战中赏赐的标准便不再那么严格。"南宋初年,政府军队是以北宋溃卒为基础组建而成,不仅纪律涣散,而且士气低落,严重的影响了军队的战斗力,与金军的几次交战中,经常是一触即溃,南宋政府为了提高军人士气,扭转不利战局,不得不加大对一线统兵官的赏赐力度。"①赏罚分明本是军事法规中的一条重要原则,起着提高军队战斗力的重要作用,但在南宋时期,无功而赏、罚则不明成为一种普遍现象。

建炎元年(公元1127年)十一月七日,臣僚言:"累年以来,保奏功赏类多不实。如江浙、山东之捕盗,关陕、两河之边事,有司出给文据,冒滥不一。"②在赏格的实践操作过程中,很多官员为了获得赏赐,不惜弄虚作假。这造成一些无功的官员得到奖赏,一些有过的官员得不到惩罚,大大降低了赏格的适用效果。

2. 行政效率的低下影响到赏格的施行效果

宋朝的赏格制度虽然在法条中规定得较为详尽,但在具体的施行过程中很难落实。如在关于刑事诉讼领域的赏格中记载,在规定的时间内捕获一个团伙的盗贼或部分凶恶盗贼,即可赏钱或者减少磨勘年限,但在上级官员及刑部的审核中,很少有适合赏格标准的官员,究其原因就在于赏格的条文过于细致,标准过高。如果县里出现了盗贼,县尉或者县令必须定期捕获,定期捕获的,给与奖赏。但是,即使县尉或者县令成功抓捕盗贼,也会因为不符赏格的具体规定而不能行赏。

---

① 钱俊岭:《宋代军队赏罚制度研究》,河北大学2011年博士学位论文。

② (清)徐松:《宋会要辑稿》,刘琳等校点,上海古籍出版社2014年版,第7071页。

奖赏的条件要求过于严格,因而对奖赏有多方面的限制。而且一些赏格过于丰厚,造成一些人争功或者妒忌,隐匿奖赏的相关材料,加上宋朝的奖赏必须经过有关部门查明属实,再经过层层审批,所隔时间甚久,最终导致一些奖赏无法落实,从而使统治者失信于民,也使赏格的奖励机制大打折扣。如宋哲宗朝的刘挚在论贼赏稽留的奏疏中讲道:"在盗贼发生时,县官恻然开告捕之科,提官爵,抱金帛,恨不得马上赏给举告有功之人。获后,赏赐却被稽留,但贼盗被捕使告捕之人不得亟蒙有劳之利。"①

宋朝自建立以来,军事战争不断。对于将士的奖赏是保证军队战斗力的重要措施,宋朝统治者在军事领域虽不吝赏赐,但是宋朝官制的复杂造成行政效率低下,也制约了赏赐的及时性及公正性。靖康元年(公元1126年)九月十四日枢密院给宋钦宗的上奏中言道:"比年以来,多因先以统制兵将官奏捷状便行推赏,逐官既已迁官,其余动经岁月,方以上闻。枢密院又将其间使臣札下吏部,副将下刑部,军人下军马司,弓箭手之类下本路,再行勘会,或致经历一二年间,方以三两名申院。"②从这个奏章中可以看出,虽然北宋时期由枢密院负责奖励军功,但是仍然要经历其他部门的复核,因此效率极其低下,同样在一场战争中立功的人,赏赐时间却可能相差一两年,甚至有些立功的将士得不到奖赏。这种情况短期内难以改变,与军赏的不及时、不公正应有一定的联系。

**(三)赏格适用的积极作用**

1.打击犯罪,维护社会稳定

"宋朝是一个阶级矛盾、民族矛盾始终尖锐复杂的朝代。盗贼纵横,处处窃发,此起彼伏,前仆后继,是其突出的特点。"③为此,刑事犯罪是宋朝赏格的一个重要领域。赏格对告发犯罪的人们给予奖励,并且对捕获盗贼的官员给予金钱及升迁的奖励。

社会稳定及治安形势良好,才能为经济的发展提供保障。"县尉是宋王朝最低层负责治安管理的官员,直接控制着地方,其作用却十分重要。"④为了鼓励县尉尽快捕获盗贼,建隆三年(公962年)宋政府即颁发了《捕贼条》,"置县尉,颁《捕贼条》,给以三限"⑤。以二十日为一限,对于县令及县尉捕获盗贼给予以下奖赏(见表21):

---

① (宋)刘挚:《忠肃集》,裴汝诚、陈晓平点校,中华书局2002年版,第119页。

② (清)徐松:《宋会要辑稿》,刘琳等校点,上海古籍出版社2014年版,第7070页。

③ 郭东旭:《论北宋"盗贼"重法》,载《河北大学学报(哲学社会科学版)》2000年第5期。

④ 王钟杰:《宋代县尉研究》,河北大学2006年博士学位论文。

⑤ 参见(元)马端临:《文献通考》,中华书局1986年版,第375页。

表21 对县令及县尉在时限内捕获盗贼的赏格

| 项目 | 时限 | 人数 | 奖赏 |
| --- | --- | --- | --- |
| 县令、县尉 | 第一时限 | 不计人数多少 | 减一选 |
| | | 捕获贼一半以上 | 减两选 |
| | 第二时限 | 不计人数多少 | 超一资 |
| | | 捕获贼一半以上 | 超两资 |
| | 第三时限 | 不计人数多少 | 加一阶 |
| | | 捕获贼一半以上 | 加两阶 |

“熙宁三年十二月上旬,政府公布了司农寺制定的《畿县保甲条例》:保甲法规定每十家为一保,不及五家的附入别保,由主户一人任保长;五十家为一大保,由主户中最富有的一人任大保长;十大保为都保,由主户中最有才能及最富有的二人任都、副保正。”①这一政策是王安石变法中的一项主要措施,其目的是减少政府军费的开支,维护社会治安,加强对民众的控制。该条例中规定,如果捕获贼盗,除依照编敕规定的赏格进行奖赏外,并给予额外的奖赏。每获贼除编敕赏格外,如告获窃盗,徒以上每名赏钱三千,杖以上一千。虽然宋朝对保甲捕获盗贼规定的奖励措施本质上是为了控制民众、防范和镇压犯罪,但是在一定程度上也起到了稳定社会秩序的作用。

2. 增加财政收入

宋朝时期由于“三冗”以及长期的军事战争,财政开支巨大,国家需要大量的税收充实国库,因此地方官员的主要任务是增加税收。“保护国家财政收入,是宋朝法律的重要内客。尤其在税收、禁榷、官物管理等方而,采取了告赏措施,加强了对国有资财的全面管理。”②宋朝在货币、榷禁、赋税领域制定了大量的赏格来鼓励民众举告伪造货币、偷逃税收、违反榷禁法律的行为。

《庆元条法事类》赋役门中记载大量的有关赋税征收过程中的赏格。朝廷的赏格不仅防范民众偷逃赋税,也对官员征收赋税有功进行奖赏。对于民众诈称灾伤、隐匿田产的行为给予严惩,也严厉打击官员及吏人在赋税征收过程中贪赃枉法、危害百姓的行为。“赏格,诸色人,告获诈匿减免等第或科配者,以所告财产,已经减免,给五分;如告获州县吏人、乡书手,并全给。未经减免,给三分之一。如

① 陈振:《宋史》,上海人民出版社2020年版,第231页。

② 郭东旭、刘志刚:《宋代经济领域中的告赏立法》,载《河北法学》2008年第10期。

告获州县吏人、乡书手，给五分。”[①]通过诸色人的举报，告获欺骗、隐匿田产偷逃税收的，以犯人财产的一半奖励举告者；如果告获县吏人、乡书手贪赃枉法的，以犯人所有田产奖励举告者。

3. 激发官员为政的积极性

“宋朝一年一考课、三年五载一磨勘的考核制度是从基层官员选人做起，治绩突出的可提前晋级，一般都要循规晋级。”[②]磨勘制度对于宋朝官员的晋升起着至关重要的作用，朝廷规定，官员三年或五年进行一次磨勘，若考核优秀，予以升职。宋朝在针对官员的赏格里面有很多减少磨勘年限的规定，这有利于调动官员的积极性，促使一些官员为了升迁而有所作为。

《庆元条法事类》卷七职制门四《监司巡历》中规定：“赏格，命官，监司岁终巡历州县，疏放冤抑禁囚差官者不理数。一百人以上，减磨勘一年；二百人以上，减磨勘两年。”[③]宋朝时期的路级长官转运司、提点刑狱司、提举常平司统称为监司，皆有监察巡视地方政务的权力。宋朝时期为了减少冤假错案，鼓励监司释放关押有冤的犯人，对于释放冤屈者达到百人以上的，给予减少磨勘的奖励。

宋朝时期货币制度较为混乱，铜钱与铁钱并行，私铸钱犯罪行为泛滥，朝廷对官员打击私铸钱犯罪行为制定了优厚的赏格，鼓励官员在打击私铸钱犯罪方面有所作为。“加之宋代铜禁政策的不彻底性，使私人铸钱在技术上和原料上都具备了可行性，最终导致货币流通中法钱不行，私钱泛滥。”[④]对于官员抓获以铜钱出界、私自用铜钱与蕃商交易、私铸钱的犯人赏格如表22所示：

**表22 对于官员抓获私铸钱罪犯的赏格**

| 情形 | 刑罚 | 后果 |
| --- | --- | --- |
| 命官，获以铜钱出中国界者：知情引领、停藏、负载人并减半 | 徒罪 | 减磨勘二年半 |
| | 流罪 | 减磨勘三年半 |
| | 配远恶州 | 转一官，减磨勘一年 |
| | 死罪 | 转两官 |

① （宋）谢深甫：《庆元条法事类》，戴建国点校，载《中国珍稀法律典籍续编》第1册，黑龙江人民出版社2002年版，第633页。

② 杨方旭：《宋代官员考核内容与方法研究》，载《兰台世界》2011年第22期。

③ （宋）谢深甫：《庆元条法事类》，戴建国点校，载《中国珍稀法律典籍续编》第1册，黑龙江人民出版社2002年版，第125页。

④ 郑瑾：《关于宋代货币私铸的几个问题》，载《浙江大学学报（人文社会科学版）》2007年第1期。

续表

| 情形 | 刑罚 | 后果 |
|---|---|---|
| 命官,获以铜钱与蕃商博易者:知情引领、停藏、负载人并减半 | 徒罪 | 减磨勘一年半 |
| | 流罪 | 减磨勘二年半 |
| | 配远恶州 | 转一官 |
| 命官,亲获私铸钱 | 未成 | 减磨勘一年 |
| | 已成 | 减磨勘二年 |
| | 所获钱五百贯以上 | 减磨勘三年 |
| | 三千贯以上 | 转一官,选人循两资 |

资料来源:(宋)谢深甫:《庆元条法事类》,戴建国点校,载《中国珍稀法律典籍续编》第1册,黑龙江人民出版社2002年版,第412、418页。

### (四)赏格适用的负面影响

宋朝的财政一直处于紧张状态,在对地方官员的考课中,往往更多强调赋税,而对赋税征收的过分强调,给整个宋朝带来了很大弊端。一些官员为了达到自己升迁及获取赏赐钱财的目的而对百姓横征暴敛。而且,过于注重赋税的征收所导致社会发展的失衡,也是宋朝农民起义多发的一个重要原因。

宋代在社会生活的各个领域制定了大量的赏格,本欲严厉打击犯罪,维护统治秩序,但是一些人在利益的驱使下,不惜铤而走险,编造罪名,诬陷他人,致使一些无辜的人蒙受冤屈。而一些赏格规定用犯罪者的财产奖赏举告者,贪官污吏在实际操作中往往肆意侵吞财产,侵犯国家及个人的利益。如《庆元条法事类》中规定:"告获诈匿减免租税者,以所告田产,全给;未经减免者,给半。"①告发以欺诈隐匿的方式减免租税的,以所告发的犯人的财产全部奖赏给告发者。但是在赏格的具体适用中,是有复杂的程序的,先由告发者举报到地方官府,再由地方官府派人进行核查,如情况属实,才能由官府查封犯人田产,并对告发者进行奖励。举告者唯钱财是图,不惜做出伤害亲情伦理的事情,地方贪官污吏的为非作歹也透支着宋朝政府的公信力。宋哲宗元符元年(公元1098年)十月诏:"偷引河水私用者,许人告,及地分军巡人看管人捕获,每名支赏钱三贯,并以犯事人家财充。"②宋政府将犯罪人家产充赏钱的规定,使一些不法官吏有机可乘,他们以追缴赏钱为名侵

---

① (宋)谢深甫:《庆元条法事类》,戴建国点校,载《中国珍稀法律典籍续编》第1册,黑龙江人民出版社2002年版,第633页。

② (宋)李焘:《续资治通鉴长编》,中华书局2004年版,第11979页。

吞犯人家财。①

军事领域的赏格对百姓危害更为严重,宋朝时一些官吏武将及部分士卒为了得到军赏,不顾军纪,一味与他人争夺首级,甚至有些将士滥杀平民以邀军赏。宋朝对庸将的纵容和姑息,对良将的防范和迫害造成将士们只顾互相邀功领赏、贪图财货。这也是宋朝为何如此重视军赏,但军队战斗力不高的一个原因②。在镇压"盗贼"的过程中,为鼓励军兵奋力杀"贼",官吏随意下令悬赏。如在镇压方腊起义时,亦有能杀贼人头来献者受奖之令。结果是军兵为邀赏,逢人就杀,无辜之民,深受其害。③

宋政府以金钱财物或官爵等为诱饵吸引人们举告,通过对举告人的奖赏鼓励人们举告。这一制度确实起到防治犯罪的作用,严密监控也可促使罪犯自首。但这项制度也使人们互不信任、互相猜疑提防,极易导致诬告事件的发生④。在榷禁领域的赏格中已经介绍,宋代中央为了增加财政收入,对在榷禁领域征税较多的官员给予奖励,然而赏格的施行也有一些负面影响。榷禁制虽然"助经费之用",然而,场务官吏为多征税利,以图恩奖,苛敛与民,庶民怨恨。结果场务不兴,朝廷也难获其利。⑤

## 四、结论

宋朝加强中央集权,将财权、军权、人事任免权收归中央。宋太祖认识到,守内比御外更加重要,故加强内部的管控是宋朝一直以来的基本国策。政府通过制定大量的举告赏格鼓励民众告发犯罪,并在有的法律条文后面写明"赏格",给予举报的人以金钱奖励。在针对官员的赏格中,如果达到赏格的标准,将给予官员减少磨勘年限或者升迁的奖励,有的也给予金钱等物质奖励。通过完善的赏格制度可以为官员提供明确的晋升途径及优厚的经济待遇。本文从社会政治生活中的微观层面入手,通过对宋朝政治、经济、监察、社会生活、诉讼领域赏格的介绍对赏格制度进行深入分析。

有些赏格的本质就是维护统治阶级的特权,统治者用法律的形式来维护社会的等级差异,皇家的特权更把古代社会的阶级性体现得淋漓尽致。在等级特权方

---

① 参见马永娟:《宋代举告制度研究》,河北大学2005年硕士学位论文。

② 参见顾吉辰:《北宋军赏制度考述》,载《史林》1992年第3期。

③ 参见郭东旭:《论北宋"盗贼"重法》,载《河北大学学报(哲学社会科学版)》2000年第5期。

④ 参见马永娟:《宋代举告制度研究》,河北大学2005年硕士学位论文。

⑤ 参见宋小维:《宋代经济法制初探》,载《河南大学学报(社会科学版)》1998年第3期。

面的赏格中,一些颜色的使用,如黄色就是皇家专用,龙或日月星辰也只能被皇家用作装饰,其法律对僭越者进行严厉的惩罚,并鼓励臣民告发僭越的行为。朝廷也出台诏令禁止民间对一些贵重物品的使用。金这种贵重的金属一直以来都作为装饰物为大众所追捧,但统治阶级却出台赏格鼓励告发一些用金子作为饰品装饰衣服的行为,皇宫使用金子时的铺张浪费更体现了这种不平等性。

宋朝统治的基础是庞大的官僚阶级。一直以来,加强对官僚的管理、控制以及调动官员的为政积极性都是统治阶级面临的两大难题。一方面,宋朝政府通过官僚机构的重叠及官员的差遣制度加强对官员的控制;另一方面,宋朝又大力实行恩荫制度,加重了“冗官”,在科举考试之外又增加牒试。恩荫及牒试制度运行的过程中存在很多问题,动摇了统治的基础,朝廷又制定赏格来鼓励臣民告发在恩荫及牒试过程中的犯罪。宋朝与周边的少数民族一直进行着长期的战争,军费开支巨大,财政问题一直困扰着朝廷。朝廷制定赏格,对官员增加户口、赋税收入的行为给予金钱奖赏及减少磨勘年限的奖励。宋朝时商品经济得以发展,商业发达,商税的征收高于前朝。为扩大财源,宋朝又对榷禁领域格外重视,严厉打击违反榷禁法律的行为,对官员在酒、茶、盐等领域的税收征收给予重赏,以加大税收的收入。宋代的赏格涉及社会生活的方方面面,有道释领域的赏格,是国家为加强对僧人、道士的管理和控制;畜产领域的赏格主要是国家为了保护官马及耕牛,以提高生产力。

宋朝社会矛盾激化,社会治安形势严峻,朝廷又以“重典”治盗,对打击犯罪有力的官员给予奖赏,又用授予官职的形式对农民起义的首领进行招安,以缓和社会矛盾;在军事领域中,赏格虽起到了激发军人战斗力的作用,但宋代滥赏的现象十分严重,降低了赏格的适用效果;在镇压农民起义的过程中,朝廷以起义者的首级计赏,一些将士为了获得奖赏,竟然滥杀平民以充赏。宋朝时期以铜钱作为基础货币,虽然宋朝的采铜量巨大,但是民间有很多人毁铜钱来铸造铜器,朝廷因而出台赏格对毁铜钱铸造货币的行为给予打击。朝廷禁止铜钱出海,防止铜钱外流。私铸钱犯罪也一直为历代所禁不止,虽然宋朝出台较高标准的赏格,但在高额的利润驱使下,私铸钱犯罪仍屡禁不止。

宋代的赏格只是统治者治理的一种手段,通过诏令或者法令的形式予以下发。由于宋代官制的复杂、行政效率低下,赏格在适用中的效果大打折扣。一些赏格中规定赏钱从被举告者的家财而出,但在具体操作中,需要地方官员查没财产并对举告者进行奖励。一些地方的贪官污吏借此大发横财,影响了赏格的施行效果。

# 清代黑豆管理法律规范研究

崔莹露

黑豆是杂粮的一种，有喂马极肥的特性。在骑射开基的清代，黑豆兼具军需物资、运输物资、皇家物资等多重属性，获得了政府的特殊关注，并为此制定了一系列的管理法律规范。本文以清代黑豆管理法律规范为研究对象，梳理清政府在黑豆收纳、支放以及黑豆仓储和价格等方面的调控规则、执行中出现的问题及其相应的惩罚措施，进而探究清政府对社会资源进行法律控制的情况。

## 一、清代黑豆收纳法律规范

清初所需黑豆的供应方式主要是旗庄输纳和给银采买，其中内务府所需黑豆主要来自直隶及奉天旗庄。清初内务府设立的旗庄地有粮庄、豆秸庄、菜园等。其中豆秸庄主要种植黑豆草料。康熙十五年(公元1676年)奏准，“投充豆粮庄地照银庄例，每亩征银五分，应纳豆一斤(每斤斗合仓斗三斗六升)……共纳豆三千二百二十五石有奇”[①]；雍正六年(公元1728年)，又对豆庄的纳豆标准进行了重新规定，新的纳豆标准如表1所示：

---

① 《钦定大清会典事例》卷三六四，清光绪二十五年重修本。

**表1 雍正六年豆庄纳豆标准**

| 地亩数 | 116顷64亩 | 87顷31亩至32亩 | 73顷73亩 | 64顷66亩 | 64顷33亩 |
|---|---|---|---|---|---|
| 岁纳豆数 | 522石3斗6升 | 386石9斗6升4合 | 328石9斗3升2合 | 390石5斗6升4合 | 290石2斗3升2合 |

表1汇总了豆庄纳豆供应内务府马匹饲养的数量标准。内务府各厩领用草豆也有具体规定:“需用草豆,由会计司分令各庄交送,如有不敷,由会计司移户部,由院具领咨取。”①“如仍不敷用,则“汇计实数,行会计司转行广储司,支银和买”。② 而京师八旗马驼所需黑豆,之前采取给银采买的方式。但“后因近京地方产豆无几,每多缺乏”③,兵丁自行购买不易。且“城内养马,俱赖附近州县各庄头所种之豆及山东、河南两省商贾贩卖之豆,遇豆稍缺,价即踊贵”,以致“八旗官兵每月所领马银,仅敷喂马,不能致马肥壮”。④ 为了解决上述问题,雍正十年(公元1732年),清政府开辟了新的黑豆供应方式——漕粮征收,将黑豆的部分民间贸易收归政府,并于雍正十年奏准,各厩圈所需草豆“除收各庄应交草豆外,不敷之豆,于户部奏准,山东、河南每年运到改折黑豆内领用,各厩圈核计应用数目,移付会计司呈堂,转咨户部具印领支取”。⑤ 雍正十一年(公元1733年),户部上奏,“现今八旗拴养驼马及内务府三十馆圈所需豆石,俱在山东、河南二省所运豆十万石内支用”。⑥ 可以看出,黑豆征收逐渐成为供应京师八旗和内务府所需黑豆的主要来源。如遇特殊情况,官方采买则会作为黑豆收纳的重要补充途径,以保证黑豆的供应。综上所述,京师地区八旗马匹所需黑豆来源以征收为主、采买为辅。和京师地区黑豆供应不同的是,地方驻防马匹所需黑豆则主要依靠官方采买。除此之外,遇有战争或者皇家大型活动等黑豆需求大增的情况,也会采取官方采买的方式来保证黑豆的供应。当然,黑豆征收和采买并不是将黑豆市场完全垄断,除了征收和采买两种黑豆来源途径外,清初就存在的黑豆商贩市场依然存在。为了调节仓储、调控价格,官方黑豆偶尔也会与黑豆商贩市场发生联动。为了保证黑豆的顺利收纳,清政府就黑豆征收和黑豆采买制定了一系列事例和则例等规范,下文对此展开分析。

---

① 《钦定大清会典事例》卷三六八,清光绪二十五年重修本。
② 《皇朝文献通考》卷一九三。
③ 《户部漕运全书》卷六〇,清光绪刻本。
④ 参见《谕行旗务奏议》卷一〇,清文渊阁四库全书本。
⑤ 《大清会典则例》卷一六五,清文渊阁四库全书本。
⑥ 《漕运则例纂》卷一,清乾隆刻本。

### (一)黑豆征收法律规范

1. 雍乾时期黑豆征收规范

黑豆虽然是清朝马政建设和运转的重要物资,但在雍正十年以前,“漕粮向不征豆”①。京师黑豆供应主要是依靠庄头所种之豆和山东、河南两省商贾贩卖之豆,但这种方式并不能保证黑豆稳定供应,且黑豆市场价格起伏较大。

> 雍正十年,“大学士议准:于豫东二省额征粟米内,每省改征黑豆各五万石运送通仓,分发八旗官米局,平价卖与拴马官兵,仍照分发稜粟米之例,令各该佐领按月领放交银,饲马料豆自可永免缺乏”。②

雍正十年之后,黑豆成为漕粮征收的重要一项,历代皇帝根据黑豆需求、消耗以及仓储等情况,对黑豆征收进行相应调控。雍正十一年,为满足理藩院宾客等处每年约一万七千余石的黑豆需求,在河南、山东两省各改征黑豆五万石的基础上,户部奏准,“山东省按年再改运黑豆二万石,将召买等供应之处,令其照内务府例,自赴仓场衙门支领”。③ 因此,雍正十一年,“山东、河南额征粟米内改征黑豆十二万石,运供在京官兵,并支应理藩院宾馆等项牧马之用”。④

自雍正十年开启粟米改征黑豆的先例后,“嗣因黑豆为八旗饲马所需,不便缺少”。⑤ 改征黑豆这一收纳途径也得到了乾隆帝的认可并得以延续,且征收的黑豆成为供应八旗饲养马匹的重要来源。此后,清政府多次制定关于调控黑豆征收的事例和则例,以保证黑豆的收支平衡。乾隆二年(公元 1737 年),由于“山东、河南两省改征黑豆不敷支给,于河南粟米内再改征二万石,山东粟米内再改征四万石。”⑥可见,乾隆时期对黑豆的需求量只增不减。清政府在制定征收黑豆规范时,也会注重地方的差异性,因地制宜。由于黑豆多种植在近河之区,考虑到河南祥符等州县离河较远,黑豆所种无几,而永城、卫辉一带,黑豆出产较广,价格亦平。乾隆五年(公元 1739 年)题准:“河南改征黑豆系于各州县应征粟米内派征,永城等十九州县折征粟米,购买维艰,采办之米于祥符等州县征

---

① 《户部漕运全书》卷七,清光绪刻本。
② 《漕运则例纂》卷一,清乾隆刻本。
③ 参见《漕运则例纂》卷一,清乾隆刻本。
④ 《大清会典则例》卷四二,清文渊阁四库全书本。
⑤ 《户部漕运全书》卷七,清光绪刻本。
⑥ 《钦定大清会典事例》卷一〇一,清光绪二十五年重修本。

解,以祥符等州县应收之豆于永城等州县采买。"[①]如此调控之后,祥符等处民众,由于该处"米多豆少,完米更觉便易。而永城等处,将折徵之银,赴豆多价平之地方采买起运,不但官免赔垫之虞,而卫辉米价,不致每年腾贵。既于民食大有裨益,又于漕运米豆毫无增损,官民两利"。[②]

清政府在制定征收管理规则时,除考虑地域差异,也注重因时制宜,如遇灾害,会对应征黑豆予以缓征。乾隆八年(公元1743年),山东省夏季雨泽愆期,被灾之处遍及十四州县,"所有本年应纳漕粮黑豆,例应十月开征"。由于被灾地方收成均属歉薄,如要按期输纳,实属艰难,乾隆帝发布上谕:"将东省被灾州县、本年应纳漕粮黑豆,及原有带徵之处,视被灾之轻重,分别年份,缓带输纳,以纾民力。"[③]乾隆九年(公元1744年),由于上年山东省旱灾,被灾州县应征黑豆缓征,抵达京师黑豆较往年少,使京师豆价稍昂,兵部侍郎雅尔图奏称:"豫省产豆甚多,请将该省额米一十五万余石悉改黑豆起运。"[④]但考虑到豫省虽为产豆之地,但产豆仍不若产谷之广。若尽改征豆,价值必昂。因此,最终决定,将祥符等五十州县乾隆五年黑豆改征米石的部分,不再征米,仍改为征豆。于是,在雍正十年、乾隆二年加征黑豆的基础上,"乾隆九年题准:豫省粟米内再改征黑豆二万九千三百五十六石六斗六升零,将祥符等五十五州县改代永城等州县应征之米二万九千三百五十六石零,仍复征豆交军"。[⑤] 至此,河南省每年的黑豆征收量达到九万九千三百五十六石六斗六升。山东省经过雍正十年、雍正十一年、乾隆二年屡次加征后,每年的征收量达到了十一万石。两省"每年合计额解黑豆二十万九千余石,以供支放八旗马驼之用"。[⑥]

乾隆十六年(公元1751年),由于"豫东二省额徵运通粟米,尚有三十七万余石,计支放官兵俸饷外,每岁多有余剩。"且"京师官员兵丁饲养马匹需用黑豆甚多",乾隆帝传谕鄂容安、准泰等,"令其于额徵粟米内各按地方情形,视其出产之多寡,分别定数,每省再为改徵黑豆一二万石,同从前改徵豆石,一并兑运",希望可以达到民间有资口食,而京师黑豆价格又不致昂贵的效果。乾隆帝此次传谕河南、山东巡抚,也强调"倘加增改征豆,于闾阎完纳漕粮实有未便之处,亦即据实查

① 《钦定大清会典事例》卷一〇一,清光绪二十五年重修本。
② 《清高宗实录》卷一二〇。
③ 《清高宗实录》卷一九九。
④ 《清高宗实录》卷二二二。
⑤ 《漕运则例纂》卷一,清乾隆刻本。
⑥ 《清高宗实录》卷三八九。

奏,不必勉强从事”。据河南巡抚鄂容安回奏,“豫省地方,粟豆兼产。以贱价之豆抵贵价之米,乐于输将,改征一二万石,民情并无未便”。于是,从乾隆十六年开始,河南省在应征粟米内又改征黑豆二万石。由于永城等州县离水较远,改征的黑豆于祥符等三十一州县均匀派征。山东省巡抚回奏建议,从原改征黑豆后停征的二十一州县中,就产豆多寡区别定数,再改征黑豆三万石。① 两省此次改征均从该年开始征收,即乾隆十六年,河南、山东两省运京黑豆接近二十六万石,侧面印证了“京师官员兵丁饲养马匹众多,非他处可比”。② 河南省原本每年额征漕粮二十二万石,此次改征后,尚余漕米十万余石。同年六月,户部希望将剩余漕米或全行改征,或再酌分数改征之处议奏。但河南巡抚认为,“续改豆石,为数较前已多。虽粟价昂于豆价,以豆抵谷,民所乐从。但各属情形不一,产豆究不若产粟之多,收获亦迟。若再改徵豆石,不惟恐误漕限,且致价值昂贵”。③ 基于此,最终不再加增征收黑豆的额度。

从雍正十年到乾隆十六年,京城对黑豆的需求量有增无减,多次加增河南、山东两省黑豆的征收额度。然而多次加征的结果,不仅地方到达可承受的额度上限,而且由于京师对黑豆的消耗量也有一定的限度,豫东两省每年稳定的黑豆供应使京师地区黑豆出现了库存过多的现象。故自乾隆十六年开始,黑豆征收量持续增加的情况不再出现,而是在改征粟米和改征黑豆两者之间来回反复。

乾隆十六年题准的加增黑豆事例实施了两年,一直到乾隆十八年(公元 1753 年),河南、山东两省从额征粟米五十七万余石内每年均改征黑豆二十五万九千三百余石,这个征收额度导致运京粟米不足以支放兵饷,并且粟米的价格日益昂贵。仓场侍郎鹤年奏称,“至京仓现存黑豆六十万石六千有零,足供三年支放,若将来仍照旧运通,则黑豆日盈,而粟米日绌。且农民多喜食粟,而黑豆又难久贮。请自十九年为始,豫东二省,应运黑豆,酌半改征粟米,分贮京通各仓。则豆无潮黰,而粟不昂贵”。④ 该上奏得到了乾隆帝的批准。从乾隆十九年始,“豫东二省应运黑豆通融酌半仍行改征粟米,分贮京通各仓,则黑豆减十二万余石即可,增十二万余石粟米,俟暂行酌改后,再行酌量情形,因时调剂,或照旧全征,或仍行改半,分晰数目,奏明办理”。⑤ 乾隆十八年最终奏准,从乾隆十九年(公元 1754 年)始,“豫

① 参见《钦定大清会典事例》卷一〇一。
② 《清高宗实录》卷三八九。
③ 《清高宗实录》卷三九九。
④ 《清高宗实录》卷四四三。
⑤ 《漕运则例纂》卷一,清乾隆刻本。

省改征豆内仍改征粟米五万九千六百九十八石零,东省改征豆内仍改征粟米七万石”。[①] 豫东两省共计改征粟米十二万余石。此次减征黑豆的数量基本奠定了乾隆时期之后的调控幅度,根据具体情况来决定十二万九千石是征收粟米还是黑豆。经过乾隆十八年的减征调控,由于到乾隆二十年(公元1755年),“京仓收贮黑豆,积五十余万石”[②],减征黑豆的则例继续实施。一直实施到乾隆二十四年(公元1759年),户部奏准,“今京仓黑豆既无陈积,而八旗又增拴马匹,需豆之处较前更多。应令豫东二省从前改征粟米十二万余石,照例仍征黑豆,于庚辰年运通交纳。俟将来积有余存豆石,临时再行酌量情形调剂”。[③] 从这条则例可以看出,改征黑豆的数量又恢复到了减征前。该条则例施行5年,不仅缓解了京城黑豆紧张的局面,还使各仓存贮黑豆达三十六万余石。如果不加以调整,乾隆二十五年豫东并奉天等省新运黑豆又会有二十八万余石,共计应存黑豆六十四万余石。而每年“八旗各衙门应用黑豆十余万石,约可供四五年支放”。故乾隆二十九年(公元1764年),户部奏准,“应请以乾隆三十年(公元1765年)为始,将豫东二省从前复征黑豆十二万九千余石仍改征粟米运通,一转移间兵丁支领粟米无须以稜抵给,而黑豆亦不致陈积”。[④] 此次黑豆改征粟米则例和往常改征一样,实施了5年。乾隆三十四年(公元1769年),仓场具奏,“今京仓存贮黑豆只存八万余石,现存粟米及明岁运通粟米共计一百余万石”。故“将豫东二省改征粟米十二万余石照例仍征黑豆”。此次改征从乾隆三十五年(公元1770年)开始实施。3年后,又将黑豆改征回粟米。乾隆四十四(公元1779年)、四十六(公元1781年)等年由于轮免豫东二省并奉天省米豆,仓储黑豆不敷支放。因此,经户部具奏,“请将豫东二省三十七年续改十二万余石之粟米,自四十六年为始,仍改征黑豆运京”。实施5年后,因为黑豆仓储充裕,恐致霉变,又“议将续改豆十二万石奏准自五十年为始仍征粟米起运”。乾隆时期的最后一次改征是在乾隆五十五年(公元1790年),将乾隆五十年改征的粟米又改征为黑豆。[⑤]

由于乾隆时期黑豆和粟米互为改征的次数较多,为了清晰直观地展现乾隆时期黑豆的总体趋势,现将乾隆时期的黑豆征收的总体情况在图1中呈现:

---

① 《户部漕运全书》卷七,清光绪刻本。
② 《清高宗实录》卷五〇一。
③ 《漕运则例纂》卷一,清乾隆刻本。
④ 《漕运则例纂》卷一,清乾隆刻本。
⑤ 参见《户部漕运全书》卷八,清光绪刻本。

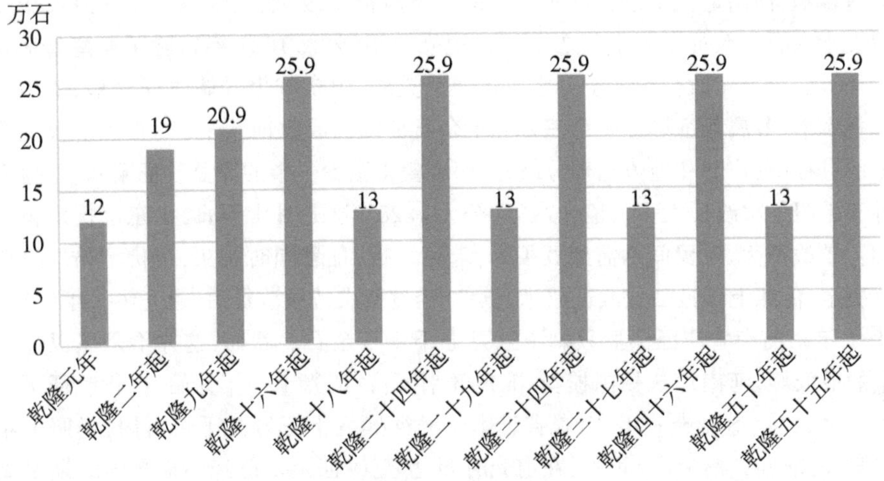


**图1　乾隆时期豫东两省黑豆征收调控情况**

从图1可见，乾隆元年至乾隆十六年，黑豆征收量呈现逐步上升的趋势，到乾隆十六年到达高峰。而从乾隆十八年开始，黑豆征收量呈现周期性波动，黑豆的调控幅度稳定在十二万九千石。

综上所述，可以看出，从雍正十年开启漕粮征收黑豆的先例，到整个乾隆时期，清政府对黑豆征收管理法律的制定呈现较为活跃的趋势，尤其是乾隆时期，制定的黑豆征收事例、则例是很多的，并且时间跨度长、内容灵活，也正因如此，征收的黑豆在保障京城八旗兵丁饲养马匹上发挥了重要作用。

2.嘉庆朝以后黑豆征收规范

前文分析了清前期的黑豆征收规范。相比雍正和乾隆时期，清朝中后期的黑豆征收规范则呈现出完全不同的情况。根据目前搜集到的史料来看，关于黑豆征收调控的法律规范在乾隆时期已经趋于成熟，嘉庆时期明确调整黑豆征收的则例、事例较少，只有嘉庆十九年（公元1814年），河南巡抚方受畴上奏，"奏准豫省黑豆收获短少，所有额征黑豆一十五万五千九百五十石零，暂行改征粟米一半，其余一半照常征收"。① 这条事例虽然记载的是由于河南省黑豆收获欠缺，将黑豆一半改征粟米，但是通过这条事例能够看出，嘉庆朝河南省的黑豆征收数量并不比乾隆时期的少。到了道光时期，清政府制定的黑豆征收规范基本上是为了减少黑豆的征收量。道光六年（公元1826年），由于每年运通的粟米不敷支放，但是黑

① 《钦定大清会典事例》卷一〇一，清光绪二十五年重修本。

豆有存积,河南巡抚奏准:"将本年豫漕项下应征正改兑、正耗豆一十一万二千二百九十余石内改征粟米十分之二"①。道光七年(公元1827年),除了河南省征收的黑豆仍照上年改征粟米十分之二运通交兑外,山东省也开始改征粟米。"山东巡抚奏准:各属额征黑豆一十三万九千余石酌以二成改征粟米。"②在黑豆改征粟米的过程中,户部和地方出现分歧,户部希望将至少一半的黑豆改征粟米,但地方并不希望一次改征太多。道光八年(公元1828年)七月十五日,山东巡抚琦善奏称:"若改征太多,民间即需粜豆买米,未免亏折,且恐同时购买,市价增昂。故最终决定,仍照上年按二成改征粟米起运。经过历次持续改征后,道光十一年(公元1831年),河南省应征黑豆只剩下五万七千一百余石。然而,这并不是黑豆征收量的最低峰,河南巡抚杨国桢奏、准户部来咨:自道光十一年为始,再行改征粟米十分之二。③ 道光十一年,山东省于本年额征黑豆十三万九千余石内,仍照上年成案,改征五成粟米。④ 可见,在道光时期,黑豆改征粟米已经不像乾隆时期呈周期性波动,而是变成了常态,并且黑豆改征粟米的幅度呈加大趋势。

**(二)黑豆采买法律规范**

前文分析了黑豆征收法律规范的制定情况,然而征收的黑豆的供应对象主要是京师地区,并不能满足庞大的清帝国方方面面的需求。因此,除征收黑豆外,采买黑豆也是黑豆收纳的重要途径之一。一般而言,制定采买黑豆法律规范的原因有四:第一,京师地区的黑豆征收出现异常情况,需要通过采买黑豆来进行调控。第二,各地驻防及驿站饲养马匹所需黑豆并不依赖漕粮征收,大多都是通过采买的方式进行供给。第三,战事将近,需要提前预备军需物资,黑豆作为战马必需的饲料,需要大量采买进行储备,以供战事所需。第四,如遇皇帝巡幸某地、谒陵等大型活动,黑豆消耗量加大,往往也需要提前采买黑豆进行储备。

1. 京师地区黑豆采买

自雍正十年漕粮开始征收黑豆以来,豫东二省源源不断地向京师输送黑豆,京师地区的黑豆得到了充足且较为稳定的供应。然而在某些年份,遇有豫东二省应征黑豆因灾害缓征或减征,京师地区的黑豆供应就会受到直接影响。为了缩小黑豆供应缺口,清政府会在地方采买黑豆运京。乾隆三年,由于上年山东省内受

---

① 《钦定大清会典事例》卷一〇一,清光绪二十五年重修本。

② 《户部漕运全书》卷八,清光绪刻本。

③ 参见《清宣宗实录》卷一八八。

④ 参见《山东巡抚纳尔经额奏为本年额征黑豆仍照成案改征五成粟米事》(道光十一年七月十一日),中国第一历史档案馆藏,朱批奏折,档号:04-01-35-0261-024。

灾害影响,“缓征黑豆五万三千余石”[①],致运通仓的豆量减少,使仓贮豆少,而乾隆三年山东、河南二省收成尚好,故“奉旨令豫东二省动项采买,运通支放”。[②]“于山东采买五万石,河南采买三万石,共八万石,足敷支放之用。著该部,行文山东、河南二省巡抚,酌量地方情形,动支正项钱粮,分令各州县采买,严禁短价病民及胥役侵蚀等弊,务须于河冻之先,委官运送抵通,勿致有误腊月以后支放之用。”[③]此条采买黑豆则例的制定原因是乾隆二年山东省灾害缓征黑豆致使仓储短缺,则例仍旧把山东、河南作为主要黑豆采买地,以扩大仓储。

京师地区黑豆价格高于地方,也会进行黑豆的跨区域采买。乾隆二十八年,京师黑豆价值未能平减,而官员兵民拴饲牲畜,需用甚多,故“著豫东二省于产豆丰收处所,每省购买五万石,照依从前运送麦豆之例,即速委员,由水路运通,以备平粜”。[④] 此种从地方省份跨区采买黑豆以平京师市价的做法并不是偶然为之,而是作为成例和经验,为日后平抑京师黑豆价格提供案例参考。乾隆四十七年十一月,由于黑豆价格过高,钦奉谕旨:“因思豫省黑豆从前有采买运京者,著传谕该抚,查照向例,购买二三万石,由水路运送至京。”[⑤]此次为了调控市价,最终决定从河南采买黑豆三万石,查照豫省采买运京向例办理。除了从河南、山东两省采买黑豆,奉天也是重要的黑豆采买地。一般在山东、河南两省受灾供应不足,或者京师价格高昂时,奉天就会作为政府黑豆调控政策的补充。乾隆八年,奉天黑豆收成丰稔,豆价平减,“著户部简派贤能司官一员,前往奉天会同该将军府尹等采买数万石”[⑥],用以补充京仓,以备不时之需。乾隆五十一年,京城粮价渐涨,而米豆二价尤为高昂,“黑豆一项,每仓石例价八钱。请于市价现昂时,将此次官豆,酌量增作一两四钱之处,著交户部,将现在存仓豆石,通盘筹画,足敷官用之外,所余豆石,即照该府尹所定价值,尽数照例官买。一面奏闻,一面办理。仍行令盛京买补,运送还仓”。[⑦] 由于京师仓库中的豆石被尽数官买,仓储黑豆亟须补充,故乾隆五十一年,“令奉天采买黑豆五万石运通,经盛京将军奏明,各属九月份豆价,每石自七钱六分至九钱五分不等,即饬承德、辽阳、海城三州县采买二万八千石,锦县、广宁、义州三州县采买二万二千石。照历年运通黑豆成例办理,所需豆价以及

---

① 《清高宗实录》卷七四。
② 《户部漕运全书》卷七五,清光绪刻本。
③ 《大清会典则例》卷三九,清文渊阁四库全书本。
④ 《清高宗实录》卷六八〇。
⑤ 《清高宗实录》卷一一六八。
⑥ 《清高宗实录》卷二五〇。
⑦ 《清高宗实录》卷一二五六。

车价、席片、官役、盘费等银在地丁各项下拨用”。[①] 可以看出,经多次采买后,从奉天运送黑豆到京城已经是有例可循,建立起了一套完整的采买制度。

2. 各地驻防及驿站黑豆采买

前文分析了京师地区黑豆的收纳途径主要有征收和采买两种,与京师地区不同的是,地方驻防及驿站喂养马匹所需黑豆基本都是通过采买的方式。雍正十三年,兵部等部议覆、直隶总督李卫疏言:“易州清苑驿,增添夫马车辆。至易州驻防员役需用米石,应照蓟州、遵化、丰润三州县供应之例,于天津截漕,由白沟河转运。所需黑豆谷草等项,亦照蓟、遵、丰三州县供应之例,照依时价采买。”[②]由此可以看出,地方驻防和驿站饲养马匹所需黑豆,与驻防员役所需米石的供应方式不同,向来都是照时价进行采买。如果地方种植黑豆,且黑豆能够满足本地驻防与驿站饲养马匹的需求,一般只需在本区进行采买。如奉天等地所产黑豆基本上可以满足本地驻防及驿站的饲马需求。如果驻防及驿站所在地不产黑豆,所需黑豆则需要通过跨区域采买。以延庆卫军站为例,乾隆初年为保证军报传递的畅通无误,在该站设驿马二百余,岁需料豆共五千五百余石,但延庆卫军站并不属于产豆之区,并且军站所在城乡并无市集,黑豆稀少,故本地无法满足军站每岁应需豆石,为了保证供应,经常要四处设法采买黑豆,以保证马匹黑豆之需。[③]

3. 军需黑豆的采买

黑豆在清代是必备的军需物资。清代关于办理军需物资有明确的规定:“凡办理军需所需官兵口粮及马匹豆草,如有仓贮厂贮可动者,不必另为采买,或虽有仓贮厂贮,而远道运送较之就近采买所费转多者,令各该督抚临时查明情形,访时值奏明采买,一面将价值详细开报户部,以凭查核。”[④]通过此条则例可以看出,清代战争所需黑豆有仓储支放和官方采买两种方式供应。兵马未动,粮草先行。雍正九年(公元1731年)三月,开始筹备西路大军以应对准噶尔,根据岳钟琪奏报,驻扎甘肃的满汉官兵骑驮马匹所需料豆较多,而且运输车骡需要负重行远,因此必须饲喂料豆。由于料豆无处购买,于是决定每辆车各从京仓领料豆八斗,用来往返途中喂养马匹。[⑤] 然而,战争中对黑豆的需求极大,而仓储总是有限的,且有的地方仓储距离战争地极远,远水解不了近渴,因此黑豆采买在关键时刻是至关

① 《户部漕运全书》卷七五,清光绪刻本。

② 《清高宗实录》卷五。

③ 参见刘仲华:《清代骑射制度下的黑豆价值及其时代命运》,载《史学月刊》2018年第11期。

④ 《军需则例》卷七,清乾隆刻本。

⑤ 参见中国第一历史档案馆编:《雍正朝汉文朱批奏折汇编》(第15册),江苏古籍出版社1990年版,第784页。

重要的。乾隆十九年,为了预备次年与准噶尔的战事,乾隆帝下令采买料豆、草束等军需物资,并于西路运粮沿线各台站放置料豆、草料。陕西巡抚钟音奏:"上谕预筹西路军需一事,每站备豆三千石,备草一万余斤。今岁料豆平购当先照数购买,以资供应。[①] 有时黑豆需求紧急,来不及提前远距离运输黑豆,遇有此种情况,《军需则例》规定:"若无料豆地方,以米代给;或事出仓猝,该地方备办本色不及,仍照云贵之例,每匹日给乾银五分,自行买喂。"[②]在清代,黑豆对于战争的重要性不言而喻。除官方为预备军事出资采买黑豆之外,有时私人也会捐买黑豆以充军需。乾隆五十二年,江兰奏,"伊父江正大遣家丁携银二万两,来豫采买黑豆二万石,交江南总督兑收,听候运闽等语。现在剿捕台湾逆匪,大功即日告竣。江正大以黑豆为军营饲马要需,出赀采买运闽,以充军用"。[③]

4. 皇家大型活动所需黑豆的采买

在交通工具主要依靠马匹的清王朝,清朝皇帝谒陵、巡幸等活动都需要使用大量马匹,并且皇家活动往往规模较大,重要性极高,因此必须保证马匹的健硕,以备长途跋涉之需。而稳定充足的黑豆供应,是满足大量马匹的集中饲养需要、保证大型皇家活动顺利开展的重要一环。因此,在皇家大型活动举行之前,会预先筹划黑豆的供应问题。

乾隆七年,直隶地区黑豆收成较好,乾隆帝"著塞楞额等委员采买,以为明岁谒陵饲养马匹之用",并强调:"其采买之道,视收成丰稔之处,照依时价,不可勒派,亦不可急于多粜,使民间反致价昂。此不过恐谷贱伤农之意耳。"[④]可见,在黑豆收成较好之时,清政府会抓住时机采买黑豆,为皇家活动作准备。为了筹划乾隆十六年春乾隆帝南巡江浙相关事宜,乾隆十五年九月十五日,允禄等奏称:"查黑豆一项,江浙地方向不出产,江南水次最近者莫如山东,该省上年秋成丰稔,黑豆广收,价值平贱,民间余蓄必多,拨运江南,取程甚便,且官为买运粜卖,较之商贾贩运,贵贱判然。仰请敕下,江浙督抚会同山东抚臣将如何采买拨运,并运贮何处粜卖,及将来作何归还原款之处,作速商酌妥办,以期临时济用。"[⑤]后经查明,扈从人员在江浙地方用船只较多,所乘用的马匹都留在红花埠,而红花埠与山东境内相连,因此马匹所需黑豆可以令山东巡抚运送至山东沂州一带,方便供给。

① 参见《陕西巡抚钟音奏为酌调知县采买料豆预备军需事》,中国第一历史档案馆藏,档案号:03-0478-016。

② 《军需则例》卷七,清乾隆刻本。

③ 《清高宗实录》卷一二九五。

④ 《清高宗实录》卷一七四。

⑤ 《钦定南巡盛典》卷八九。

进入江浙地方,黑豆的需求减少,如果从山东采买拨运过多,则徒增靡费。因此,最终采取折中科学的采买方法,奏准:山东巡抚"酌买三万石运贮沂州一带,以供东省支粜。再买二万石运贮台庄水次,以备接济江浙,听其委员领运"。[①] 前文提到,乾隆七年,清政府利用民间黑豆收成丰稔的时机,提前采买黑豆,为皇帝谒陵作准备。然而如遇民间黑豆收成欠佳,清政府为了皇家大型活动能够顺利举行,也会在采买黑豆上作相应的调控。乾隆四十七年,由于次年秋季乾隆帝计划巡幸奉天谒陵,"其扈从人等马匹,所需黑豆稍多",[②]而近一二年,奉天黑豆收成不好,因此"传谕盛京将军、府尹等,将奉天应行运京黑豆,照常年例,止须采买一半,储备明岁秋间之用"。[③] 后因豫省黑豆价格平减,查照向例从豫省购买三万石,填补了京师饲马空缺,故"奉天黑豆即可照数减省采买三万石,俾民间豆石宽裕,市价平减。明年秋间巡幸奉天,于扈从人等均有裨益"。[④]

以上分析了清代黑豆采买相关法律规范的大致情况。总体来看,黑豆的采买规范充分体现了清政府立法的灵活性,会因需、因时、因地制定相应法律规范,并且规定的内容也是较为科学和合理的。在法律成例的制定中,清政府会注重法律规范的继承性,借鉴以往做法和经验,形成系统的制度体系加以适用。

## 二、黑豆支放法律规范

在黑豆支放中,清政府根据黑豆仓储情况、需求情况,因时制宜,相应制定了一系列规则来进行调控。

### (一)八旗所需黑豆支放规则

清朝饲养马匹所需黑豆的支放,清朝不同皇帝在位时,有不同的规定,且具体是支放实物还是银两,经历了一个演变过程。针对八旗马匹的黑豆支放,顺治三年(公元1646年),覆准:"每马一匹日支豆四升,草一束。"顺治四年(公元1647年),对黑豆的支放标准做了进一步的细化规定:"马乾草豆照例按季关支,春冬有豆草处,每匹月给豆九斗,草三十束(每束重七斤);无豆草处,月给乾银一两。夏秋有放青处,月给乾银五钱;无放青处,月给乾银九钱。"[⑤]可见,八旗马匹所需黑豆的支放标准的规定因地制宜:八旗所在地方有豆草供应,则按例供应豆草;如

---

① 《钦定南巡盛典》卷九〇。

② 《清高宗实录》卷一一六八。

③ 参见《清高宗实录》卷一一六九。

④ 《清高宗实录》卷一一六九。

⑤ 《大清会典则例》卷五二,清文渊阁四库全书本。

军队所在地豆草缺乏，则采取给银采买的方式，让官兵自行到市场上购买。顺治四年，清政府对绿营饲养马匹的标准也进行了规定："绿旗兵每月一马给料豆六斗，草六十束。"①到后来，由于各地情形不一，支放黑豆的情况也发生了演变，总体呈现出由支放实物料草到支放马乾银两的演变趋势："顺治六年覆准，福建营马每匹月给乾银一两。"②顺治十二年(公元1655年)时，又进一步规定："各标兵马有放青地方，春冬月给乾银九钱，夏秋五钱；无放青地方，春冬月给乾银一两二钱，夏秋九钱。"康熙时期，康熙二十三年(公元1684年)题准："各省驻防官兵应给米豆草料，如本色不敷，均按时价折银。"③而到了雍正时期，雍正元年(公元1723年)议准："山东、河南、江苏、安徽、江西、浙江、湖北、湖南、广东、广西、云南、贵州等十二省驻防兵及绿旗兵，折给银米每石自五钱至一两，豆每石自五钱至九钱七分，草每束自三厘至九厘二毫不等，均照从前题定各地方价值折给，官兵自行采买。其直隶、山西、福建、西安、甘肃、四川等省均按照屡年各省份价银，米每石自三钱四分至一两一钱二分，豆每石自二钱八分至一两，草每束自五厘至三分不等。"到雍正十年，逐渐形成了"八旗官兵马驼应需，向系给银采买"的局面。④但由于京师地区八旗官兵及饲养马匹数量较为庞大，而"近京地方产豆无几，每多缺乏"⑤，兵丁自行购买不易。且"城内养马，俱赖附近州县各庄头所种之豆及山东、河南两省商贾贩卖之豆，遇豆稍缺，价即踊贵"，以致"八旗官兵每月所领马银，仅敷喂马，不能致马肥壮"。⑥为了解决京师地区饲马需求问题，京师地区八旗饲养马匹所需黑豆由兵丁向市场上购买，转变为在征收的漕粮中支放并扣除相应马银的方式。

为了规范新的黑豆支放形式，清政府制定了一系列的支放规则。"雍正十一年奏准：于豫东二省粟米内改征黑豆拨运京仓，每年自九月回场起，每马一匹、驼一只，每月各支豆一石，以资饲养，至次年四月出场后停止。"⑦这一规则规定了正常情况下黑豆的支放标准。然而，如遇特殊情况，这一常例则不再适用，需要制定特殊的支放规则。如清政府制定了"恭遇巡幸之年，各旗马驼留养京师，自四月以

① 《清文献通考》卷一九三，清文渊阁四库全书。
② 《大清会典则例》卷五二，清文渊阁四库全书本。
③ 《大清会典则例》卷五二，清文渊阁四库全书本。
④ 参见《户部漕运全书》卷六〇，清光绪刻本。
⑤ 《户部漕运全书》卷六〇，清光绪刻本。
⑥ 《谕行旗务奏议》卷一〇，清文渊阁四库全书本。
⑦ 《户部漕运全书》卷六〇，清光绪刻本。

后,仍酌量支给本色黑豆”的支放标准。[1]“乾隆八年,恭逢圣驾谒陵。十年临幸多伦诺尔,马驼留京”[2],就按照巡幸之特殊规定进行黑豆的支放。后来遇有皇家大型活动,如需大量马匹留京以供役使,黑豆的支放就按照巡幸之年的特殊规则来办理,如“十二年恭逢圣驾前出哨,留京马八千六百余匹,自四月起仍支本色豆。十九年驾诣盛京,留京马于四月仍支本色豆”[3]。清政府除对巡幸之年的黑豆做了特殊规定之外,对遇有闰月之年的黑豆支放也做了单独规定:“乾隆十一年议准:马驼应需料豆,或遇闰三月年分则尚未出场,若照例停给本色豆石,兵丁购买价昂,令于闰月半以前,准其支给半月本色豆石。”[4]通过以上清政府制定的黑豆支放规则,我们可以看到,清政府对黑豆的规定有常例和特例的区分,是较为细化的。

黑豆支放规则的制定除了受到上文所提到的皇家活动和特殊月份的影响,还受到清政府对京师马匹调整的影响。清政府在京师蓄养的马匹有圈马和拴马之分,拴马是按照一定的配额分给官兵饲养,圈马是以旗为单位进行集中饲养。乾隆五十九年,针对拴马支放黑豆的标准做了细化规定:“满洲、蒙古、汉军并上三旗包衣拴养官马驼只,并八旗文武官员兵丁拴养官马应领马银,将拴养人姓名入册咨部支领,每年九月自厂回京至次年三月出厂以前,官拴马月支料豆一石二斗,兵拴马月支料豆一石,四月至八月下厂时,留京饲养马匹每月止给乾银,不给豆石。”[5]这一规定相比之前的规则,有了细微变化:留京饲养的马匹改变了之前仍支放本色豆的规定,取而代之的是支放马乾银两。相比拴马,清朝京师八旗圈马则经历了较大的变动,“圈马之设,始乾隆二十八年,从都统舒赫德请也……自五十九年撤圈,分给各兵拴养”[6]。可见,圈马在乾隆朝经历了从无到有又回归于无的过程。圈马的黑豆支放标准和拴马不同,每匹马每月支放黑豆八斗、粟米四斗。乾隆五十九年圈马裁撤后,清政府将圈马分给官兵拴养。而此时正值豫东二省应征之豆分年轮免,仓储量不能满足八旗马匹全支黑豆的需求,故将圈马改为官拴马的这部分马匹调整了黑豆支放量:除分给兵拴马匹每月仍照定例承买黑豆一石,其分给官拴马匹,自乾隆六十年正月起,改照圈马之例,每马每月承买黑豆八

---

① 参见《大清会典则例》卷三九,清文渊阁四库全书本。
② 《户部漕运全书》卷六〇,清光绪刻本。
③ 《户部漕运全书》卷六〇,清光绪刻本。
④ 《漕运则例纂》卷二〇,清乾隆刻本。
⑤ 《钦定大清会典事例》卷一二八,清光绪二十五年重修本。
⑥ 《清史稿》卷一四一。

斗、粟米四斗，俟全漕抵通，再行全支黑豆。① 可以看出，黑豆支放调控规则的制定受到多方面因素的影响，清政府将黑豆支放标准制定得较为细化，具体到不同月份，甚至不同类别的马匹。

清政府除制定一系列黑豆支放标准的规则外，还对黑豆支放的具体流程做了规定。前文提到，雍正十年之前，八旗官兵养马所需黑豆，均是清政府发放银两，让官兵自行到市场上采买。自雍正十年始在豫东两省征收黑豆后，清政府仓储黑豆得到了较为稳定的供应，八旗官兵养马的大部分所需都可得到满足，基本无须转向市场购买，而是按照将所领豆石在马银中扣除相应银两的方式进行黑豆的支放。在黑豆的支放形式转变之后，清政府制定了一系列的配套法律规范并不断完善，使黑豆支放有法可依。在黑豆价格方面，清政府对每石黑豆的价格做了详细的规定："八旗官兵拴养官马应领黑豆，每豆一石坐扣豆价银七钱六分，内除准给车价银三分五厘，实扣银七钱二分五厘，各该旗按月造入马银档内，送部坐扣，不得逾月扣结。"②可以看出，清政府对八旗支领黑豆的价格规定得较为详细，甚至将八旗运送黑豆的车价也纳入了考量，并且要求将黑豆所花费的马银按月进行结算扣除。关于八旗支领黑豆以及造册日期，在乾隆十年以前没有法律进行规范，以致部分兵丁并不及时支领黑豆。乾隆十年对这一问题做了初步规定："八旗关支马豆，向未酌定送册限期，以致迟早不一，兵丁不得及时支领。嗣后每月定于初十日以内支给，于前月之杪造册送部札仓，如限内册不送部，照造册迟延例议处。"③这一规定不仅限定了黑豆的支放日期，也对黑豆支放册档的造册时间进行了限定。乾隆五十九年，对八旗马银以及所需黑豆的支放日期一改之前规定的宽泛时间范围，而给各旗分配了具体的领取日期："八旗马银马钱，左翼四旗于每月初六日，右翼四旗于每月初七日关领；饲马料豆，左翼四旗于每月十四日，右翼四旗于每月十五日关领。"④这一规定使黑豆的支放更加有条不紊。此外，八旗官兵每月领取黑豆以及所扣除的马银都需要单独记录成册，并在规定期限内送到户部。具体期限为："八旗马银马钱册档，于上月十八日送部。其马豆册档，于上月月底送部。"⑤如遇牧场的马匹回京，官兵初次领马饲养，针对此种情况，清政府规定："应支黑豆，令各旗营以兵部传知领马之日起，限十五日内造册咨送户部，劄仓开放，各仓于五日内呈报开仓，限两月内一律放竣。"如果在上述规定的时间内没

① 《户部漕运全书》卷六一，清光绪刻本。

② 《钦定户部则例》卷一五，清同治十三年校刊本。

③ 《大清会典则例》卷三九，清文渊阁四库全书本。

④ 《钦定户部则例》卷八一，清同治十三年校刊本。

⑤ 《钦定大清会典事例》卷一二八，清光绪二十五年重修本。

有结束黑豆的支放,清政府规定了追责机制,如果是仓库逾期未完成或者是花户等搀和滋弊,则将仓库监督按照俸米例处理。如果是领豆官兵无故违限不领,则将官兵应领豆石停止发放,但相应的豆价也要从马乾银内扣除,不准领回。①

从上文的梳理可以看出,自雍正十年改变京师兵丁黑豆支放方式以来,清政府从黑豆价格、黑豆支放时间等方面逐步完善了黑豆支放的规则,使黑豆支放有法可依,有据可循。并且,在法律中根据常态情况和特殊情况区分常例和特例,使法律规定细化但又不僵化。此外,在法律的运行过程中,清政府根据运行中出现的问题进行立法规制,并规定相应的处罚措施,使法律的漏洞逐步补充完善,黑豆的支放逐步有条不紊地运行。

**(二)战争时期黑豆支放规则**

战争需用大量优质马匹,为了保证饲养战马的需要,作为重要战略物资的黑豆在战争期间应如何支放?清政府根据马匹的用途,分门别类地制定了相应的支放规则来进行调控。如果是出征官兵乘骑马匹,在口内无草原放青的地方,"每匹日支十斤重草一束,料三仓升。出口以后,毋论骑驮马匹,随地牧放,概不应付料草"。② 这条则例按照口内、口外地区的实际情况,对出征官兵骑驮马匹支放料豆的标准作不同规定。在清朝,所谓"口"则是杀虎口、张家口、独石口、古北口、喜峰口等长城关口。"口外"通常指长城以北地方,包括今内蒙古、陕西、河北北部的大部分地区。该部分地区通常草原广阔,有良好的马匹放牧的条件。因此,上述对出征官兵骑驮马匹料豆支放的不同标准是因地制宜的规定。战争期间,除有出征官兵乘骑马匹,还有沿途协助运送军需的马驼。这部分马驼是由各省采办而来,沿途喂养所需料草原本是各按地方情形办理,喂养料豆多寡以及支放本色折色都不统一。但由于存在每日料豆支放不足的现象,故将每日马驼所需料豆统一标准:各省采办协解军需马、骡、驼,"口内马骡每匹头日支料三仓升,十斤重草一束;驼日支料三仓升,十斤重草二束"③。此外,针对各省具体情况,清政府进行了折中规定:"无料豆地方,以米代给。或事出仓猝,该地方备办本色不及,仍照云贵之例每匹日给乾银五分,自行买喂。"④

从上文的梳理可以看出,由于黑豆是重要的军事物资,为避免出现每日料豆支放不足的情况,清政府对黑豆在战争时期的支放规则规定得较为详细,并且充分考

① 参见《钦定户部则例》卷一五,清同治四年校刊本。
② 《军需则例》卷八,清乾隆刻本。
③ 《军需则例》卷八,清乾隆刻本。
④ 《军需则例》卷八,清乾隆刻本。

量战事情况和地方特点，制定不同的法律进行规定，以确保料豆充盈、马匹健硕。

**（三）大通桥车户黑豆支放规则**

每年运输漕粮的船到达通州码头后，都要进行漕粮的查验、转运和兑收工作，其中“转运之责专归大通桥，分别天气阴晴、道路远近，以核其运数之多寡”①。漕粮到达大通桥后，需根据京通各仓的情况选择水陆两种运输方式，其中进贮京仓称为正兑，进贮通仓称为改兑。具体运输情况如表2所示：

**表2 黑豆运送方式和路线**

| 漕粮类型 | 应交仓库 | 运输方式 | 具体路线 |
| --- | --- | --- | --- |
| 正兑米 | 太平仓 | 水运 | 京城东便门外水运至仓 |
| | 内仓及裕丰、储济、东万安仓 | 陆运 | 京城东便门外换车陆运至各仓 |
| | 西万安、禄米、南新、旧太、北新、海运、富新、兴平、本裕、丰益各仓 | 先水运，后陆运 | 自京城东便门外水运至朝阳门外，后换车陆运至各仓 |
| 改兑米 | 通州西仓 | 陆运 | 新城南门外换车陆运至仓 |
| | 通州中仓 | 陆运 | 旧城南门外换车陆运至仓 |

负责表2所示转运工作的人员主要是经纪和车户。其中“石坝至京仓水运以经纪承领，陆运以车户承领。土坝至通仓水陆运皆车户承领”②。可见，车户承领了全部的陆运工作和部分水运工作，运务较重。有时因漕河冻阻，经纪和车户则要承担更多以及距离更长的运输任务。如“乾隆三十九年，奉天余豆运仓，里河业已冰冻，照乾隆三年豫东二省采买黑豆船只冻阻令经纪陆运之例，每石脚价银三分九厘五毫，由大通桥车户运仓”③。因此，为了方便快速转运，以免漕粮积压变质，每年由大通桥监督办理转运所需的车马事宜。大通桥转运粮食的车马在清朝经历了一系列的变化。最初，大通桥置办官车二百辆，牲口八百匹，承办官役拣选坚壮车马应用于车辕之上，烙印大通桥官车字样并编列号次，牲口亦用火烙印记，以备稽查。由于车马及车夫众多，故“于该桥附近地方置买空旷民地，令该监督分设棚厂四处，每厂盖马棚四十间、房屋三十间，并买马槽”④。以上置办官车牲口，建设马厂、马棚、房屋等共花费三万三千六百两，均于车户脚价内分年匀扣归款。“每年新漕到关以前，务将官车先期调齐入厂，倘临期不至，以致车数不足，即在该

① 《户部漕运全书》卷六一，清光绪刻本。

② 《大清会典则例》卷三九，清文渊阁四库全书本。

③ 《钦定大清会典事例》卷九四，清光绪二十五年重修本。

④ 《户部漕运全书》卷五三，清光绪刻本。

管车户名下赔补,并将车户从重处治。"①

以上大通桥八百匹牲口,由于车户运输所得脚价不敷饲养费用,故照"八旗官马买豆之例,按牲口一头,买豆一石,每年自三月起至十一月作为九个月支领,共需豆七千二百石"②。车户饲养牲口所需的七千二百石黑豆,每石以一两一钱的价格承买,应交的豆价在车户运输的脚价内扣清。后经议准,车户所需的七千二百石黑豆,在河南、山东两省照历年采办之例,"于附近水次州县粮价平减时各买豆三千六百石……倘遇价昂(报)明停止,价平买补,以符定额"③。前文提到,乾隆五十五年将改征的十二万石粟米又改征回黑豆,由于黑豆较为充裕,故停留在山东、河南采买。"其大通桥官车所需之豆,即于现在改征之十二万石豆内承买,所有豆价按照八旗五营官兵之例,每石以七钱二分五厘交价。"④此时,大通桥车户饲养马匹所需黑豆实行的是和八旗官兵一样的制度,都是在河南、山东两省征收的黑豆内承买。然而,如遇黑豆供应不足,八旗马匹的黑豆需求被优先考虑,而暂时搁置大通桥车户的黑豆需求。乾隆五十九年,由于河南、山东两省应征黑豆分年轮免,"到通黑豆仅敷供支八旗等处官兵饲马之用,将大通桥车户应买豆石暂行停止"⑤。乾隆六十年,为了填补大通桥车户饲养马匹所需的黑豆空缺,每月以粟米抵放黑豆,仍旧按照例价在该车户应得脚价内扣留归款,"俟豫东豆石全数征收运通,照旧令其承买"⑥。

到了嘉庆年间,大通桥运输车辆发生变化,相应黑豆支放情况也与乾隆时期有所不同。嘉庆五年,上述官车的车辆和牲口俱已陆续损坏倒毙,其承买豆石经户部行令停止。为了满足大通桥转运粮食的需要,遂改雇长车进行运输。嘉庆六七年间改雇长车一百辆,此时大通桥车户承买黑豆的制度也发生了变化:"大通桥车户每年承买官豆,按卯计算,在仓领给,每卯扣存脚价银七百二十五两,买官豆一千石。"⑦"卯"有期限的意思,因此,改雇长车后,车户承买官豆按期计算数量和价钱。到了嘉庆十一年,钱价昂贵,车价增长,故奏准:"每卯加买官豆一千石,价银亦按卯于脚价内照例扣交,仍俟钱价平减,每银一两可易制钱一千文时,再将加买官豆毋庸支给。计该车户每卯应承买豆二千石,每年十卯,共领豆二万石。"可

① 《户部漕运全书》卷五三,清光绪刻本。
② 《户部漕运全书》卷五三,清光绪刻本。
③ 《钦定大清会典事例》卷一〇一,清光绪二十五年重修本。
④ 《户部漕运全书》卷七五,清光绪刻本。
⑤ 《户部漕运全书》卷五三,清光绪刻本。
⑥ 《户部漕运全书》卷五三,清光绪刻本。
⑦ 《户部漕运全书》卷五九,清光绪刻本。

见，嘉庆十一年以后，大通桥车户承买官豆的数量每年增加一倍之多。此时车户每年承买的二万石官豆仍然在河南、山东两省征收的黑豆内支放，到了嘉庆十二年，为了节省官方入仓运脚之费以及车户赴仓支领运脚之费，将车户所需的其中一万石黑豆在奉省运通豆内截留，如此，于公于私两有裨益。

因之前所雇的长车不敷办运，嘉庆十四年（公元 1809 年）议准："大通桥车户雇备长车一百二十辆，每月点验，如遇运务紧急，随时添雇，每年准车户承买官豆二万石，于奉天黑豆内照数截拨，豆价每石银七钱二分五厘，俟豆石卖出，先将一万石价银缴还通济库归款，其余一万石价银按十卯扣归。"①此条则例不仅增加了所雇佣的长车数量，而且车户所需的两万石黑豆都以截拨的方式直接从奉天运京黑豆中支放。有时遇有运务繁重，而粮价又昂贵时，车户饲养牲口未免苦累，为调剂车户，会增加车户的黑豆承买量，但这只是一时特例，车户常年认买的官豆数量一般稳定在二万石。

嘉庆以后，大通桥车户承买黑豆的制度经历废存之大变动。道光三年（公元 1823 年），户部奏请停止大通桥车户承买豆石，而循照安车旧例，酌给先漕预备银三千二百两。然而这一改动的制度实施一年后，道光四年，博启图等奏称："车户每岁于新漕未到之先，预雇长车小车共二百八十辆，向准承买豆石。除交例价外，余银雇给车价及临时添车加价之需。近因各项价值倍增，办运已形竭蹷。若再停止运务，不无阻滞，自系实在情形。着照所请，准该车户等照例承买官豆二万石，于奉省运通豆内，照数截拨，应交例价银两，即按卯坐扣通济库归款。"②博启图恢复车户承买豆石的提议得到道光帝的允准，但由于奉天豆石已经筹备搭放，其车户和经纪买豆四万石从道光四年豫东二省黑豆内照数截拨，之前给车户发放的安车银两也相应停止。但是大通桥车户承买官豆的制度并未一直延续下去，在咸丰三年（公元 1853 年）后，"因仓存豆石不敷，停止承买"。到了同治四年，据仓场侍郎奏请，"酌复旧例，经户部奏定，准其承买黑豆四千石，俟奉天例运豆石抵通时，照数拨给。其每石应缴例价，于脚价内扣清归款，赢余银两存公，作为雇车津贴之用"③。虽然在同治四年（公元 1865 年），大通桥车户又得以重新承买官豆，但是从则例中可以看出，车户承买官豆的数量已经大大减少，仅剩嘉庆时期的 1/5。

通过对大通桥车户需求黑豆的支放法律规范进行分析，可以看出，虽然大通桥车户和八旗都是清政府征收黑豆的重要消耗途径，但是八旗对黑豆的需求优先于大通桥车户的需求。乾隆年间遇有黑豆供应不足的情况，清政府就会出台规范

① 《钦定户部则例》卷二〇，清同治十三年校刊本。
② 《户部漕运全书》卷五九，清光绪刻本。
③ 《户部漕运全书》卷五九，清光绪刻本。

进行临时性的调整。但此时出台的法律规范也仅仅是调整一时的特例,黑豆的供需基本上能够按照正常的法律规范运行。但嘉庆时期之后,情况就截然不同了,大通桥车户承买官豆的制度不再稳定。

## 三、黑豆仓储和价格管理法律规范

### (一)黑豆仓储管理法律规范

关于黑豆的仓储调控规范,在前文分析黑豆收纳和支放的调控规则时,已经相应提及了部分。比如,在仓储盈余较多时制定减征黑豆的规则,或者在仓储不足时制定地方采买黑豆的则例等。但是,前文并未系统地、全面地进行梳理,现专就清政府制定的黑豆仓储调控规则进行分析。

1. 黑豆仓储盈余调控规则

(1)官员承买黑豆。前文提到,乾隆十六年,在山东、河南两省原有改征黑豆数量的基础上,又加征黑豆五万石,此时每年征收的黑豆达到二十五万石。由于黑豆征收量的增加,使各仓黑豆存储较多,为了消化仓储量,《钦定大清会典事例》规定:乾隆十七年议准,“各仓余存黑豆,在京满汉官员可以认买,按品级定以数目,其豆价即在各员俸银随甲钱粮内坐扣。一二品职任官,每员每月买豆十石;一二品闲散官,每月五石,三品每月四石,四品每月三石,五六品每月二石,七品以下等官,每员每月豆一石”①。此时仅仅规定了在京不同品级的满汉官员认买黑豆的标准,到了乾隆十八年,宗室王公也纳入承买仓储黑豆的范围:“十八年议准,亲王认买黑豆,定以每月三十石,郡王每月二十石,贝勒、贝子每月十五石,宗室每公每月十石。”②此时宗室王公和官员承买黑豆都遵循自愿原则,“如不愿买者,听其自便”。并且承买的黑豆价格“照时价量为酌减,应交银两在俸禄养廉公费,并随甲钱粮内扣缴”③。清政府期望通过制定此种调控规则,能够达到官员有充足的豆石来饲养马匹,且黑豆的市价亦得平减的效果。后来这一规定被《钦定户部则例》固定下来,规定仓储“每值岁积充裕,由部奏明,准王公官员认买,价照市值随时酌减,于各员应令俸银、随甲钱粮内如数扣还”。但户部则例规定的王公官员的认买数量是按季规定的,具体如下:

> 每奏准认买之季,亲王准买一百八十石,郡王准买一百二十石,贝

① 《钦定大清会典事例》卷九四,清光绪二十五年重修本。
② 《钦定大清会典事例》卷九四,清光绪二十五年重修本。
③ 《户部漕运全书》卷六〇,清光绪刻本。

勒、贝子九十石,宗室公六十石,一二品职任官六十石,一二品散秩官三十石,三品官二十四石,四品官十八石,五六品官十二石,七品以下官六石。俟各处买豆册档送齐,按各衙门各旗之次序排定先后,核明应放豆数,均匀派劄。南新、旧太、海运、北新、万安、储济等六仓内现在储豆之仓开放,仍递年轮转核扎,如此次自居前之南新仓派起,下届即自居大至旧太仓派起,挨次递输,周而复始。①

《钦定户部则例》关于官员按品级承买黑豆的规定总体上和上文所列的《钦定大清会典事例》的规定相吻合,唯一的不同在于官员承买黑豆量的规定:《钦定大清会典事例》是按月规定,《钦定户部则例》则是按季规定。经过对比发现,相对应的官员级别,按季规定的黑豆承买量是按月承买量的6倍,因此可以推知,《钦定户部则例》与《钦定大清会典事例》中关于官员承买黑豆数量的规定表面看似有差异,实则是一致的,即一季代表六个月,这也和康熙十年,满汉官员支领俸禄统一定为于每年二月、八月分两次支给的规定相吻合。

官员承买黑豆逐渐成为常态规则被纳入《钦定户部则例》后,对官员是负担还是利好,所承买的黑豆量对官员的实际收入影响如何?为了进一步明确上述问题,需要对清代王公官员的俸禄有一大致的了解。清朝宗室王公均按照爵位支领俸米,顺治七年至顺治十年(公元1650～1653年),屡次更定岁禄标准,最终定制。现将清代宗室王公俸禄与黑豆承买量作一对比(见表3):

**表3　清代宗室王公俸禄与黑豆承买量对比**

<table>
<tr><th rowspan="2">宗室类别</th><th colspan="2">俸禄/年</th><th rowspan="2">黑豆承买量/(石/每季)</th></tr>
<tr><th>俸银/两</th><th>俸米/石</th></tr>
<tr><td>亲王</td><td>10,000</td><td>5000</td><td>180</td></tr>
<tr><td>郡王</td><td>5000</td><td>2500</td><td>120</td></tr>
<tr><td>贝勒</td><td>2500</td><td>1250</td><td rowspan="2">90</td></tr>
<tr><td>贝子</td><td>1300</td><td>650</td></tr>
<tr><td>镇国公</td><td>700</td><td>350</td><td rowspan="2">60</td></tr>
<tr><td>辅国公</td><td>500</td><td>250</td></tr>
</table>

① 《钦定户部则例》卷二〇,清同治十三年校刊本。

顺治四年至康熙八年,清朝统治者对官员的俸禄做了几次大的调整,渐成定制。现将清代在京官员俸禄与承买黑豆量作一对比(见表4):

**表4　清代在京满汉官员俸禄与黑豆承买量对比**

| 官员品级 | 俸禄/年 | | 黑豆承买量/(石/每季) |
|---|---|---|---|
| | 俸银/两 | 俸米/石 | |
| 一品 | 180 | 90 | 60(一、二品职任官)<br>30(一、二品散秩官) |
| 二品 | 150 | 77.5 | |
| 三品 | 130 | 65 | 24 |
| 四品 | 105 | 52.5 | 18 |
| 五品 | 80 | 40 | 12 |
| 六品 | 60 | 30 | |
| 七品 | 45 | 22.5 | 6 |
| 八品 | 40 | 20 | |
| 正九品 | 33.114 | 16.557 | |
| 从九品及未入流 | 31.52 | 15.75 | |

通过表3、表4的对比可以看出,宗室俸禄的标准相对于在京满汉官员的俸禄是相当高的。乾隆时期黑豆均价为每石1.18两,嘉庆时期黑豆均价为每石1.35两。① 而官员承买黑豆的价格往往比市价酌情减少,初步进行估算:对于清朝宗室王公来说,平均下来,每季需承买的豆石所花费的银两所占俸禄比例在1%～10%。而对于官员而言,每季需承买的豆石所花费的银两所占俸禄比例平均在20%左右。相比之下,显然普通官员承买豆石的压力较大。

官员承买黑豆的调控则例在不同皇帝统治下得以继续实施,但同时也发生了一些变化。乾隆二十年,京仓储存的黑豆年久色减,为了调剂仓储,将未久之豆令王公大臣官员等按品级承买。到了嘉庆时期,官员承买黑豆的则例被延续下来。嘉庆五年十月,"京仓存贮黑豆四十万余石,计自本年十月起至明年三月,新漕到通,止除八旗各衙门应需豆十万余石外,应余存豆三十万余石"②,户部奏准:"每

① 参见邓亦兵:《清代前期政府与北京粮食市场研究》,社会科学文献出版社2019年版,第110页。

② (清)祁韵士:《己庚编》卷下《奏官员承买豆石折》,清振绮堂丛书本。

石照市价酌减银三钱,令王公大臣官员等各按品级承买,于俸廉等项银内依限照数扣价归款。"①当时据五城呈报,黑豆价格每石银一两一钱五分,照例酌减银三钱,令官员以每石八钱五分的价格承买。道光时期,官员承买黑豆的规则发生一些细微的变化。道光二十五年(公元1840年),"京仓存储暨东豫奉天等省来年运通黑豆共四十余万石,恐致陈积霉变。奏令王公满汉大臣官员等各按品级认买四季,每石照市价酌定七钱银数,于应领俸廉随甲钱粮内指项扣缴,如无俸廉,各项抵交者准以公费坐扣。文武四品以下不愿认买者,听应扣豆价,于领豆之次月扣起,其指俸认买者于下季俸内全数扣清"。将上述官员承买黑豆的规定与乾隆、嘉庆时期的规定对比可以发现:第一,官员承买黑豆的强制性有所增强。乾隆时期规定,"如不愿买者,听其自便"。而道光时期则是,文武四品以下官员即使不愿认买,仍扣除相应的豆价。第二,官员承买的黑豆数量增多,道光二十五年规定官员承买黑豆要认买四季,按照《钦定户部则例》规定的每季承买黑豆的数量来计算,官员们承买黑豆量较大。第三,承买黑豆所需银两的来源有所调整:如果没有俸廉可在公费内抵扣。

官员在承买黑豆则例的施行过程中也出现了一些问题,由于之前的规定不够细化,部分官员利用规则的漏洞谋取私利。清政府为了杜绝此种现象,制定了官员承买黑豆的配套法律规范。如每年户部奏请将各仓黑豆令官员等减价承买,原为出陈易新,调剂仓贮起见。嘉庆十七年,御史赛尚阿奏称,户部每年春季奏请令官员等承买,近来竟有官员延至秋冬才去仓库领豆,为了防止官员和仓役等到新豆入仓,搀和滋弊,规定:"嗣后各官员承买仓豆,户部于奏准后行文各衙门,限十五日内造册咨送到部,该部即札仓开放,各仓于五日内呈报开仓,一面将开仓日期知照承领各员,自开仓之日为始,限两月内一律放竣。如逾限不完,任令仓役等从中舞弊搀放新豆,查出将该监督照例参处。倘查出承买官员等有意迟逾,将应领豆石停其支给,仍于俸廉等项内坐扣豆价,以严例限。"②这一规定将承买官员领取黑豆的时间限制明确化、法律化,使官员承买黑豆的流程更加透明化、规范化。

(2)抵放官员俸米。清政府以官员为消化渠道的内部调控规范中,除官员承买黑豆这一规则外,清政府还制定了以黑豆抵放官员俸米的调控法规,并且成为调控仓储的常态化规则。

京仓收贮黑豆甚多,乾隆二十年奏准:将旗俸汉俸内粟米一项将豆

① 《户部漕运全书》卷六二,清光绪刻本。
② 《户部漕运全书》卷五八,清光绪刻本。

抵给,以免陈积,兼平市价。

京仓存贮黑豆充盈,将本年秋季应放官员俸米内,所支粟米一项以豆抵给。乾隆二十三年。

本年秋季俸米内应支粟米,以黑豆抵给。其扣存粟米以备五城粜卖。乾隆二十四年。①

以上乾隆二十年、二十三年、二十四年,均将官员俸禄内应支粟米一项以黑豆抵给,可以看出用黑豆抵放粟米较为频繁。乾隆三十四年,奉天运通黑豆抵坝时,已值河水冻结,难以转运,故就近运贮通仓。为了较快腾出粮仓,出陈存新,故将通仓现贮黑豆,于次年春季俸米内抵粟。嘉庆时期,依旧实施搭放黑豆的调控规则,但有时也会考虑到官员的实际情况统筹规划。嘉庆六年,仓场侍郎奏请,将该年冬闲支放甲米及明春官员俸米,俱搭放黑豆。上文提到,嘉庆五年十月令官员承买黑豆以调控仓储,并且黑豆价值较之各项米价贱至五钱及二三钱不等,如果该年冬和次年春都于俸米内搭放黑豆,"因思八旗兵丁,全赖甲米以资口食,其需用黑豆之处甚少,若将豆石搭放,兵丁等以之转售,得价较贱,于兵丁甚属无益。所有本年冬月以后甲米,仍照旧支给,不必搭放黑豆"。② 到次春发放俸米时,再行搭放。道光时期,遇有黑豆仓储充足,也会用作抵放俸米,王公大员与文武官员抵放俸米的类型以及数量均有所不同。道光四年,各仓豆石充余,经部奏明,于八旗王公大员与文武官员春季俸米内抵放,其王公大员应领江次粟三色俸米,均以黑豆抵给,白米全支本色,文武官员应领稜米,全以黑豆抵放,粳米抵放二成黑豆,仍给八成本色。③

通过对上述官员承买黑豆和以黑豆抵放俸米的法律规范进行分析,可以看出,清代黑豆盈余时,无论是官员承买黑豆还是抵放俸米,确实都做到了规范明晰、有法可依。并且规范大体合理:职位高的、经济能力强的官员多买、多抵,反之反是。在一段时间内,上述规范也得到了较好的执行。因此,至少在这一领域,清政府并不是任意想让官员买多少就让他们买多少、想让谁买就让谁买,而且承买价格并不离谱。可以看出,清政府是依法办事,甚至有一定的法治色彩,就其制度立意而言,也只是为了借助法律方式消化盈余黑豆,实现对社会资源的控制,并无借机盘剥富人的动机。

---

① 《户部漕运全书》卷六二,清光绪刻本。

② 《清仁宗实录》卷八八。

③ 参见《户部漕运全书》卷六一,清光绪刻本。

(3)减价平粜黑豆。黑豆仓储盈余时,除以官员为内部消化渠道进行调控之外,也会制定一些与市场发生联动的外部调控规范。比如,将积存的黑豆选取成色较差的部分投放到市场上进行平粜。乾隆二十年,“京仓收贮黑豆,积五十余万石。请照乾隆十八年例,以豆代粟,抵放俸米。并令在京各官,按照品级承买关支,于廉俸项内扣价”①。官员承买和抵放粟米两种调控方式同步施行,但是利用官员内部消化渠道进行调控时,选取的都是成色较好的黑豆,“成色稍低者,分给五城,照时价酌减平粜”。后遇有仓储充裕,便经常与市场进行联动,“乾隆二十六年拨黑豆五万石发五城减价平粜。乾隆二十八年,黑豆仓储甚属充裕,于存储豆石内每城分拨八千石,以资各厂平粜接济之用”②。

可以看出,在黑豆仓储盈余时,清政府会制定多样化的法律规定,将内部调控与外部调控相结合,共同调配盈余黑豆资源,并且清政府制定的法律较为科学合理,对官员承买黑豆和抵放俸米的数量和价格予以合理的规定,使黑豆的调控有法可依,在执行法律时也充分体现出清政府的管理智慧,能够及时发现法律的漏洞,并通过制定法律,建立多方共同担责的机制来弥补法律漏洞,使黑豆仓储调控能够达到出陈留新的效果。

2. 黑豆仓储不足时的调控法规

前文提到,黑豆仓储不足时,清政府从地方采买以补充仓储。如乾隆三年,户部因仓储豆少,请求每月减半支放,但考虑到京城黑豆市价较高,兵丁自行增买花费较多。故从山东采买五万石,河南采买三万石,以补充仓储。③ 乾隆、嘉庆、道光时期,仓储不足的情况很少,咸丰、同治时期则时常出现黑豆仓储不足的情况,甚至仓储黑豆不足以支放饲马所需,需要以粟米抵放黑豆。如咸丰五年(公元1855年),“嗣因各仓存储黑豆不敷支放,节据上驷院咨请以粟米抵放。经户部议准,除将各仓存储豆石尽数开放外,所欠黑豆以粟米抵给,暂行开放。其节次欠领黑豆,俟奉豆进仓随时补放”④。仓储黑豆不足以支放在清朝后期并非偶然现象,除了以粟米抵放黑豆之外,有些成色受损的黑豆也会用以填补不足。同治三年(公元1864年),各仓欠放黑豆不敷支放,为了填补缺口,将北新仓存储雨淋黑豆五千余石搭放一成。⑤

综上所述,清政府针对黑豆仓储不足制定的调控规则,从黑豆供给和黑豆支

---

① 《清高宗实录》卷五〇一。
② 《钦定大清会典事例》卷一〇八七,清光绪二十五年重修本。
③ 参见《大清会典则例》卷三九,清文渊阁四库全书本。
④ 《户部漕运全书》卷六四,清光绪刻本。
⑤ 参见《户部漕运全书》卷六四,清光绪刻本。

放两个方面入手,并且在不同时期选择的立法调控思路也有所不同。乾隆时期显然更倾向于跨区域采买以补充仓储,而尽量避免因黑豆短缺对兵丁饲养马匹的影响。咸丰时期和同治时期则是制定法律通过以米抵放或者以次搭好的方式来缓解黑豆仓储短缺,前后两个阶段形成鲜明对比,也从侧面体现出清政府对黑豆的法律控制从游刃有余到捉襟见肘。

**(二)黑豆价格调控规范**

清政府制定的都是关于黑豆价格高昂时的调控规范,未见黑豆价格低廉时的调控规范。清政府调控黑豆价格的规范和调控黑豆仓储的规范有相似之处,基本是遵循与市场进行外部联动和以官员为内部渠道两种立法思路。

在黑豆采买部分已经提到部分价格调控规则,如进行黑豆的跨区域采买,以减少对京师黑豆的需求。乾隆二十八年、四十七年、五十一年等年份,由于京师价格高昂,从河南、山东、奉天等地采买黑豆运送京师。除跨区域采买之外,清政府制定了价高发粜的规则来调控市价。乾隆八年,黑豆价格呈现直线上涨趋势,七月黑豆价格为每石0.95两,八月每石1两,到了九月,黑豆价格已经涨到每石1.3两。① 乾隆帝发布上谕:“近闻京师黑豆价值昂贵,今回銮在即,扈从官兵马匹进京,用豆益多,户部现存官豆,应行平粜……内务府八旗二十七局,每局各先发五百石,及时平粜。”②此次平粜投放到市场上的黑豆共一万三千五百石。乾隆十六年为了调控市价,比乾隆八年投放更多的黑豆。乾隆帝谕:“八旗兵丁喂养驼马需用黑豆,甚关紧要,现今市价昂贵,着将仓贮黑豆拨发八万石,交与八旗减价平粜,以平市价。”③有时,为了调控市价,可能会同时运用多种调控规则,比如乾隆四十七年京师黑豆价格颇昂,既从河南查照向例采买黑豆运京,又将积存京仓豆石发给官员等,以平市价。④ 以上均是通过增加市场上黑豆供应量的方式来进行黑豆价格的调控。

在黑豆价格高昂时,清政府以官员为内部渠道的调控主要是让官员承买仓储黑豆,以减少对市场上黑豆的需求。乾隆五十一年五月的豆价为每石1.48两,六月的豆价为每石1.36两。⑤ “乾隆五十一年六月钦奉谕旨,据吴省钦奏:京城粮

---

① 参见邓亦兵:《清代前期政府与北京粮食市场研究》,社会科学文献出版社2019年版,第92页。

② 《清高宗实录》卷二〇三。

③ 《八旗通志》卷四一,清文渊阁四库全书本。

④ 参见《清高宗实录》卷一一六八。

⑤ 参见邓亦兵:《清代前期政府与北京粮食市场研究》,社会科学文献出版社2019年版,第93页。

价渐增,而米豆二价尤为翊贵……至称黑豆一项,每石例价八钱,请于市价现昂时,将此项官豆酌量增作一两四钱之处,着交户部,将现在存仓豆石通盘筹划足敷官用之外,所余豆石即照该府尹所定价值尽数照例官买,一面奏闻,一面办理。"①最终,以每石1.4两的价格,令八旗王公满汉文武各员按品承买两个月豆石。官员承买的豆石,令盛京将军等按五万石之数买补还仓。笔者发现,仓储调控和价格调控两种情况下官员承买黑豆有所不同:在前文仓储调控规则一节中,清政府让官员以比市价低几钱的价格承买,而在价格调控规则中,则是要将豆价提高到与市价几乎相同的价格卖给官员。清政府此种举措具有一举三得的效果。第一,将官方仓储黑豆卖给官员,减少了官员对市场上黑豆的需求量,使黑豆供需关系紧张程度有所缓解,有助于平抑市价。第二,将黑豆卖与官员时,将价格提高到与市价接近的水平,有效预防了官员将承买的黑豆转卖到市场以赚取差价,扰乱市场秩序。第三,清政府此举相当于利用黑豆市场价格上涨的契机,和官员建立了带有强制性的买卖关系,从中获取了利润。

综上所述,笔者对清政府黑豆收纳、支放、价格和仓储调控法律规范做了较为细致的梳理和分析,大致描摹出清政府制定的黑豆管理法律体系。从上文的梳理和分析中,我们可以看出,清政府对黑豆这一看似不起眼的物资制定的法律规范是较为系统和完整的;并且对黑豆的管理充分利用法律手段来进行约束和规范,使黑豆的管理流程有法可依;在法律制度出现漏洞的时候,也能够及时地制定更为完善的法律进行补救。总之,通过上述梳理,我们能够看出清政府立法的灵活性、科学性与细致性的统一。

## 四、黑豆管理法规实施中的问题与处置

清政府在黑豆收纳、支放、价格、仓储等方面制定的则例、事例等,是静态的,看似完美,然而实际运行中却是动态的,会产生各种问题。针对涌现出的问题,清政府需要采取相应的处罚手段进行处置和规制。

### (一)三个方面的问题

一是黑豆质量问题。主要存在于收纳和支放两个环节。前文提到,清政府制定了一系列则例或事例,在河南、山东、奉天等地征收或者采买黑豆已然成为常态。然而地方官在实际执行中,有时交纳的黑豆质量参差不齐。如乾隆五十年,"查验通州帮兑运河南开封等府黑豆六千一百六十石,内有四千六百八十五石成色搀杂"。乾

① 《户部漕运全书》卷六一,清光绪刻本。

隆帝下令查清此项豆石是受兑时豆石成色搀杂,还是在其他处搀杂所致。[1] 最终查明,“此豆于河南兑收时,原系大小不匀”[2],故导致此项豆石成色不一。在黑豆支放环节,为保证所饲养马匹的健壮,支放的黑豆也要质量过关。为防止仓库有劳役人员暗中掺杂舞弊,《钦定户部则例》专门就支放黑豆的质量做了规定:“满洲蒙古八旗饲养圈马,令各仓监督拣选鲜洁米豆支放(应支细数另详兵饷门卷马章程条),如陈米陈豆较多及以红腐掺杂,不遵驳换者,该旗都统等查验明确,将仓监督指明参奏。”[3]

二是黑豆运输问题。无论是黑豆征收和采买,还是黑豆的跨区域调拨,运输都是必要环节。清代运输黑豆主要是靠水运和陆运,水运工具主要是大小船只,陆运工具主要是前文提到的马车等牲口车辆。由于清代运输技术不如现代发达先进,运输速度较慢,运输工具载量小,且运输常常受到天气、季节等诸多因素的影响。因此,每年在黑豆的运输中,总会出现各种各样的问题。

第一,黑豆运送中受潮霉变的问题。导致黑豆受潮霉变的原因,有人为因素,也有自然因素。人为因素主要是运输中管理不当,环境潮湿致使黑豆受潮。此种问题屡屡发生。如乾隆四十一年,奉天运送通州的黑豆先经过海运抵达天津,再由天津道县拨船转河运,运输期间环境不够干洁,一万七千余石黑豆均受潮。又如,乾隆四十七年,因河运过程中疏忽,奉天前两批次运输的黑豆潮湿亏短六百八十余石。再如,道光四年,豫省徐河前后两批黑豆,内有一万七千余石搀杂潮润。导致黑豆受潮的自然因素主要是天气影响,但往往也叠加部分人为因素。如乾隆五十年,因运送途中遇雨三日,收藏不慎,从河南兑收的黑豆多有霉变。第二,黑豆运输途中灭失的问题。此种问题也屡有发生。如乾隆五十二年,由于海运船只遭风沉没,从奉天采买运豆二万八千石内,有二千二百五十石散失海中。又如,嘉庆五年,天津县雇募船户承运奉省黑豆,行至海洋,遇风将船打漏,致使部分豆石漂失。再如,同治九年,奉天部分州县运往通州的米豆,因装兑稍迟,在粮栈寄囤,骤遇大雨,河水陡发,共淹没黑豆五千余石。[4] 从上述案例可以总结出,黑豆运输途中灭失主要是大风骤雨等自然因素造成的。第三,黑豆运输逾期的问题。导致黑豆运输逾期迟延的原因也有自然因素和人为因素。自然因素主要是天气寒冷,河水冰冻,无法行船。如乾隆五十二年,“奉省黑豆三万一千八百八十石,由海运

---

① 参见《清高宗实录》卷一二三二。
② 《户部漕运全书》卷五八,清光绪刻本。
③ 《钦定户部则例》卷一五,清同治十三年校刊本。
④ 参见《户部漕运全书》卷七五,清光绪刻本。

通行至武清县属之木场村冻阻。若责令陆运到桥道路遥远且需车二三千辆轮转，运完已届冰泮，不若就近赁房囤贮，俟来春拨运抵通”①。因此，这批黑豆最终不得不延迟至次年春天再行运输。人为因素主要是地方装运迟延，致使延误最佳水运期。嘉庆时期规定了奉天黑豆的运输期限：“直隶天津雇船装运奉天黑豆，初运船只定限五月内到齐，二运船只定限七月内到齐，地方官于船只到齐之日，会同运员限一个月装运出口。”②按照规定期限进行运输，一般会赶在河水冰冻之前完成运输任务。而嘉庆十四年，初运船只九月二十二日到齐，十月初三出口，二运船只十月初二日才到齐，十月十二日出口，比规定的日期晚了二三个月，运至天津时河水已经封冻，导致该批黑豆无法按时运送。

三是黑豆存储问题。黑豆的存放有一定的要求，必须要做好防潮工作。如果储存不当，或者存储过久，没能及时出陈留新，就会导致黑豆潮湿霉烂。黑豆存储中出现的问题主要是人为因素造成的。嘉庆十六年，由于仓库内未铺垫板片，管理失当，致使万安仓八千余石黑豆发黑腐烂。嘉庆十七年，由于花户方世德等留陈出新、调换舞弊，致使仓库内大量黑豆霉变。但是，黑豆存储发生问题除了有人为因素，偶尔也会叠加一些自然因素。如万安西仓霜字廒黑豆浸湿八石余，是因猝逢骤雨，仓库管理人员未能事先预防所致。③

**（二）三种处罚措施**

清政府对待上述问题的处理方式和惩处措施，主要有三种：

一是经济性处罚。在黑豆各个环节出现问题时，经济性处罚是被经常使用的惩处措施。清政府实施经济性处罚大致可以分为两种情况：其一，单纯违反了清政府制定的法律规范受到惩处。其二，违反法律规范的同时还给清政府造成了经济损失。这两种情况的经济性处罚也有所不同。第一种处罚是通过给违法人员造成些许经济损失，以示惩处。第二种则是遵循填平原则，需要违法人员填平清政府的损失。下面对这两种情况分别举例论述。在前文介绍八旗官兵领取黑豆和官员承买黑豆时，已经提及了部分经济性处罚措施。该种经济性处罚措施，即属于上述第一种情况。如八旗官兵领取黑豆，限两个月内一律放竣；如果领豆官兵无故违限不领，将应领豆石停给，其豆价既于马乾银内坐扣，不准领回。官员承买黑豆的惩处措施与八旗官兵类似：官员承买的黑豆也要求限两个月内领取完毕，倘查出承买官员等有意迟逾，将应领豆石停其支给，仍于俸廉等项内坐扣豆

① 《户部漕运全书》卷七五，清光绪刻本。
② 《户部漕运全书》卷七五，清光绪刻本。
③ 参见《户部漕运全书》卷六七，清光绪刻本。

价,以严例限。可以看出,对待此类故意迟延领豆的行为,清政府是采取扣钱但不发放黑豆的方式进行处罚,这使八旗官兵不仅领不到黑豆喂马,还要另外出钱购买黑豆来饲养马匹。承买黑豆的官员则是白白扣除了相应的银两而一无所获。这对八旗官兵和官员而言,无疑是经济上的一笔损失。第二种针对给清政府造成损失的处罚方式,最常见的就是赔补。在黑豆运输、存储过程中如造成黑豆损失,则需要相应人员进行赔补。《户部漕运全书》中《采运麦豆》一节规定:"奉天运通黑豆由海入河转运到通,向例海运责之奉天委员,河运则归之天津道县,如有潮湿短少,分别参赔。"①这一规定体现了清政府处理黑豆亏损的追责原则是责任分段、归责明确。乾隆四十一年,奉天运送到通州的一万七千余石黑豆有潮湿霉变的情况,经过调查,此项黑豆"虽系天津道县查收接运,但海运抵津正届冬令,何致豆有潮湿?自属奉天原运之时不能一律干洁所致,若专令天津道县赔补,未免偏枯"②,故最终决定,令奉天原运委员和天津接收道县分别赔补一半损失,以昭平允。如果运输造成损失是海运或者河运一方的过错,则令过错方单独赔补。乾隆四十七年,奉天前两次运输的黑豆因潮湿亏短六百八十余石,经仓场侍郎查明,是在河运阶段办理疏忽所致,故将潮湿亏短的这部分黑豆令负责河运的天津道县照数赔补。除责任分段,在清政府处理黑豆损失案件中,有时会根据谁过错谁担责的追责机制,将责任细化到有过错的个人。道光五年,由于突降大雨,仓库管理人员没有提前预防,使万安西仓霜字廒浸湿八石多黑豆。清政府将这些损失的黑豆按照市价计算,折成银两,令当时在仓库值宿的监督以及值廒花户照例均赔,而不值宿的监督则加恩免于议处。

二是行政处罚。《清会典·考功清吏司》中规定的清代行政处分之法有三:"一曰罚俸,其等七;二曰降级,留任者其等三,调用者其等五;三曰革职,其等一,留任者别为等焉。降调而级不足者,则议革。凡处分有展参者,则变其法。凡处分,至革职则止焉,其甚者曰永不叙用。革职有余罪,则交刑部。凡官员老疾者,则休致。"③这段话规定了吏部在议处官员时的处罚办法。对于黑豆调控规范执行不力的行政处罚,即主要交给吏部按照上述规则进行议处,嘉庆十四年,直隶天津雇船装运奉天黑豆,从雇船装船到开始运输,总体迟延了三到四个月,运到天津时已经不具备河运条件,即奉嘉庆皇帝上谕,将负责人员以办船迟误之职名咨部议处,以示惩儆。

① 《户部漕运全书》卷七五,清光绪刻本。
② 《户部漕运全书》卷五八,清光绪刻本。
③ 参见许颖:《清代文官行政处分程序的研究》,南开大学2010年博士学位论文,第2页。

上述情况只是单纯违限,并没有造成实际损失。如果给清政府造成较为严重的损失,而仅予以经济性惩罚不足以惩戒,除对责任人员进行经济性处罚填平损失外,对相应官员也要进行行政处罚。乾隆五十年,通州帮协运河南黑豆霉变一千二百余石,并且此项黑豆豆粒大小不匀、成色不纯。针对此种情况,清政府追责到人,分别予以惩处。黑豆霉变是运输途中遇雨三日,运输人员收藏不慎所致,故将此项霉变的黑豆令运输人员勒限买补,并将领运官、押运官分别议处。此外,历年如遇粮色不纯都应当先行声明具奏,而河南省此项黑豆大小不一,却未先行奏明,故将河南巡抚及粮道交部分别议处。而"仓场侍郎验明豆粒霉变,自未便准其收兑交仓,但何以不向委员究问明白,率行具奏?现据该侍郎等自行陈奏,实属办理疏忽,亦应交部察议"①。

三是刑事处罚。前文提到,吏部的议处规则中,"凡处分,至革职则止焉,其甚者曰永不叙用。革职有余罪,则交刑部"。在处理黑豆相关问题时,也遵循这一规则。有些案件黑豆受损量大,性质严重,既要适用经济性处罚和行政处罚手段,也需要对相应人员进行刑事处罚。

> 嘉庆十六年,仓场查出万安仓黑朽豆石,奏请交部审办。奉旨:此案查出万安仓藏压黑豆至八千余石之多,该监督等毫无见闻……实属溺职。齐斌、常泰均着革职,交刑部审讯。其舞弊渔利之花户头役刘元泰先行另案充徒,着刑部提回归案审讯。在逃之花户张贵恒、杨庭栋、苏亮三犯着交步军统领,勒限五日拏获送部。至万安仓霉坏豆石甚多,方世德本系该仓花户头役,前经犯罪发遣,着一并行提审讯,定拟具奏。所有刘元泰、张贵恒、杨庭栋、苏亮、方世德五犯,家产着交步军统领等即行查抄。此项霉坏豆石应如何着落追赔之处,着交仓场衙门查明议奏。
>
> 嗣据刑部审明覆奏,方世德、刘元泰索得使费京钱二千余吊,拟绞监候。杨庭栋、苏亮、张贵恒均杖一百、流三千里。已革监督常泰在监病故,齐斌业已革职,讯无染指,应毋庸议。小甲郭兴业杖八十,枷号一个月。方世德等所得钱文照追入官,逸犯王喜获日另结。其各廒霉变米豆,应听仓场奏明办理。至署任监督海章阿移咨吏部照例议处,旨齐斌身任仓监督,于花户勒索得赃,毫无查察,以致留陈出新,霉变米豆愈积愈多,非寻常疏纵可比,仅予革职不足蔽辜,着发往乌鲁木齐效力。②

---

① 《户部漕运全书》卷五八,清光绪刻本。

② 《户部漕运全书》卷六七,清光绪刻本。

上述案件是典型的关于仓储黑豆管理不善的处理案例。此案霉变的黑豆数量巨大,从花户到仓监督到署任监督无一幸免。不仅要对霉变的黑豆进行追赔,而且署任监督也要移咨吏部照例议处,对仓库花户和仓监督更是采取了刑事处罚措施:花户杨庭栋、苏亮、张贵恒均杖一百、流三千里,索贿花户方世德、刘元泰拟绞监候。仓监督齐斌予以革职后又进行发遣处理。因仓储人员管理黑豆效率低下,有所迟延,也会遭至刑事处罚。“道光四年,豫省运送到仓黑豆中有一万七千余石,搀杂潮润,饬令弁丁赶晒晾迟,至半月尚未挑晾干洁。仓场奏参,两帮千总一并革职,两帮运丁交粮道责革枷号,总运同知交部严加议处。”[①]一般而言,基层劳役人员的处罚最重,是刑事处罚的主要对象,而官职越大,惩处力度反而越小,通常仅给予行政处罚。

**(三)处罚的豁免**

当然,并不是所有黑豆有损案件都会采取处罚措施。对于有些情有可原的案件,清政府可能给予豁免处罚的决定。而根据目前搜集到的材料,案件的豁免缘由可以总结为不可抗力的客观性因素。乾隆五十年,“盛京运通黑豆在洋遭风漂没无存”。取具各结,最终豁免处罚。嘉庆五年,“天津县雇募船户承运奉省黑豆,行至海洋遇风将船打漏漂失豆石,议令船户赔补,该船户赤贫如洗,力难完缴,援照乾隆四十七年装运宁远州豆石漂没准豁之案,咨明奉省题请豁免所有失去豆石”[②]。这两个案件有相似之处,均是运送黑豆的船只在海洋遇风致使黑豆漂没。不同的是,嘉庆年间的案件豁免处罚既考量了事故发生原因,也考量了责任人的赔付能力,为综合考量之后进行豁免。通过提取这两个案件的共性可以发现,黑豆都是在航运中遇风损失,看似可以将“航运途中遇风”总结为不可抗力的客观性因素。但笔者发现,并不是所有航运中遇风导致黑豆损失的案件都可以归结为不可抗力的客观性因素,并以此豁免处罚。清政府在归结不可抗力因素时充分考虑了事故发生的地点。嘉庆十六年,里河拨运牛庄黑豆一起行抵普济闸(北京通惠河上最后一个闸)下遭风沉溺,捞获湿豆不堪晒晾入仓,同漂没豆石一并责令经纪赔补。这一案件中同样是船只运输途中遭风沉溺导致黑豆漂没,但最终处理结果却是责令经纪赔补。与前两个案件对比可以发现,该案件黑豆遇风漂没的地点是在河运阶段的普济闸,而前两个案件则是在海洋中遭遇海风,在当时的航运条件下,在海洋的不可控程度要远远高于河运。故清政府在处理案件时予以区分,并未将河运遇风漂没作为不可抗力因素而进行豁免。

---

① 《户部漕运全书》卷六七,清光绪刻本。

② 《户部漕运全书》卷七九,清光绪刻本。

有些案件中，由于前期人为疏忽，即使造成黑豆损失的原因有不可抗力的客观性因素，也仅仅是豁免部分处罚。“奉天锦县、义州同治九年运通米豆，因装兑稍迟，在粮栈寄囤，骤遇大雨，河水陡发，致被淹没。”共损失黑豆五千余石。“奏经部议，将该州县交部议处，所有冲淹霉变粟豆照嘉庆十三年成案责令该州县如数赔补搭运。续据盛京将军奏：查明实系事出仓猝，救护不遑。”①故最终仅作经济处罚，豁免了行政处罚，即该州县宽免议处，而损失的黑豆如数赔补。

前文从规则动态运行的角度，分析了黑豆管理法规在实施过程中出现的问题以及清政府针对上述问题的处罚措施，对本文第二部分清政府黑豆管理规则进行了较为立体化的补充。总而言之：第一，清政府的法律惩处手段是多层次的、多样化的，包含经济性处罚、行政处罚以及刑事处罚三种方式，而且三种处罚方式层层递进，并非“一刀切”的简单粗暴的处理方式。第二，清政府的法律惩处手段是有理有据、依法办理的，对待每个黑豆有损的案件，都会仔细调查案情，并按照有错者担责的原则归责到人，不伤及无辜。同一个案件会按照行为人的责任大小进行有区别的处罚；不同的案件，也不会生搬硬套，而是充分考量案件发生的时空特点予以相应处理。第三，清政府并非以严罚手段来威慑官员，而是以理服人、以法服人。比如对待不可抗力导致的案件，清政府也会给予豁免处理。

## 五、结语

对清政府而言，法律作为社会控制手段的一种，始终是以皇权为中心，其最终目的在于维护稳定的皇权统治秩序，②而法律实施的效果在一定程度上也依赖于稳定的皇权统治秩序。在清代，法律控制体现在社会政治、经济、文化等多方面。通过本文研究的黑豆管理法律，我们能够看到，清嘉庆以前立法的完善性、系统性和科学性，进一步了解到清政府利用法律手段对社会资源进行管控的精细化程度，这个阶段的皇权统治秩序也处于稳定有序的状态。而清道光以后，特别是鸦片战争以后，皇权统治秩序受到冲击，法律的无力感逐渐显现，通过法律进行调配的社会资源呈现出失控和无序的状态。

兼具系统性、严密性和动态性的法律是清代实现社会资源有效控制的重要保证。清政府对黑豆的收纳、支放、价格和仓储调控等方面都制定了相应的法律规定，形成了一个较为系统的黑豆管理法律体系。在一定程度上，清政府思路清晰，

---

① 《户部漕运全书》卷七五，清光绪刻本。

② 参见沈大明：《〈大清律例〉与清代的社会控制》，华东政法大学2004年博士学位论文，第2页。

用系统性的法律实现了对黑豆的控制和调配。黑豆征收多少,采买多少,支放多少,价格多少等,清政府都以明确细密的量化数据在法律层面进行了明确规定。例如,八旗马匹黑豆的支放,根据冬春和夏秋的不同情况,按照季节分别予以明确。再如,清政府除了规定正常情况下黑豆的支放标准之外,还对遇有皇帝巡幸之年以及遇有闰月之时的黑豆如何支放也以法律形式予以规定,使出现特殊情况时,黑豆的支放标准也能有法可依,不会出现混乱。对于细小的黑豆尚且如此,足以见得清政府用法律手段对社会资源的管控是较为细致的。另外,清政府十分注重通过动态的法律调控来达到一种平衡。比如,根据各区域的情况对黑豆征收的数量进行及时调控,根据仓储情况制定相应的调节规则等。并且在清政府制定的黑豆管理法律规范中,因事立法较为普遍,这充分体现了清政府法律控制的灵活性与动态性。而在发现法律实施的过程中出现漏洞时,清政府并非任由法律僵化地运行,而是能够及时妥善地通过配套立法予以补救。比如,关于部分官员承买黑豆时故意领取新豆的问题,清政府及时制定法律,通过限制领取时限和明确仓监督、领豆官员双方责任的方式进行规制,以杜绝留陈出新的现象。这说明当时的皇帝和官员有足够的智慧去处理法律运行中的问题,并且会将之落实在法律上,使之法律化。综上所述,至少在嘉庆以前,清政府通过详细完善的立法对黑豆实现精细化管理,实现了对黑豆资源游刃有余的管控,体现了清帝国强大的法律控制力。

清政府对社会资源的法律控制带有一定的法治色彩。通过前文的分析,笔者认为其法治色彩主要体现在以下方面:第一,立法上系统科学,规范明晰。比如,在通过官员承买盈余黑豆的立法中,清政府通过《钦定户部则例》明确承买的数量,从宗室王公到一般官员,按照级别和职位大小分别予以明确。职位高、经济能力强的官员多买、多抵,反之反是,而非任意妄为,想让官员买多少就让他们买多少、想让谁买就让谁买,而且承买价格也在合理范围内。就其制度立意而言,清政府是为了借助法律方式消化盈余黑豆,实现对社会资源的管控,并无借机盘剥富人的动机。第二,清政府的法律惩处手段具有一定的法治色彩。首先,政府的法律惩处手段采取分级处罚,包含经济性处罚,行政处罚以及刑事处罚三种方式,根据案情、行为人的过错程度和损失大小来选择某一种处罚方式;十分严重的,几种处罚方式并行,而非“一刀切”的简单粗暴的处理方式。其次,在处理案件时,不生搬硬套,而是注重事实调查,充分考量案件发生的时空特点。比如,在海洋遭风与在内河遭风有不同的处理方式。最后,清政府处罚时兼具公允和人性化的特点。在追责时,清政府善于运用追责到人的机制谁过错谁担责,避免波及无辜。对待部分责任人缺乏赔付能力的情况,也会豁免处罚。

需强调的是,清政府对社会资源的法律控制始终是以皇权为中心的,这一点是其黑豆管控法律动态变化中唯一不变的地方。黑豆作为如此细微的社会物资,它的征收、发放、出粜等问题基本都需要经过皇帝的同意。以《大清会典则例》为例,诸多则例是经过“议准”“奏准”的,还有诸多则例是通过“上谕”的方式进行制定的。可见,在清代,清政府对社会资源的法律控制是围绕着皇权的,并且我们可以看到的是,在清代嘉庆以前,国家能力和社会控制力都处于稳定状态,皇权统治秩序较为稳定,因此各种立法也是朝着精细化方向发展,并且法律能够较好的落地实施,而法律的完备也同时巩固了皇权统治秩序。而道光以后,频频出台减征黑豆的事例,甚至到咸丰和同治年间,仓储黑豆不足以支放饲马所需,需要以粟米抵放黑豆和用成色受损的黑豆填补不足的地步。这说明法律秩序已经开始出现紊乱。笔者认为,一个小小的黑豆不足以支放的现象恰恰反映了清政府当时的社会控制力大不如前,法律的实施无力逐步导致资源的无序状态。出现这一现象,一方面,我们可以归结于马政废弛。道光以来,马政废弛,加上受到西方新式武器的冲击,马匹不再是战争胜利的重要因素,与马匹密切相关的黑豆资源的调控自然不如从前。另一方面,笔者认为,马政废弛只是表象,马政废弛以及社会资源秩序紊乱的深刻原因是以皇权为中心的统治秩序的离散。内忧外患下,清朝原有的系统、严密的法律体系也逐渐不能像乾隆、嘉庆时期那样有效落地实施,清政府对庞大清帝国的法律控制力逐渐减弱。

# 民国上海地区的买卖人口犯罪

## ——以《申报》案例为中心

高凌艳

买卖人口是中国历史上长期存在的社会问题。时至今日,买卖人口犯罪仍属常见,如何治理该类犯罪也是当今社会的热点话题。

上海是近代中国买卖人口犯罪最为猖獗的地区。作为民国沪上历史最悠久、最具有权威性的主流媒体,《申报》对于该类犯罪进行了大篇幅的报道以及追踪调查,为后人开展研究提供了可靠的一手资料。案件数量的庞大,以及特殊的政治、社会环境,使上海地区买卖人口犯罪的治理模式较同时代其他区域有所突破。本文将以《申报》的案例为中心,从法律史的视角出发,对民国沪上买卖人口犯罪及治理开展多方位的探讨。

### 一、近代买卖人口犯罪立法

#### (一)清末禁革买卖人口的立法改革

在中国古代的法律典籍中,对于买卖人口的治理往往是出于维护社会等级秩序的需要,并非基于对平等人权的保护,如禁止买卖良民却允许买卖贱民,没有将所有“人”列为法律应该保护的对象。这一传统观念在清末被逐渐打破,当时,来自外部世界的压力与中国社会发展的内在需求相结合,给我国禁革买卖人口带来了契机。

法律变革的导火索来自20世纪初一桩轰动全国的案件——“大闹公堂”案。1905年12月8日,有一个四川官眷黎王氏,广东籍,携带价买的女孩十五人,随伴四人,行李百余件,乘坐鄱阳轮扶丈夫的灵柩由川回籍,道经上海时,工部局捕房疑其为诱拐,将黎王氏从鄱阳轮拘解到会审公廨,并提起诉讼。由于该案是捕房解讯的刑事案件,遂由中外官会审。审判的结果是,中方谳员认为黎王氏所买的女孩均有身价凭证,不能指为诱拐。而英国副领事认为黎王氏有罪。因争执不下,中外官员当场发生冲突,最终巡捕挟人犯人证冲出,黎王氏被押工部局女牢,十五名女孩送济良所,两名公廨差役被巡捕打伤。"大闹公堂"案引起了公愤,出事次日,上海的马路上即现华人愤慨的揭贴。该事件最终导致了领事团进一步侵占会审公廨以及租界法权。

本案冲突的根源在于中外法律观念的碰撞。在当时中国的法律中,有凭据的奴婢买卖是被允许的,而在外国官员的眼中,这是不合理的。

在该案谈判的过程中,外国人与当时的署理两江总督周馥进行沟通,并表达了对奴婢制度的不满,这引发了周馥的思考与关注。① 1906 年,"大闹公堂"案的余波未息之际,两江总督周馥上书禁革买卖人口。1906 年,沈家本在周馥奏折的基础上,写就《革禁买卖人口变通旧例议》一文,呼吁学习外国的理念,废除买卖人口旧习:"我朝振兴政治,改订法律,百度维新,独买卖人口一端,既为古昔所本无,又为环球所不韪,拟请特沛殊恩,革除此习。嗣后无论满汉官员军民人等,永禁买卖人口。如违,买者卖者均照违制律治罪。"②沈家本首先指出,峻法之下,买卖人口迭出的重要原因,一是因为经济:"荒歉之年,贫民糊口无资,鬻女卖男,借图存活。"灾荒和贫困迫使底层民众买卖家眷,而一些奸民看到了其中的商机,"借此渔利,公然贩运买卖"。二是因为制度:"律文虽有买卖奴婢之禁,而条例复准立契价买,法令多参差。"沈家本又对欧美国家的法律进行了考察:"现在欧美各国均无买卖人口之事,系用尊重人格之主义,其法实可采取。该督拟请永行禁止,系为革除旧习起见,自应如所奏办理。惟律例内条目繁多,更改动关全体,自应通筹参考,核定办法。"沈家本针砭时弊,拟定出十一条办法,以求在法律层面革除买卖人口。

尽管周馥、沈家本的立法建议因为触犯了王公贵族们的切身利益,在咨复政务处后便被裁撤、搁置不理,但不容否认的是,在近代法学家的努力下,我国从制度层面革除买卖人口犯罪的历程已经拉开了帷幕。

随着统治危机的不断加剧,清政府开始着手预备立宪,而落后的奴婢制度的存在,事实上已经严重不符合当时中国社会与经济发展的内在需要,因此禁革买

① 参见沈家本:《历代刑法考》(第 4 册),中华书局 1985 年版,第 2046 页。

② 沈家本:《寄簃文存》,商务印书馆 2015 年版,第 15~20 页。

卖人口再次被提上议程。

1909年年初,陕西道监察御史吴纬炳奏请严行禁革置买奴婢恶习,①宪政编查馆就该事咨商沈家本。于是沈家本又撰《删除奴婢律例议》一文,再次重申禁革买卖人口的主张以及此前《革禁买卖人口变通旧例议》中所建议的十一条措施,并且剖析了此前法律建议未被采纳主要是因为废奴反对势力的抵制,这些反对者包括王府、蒙满官员之家、鬻婢之家等。不久,依据沈家本十一项措施拟定的《禁革买卖人口条款》被刊登在报,得以公告。②

1910年5月,宪政编查馆颁布禁革买卖人口之文告:"宪政编查馆王大臣以上年十二月间本馆奏禁革买卖人口旧习,各处相沿已久。此次奏准一律禁革系属特沛殊恩,蠲除痼习,诚恐民间未及周知仍沿敝俗不足以普皇仁而拯无告,应由京外各衙门摘叙原奏条款中第一二四七十五共五条,尤为习俗易犯者刊刻告示,偏行张贴军民人等一体通知,以免因仍故辙误蹈法网,是为至要。"③

1910年庆亲王奕劻等专折奏请禁革买卖人口旧习,大量援引此前沈家本例议的内容,提出具体措施十条。《禁革买卖人口折》随后得到谕允。1910年4月,《大清现行刑律》颁行,《禁革买卖人口折》的十项条款也被修入《大清现行刑律》中。1911年1月,宪政编查馆通咨各省,重申买卖人口禁例。"本馆会奏禁革买卖人口旧习,酌拟缮单呈揽一折著。"④

至此,我国几千年来司空见惯的买卖人口在制度上得以废止,但这一废止是不彻底的——沈家本提出十一项措施中的第九项"发遣为奴之例宜酌改"没有被纳入法律中,因此"良贱之分"仍然被保留,奴婢制度事实上依旧存在。而在1911年1月25日,由日籍修律顾问冈田朝太郎与沈家本联手修订的《钦定大清刑律》中,未设买卖人口犯罪的条款,因而又产生了疑义。清廷不久即被推翻,《钦定大清刑律》未能真正实施。

总体上说,清末时期关于买卖人口的立法讨论莫衷一是,立法议程反复。但是,我国革除买卖人口旧俗的趋势已经奠定。从民国时期的相关立法中,我们能看到清末修法打下的基础。

**(二)民国时期买卖人口犯罪的法律发展**

1911年辛亥革命爆发,清政府被推翻。1912年,南京临时政府成立后,孙

---

① 参见上海商务印书馆编译所编纂:《大清新法令》(第7卷),商务印书馆2010年版,第119页。

② 《禁革买卖人口条款》,载《新闻报》1910年3月10日,第26版。

③ 《申禁买卖人口旧习》,载《新闻报》1910年5月24日,第14版。

④ 《重申买卖人口禁例》,载《时报》1911年1月25日,第3版。

中山令内务部发布禁止买卖人口示文，明令此后"不得再有买卖人口情事，违者罚如令。"[①]虽然"平等""自由""人权"的观念在华夏大地传播，但是有关人口买卖的相关法律尚未健全和周延，甚至出现让人贩脱罪的漏洞。比如，1912 年《暂行新刑律》系由 1910 年所颁布的《钦定大清刑律》删修而来，而《钦定大清刑律》中没有"禁止买卖人口"的相关规范，仅在第三十章中规定了"略诱及和诱罪"，因此《暂行新刑律》无法应对诸多司法实践中存在的问题。父母因贫卖子女，就不属于《暂行新刑律》中的"略诱及和诱罪"的范畴，如何判决存在困难。[②] 法律适用上存在问题，可能会导致定罪的争议以及量刑的畸重畸轻。因此，包括上海地方审判厅在内的各地司法机关，曾就买卖人口适用法律的种种困难，多次向大理院以及高等审判厅请示。[③] 大理院则回复，可以在与现有法律不冲突的情况下，适当援引前清法律，在《统字第 23 号大理院复奉天高等审判厅函》中提及："查买卖人口，新律既无专条，则前清禁革买卖人口条款，当然有效，应适用该条款处断。"[④]1912 年，上海地方审判厅向高等审判总厅咨请："买卖人口新刑律无明文规定，可否暂用新刑律除处罚，以补普通法之缺？"高等审判总厅回复："查买卖子女，新刑律虽无正条。然从前施行之禁革买卖人口条款，为一种单行法，与民国并无抵触。按照袁大总统蒸电，当然有效。"[⑤]可见在当时的司法实践中，对于买卖人口的治理已经突破了《暂行新刑律》罪刑法定的框架，而将前清的法律视为单行法加以援用，以弥补立法存在的不足。

由于买卖人口立法上存在缺口，因此在 1914 年颁布的《暂行新刑律补充条例》第 9 条中，增加了"强卖和卖人口罪"："依法令、契约担负扶助、养育、保护义务而强卖、和卖其被扶助之人者，依刑律第三百四十九条、第三百五十一条、第三百五十二条及第三百五十五条处断。其预谋收受或藏匿被强卖、和卖人者，依前

---

① 《总统令内务部禁止买卖人口文》，载《临时政府公报》1912 年 3 月 2 日，第 4 ~5 页。

② 参见《买卖人口处罚办法》，载《新闻报》1912 年 11 月 23 日，第 9 版。

③ 参见《文牍中：咨呈大理院请解释关于买卖人口及诱拐等罪办法文》，载《上海法曹杂志》1913 年第 14 期；《大理院覆上海地方审判厅钞送本院议决关于买卖人口适用法律各款请查照函（二年统字第八号）》，载《政府公报》1913 年第 334 期；《上海地方审判厅呈大理院列举关于买卖人口适用法律种种困难乞核示遵行文》，载《政府公报》1913 年第 334 期；《法律解释：大理院覆上海地方审判厅钞送本院议决关于买卖人口适用法律各款请查照函（二年）》，载《政府公报分类汇编》1915 年第 19 期；《研究新刑律之疑点上海地方审判厅咨呈大理院文》，载《申报》1913 年 5 月 22 日，第 10 版。

④ 郭卫编：《大理院判决例全书》，吴宏耀、郭恒、李娜点校，中国政法大学出版社 2013 年版，第 268 ~269 页。

⑤ 《买卖人口处罚办法》，载《新闻报》1912 年 11 月 23 日，第 9 版。

项各条处断。未预谋者,依刑律第三百五十三条第三项处断。"[①]此外,虽然《暂行新刑律》初无明文规定,但基于现实的需要,1921 年 5 月 4 日颁布《贩运人口出国治罪条例》,并设为专条:"凡以强暴、胁迫、诈术及他法而使人出国者,均严于处罚;移送至十人以上者,更加重刑罚。"[②]

虽然民国建立后,相关法律有所发展,但实际上,买卖人口现象依旧严重。1914 年的《妇女鉴》中曾有这样的感叹:"清国末年业已经禁止买卖人口,不意民国之号称改良社会者竟有买妾之人!"[③]1917 年 8 月 3 日《民国日报》曾刊登《徐国梁竟买女学生为婢》:一名法租界勤业女子师范学校的学生,嫡母教唆其父,将其卖入妓院中为娼。该女不愿,于是乘隙逃出,并向校长朱剑霞哭诉该事,遂由朱剑霞报告法捕房,请求究办。令人意外的是,经调查,这名女学生出逃前,已经被鸨妇卖给了时任淞沪警察厅厅长徐国梁为婢。[④] 该案事发之后,引起了社会热议,时人感叹买卖人口虽厉禁,却被视若具文,不加以遵守。可见,革除封建观念仍然需要时间,法制建设任重道远。

1923 年,针对北方荒旱而导致买卖人口加剧的情况,内务部再次颁布《严禁买卖人口令》:"买卖人口,前清悬为厉禁。民国以来,踵行未改。近来北方各省荒旱为灾,饥民迫于生活,致有鬻及子女之事,情非得已,惨何可言。官厅方面,应力谋拯救,以期防止此项法外行为。不肖之徒,乃反因此为利。灾民幼女,多由被人贩卖转入娼妓情事,并据救灾总会前来报告,若不从严查禁,恐被灾幼女,展转堕入青楼,贬国民之人格,贻社会之隐忧,其何重人道而正风俗,嗣后各地方警察暨铁路警察,对于贩运灾民幼女为娼情事,亦应认真根究,至查获此项人贩,除依法受理外,并须将各该幼送交就近办理收养灾民之慈善机团,妥为安置,以免失所。"[⑤]这一文件不仅是对严查严惩买卖人口犯罪的再一次强调,而且从制度层面上规定了各地警方须对被害者进行安置。

1927 年,南京国民政府成立,初步建立新的法律体系,在刑律的修订上有所建树,对于当时各地屡禁不止的买卖人口犯罪,国民政府也加以关注,并开始着手修律。1928 年 3 月,《刑法》颁布实施,第 257 条"和诱略诱罪"中规定:"和诱、略诱未满二十岁之男女脱离享有亲权之人、监护人或保佐人者处六月以上五年以下有期徒

---

① 参见黄源盛:《晚清民国禁革人口买卖再探》,载《法治现代化研究》2017 年第 2 期;向阳:《民初略诱及和诱犯罪研究——以大理院判例为中心》,华东政法大学 2018 年硕士学位论文。

② 俞承修编:《中华民国刑法分则释义》,法学编译社 1947 年版,第 887 页。

③ 《心声》,载《妇女鉴》1914 年第 2 卷,第 83 ~ 85 页。

④ 参见《徐国梁竟买女学生为婢》,载《民国日报》1917 年 8 月 3 日,第 8 版。

⑤ 《又一严禁买卖人口令》,载《益世报(天津版)》1923 年 7 月 25 日,第 10 版。

刑。意图营利或意图使被诱人为猥亵之行为或奸淫而犯前项之罪者,处一年以上七年以下有期徒刑,得并科一千元以下罚金。移送被诱人出民国领域外者,处七年以上有期徒刑。”①同时,1928 年《刑法》第 313 条增加一新罪名“使人为奴隶罪”:“使人为奴隶者,处一年以上七年以下有期徒刑;本条之未遂罪罚之。”②此外,《刑法》还规定有略诱成年妇女罪(第 315 条)、③贩卖人口出国罪(第 314 条)④。

同年,内政部颁布《告严禁买卖人口》一文:“照得本党革命之目的,为求人类之自由平等,故对买卖人口,久已悬为严禁。现刑律对于和诱略诱,专有定章,立法已甚严,乃近查各地对于此项违背人道之恶习,迄今尤未革除尽净。根本固由于奸民之牟利,要亦官厅查禁不力,有以致之,言之至堪痛心！兹值全国即将统一,训政开始之时,此项恶习,亟应严行禁止,以重人道。除分行外,合行令仰该厅转饬所属,嗣后对于买卖人口,务须切严实查禁,有犯必惩,并应随时设法预为防止,用伸法纪而重民命,此令。”⑤

1931 年年底,南京国民政府组成刑法起草委员会,对于“旧刑法”进行修订,于 1934 年年底完成,1935 年 1 月 1 日公布,自同年 7 月 1 日起施行。新修订后的《中华民国刑法》在 1928 年《刑法》的基础上,提高了对买卖人口犯罪的惩罚力度,主要体现在第十七章妨碍家庭和婚姻罪、第二十六章妨害自由罪。笔者按照犯罪的类型对相关法条进行划分:

和诱与略诱罪——第 240 条是关于和诱罪的规定:“和诱未满二十岁之男女脱离家庭或其他有监督权之人者,处三年以下有期徒刑。和诱有配偶之人脱离家庭者,亦同。意图营利,或意图使被诱人为猥亵之行为或奸淫,而犯前二项之罪者,处六月以上五年以下有期徒刑,得并科一千元以下罚金。前三项之未遂犯罚之。”⑥第 241 条则是关于略诱罪的规定:“略诱未满二十岁之男女脱离家庭或其他有监护权之人者,处一年以上,七年以下有期徒刑。意图营利或意图使被诱人为猥亵之行为或奸淫而犯前项之罪者,处三年以上,十年以下有期徒刑,得并科一千元以下罚金。”⑦

略诱成年妇女罪——第 298 条规定:“意图使妇女与自己或他人结婚而略诱

---

① 俞承修编:《中华民国刑法分则释义》,法学编译社 1947 年版,第 603 页。
② 参见俞承修编:《中华民国刑法分则释义》,法学编译社 1947 年版,第 883 页。
③ 参见俞承修编:《中华民国刑法分则释义》,法学编译社 1947 年版,第 908 页。
④ 参见俞承修编:《中华民国刑法分则释义》,法学编译社 1947 年版,第 887 页。
⑤ 《内部令禁买卖人口》,载《新闻报》1928 年 6 月 13 日,第 8 版。
⑥ 俞承修编:《中华民国刑法分则释义》,法学编译社 1947 年版,第 598 页。
⑦ 俞承修编:《中华民国刑法分则释义》,法学编译社 1947 年版,第 611 页。

之者,处五年以下有期徒刑,意图营利,或意图使妇女为猥亵之行为或奸淫而略诱之者,得并科一千元以下罚金。”①

使人为奴隶罪——第296条规定:“使之为奴隶或使人居于类似奴隶之不自由地位者,处一年以上七年以下有期徒行。”②

收受、藏匿被诱人或使之隐避罪——第243条规定:“意图营利,或意图使第二百四十条或第二百四十一条之被诱人为猥亵之行为或奸淫收受、藏匿被诱人或使之隐避者,处六月以上五年以下有期徒刑,得并科五百元以下罚金。”③

贩卖人口出国罪——第242条规定:“移送前二条之被诱人出中华民国领域外者,处无期徒刑或七年以上有期徒刑。”④第297条规定:“意图营利,以诈术使人出中华民国领域外者,处三年以上十年以下有期徒刑,得并科三千元以下罚金。”⑤

总体来看,民国时期对于买卖人口犯罪的定罪与量刑趋于规范化,但仍然存在诸多纰漏。比如,1928年及1935年《刑法》中的“和诱、略诱未满二十岁之男女”罪规定犯罪主体应为没有亲权和监护权的第三人,因此父母自愿抛弃亲权而鬻卖其子女、监护人自愿抛弃监督权而鬻买被监护人的情形,均不能构成犯罪。又如,女子被转卖为娼的情形,法律规定第二出卖人(转卖人)构成犯罪,但第一出卖人(原出卖人)则无相当之罪名。再如,当时的中国乡村犹有古代掠夺婚、买卖婚之遗俗,依刑法规定,同样是买卖人口,掠夺婚因其“略诱”之行为构成犯罪,买卖婚却不构成犯罪,时有学者曾评价当时的买卖人口立法:“保护人民之法益看似甚周备,实则挂漏仍多,未臻尽善。”⑥

## 二、民国上海地区的买卖人口犯罪

### (一)民国上海买卖人口犯罪的资料统计

民国时期的上海地区,买卖人口是一个非常突出的社会现象,犯罪案件复杂多发。本文选取《申报》1912~1937年刊登的买卖人口犯罪案例进行量化分析,⑦归纳出案

① 俞承修编:《中华民国刑法分则释义》,法学编译社1947年版,第888页。
② 俞承修编:《中华民国刑法分则释义》,法学编译社1947年版,第880页。
③ 俞承修编:《中华民国刑法分则释义》,法学编译社1947年版,第625页。
④ 俞承修编:《中华民国刑法分则释义》,法学编译社1947年版,第620页。
⑤ 俞承修编:《中华民国刑法分则释义》,法学编译社1947年版,第885页。
⑥ 参见马存坤:《买卖人口之刑法观》,载《法律评论(北京)》1932年第2期。
⑦ 本文申报案例的来源为北京爱如生数字化技术研究中心的《申报》数据库,该数据库收录1872~1949年上海申报馆出版的《申报》《申报月刊》《申报周刊》,为相关研究提供了较为便捷的平台。

件特征,同时对典型犯罪案例进行研读,形成定性研究,定量与定性两相结合,分析犯罪的成因与社会影响。案例选取的起止时间跨度为1912～1937年。1912年是民国创始元年;而1937年之后,随着淞沪会战的爆发,上海一度成为"孤岛",社会秩序和法制环境被严重破坏,因此选择1937年作为本研究的截止时间。

在案例的选择上,首先,《申报》刊登的内容庞杂,有时会对"形似拐卖"进行报道,在案件查明之后,又确认此案"并非拐卖",因此笔者尽可能选择已经定性的买卖人口犯罪案件进行研究。其次,《申报》对于案件的报道往往缺少侦查、审判的详尽描述,有时对被害人人数、年龄、被贩卖目的等内容也加以省略,给量化分析造成了困难,因此笔者尽可能挑选信息完整的案例进行量化分析。最后,上海地区屡屡出现帮匪大规模的买卖人口,被害人真实数目无从统计,因此笔者选择以单个案件为研究的数量单位。

研究民国上海地区的买卖人口犯罪,首先要确认被贩卖人口的基本情况。本文设计三个维度进行分析:

第一个维度"被害人群体分类",主要为性别、年龄的划分。

据1930～1936年上海地区的人口调查,法租界、公共租界将0～14岁人口划分为未成年人,14岁以上人口划分为成年人。① 本文以此为参照,将被害者群体分为0～14岁儿童、14岁以上男性、14岁以上女性。

统计后可以发现,买卖成年女性的犯罪数量占样本数量的56.34%,位居第一。买卖儿童的犯罪,占样本数量的43.35%,位列第二,而贩卖成年男性的犯罪,仅占比0.31%(见表1)。由此可见,上海地区的买卖人口犯罪主要以贩卖女性、儿童居多。

**表1　1912～1937年沪上被贩卖人口的基本情况**

(样本数量1068)

| 项目1 | 项目2 | 数量/人 | 占比/% |
|---|---|---|---|
| 被害人群体分类 | 儿童 | 463 | 43.35 |
| | 女性 | 602 | 56.34 |
| | 男性 | 3 | 0.31 |
| 贩卖流向 | 流入上海 | 190 | 17.79 |
| | 贩往他处 | 347 | 32.49 |
| | 市内交易 | 531 | 49.72 |

① 参见邹依仁:《旧上海人口变迁的研究》,上海人民出版社1980年版,第50～52页。

第二个维度为“贩卖流向”。在收集的《申报》案例中,买卖人口过程的最主要行为是运输与转移被害人,因此被害人的流向值得研究。进行量化统计后,不难发现民国沪上的买卖人口犯罪存在极大的流动性。

第三个维度为“剥削方式”。贩卖人口是以剥削为目的,通常的剥削形式包括性剥削、强迫劳动等。收集的案例有的语焉不详,比较明确记载“剥削方式”的只有363个案例。以这些案例为基础进行第三个维度的量化分析,不难发现,在统计时段内,上海地区的买卖人口犯罪目的,首先是卖淫卖娼,占样本量的60.06%。其次是强制婚姻,本文统计的强迫婚不仅包括买妻行为,也包括买媳、买童养媳等为亲属强制娶妻的行为。而贩卖为奴婢的情况,总体占比中较少,这可能与沪上的“禁婢”思潮有关(见表2)。

**表2 1912~1937年沪上被贩卖人口的被剥削方式**

(样本数量363)

| 剥削方式 | 数量/人 | 占比/% |
|---|---|---|
| 强制卖淫 | 218 | 60.06 |
| 强制婚姻 | 114 | 31.41 |
| 强制劳动 | 31 | 8.53 |

民国时期,上海的淫业极盛。1919年10月,上海公共租界工部局设立特别委员会“淫风调查会”进行调查,查到上海娼妓:甲等2135名,乙等400名,丙等以及私娼4500名,广东妓女200名,共计7235名,外国妓女以及不挂牌、半营淫业的妓女等尚且不算在内。① 另外,也有部分女性从上海或者途径上海,被卖往天津、奉天等处强制卖娼的,在样本案例中并不少见,此处一起算入“强制卖淫”的分类中。

除上述三个维度量化分析外,本文对于犯罪特征及犯罪主体特征也进行量化统计分析,研究方面分别是作案形式、案发地点、案发方式、协力侦查。但由于这一方面比较难量化,因此研究比较简单,并不能充分地体现犯罪特征及犯罪主体特征。

在犯罪特征上,第一方面是作案形式。在收集的案例中,犯罪者共同作案的比例达41.29%。第二方面是案发地点,根据样本分析可以发现,华界内的买卖人口犯罪占比更大。《申报》上曾有这样的分析评价:“沪上拐案之多以闸北最,盖

① 参见王无为:《上海淫业问题》,福建教育出版社2016年版,第98~99页。

因闸北境内之居户大都劳动界□□(两字辨认不清),不论男女,每日必出外做工,家中小孩乏人照顾,故被匪拐失者,时有所闻。"[①]而租界内的案件比例也达到了35.96%,不可谓少。第三方面是"案发方式",即案件是如何被执法机关知悉发现的。其中,警察、侦探、巡捕等侦查发现者最多。除了执法机关侦悉案件外,民间个体的自救情况也很常见,当子女、妻子、姐妹,或者婢女、佣人被拐之后,亲属或雇主往往会不断地找寻,以求解救或者给领。另外,也存在少数特殊的报案方式,如自投案,往往是被卖入妓院后不堪虐待的女子出逃报案请求超豁,或者是在贩卖过程中发现遇害而紧急投案的,也有巧遇被害人的路人,对其抱有同情心而向执法机关报案的。第四方面是"协力侦查"。笔者在研读案例时发现很多案件为政府与民间组织共同破获(见表3)。

**表3 1912~1937年沪上被贩卖人口的犯罪特征**

(样本数量1068)

| 项目1 | 项目2 | 案件数量/件 | 占比/% |
|---|---|---|---|
| 作案形式 | 共同作案 | 441 | 41.29 |
| 案发地点 | 租界内案件 | 384 | 35.96 |
| | 华界内案件 | 684 | 64.04 |
| 案发方式 | 家人、亲友、雇主家报案 | 379 | 35.49 |
| | 警探、巡捕等侦查发现 | 517 | 48.41 |
| | 自投案或其他人报案 | 172 | 16.10 |
| 协力侦查 | — | 183 | 17.13 |

### (二)上海买卖人口犯罪频发的推动因素

买卖人口犯罪高犯罪率的背后,有特定的政治、经济、社会推动因素。

1. 人口流动

20世纪上半叶,上海地区的人口剧增,情况如表4所示:

---

① 《闸北拐案独多》,载《申报》1915年7月6日,第10版。

**表4　上海各界人口数量统计**

<table>
<tr><th>年份</th><th colspan="3">华界人数</th><th colspan="3">公共租界人数</th><th>法租界人数</th><th>合计人数</th></tr>
<tr><td rowspan="2">1910</td><td rowspan="2">671, 866</td><td>上海籍贯人口比重</td><td>18%</td><td rowspan="2">501, 541</td><td colspan="2" rowspan="2">—</td><td rowspan="2">115, 946</td><td rowspan="2">1, 289, 353</td></tr>
<tr><td>非上海籍贯比重</td><td>82%</td></tr>
<tr><td rowspan="2">1930</td><td rowspan="2">1, 702, 130</td><td>上海籍贯人口比重</td><td>22%</td><td rowspan="2">1, 007, 868</td><td>上海籍贯人口比重</td><td>28%</td><td rowspan="2">434, 807</td><td rowspan="2">3, 144, 805</td></tr>
<tr><td>非上海籍贯人口比重</td><td>78%</td><td>非上海籍贯人口比重</td><td>72%</td></tr>
</table>

注:本表格参考学者邹依仁著《旧上海人口变迁的研究》(上海人民出版社1980年版,第90~91页,第112页)的附录表1《上海历年人口统计(1852~1950年)》、表19《旧上海公共租界上海籍贯人口与非上海籍贯人口(1885~1935年)》、表20《旧上海"华界"上海籍贯人口与非上海籍贯人口(1929~1936年)》的内容而成,其中1910年公共租界的籍贯比重和法租界1910年、1930年的籍贯比重原表未统计。

从表4可以看出,1910~1930年,上海的总人口增长了近1.5倍(从1,289,353人增长到3,144,805人)。1930年"华界"人数是1910年的2.5倍(从671,866人增长到1,702,130人)。其中,上海籍贯与非上海籍贯的比重较为稳定:1910年,"华界"上海籍贯人口比重为18%,非上海籍贯人口比重为82%;1930年,"华界"上海籍贯人口比重为22%,非上海籍贯人口比重为78%。在公共租界地区,1910~1930年,人口数量翻了一倍(从501,541人增长到1,007,868人)。1930年,公共租界上海籍贯人口比重为28%,非上海籍贯人口比重为72%。1910~1930年,法租界人数也增长了近1.43倍(从1,289,353人增长到3,144,805人)。

表5与表6分别是1930年上海地区公共租界与"华界"人口籍贯的分布,涉及20余个省市。从上述表格可见,在1930年上海"华界"与公共租界内,聚集了来自五湖四海的人口,其中以江浙一带居多,在公共租界占了近九成,在"华界"占了近六成。

**表5　1930年旧上海公共租界人口籍贯构成统计**

单位:%

| 籍贯 | 比重 | 籍贯 | 比重 |
|---|---|---|---|
| 江苏 | 54.96 | 河北 | 0.77 |
| 浙江 | 33.43 | 四川 | 0.12 |
| 安徽 | 4.89 | 广西 | 0.02 |

续表

| 籍贯 | 比重 | 籍贯 | 比重 |
|---|---|---|---|
| 山东 | 2.25 | 山西 | 0.01 |
| 湖北 | 0.96 | 云南 | 0.02 |
| 湖南 | 0.55 | 陕西 | 0.02 |
| 江西 | 0.48 | 贵州 | 0.02 |
| 福建 | 0.34 | 甘肃 | 0.002 |
| 河南 | 0.22 | 东三省及其他 | 0.02 |

注:本表格参考学者邹依仁著《旧上海人口变迁的研究》(上海人民出版社1980年版,第114～115页)的附录表22《旧上海公共租界籍贯构成统计(1885～1935年)而成。

**表6 1930年旧上海"华界"人口籍贯构成统计**

单位:%

| 籍贯 | 比重 | 籍贯 | 比重 |
|---|---|---|---|
| 上海 | 25.78 | 四川 | 0.14 |
| 江苏 | 39.55 | 甘肃 | 0.008 |
| 浙江 | 20.21 | 陕西 | 0.05 |
| 安徽 | 3.55 | 河南 | 0.29 |
| 福建 | 0.72 | 山西 | 0.002 |
| 湖北 | 1.49 | 山东 | 0.15 |
| 湖南 | 0.48 | 河北 | 0.88 |
| 广西 | 0.05 | 南京 | 1.35 |
| 广东 | 2.4 | 北平 | 0.31 |
| 江西 | 0.41 | 青岛 | 0.04 |
| 云南 | 0.02 | 其他 | 0.82 |
| 贵州 | 0.01 | — | — |

注:本表格参考学者邹依仁著《旧上海人口变迁的研究》(上海人民出版社1980年版,第114～115页)的附录表23《旧上海"华界"籍贯构成统计(1929～1936年)》而成。

分析上述三表,可以看出,民国时期的上海地区是一座移民城市。在20世纪初,上海的经济发展位居全国前列,是近代中国的商业与工业中心,当时的上海如同一块磁石,吸引大量移民来此工作与发展。而就业构成方面,根据《上海市年鉴》的统计,1935年上海"华界"的职业构成中,职业人口占比最多的是家庭服务业及工业,分别占总数的20.36%和22.08%,农业及商业分别占总数的9.61%和9.15%。[1] 而在1935年上海公共租界人口职业构成中,从事工业的人口占18.28%,从事商业的人口占16.36%,家庭服务业人口占5.11%。[2] 在上海地区,工商业与家庭服务业形成一定规模,非常吸引外来人口就业。而有一部分被害者,就是在前往上海谋求生计的过程中,遭遇不法分子的蒙骗。"小家妇女或以衣食困难,或以家庭不睦,或以夫妇斗气,惘惘出门,本身既无生活之能力,又无相当之职业,遂只有佣工之一途。"一些妇女,可能是因为天灾人祸等,家庭生活清贫困苦,不得不到经济发达地区谋求生路;也可能是对家庭状况不满意而离家出走,另寻生路。为了获取就业信息,她们向一些了解上海情况的人求助,进而发展出"荐头"职业。"荐头"的本职,本是为希望来沪打工者提供就业信息,相当于"中介"人员。但久而久之,一些不法之徒萌发了恶念,假借推荐来沪工作,实操拐卖之业:"而荐头于此,生财之道乃不仅在举荐之手、数料之间,由是蚁媒而为水贩荐头之营业日益扩张,而志愿佣工之前途,遂不可问。盖所谓志愿佣工者,即是无知识之少妇、长女也,彼欲求得荐头之肯,为担负举荐责任,则必先求得一素识荐头之妇女,以介绍于荐头,乃不至不承认其有佣工资格。故内地之小家妇女,往往因所素识之妇女有在上海佣工,而远道以投奔之,必求其介绍于荐头者,于此乃得行拐骗贩卖之术。"[3]受害妇女,多被"荐头"所称的收入可观的挣钱机会蒙骗,被虚幻的美好生活前景吸引,而陷入拐匪的圈套。结果,她们中的大部分被拐到妓院,卖为娼妓或者是成为有钱人的妾室。"其无知识固可嗤,其情实大可悯也。"[4]在《申报》刊登的案例中,也多见"荐妇"假借帮寻工作的名义,实则行拐卖之事。

**卖人之败露**[5]

江北车夫施才兰之妻童氏,被同乡妇人徐郭氏串同姘夫王二以荐为乳佣为由,拐卖于西门外徐姓为室,得价洋六十元。该氏过门后始知受愚,然已被徐姓幽禁,无可设法。前日始乘隙逃出,与本夫相遇泣诉一切,惟王已逸去,仅将徐郭氏寻获,扭控第一分署,诘明原因,饬送警厅司法科讯究。

---

① 参见邹依仁:《旧上海人口变迁的研究》,上海人民出版社1980年版,第106页。

② 参见邹依仁:《旧上海人口变迁的研究》,上海人民出版社1980年版,第107页。

③ 邹依仁:《旧上海人口变迁的研究》,上海人民出版社1980年版,第107页。

④ 中华图书集成编辑所:《上海妇女孽镜台》,中华图书集成公司1918年版,第70页。

⑤ 《卖人之败露》,载《申报》1915年5月5日,第10版。

**雏妓请求援拔①**

济良所昨解不愿为娼之雏妓王阿媛，于公共公廨请示，即据王女供称，原籍盛泽，因贫被人带沪以代荐帮佣为由，卖入天津路德仁里雏妓院卖娼。近患疮毒不能接客，日遭龟鸨凌虐受苦难堪。是以乘间逃出至济良所求援云云，中西官判女发济良所留养照章择配。

2. 买方市场需求

民国沪上买卖人口案件频发，与当时旺盛的买方市场有很大关联。上海地区旺盛的娼业需求，加剧了买卖人口罪恶的蔓延。1937 年，上海《泰晤士报》曾刊登《国联讨论还东贩买妇孺大会之详细报告》，其中述及上海淫业繁盛一节："公共租界内共有妇女三十四万九千七百四十四人，操淫业者约二万五十人。法租界内共有妇女二十七万七千三百人。该租界会行妓寮登记制，登记之妓寮共三百九十所。此外尚有一千一百人，随时秘密卖淫。又据调查证明，公共租界中区一处，操各种淫业者，共有万人之多。计出入南京路数大百货公司之娱乐场者共钧一千四百人，出入中区各旅馆者共约一千五百人，沿衔拉客者共约二千三百人。夏季出入各公园者共约八百人，在电车与电影院诱引者共约四百人以上，另有特色女童百人左右，奔走私人寓所。"②

民国以降，在妇女解放运动的推动下，"禁娼"的社会呼吁越来越强烈。根据 1919 年 4 月 3 日《申报》联合通信社报道，公共租界工部局通过分期禁绝的决议，决定实施妓院执照制度、并逐年抽签减少发照数量。③ 20 世纪 20 年代，上海公共租界成立调查淫业委员会，1920 年 4 月 7 日的纳捐人年会上通过了该委员会的报告，并决定实施妓院执照制度，试图通过每年抽签减少发照数量的方式，逐步肃清妓寮。不久，工部局公布《妓寮领照办法》，并于半年后展开抽签关闭妓寮的行动，但结果不尽如人意。一些已经关闭的妓院选择隐匿到未关闭的妓院继续营业，或者开设私娼，导致明面上合法经营的妓院减少，实际私娼数量剧增。而且一些妓院被取缔后，妓女由慈善机构留养，但由于慈善机构容量有限，部分妓女为求生计，再次走上了卖淫的道路。而在 1924 年，租界当局又以租界内不可无娼妓为由，设立"书寓"，变相允许开设妓院。

① 《雏妓请求援拔》，载《申报》1918 年 6 月 6 日，第 11 版。
② 《西报载上海风化问题操淫业者约二万五千人》，载《申报》1937 年 4 月 2 日，第 15 版。
③ 参见《讨论改良风俗之谈话会》，载《申报》1919 年 4 月 3 日，第 10 版。

犯罪的猖獗与色情行业需求导向紧密相关,如同收购赃物的上游犯罪与收购赃物行为一样,市场需求的膨胀,让更多犯罪分子看到商机,铤而走险从事买卖人口的犯罪活动。上海“交通巨埠”的特性为人口的输送带来极大便利,不乏外省女性被卖入上海的妓院。“娼妓如盛行,诱拐之风必因之普遍,其陷妇女于凄苦黑暗生活,为罪一也。”①其中,既有因贫困,将家人等卖为娼妓的,也有被拐匪卖到妓院的。《申报》曾有社评:“妓女之来历,十分之九系贩卖而来,贩卖之原因,虽有诱拐,有父母迫于生计者,而其以自身利害,或情甘堕落者,究居少数。”“在我们中国,虽然有不少妓女的形成,是由于家庭经济的困难,或是一时意志的薄弱,或是由于其他的若干原因。然而据某外人团体的调查,由于被拐匪价卖,而莫由自拔的,至少,当占全数的百分之五十。”据上海某妇女团体的调查:“贩卖者被查获后,其所受惩罚小则罚金五元,大则徒刑六年。”②可见,惩罚并不具威慑力,也遭世人诟病。

被卖入妓院的妇女往往命运悲惨,染病和被毒打是家常便饭:

> **鸨妇蛇蝎心肠**
>
> **妓患病不能行动犹复迫令出外接客③**
>
> 镇江女子许桂英,年二十一岁,于三年前被人拐卖于龙泉团路六十九号甬妇邵杨氏处为雉妓。及至去年由邵杨氏将许女转卖与芝□路三十一号门牌顾李氏处,仍操旧业。该女近因患梅毒及脚气等病,不能行动,日重一日,无力支持。而顾妇则心如蛇蝎,仍迫令出外接客,许女无法,乃于昨日乘隙逃出,投老闸捕房,请求援救。捕头饬派华探刘春树,将许女车送医院医治,并将邵杨氏、顾李氏两名拘入捕房。捕头诘问之下,饬令转送女所收押,候解送临时法院,依法惩办。

这一案例中的被害人被拐卖到妓院后,又被转卖,辗转期间又不幸染病。她的悲惨遭遇,是许多被卖入妓寮的妇女悲惨命运的缩影。“以目前我国娼妓之众多,我人已不难觇得妇女买卖的发达情形。妇女而竟可被人当作一宗商品而买卖,试问,这还成着什么话?娼妓的出路,说起来,是更加可惨了。大部分的娼妓,

① 《妓女简教班》,载《申报》1935年7月17日,第21版。

② 《今日之禁娼问题》(下),载《申报》1934年11月12日,第15版。

③ 《鸨妇蛇蝎心肠》,载《申报》1929年9月16日,第15版。

是毒发身死。小部分的娼妓,便是当着客人的小老婆。"①即便被害人遭受了极大病痛,利益熏心的龟鸨仍然不会轻易放过她们,依旧要求她们继续接客。当然,有幸运的被害者,如上案中的许桂英,侥幸逃出至捕房寻求帮助,得到了医治,鸨妇也被调查。但更多的被害者无法逃离魔窟。更有甚者,因为妓院往往受到帮会组织的庇护,鸨妇也付给警察"站街捐"并与之勾结。因此,即使被害者有幸逃出妓寮,也很有可能被帮会成员抓回,或者在向执勤的警察救助时被无视。②

此外,由于当时我国南方沿海地区收买养子、养女的需求旺盛,不法分子将航运发达的上海地区作为输送儿童的"中转站"。"闽南人民,因多出洋,未能在家生子,妇女每购小儿为嗣,以致拐卖之风日盛。儿童多由上海运来,宪兵团已请省政府严禁民间买儿,以绝拐风。"③

3. 犯罪组织

中国旧社会之隐患以帮匪为最巨,聚赌、贩私、掳人、拐卖,无恶不作。其中,上海以其交通之便利,以及华洋杂处的特点,被帮匪视为渊薮。以民国时期上海地区最为著名的秘密结社——青帮为例。青帮主要活跃在天津、上海等条约港口地区。1843 年上海开埠后,各界独立运行的治安与司法系统,为黑社会犯罪的发展提供了温床,青帮也选择上海地区作为主要发展区域。19 世纪 80 年代,上海已经成为近代青帮的中心活动区域。由于战乱及经济因素的影响,晚清至民国时期,大量的移民涌入,其中不乏土匪、地痞、流氓、乡丁等,为青帮所收,参与犯罪活动。

19 世纪末,随着租界的扩张与道路的修建,租界当局出于管理的需要,除外国巡捕外,还招募了大量帮派华捕。随着帮会成员逐渐成为租界华捕的基础力量,帮会参与买卖人口犯罪的行为更为猖獗。曾担任上海公共租界警务处华捕队队长的沈杏山及其继任者陆连奎都是青帮的头目。公共租界捕房刑事科长尚武,是青帮头目黄金荣的门徒,与广东帮串通一气,专门贩卖男孩到广东。曾任公共租界老闸捕房刑事股总探长的尤阿根,为贩卖女孩做后台。法租界捕房刑事科外勤股督察长任文桢,是杜月笙的学生,公然操贩卖人口之业,甚至在公共租界广东路上的某菜馆开设"人市"。④ 总之,民国时期上海地区买卖人口活动能够肆虐横行,一定程度上得益于劣警恶探的"保驾护航"。在青帮的控制下,上海地区形成

① 《禁娼问题之探讨》,载《申报》1937 年 5 月 29 日,第 16 版。

② 参见[美]魏斐德:《上海警察,1927 - 1937》,章红等译,上海古籍出版社 2004 年版,第 114 页。

③ 《上海儿童多被拐卖福建》,载《立报》1937 年 5 月 14 日,第 3 版。

④ 参见佚杰、秦芳:《旧中国三教九流 · 乞丐土匪赌徒》,北京时代华文书局 2014 年版,第 141 ~ 143 页。

了拐卖儿童系统。拐卖男童的叫"搬石头",拐卖女童的叫"摘桑叶"。男童和女童的用途是不一样的,男童的命运会好一点,多被卖给没有子嗣的家庭当螟蛉子或者卖到商业地区做学徒,而女童多被卖到妓院,或者卖为童养媳、妾室。①

除常见的地痞流氓、劣警恶探外,"妇女之凶悍暴横者,亦投身入帮匪,其中荐头店之店妇、花烟间之鸨母、咸肉庄之老妪,最居多数"。② 加入帮派后,贩卖者以沪上为根据地从事买卖人口犯罪活动,并且将犯罪流程进行分工,使被害人难以挣脱。帮匪出差使,有文武之别。文拐孩童,就是利用孩童无知、抵抗力差等弱点,利用糖果或者其他小玩意儿将小孩拐走。③ 而遇有家庭争吵反目的妇女,拐匪先派出"文差使"从旁挑拨,使之感情大伤,自愿抛弃家庭,别谋生活;到手以后,又使男帮匪软骗或污辱其身体,败坏其名节,使其反抗不能。而遇到人家婢妾,则趁平日买物之时,施以笼络手段,务使视己如心腹矣。遭主人虐待或大妇诟谇时,则声其脱逃;如遇轻浮婢妾,先使男党匪美衣华服引诱成奸,然后哄骗欺诈、搜刮财物,及山穷水尽,不外开条子。被害之妇女,在身心被摧残、财物被掠夺后,还要面临被贩卖为娼、为妾的命运,可谓悲惨之至。④ 而武拐通常是趁四下无人,用武力将人强行掠走。

此外,犯罪组织为方便犯罪的实施,还在隐蔽的场所开设贩卖人口的机关:

江南旅社破获拐卖妇女机关⑤

著名拐匪罗图书,又名罗幼兰,近在法租界三茅阁桥堍江南旅社楼上五百二十二号房间内设立贩卖妇女机关,派人四处诱拐妇女,专系贩往奉天、营口、吉林、哈尔滨等处。不料事机不密被法捕房探目方福林、陈顺宝、曹安昌、包探吴锦堂、陆荣兴、杨权等侦悉,禀明西探目协同前往,先后将罗及同党陈瀛州、李洪生、王荣福、管金才、顾仁义、沈恩甫、张云才、王吉荣、张克利、陈春山、刘锡奎、王正林、妇人刘徐氏、孔王氏、杨潘氏、王周氏等十七名口,并吊出被拐女子戴小毛、张兰弟、朱宝元、李小英、陈小粉子五口,一并带入捕房。

---

① 参见侯杰、秦芳:《旧中国三教九流·乞丐土匪赌徒》,北京时代华文书局2014年版,第141页。

② 中华图书集成编辑所:《上海妇女孽镜台》,中华图书集成公司1918年版,第30~33页。

③ 参见侯杰、秦芳:《旧中国三教九流·乞丐土匪赌徒》,北京时代华文书局2014年版,第24~25页。

④ 参见中华图书集成编辑所:《上海妇女孽镜台》,中华图书集成公司1918年版,第30~33页。

⑤ 《江南旅社破获拐卖妇女机关》,载《申报》1926年10月30日,第15版。

### 九亩地破获拐卖小孩机关[①]

上海特别市公安局据人报告,谓九亩地富润里有拐卖小孩机关。当即派探往查,旋在该里十四号门牌,拘获广东潮州人杨盛明,并起获十一岁男孩杨祥宝、七岁女孩张阿囡二口,又在对弄拘获广东妇人王周氏,起获八岁男孩王阿七、七岁男孩王阿毛二口,带队解送司法科。

### 贩卖人口机关[②]

拘获男女拐匪二十一名,救出被拐男女孩计三人,牵涉东方饭店电梯司机。

总巡捕房华探田金福,侦悉有人在广西路乐余里三百四十六号门牌,组织贩卖人口机关,专事拐卖女子小孩,贩卖出口。遂禀明捕头,协同华探长黄永基、探目皮炳章、探员李金成等密往拘捕。当拘获沈宜祥、沈庆华、陈金生、曹永发、周桂林、杨子卿、龚连生、杨阿富、郑依正、黄宗海、朱川郎、田广德、陈昌松、妇人陈李氏、谢周氏、曹汴氏、许二宝、王李氏、王张氏、王招弟、甘黄氏等二十一口,查获小孩苏毛(十一岁)、谢连连(四岁)及不知名字之四岁女孩,共计三口,一并带回捕房。旋查得西藏路东方饭店开电梯之陆开祥,亦属共犯,乃又经将陆拘获,并予分别收押。

以上三个案例分别记录了设立在法租界、华界、英租界的贩卖人口机关,其特征都是开设在较为隐蔽的场所,并且藏匿了大量被拐人员,犯罪人员团伙化作案。在同一地点藏匿多名被害者,一方面表明这些机关的犯罪活动频繁,经手了多桩案件;另一方面,尚有被害人处于被支配状态,若未被卖出,继续在这些机关内居住生存,这意味着犯罪还在持续进行中。买卖人口犯罪往往并非一蹴而就,在进行正式交易之前,还有诱拐支配、验人、议价磋商等多个环节,需要耗费一定的时间,而组织化犯罪可以节约这些环节中的成本,并且为交易提供稳定的平台。

犯罪组织的存在,为买卖人口犯罪提供了极大的便利。因为其规模大,成员众多,组织周密,分工明确,所以犯案累累,案发时,往往已经贩运了诸多人口,给被害人及其家属带来深重的苦难,也给社会造成了极大的破坏。

---

① 《九亩地破获拐卖小孩机关》,载《申报》1927年8月16日,第15版。

② 《贩卖人口机关》,载《申报》1933年1月20日,第11版。

## 三、民国上海买卖人口犯罪的司法实践

### (一)侦查

侦查是民国时期上海地区买卖人口犯罪治理中极其重要的一环。因为案件频发,很多罪恶难以被发觉,需要执法人员从各个渠道获取案件信息。

在民国时期的上海地区,实际上存在两种案件的侦查主体,一是有政府法定授权的侦查主体,其对案件可以直接侦办调查。二是不享有法定侦查权,但被当局允许进行案件调查的侦查主体。两者在买卖人口犯罪的治理中都起重要的作用。

法定的侦查主体主要有"华界"警察、公共租界巡捕与法租界巡捕,他们分别在其管辖区域内进行案件的调查与侦办。非法定的侦查主体多为社会组织调查员,如以下案件所示:

> **救济会救获小孩①**
>
> 汪汉卿、韩金吾、马阿标、刘吴氏等专以贩卖人口为业。昨日带领男女小孩五口在顺泰码头搭轮出口,被救济会调查员查见报告捕房,派探一并拘获,分别收押,听候究办。

> **琼州轮上破获拐案②**
>
> 救济会调查员陈少廷、林咏舫等昨日上午十时,在大古公司开往厦门之琼州轮船上统舱内,查获拐匪许少林、陈王氏、沈郭氏,及被拐八岁东昌小孩王金松、五岁小孩张宝宝、三岁小孩李有庆,鸣捕拘入水巡捕房。该犯等供认由许出洋一百三十元、陈王氏出洋五十元,合作贩卖生意,沈郭氏是代医的,当即移解地方法院,谕被告收押,该孩等发该会留养。

在这两例案件中,中国救济妇孺会的调查员于码头巡查时发现可疑情形,遂就近报告各该管辖官厅或捕房,请求抓捕。上海地处长江咽喉、东海之滨,发达的交通也给犯罪的滋生埋下了隐患,途径或停靠上海的船只上,经常藏匿着拐匪和被拐者。由于上海港口多、往来船只频繁,仅靠警察或巡捕打击犯罪远远不够。

---

① 《救济会救获小孩》,载《申报》1913年5月13日,第10版。

② 《琼州轮上破获拐案》,载《申报》1931年1月18日,第16版。

福利和救济性事业的发展也是上海滩经久不息的话题，面对复杂的社会环境，上海的民间组织挺身而出，加入治理买卖人口犯罪的队伍，成为执法机关侦查工作中的协力者。前述案例发生在港口码头，船体本身就是极佳的隐藏区域，所以搜查必须仔细，发现犯罪必须及时，因为一旦装载着拐匪和被拐妇孺的船只驶离码头，案件破获的难度会大幅增加。正是由于救济会调查员缜密、细致的巡查，才能使犯罪尽早暴露，被害者被及时解救。

如前文表3所示，民国上海地区买卖人口犯罪被侦悉一般存在三种情况。其中的两种，家人报案与自投案或其他非案人员报案，是指执法机关收到关于犯罪活动的情报后，及时采取干预措施对此作出回应。而第三种，也就是本文统计的案例中最为常见的一种，即执法部门的主动侦查，对于正在实施的犯罪以及其他未被暴露的案情，办案人员应主动侦查。

在当时上海地区，执法人员发现可疑的情形，往往会上前询问有关人员，察觉有异常就会带回审讯，如以下案件：

少女金小娥被诱来沪遭价卖

分赃不匀探员察破①

宜兴少女金小娥，年华双十，姿容娟秀，身材苗条。在原籍因生活维艰，且羡慕都市繁华已久，最近被同乡人王金之，用花言巧语、以介绍入厂做工为由，将该少女诱拐来沪，藏匿于曹家渡，并串通该处王陈氏伪称生母，转托蚁媒陆朝清，于昨日下午二时许，价卖与曹家渡五角场七十二号公和竹小主韩有根为妻，陆等得价洋一百四十元。正值交款，因分赃不匀，致起口角，当有该管市公安局六区侦缉领政巫克忠、董文瑞等，在白利南路一带巡察，经过该处，闻得争吵声音，入内查明情由，当即报告卢队长及六区区长，会同岗警，当场将原被告及被害人等，一并带区。各犯知难蒙蔽，一律直认串通拐卖少女得赃分肥不讳。该区长以案关诱拐价卖，有违法令，饬即备文一干人证，于今日转解总局依法办理云。

上述案件中，犯罪者因分赃不均发生争吵，引起执法人员的注意，上前调查，发现疑似犯罪行为，就将嫌疑犯缉拿。因为沪上拐案频发，所以执法人员存在一定的警惕性。此外，遇独自徘徊啼哭的可疑妇孺，执法人员也会上前询问，如发现是被拐人员，就向司法机关禀报：

① 《少女金小娥被诱来沪遭价卖》，载《申报》1934年7月16日，第16版。

苏乡女子被拐来沪①

女子王林贞身穿格子布罩衫,蓬头无辫,又张慧贞身穿柳条布衫,头有发辫,耳戴银圈,均于昨日在法租界迷途啼哭,为捕查见,带入捕房,昨送法公堂。

女孩被拐②

前晚有年约十三四岁之女子朱小翠在途啼哭,由捕送入捕房。据供,被人诱拐来沪,捕头命送济良所留养候查。

为了有效救助迷拐妇孺,1929年上海特别市政府公安局颁布《社会处理迷拐妇孺规则》,规定凡在市区内,无论何人发现迷路或被拐妇孺,应交由就近岗警送往该管区所,岗警讯明后派警调查,或带同访寻其家族,在填明保证书且查核属实后交由家属领回。在发现迷失妇孺后,应立即填写报告表三份,两份交由公安局、社会局转存,一份留各区存档。对于无家属领回者,应照手续查核后发交慈善团体留养。而对于外埠被拐来沪之妇孺,除发交慈善团体留养外,如查有确实住址,仍由公安局通知其家属或该妇孺居址地方官厅,不得为娼、婢、妾等。③

除此之外,执法人员侦办买卖人口犯罪案件,还积累了一定的经验。比如,从成人与幼童的口音判断是否为一家人,如果口音相差悬殊,极有可能为人贩拐带。有一粤妇携江北口音的小孩,即引起执法人员的警觉。④

**(二)审判**

1912年1月9日,上海司法署改组为上海地方审判厅,设立民、刑两庭。从此,上海地方审判厅依据前清律和中央政府公布的法律、条例以及大理院判例、解释等审理案件维护社会秩序。但由于辛亥革命爆发后,驻沪领事团趁机接管了上海公共租界和法租界的会审公廨,扩大了审判权,由此产生疑问:在会审公廨掌握租界法权的时段内,买卖人口案件的诉讼审判结果如何?

1.案件的受理与移送

买卖人口犯罪是民国上海地区较为常见的刑事犯罪,适用一般的刑事诉讼流程。对于现行犯,执法人员可以当场拘押。被害人向公安局或捕房报案,嫌犯被

① 《苏乡女子被拐来沪》,载《申报》1918年5月30日,第11版。
② 《女孩被拐》,载《申报》1913年5月27日,第10版。
③ 参见《上海特别市政府公安局社会处理迷拐妇孺规则》,载《申报》1929年4月6日,第22版。
④ 参见《贩卖小孩之惩治》,载《申报》1915年7月9日,第11版。

逮捕、调查后确有证据的，会在一定期限内押解到地检厅或者会审公廨。

买卖人口犯罪具有很强的流动性，犯罪者可能在华界、公共租界、法租界间流窜作案或逃避罪责的追究。因此，犯罪的审理往往会涉及人犯的移送问题。人犯的移送，通常指法院受理了不属于本法院管辖范围的案件，经重新确认正确管辖后，将案件转交具有管辖权的法院。很多时候，被某个租界起诉的犯罪嫌疑人作案后流窜到其他租界的管辖范围，案发后被其所在地的司法机关受理。受理该案的司法机关，在预审之后，如发现管辖错误，会将案件移送给有管辖权的司法机关受理：

**男女拐匪逮捕**①

> 拐匪王二与妇人王陈氏串拐闸北戴宝卿家男孩小五子，匿居租界，被戴报告闸北警署，派警报请捕房协同前往将王与陈氏查获。昨解公共公堂预审，判王与陈氏并交闸北来警带回归案讯办。

上述案件是贩卖人口引发的刑事诉讼。犯罪行为发生在闸北，而拐匪躲入公共租界。被害人家属向案发地的警署报案，之后警署向公共租界捕房报请协同将犯罪嫌疑人捉拿。经公共租界会审公廨预审后，案件的管辖得以确认，案件以及案犯转交来警带走。拥有管辖权的司法机关，有时也会主动派出警员，向受理案件的法院声明并要求带回，而是否移送的决定也由法院作出。以“嘉定县移提拐匪”一案为例，拐匪曾德胜在嘉定地方诱拐妇女、小孩，后逃来上海，寄于法租界王玉山家。嘉定县知事饬派法警来申，协同包探将曾、王两人拘获，解送至法租界会审公廨，来警请将曾带回讯办。谳员聂宗羲以“该县来文只提及曾德胜”为由，判曾德胜交来警带去，王玉山仍管押捕房候究。② 在民国时期的上海地区，各租界相互独立，互不统属，在各自租界范围拥有管辖权，因此案件的移送更接近国际法中的“引渡”概念。“引渡”是国家间进行刑事司法合作最基本、最主要的一种正式程序，指不同国家间相互根据请求，将在本国境内发现的应在对方国家受到刑事追诉或判处处罚的人移交给请求国。③ 在《申报》的相关报道中，也经常将各租界间案件、案犯的移送称为“引渡”。④ “引渡”一方面能体现司法协助的水平，另

① 《男女拐匪逮捕》，载《申报》1915 年 7 月 3 日，第 10 版。

② 参见《嘉定县移提拐匪》，载《申报》1916 年 6 月 2 日，第 11 版。

③ 参见陈雷：《惩治与预防：国际腐败犯罪理论与实务》，中国检察出版社 2005 年版，第 141 页。

④ 如《申报》1918 年 6 月 5 日载《检察厅多提拐案人证》、1919 年 6 月 25 日载《略卖案商请引渡》、1921 年 11 月 30 日载《移提拐案中之楼老八》、1923 年 10 月 5 日载《价卖被拐妇人之被拘引渡》等案中，都使用“引渡”一词。

一方面也存在政治和外交博弈的成分。

根据1869年4月20日公布的《洋泾浜设官会审章程》第3条和第5条的规定,华人涉案逃避到租界的,可由谳员派差役直接加以拘捕,无须通过巡捕。[①] 中方希望借此限制外方对华界内案件管辖的干涉,但引起了西方列强的不满。人犯的移送,也成为租界与中方政府经常遇见的问题。而随着租界法权不断被侵蚀,租界内案件的管辖权基本被租界当局掌控,是否能够移送往往取决于租界的态度,中方的话语权被严重削弱。

由于公共租界的会审公廨与法租界会审公廨之间经常因案件的管辖权发生纷争,双方遂于1902年进行磋商并于当年6月达成协议:(1)"两造"为华人之民事案件,原告应向被告居界内之会审公堂控告;(2)"两造"皆为华人,与外人无涉之刑事案件,以及关于界内华人之政治犯案件,必须由犯罪地之会审公堂受理。[②] 值得一提的是,当时拥有租界领土的中国在协议的讨论及签订过程中被排斥在外,上海道只能在协议达成的次日表示同意。

华界、公共租界、法租界关于人口犯罪案犯的引渡,比较典型的案例有1919年7月17日《申报》刊登的案件:

串拐案展期再讯[③]

住居公共租界新唐家弄一百八十九号门牌妇人陆邱氏于前年六月十八号串党将邻妇蔡吴氏家之女儿金秀拐卖与昆山县属某姓家。经吴氏侦察悉,控由上海地方检察厅,派探将金秀提案,并函请公共公廨协提陆邱氏。嗣将陆邱氏获解公堂,预审之下,以两造均系租界居民,不宜赴内地起诉,且原告又不投质,未便遽予引渡,故判陆邱氏开释在案。兹原告蔡吴氏延律师仍以串拐等词,在公共公廨以刑事起诉,经公共公廨准予出票,发交汇司捕房。昨晨派探金福寿与西探目泮林士将被告陆邱氏拘案请究。即由原告律师上堂译明案情,被告亦延律师代为辩称,本案案情尚待研究,请堂上展期二三礼拜开审,并准予被告交保出外,备函致内地官厅,将金秀移提到案质证庶易明了云云。张襄谳得禀商之英包副领事,谕被告产三百元人洋铺保展期三礼拜再讯。

---

① 参见上海市地方志办公室、上海市历史博物馆编:《民国上海市通志稿》(第1册),上海古籍出版社2013年版,第637页。

② 参见上海市档案馆编:《工部局董事会会议录》,上海古籍出版社2001年版,第575页。

③ 《串拐案展期再讯》,载《申报》1919年7月17日,第11版。

该案中,原告、被告双方居住在公共租界,被告将原告之女拐卖到昆山县,原告向上海地方检察厅报案。由于案发地点是中国,双方又都是中国人,理应属于华界管辖的范围。上海地方检察厅受理该案后,由于被告在犯罪后仍然居住在公共租界,因此函请公共公廨协助捉拿被告,然后请求引渡。但会审公廨在捉拿人犯后,以原被告都是租界居民为由,拒绝了中方合理引渡的要求,认为公廨才拥有该案件的管辖权,而且原告向没有管辖权的上海地方检察厅报案请求追究,并没有向能够行使案件管辖的会审公廨投案,相当于未经起诉,于是将该案撤销,将被告释放。后来原告在公共公廨以刑事起诉,该案被受理后由公共租界当局重启调查。该案体现出当时上海境内引渡的困难,一定程度上也体现出政府间合作的不协调:买卖人口犯罪的流动性很大,案件的破获往往需要多方协力,但在该案中,中方向外方请求协助缉拿案犯,其后却失去了对该案的管辖权。而外方为了彰显其对于案件有绝对的管辖权,将中方所立的案件撤销、所捕案犯释放。这既是对于中国司法主权的挑衅,也增加了原告维权的难度,以及侦办、审理该案的司法成本。在买卖人口犯罪高发的上海地区,如果这种情况经常出现,将会严重影响案件的破获。

2. 审判情况

在华界,审判适用中国政府制定的法律,即南京临时政府、北京政府、南京国民政府颁布的一系列法律。下文选择部分案例进行探讨:

拐妇监禁九年①

著名广东拐妇罗梁氏、谭康氏、陈周氏等串拐女子耿小姐并陈小屏、小喜子、王洪海、陈友生等各小孩一案,昨日午后由地方审判厅杨庭长等命提罗梁氏等三妇到案,略加诘问,以其迭次诱拐小孩离人骨肉实属可恶,判照刑律三百五十一条第一项处以二等有期徒刑各监禁九年。被拐各孩候家属认领,判毕命发检察厅送监执行。

男女拐匪分别定罪②

拐匪金阿涛(即粢饭阿涛)与伊女王金氏(即阿二)、羽党荡妇丁刘氏等,此次因拐卖望亭人意阿大之女金仙,与妇人华吴氏之女林妹等,为童等查悉告发,由淞沪警察厅侦探周根瑞将金阿涛父女及丁刘氏等一并

① 《拐妇监禁九年》,载《申报》1914年3月18日,第10版。

② 《男女拐匪分别定罪》,载《申报》1920年5月3日,第11版。

拘案,又往祝家桥地方将金仙提回,并送地检厅。经检察官研讯明确,除将金仙当堂交由乃父领回外,业已将案起诉审判厅,辩论终结,听候宣判在案。前日下午,由陈备三推事与沉检察官,公开第五庭,饬提金阿涛、王金氏、丁刘氏等至案,略诘年岁毕,以金阿涛等营利和诱俱发罪,业已成立,判处金阿涛二等有期徒刑监禁五年,又吸食洋烟私藏烟具罪,判处罚金一百元。王金氏亦判处监禁五年,并限交出被拐之华林妹到案,以便交给乃母华吴氏具领。丁刘氏判处三等有期徒刑,着监禁三年,判毕,饬令分别还押候上诉期满送监执行。

拐卖十八岁之少妇①

绍兴拐匪陈阿章,拐得余杭县十八岁妇人吴陈氏,乘新北京轮船来沪图卖,为救济会侦探余长林、张柏春等登轮查获,解送地检厅,业奉侦查明确起诉,审判厅辩论终结,昨奉推检两官开庭宣判陈阿章意图营利略诱一罪,处四等有期徒刑一年又六月以儆,被拐人当给伊夫吴金和领回完聚。

以上三个案件,分别依据《暂行新刑律》"略诱和诱""营利略诱"等定罪,判处有期徒刑1年至9年,最高量刑为9年有期徒刑。而在1924年8月1日《申报》所刊登的《军署枪毙二拐匪(九女拐匪陪绑)》一文中,华界对买卖人口犯罪的判决不仅适用死刑,甚至加上了游街、观刑等附加刑。在该案中,中国救济妇孺会探员从厦门警厅提回被截获的松沪略诱幼孩之拐犯杨明发、耿学忠、张王氏、朱马氏、杨朱氏、杨赵氏、朱周氏、张杨氏、高耿氏、丁李氏、骆于氏11人和被诱幼孩20名。上海地方检察厅按照《暂行新刑律》第352条第1项之规定,将主犯杨明发、耿学忠两人判处死刑;行刑前,所有男女案犯都被押运游街。在主犯被执行枪决时,余犯拐妇张王氏等9人在刑场上陪绑观刑。②

而租界地区买卖人口犯罪的判决更为复杂。

1869年,《洋泾浜设官会审章程》颁布实行。这一章程对于华人在公共租界内违法犯罪行为的法律适用作了较为明确的规定,该章程第2条规定:"凡遇案件牵扯洋人必应到案者必须领事官会同委员审问,或派洋官审问。若案情只系中国

① 《拐卖十八岁之少妇》,载《申报》1927年5月26日,第11版。

② 参见《军署枪毙二拐匪》,载《申报》1924年8月1日,第13版。

人,并无洋人在内,即听中国委员自行讯断,各国领事官无庸干预。"[①]即"两造"皆为华人的案件,无论民事或者刑事,外国领事都不参与会审,且在审判上"应照其(华人委员)提讯定断";"凡有华民控告华民及洋商控告华民,无论钱债与交易各事,均准其提讯定断,并照中国常例审理";"华民犯罪,即由该委员核名轻重,照例办理"等。[②] 即对于租界内华人的违法行为,由中国审判人员按照中国的法制进行审判。因为中国政府与公共租界当局都未对《洋泾浜设官会审章程》的效力提出异议,所以该章程一直是公共租界司法的法律依据。1911 年起,会审公廨在刑事案件方面开始适用新刑律。

而在法租界,1914 年 5 月 9 日上海的《时事新报调查报告》记载:"清光绪二十七年四月二十四日,即一千九百零二年六月初十日,由驻沪各领事议定权限章程,照会沪道照办,至今依据办理,其内容如下:(一)华洋诉讼如被告为中国人,均按照中律办理。(二)民刑诉讼,均按中律办理。(三)刑事命盗重案,清季均归上海县讯理;民国成立,命案已磋商就绪,仍解地方检查厅核办。"[③]学者侯庆斌曾对 1917 年、1918 年、1920 年三年法租界会审公廨的刑事判决书进行研究分析发现,其中刑事案件全部根据中国法律断案,而民事、商事纠纷法官则有自由裁量权。[④]

因此,整体来说,公共租界和法租界对于刑事案件的审判适用中国的法律。但对于法律的适用以及定罪量刑是否妥当,仍存疑问。笔者分别选择公共租界、法租界的典型报道,进行比较研究。

公共租界对于买卖人口犯罪的报道如下:

拐卖妇女[⑤]

嘉兴路住户虞德群控刘少龙串同陈长法、钱张氏诱拐其妻卖与唐家弄管正卿家。昨由捕房将各人一并拘解公堂讯供明白。中西官以刘系过犯,判押西牢一年。管不应娶有夫之妇,着押一月,陈与张氏无干斥释。

---

① 《上海审判志》编纂委员会编:《上海审判志》,上海社会科学出版社 2003 年版,第 520 页。

② 参见上海市地方志办公室、上海市历史博物馆编:《民国上海市通志稿》(第 1 册),上海古籍出版社 2013 年版,第 637 页。

③ 上海市地方志办公室、上海市历史博物馆编:《民国上海市通志稿》(第 1 册),上海古籍出版社 2013 年版,第 846 页,引文中"清光绪二十七年"应为 1921 年,疑为原记载有误。

④ 参见侯庆斌:《上海租界法制史研究的回顾与思考——以会审公廨研究为例》,载苏智良、蒋杰主编:《从荒野芦滩到东方巴黎:法租界与近代上海》,上海社会科学院出版社 2018 年版,第 97 页。

⑤ 《拐卖妇女》,载《申报》1912 年 9 月 27 日,第 7 版。

过犯拐卖女孩[1]

蒋文珊控施子才在马霍路四百二十五号门牌,其婿李和尚家诱拐伊之十一岁女孩祥郎,得洋五十五元卖于庄姓等情。昨由捕房将施拘解公共公堂,经中西官讯知,施系过犯,判押西牢年半以儆。

儆男女拐案犯[2]

二十五岁常州妇人潘洪氏,及十五岁女子周凤仙,同时被无锡拐匪潘长友略诱来沪,藏匿北浙江路三兴小客栈内,串同蚁棍王阿二、王金若、荡妇唐老二,兜卖被控目陆连奎查悉,将一干人犯拘解公共公廨押候讯办在案。昨晨,传同被拐妇女之家属,将潘等解廨,该控目上堂,禀时被告已在捕房承认串拐妇女希图贩卖不讳,请为惩办,并由潘洪氏、周凤仙上堂证明上月二十三号被潘长友与在逃之小无锡发从常州拐带来沪是实,质之各被告,皆俯首无词。而王阿二因系过犯,故经李襄谳商之英韦副领事,判押西牢四年,期满逐出租界,潘长友、王金若两名,首各押西牢三年,唐老二押女所半年,被拐妇女交各该家属领回完案。

以上三个案例分别选自1912年、1916年、1924年《申报》的报道,虽然案件之间存在一定的时间跨度,但报道的模式具有一致性,都是案情、侦办、审判三段式的结构。审判部分记录了作出最终判决的审判人员。在公共租界,买卖人口犯罪的判决有中西官协商之下作出的。在案例中,并没有记录被告具体定罪罪名,但有量刑情节的记录:“中西官以刘系过犯”;“经中西官讯知,施系过犯,判押西牢年半以儆”,“而王阿二因系过犯,故经李襄谳商之英韦副领事,判押西牢四年,期满逐出租界。”可见在公共租界的审判中,法官会考虑主从犯、累犯的犯罪情节,并作出从重处罚。但是,即使是有加重情节的案件,判决结果依然较轻。在上述案例中,最重的处罚是有期徒刑4年、逐出租界。法租界内的相关案例,也有类似的情况:

① 《过犯拐卖女孩》,载《申报》1916年7月20日,第11版。
② 《儆男女拐案犯》,载《申报》1924年3月22日,第16版。

### 拐卖小孩案从轻发落①

曹连山控李连生诱拐伊家六岁男孩阿高领至法租界南褚家桥图卖等情。由捕将李查获解送公共公廨讯供收押在案。昨由捕房将被告之父李永康与李并解公廨请究。经王襄谳会同美博副领事质讯之下,以原告所控证据充足,本应究办,姑念被告年轻,判李永康交一百元人洋,并保将子连生领回管束。如一年内再犯刑事,除将李连生提案严办外,并罚保人洋一百元充公。

### 拐卖女子案分别定罪②

吕克荣,诱拐其弟克明之十一岁女儿桃英,串同刘春三、徐登怀等责与法租界妇人尤陈氏家得洋分肥。案发先后被捕,解由公共公廨,迭次讯供,分别收押候究等情,均详本报。昨又提审。据女孩桃英诉称,九月十四日,吕克荣带我去寻母亲,被领至法租界尤陈氏家,嘱我更换衣服,从此遂住于其家。嗣包探到来将我带归云云。质之吕、刘两拐匪供,系女父托伊等价卖,并非伊等诱拐。徐登怀亦否认参预诱拐之事。尤陈氏供,女孩系吕、刘两人领至我家,我以一百元买为养媳,不知彼等系属拐来等语。陆襄谳核供,商之美何副领事,以拐卖人口,业经证实,判吕押西牢三年,刘押二年,徐罚洋五十元,无力改押一月,尤陈氏押一年,姑念无知,宣告缓刑,限三年内不准触犯刑律,幼女交其父领回,刘春三先送检察厅讯究另案,俟该案终结,再送回本廨执行。

在上述法租界的相关报道中,对于买卖人口犯罪的审判,同样也是由中西官协商作出判决。对于具体的罪名,《申报》也没有记录,而记录了量刑情节,除了区分主从犯之外,在法租界内案件的报道中,还出现其他的量刑情节,如“姑念被告年轻”“姑念(被告)无知”,这与公共租界内案件相关报道中记录加重情节有所不同。在判决轻重方面,法租界会审公廨对贩卖人口案件的量刑也较轻,上述案例的最高刑仅为有期徒刑 3 年,最轻刑仅为罚金刑,此外还出现了缓刑判决。可见,在法租界内,对于买卖人口犯罪的判决也不严厉。

另经笔者比较案例发现,同一租界在同一时间段审判买卖人口犯罪,判决结果差异巨大。以 1912 年 2 月 22 日《申报》同时刊登的两则公共租界会审公廨审

---

① 《拐卖小孩案从轻发落》,载《申报》1917 年 5 月 4 日,第 11 版。

② 《拐卖女子案分别定罪》,载《申报》1926 年 12 月 10 日,第 11 版。

理的买卖人口案件为例：

拐子入西牢①

陈阿福因拐潘钱氏之十八岁女儿顺兰，卖与王阿三为妻。由探将陈拘解公堂，押候究办在案。兹经中西官复讯属实，判押西牢十年示儆。

通州小儿待领②

粤妇许陈氏、卢梁氏、陆罗氏因贩卖六岁通州男孩丁坤子，被探查获，一并解送公堂，押候查究在案。兹于阳历十五日，经中西官复讯明白，判许陈氏押女所三月；梁罗两氏从宽释放；丁孩暂留栖流所，候函致通州民政署移传其父丁二六仔到案具领。

将两则案件对比研究可以发现，一样是从事买卖人口犯罪、贩卖一人，轻则判从宽释放，重则判押西牢10年。1912年4月25日及30日报道的《覆讯弃尸荒地案》《弃尸荒地案》，量刑之轻，更让人触目惊心：

覆讯弃尸荒地案③

拐匪陈友山、徐祺喜因将崇明女孩张巧金拐卖与闸北杨永兴糕团店，致遭虐毙，弃尸于麦根路荒地上，被捕查获。已将陈、徐两匪拘解公堂讯供，押候移传人证。再讯在案。昨由捕房将徐、陈解案复讯一过，判仍押候提齐人证再讯。

弃尸荒地案④

陈友山、徐祺喜因将崇明女孩张巧金拐卖与闸北杨永兴糕团店主杨少山，致遭虐毙，弃尸麦根路，被捕查获，将各人与王仁福一并拘解公堂，讯供押查在案。昨奉中西谳员复讯明晰，判陈、徐、杨、王各押西牢半年分别示儆。

---

① 《拐子入西牢》，载《申报》，1912年2月22日，第7版。
② 《通州小儿待领》，载《申报》1912年2月22日，第7版。
③ 《覆讯弃尸荒地案》，载《申报》1912年4月25日，第7版。
④ 《弃尸荒地案》，载《申报》1919年4月30日，第7版。

在上述案例中，拐匪陈友山、徐祺喜因将崇明女孩张巧金拐卖与闸北杨永兴糕团店主杨少山，最终造成严重后果，被害人被虐待致死，而且被抛尸在荒地上。中西谳员复讯明晰后，仅判4名案犯各押西牢半年分别示儆。一桩致人死亡的买卖人口案件，就这样草草收场，令人瞠目。曾有时人发出这样的喟叹："女子可作卖买品，女界中人竟无实力阴止者，吾为女界羞煞！""女子听凭家族贩卖等于牛马，吾为女界愤煞！""共和将成，人道昌明，拐卖人口之匪徒并不处以死刑，吾恨煞！"①

结合上述案例，笔者认为，在适用法律上，租界会审公廨尽管在名义上规定适用中国法律及惯例，但实际上，法官的自由裁量权很大，加上中方谳员的话语权非常有限，无法与外方会审官相抗衡，因此租界会审公廨庭审出现了"仅有会审官自行酌定，无所谓适用之法律"、判案"任意轩轾"的情况。② 总体而言，在会审公廨掌握租界法权的时段内，民国时期租界内司法实践混乱，租界会审公廨在诉讼中，虽有按照"中国之常例"断罪的名义，实则多自由裁量，罪名含糊，量刑随意化、轻刑化，缺乏威慑力，使得租界进一步沦为拐匪作案与逍遥的法外之地。

**（三）官民协作的犯罪治理模式**

1. 民间组织参与买卖人口犯罪治理的原因

在民国时期的上海地区，除了官方力量之外，民间力量也积极参与人口买卖的犯罪治理中。笔者认为，有两个因素推动这一现象的形成：其一，思想因素。上海是中国近代历史上最早开埠的城市之一，走在革除陋习、思想解放的前沿，人道主义关怀思潮不断涌现，福利和救济性事业是上海滩的热点话题。1905年，《申报》曾刊登《严禁买良为娼说》一文，抨击娼妓制度，呼吁人们关注被贩卖的被害者群体。③ 其二，组织动力因素。上海是民族工商业发展的重镇，绅商力量在此汇集、壮大，一些绅商在经营事业之余，非常关注社会公益事业的发展，积极参与社会组织的建设，能够为打击人口买卖犯罪提供人力与财力的资源。

2. 民国沪上主要参与打击买卖人口犯罪的民间组织

（1）同乡会

自上海开埠后，沪上迎来大量不同籍贯的商业移民，基于中国人注重乡谊的传统以及强大的地缘凝聚力，至清末民初，会馆、会所逐渐衰微，逐步被同乡会取代。同乡会延续了互助、互保的职能，参与社会救助与打击犯罪。比如，对于被贩

---

① 《心直口快》，载《申报》1912年2月3日，第8版。

② 参见公展：《评收回沪公廨运动》，载《国闻周报》1924年8月17日，第1卷第3期。

③ 参见《严禁买良为娼说》，载《申报》1905年2月16日，第2版。

卖到异地的被害人,同乡会得知消息后,可以函请中国救济妇孺会或上海地方检察厅警员前往外省市,将被害者提回。《申报》1913年7月12日报道,上海妇人陈氏被拐至吉林长春贩卖为娼,该妇人向当地审判厅求助。审判厅厅长将消息转达给江苏同乡会,同乡会函请上海救济妇孺会和上海检察厅警员一起前往,将陈氏找到并带回与家人团聚。① 面对被拐来沪、举目无亲的被害者,同乡会筹集资金,帮助其返乡。《申报》1918年4月12日报道,宁波小孩陈志全被拐来沪后和拐匪走散,在法租界迷路啼哭,被巡捕发现带回法公堂。中西官判"送宁波同乡会遣送同籍"。② 可见,在上海这座人口流动极大的移民城市中,同乡会积极发挥着地缘纽带的作用,在自身力所能及的范围内,为打击买卖人口犯罪,特别是异地的买卖人口犯罪,作出了贡献,彰显了其社会责任感。

(2)中国救济妇孺会

该会于1912年11月,由绍兴旅沪同乡会董事徐乾麟、袁芸生、田资民等主持发起。1913年2月27日,中国救济妇孺会在上海总商会开会选举干事,致函当时上海的各官厅备案,同时开始雇用侦探参与侦办拐案。1913年12月7日,中国救济妇孺会在江湾留养院召开成立大会,选举虞洽卿为正会长,又分别正式呈请内务部、司法部、交通部以及江苏民政长立案。中国救济妇孺会自开办以来,"叠获拐匪,救济妇孺甚多,成效昭著",1914年,内务部和江苏巡按使署相继作出批示,准予立案。③ 中国救济妇孺会自成立之初,就积极参与到打击拐匪、救济迷拐妇孺的事业中,"以侦查拐匪为第一要义"④,承担起侦查、拯救、资遣、教养等工作,并且在全国各地开设分会,相互连通,协助买卖人口犯罪的侦办工作。

(3)中华慈幼协会

五四运动之后,儿童的生理、心理健康以及地位得到了广泛的关注。1925年"国际儿童幸福促进会"举行第一次国际大会,包括我国在内的54个国家出席了会议。大会制定出关于保护儿童的5条原则,即《日内瓦保障儿童宣言》,内容包括允许儿童身心得到健康发展、禁止虐待儿童等。儿童幸福问题引起国内教育、慈善等各界人士的重视。在这一思潮的影响下,1928年4月4日,中华慈幼协会在上海成立,其宗旨是维护及保障儿童权利,为儿童谋求幸福。

中华慈幼协会下设5个部门,分别为儿童教养部、儿童保障部、儿童卫生部、

① 参见《移提被拐妇女》,载《申报》1913年7月12日,第10版。
② 参见《宁波小孩被拐来沪》,载《申报》1918年4月12日,第11版。
③ 参见《妇孺救济准予立案》,载《申报》1914年6月19日,第10版。
④ 《救济妇孺会敬告旅客》,载《申报》1919年7月17日,第11版。

儿童研究部、社会教育部。除了安置孤儿、逃难儿童或流浪儿童并提供救助与教育外，也参与拐卖儿童犯罪的治理。与中国救济妇孺会直接参与侦办犯罪不同，中华慈幼协会注重公共政策的制定，呈请法律禁止儿童交易、禁止童仆和雏妓等。

（4）上海市儿童幸福委员会

1933 年 9 月 8 日，该会由上海社会、公安、卫生、教育四局联合各机关社会组织建立，"为本市唯一谋儿童幸福之固定机关"①，高度关注上海地区频发的拐卖儿童问题。该会设保障部，保障部于 1933 年 12 月 29 日 14 时在市公安局举行第一次常会筹办儿童年，宣读提案，议决暂定：调查童工待遇；协助地方政府禁止蓄奴养婢；救济被拐卖儿童；设法收容弃儿并救济流浪儿童；保障户外儿童安全。②上海市儿童幸福委员会不仅在公共政策的制定上发挥作用，组织本身也参与案件的侦办与救济。在 1934 年 10 月 19 日《新闻报》刊登的《妇女蓄养女》一文中，保障部的李干事查得妇人王月英、李蒲氏有贩卖人口嫌疑，呈明主席委员，函请市公安局协助拘捕。公安局局长遂令该管老北门警察所协同李干事拘获王月英、李蒲氏，并抓获王夫温秋生并 7 岁养女招弟（上海人），以及李蒲氏 17 岁的养女杨惠贞（苏州人），关系人吕振庭，一并带所请核。据供，女孩招弟是两周前凭中间人买来做养女的；而杨惠贞则是在苏州由吕振庭做中向养父购买来做养女的。③

（5）济良所

上海是近代历史上最早开埠的城市之一，欧美社会工作及价值观念也率先影响了上海，外国人经营的福利事业是近代上海慈善事业的一项重要组成。济良所（Door of Hope）于 1896 年由美国传教妇女设立，以基督教人道主义精神为理念，以收容、救济、矫正"堕落女性"为使命。这一慈善团体最初由外国人经营，20 世纪之后，许多中国人也参加进来，一同保护被拐卖的女性，安排她们回家或者交由留养院收养。租界当局对其予以经费上的支持。

（6）上海妇女协会

该会于 1925 年成立，其宗旨是集合妇女界各团体的力量，相互联络研究改良家庭、社会、国家的方法，为保护女性权益方面的立法提供建议。1928 年，上海妇女协会函呈上海市党务指导委员会，督促上海市政府严行废娼禁婢。该会认为，娼妓制度、蓄婢制度、童养媳的风潮，违背历史发展潮流，破坏个体幸福与社会秩序，实属"国民革命之羞"，因此请求上海市党务指导委员会督促市政府尽快严行

① 《本市儿童幸福会今日成立》，载《申报》1933 年 9 月 8 日，第 18 版。

② 参见《儿童幸福会筹备儿童年元旦开幕》，载《申报》1933 年 12 月 30 日，第 15 版。

③ 参见《妇人蓄养女》，载《新闻报》1934 年 10 月 19 日，第 13 版。

立法,以解决这些问题。[1] 此后上海市政府令社会局牵头,联合公安局、教育局、卫生局的相关成员,召开会议讨论,并作出相关指令。[2]

3. 民间组织的职能

(1)侦查职能

民国时期,拐贩经常利用华界与租界各成体系、不相统属的特征,在各界流窜逃匿,而以中国救济妇孺会为代表的部分民间组织,可以在租界当局的允许下,前往华界警探难以涉足的区域进行侦查。在《申报》1917年11月21日刊登的"拐卖女子勾当"一案中,拐贩在属于公共租界管辖范围内贩卖人口,正好被巡逻的中国救济妇孺会侦探查见,诘明前情后名捕,将拐贩拘入捕房,由公共租界会审公廨审理。[3] 在《申报》1922年3月4日刊登的"救济会又破一拐案"中,沪宁车站附近小工丁宝来的妻子该氏走失,丁宝来向中国救济妇孺会报告,中国救妇孺济会派侦探虞占顺侦查,查悉该氏实遭住在三泰码头财神弄中浦徐氏拐卖被卖于烂泥渡台州人某甲为室,收得身价洋80元,遂前往将该氏和浦徐氏一并拘解到救济会,并转送到地方厅。在地方厅初步质询后,饬该氏先发送该会留养候,等候丈夫到案认领。[4]

此外,中国救济妇孺会也取得了各轮船公司、海关税务司、工部局的同意,被允许上船调查。"(中国救济妇孺会)雇用调查侦探每日于各轮开行前一二时始行上轮,先向轮船买办或账房声明,继由茶房人等随同侦查,见有形迹可疑携带妇孺者,诘其言语,支离不免拐带,当即报明水巡捕房。"[5]中国救济妇孺会如同一条纽带,可以将各不统属的机关联系起来,集结力量打击买卖人口犯罪;在该会协助下破获的拐案不计其数。

(2)参与公共政策制定

除了参与案件调查之外,一些民间组织也参与了公共政策制定。比如,中华慈幼协会进行了对于买卖人口犯罪的数据统计,并希望以此为基础,设计杜绝犯罪的政策。该协会保障部定期统计儿童相关案件,其中就包括对于拐卖儿童案件的统计。中华慈幼协会力求做到"除从大处积极进行全国性的儿童法律、儿童法

---

① 参见《令社会局:为妇女协会请严行废娼禁婢令仰知照由》,载《上海特别市市政府市政公报》1928年第14期。

② 参见《上海特别市政府指令第二九二六号:令卫生局:为遵令会复取缔娼婢童养媳办法拟请先函交涉员向租界当局征询禁娼意见由》,载《上海特别市市政府市政公报》1928年第16期。

③ 参见《拐卖女子勾当》,载《申报》1917年11月21日,第10版。

④ 参见《救济会又破一拐案》,载《申报》1922年3月4日,第15版。

⑤ 参见《救济妇孺会敬告旅客》,载《申报》1919年7月17日,第11版。

院儿童权利宣言等外，尤于小处努力儿童案件之实地调查及报载统计”，[①]对随时发现的各种案件，“每日有专司人员采访登记，积日累月、积月累年，制成统计，公告社会。”，并且“以地域性、时间性以及环境上之优劣、观念上之异同”分析案件数量与前因后果，以便“设法防止、达到杜绝目的”。而此种防止方法，该会“已积极设计，拟请求政府联合团体共谋实施”。[②]

1934 年 10 月，全国慈幼领袖会议召开，该会决议通过呈请政府严禁贩卖妇孺及蓄奴养婢的执行案，[③]以之为革除买卖人口犯罪这一社会积弊出谋划策。

## 四、结论与思考

民国时期的上海，作为近代中国社会发展的前沿地区，却饱受买卖人口罪恶的困扰。犯罪的滋生，与当时立法欠缺、执法不严、审判不公有很大联系。但晦暗中也折射出闪光，通过研究《申报》案例，我们发现，时人对于买卖人口这一古老的罪恶持续高度关注，涌现出许多奔走救援、疾呼革俗的有识之士。法律的完善并非一蹴而就，需要在实践和探索中逐步找到正确的方向。法律史研究正是通过梳理史料，挖掘吸取法律发展中的经验教训。透过历史，以案为鉴，笔者认为可以获得以下几点启示：

其一，买卖人口猖獗的一大原因在于市场需求的反推动，因此要加大对买方的处罚力度，并关注卖淫、嫖娼等为买卖人口提供潜在市场的相关犯罪。

其二，在国家层面推进人口流动管理电子档案，使人员的流动有据可查。一旦出现失踪人口，能够及时查明去向，以免遭遇不测。

其三，推动构建民间与政府协作的犯罪治理模式，可以团结民间力量。比如，建立信息平台，利用网络打拐，在微博、微信、百度上建立全国失踪人口的数据平台，发布寻人信息，向大众征询线索；建立为流动人口服务的基层组织，做好日常管理登记工作，及时发现异常动态，并定期为流动人口提供就业知识培训与防拐卖宣传。

买卖人口的罪恶滋扰华夏大地千年之久，面对当前犯罪的新形势、新特点，打击治理工作仍任重道远，希望在社会各方的努力下，彻底铲除罪恶的土壤。

---

① 参见《慈幼会报告儿童案件统计》，载《申报》1930 年 10 月 8 日，第 16 版。

② 参见《慈幼会发表虐案统计注重分析设法防止》，载《申报》1934 年 4 月 25 日，第 11 版。

③ 参见《全国慈幼领袖会议闭幕》，载《申报》1934 年 10 月 14 日，第 14 版。

# 史　　料

# 清代《刑部通行条例》刑律贼盗强盗部分

许昕洋　陶月亮　张姬雅　整理

**整理者按**

清代除颁行《大清会典》《大清律例》之外，还颁行了多种条例、事例、则例，作为对会典和律例的补充、修订和更新。刑事司法领域的《刑部通行条例》是一部典型的条例，是刑部和各直省督抚审理刑事犯罪案件的法律依据。此处整理的《刑部通行条例》为清同治木活字本，共 6 卷，约 14.5 万字。

自 2022 年 3 月起，翟雍、郭妍铭、宋孟林、陶月亮、许昕洋、张姬雅、张文伊、梁晨雨、张睿、胡生凯、金妍组成了《刑部通行条例》研读小组，对该条例进行了整理、点校和研读。由于全文篇幅太长，先选择最具代表性的卷三《刑律・贼盗・强盗》和卷四《刑律・贼盗・强盗》（由许昕洋、陶月亮、张姬雅点校整理）与学界师友分享，该部分约占全文的 20%。

全文结构如下：卷一《赦款章程》约 4600 字、《名例》约 21,000 字；卷二《吏律・职制》约 200 字、《户律・田宅》约 1700 字、《仓库》约 1400 字、《课程盐法》约 2200 字、《礼律・祭祀》约 600 字、《兵律・军政》约 12,000 字、《关津》约 11,000 字；卷三《刑律・谋叛》约 2300 字、《贼盗・盗内府财物及监守自盗》约 8500 字、《贼盗・强盗》约 12,000 字；卷四《刑律・贼盗・强盗》约 16,000 字、《白昼抢夺》约 4000 字、《恐吓取财》约 500 字、《诈欺官私取财》约 2100 字；卷五《贼盗・略人略卖人》约 1000 字、

《发冢》约5300字、《盗贼窝主》约3300字、《共谋为盗》约5000字、《起除刺字》约1600字、《人命》约6500字;卷六《斗殴》约8000字、《受赃·官吏受财》约500字、《诈伪·私铸铜钱》约7800字、《犯奸》约1300字、《捕亡》约1000字、《断狱》约2400字。工律,无。

## 卷三　刑律·贼盗·强盗

**一京城盗案加重定拟罪名**　咸丰二年九月二十四日议准

谨奏:为京城地方盗风日炽,请严定罪名、以示惩儆,仰祈圣鉴事。窃查强盗一项最为闾阎之害,是以律载:强盗已行而但得财者,不分首从,皆斩。嗣于康熙五十四年钦奉谕旨,凡强盗重案,著大学士会同三法司,将此内造意为首及杀伤人者,于各本案内一二人正法。余俱照例减等发遣,钦此。雍正五年,又经九卿遵旨定议,嗣后盗犯将法所难宥及情有可原者,分晰具题大学士会同三法司详议,分别正法及发遣等因。于乾隆年间纂入例册、遵行在案。

是强盗之案,情重者立诛,情轻者发遣,定例昭垂已极详备。惟是案情百出,其有罪不至立决、而仅予发遣尚觉宽纵者;又有情浮于法、照本例加重问拟而加罪不入于死,例有明文,究不足以示惩者。况京城为首善之区、辇毂之下,理宜肃清。乃近年以来,盗劫之案层见叠出,甚有结伙多人、肆意行强,尤属法所不容。若非严立科条、极力惩创,难期匪徒敛迹。再近来匪徒往往狡诈多端、就轻避重。若强盗之案,明知入室者法无可贷、接赃者仅止发遣,被获后遂多供称并未入室、冀图幸脱,死罪实所难免。查京畿营弁,遇有盗劫之案,处分较外省加重。贼犯罪名亦应从严科断,方足示惩。臣等悉心商酌、参核例意,加重定拟各条,开列于后,恭祈皇上训示遵行。俟数年后盗风稍息,再当奏明,仍复旧例办理、合并陈明。

一强盗法无可贷,例止斩决,不加枭示。请嗣后京城、大宛两县并五城所属地方,盗劫之案一经审实,将法无可贷之犯照律斩决,仍加枭示。于犯事地方悬竿示众,以昭炯戒。一强盗情有可原者,向指在外把风、未经入室者,言之统止发遣,而其中亦应有区别。请嗣后详加审核。其在京城犯事,止于在门外接赃,实无凶恶情状者,仍照旧例发遣。若有执火持械、涂脸骑马、与事主答言威吓等项,凡凶恶昭著者,虽未入室,请于立斩罪上减为监候,以示严惩。一强盗未得财又未伤人一项,例内止将为首者拟发新强为奴,从犯杖一百、流三千里。惟此等案犯亦有情轻情重之别。京畿重地,胆敢肆意劫掠,本属藐法。其中徒手行强、尚无凶恶重情,当被拿获,既未得财又未伤人者,仍照旧例办理。如有持火执械、入室威吓、掷物打人重情,虽未得财伤人,而凶恶情形业经昭著,即将为首之犯拟绞监候,为从者发云贵、两广、极边、烟瘴充军。

以上各条，臣等愚昧之见。是否有当，伏乞圣鉴。谨恭折具奏请旨。咸丰二年九月二十四日奏，本日奉朱批：所拟是，著照此办理，钦此。律例馆。

**一土匪啸聚肆抢绅团，格杀勿论，官获讯明即就地正法** 咸丰三年三月十三日议准

内阁抄出咸丰三年三月十三日奉上谕，前据四川、福建等省奏陈缉匪情形，并陈金绶等奏。遣散广东各勇沿途骚扰，先后降旨谕令该督抚等认真拿办，于讯明后就地正法。并饬地方官及团练、绅民，如遇此等凶徒，随时拿获格杀勿论。现当剿办逆匪之时，各处土匪难保不乘间纠伙抢劫滋扰。若不严行惩办，何以戢间阎着？各直省督抚一体饬属随时查访、实力缉拿。如有土匪啸聚成群、肆行抢劫，该地方官于捕获讯明后即行就地正法，以昭炯戒。并饬各属团练、绅民合力缉拿，格杀勿论。得凶顽皆知敛戢，地方日就乂安。至寻常盗案，仍着照例讯办，毋枉毋纵。钦此。抄出到部，相座恭录谕旨，行文各直省督抚一体遵照可也。四川司。

**一强盗案件从严办理章程** 咸丰四年十一月十九日议准

内阁抄出钦差工部右侍郎载龄等奏强盗等案请从严办理一折，咸丰四年十一月十九日奉朱批：此事朕早欲仍依本律办理，尚未虑防弊之法，今载龄等既有此奏，著惠亲王、恭亲王、奕大学士、九卿等悉心妥议具奏。钦此。

臣等议得，据钦差工部右侍郎载龄等奏称，刑部贼盗原律"凡得赃者不问首从，皆斩"，迨分别为首、为从，续增情有可原例案，各省遇有盗案大半归入情有可原，甚至避重就轻、讳盗为窃，以致盗贼盗斥扰害地方。当此贼氛不靖之时，办理盗案尤应从严，拟请仍照本律不问首从一概处斩等因。

臣等查刑部律载，强盗已行但得财者，不分首从，皆斩。自康熙五十四年钦奉谕旨：凡强盗重案著大学士会同三法司，将此内造意为首及杀伤人者，于各本案内一二人正法，余俱照例减等发遣。钦此。雍正五年又经九卿遵旨定议，嗣后盗案将法所难宥及情有可原者分折具题，大学士会同三法司详议，分别正法及发遣等因，于乾隆八年纂入例册。嗣于二十六年复经大学士会同刑部议，将伙盗曾经转纠党羽等项俱拟斩决，不得以情有可原声请续纂入例，至今遵行在案。是前条例内虽有分别正法发遣之文，而后条例内复载明曾经转纠党羽等项即应问拟斩决，参稽例意，仰见列圣于法外施仁之中，仍寓除恶务尽之意。立法本极周详，办理无虞，轻纵无如，相沿日久。地方官奉行不善，每办一案，把风接赃之人常倍于入室

搜赃之人,甚或于病故及在逃之犯声明法所难宥,现获之犯俱归入情有可原,以致匪徒漏网,相率效尤,盗风日炽,诚不可不设法挽回。恭读批示,圣意早欲仍依本律办理,实为因时制宜、猛以济宽之要道。该侍郎等为严惩盗贼起见,适有此奏。

臣等公同悉心核议,嗣后凡遇盗劫之案仍依"强盗以行但得财者,不分首从,皆斩"本律俱拟斩决。至其中把风接赃等犯,虽未分赃亦系同恶相济,自应请照为首之罪,一律问拟,不得以情有可原量减,以昭炯戒。此外,实在情有可原之犯,如年止十五岁以下,实系被人诱胁随行上盗者,仍照本例问拟。倘地方官于奉文之后,仍蹈积习或另设名目曲意开脱,一经发觉即照讳盗例严行参处,如此核实惩办似于弭盗之方不无裨益,庶仰副宸虑力求防弊之至意。

又原奏内称,书差于盗贼重案得赃卖放于无辜平民,百般磨折,勒索资财,酷虐惨毒,无所不至,较盗贼尤为可恶,应请嗣后遇有书差诈赃害民情事,均比照"贼盗得赃不问首从,皆斩"律即行处斩等因。臣等查例载,捕役兵丁分赃通贼及与巨盗交结往来,奉差缉拿,走漏消息,不分曾否得财,均照本犯之罪治罪等语是。本犯罪至斩决,通盗之犯亦即处斩,已属法无可加,但恐书差等有素不通盗而临时得赃卖放者,例无作何治罪明文,亦应照此例一体从严办理。

至书差勒索平民一节,臣等查例载,蠹役诈赃一两以上,杖一百;一两至五两,杖一百,枷号一个月;六两至十两,杖一百,徒三年;十两以上,发近边充军;至一百二十两,照枉法,拟绞。如有致毙人命,不论赃数多寡,拟绞。监候系拷打死者,拟斩;监候为从并减一等各等语是。蠹役诈赃其无关人命者,赃至十两以上即应拟军,至一百二十两即照枉法拟绞,入于秋审。情实较寻常计赃科罪各条,业已加重,应请仍照旧例办理。惟因诈赃而致毙人命,情节尤为刁恶,应请嗣后书差索诈得赃之案但经致毙人命,不论赃数多寡,于绞候例上养重加拟绞决。若拷打致死,于斩候例上从重加拟斩决,以除凶暴而安善良。但此等人犯较之身自为盗入室搜赃,捆缚事主或拒捕杀伤人者究有不同,且主谋加功情罪各殊,仍应分别首从,以符例意。如蒙俞允,应由刑部行文各该省将军督抚遵照办理。四川司。

**一强盗劫抢定罪及讳盗规避处分仍依本律定例办理** 咸丰五年二月十六日议准

内阁抄出江南道监察御史唐壬森片奏州县讳盗谋缺及科场关节请厘剔弊端一折,咸丰四年十二月二十二日奉朱批:著附入载龄等所奏折,内交原奏王公大臣议奏。钦此。

臣等查原奏内称,今日州县讳盗之弊,地方偶有抢劫,州县不能迅办,往往抑勒事主,改盗为窃,意在讳盗,不知适以诲盗,奸宄横行,盗风安得不炽然。州县实多掣肘之处，会营不应则捕盗难解，省需费则解盗难，余党易匿则歼盗难。今请重州县捕盗之权，严州县讳盗之罚，凡遇劫案，准援格杀勿论谕旨，便宜从事，以重其权。倘有讳盗为窃及诬良为盗，情事一经发觉，即与盗同罪，以严其罚等语。

臣等查刑部律载，罪人持仗拒捕，其捕者格杀之勿论，又官司故入人罪者以全罪论各等语。是州县凡遇土匪啸聚成群，肆行抢劫，自当钦遵谕旨，于捕获讯明后，即行就地正法，并各属合力缉拿，准令格杀勿论。其盗犯持仗拒捕，被捕者格杀，亦得照律予以勿论。至寻常盗犯业经就获，自应按律惩办，若概令便宜从事，是以生杀之权假之州县，设遇任性妄为之员，转启草菅人命之渐，殊非所以慎刑章而重民命。该御史所请便宜从事之处，应毋庸议。至该御史奏称，将讳盗之州县与盗同罪等语，业经臣等会同吏部于会议，侍郎载龄等奏"强盗等案请从重办理"折内，请覆声明，讳盗州县案情较重者，革职提问，分别定拟等语。自可因情节之轻重分别办理，具有妄拿良民诬情为盗，即应以故入人罪论，坐以全罪。定例綦严，办理无虞轻纵，均可毋庸另议。

又原奏内称，州县谋缺之弊往往以官府为传舍，不以民事为重而以迎合上司为能，上司不以吏治为先而以逢迎已意为悦，调剂起而牧令多署任矣，更替多而仓库皆挪移矣，甚至佐杂人员夤缘署篆，瘠民肥已，纵役害政，无所不至，既能钻营即能规避。遇有缉捕不力，参限将届，即预求迁调，以免处分等。请吏部查定例应调缺出如督抚题奏，请调到部任内一切因公处分均毋庸计算。又州县佐杂不得无故调署别缺，如有必须将实缺州县佐杂调署者，将因何调署缘由并委署若干按季造报。查其册内通省实缺人员，调署数在十分之二，毋庸置议。如数在十分之二以外，即将该督抚藩臬参奏议处等语。又奏定章程内开请调实缺人员例不核计处分，委署人员如任内有盗劫等案尚在三参未满以前，距降调之日尚远，准其一体酌量。委署仍俟回任之日前后接算例限按限开参，如三参期满、四参业已起限者，降调攸关，概不得委署他缺等因在案。

今该御史奏称，州县佐杂遇有缉捕不力，参限将届，郎求迁调以免处分等因。臣等查请调实缺人员例不核计处分，原为人地相需起见，至实缺调署员数不得过十分之二，亦所以杜夤缘调剂之弊。其在三参未满，委署他缺者回任之日，仍须接算例限按限开参，至四参业已起限，降调攸关，概不得委署他缺。定例极严，应令各督抚藩臬实力循照办理，该御史所奏之处应请毋庸另议。

又原奏内称，科场弊窦，其始势要子弟暗通关节，后则寒士亦复效尤，奔竞成风，士习日下，正本清源在司文柄者。始至明岁即当大比之年，请旨饬令考试试差人员，试后不得投送诗片，立身既正，关节自然不到等语。吏部查，考试试差理应严密，本不准投送诗片，倘赴考各员不知自爱，私自投送，并阅卷大臣徇情收受者，一经发觉,即请从严治罪以示惩儆。再此系刑部主稿,合并声明。所有臣等会议缘由,谨恭折具奏请旨。咸丰五年二月十六日奏。

十七日奉上谕:前据载龄等奏强盗等案请从严办理一折当交惠亲王、恭亲王、奕大学士、九卿等妥议具奏。嗣据刑部遵议王庆云请核定抢案罪名,及御史唐壬森奏请厘剔弊端各折片,均交原议王公大臣等议奏。兹据惠亲王等详议以闻朕,维立法贵乎因时,安良必先除莠。康熙雍正年间办理盗案,将法所难宥、情有可原之犯分别正法发遣,乾隆年间经大学士会同刑部议将伙盗曾转纠党羽等项仍问拟斩决。参其例意,原于法外施仁之中,仍寓除恶务尽之意,立法本极周详,办理无虞轻纵。无如地方官奉行不善,每办一案,把风接赃之人常倍于入室搜赃之盗,甚或将病故在逃之犯指为法所难宥,现获之犯归入情有可原,以致匪徒漏网,无怪盗风日炽。

嗣后凡遇盗劫之案,着照王公大臣等所议,仍依"强盗已行但得财者不分首从皆斩"本律俱拟斩决,其中把风接赃等犯,虽未分赃亦系同恶相济,著照为首之罪一律问拟。此外,实在情有可原之犯,如年止十五岁以下被人诱胁随行上盗者,仍照本律问拟。倘地方官仍蹈积习或另设名目巧为开脱,一经发觉即照讳盗例严行参办。至抢夺之案,总以人数多寡及有无凶器为断,如果纠众伙谋持械搜掠,凶暴情形与强盗无异,若不从严惩办,势必酿成巨案。亦著照所议,凡聚众持械抢劫凶暴众著者,无论白昼昏夜,均照强盗本律,不分首从,一概拟斩,以儆凶顽而靖地方。经此次严定章程之后,各该地方官务当力图整顿,有案必惩,用副朕执法持平、明慎用刑之至意,其吏兵二部所议获犯保举及讳盗处分均依议行,至寻常盗犯,业经就获自应按律惩办,御吏唐壬森请照格杀勿论之例,准州县便宜从事,殊非慎重刑章之道,著毋庸议。余依议。钦此。

**一洋盗接赃瞭望之犯俱照首盗一律斩枭** 咸丰五年八月十一日议准

查律载,强盗已行而但得财者,不分首从皆斩。又例载,响马强盗,执有弓矢军器,白日邀劫道路,赃证明白者,俱不分人数多寡,曾否伤人,依律处斩枭示,江洋行劫大盗俱照此例立斩枭示。又洋盗案内,如系被胁在船,其虽经上盗,仅止在外瞭望接递财物,并无助势搜赃情事者,改发新疆给官兵为奴。又洋盗案内,除被胁接赃瞭望仅止一次者照例发新疆为奴外,其有接赃瞭望已至二次者即照例斩决枭示,不应声明被胁字样各等语。又本年二月间,臣部会同议覆钦差工部右侍郎载请将强盗等案从严办理一折,钦奉谕旨。嗣后凡遇盗劫之案,仍依"强盗已行但得财者不分首从皆斩"本律俱拟斩决,其中把风接赃等犯,虽未分赃亦系同恶相济,著照为首之罪一律问拟。此外实在情有可原之犯,如年止十五岁以下,实系被人诱胁随行上盗者,仍照本例问拟等因。钦此钦遵在案。

兹据该督奏称,详译原议似系专指陆路盗犯,而言江洋大盗应否一体加重拟罪并无议及,第思陆路强盗把风接赃等犯虽未分赃已照为首之罪一律问拟,则江洋大盗情凶暴恶,似未便因其瞭望接赃仅止一次稍从末减等因具奏。臣等查江洋大盗例内,罪应斩枭,较寻常盗劫之案罪应斩决者办理加严。今盗劫案内,把风接赃等犯既不得以情有可原声请,则洋盗案内瞭望接赃之犯尤应从严惩办。

臣等公同酌议,应请嗣后洋盗案内接赃瞭望之犯俱照首盗一例斩枭,不得以被胁及情有可原声请。此外实在情有可原之犯,如年止十五岁以下,实系被人诱胁随行上盗者,仍照本例问拟,庶盗匪知所敛迹而海疆可期绥靖矣。如蒙俞允,臣部行文该督并通行各省一体遵照办理等因。咸丰五年八月十一日奏,本日奉旨:依议,钦此。福建司。

**一抢夺无人看守房屋罪名** 咸丰十一年十月初四日议准

谨奏,为抢夺无人看守空室财物案件谨酌拟治罪章程请旨遵行事。据前任直隶总督恒咨称,查咸丰三年,粤匪北窜,逆踪所至,土匪乘机劫掠,经前督臣奏定章程,一经拿获立即就地正法,历经照办。在案查土匪正法章程,系专就事主在室强行抢劫者而言,诚以该土匪等乘人之危,麇聚蜂集,意谓法不能加明目张胆、倚强肆掠在承平之日,本应照强盗律问拟斩决,因绥靖地方起见,是以先行正法。所谓法者,即强盗斩决之法,而从权先正典刑也。其有事主闻逆匪将至,全家逃避,室中财物本已弃之如遗,左近贫民乘此室中无主,相率取携,实无强情可言,自应量为区别,若一概正法,未免法重情轻。惟究系乘乱攫财,亦未便竟予计赃科罪酌中定拟,可否量照抢夺分别人数之例,仍按首从拟以斩遣军流,直省续获土匪案内现有似此情节,因恐畸重畸轻,未敢擅便拟合,咨请部示相应咨明等因前来。

□查抢夺之案,如系聚众持械入室,威吓事主,倚强肆掠,凶暴众著者,应照强盗律不分首从一概拟斩,其有土匪乘危辄敢于事主在室,明目张胆,倚强劫掠,拿获后亦□照奏定章程讯明就地正法。原系为严惩盗□□靖地方起见,至若事主闻逆匪将至,全家逃避,其室中财物仓猝之间无暇兼顾,本已弃之如遗,而左近贫民因见室中无主,相率携取,与强行抢劫者迥别,自不得遽照强盗律概拟正法,惟究系乘乱攫财不可不从严惩办,以惩盗风而靖地方。至该署督所称,抢夺分别人数按首从拟以斩遣军流,系从前旧例,今聚众持械抢夺之案业于咸丰五年严定章程照强盗律不分首从一概拟斩,是抢夺分别人数按首从科罪,旧例即属赘文,未便复行援引。

臣等悉心核议,所有事主闻警逃避,贫民乘间抢夺无人看守空室财物之犯,衡情酌拟:其仅止一二人,并未执持器械,乘便抢夺者,照抢夺律问拟;如聚众三人以上,并执有器械者,照抢夺律加等问拟。设遇本家事主及雇工人等前往擒捕,辄敢护赃、护伙、执械格斗,有倚强肆掠情形者,即照强盗律问拟。其邻佑人等前往拿捕,有拒捕者照抢夺拒捕分别杀伤科断。如此明定章程,庶司谳者有所遵循而断罪,无虞枉纵。倘蒙俞允,臣部行文该署督并通行各直省督抚将军都统一体遵照。咸丰十一年十月初四日奉旨:依议,钦此。直隶司。

**一强盗自首定以五日限期** 咸丰十一年十月二十八日议准

部本月二十三日臣部遵奉谕旨,严惩强盗窝主章程已经加重定拟,惟于强盗自首一节未经议及。臣等查强盗投首旧例,除杀死人命罪犯深重及殴事主至折伤以上,首伙各犯俱不准自首外,其伤人首盗,伤轻平复,无论事未发而自首,及闻拿投首者,俱拟斩监候。未伤人之首盗能于事未发时自首者,发近边充军。如系闻拿投首,实发云贵、两广、极边、烟瘴充军。盖例意原因,其有畏法之心方准自首,减等免死以示法外之仁。近来盗风日炽,人情诈伪益甚,流弊滋多,如果盗犯于犯事后数日内实知畏法,抱赃出首藉可指获犯伙原赃,自可稍开一线生路。无如盗犯恃有自首减免之例,往往经旬累月并不自首,及至破案获犯原赃已俱销尽,则又串通捕役以闻拿投首早报到案问官,因向有自首准减之例亦遂不加研究为之开脱,适中其奸诈之计,愈酿其作盗之风,自应严定章程以防弊混。

应请嗣后除盗犯杀死人命罪犯深重及殴事主至折伤以上者,首伙各犯俱不准自首,其伤人首盗,伤轻平复,无论事未发而自首,及闻拿投首者,仍照例斩监候外,凡强盗犯案如果于五日以内,能于事未发时将所得之赃悉数投报出首,并指获伙犯原赃,方准以自首论,减发近边充军。如系闻拿投首,实发云贵、两广、极边、烟瘴充军。若遇五日以外,虽抱赃自首,指获伙犯,及业已破案始行投到者,概不准以自首减免论。如有勾串捕役,代为捏报自首者,一经审出实情,仍将盗犯照例究办,并将捕役照受财故纵本例与盗犯同罪。其强盗窝主能于事未发时首报指获盗犯原赃,准以自首论,减发近边充军。如系闻拿投首,并不能指获盗犯原赃,及已破案始行投到者,亦均不准以自首论。如此严定章程,庶足以惩欺妄而杜流弊。如蒙俞允,恭候命下附入前议,严定窝主章程后一体通行,内外问刑衙门遵照办理,并剀切出示晓谕,俾盗犯咸知畏法而不致肆行无忌矣。谨奏咸丰十一年十一月二十八日奉,本日奉旨:依议,钦此。山西司。

**一捕役为盗罪名**

查例载:捕役为盗,虽未造意为首,均照为首律斩决,其有情节重大,该督抚酌量案情分别枭示。又以起赃为由,沿房搜检抢夺财物,除实犯死罪外,其余不分首从俱发边远充军各等语。兹据该督奏称,访查川省差役,每有于奉票承缉盗贼暨传证起赃等事,辄即聚众多人执持军火器械,明目张胆,直入人家,掳捉人畜,攫掠资财,名曰扫通,甚至择肥而噬,教贼诬扳,因而扫通者。受害之人畏惧不敢控。间有控告者,地方官于差役平日倚为爪牙,临时焉能执法,非模棱了事,即抑勒贿和,受害者又虑差役报复,亦遂隐忍寝息。偶遇上控之案不死不办,又或删减重情,牵引入屋、搜检抢夺财物之例拟军,鲜有从严惩办者。盖因断罪本无正条,而本官失察处分綦严,不免多方消弭,差役挟城狐社鼠之势,故敢肆意扫通。其迹与强盗无殊,其情较强盗尤重,受害之人往往案经中雪,或罪已赦原,而产业荡然,流离失所,此等恶习殊堪发指。拟请嗣后差役藉端扫通之案,无论有无牌票,均从严照强盗定律,但得财者不分首从皆斩,同行助恶之犯俱照强盗新例问拟,有情节重大者照例加拟枭示,俾昭炯戒。其各营泛兵丁有犯,均照差役一律拟断等语。

臣等查川省差役虐民为害最烈,诚如该督所奏,必宜严定条例以除积蠹而靖闾阎。向来差役肆抢之案均照本例拟军,立法过轻不足以示惩创,惟情罪宜有区分,庶法令不致虚设。盖法过轻则奸猾或生玩易之心,法太重则官吏转启开脱之弊。近年由轻改重,各例各直省遵照定拟奏题之件寥寥无几,良由案犯情有轻重,司谳者,见章程过严,难于分别引用,动涉迟疑,往往因罪名太重,至定例数载虚悬,未见各省惩办一案。是严定章程,负罪者转得脱然事外,殊属有名无实。

臣等悉心酌议,嗣后四川省差役借传证起赃等事扫通之案,无论有无牌票,但经聚众多人执持军火器械,直入人家,掳掠牲畜资财,将为首及帮同动手之犯,均照捕役为盗例拟斩立决。如有掳捉人口,烧毁房屋,并拒捕及杀伤人情事者,加以枭示。其择肥而噬,教贼诬扳,因而扫通者,情节尤为可恶,身虽不行仍以为首论拟斩立决,仍加枭示。同行未经动手者,无论事后曾否分赃,均拟斩监候,秋审时入于情实,概不得入于缓决。各营泛兵丁有犯,均照差役一律拟断,以昭炯戒。如蒙俞允,臣部行文该督遵照办理。至该督奏称,地方官于差役平日倚为爪牙,临时焉能执法,非模棱了事,即抑勒贿和,偶遇上控之案又或删减重情拟以军戍。盖因失察处分綦严,故不免多方消弭。应由上司密查,平日果无庇纵差役,情事仅止失于觉察,一经犯案即据实详报,获犯究办,准其随吁恳天恩宽免失察处分。倘狃于积习任情隐匿,或化重为轻,别经发觉,即照溺职例革职,未不叙用,该管上司为隐,不参照徇庇例议处,失察之该管泛弁亦照文员办理等语。查差役一经犯案即行究办,自系失于觉案,惟地方官平日倚差役为爪牙,一遇有事辄为牵制,其讳匿不办,非尽由规避处分而然。该督将任情隐匿化重为轻者,拟以应得之咎。将来遇有此类案件,地方官皆仅以失于觉察为诿卸□步。伏思州县为亲民之官,耳目较近,差役犯事宜得诿为不知,非徇私庇护,即系为所牵制惮于举发,泛弁之于兵丁事同一律。该督既将失察处分拟以从宽,则徇纵非关失察者,似当分别从严办理。恭俟命下臣部行文吏兵二部查照核办。四川司。

**一盗劫案件仍照原定章程** 同治二年五月二十八日议准

谨奏,为遵旨议奏事,同治二年五月初七日内阁奉上谕:御史胡庆源奏请明慎用刑以迓和甘条陈四事恳饬部施行一折,著刑部议奏。钦此钦遵。于初九日抄出到部,查该御史原奏内称,京师入夏以来,雨未深透,疫气间发,旱象将成,窃以为天心、人心默相感召。查刑部近年屡定新章,其切中时要者固多,而未能持平亦所不免,仍宜斟酌尽善以期宽严得中,谨陈管见四条等语。臣等伏思,天以人为感召,故眚灾重在恤刑,例随时而变通,故准情因以立法。前因京师入夏以来雨泽稀少,奉旨饬令臣部清厘刑狱,节经臣等严饬该司员等,将现审奏咨各案赶紧清厘,勒限完结,计旬月以来,凡可以迅速结案者,均经审结奏咨在案。今据该御史条陈四事恳请施行,臣等悉心详核,所言尚多可采,盖宽严固贵乎适中,而斟酌尤期乎尽善,谨就该御史所奏分议四条恭候钦定。

一原奏内称,强盗新章将自首一条定以五日限期,限外即不准首,势将从恶不悛,驱归盗薮,而不知迨其中亦有被胁同行,分赃塞口,尚未甘心为盗者,请不拘限期随时准首,以符旧例等语。臣等查律载,强盗取人财物而于事主处首服者,与自首同皆免罪;若知人欲告而首还者,减二等;其强盗若能捕获同伴解官者,亦得免罪,又依常人一体给赏。又例载,强盗除杀死人命,奸人妻女,烧人房屋,罪犯深重,及殴事主至折伤以上,首伙各犯,俱不准首外,其伤人首盗,伤轻平复,无论事未发而自首,及闻拿投首,俱拟斩监候。未伤人首盗,能于事未发时自首者,发近边充军。如系闻拿投首,实发云贵、两广、极边、烟瘴充军。至未伤人之伙盗,行劫仅止一次,事未发而自首,照律免罪。如系闻拿投首,于情有可原发遣罪上,减一等,杖一百,徒三年。若伙盗曾经伤人,及行劫二次以上,事未发而自首,照近边充军。闻拿投首,实发云贵、两广、极边、烟瘴充军。窝家盗线,自首照未伤人之盗首分别充军。又首盗脱逃,如有伙盗供出逃匿所在地方,一年限内拿获,将供出之伙,盗免罪,实发云贵、两广、极边、烟瘴充军。又盗首若能捕获他盗、解官投首者,照伤人伙盗自首拟军例,减一等杖徒。又强盗行劫数家止首一家者,发极边足四千里充军。又强盗有捕役带同投首者,除本犯不准宽减外,仍将捕役严行审究各等语。

又臣部奏定章程,强盗犯案如果于五日以内事未发时,将所得之赃悉数投报出首,并指获伙犯原赃,方准以自首论。若逾五日以外,业已破案,始行投到者,概不准以自首减免论等语。此次章程系咸丰十一年间,臣部遵奉谕旨严定强盗窝主章程时,因盗风日炽,诈伪百出,往往著名巨盗恃有自首减免之条,经旬累月并不自首,及闻破案赃已销尽,明知捕拿严紧,始串通捕役自行投案问官,拘于成例不得不为之开脱,是适中其奸诈之计而非真有悔罪之诚,弭盗愈以纵盗。故臣部严定章程,冀以稍戢盗风。今该御史奏请不拘限期随时准首,以符定例,系为解散盗党起见,惟事未发,而自首尚有悔过之心,即闻拿投首亦尚有畏法之意。若案已破获,赃已销尽,只因官差截拿,万无生路,不得已而投案,是直以投首为幸免之门,与真心改悔者迥不相同,岂可概从宽纵。

臣等悉心商酌,原定章程五日限期未免过促,而该御史所请不拘限期亦未便漫无限制。拟请嗣后强盗除杀死人命,奸人妻女,烧人房屋,及殴事主至折伤以上,首伙各犯,俱不准首外,其伤人首盗,伤轻平复,或虽未伤人,行劫已至二次,及帮殴有伤,行劫又至二次之伙盗,果能于犯事之后五日以内,捕获他盗及同伴,解官投首者,照强盗免死减等例,发遣新疆给官兵为奴。如止抱赃自首者,拟斩监候,未伤人之首盗,行劫仅一次,及伙盗曾经伤人,行劫已至二次,并窝家盗线,果能于犯事之后五日以内,捕获他盗及同伴、解官投首者,杖一百,徒三年,抱赃自首,发近边充军,闻拿投首,实发云贵、两广、极边、烟瘴充军,如逾五日限外,均不以自首论。至未伤人之伙盗,行劫亦止一次,果能于五日限内,捕获他盗及同伴解官,或抱赃自首者,均照律免罪;五日限外一月以内,捕获他盗及同伴、解官投首者,亦免罪,抱赃自首,杖一百,闻拿投首,俱杖一百,徒三年;一月以外,未破案以前,捕获他盗及同伴、解官投首者,杖六十,徒一年,抱赃自首,发近边充军,闻拿投首,实发云贵、两广、极边、烟瘴充军;至破案以后,均不以首论,其分赃而不行者,各减行者罪一等。俟盗风稍息,仍奏明改复旧例,如此变通办理,首恶无幸免之门,互相攻讦则树党难坚,被胁有自新之路,定以限期则悔罪宜早揆之,情法庶乎两得其平矣,该御史所请随时准首之处应毋庸议。

一原奏内称,洋药收税,创为三十六家之限,除三十六家外,虽非私货亦不得卖,是朝廷之法特为奸商,固垄断之计,甚不可解,又烟馆照窝赌例满徒,房屋入官。今贩卖数百斤者,既准其公然列肆,而贩卖零星者,乃有满徒之罪,揆诸情理,何以喻民等语。臣等查洋药开禁章程,系咸丰九年间步军统领衙门会同崇文门议准办理,窃以现今之所谓洋药,即昔时之所谓鸦片烟,流毒中国已非一日。自来富商大贾,父子世业,有无贸易,迁地勿良,独贩卖洋药者,大抵游手居多。前次之弛其禁令,本是万不得已之举,今既从宽不加之罪,而特为立以限制,准其开设铺店,糊口营生,已属朝廷宽大之恩,若再容零星小贩开设烟馆,必至市廛之间三五成群,俾昼作夜,荡家失业,人尽卧游,非特易以聚集匪类,亦恐引诱善良,殊不足以彰教化而维风俗。惟洋药既已开禁,原定章程止准三十六家货卖,此外若有开设烟馆之房屋,无论房主知情与否,一概入官办理,亦未免过当,应请嗣后地方民人仍不准开设烟馆,违者即按照赌博治罪,随同吸食无论人数多寡,照违制律杖一百,房主知情者,房屋入官,不知情者,不坐,庶立法稍得其平,而办理亦不至过滥矣。至洋药章程系由崇文门奏明办理之案,其三十六家之外可否准其一体投纳税课,开店出售有无关碍税课之处,应仍由崇文门酌中定立章程奏明办理,该御史奏请革除烟馆罪名之处应毋庸议。

一原奏内称,同治元年四月二十五日,恩诏妇女犯罪无关十恶,一切死罪,虽谋故亦准援免,似觉轻纵宜明定章程以示区别等语。臣等查臣部历次查办赦款,俱系循照从前成案办理,同治元年四月二十五日恭上皇太后尊号,钦奉恩诏内开:一除十恶不赦外,犯法妇人尽行赦免,钦此。恭绎此次赦文与咸丰十一年十月初九日恩诏,除谋故杀、强盗、妖言、十恶真正死罪不赦外,赦典更为宽大,溯查从前成案,惟嘉庆二十五年赦文相同,是以臣部循照嘉庆二十五年章程奏准通行办理。今据该御史以谋故杀惨酷,殆无人理,一概免之,似觉轻纵,请明定章程以示区别。臣等伏思妇女犯法原属无多,十恶而外能邀恩者,亦复无几,故原议查照旧章未经改议从严,惟其中亦自有情罪重大者,如上年臣部审办窝盗分赃之赵双氏一案,虽不在十恶以内,曾因其情节过重,仍照律拟以斩决,不准援免,奉旨允准在案,若必逐案奏明办理,似觉过于烦渎。臣等悉心参酌,应请嗣后除前业经准免各案毋庸置议外,所有妇女犯谋故杀及强盗、妖言、真正死罪各案,均照咸丰十一年十月初九日大赦恩诏章程随案核办,应俟命下,即将现在题咨到部各案一律覆核,改照新章办理,庶赦典不致过宽,而凶恶难于漏网矣。

一原奏内称,提牢之权太轻,而处分太重,稍一认真,禁卒舞弊以逐其官,官听命于禁卒之手,故禁卒有所挟制为非,而官不敢问,宜宽提牢之处分,而严定禁卒之罪名等语。臣等查例载,狱卒不觉失囚者,减囚罪二等,若囚自内反狱官,又减二等,故纵者与同罪,受财者以枉法从重论,又受财故纵与同罪者全科,至死者绞各等语。狱卒所犯之罪不一,定例各有专条,即以失囚而论,律以有无受财故纵,分别罪名轻重。盖受财故纵者,系有心故犯,故其罪綦重,不觉失囚者系无心失误,故其罪较轻。立法已极详备。然参观诸例,有心故犯与之同罪,而无心失误止减二等,已属从严办理。今该御史请宽提牢之处分,而严定禁卒之罪名,臣等窃思臣部提牢一官,管理两监额,设夫役、禁卒百数十名,收管人犯岁常数百人,责重事繁,弹压抚驭均非易,故一年任满,例得优保。而一切处分独可从宽,固非所以示劝惩,惟处分例分公私,私罪不可不严,而公罪则不宜过重,或回护已前之处分而故事因循,或瞻顾以后之考成而苟安旦夕,即为其下者亦以为官之黜陟操于伊手,将有所挟制而敢于作奸犯法。故立法虽善而奉行不力,致有名无实,此监狱积弊所由,不能尽除也。即如臣部监狱疏防各案,按例止应照公罪开参,嗣于道光十三年间李相清越狱一案将提牢改议从严,至今遵照办理。窃思今昔情形不同。从前监犯无多,驾驭较易,今监狱之内收禁贼盗等犯,动至数十名,狡谲性成,罔不畏法,非提牢官破除情面,力挽颓风,难资整饬。且提牢与州县同为有狱之官,而州县官疏防越狱处分,初参止于革职留任,而提牢竟至革职,不值班者亦至降调,殊不足以示平允。今欲整饬监务,莫如严提牢私罪之处分,而宽其公罪之处分,俾得尽其所长,毋所顾忌,极力整顿,以收实效。至禁卒人等因缘为奸,是其惯技,防范偶疏,玩法营私,弊端百出,实堪痛恨。应请嗣后刑部监狱滋事,该禁卒等仍照定例,分别有无受财故纵治罪,除死罪无可再加外,其余罪名各于应得本罪上,加一等治罪,流罪以上,仍先于刑部门口枷号两个月,徒罪以下,枷号一个月,枷满发配以示严惩。如讯有设法陷害本官情事,即照恶棍设法诈官,实在光棍拟斩例,分别首从从严惩办,其提牢处分。如该提牢实有知情徇隐、故纵等弊,即照弊罪例分别严参,革职治罪;若仅止疏于防范或失于觉察,并无别项情弊者,即照公罪例交部议处,惟处分轻重向由吏部照例办理,一切公罪处分可否酌量减处,应请饬下吏部会同臣部再行妥议章程,奏明画一办理。以上各条臣等公同商酌,或本之旧例酌量变通,或参之新章改归画一。如蒙俞允,应由臣部通行各省,及在京问刑衙门一体遵照办理。臣部现已奏明,开馆修纂条例,俟修例时纂入例册遵行,至强盗自首一条,仍应先行咨行步军统领衙门、顺天府、五城一体出示晓谕,俾犯法者知所儆惕,而被胁者及早自新,庶盗风稍戢,而地方可期安靖矣等因,同治二年五月二十八日奏,本日奉旨:依议,钦此。

## 卷四　刑律·贼盗·强盗

**一盗劫仍照原定章程依强盗律不分首从律科断**　同治二年十一月二十四日

谨奏,为遵旨议奏事。同治二年十一月二十四日内阁奉上谕:给事中王宪成奏刑部现届修例谨陈管见一折,著刑部议奏。钦此钦遵。于二十八日抄出到部,查该给事中原奏内称,刑部每届纂修条例之年,增删出入必逐条厘正,务期宽严协中,轻重得所。兹当修例之时,有应行参酌者,谨胪陈四条等语。臣等查,律例一书律系一定之法例,随时而变通,盖宽严固贵乎适中,而斟酌尤期乎尽善,如该给事中所奏分议四条,恭候钦定。

一原奏内称,办理盗案其为首者,固应以得财不得财为重轻,为从者则应以伤人未伤人为区别,除例载杀人放火等六项,强盗及响马、江洋大盗、老瓜贼俱照定例办理外,其余盗劫之案,如得财又伤人,自应照新章从重,不论首从,一并斩决。如得财而未伤人为首者,依律斩决,为从之犯审系迫于饥寒,被人诱胁,在外瞭望接赃者,仍照旧例分折声明办理,并严定承审官将正犯曲为开脱处分,则法无可贷者不得幸逃显戮,而情有可原者亦不至概罹重诛等语。臣等查律载,强盗已行而但得财者,不分首从,皆斩。嗣于康熙五十四年钦奉谕旨,凡强盗重案,着大学士会同三法司,将此内造意为首及杀伤人者,于各本案内一二人正法,余俱照例减等发遣。钦此。雍正五年又经九卿遵旨定议,嗣后盗案将法所难宥及情有可原者分折具题,大学士会同三法司详议,分别正法及发遣等因,于乾隆年间纂入例册遵行。迨咸丰二年间,臣部因京城地方盗风日炽,拟请嗣后盗劫之案,一经审实,将法无可贷之犯照律斩决,仍加枭示。又咸丰五年,据钦差工部右侍郎宗室载龄奏强盗案件请从严办理一折,经王大臣会同臣部议请,嗣后凡遇盗劫之案仍依"强盗已行但得财者,不分首从,皆斩"本律俱拟斩决,其中把风接赃等犯,虽未分赃亦系同恶相济,应照为首之罪一律问拟,不得以情有可原量减,以昭炯戒。此外实在情有可原之犯,如年止十五岁以下,实系被人诱胁随行上盗者,仍照本例问拟。至寻常抢夺人数无多,尚无凶恶情状者,仍照本律本例办理。如有聚众持械,入室抢劫,威吓事主,并在途、在野及江河湖港,但经聚众执持军器,倚强肆掠,凶暴众著者,无论白昼昏夜,均照强盗本律,不分首从,一概拟斩。其有实在被胁同行者,发黑龙江给披甲人为奴等因。奏准通行各在案。是强盗之案从前旧例,原系将法所难宥者正法,情有可原者发遣,嗣经臣等遵奉谕旨严定强盗章程,诚因盗风日炽,故从严仍照本律,不分首从,概拟骈诛,以戢盗风。其情有可原之犯,如年止十五岁以下,实系被人诱胁随行上盗,并抢劫案内被胁同行之犯,仍分别照本例拟流及发遣为奴,盖于□惩盗风之中,仍寓矜恤罪囚之意。现在京城盗劫之案层见叠出,各省盗风亦未全息,若如该给事中所奏,请将强盗为首者依律斩决,为从在外瞭望接赃等犯,仍照旧例分折声明,系为慎重人命起见,第恐朝廷开一宽宥之典,即宵小多萌一侥幸之念,谓伙犯得免,骈首不惮,十百成群,同恶相济,将来到案时皆借口于在逃,为首易取开脱之,渐欲弭盗,适以纵盗,此风伊于胡底。臣等悉心酌议,嗣后盗劫之案仍照原定章程依"强盗不分首从律"科断,似于除暴安良之意不无少裨。俟盗风稍息,再当奏明,仍复旧例办理,所有该给事中请将强盗定例变通之处,应毋庸议。

一原奏内称,有绰号人犯为害闾阎,必应严办。如无扰害实据,岂得遽坐重罪?且绰号每出于他人之口,设使刁徒与人有隙,故为起一绰号,即不难从而倾陷之。甚至状貌丑陋,情性懒拙,皆可因此得名,又何足为棍徒之据。请嗣后遇有绰号人犯,俱当问罪犯轻重,各依本律本例科断,不得因有绰号率行从重问拟,庶不致稍有冤抑等语。臣等查例载，凶恶棍徒屡次生事行凶，无故扰害良人，确有实据者，发极边足四千里安置。凡系一时一事实在情凶势恶者，亦照例拟发。如并无凶恶实迹，偶然挟诈逞凶者，仍照所犯之罪各依本律本例定拟，不得滥引此例等语。臣等查著名棍徒之案，向俱照棍徒扰害例定拟，然其中有情节轻重之分，自应明定章程以昭遵守。臣等公同商酌，拟请嗣后拿获绰号棍徒之案，如系屡次行凶滋事，即照棍徒扰害例拟发极边足四千里。凡系一时一事确有凶恶实迹，亦照例拟发。若非屡次滋事扰害，与实在凶恶棍徒有间者，于棍徒拟军罪上量减科断。倘并无滋事，实迹仅只有绰号者，酌量科以不应重律，杖八十，加枷号一个月。此等绰号止准地方官弁访拿究办，不许旁人讦告，有讦告者均不准审理。如此分别核办，庶司谳者有所遵循，而断罪悉归画一。如蒙俞允，臣部现值开馆修例之际，应纂入例册遵行，并行文内外问刑衙门一体遵照办理。

一原奏内称，亲老留养之案宜准例推广，请嗣后外遣军流各犯，犯案时非例应留养之人，到配后数年或十余年，该犯之祖父母、父母已成老疾，其母系属孀妇，守节已逾二十年，家无次丁侍养者，亦照未发配时亲已老疾之例，准该犯之祖父母、父母在本籍呈报，由地方官呈明，核其情节。准留养者，取结报部行咨，该犯配所如并无为匪不法情事，准其释回留养等语。臣等查例载，军流徒犯及免死流犯，未经发配以前，告称祖父母、父母老疾应侍，及其母系属孀妇，守节二十年，家无以次成丁者，俱准存留养亲。或到案时非例应留养之人，迨成招时，其祖父母、父母已成老疾，兄弟、子侄死亡者，亦准声请留养等语。臣等查留养之例，原以其亲之茕独无依，特加矜恤，乃朝廷锡类推仁之典，若限制稍宽，则犯法者皆怀幸免之心，而奸宄滋甚。故定例于犯案后，未经发配以前，始准查办，至到配年久之犯，向无准予查办留养之例。若如该给事中所奏，遣军流犯于到配后数年或十余年，遇有犯亲老疾，仍照未发配时亲已老疾之例，准其查办留养，不特开奸宄幸免之门，即刑法亦成虚设，且查办易滋流弊，定例奉行已久，未便遽议更张，所有该给事中请将亲老留养推广之处，应毋庸议。

一原奏内称，军流人犯犯罪时未老疾，事发时老疾者，例得以老疾收赎，则发配时未老疾，到配后老疾者，办理似宜画一。除常赦所不原，及在配复行为匪等犯不准收赎外，如有到配后年已七十，或已成笃疾者，一体援照老疾收赎之例，准其收赎或径行释回等语。臣等查律载，年七十以上，及废疾犯流罪以下，收赎。又例载，各省审拟具题，案内人犯，果有老疾，该督抚察明，取具地方官印结具题，照律收赎。其到部人犯，有告称年老及在途成废疾者，察明实系老疾，亦得收赎。又律载，犯罪时未老疾，事发时老疾者，依老疾论，若在徒年限内老疾，亦如之各等语。详译律例，总以犯罪之人现在是否实系老疾为断，如犯罪事发尚未老疾，迨案结后,或起解到部,或起解在途,其人实系老疾,则照到部及在中途老疾之条定拟。是到配后老疾收赎,除徒役年限内律有明条外,其余军流人犯废疾收赎,及中途成废收赎之例,俱指尚未到配人犯而言,若犯已到配,虽已老疾,向无准予查办之例。且逃军逃流被获时有老疾者,历办章程止准收赎,逃罪不得连原罪一并论赎。定例及章程綦严,遵行已久,自未便率议更张,所有该给事中请将军流人犯到配后老疾查办收赎之处,应毋庸议。以上各条,臣等悉心酌议,是否有当,伏乞圣鉴训示施行。谨奏。

**一强盗自首限期变通办理**①　同治二年十一月二十四日

谨按:系御史胡源奏请明慎用刑条陈之一,全折载第三卷

一原奏内称,《强盗新章》将自首一条定以五日限期,限外即不准首,势将从恶不悛,驱归盗薮,而不知返。其中亦有被胁同行分赃塞口,尚未甘心为盗者,请不拘限期随时准首,以符旧例等语。臣等查律载,强盗取人财物而于事主处首服者,与自首同,皆免罪。若知人欲告而首还者,减二等,其强盗若能捕获同伴解官者,亦得免罪,又依常人一体给赏。又例载,强盗除杀死人命,奸人妻女,烧人房屋,罪犯深重,及殴事主至折伤以上,首伙各犯,俱不准首外,其伤人首盗,伤轻平复,无论事未发而自首,及闻拿投首,俱拟斩监候。未伤人首盗,能于事未发时自首者,发近边充军。如系闻拿投首,实发云贵、两广、极边、烟瘴充军。至未伤人之伙盗,行劫仅止一次,事未发而自首,照律免罪。如系闻拿投首,于情有可原发遣罪止,减一等,杖一百,徒三年。若伙盗曾经伤人,及行劫二次以上,事未发而自首,发近边充军。闻拿投首,实发云贵、两广、极边、烟瘴充军。窝家盗线,自首照未伤人之盗首分别充军。又首盗脱逃,如有伙盗供出逃匿所在地方,一年限内拿获,将供出之伙盗免罪,实发云贵、两广、极边、烟瘴充军。又盗首若能捕获他盗、解官投首者,照伤人伙盗自首拟军例,减一等杖徒。又强盗行劫数家止首一家者,发极边足四千里充军。又强盗有捕役带同投首者,除本犯不准宽减外,仍将捕役严行审究各等语。又臣部奏定章程,强盗犯案如果于五日以内事未发时,将所得之赃悉数投报出首,并指获伙犯原赃,方准以自首论。若逾五日以外,业已破案,始行投到者,概不准以自首减免论等语。此次章程系咸丰十一年间臣部遵奉谕旨严定强盗窝主章程,时因盗风日炽,诈伪百出,往往著名巨盗恃有自首减免之条,经旬累月并不自首,及闻破案赃已销尽,明知捕挐严紧,始串通捕役自行投案问

① 此条从头至尾,并无"通行""遵行""一体办理"字样。

官,拘于成例不得不为之开脱,是适中其奸诈之计而非真有悔罪之诚,弭盗愈以纵盗,故臣部严定章程,冀以稍戢盗风。今该御史奏请不拘限期随时准首,以符定例,系为解散盗党起见,惟事未发,而自首尚有悔过之心,即闻拿投首亦尚有畏法之意。若案已破获,赃已销尽,止因官差截拿,万无生路,不得已而投案,是直以投首为幸免之门,与真心改悔者迥不相同,岂可概从宽纵。

臣等悉心参酌,原定章程五日限期未免过促,而该御史所请不拘限期亦未便漫无限制。拟请嗣后强盗除杀死人命,奸人妻女,烧人房屋,及殴事主至折伤以上,首伙各犯俱不准首外,其伤人首盗,伤轻平复,或虽未伤人,行劫已至二次,及帮殴有伤,行劫又至二次之伙盗,果能于犯事之后五日以内,捕获他盗及同伴、解官投首者,照强盗免死减等例,发遣新疆给官兵为奴。如只抱赃自首者,拟斩监候,未伤人之首盗,行劫仅止一次,及伙盗曾经伤人,行劫已至二次,并窝家盗线,果能于犯事之后五日以内,捕获他盗及同伴、解官投首者,杖一百,徒三年,抱赃自首,发近边充军,闻拿投首,实发云贵、两广、极边、烟瘴充军,如逾五日限外,均不以自首论。至未伤人之伙盗,行劫亦止一次,果能于五日限内,捕获他盗及同伴解官,或抱赃自首者,均照律免罪;五日限外一月以内,捕获他盗及同伴、解官投首者,亦免罪,抱赃自首,杖一百,闻拿投首,俱杖一百,徒三年;一月以外,未破案以前,捕获他盗及同伴,解官投首者,杖六十,徒一年,抱赃自首,发近边充军,闻拿投首,实发云贵、两广、极边、烟瘴充军;至破案以后,不以首论,其分赃而不行者,各减行者罪一等。俟盗风稍息,仍奏明改复旧例,如此变通办理,首恶无幸免之门,互相攻讦则树党难坚,被胁有自新之路,定以限期则悔罪宜早,揆之情法庶乎两得其平矣,该御史所请随时准首之处,应毋庸议。山东司。

**一议覆慎刑狱四条** 同治三年二月二十七日

刑部等衙门谨奏,为遵旨核议具奏事。同治二年十二月二十一日奉上谕:御史王兰谷奏请慎刑狱谨拟四条呈览一折,著该部核议具奏。钦此钦遵。于二十六日抄出到部,查该御史原奏内称,本年入冬以来,雪泽稀少,节交大寒,尚未渥沛祥霙,自应敬修庶事,感召天和,谨陈管见四条等语。臣等伏思,天以人为感召,故眚灾重在恤刑,法准情以持平,惟明慎庶不留狱。前因京师入冬以来雪泽稀少,节经臣等严饬该司员等,将现审奏咨各案赶紧清厘,勒限完结。凡轻罪人犯,均令速行讯明,分别保释,不准滥予羁禁,以清囹圄。今据该御史条陈四事,臣等悉心详核,所言尚多可采,盖宽严固贵乎折衷,而斟酌尤期乎尽善,谨就该御史所奏,分议四条恭候钦定。

一原奏内称,近来新章间有一事一案,情节较重,随时惩创,特较旧例从严者,现当修例之时,自宜再加详核,折衷至当,请饬参酌厘正等语。臣等查,《律例》一书,律系一定之法,例随时而变通。臣部办理案件向俱照例科断,其有情节较重,罪浮于法者,均经随时酌量惩创,以期禁暴安良,且例期简赅,势难琐屑逐事设立科条,至历年所定通行,均系因时制宜,酌中拟定,奏明办理,内外遵循,不致有畸轻畸重之虞。现值臣部开馆纂修条例之际,惟有督饬司员,将奏定通行及内外臣工奏应纂入例者,悉心详核,务须宽严从中,以期仰副圣主明慎用刑之至意。

一原奏内称,近来刑部监犯较多,现值天时干旱,瘟气传染,每致监毙,惟刑部于各衙门奏交之案倍加慎重。虽笞杖人犯及情罪可疑,被人牵连者,亦俱监禁,必俟案结具奏,然后发落释放,殊非钦恤之道。请饬刑部嗣后如遇奏案,仍照定例,将流徒以上人犯收禁。如罪止笞杖及情罪可疑,被人牵连者,到案时审察情形,即行保释,毋庸羁禁。至监禁待质人犯,如有情罪较轻,非必须待质之犯,即先行发落等语。臣查律载,凡徒罪以上收禁,若不应禁而禁者,杖六十。又例载,内外问刑衙门设有监狱,除监禁重犯外,其干连并一应轻罪人犯,即令取保,保候审办。又徒罪以下人犯患病者,狱官报明,承审官即行赴监验看,属实,亦准取保调治。定例已极详备,凡各衙门送到人犯,节经臣等笃饬司员,按照定例分别羁禁取保,其奏案内果系罪止笞杖及情罪可疑,被人牵连之犯,俱饬各司员立予审明,先行取保交坊,俟审结后即行发落释放。嗣后各衙门送到人犯,无论奏咨,仍饬该司员照例分别办理,毋得概行收监,以示矜恤。至监候待质人犯,因逸犯未获有关罪名,出入必须缉获正犯对质者,仍俟扣满年限时逃犯有无缉获,再行查办。

又原奏内称,应发陕甘、江西、安徽、江苏等各省犯。均因路途不通,一概停遣。有定罪年余尚未发配者,往往瘦毙,情殊可悯,应令兵部迅速妥议章程,定地改发,或照原定省分赶紧起解。如途中实系阻隔,即由该地方官暂行截留,准以所由之日扣抵在配之期,俟道路可通,再行前解,不准稽延而免壅滞等语。臣等查例载,各省递解人犯,分别监狱大小,酌留一二十名,再令各上站挨次留禁,一俟道路疏通,即行起解等语。臣等查有烟瘴改发极边足四千里并例内,本应发极边足四千里充军及发遣新疆各犯,均经臣部按照成案奏明,暂行改发黑龙江安置在案。至近边、边远人犯,现因道路梗塞致多,不能起解,该御史所奏系为矜恤罪囚,免致壅滞起见,应如何酌量定地改发,兵部查五军道里表则例内载,顺天府属军犯编发近边地方者,东至抵边不足三千里,南至安徽、浙江、湖北,西至陕西、甘肃,北至抵边不足三千里各等语。臣等查此二项人犯所发,各省均按道里算计,此外非系极边,即系附近省份,今近边、边远各省,若更议改发,未免与别项军犯漫无区别,其仍照原定各省份起解之处。既经刑部查明例载,各省递解人犯,如遇道路梗阻,不能前进,由附近州县分别酌留,一俟道路疏通,即行起解等语。臣部自应仍照原省定地陆续提发，以符定例而免壅滞，其有道路梗阻，实在不能前进者，仍由臣部体察情形再行奏明办理。

一原奏内称，近闻京城地面捕官番役拿获窃盗各犯，辄以酷刑私行拷讯，或将手背悬吊，每致脱骨，或以冷水浇背，寒入脏腑，因而病毙。迹涉疑似，并无赃证者，亦以鍜鍊成狱，其中断不能无冤，抑甚至正犯脱逃，将该犯亲属拿获，严拷逼供，亲属容隐律得勿论，任意拘讯，殊违例制。请饬步军统领衙门严饬捕官番役，嗣后拿获窃盗等案，遵例不准私行拷讯问官，亦不得非法拷打，郎行送交刑部审办，倘经刑部验明带有拷伤，即照例查参其亲属无辜之人，概不得妄拿致滋扰累等语。臣等查例载，番役将盗犯，及死罪人犯，私拷取供者，枷号一个月，杖一百。将军流以下人犯，私拷取供者，各递加一等治罪。如有逼索银钱，计赃以枉法从重论。倘承审官有非法拷打，及将不应刑讯之人，滥刑致毙情事，即严参究办等语。是捕官番役非法私行拷讯例禁綦严，若如该御史所奏，京城地面捕官番役拿获窃盗等犯，酷刑私行，拷讯致有脱骨病毙，及并无赃证，鍜鍊成狱，并正犯脱逃，妄拿亲属拷逼等情，均大干例禁，应如何严议章程。步军统领衙门查捕官番役等拿获窃盗不得私行拷讯等情一节，查八旗五营番子等拿获案件，屡经臣存严谕，不准私行拷讯，且于获案解署，一经查有违例，私拷情事，无不随时惩办。致犯到官，凡系有关罪名者，一经审讯断不肯据实供招，或恃无质证，供词狡展，或居心巧诈，意图避就。每遇此等人犯到官，若失之过猛，则未免有屈抑之案，若任令捏词妄供，则凶横狡猾之徒转得幸逃法网。是以臣存等饬令承审之员于审理案件悉心判断，不可一味刑求，亦不可稍涉姑容，致滋轻纵，总期案得真情，方为明慎用刑之道。且臣衙门向设刑具，即系刑部所设官刑，此外别无非刑可用。

再一原奏内称，正犯逃脱，将亲属妄拿拷逼一层。查凡遇紧要案件，应即严饬查拿，倘正犯闻风逃逸，若不将其亲属拘讯，则正犯无凭拿获，追讯问是否知情，即行咨送刑部，应办应释亦应由刑部酌办。其余情节较轻之案，概不拘讯亲属以免拖累。嗣后臣等惟有随时察查，倘有前项情弊，即行分别参惩，俾该员役等咸知警惕，以仰副皇上慎重刑名、子惠黎元之至意。

一原奏内称，强盗窝赃私密，非眼线莫知其踪，被获之盗恨眼线将其指引，如曾经同伙必供出以泄忿，即素未同谋亦诬扳以报复，众口一词，该眼线即无可置辩，刑部向无宽免眼线之例，一经成招，不得不予骈诛。近来各案颇多，诚恐悔罪者无以自新，无辜者或遭惨戮，请饬刑部嗣后审讯盗案，如被获之案供称该眼线曾为同伙，审有确据，比照强盗自首例办理；若并无确据，即予免究，不得以犯系先后拿获、供词如一等情定案，致启听串诬扳之弊等语。臣等查律载，强盗若能捕获同伴解官者，免罪。又例载，强盗除杀死人命，奸人妻女，烧人房屋，犯罪深重，及殴事主至折伤以上,首伙各犯俱不准首外;其伤人首盗,伤轻平复,无论事未发而自首,及闻拿投首,俱拟斩监候。又本年五月,臣部议覆御史胡庆源条奏章程,嗣后伤人首盗伤轻平复,或虽未伤人,行劫已至二次,及帮殴有伤,行劫又至二次之伙盗,果能于犯事之后五日以内,捕获他盗及同伴解官投首者,照强盗免罪减等例,发遣新疆给官兵为奴。如只抱赃自首者,拟斩监候。未伤人之伙盗,行劫亦止一次,果能于五日限内,捕获他盗同伴解官,或抱赃自首者,亦免罪。一月以外,未破案以前,捕获他盗及同伴解官投首者,杖六十,徒一年。至破案以后,均不以自首论等因,奏准通行在案。臣等查捕役缉捕盗贼必藉眼线指引者,原以知其底蕴,期于捕务有裨。若该眼线虽曾为伙盗,但能悔罪指获同伴,则尚有畏法之心。被获之盗挟眼线指拿之嫌到案供扳,若概拟骈诛,未免无所区别,该御史所奏系为整顿捕务起见。臣等公同酌议,拟请嗣后眼线曾为伙盗,悔罪将同伴指获,致被同伙供出者,比照伤人首盗事未发而自首例,拟斩监候。如犯事之后五日以内,指获同伴,旋被供出,获案审明同伙确有实据者,照强盗免罪减等例,发遣新疆给官兵为奴。若并无同伙,确据审系盗犯挟恨诬扳者,即予免究。如此分别核办,庶情法两得其平,而断罪亦无虞枉纵矣。以上各条臣等公同酌议,如蒙俞允,应由臣部通行各省及在京问刑衙门一体遵照办理。臣部现已奏明开馆纂修条例,俟修例纂入例内遵行等因。同治三年二月二十七日奏,本日奉旨:依议,钦此。山东司。

**一条奏盗贼捕限** 同治三年二月二十七日议准

谨按系御史王兰谷条陈之一,全折载本卷。

原奏内称:近闻京城地面捕官番役拿获窃盗各犯,辄以酷刑私行拷讯,或将手背悬吊每致脱骨,或以冷水浇背寒入脏腑,因而病毙,迹涉疑似并无赃证者亦以锻鍊成狱。其中断不能无冤抑,甚至正犯脱逃,将该犯亲属拿获严拷逼供,亲属容隐律得勿论。任意拘讯殊违例制,请饬步军统领衙门严饬捕官番役,嗣后拿获窃盗等案,遵例不准私行拷讯,问官亦不得非法拷打,即行送交刑部审办,倘经刑部验明带有刑伤,即照例查参。其亲属无辜之人,概不得妄拿致滋扰累等语。

臣等查例载:番役将盗犯及死罪人犯私拷取供者,枷号一个月、杖一百;将军、流以下人犯私拷取供者,各递加一等治罪;如有逼索银钱,计赃以枉法从重论。倘承审官有非法拷打及将不应刑讯之人滥刑致毙情事,即严参究办等语。是捕官番役非法私行拷讯例禁綦严,若如该御史所奏,京城地面捕官番役拿获窃盗等犯,酷刑私行,拷讯致有脱骨病毙,及并无赃证锻鍊成狱,并正犯脱逃亲属妄拿拷逼等情,均属大于例禁,应如何严议章程,步军统领衙门查捕官番役等,拿获窃盗不得私行拷讯等情,一节查八旗五营番子等拿获。

案件屡经臣存,严谕不准私行拷讯,且于获案解署,一经查有违例私拷情事,无不随时惩办致犯到官。凡系有关罪名者,一经审讯,断不肯据实供招,或恃无质证供词狡展,或居心巧诈意图避就。每遇此等人犯到官,若失之过猛,则未免有屈抑之案;若任令捏词妄供,则凶横狡猾之徒转得幸逃法网。是以臣存等饬令承审之员,于审理案件悉心判断,不可一味刑求,亦不可稍涉姑容致滋轻纵,总期案得真情,方为明慎用刑之道。且臣衙门向设刑具,即系刑部所设官刑,此外别无非刑可用。

再原奏内称:正犯逃脱将亲属妄拿拷逼一层。查凡遇紧要案件,应即严饬查拿。倘正犯闻风逃逸,若不将其亲属拘讯,则正犯无凭拿获,追讯问是否知情,即行咨送刑部,应办应释亦应由刑部酌办。其余情节较轻之案,概不拘讯亲属以免拖累。嗣后臣等惟有随时察查,倘有前项情弊,即行分别参惩,俾该员役等咸知警惕,以仰副皇上慎重刑名、子惠黎元之至意。

一原奏内称:强盗窝赃私密,非眼线莫知其踪,被获之盗恨眼线将其指引,如曾经同伙必供出以泄忿,即素未同谋亦诬扳以报复,众口一词,该眼线即无可置辩。刑部向无宽免眼线之例,一经成招,不得不予骈诛。近来各案颇多,诚恐悔罪者无以自新,无辜者或遭惨戮,请饬刑部嗣后审讯盗案,如被获之案供称该眼线曾为同伙,审有确据,比照强盗自首例办理;若并无确据,即予免究,不得以犯系先后拿获、供词如一等情定案,致启听串诬扳之弊等语。臣等查律载:强盗若能捕获同伴解官者,免罪。又例载:强盗除杀死人命、奸人妻女、烧人房屋、罪犯深重、及殴事主至折伤以上,首伙各犯俱不准首外;其伤人首盗,伤轻平复,无论事未发而自首、及闻拿投首,俱拟斩监候。

又本年五月,臣部议覆御史胡庆源条奏章程,嗣后伤人首盗伤轻平复,或虽未伤人行劫已至二次,及帮殴有伤,行劫又至二次之伙盗,果能于犯事之后五日以内捕获他盗及同伴、解官投首者,照强盗免罪减等例,发遣新疆给官兵为奴。如止抱赃自首者,拟斩监候。未伤人之伙盗行劫亦止一次,果能于五日限内捕获他盗同伴解官,或抱赃自首者,亦免罪。一月以外未破案,以前捕获他盗及同伴、解官、投首者,杖六十,徒一年。至破案以后,均不以自首论等因,奏准通行在案。臣等查捕役缉捕盗贼,必藉眼线指引者,原以知其底蕴,期于捕务有裨。若该眼线虽曾为伙盗,但能悔罪指获同伴,则尚有畏法之心。被获之盗挟眼线指拿之嫌到案供扳,若概拟骈诛,未免无所区别,该御史所奏系为整顿捕务起见。臣等公同酌议,拟请嗣后眼线曾为伙盗,悔罪将同伴指获,致被同伙供出者,比照伤人首盗事未发而自首例,拟斩监候。如犯事之后五日以内指获同伴旋被供出,获案审明同伙确有实据者,照强盗免罪减等例,发遣新疆给官兵为奴。若并无同伙,确据审系盗犯挟恨诬扳者,即予免究。如此分别核办,庶情法两得其平,而断罪亦无虞枉纵矣。以上各条臣等公同酌议,如蒙俞允,应由臣部通行各省及在京问刑衙门一体遵照办理。臣部现已奏明开馆纂修条例,俟修例纂入例内遵行等因。同治三年二月二十七日奏,本日奉旨:依议,钦此。山东司。

**一变通广东省盗犯抢劫及掳赎章程**[①] 同治三年十月二十五日议准

刑部等衙门谨奏:为遵旨妥议具奏事,军机处交出两广总督毛等奏。广东盗犯有须变通例文,请酌中定议一折,同治三年九月初三日奉旨:该衙门妥议具奏。钦此钦遵。交出到部。臣等谨按律例乃朝廷之大法,律一成而不变例,因时而制宜,其适轻适重之间尤须斟酌,悉当使宽严两得其平。至于民情诈伪变幻多端,有非例所能赅载者,全生司谳者,临时斟酌案情,持平定拟,务除暴以安良,毋纵奸以养乱。否则虽逐时逐事严立科条,而官吏务为开脱、强情就例,是则迁就例文之过也。臣等谨将该督等所奏各条逐一详核、悉心妥议,恭呈御览。

一原奏称:广东盗贼之有根底者托干打单,凡行打单必勾结各村庄,分党四出窥伺,盗首出具姓名图记勒派数目,惟所需索沿途密布党羽,稍拂其意,登时号召掳掠一空,从无敢与为忤者。行劫打单相倚为用,本无二致,原情定法,请将打单因众至三人以上,及带有刀械火枪者均以盗论等语。

查例载:广东省沿海地方,如有匪徒捏造图记纸单作为打单名色,伙众吓诈商民。虽一时一事,实系情凶势恶者,不计赃。为首照凶恶棍徒生事行凶、无故扰害良人例,发极边足四千里充军;为从一次者,杖一百,徒三年,为从至二次及二次以上者,亦照棍徒扰害例拟军。若并无图记纸单,亦未伙众,仅凭口说借端讹索,尚无凶恶情形者,为首杖一百,徒三年;为从减一等,杖九十,徒二年半。其有另犯抢劫勒赎者,仍各照本律本例从其重者论等语。

臣等详译例意,打单吓诈即与棍徒无异,故定例分别首从,拟以军徒。若如该督等所奏,盗贼托于打单勒派需索,稍拂其意,登时掳掠,是名为打单,实则行劫,与强盗无殊,诚不可不严加惩创,以戢盗风。

臣等公同酌议,应请嗣后广东省匪徒捏造纸单作为打单名色,伙众三人以上,带有鸟枪刀械,无论有无恃强掳掠,但得财者照强盗本律问拟;拒捕杀人者加以枭示;未得财者,首犯拟发新疆给官兵为奴,为从杖一百,流三千里。如三人以上并未带有鸟枪刀械,亦未恃强掳掠,但系吓诈得财,无论赃数多寡,为首亦发新疆给

① 此条部分批准,部分只允许广东省执行。

官兵为奴，为从杖一百，流三千里；为从二次及二次以上者，亦发新疆给官兵为奴。其案内造意之首犯，身虽不行但系伙犯打单吓诈，即分别人数多寡、有无器械，并曾否掳掠、是否得财，各照为首之例问拟。若并无图记纸单，亦未伙众，仅凭口说藉端讹索者，仍照本例为首杖一百，徒三年；为从减一等至问拟。遣军人犯脱逃回籍复行打单吓诈，或向原拿兵役寻衅报复，除实犯死罪外，余俱拟绞监候。其有另犯抢劫勒赎者，仍照本例从其重者论。倘数年后此风稍息，奏明仍照旧例办理。如蒙俞允，臣部现值开馆修例，应纂入例册遵行，并行文该督遵照办理。

一原奏内称：广东捉人勒赎之案约分二端，械斗私忿互相掳禁，以斗狠为意不必图利。盗贼掳捉，或起意抢禁勒索，或因行劫。见其老父幼子掳去诈赃，其家不敢报案，忍心出资回赎，有苛索不遂竟致毙命者，此则专主图利而凶狠为甚。盗贼行劫，劫所能取掳捉勒赎，直令事主身括所有以奉之。各州县积习相沿，凡详报掳赎之案，必援例文加并无凌虐一语，以为从轻问拟之地。故以情论，械斗私忿当以有无凌虐定罪，盗贼掳捉求财，何庸更问其有无凌虐？但系盗犯皆应斩枭。其因私忿互相掳禁，始行，分别加拟以符定例等语。

查例载：捉人勒赎之案，除用强捉掳胁逼上盗应依盗强律斩决，或被捉之人因病身死应依威力制缚及主使各本律本例拟绞外，如有将被捉之人拒伤身死、或于掳捉后谋故殴杀者，首犯俱拟斩立决；为从谋杀加功者，实发云贵、两广、极边、烟瘴充军。若系拒杀、殴杀、为从帮殴，如刃伤及手足、他物，至伤折以上者，俱拟绞监候；伤非金刃、又非折伤者，发新疆给官兵为奴。未经帮殴成伤者，实发云贵、两广、极边、烟瘴充军。如有将被捉之人任意凌虐，或无凌虐而致被捉之人情急自尽者，为首之犯俱照苗人伏草捉人横加枷肘例拟斩候；为从帮同凌虐及虽无凌虐而助势逼勒致自尽者，俱发遣新疆给官兵为奴。若仅止听从勒捉关禁勒赎、尚无助势逼勒情事，均实发云贵、两广、极边、烟瘴充军。至审无凌虐重情、止图获利关禁勒赎，为首亦发遣新疆给官兵为奴；为从之犯俱发极边足四千里充军。其因细故逞忿并非图利勒赎，止于关禁数日追服礼后即行放回者，为首杖一百，徒三年；为从减一等。如有聚众拒杀兵役者，首犯拟斩立决；为从帮殴，如刃伤及手足、他物至折伤以上者，俱拟绞监候，伤非金刃又非折伤者，发新疆给官兵为奴。其伤人未死，如刃伤及折伤以上者，首犯拟斩监候，为从发新疆给官兵为奴。勒赎本罪已至斩决者，加拟枭示；已至斩绞监候，加拟立决。若未聚众拒捕及伤非金刃折伤者，仍各照罪人拒捕律加本罪二等。罪已至遣无可复加者，到配后加枷号三个月。

又各省匪徒掳人勒赎，如有将妇女捉回关禁勒赎者，即以抢夺妇女及掳捉勒赎各本例相比，从其重者论。又广东省捉人勒赎之案，如被捉数在三人以上及掳捉已至三次以上同时并发者，除被胁同行或本罪已至斩决无可复加外，其余罪应斩绞监候者加拟立决;罪应遣军者拟绞监候;罪应拟徒者发极边足四千里充军。如被掳仅止三次,仍照本例办理。又广东省掳捉匪犯,如有将十五岁以下童捉回勒赎者,除所犯本罪已至斩决无可复加外,其余罪应斩绞监候者加拟立决;罪应遣军者加拟绞监候;罪应拟徒者发极边足四千里各等语。

臣等查捉人勒赎之案,情节各有重轻,即罪名亦稍示区别。如用强掳捉逼勒上盗之犯向,照强盗律治罪,其有拒捕杀伤及凌虐重情致被捉之人因病身死及自尽者,亦分别问拟斩、绞。如系止图获利关禁勒赎罪,止发遣至广东省。捉人勒赎如或被捉数在三人以上,及掳捉已至三次以上,或掳捉幼童,罪应斩绞监候者,均加拟立决;罪应遣军者均加拟绞监候;罪应拟徒者均加拟充军罪。立法之重甲于各省定例,层层周密,不为不严。

查道光三十年御史张廷瑞奏请,将捉人勒赎罪止发遣之犯照强盗一律治罪。经臣部以若将止图获利勒赎之犯拟照强盗律问拟,设遇杀伤凌虐之案转致罪无可加,不足以示等差而昭平允等因,奏驳在案。总之,有治法尤贵有治人。若州县务为宽容遇有掳赎之案,率添入并无凌虐一语以避重就轻,则是引断不当,故出入人罪。封疆大吏自应严饬牧令认真审断,设有此等避重就轻之弊,一经查出即照例严参,以示惩儆。庶足以禁暴戢奸,而法令不致虚设矣。所有该督等请将捉人勒赎照强盗例科罪之处,应毋庸议。

一原奏内称:广东近年略卖人口出一年之案例无专条而情节特重,而英法各国开垦南洋诸岛,募人佣工,奸猾之民因而略卖人口渔利,屡经拿获,并未严惩,积久遂至横行。愚民被其胁诱,动则数百十人载出洋外,与洋人交易多索买价,被买者语言不通,自以为受雇佣工一经出洋永无下落。其事较之诱拐子女为加惨,其情较之人口出境为倍重。宜明定罪名,但有指引情事即按人数科罪,设计诱骗略卖者皆斩等语。

查律载:将腹里人口用强卖与境外土官、土人洞寨去处图利,除杀人律该处死外,若未曾杀人,比依将人口出境律绞。又例载:诱拐子女不分良人、奴婢,已卖、未卖,被诱之人若不知情,为首拟绞监候,为从杖一百,流三千里。若以药饼及一切邪术迷拐幼小子女,为首者立绞,为从发极边足四千里充军各等语。总理各国事务衙门查略卖人口出境其地与中国毗连,尚易跟查追回,罪已拟绞。若略卖人口出洋,则远涉数万里之外无从追回,诚如该督等所奏,其事较之诱拐子女为加惨,其情较之人口出境为倍重,自应加等科罪。英法条约所载:凡有华民情甘出口,或在英法所属各处或在外洋别地承工,俱准立约为凭,赴通商各口下船,毫无禁阻。该省大吏亦宜时与英法国钦差查照各口情形会定章程,为保全华工之意等语。

今该督等以各国开南洋诸岛募人佣工，奸猾之民因而略卖人口渔利，一经出洋，永无下落，奏请明定略卖罪名，此则专指内地奸民诱卖人口而言，与英法条约情甘出口之事迥不相同，自应严定罪名，有犯必惩。嗣后如有内地奸民及中国人在洋充当通事买办者，若因洋人雇人出洋承工，因而设计诱骗愚民，藉名雇与洋人承工可获重利，其受雇之人并无情甘出口追悔无及，因而威逼出洋，以及拐骗转卖致一家父子兄弟离散者，一经地方官查出或被告发，立由该口之地方官按约照会外国领事官，将受骗被拐之人释放送回，仍交该家属收领。其诱卖人口之内地人，查有诱卖实情，毋论曾否威逼、是否拐骗，均照该督所奏，为首者斩立决，为从者绞立决。若诱拐人口关禁他处以待汇上洋船，一经破获，其首从各犯仍照此例办理，不得以未经上船稍从末减。此等奸民丧心昧良，实为法所难宥，若被获之后敢藉洋人为护符，不得不即行处决者，准该地方官权宜办理，将该犯先行正法。至该督等请准洋人开设招工，以便稽查各情，查与条约内该省大吏与外国会定章程之意相符，应令该督等与各国妥议章程，务宜保全华工为主，一俟议定之后，另由该督等奏明办理。

一原奏称：广东省例载：道光二十四年奉部议，拿获洋盗供认行劫重情，如无事主报案应照案行查，勘讯明确，不得以并无事主报案应照犯供定谳等语。查盗案缉捕参限甚严，又例须赔赃。广东劫案烦多不独，不严不能追赃，即盗亦不易获，乃至以呈报盗案为大忌。被劫民户或系乡村居民，或系店铺，或系经过客商，报案者十之一，未经报案者十之九。至有致毙事主无人报官者，各州县乡村小路详报无名男子被杀，报验皆盗案，向无主名间获一犯，就所供认二三案行查，各县动须传讯事主勘详，或事隔数年事主无可传讯，即不能定谳盗贼转被行查之利，事主反受拖累之。若至于洋盗行劫，率在大船风涛之中搜赃、杀人、焚烧船只，即事主亦不知名姓行劫，地方又不知坐落何县，故海洋报案更少于内地，获案行查之难亦更甚于内地。武营拿获盗船有赃、有供、有凶械、有正盗、有伙党甚或有血迹，不必责令地方官勘详舍近而求诸远，舍实而求诸虚，文移往复，疑难百端，此又省例之急当变通等语。

臣等查例载：问刑衙门鞫审强盗必须赃证明确，照例即决；如赃迹未明，招扳续缉涉于疑似者，不妨再审。又例载：盗案获犯，如果虚实情形未分、盗赃未确、限内不能完结者，承审官据实详报该管上司核明，咨部展限各等语。是拿获盗犯必须赃证明确，若无事主报案，是尚未知所劫系何人之赃，何以能成信谳？强盗未经破案，诚难得其主名，既已获盗，即可确为访查，盖赃据具在，与平空指问者不同。若虞事隔多年，事主无可传讯，亦不定须关提，事主到案始为可凭。但经行查之处有本家乡族确供案情，自非虚捏，如此则事归简易，不难定谳。即洋盗行劫，率在大海之中而出洋,商贾惯涉波涛,既已熟悉程途,岂独不知坐落地方?甚至事主被戮,但有舵工、水手,则事主之亲族可询况。商船盗艘式样不同,在官之牌照印烙船中之什物器具,无难勘验而知。

至于捕盗参限,系为事主报案而真盗未获者。设若贼已就获,因赃证未确不能完结者,例准展限,何难从容查讯?若不待行查,不事勘详,止据犯供具狱,诚恐武弁邀功丁胥滋事,或肆意刑求,或挟嫌栽赃,或规避处分藉案消弭,或觊觎货财,平空诬陷,是枉纵皆可任意,情法断难持平,种种流弊有不可胜防者。该督等仍应责成地方文武悉力歼擒、认真勘讯,亦不得以并无报案难于行查置搁不办。如果事隔多年无从查讯,实在赃贼分明、供证确凿,只可临时酌量,照众证狱成之例奏请定夺,断不可另立专条致滋流弊。所有该督等请变通获盗成例之处应毋庸议,抒此折系刑部主稿合并声明,谨会同恭折具奏请旨。同治三年十月二十五日奏,本日奉旨:依议,钦此。广东司。

**一议覆盗案仍照奏定章程问拟** 同治五年六月初四日

刑部谨奏,为遵旨议奏事,内阁抄出国子司业孙奏请将寻常盗案仍改成例办理一折,同治五年六月初四日,奉上谕:国子监司业孙贻经奏请将寻常盗案仍改归成例办理一折,着刑部议奏,钦此。该臣等议得,据国子监司业孙奏称,臣恭阅邸抄钦奉上谕令刑部、顺天府清厘庶狱,仰见皇太后皇上慎重民命、忠厚用刑之至意。

臣闻弭灾首恤刑,治狱务求平法。查律载,强盗已行但得财者,不分首从皆斩。康熙五十四年,圣祖仁皇帝谕大学士会同三法司将造意为首及杀伤人者正法,余俱减等发遣等因,钦此。雍正五年,世宗宪皇帝复命九卿分别法无可贷、情有可原纂入例册,历久遵行。咸丰五年,刑部以盗风日炽议奏,凡遇盗劫之案仍依本律,不分首从皆斩,并声明俟盗风稍息奏明仍复旧例。同治二年,给事中王宪成奏请办理盗案新章宜加区别,经刑部议奏,以现今盗风尚炽、不便遽议宽典,请仍照原定章程依律科断等因,各在案。夫改依本律严惩。

抢劫,为近年盗案多也。顾自咸丰五年以迄于今,行之十余年,而盗案并不见少,可见弭盗之法不在用法之严矣。臣伏思明火抢劫显干法纪,概予骈诛原不为过,乃列圣宽大之治,必分别首从者,非以当时盗案尚少可稍存姑息也。盖以盗劫之时非首不行,民诚知畏法则严首盗之罪,使无敢造意为盗者,又安得有从?且为从而入室搜赃,则与首盗同科;为从而仅把风接赃,则有发遣之罪,又何尝不仁至义尽也。夫为民立法惟其平而已,法尽于此而民犹不知畏,则当思民所以不畏法之故。而徒欲峻法以惩之,其究也,不足戢奸宄之萌而徒伤忠厚之意。

臣窃闻刑部盗案，往往有无知小民迫于饥寒被诱入伙，实无凶恶情状者，案情败露，首恶在逃，此辈均罹法网。该堂司官研讯确情，未尝不存哀矜恻怛之意，徒以格于定例不敢重轻，惟有吁恳皇太后皇上本好生之德，推慎刑之心，饬下刑部遇有寻常盗劫之案，仍分别法无可贷、情有可原，改归成例，以复圣祖仁皇帝、世宗宪皇帝法外施仁旧例。至情有可原中应如何酌量变通，以杜避就之处，并请饬下刑部妥议具奏等因，具奏前来。

查律载，强盗已行而但得财者，不分首从皆斩。嗣于康熙五十四年钦奉谕旨，凡强盗重案，着大学士会同三法司，将此内造意为首及杀伤人者，于各本案内一二人正法，余俱照例减等发遣，钦此。雍正五年，经九卿遵旨会议，嗣后盗案将法所难宥及情有可原者，分折具题。大学士会同三法司详议分别正法及发遣等因，于乾隆年间纂入例册遵行。

迨咸丰二年间，臣部因京城地方盗风日炽，拟请嗣后盗劫之案，一经审实，将法无可贷之犯，照律斩决，仍加枭示。又咸丰五年据升任钦差工部右侍郎宗室载龄奏强盗案件请从严办理一折，经王大臣会同臣部议请，嗣后凡遇盗劫之案，仍依“强盗已行但得财者，不分首从皆斩”本律俱拟斩决。其中把风接赃等犯，虽未分赃亦系同恶相济，应照为首之罪一律问拟，不得以情有可原量减，以昭炯戒。此外实在情有可原之犯，如年止十五岁以下，实系被人诱胁随行上盗者，仍照本例问拟。至寻常抢夺人数无多尚无凶恶情状者，仍照本律本例办理。如有聚众持械、入室抢劫威吓事主，并在途、在野及江河湖港，但经聚众执持军器、倚强肆掠、凶暴众著者，无论白昼昏夜，均照强盗本律不分首从一概拟斩，其有实在被胁同行者，发黑龙江给披甲人为奴，钦奉谕旨允准通行各省遵照在案。

嗣于同治二年十一月，给事中王宪成条奏折内，请将盗案内得财又伤人者照新章从重，不论首从一并斩决；如得财未伤人，为首者依律斩决，为从者审系迫于饥寒、被人诱胁，在外瞭望接赃者，仍照旧例声明办理。经臣部以各省盗风未息，若朝廷开一宽大之典，宵小即萌一侥幸之念，谓伙犯在逃为首，易启开脱之渐。欲弭盗适以纵盗。议请嗣后盗劫之案，仍照原定章程，依强盗不分首从律科断等因。奏奉谕旨：依议，钦此，通行在案。

兹据国子监司业孙贻经奏称，恭阅邸抄钦奉上谕令刑部、顺天府清厘庶狱，臣闻弭灾首在恤刑，治狱务求平法。夫改依本律严惩抢劫，为近年盗案多也，顾自咸丰五年以迄，于今行之已十余年，而盗案并不见少，可见弭盗之法不在用法之严。伏思明火抢劫显干法纪，概予骈诛原不为过，乃列圣宽大之法，必分别为从者，非以当时盗案尚少，可稍存姑息也。盖以盗劫之事非首不行，则严首盗之罪使无敢造意为盗者，又安得有从；且为从而入室搜赃则与首盗同科，为从而仅把风接赃则有发遣之罪,又何尝不仁至义尽也。夫为民立法惟其平而已,法尽于此而民犹不畏,则当思民所以不畏法之故,而徒欲峻法以惩之,究不足戢奸宄之萌,而徒伤忠厚之意。闻刑部盗案往往有无知小民迫于饥寒被诱入伙,实无凶恶情状者,案情败露,首恶在逃,此辈均罹法网,该堂司官未尝不存哀矜恻怛之意,徒以格于成例不敢重轻,请饬刑部遇有寻常盗案仍分别法无可贷、情有可原,改归成例,至情有可原中应如何酌量变通,以杜避就,并饬妥议具奏,钦奉谕旨着臣部议奏。

臣等查奏定强盗章程,原为弭盗安良、绥靖地方起见,自应俟盗风稍息再行奏明仍复旧例办理。现在京城盗劫之案,由各衙门奏请交部审办者尚多,即各省盗案题奏到部者亦复不少,可见盗风尚未能息,自未便遽行改归旧例。臣等公同酌议,拟请嗣后盗案仍照奏定章程,不分首从一律问拟,如有实在情有可原,如年止十五岁以下被胁随行者,仍照本例问拟。俟数年后查察情形,如果盗风稍息,再行奏明,仍复旧例办理,该司业请将寻常盗案改归成例之处应毋庸议,所有臣等遵旨议奏缘由是否有当,谨恭折具奏请旨。河南司。

# 清代内务府庆典成案

陈灵海　整理

**整理者按**

清代成案大体可分为刑事成案和行政成案两大类。近十年来,学界对清代刑事成案介绍和研究相对较多,如王志强《清代成案的效力和其运用中的论证方式——以〈刑案汇览〉为中心》、柏桦和于雁《清代律例成案的适用——以"强盗"律例为中心》、陈玺《清代惩治匿名告人立法的嬗变与省思——清代律典、附例、成案三者关系的个案考察》、胡震《清代"通行"考论》、高进《谈清代的司法成案》等。[①] 而有关行政成案的研究成果仍相当少。[②]

实际上,清代行政成案的数量并不少,对于政治史、经济史、社会史和法律史研究来说,其史料价值并不逊色于刑事成案。如河海方面的《南河成案》《山东运河成案》《浙江海运全案初编》《江苏海运成案》《海盐县新办塘工成案》《华亭海塘全案》《襄隄成案》《栗恭勤公砖坝成案》等;税费方面的《关税成案辑要》《松所盐务成案》《江苏省减赋全案》《浙江省减赋全案》《长元吴丰备义仓全案》

---

① 分别刊载于《法学研究》2003 年第 3 期、《政治与法律》2009 年第 8 期、《求索》2009 年第 1 期、《比较法研究》2010 年第 5 期、《历史档案》2014 年第 1 期。

② 2009 年,杨一凡、刘笃才在《历代例考》(社会科学文献出版社 2009 年版)一书中对清代行政成案做了初步介绍。2017 年,关志国在《清代行政成案初探》(载《苏州大学学报(法学版)》2017 年第 2 期)一文中对清代行政成案的功能、利弊等进行了较深入的分析。

《裁减淮北票盐浮费全案》等;交涉方面的《同治年间内务府与户部交涉款项成案》等。

清代行政成案的名称也因时、因地不同,不是全都称为“成案”,有时也称为“全案”,如《海运全案》;有时称为“成规”,如《治浙成规》《直隶五道成规》《豫省拟定成规》;有时称为“政要”,如《西江政要》;也有的称为“省例”,如《江苏省例》《福建省例》《粤东省例新纂》等。研究清代法律不可能只研究刑律,还须研究其行政法,这就要求借助于这些行政成案提供的史料,否则研究很难深入。

庆典成案是清代行政成案中的一种较为特殊的类型。之所以称其特殊,是因为狭义的庆典成案仅有《内务府庆典成案》一种,但经其指引,我们又可放宽视野,发现更多与之相关的“类成案”,如《幸鲁盛典》《万寿盛典初集》《钦定南巡盛典》《八旬万寿盛典图说》《万寿庆典汇总画样》等,虽然并不称之为“成案”“成规”,却有与成案类似的性质,发挥着类似的功能。在过去的学术研究中,对这些文献的利用还相当有限。

本次整理的《内务府庆典成案》,采用了收入沈云龙主编的《近代中国史料丛刊续编》第六十三辑的光绪年间刻本,共五卷,其中内务府三卷、礼部一卷、工部一卷,全文388页,每页11行,每行24个字,有少量缺字。整理时参考了哈佛大学汉和图书馆藏有的五卷五册本,共468页,每页9行,每行22个字。哈佛大学汉和图书馆还藏有一种《庆典章程》,五卷五册,其中礼部一卷、工部一卷、内务府三卷,共348页,每页11行,每行24个字,除了顺序不同、多了封面页和空白页外,内容与第一种完全相同,这也为我们了解清代成案与章程的关系提供了佐证。

《内务府庆典成案》收入光绪时期为举办慈禧太后万寿盛典而由内务府、礼部、工部整理出的一系列文件,内务府整理的文件包括乾隆年间办理崇庆皇太后七旬万寿庆典奏案19件、八旬万寿庆典奏案11件,合计30件;乾隆年间办理清高宗七旬万寿庆典奏案7件、八旬万寿庆典奏案2件,合计9件。又在《会典》内查出乾隆四十四年(公元1779年)谕旨1件、五十二年谕旨1件。内务府的做法,是直接将所有奏请、谕旨按时间先后编排,并不区分奏请和谕旨的内容,一定程度上也反映了内务府官员的知识和态度。

礼部与工部和内务府做法有所不同,都自觉采取了分门别类的方法。礼部将乾隆二十六年、三十六年崇庆皇太后七旬、八旬万寿各庆典的工作内容,分为崇上徽号、制造册宝、升殿颁诏、特开乡会试恩科、彩服日期、举行筵宴、撰演乐章、御制词章进献祝嘏、御彩衣进舞、耆臣庆祝、顺天各直省绅民耆老人等在京建设经坛共申庆祝、进献礼物、遣官告祭、展限刑鞫、乡会试年老生加恩赏给举人职衔、会试举人拣选录用共16项内容,将相关谕旨分门别类归入其中。将乾隆四十五年、五十五年清高宗七旬、八旬万寿庆典的内容，分为庆贺、特开恩科、臣民胪祝、藩属覲祝、朝鲜贡贺、衢歌迎驾、彩服日期、各省督抚等进献贡物、撰演乐章、恩赏年老、恩赉外藩、遣官告祭、举行筵宴、举行千叟宴共14项内容，将相关谕旨归入其中。工部也采取了类似方式，但其奏案不如礼部丰富完整。

《内务府庆典成案》光绪刻本按照惯例，保留了奏案、谕旨的原始格式，对现代读者来说非常不便。为了便于阅读，整理者将其改为现代汉语格式，并将其中的谕旨部分改为楷体，并换行退四格排版；每件奏案或谕旨之前都加了序号，以便区分。尽管这样做改变了文书的原貌，但有助于读者更快地阅读、更清晰地理解其内容。当然，其中也必然存在一些错漏，恳请读者批评指正。

## 目　录

一、内务府奏稿二件

光绪十八年(1892)十月及稍后，内务府报告其查询崇庆皇太后万寿庆典成案的情况。

二、乾隆四十四年(1779)、五十二年(1787)谕旨2件

分别关于乾隆四十五年七旬万寿、五十五年八旬万寿。

三、乾隆四十五年(1780)七旬万寿庆典成案7件

第1、2、3、4、6为造无量寿佛，第5、7为喇嘛念经。

四、乾隆五十五年(1790)八旬万寿庆典奏案2件

均为念经。

五、乾隆二十六年(1761)皇太后七旬万寿庆典奏案19件

1. 修葺街道铺面；
2. 拣选庆典办事人员；
3. 约估银两数目；
4. 赏赐监修工程官员；
5. 造佛余银置买房地；
6. 修葺街道铺面；
7. 修葺街道铺面费用；
8. 修理寺庙费用；
9. 修理园桥等费用；
10. 耆老恭迎；
11. 设饽饽桌；

12. 喇嘛念经及寿妇褂;

13. 赏寿民寿妇;

14. 赏赐来京官员;

15. 赏赐八旗寿妇;

16. 销算用过银两;

17. 奏闻用过银粮数;

18. 奏闻用过钱粮数;

19. 剩余市平银处置。

六、乾隆三十六年(1771)皇太后八旬万寿庆典奏案11件

1. 建经坛;

2. 建经坛;

3. 造玉册玉宝;

4. 喇嘛念经;

5. 臣工及民妇恭迎;

6. 点景;

7. 设饽饽桌;

8. 王公大臣接驾拟赏;

9. 点景工程;

10. 宴桌;

11. 无量寿佛供奉。

七、礼部谕旨1件

乾隆四十五年(1780)、五十五年(1790)庆典内容若干项。

八、工部谕旨1件

内容若干项。

# 内务府卷一

## 一、内务府奏稿二件

### (一)总管内务府谨奏为遵旨详查覆奏事:

本年九月初五日,臣等面奉谕旨:

圣母皇太后六旬万寿庆典,所有应行典礼及应办各项事宜,着内务府将乾隆年间恭办皇太后七旬、八旬万寿庆典成案敬谨查出,具奏呈览,

钦此。

遵即派员将臣衙门旧存乾隆年间档案敬谨详查,实因案件繁多,又加以年份过久、卷册不齐,仅查出乾隆二十五年、二十六年恭办崇庆慈宣康惠敦和裕寿纯禧恭懿安祺宁豫皇太后七旬万寿庆典臣衙门奏案共十九件,乾隆三十六年恭办崇庆慈宣康惠敦和裕寿纯禧恭懿安祺宁豫皇太后八旬庆典奏案共十一件。臣等公同敬谨查看,均系恭办万寿典礼事宜,谨分缮清单,恭呈御览。谨奏。

**(二)总管内务府谨奏为遵旨详查覆奏事:**

前经臣衙门查出:乾隆年间恭办崇庆慈宣康惠敦和裕寿纯禧恭懿安祺宁豫皇太后七旬、八旬万寿庆典奏案三十件,已分缮清单,于本年十月二十九日呈览在案。现在臣衙门续行查出乾隆年间恭办高宗纯皇帝七旬万寿奏案七件、恭办高宗纯皇帝八旬万寿奏案二件,并由《会典》内查出乾隆四十四年谕旨一件、五十二年谕旨一件。臣等敬谨查看,均系恭办万寿典礼事宜,谨分缮清单,恭呈御览。谨奏。

## 二、乾隆四十四年、五十二年谕旨二道

谨将由《会典》内查出乾隆四十四年、五十二年谕旨二件缮单呈览:

**(一)乾隆四十四年谕:**

前因江浙督抚等以两省臣民望幸,奏请巡阅河工海塘,已降旨允于庚子春正月诹吉南巡,至所称明岁为朕七旬万寿。欲就近申祝,则断乎不可,业经宣谕饬禁。盖朕本意原以庚子为朕七旬诞辰,辛丑即为圣母九旬万寿,连岁叠逢大庆,中外胪欢,自可听其抒诚祝嘏。今既不能遂朕初愿,朕复何心为己称庆?惟念士民想望恩泽,积有岁年,因诏开乡会恩科,并输免各省漕粮一周,以洽群悃。明年南巡回銮后,俟北郊礼成,即启程幸避暑山庄驻跸八月,庆辰一切仍照常年例行。若在京受贺,惟恐转多怅触,遂至山庄以避之。至西藏班禅额尔德尼豫请庆祝,实属吉祥盛事,是以允其前来,即令于山庄瞻谒,俾从其便。朕并非因其称祝,先期往就之也,恐内外臣工尚未能深喻朕意,仍有以庆典为请者,非惟不能博朕之悦,适以增朕之怀,又岂臣子爱敬之道乎!朕六旬万寿时自古北口、热河两处曾有点缀段落灯彩之类,本属朕所不取,明年尤当严禁之,将此通谕知之。

(二)乾隆五十二年谕:

朕寅绍鸿图,仰承昊眷,临御五十余年,寿跻上耋,五世一堂,锡光笃庆,介景延禧,允为史册罕觏,昇平盛瑞。兹王公大臣及直省将军大吏等,以乾隆五十五年朕八旬万寿籲请举行庆典豫祝蕃厘,览奏具见诚悃。前此朕七旬庆节,内外大臣奏请恭祝万寿,朕以徒增糜费,未允所请。今内而王公大臣,外而将军督抚大吏,以朕寿届八旬,臣工身际昌期,久承渥泽,感激欢忭,出自积诚,朕若仍不允准,无以申臣下胪欢祝嘏之愿,转似近于矫情。且载稽前史,三代以后帝王克享大年、莅国最久者不过六君,其年逾八旬者仅梁武帝、宋高宗、元世祖三君,而其在位不过三、四十年,若朕躬膺上寿,海宇乂宁,亲理万几,孜孜不倦,五十余年如一日者,实从古所未有,此皆朕仰赖上天嘉佑,列祖垂庥,用能膺受纯熙,康强逢吉,允宜光昭盛轨,以答昊贶,而洽舆情。著照所请,于五十五年举行万寿典礼,怕有一切仪文,俱照朕前率天下臣民恭祝圣母皇太后六旬、七旬、八旬万寿庆典之例备办,毋得稍有加增,致滋糜费。若内外臣工等不能仰体朕意,务踵事增华,铺张过甚,转非至诚爱戴之心,逮时朕亦必不受也。至此次庆节,率土欢腾,宜特沛殊恩,以光钜典,所有应行加恩各事宜,著内阁及军机大臣拟开条款,进呈候朕酌定,另降谕旨。

三、乾隆四十五年高宗纯皇帝万寿庆典奏案

谨将乾隆四十二年、四十三年、四十四年、四十五年、四十六年恭办高宗纯皇帝七旬万寿查出奏案七件缮单呈览:

(一)总管内务府大臣臣永瑢等谨奏:

恭查乾隆三十五年皇上万寿圣节,恭造无量寿佛,内外王公大臣官员恳请成造,并奏派侍郎英廉、迈拉逊敬谨成造无量寿佛,奏明办理在案。今四十五年恭逢皇上万寿圣节,理合先期敬谨办理,臣等恳请遵照上届之例,敬谨成造,请旨遵行,俟命下,臣等将应办事件物料预行备办,至四十三年敬谨成造,为此谨奏。

查乾隆三十五年皇上万寿圣节恭造无量寿佛,奉旨派英廉、迈拉逊敬谨专办在案,今四十五年恭逢皇上万寿圣节,昨经金辉传旨,派臣福隆安同金辉专办,臣等即遵旨照上届之例,敬谨办理,毋庸另请简派,理合声明,谨奏等因。于乾隆四十二年六月初十日奏。

奉旨:知道了。钦此。

**（二）奴才福隆安、金辉谨奏为请旨事：**

恭照乾隆四十五年万寿圣节内外臣工恳请诚造无量寿佛，所有节次据各省督抚提镇藩臬呈请诚造数目，奴才等现在分折开单，另行奏闻。又据各省督抚代各省道员呈请诚造无量寿佛，今已三十余员，查上届各省道员恳请报造者已经汇奏准其恭造，今此次各道员呈报造佛，可否照上次准其一体诚造之处，奴才等未也擅专，理合奏闻，伏候训示遵行，谨奏请旨等因。于乾隆四十二年十一月十七日具奏。

奉旨：著准其成造。钦此。

**（三）总管内务府谨奏：**

据钦派总理造佛事务处文开添造无量寿佛一千尊，需用赤金叶一百八十三两，贤界千佛一千尊，需用赤金叶四百六十七两，二共应领取赤金叶六百五十两应用等因前来。查现存备发镀饰活计头等金二十七两四钱八分，不敷给发，理合奏明，请于库储两淮解到头等金一千三百八十一两零内动用七百两，除给发造佛处六百五十两外，余剩金五十两归入现存金二十七两四钱八分内，共金七十七两四钱八分，存储以备别项镀饰领用可也。谨此奏闻等因，于乾隆四十三年三月二十五日具奏。

奉旨：知道了。钦此。

**（四）奴才福隆安、金辉谨奏为奏闻事：**

恭照乾隆四十五年皇上万寿圣节恭造无量寿佛一万一千尊、贤界千佛一千尊，前经奴才等将内外王公文武大臣官员等报造无量寿佛一万七千九百六十三尊，计银二十八万七千四百八两，内除恭造寿佛用过工料银十二万六千八百九十二两外，其余剩银十六万五百十六两奏交昭庙工程处应用等因在案。今续据报到之内外满汉文武大臣官员等认造无量寿佛二百十九九，计一千九百七十一尊，合计银三万一千五百三十六两，谨将恭造佛数目别缮清单恭呈御览，为此谨奏：

辅国公奇崑，一九；

辅国公兴兆，续报一九；

内大臣弘晸，一九；

吏部尚书现任乌什办事大臣永贵，三九；

都察院左副都御史曹文埴，三九；

前任直隶泰宁镇总兵今升理藩院侍郎保泰,一九;

前任鸿胪寺卿今升大理寺正卿袁芳松、前任鸿胪寺少卿今陞光禄寺正卿钱士云,二人共一九;

前任顺天府府丞今升大理寺少卿虞鸣球,一九;

工科掌印给事中图萨布等,四人共一九;

掌京畿道监察御史讷清额等,五十六人共九九;

前任四川学政詹事府左庶子吴省钦,续银一九;

两广总督桂林,二十七九;

湖南巡抚李湖,九九;

广东学政李调元,三九;

陕甘学政童凤三,三九;

云南学政吕光亨,三九;

河南学政王大鹤,三九;

四川学政刘锡嘏,一九;

前任云南学政孙嘉乐,三九;

山西布政使谭尚忠,五九;

云南布政使孙士毅,五九;

湖北布政使李士杰,七九;

陕西布政使尚安,九九;

甘肃按察使海宁,五九;

云南按察使汪圻,五九;

湖南按察使塔琦,七九;

河南按察使郑源璹,七九;

福建按察使杨廷桦,九九;

江苏按察使龙承祖,五九;

原任直隶按察使文禄,五九;

西安将军诚毅伯武弥泰,二九;

齐齐哈尔副都统官福,一九;

黑龙江副都统庆林,一九;

原任福建左翼副都统额尔布,一九;

原任宁夏副都统德尔赛,一九;

乌鲁木齐提督乔照,三九;

云南提督海禄,五九;

云南腾越镇总兵今调开化镇总兵刘国樑，二九；
云南普洱镇总兵张和，二九；
云南鹤丽镇总兵喀木齐布，二九；
贵州镇远镇总兵保成，一九；
署直隶泰宁镇总兵宝琳，一九；
陕西延绥镇总兵周鼎，一九；
广西左江镇总兵萨郎阿，三九；
广西右江镇总兵李万年，三九；
巴里坤总兵西德布，二九；
江南苏松镇总兵蓝元枚，一九；
广东碣石镇总兵陈国泰，一九；
九江关监督苏凌阿，九九；
杭州织造徵瑞，九九；
江宁织造穆腾额，九九；
喀什噶尔协办大臣三品职衔觉罗敦福，二九；
原任库伦办事大臣今任西藏办事副都统衔索琳，一九；
科尔沁扎萨克和硕亲王拉史那木扎尔台吉色楞丹巴，二人共二九；
喀尔沁扎萨克公玛哈巴拉旺扎尔，二人共二九；
科尔沁扎萨克多罗秉图郡王桑敦扎普，一九；
土默特多罗贝勒索诺木巴尔珠尔，一九；
喀尔喀多罗贝勒郭布多尔济，一九；
德州城守尉义成保，一九；
义州城守尉安庆，原任金州城守尉，六什；
以上共计二百十九九，计一千九百七十一尊，合计银三万一千五百二十六两等因，于乾隆四十四年四月十二日具奏。

奉旨：文禄不必造佛，余知道了。钦此。

**（五）奴才福隆安谨奏为请旨事：**

恭照乾隆四十五年皇上万寿圣节恭造无量寿佛，前经奉旨：著奴才福隆安、金辉敬谨办理。今原任侍郎金辉物故，现今舒文蒙恩管理养心殿造办处，所有从前金辉专办事务，俱系舒文接管，其恭造无量寿佛事务，亦当有常川管理之人。请将舒文同奴才一体管理之处，伏候训示遵行，为此谨奏请旨等因，于乾隆四十四年十月初十日具奏。

奉旨:知道了。钦此。

**(六)奏为奏闻事:**

查上年八月赏过弘仁寺、仁寿寺念经呼图克图一名,扎萨克喇嘛、达喇嘛、副达喇嘛四十四名,小喇嘛一千九百五十五名,饭食共用过银一千七百二十九两二钱五分在案。本年八月皇上万寿大庆,弘仁寺、仁寿寺于八月十二日起,至十六日止,敬唪《阿药师经》。再八月十四日起,至十六日止,弘仁寺、仁寿寺念经喇嘛二千名内,拟照上年移拨喇嘛一千名,在万佛楼念《阿药师经》,每日应赏喇嘛饭食。奴才金简带领署理,坐办堂郎中佛甯等办理扎萨克喇嘛等四十四名五日饭食,需用银二百五十三两,小喇嘛一千九百五十六名饭食,需用银一千四百六十七两,共用银一千七百二十两,由弘仁寺滋生银两所得利银内领用。为此谨具奏闻。

本年扎萨克喇嘛、达喇嘛、依尔玺达喇嘛、苏拉喇嘛四十四名,每日每名银一两一钱五分,五日共银二百五十三两,与上年相同。小喇嘛一千九百五十六名,每名每日银一钱五分,五日共银一千四百六十七两,比上年多一名。共用银一千七百二十两,比上年少用银九两二钱五分等因,于乾隆四十五年八月十七日具奏。

奉旨:知道了。钦此。

**(七)奴才福隆安、舒文谨奏为奏闻事:**

恭照乾隆四十五年皇上万寿圣节,所有内外王公满汉文武大臣官员等陆续报到,恭造无量寿佛共计二千二百三十三九八尊,计银三十二万一千六百八十两,经奴才等二次开列九数衔名奏闻在案。今续准内外文武大臣官员等均在万寿圣节以前节次报到,共造佛六十六九,计银九千五百四两,谨将此次所报各员九数衔名开列清单,恭呈御览。以上三次通共报到造佛二千二百九十九九八尊,计银三十三万一千一百八十四两,内除恭造无量寿佛一万一千尊、贤界千佛一千尊,奏明用过工料银十二万六千八百九十二两,又奏交昭庙工程处银十六万五百十六两,二共用银二十八万七千四百八两外,尚余银四万三千七百七十六两,应拨交何处,理合奏明请旨,伏候圣训遵行,为此谨奏请旨:

理藩院侍郎福禄,一九;

宗人府府丞窦光鼐,一九;

镶黄旗护军统领景熠,一九;

前任贵州学政萧广运,二九;
前任山西学政百龄,三九;
江宁布政使刘墫,五九;
陕西按察使浦霖,五九;
甘肃按察使福崧,五九;
湖南按察使庆玉,五九;
浙江按察使李封,三九;
按察使衔热河道明山保,一九;
原任广东按察使汪新,九九;
原任山东盐运使罗暹春,七九;
宁夏副都统宗室永多,一九;
直隶天津镇总兵刚塔,一九;
直隶正定镇总兵陈大用,一九;
福建福宁镇总兵范宜恒,二九;
浙江黄岩镇总兵弓斯发,一九;
山西太原镇总兵福敏泰,三九;
广东右翼镇总兵穆克登阿,一九;
巴里坤总兵佛喜,二九;
开原城守尉六十七,一九;
兴京城守尉喀蓝泰,一九;
辽阳城守尉永慤,一九;
凤凰城城守尉额尔赫宜,一九;
原任金州城守尉巴彦泰,一九;
原任复州城守尉文庆,一九。
以上共六十六九,计银九千五百四两等因,于乾隆四十六年二月十八日具奏。

奉旨:知道了,其余银著交圆明园。钦此。

## 四、乾隆五十五年皇帝八旬万寿庆典奏案

谨将乾隆五十五年恭办高宗纯皇帝八旬万寿查出奏案二件缮单呈览。

**(一)总管内务府谨奏为请旨事:**

查每年八月十三日皇上万寿圣节,万寿寺禅僧四十八众,法源寺、广济寺二庙禅僧二十四众,大光明殿道官二人、道士四十名,东嶽庙道官二人、道士二十四名,

护国寺喇嘛五十四名,均令于八月初九日起,至十七日止,办万寿吉祥道场,念经九日在案。本年皇上八旬万寿圣节大庆典礼,各庙均应念经,其中正殿等庙喇嘛等应念经处所,已由该处照例各自念经。至万寿寺六庙仍照旧例念经外,再觉生寺等十五庙应令各本庙住持僧带领僧众,均于八月初九日起,至十七日止,念经九日。谨将觉生寺等十五庙另缮清单恭呈御览,谨奏请旨:

觉生寺;

贤良寺;

栢林寺;

静默寺;

拈花寺;

广通寺;

普觉寺;

大觉寺;

岫云寺;

西域寺;

万寿戒坛寺;

弘恩寺;

大慈观音寺;

西方寺;

善果寺。

以上十五处各讽《药师经》九永日等因,于乾隆五十五年七月二十一日具奏。

奉旨:知道了。钦此。

**(二)奴才舒文谨奏为奏闻事:**

查上年八月赏过弘仁寺、仁寿寺念经呼图克图、扎萨克喇嘛、达喇嘛、副达喇嘛、苏拉喇嘛五十名,小喇嘛一千九百五十名,饭食共用过银一千七百五十八两五钱。本年八月皇上万寿大庆,弘仁寺、仁寿寺于八月十二日起,至十六日止,敬唪《阿药师经》。再八月十四日起,至十六日止,弘仁寺、仁寿寺念经喇嘛二千名内,拟照上年移拨喇嘛一千名在万佛楼念《阿药师经》,每日应赏喇嘛饭食。奴才舒文带领坐办堂郎中苏楞额等,办理呼图克图等十四名、扎萨克喇嘛等三十六名五日饭食,需用银三百四十七两,小喇嘛一千九百五十名饭食,需用银一千四百六十二两五钱,共用银一千八百九两五钱,由弘仁寺滋生银两所得利银内领用。为此谨具奏闻。

本年噶尔丹锡勒图呼图克图等十四人,每日每人银二两,五日共用银一百四十两,比上年多十二人;扎萨克喇嘛、达喇嘛、依尔玺达喇嘛、苏拉喇嘛三十六名,每日每名银一两一钱五分,五日共银二百零七两,比上年少十二人;小喇嘛一千九百五十名,每日每人银一钱五分,五日共银一千四百六十二两五钱,与上年相同。共用银一千八百零九两五钱。此次多呼图克图十二人,少达喇嘛十二名,比上年多用银五十一两等因,于乾隆五十五年八月十七日具奏。

奉旨:知道了。钦此。

## 五、乾隆二十六年皇太后七旬万寿庆典奏案

谨将乾隆二十五年、二十六年恭办皇太后七旬万寿查出奏案十九件缮单呈览。

**(一)臣傅恒、兆惠、阿里衮、三和谨奏为请旨事:**

查明岁恭逢皇太后七旬大庆,凡在大小臣工无不思各尽愚诚,恭襄圣典。惟查乾隆十六年皇太后万寿圣节,内而王公大臣,外而督抚以及盐差关务官员,俱委员至京,自西华门至西直门,大街两旁分段点缀亭台景物,以称观览。但查前次办理之法,一切亭台房宇类系芦席竹木所成,连接十余里,经历八九月,在官在民无不日防火烛之虞,且各省委员至京凡办料鸠工,均非素所熟习,所以办理周章而糜费之处,亦不可枚举。是以臣等详酌,明岁恭逢皇太后万寿圣节,拟请自西华门至西直门,将两旁街道铺面量加修葺,俾令整齐可观,再行相地点设景物,远近参差,段落相间,既足以恭襄庆典,又不致虚糜物力,始属妥协。前经臣等面奏,荷蒙俞允,特派臣等总司其事,理合先行奏明。臣等寄信直隶总督方观承,转寄各省督抚诸臣,即行派委大员来京,与臣等选委官员协同委办,庶不致迟误周章。为此谨奏请旨。

查明岁修举皇太后万寿庆典,臣等现在详细踏勘确估,另行具奏外,目今冬令过半,亟宜将应需各项物料备办充足,始一不误明春兴工之用。若俟各省委员到日购备,必致迟误,合行请旨,暂借广储司库银二十万两,先行派委员购办各料。臣等另行照数归款可也。谨奏请旨等因,于乾隆二十五年十二月初二日具奏。

本日,奉旨:知道了。钦此。

**(二)奴才傅恒、兆惠、阿里衮、三和谨奏:**

明岁修举皇太后万寿庆典,所有办理一应工程及各项差务,臣等于内府司员内详细拣选人谨慎办事谙练者二十员,预备带领引见,为此谨奏。

乾隆二十五年十二月初四日,将郎中特克慎、刘浩、戴保注、六十九、常住、达塞富、僧额,员外郎班达尔善、仲山、广甯、中敏、常保、伍世泰、佛甯、朱尔杭阿,主事刘纯、舒玺,副参领穆克登,委署主事延强,骁骑校黑达子等二十员带领引见。

奉旨:知道了。钦此。

**(三)奴才三和、吉庆、四格谨奏为奏闻约估银两数目事:**

奴才等遵旨:寿安宫添建三层戏楼一座,四面各显三间扮戏楼,一座计五间,东西转角楼房二座,计三十二间。东配殿后倒座值房一座,计三间,配房二座,计四间。粘修大殿一座,计五间,拆挪后配殿二座,计十间。成做影壁一座,院墙闸墙长十七丈二尺,并海漫甬路散水,以及油饰彩画糊裱出运渣土拉运物料等项工程,除银硃苧布杉木铜锡纱帽高丽纸向该处行取应用外,所有办买木石砖灰琉璃瓦料红土绳麻钉铁杂料给发,各作匠夫工价运价,通共约需银八万五千三百九十四两八钱八分五厘,内除本工拆得旧木石砖块琉璃瓦料抵用银九千八百三十七两三钱五分八厘外,净约需银七万五千五百五十七两五钱二分七厘。但查此项约估银两,惟木植灰斤照依时价办买,其余俱系按例核算。今奴才等详加斟酌,请前项约估银七万五千五百五十七两五钱二分七厘内,暂向广储司支领银五万两,督令该监督等及时应拆者拆卸,以便备料,于明春兴修,其除(余)银两,俟将所需楠木松木抵对明白,分晰确数,得时再有不敷之处,另行奏闻。请领谨将约估银两并木植灰斤,照依时价加增数目,另缮清单,一并恭呈御览,为此谨具奏闻等因,于乾隆二十五年八月十一日具奏。

奉旨:知道了。钦此。

木植照例值银二万二千三百十七两二分七厘,按时价增银四千二百三两五厘;

灰斤照例值银三千一百七十三两一钱八分四厘,按时价增银八百二十二两六钱七分七厘;

石料银一千六百九十五两八钱七分八厘;

砖瓦银三千五百八两三钱二分一厘;

琉璃瓦料银八千九百三十四两；
红黄土银二百七十一两七分五厘；
绳麻银七百十八两八钱三分五厘；
铁料银一千六百六十七两二钱一分六厘；
杂料银五百五十一两五钱七分一厘；
大木作工价银三千八百九十八两六钱五分；
楠木作工价银一千九百九十二两一钱三分一厘；
石作工价银一千六百六十七两四钱；
瓦作工价银三千二百十三两五钱六分一厘；
窑匠工价银四十五两三钱五分三厘；
搭材作工价银一千四十两八钱七分三厘；
土作工价银二千六百八十八两七钱七分；
油画工料银一万二千五百八十两；
糊裱工料银一百八十两；
锡作工料银一百二十八两；
拉运物料车脚银二百六十两；
旧木植银三百六十七两二钱二分七厘；
旧石料银八百十两一钱三分二厘；
旧砖块银一千六百七十五两八钱；
旧琉璃瓦料银六千九百八十四两一钱九分九厘。

通共约需银八万五千三百九十四两八钱八分五厘，内除旧料抵用银九千八百三十七两三钱五分八厘，净约需银七万五千五百五十七两五钱二分七厘。

**（四）奴才傅恒跪奏为遵旨拟赏监修弘仁寺、仁寿寺工程大臣官员等缎匹事：**

总理工程事务大臣三和、吉庆、四格各八丝缎八件，监修郎中硕尔霍内管领六十一、六品衔委署主事释迦保各八丝缎四件，在工行走笔帖式达他二十员各五丝缎二件。共赏用八丝缎三十六件，五丝缎四十件。伏后命下，即由总管太监领出赏给，为此谨奏等因，于乾隆二十五年八月十四日具奏。

奉旨：著赏。钦此。

**（五）奴才和尔经额谨奏为请旨事：**

乾隆二十五年十二月初二日，经傅恒、三和折奏，内称仁寿寺、弘仁寺、天庆宫所用香供，并庙户钱粮，以及恭办万寿道场，备办喇嘛等饮食，一年共用银三千六百三十余两,向例动支库项。今查现有造佛余剩银五万一百余两,请将此项银两或置买房地,或按一分起息,将每年所所得利银,即为香供等项之用,无庸动支库项。其办理此项生息银五万二百余两,请派内务府大臣二员专司,以四万六千两作为成本,拣派司员妥协办理,照例自领银之日给限,一年按一分征取租银,其未得租银之前,将余存银四千一百余两支给香供应用等因,具奏。

奉旨:资生仁寿寺、弘仁寺所有香灯银两,若除二人输,未免推诿,不必除派二人,著和尔经额办理。钦此。

钦遵。奴才随派郎中特克慎、主事依灵阿将此项生息银两五万一百九两八钱,按市平弹兑得余平银一千二百二十三两九钱四分六厘一毫,共计市平银五万一千三百三十三两七钱四分六厘一毫。伏思办理此项生息银两,务须按月得利,方能济用,如置买地亩,延至秋成始能征租,置买房间不无每岁粘修之费。奴才愚意,酌将此项生息银五万一千三百三十三两七钱四分六厘一毫内,交盐商王志德银五万两,按一分起息,令其承领,将每月应得利银五百两于次年正月起照数交纳,其余银一千三百三十三两七钱四分六厘一毫仍寄广储司银库收储。将仁寿寺等三处每月应用香供银两,亦于次年正月起支给应用。至遂月应收利银,并给发银两,即令该库官员查照办理,另档登记。嗣后所得利银内,除香供等项应用外,其余剩银两,奴才仍率专派郎中特克慎、主事依灵阿另行酌办生息,统俟岁底,将一年用过并余剩银两数目一并恭折具奏,是否有当,伏候圣训遵行,谨奏请旨等因,于乾隆二十五年十二月十八日具奏。

奉旨:知道了。钦此。

**(六)奴才傅恒、兆惠、阿里衮、三和谨奏为请旨事:**

臣等恭办庆典事宜,奏准修葺西华门至西直门两傍街道铺面,所有应行拆修之房,经臣等出示晓谕,如有自行修盖,或情愿交官领价,或官修后照估交价,悉随民便,取具各业主甘结,照例查办在案。今查临街铺面房间除自行修盖,及官修照估交价房座外,其余情愿官买领价者计四千五百余间内,现开铺面房三千七百三十五间,每月共租银二千六十两,照从前修理西直门外街道房间之例,按一分利息作价,计需银二十万六千余两,其余空闲无租住房铺面七百八十五间,约估值银三万四千余两,二共需用银二十四万两,理合奏明,请由广储司支领给发,统俟事竣,据实奏销。其现租房间,俟修整后交与内务府照数收租,其无租房间另行招住征租可也，为此谨奏请旨等因，于乾隆二十六年三月二十五日具奏。

奉旨：知道了。钦此。

**（七）臣傅恒、兆惠、阿里衮、三和谨奏为奏闻估计钱粮数目事：**

查先经臣等折奏，今岁恭逢皇太后七旬万寿圣节，拟请自西华门至西直门将两傍街道铺面量加修葺，俾令整齐可观，再行相地点设景物，远近参差，段落相间，既足以恭襄庆典，又不致虚縻物力，始属妥协。臣等寄信各省督抚诸臣，即行派委大员来京，与臣等选委官员协同妥办，现在详细勘估，另行具奏等因，于乾隆二十五年十二月初二日具奏。

奉旨：知道了。钦此。

遵即派员详细踏勘，得自西华门至西直门两旁，共新盖铺面房五千五百二十间内，楼房一百五十一间，抱厦房三千一百八间，顶排房一千一百五十七间，接修后身房九百九十间，堆拨房并临街住房大门一百十四间，粘修各处庙宇山门官铺面楼房六百六间，牌楼九座，应修水沟一千六百余丈，房基下成砌台帮八百余丈，除拆下木石砖瓦旧料尽数抵用外，约需物料银四十六万三千六百余两，工价银十七万五千一百余两，二共银六十三万八千七百两。如拆卸后有可节省之处，臣等加意撙节办理，统于工竣据实核销，至于各段点景，现在尚难细占，应俟烫样呈览恭请指示后，实办实销可也。谨将物料工价银两数目另缮清单，恭呈御览，谨此奏闻等因，于乾隆二十六年三月二十五日具奏。

奉旨：知道了。钦此。

木料银十七万八千一百六十两；
石料银一万四千一百七十两；
砖瓦银八万六千一百两；
灰斤银五万九千三十两；
杂料颜料银八万五千二百两；
架木银四万一千两；
各作工价银十七万五千一百两，共银六十三万八千七百六十两。

**(八)臣傅恒、兆惠、阿里衮、三和谨奏为奏闻估计钱粮数目事:**

恭查万寿寺、正觉寺及高亮桥行宫应行修理拆挪之处,臣等遵奏谕旨逐段详细勘估,得万寿寺山门三间、钟鼓楼二座、天王殿三间、慧日长辉殿五间、万寿阁五间、潜心面壁殿五间、声闻普遍殿三间、无量寿殿一座、一元三要殿五间、配殿十二座,计四十间。顺山围房计一百四间、东所药师坛五间、八方亭一座、东厢房三间、西所大悲坛五间、顺山厢房十间、后楼五间、顺山厢房十二间,拆盖僧房三十五间,新建重檐八方碑亭一座,各处院墙凑长二百七十八丈,以及铺墁甬路散水挑墁海墁各殿宇,外檐油饰彩画粘补佛像见新等项工程,约需物料工价银三万五千二百六十四两二钱内,除旧料抵用银一万四千六百八十三两八钱,净需物料工价银二万五百八十两四钱。粘修行宫前殿五间、后殿五间、重檐方亭一座、楼房三间、穿堂二间、西书房三间、净房二间、游廊六座,共计五十六间;垂花门二座、东西值房六间、缮房九间、院墙凑长五十六丈,以及挑墁甬路散水外檐油饰彩画裱糊见新等项工程,约需物料工价银五千五百四十四两六钱内,除旧料抵用银一千五两九钱,净需物料工价银四千五百三十八两七钱。挪盖三笑庵山门三间、前后抱厦四间、正殿三间、东西配殿六间、后殿五间、东西僧房四间、院墙凑长五十四丈,以及铺墁甬路散水油饰彩画粘补佛像见新等项工程,约需物料工价银七千四十七两八钱内,除旧料抵用银三千三百十四两二钱,净需物料工价银三千七百三十三两六钱。以上三项共计银二万八千八百五十二两七钱。

又正觉寺改建天王殿五间、东西配殿十间、转角房十六间、顺山房六间、添盖重檐碑亭二座穿堂一间、门罩三间,大殿后添砌大墙一道,长二十丈六尺,高二丈五尺,厚五尺,两旁添砌院墙,凑长十一丈四尺,高一丈八尺,厚三尺,安青砂石土衬,墙身下肩用细新样城砖,灰砌土身旧样,城砖糙砌,抹饰红灰,墙顶□二号筒板瓦。成造粘修山门三间、钟鼓楼二座、大殿五间、金刚座塔台一座、宝塔五座、重檐亭一座、毗卢殿五间、后殿五间、两山转角房五十二间、东西两所房四十六间、僧房十间、牌楼一座、旗杆二根、院墙凑长三百三十丈,以及折墁甫路海墁散水外檐油饰彩画裱糊粘补佛像见新,并山门天王殿大殿碑亭改□黄色琉璃耳料等项工程,约需物料工价银五万七千九百九十七两八钱内,除旧料抵用银一万四百八十二两五钱,净需物料工价银四万七千五百十五两三钱。

又勘得高亭桥挪盖行宫倚虹堂大殿五间、南宫门五间、东西宫门六间、顺山房四间、游廊二十八间、转角值房九间、石泊岸长三十丈、院墙长一百二十八丈、戏台一座、后层房五间、游廊三间,以及铺墁甬路、散水外檐、油饰彩画、裱糊见新等项工程,约需物料工价银二万七千二百五十两八钱内,除旧料抵用银一万七千八十两四钱,净需物料工价银一万六千四百七十两四钱。

又新建八方亭一座、开挖河泡添做进水闸口二座、涵洞一座、拆挪民房三十六间、院墙凑长十八丈，以及亭座油饰彩画等项工程，约需物料工价银一万二千八百九两七钱内，除旧料抵用银二千四十五两六钱，净需物料工价银一万七百六十四两一钱。以及上二项，共计银二万七千二百三十四两五钱，三处通共银十万三千六百二两五钱。如拆修后有可节省之处，臣等加意撙节办理，统于工竣据实核销，谨将物料工价银两细数另缮清单，恭呈御览，谨此奏闻。

万寿寺工：

木料银二千五百三十两；

石料银四百二十四两一钱；

砖瓦银一千八百六十四两三钱；

琉璃瓦料银一千一百九十九两八钱；

灰斤银二千六百三十四两九钱；

杂料银二千四百三十五两；

各作工价银八千一百七十三两一钱；

油画裱糊工料银九千三百四两七钱；

妆颜佛像工料银二百八十六两八钱；

共银二万八千八百五十二两七钱。

正觉寺工：

木值银五千四百五十八两九钱；

石料银八百六十两；

砖瓦银四千七百八十二两五钱；

琉璃瓦料银一万一千八百八十一两五钱；

灰斤银三千一百四十七两一钱；

杂料银三千七百十两七钱；

各作工价银九千七百一两六钱；

油画裱糊工料银七千三百三十九两；

佛像陈设工料银一千二百六十七两；

共银四万七千五百十五两三钱。

高亮桥行宫：

木植银一千四百五十九两三钱；

石料银二千二百五十五两一钱；

砖瓦银一千六百八十六两一钱；

灰斤银一千九百九十一两七钱；

杂料银四千一百七十两九钱；

各作工价银一万二千四百二十两一钱；

油画裱糊工料银三千二百五十一两三钱。

共银二万七千二百三十四两五钱等因，于乾隆二十六年七月初二日具奏。

奉旨：知道了。钦此。

**(九)臣傅恒、兆惠、阿里衮、三和谨奏为奏闻估计钱粮数目事：**

臣等遵奉谕旨，勘估得畅春园宫门前清理河沟一百五十丈，修理进水间平桥五座，又自观音庵起至万寿寺西边，间段堆积土山凑长九百六十四丈，添筑灰土墙九百十五丈，拆砌虎皮石泊岸凑长一百四十七丈，挪盖龙王庙一间，以及道路开宽平垫，粘修各处门楼院墙等项工程，约需物料工价银八千六百四十三两内，除旧料抵用钱五百四十两，净需银八千一百三两。

又长春桥至高亮桥，长河两岸点景，房间临河铺面亭座，并河泡殿宇游廊戏台房屋共计八百十一间，俱外檐油饰见新桥座闸口雁翅等处，堆砌云步山石凑长一百九十丈，添砌虎皮石墙凑长一百二十一丈，筑打灰土墙长一百五十七丈，以及迎河庙宇山门正觉寺西边折修牌楼碑亭等项工程，约需物料工价银二万七千一百十两内，除旧料抵用银一千四十两，净需银二万六千七十两。

又高亮桥北边起至西直门，挪盖铺面房二十四间，粘修铺面房三百七十六间，牌楼二座，并庙宇山门等工油饰见新，约需物料工价银七千八百四十两内，除旧料抵用银二千二百九两，净需银五千六百三十一两。以上三处，通共银三万九千八百四两，谨将物料工价细数另缮清单，恭呈御览。

再查内西华门至西直门，所有呈览过点景三十六段，以及戏台牌楼等项，现在遴选工匠上紧僭造。但款项繁多，工料冗杂，多系现工现办，且临时扮演彩戏切末等项，工饭零星费用一时难以预为估计，统俟办理事竣，臣等详细查核，按实用数目据实报销可也。谨此奏闻。

畅春园宫门前至万寿寺工：

木料银二十两；

石料银九十七两；

砖瓦银一百九十两；

灰斤银八百九十七两；

杂料银二百九十九两；

各作工价银六千六百两；

共银八千一百三两。

长春桥至高亮桥长河一带工：

木料银四百六十八两六钱；

山石银二千九百八十七两；

砖瓦银五百十四两三钱；

灰斤银九百四十两；

杂料银一千二百四十四两一钱；

各作工价银八千六百三十六两；

油画工料银一万一千二百八十两；

共银二万六千七十两。

高亮桥至西直门铺面房间工：

木料银三百二十四两；

石料银十六两九钱；

砖瓦银三百七十两四钱；

灰斤银二百八十一两二钱；

杂料银二百七十一两二钱；

各作工价银一千八百六十七两三钱；

油画工料银二千五百两；

共银五千六百三十一两。

再查长河一带点景房间，先经奉宸苑卿五福等，会同臣三和于上年二月内，将应行粘修房座等工约需银二万四千九百余两，奏请由广储司支领，派员兴修，业经完竣，惟油饰彩画原议留于今岁办理，所有原估油画工料银七千一百余两现今存储未动。今长河一切点景房座，现今入于庆典工程，一并估办，应将前项存储油画工料银七千一百余两缴回广储司归款可也等因，于乾隆二十六年七月初九日具奏。

奉旨：知道了。钦此。

**（十）臣钱汝诚、臣罗源汉、臣申甫谨奏为据呈恭奏事：**

据顺天府属耆老高必寿等六十三名老民，陈万年等六十三名老妇，杨贺氏等六十三人合词呈程，必寿等生长京畿，涵濡圣泽，幸跻耄耋，久荷慈仁，兹恭逢圣母皇太后七旬万寿大庆，率土懽腾，必寿等辇毂近光，尤深舞忭，请于顺天府恭祝处所道旁叩祝，以申下悃等情到臣。臣等伏思必寿等皆仰沐仁风，为盛朝之耆耇，且近依帝里，感被更深，兹者恭逢慈寿，理宜敬效嵩呼。臣等谨率阖属官员，虔造无量寿佛六十三尊,至期,耆老高必寿等随同臣等恭捧道左,其老民老妇于西直门外道旁敬奉香花、如意,一体恭迎皇太后慈舆。合计高必寿等一百八十九人,得寿一万四千余岁,敬为圣母皇太后寿。臣等不胜懽忭之至,理合预行奏闻,谨奏。

高必寿,年七十一岁;
包士琦,年七十四岁;
李之茂,年八十岁;
时起礼,年七十岁;
耳成义,年七十三岁;
王祖建,年七十三岁;
张自礼,年七十三岁;
乔灿,年七十七岁;
刘文炳,年七十二岁;
张国俊,年七十五岁;
梁文华,年七十二岁;
孙振英,年七十四岁;
姜礼,年七十一岁;
王国善,年八十二岁;
胡万富,年八十八岁;
莫文德,年九十岁;
沈永和,年七十三岁;
刘思宏,年七十二岁;
李钜,年八十岁;
单清衡,年七十二岁;
沈绍,年七十三岁;
陈镜,年七十岁;
俞从行,年七十一岁;
朱书注,年七十二岁;
朱士泰,年七十岁;
金良玉,年七十岁;
吴祥麟,年七十二岁;
杨纯,年九十岁;
于可绍,年六十七岁;
赵礼,年六十八岁;

齐云虎，年八十一岁；
董淑章，年七十岁；
郝立贤，年八十八岁；
洪箕，年七十一岁；
张祚，年六十六岁；
牛从德，年七十岁；
张京，年七十一岁；
郭斌，年七十岁；
王国爵，年七十一岁；
管礼，年七十一岁；
景良勋，年七十一岁；
王永瑞，年七十二岁；
李得禄，年七十八岁；
周奇祥，年七十四岁；
马成章，年七十一岁；
赵球，年七十岁；
吴起昆，年八十岁；
殷自孝，年七十八岁；
张裕先，年七十四岁；
程御智，年七十一岁；
陈秉文，年七十二岁；
张富，年七十岁；
王廷捷，年七十三岁；
单宗禹，年七十一岁；
单凤□，年七十一岁；
张大栋，年七十一岁；
赵文德，年七十五岁；
王清树，年七十四岁；
李和元，年七十一岁；
李元迈，年七十五岁；
张元肃，年七十岁；
信万鳌，年七十六岁；
李养元，年七十二岁；

以上耆老六十三名,合年四千六百余岁。

陈万年,年七十八岁;

李士亨,年八十一岁;

彭国玉,年八十三岁;

胡永寿,年八十一岁;

杨国宝,年七十七岁;

张国梓,年八十九岁;

朱文英,年八十二岁;

张继善,年八十三岁;

沈殿侯,年八十二岁;

罗如玉,年八十岁;

孙廷瑞,年八十岁;

杭圣玉,年七十六岁;

俞法正,年八十二岁;

康倜,年七十四岁;

齐秉恭,年七十三岁;

任万春,年七十五岁;

马德枢,年七十岁;

王玉琪,年七十一岁;

朱起龙,年七十岁;

赵仲仁,年七十二岁;

熊士兴,年七十三岁;

马龙,年六十九岁;

郭景从,年七十五岁;

勒洪勋,年七十一岁;

沈思发,年七十二岁;

焦鸿,年七十二岁;

刘大庆,年七十三岁;

王振汉,年七十岁;

张士彪,年七十四岁;

栗于孝,年七十九岁;

杜海,年七十二岁;

王禹门,年七十七岁;

刘义,年七十岁;
谢天锡,年七十四岁;
李廷俊,年六十九岁;
李思义,年七十二岁;
赵陛,年七十二岁;
郭天福,年八十五岁;
金文澜,年八十一岁;
雷进孝,年七十九岁;
沈应魁,年七十三岁;
傅烈,年七十三岁;
高呈瑞,年七十一岁;
王以仁,年七十一岁;
居士魁,年七十岁;
杜宏德,年七十八岁;
高天禄,年八十八岁;
于建极,年七十八岁;
张义,年七十八岁;
朱得才,年七十八岁;
王增,年七十六岁;
于归极,年七十六岁;
赵进元,年七十六岁;
马荣,年七十五岁;
苗士旺,年七十岁;
杨永祥,年八十岁;
阎永保,年七十五岁;
石文辰,年七十岁;
许文德,年七十岁;
高上礼,年七十二岁;
杜天福,年七十二岁;
赵福士,年七十三岁;
赵俊,年七十三岁;
以上老民六十三名,合年四千七百余岁。
扬贺氏,年七十岁;

任徐氏,年七十八岁;
蔡牛氏,年七十九岁;
赵刘氏,年七十八岁;
沈章氏,年七十六岁;
黄杜氏,年八十二岁;
李姚氏,年七十二岁;
莫高氏,年七十三岁;
崔孙氏,年八十岁;
何张氏,年八十岁;
徐胡氏,年七十一岁;
谢王氏,年七十一岁;
倪徐氏,年七十二岁;
张杨氏,年七十一岁;
吴张氏,年八十二岁;
胡茅氏,年七十二岁;
章钟氏,年七十岁;
张石氏,年七十四岁;
张励氏,年七十二岁;
李侯氏,年七十九岁;
阎李氏,年八十岁;
孙张氏,年八十七岁;
张张氏,年八十三岁;
刘王氏,年八十岁;
李梁氏,年七十五岁;
吴杨氏,年七十二岁;
刘廒氏,年七十五岁;
许李氏,年七十七岁;
赵张氏,年七十七岁;
王刘氏,年七十九岁;
刘李氏,年七十九岁;
吴夏氏,年七十九岁;
尤刘氏,年七十岁;
张李氏,年七十四岁;

贺贾氏,年八十一岁;
刘谢氏,年七十八岁;
刘贾氏,年七十五岁;
李张氏,年八十岁;
杨刘氏,年九十岁;
王霍氏,年八十四岁;
李孔氏,年九十二岁;
丁刘氏,年九十二岁;
彭庞氏,年九十三岁;
韩赵氏,年七十六岁;
宋石氏,年七十九岁;
姜刘氏,年八十岁;
赵刘氏,年七十八岁;
周何氏,年七十二岁;
卢范氏,年七十七岁;
王钱氏,年八十二岁;
高张氏,年七十三岁;
张王氏,年七十八岁;
安王氏,年七十三岁;
陶马氏,年七十五岁;
梁张氏,年七十二岁;
高李氏,年六十九岁;
杨高氏,年七十一岁;
杨韩氏,年七十四岁;
赵韩氏,年七十一岁;
赵陈氏,年七十五岁;
杨崔氏,年七十四岁;
杨姜氏,年七十一岁;
李杨氏,年七十一岁;
以上老妇六十三人,合年四千八百余岁等因,于乾隆二十六年十一月初六日具奏。

奉旨:知道了。钦此。

**(十一)总管内务府谨奏为奏闻事:**

皇太后万寿庆典,西华门内两旁陈设饽饽桌八百十张内,除进支呈进九桌交膳房总管太监,其余八百一桌分赏,由畅春园至西华门一切看管办事章京官兵等,銮仪卫校尉等,各项玩艺人等,查照桌数多少均分,由各该处领去。所有散给饽饽桌张数目,另缮清单呈览,为此谨奏等因,于乾隆二十六年十一月十一日具奏。

奉旨:知道了。钦此。

赏西华门起至畅春园止沿途护军参领及护军等,八十张;
赏沿途步营官员兵丁人等,八十张;
赏紫禁城内外八旗护军等,四十张;
赏内府三旗护军等,十二张;
赏銮仪卫官员校尉执事人等,五十张;
赏畅春园官员拜唐阿太监园户等,二十张;
赏奉宸苑官员笔帖式闸军人等,十张;
赏接驾鄂勒特男妇人等,四十张;
赏接驾回子男妇人等,四十张;
赏新到回子等,十张;
赏正觉寺接驾喇嘛人等,六十张;
赏西直门瓮城内接驾喇嘛人等,三十张;
赏长河牧放驼马鄂勒特人等,五张;
赏长河牧放牛马鄂勒特人等,五张;
赏预备驼马上驷院官员人等,五张;
赏预备牛羊庆丰司官员人等,五张;
赏长河搭盖蒙古包帐房等项武备院官员人等,五张;
赏南府景山人等,一百张;
赏中和乐太监等,八张;
赏寿康宫总管太监并茶膳房人等,十张;
赏乐部人等,四张;
赏长河预备解马筋斗人等,五张;
赏西华门起至高亮桥止共十一段办理工程官员人等,四十四张;
赏西华门起至高亮桥止戏子什番唱曲各项人等,一百十张;
赏畅春园起至倒坐观音庵止办理工程官员人等,四张;

赏倒坐观音庵起至万寿寺止办理工程官员人等，四张；

赏长河戏子人等，十五张。

**（十二）庄亲王等谨奏为奏闻事：**

臣等遵旨办理皇太后万寿庆典，本月十五日万寿寺和尚一千众念经，正觉寺喇嘛一千名念经，臣永禄会同章嘉呼图克图，在大殿内带领喇嘛一百八名念经，在丹陛黄凉棚内喇嘛八百九十二名念经，所有念经和尚喇嘛等需用饭食，臣永禄、三和带领内务府官员办理一切食用银两，由工程银两动支，用过银两数目由该工程处核销，为此奏闻，谨奏等因，乾隆二十六年十一月十二日具奏。

奉旨：知道了。钦此。

查得现今库储，明黄素纺丝三百匹，每匹做得长三尺三寸对衿寿妇褂二件，共做得六百件，尚不敷二百件，由内请领黄纺丝成做应用等因，于乾隆二十六年十一月十三日片奏。

奉旨：知道了。钦此。

**（十三）奴才傅恒谨奏：**

为遵旨拟赏迎接皇太后圣驾、直隶省寿民二百四十六名、寿妇一百八十三人，请仍照十六年例，每人赏银一两，为此谨奏等因，于乾隆二十六年十一月十六日具奏。

奉旨：知道了。钦此。

**（十四）奴才傅恒、兆惠、阿里衮、三和谨奏为奏闻事：**

恭照皇太后万寿圣节，办理点景及修葺街道铺面工程，先经奏明，行令各省遴委大员来京协同办理，续据各该督抚选委道府等员，陆续到京协同办理在案。今一切工程俱各告竣，该员等业已邀恩颁发赏赐，理合奏明，饬令该员等各回本省办事，谨此奏闻等因，乾隆二十六年十一月二十四日具奏。

奉旨：知道了。钦此。

**（十五）奴才傅恒谨奏：**

遵旨赏给迎接皇太后圣驾，八旗七十岁以上寿妇八百人内，一百三岁一人，五丝缎四匹;九十岁以上十七人,每人五丝缎三匹;八十岁以上二百十八人,每人五丝缎二匹;七十岁以上五百六十四人,每人五丝缎一匹。俟命下之日,即将此项赏缎一千五十五匹由缎库内现存五丝缎赏给。为此谨奏等因,于乾隆二十六年十二月二十四日具奏。

奉旨:知道了。钦此。

**(十六)奴才三和、五福、博尔本察、四格谨奏为奏闻销算用过银两数目事:**

乾隆二十五年四月二十五日,经奴才等奏准,粘修高亮桥起至长春桥一带两岸点景房间,并乐善园殿宇亭座房间等项工程,通共约估银二万四千九百三十八两六钱八分三厘。随即派出郎中六十、员外郎国柱、主事喜永修理去后,今据该员等呈称,奉派修理得长河点景房三百十七间,内拆□头停房三十八间,夹陇粘修房二百七十九间、亭子三十座(内挪盖一座)、拆□五座、夹陇粘修二十三座、游廊二百二十六间(内拆盖七十三间、拆□十间、夹陇粘修一百四十三间)、戏台五座(内拆□头亭三座、夹陇粘修二座)、扮戏房二十五间(内拆□头亭五间、夹陇粘修二十间),又粘修楼房十二间、平台一间、碑亭一座、拆修牵桥三座、墩台二座、交界牌二座、木更楼二座、烟瓶十座、门楼七座、板桥六座、拆砌花墙凑长四百九十四丈一尺八寸、院墙凑长一百九十七丈七尺五寸、虎皮石墙凑长二十五丈九尺二寸、泊岸凑长三十四丈七尺、筑打土墙凑长二百四十一丈五尺,并拆换别补各座木柏隐板筑打散水,乐善园拆□红半楼二间、粘修平台游廊十四间、半河房二间、云垂波动厂厅三间,改换大料石泊岸粘补垂花门二座、三卷桥亭一座、牌楼二座、玉带桥一座,拆砌十锦花墙凑长九丈五尺,以及临河添堆云步石泊岸凑长十九丈,踞秀亭改堆山石,并揖长虹、荫林宅岫、委宛藏、天琴自张、静涵秋影等处,墀头剔补,拆盖官厅兵房二十一间,粘修园户房三十间,成砌院墙凑长一百二十一丈一尺等项工程,俱已完竣,查原估内修理殿宇房间、游廊楼座、厂厅墙垣,约估工料银一万七千七百八十五两四钱五分二厘。至迎面露明之油饰找补地仗磨洗光油画活略为过色,约估工料银七千一百五十三两二钱三分一厘,共约估银二万四千九百三十八两六钱八分三厘。今除油画活计归并办理长河万寿工程成做外,前项已完工程估内实查销算用过银一万七千五十三两六钱九分二厘,尚存剩银七百三十一两七钱六分。

查乐善园十锦花墙二段凑长十九丈,原估拆砌九丈五尺,及至拆看之时,地势虚软,上身木植窗桶□朽,花砖破坏,若不拆砌,难保坚固,是以全行拆砌地基,加丁添补装板埋头,加宽窗桶,改换新料,添补花砖,并踞秀亭云步高峰,原估找补拆堆,今临河全行拆卸,改堆山洞高峰,添办青山石,并铁料拉扯地基加丁等项,实用银一千七百四十六两二钱四分三厘,除将原估存剩银七百三十一两七钱六分应用外,尚不敷银一千十四两四钱八分三厘,即在原做油画工料银两内动用,仍净存油画工料银六千一百三十八两七钱四分八厘等因,造具清册呈递前来。奴才等随派郎中达塞、副参领穆克登逐细详查去后,今据郎中达塞等呈称:奉派持册前往查得,前项殿宇游廊楼座厂厅并点景房间数目尺寸,按册逐一详细查核,内有云垂波动厂厅三间与例稍有不符,按例应行核减物料工价银七十七两四钱四分五厘,其余俱各相符,实应准稍物料工价银一万八千七百二十二两四钱八分九厘等因具呈,奴才等复查前项工程,通共约估银二万四千九百三十八两六钱八分三厘,今按例核算实销银一万八千七百二十二两四钱八分九厘,尚存剩银六千二百十六两一钱九分四厘,再该工夫匠食过禄米仓梭米二百三十五石八斗,每石值银一两八钱七分五厘,合计应扣存银四百四十二两一钱二分五厘。以上二共净存银六千六百五十八两三钱一分九厘,仍请交回广储司银库。谨将销算用过银两分晰细数另缮黄册清单,一并恭呈御览,为此谨具奏闻等因,于乾隆二十六年十二月二十六日具奏。

本日奉旨:知道了。钦此。

**(十七)臣傅恒、兆惠、阿里衮、三和谨奏为奏闻用过钱粮数目事:**

恭照今岁办理皇太后七旬万寿庆典,所有长河一带点设景物,据各该员呈报:正觉寺搭盖经棚各殿宇,佛前陈设香供成扎彩绸点设盆景树木镌刻碑文,念经喇嘛一千名预备饭食,自乐善园东边起至广源闸,沿河铺面幌杆陈设器皿修理彩灯等项,用过银三千六百三十七两九钱五分二厘。又万寿寺搭盖经棚,各殿宇佛前陈设香供成扎彩绸,点设地景花果树株,念经僧人一千名预备饭食,自广源闸至长春桥收拾铺面幌子,排投各项杂货滩担等项,用过银一千七百八十三两。又自南海甸观音庵至万寿寺后,沿路两边点景盖造酒楼方亭平台,更楼花台村庄土房回子房演武厅音乐楼席城栏杆花果树木等项,用过银三千八百十五两。以上三段点景,共原报银九千二百七十三两九钱五分二厘,经臣等派出郎中硕尔霍等前往该工逐一点验,查算有尺丈不符处所核减银六百四十九两六钱一分,又物料变价银四百十六两五钱五分九厘,实准销银八千二百七两七钱八分三厘,为此谨具奏闻等因,于乾隆二十六年十二月二十八日奏。

本日奉旨:知道了。钦此。

**(十八)臣傅恒、兆惠、阿里衮、三和谨奏为奏闻用过钱粮数目事:**

恭照今岁办理皇太后七旬万寿庆典,所有西华门至高亮桥各段点设景物,用过工料钱粮,业经奉旨派出大臣查核奏明,准销银七万八千八百四十七两五钱七分四厘。其临时扮演彩戏切末等项工饭零星费用,先经臣等奏明,难以预为估计,统俟办理事竣,详细查核实用数目报销等因,各在案。今已事竣,所有承应彩戏大班十一班,每班雇价二百两,计二千二百两;中班五班,每班雇价一百五十两,计银七百五十两;小班四班,每班雇价一百两,计银四百两;歌童一百二十五班,每班雇价二十两,计二千五百两;杂耍等项人役五十二名,雇价银三百九十四两,自八月初一日起至十一月十五日演习承应彩戏共二十次,每次用饭食银一百五十一两五钱,计银三千三十两;排演承应小曲杂耍共二十次,每次用饭食银五十六两四钱,计银一千二百二十八两;往返拉运行头车脚用银八百十六两二钱七分,戏班粘补行头添办切末银三千六百九两四钱九分,小曲添补行头切末银一千二百九十七两一钱一分,杂耍人役添换衣帽银一百六十八两,奉旨恩赏各班承应人役银九百五十四两。以上通共实用银一万七千二百四十六两九钱七分,为此谨具奏闻等因,于乾隆二十六年十二月二十八日具奏。

奉旨:知道了。钦此。

**(十九)臣傅恒、兆惠、阿里衮、三和谨奏:**

恭照今岁办理皇太后七旬万寿庆典,所有在京王公大臣暨各省督抚将军盐政织造等,共交到经费银一百十一万二千一百七十二两一钱七分,此内除修盖西华门至西直门两旁街道铺面房屋工程,用过工料银五十七万五千七百四十二两五钱九分七厘,各段点景用过工料银七万八千八百四十七两五钱七分四厘,扮演彩戏工饭零星费用银一万七千二百四十六两九钱七分,长河一带行宫寺庙房座工程用过工料银十七万五百九十四两二钱九分五厘,长河点景用过工料银八千二百七两七钱八分三厘,除用净余剩市平银二十六万一千五百三十二两九钱五分一厘,应交与何处,伏候圣训遵行。谨将各员职名并交纳银数另缮清单,恭呈御览,为此谨奏请旨:

康亲王交银一千七百五十两;

显亲王交银三千五百两;

庄亲王交银三千五百两;

怡亲王交银三千五百两;

简亲王交银三千五百两;

裕亲王交银三千五百两；
履亲王交银三千五百两；
诚亲王交银三千五百两；
和亲王交银三千五百两；
果亲王交银三千五百两；
恒亲王交银三千五百两；
信郡王交银八百五十两；
平郡王交银一千七百两；
顺承郡王交银八百五十两；
纯郡王交银一千七百两；
理郡王交银一千七百两；
甯郡王交银一千七百两；
愉郡王交银一千七百两；
贝勒弘明交银八百五十两；
贝勒斐苏交银八百五十两；
贝子允祁交银四百五十两；
贝子弘景交银四百五十两；
贝子弘昽交银四百五十两；
贝子弘闰交银二百两；
镇国公弘昉交银二百两；
辅国公弘晀交银一百五十两；
辅国公弘晥交银一百五十两；
辅国公恒鲁交银一百五十两；
辅国公嵩椿交银一百五十两；
辅国公永瞰交银一百五十两；
辅国公永玮交银一百五十两；
辅国公永瑺交银一百五十两；
辅国公富春交银一百五十两；
辅国公如松交银一百五十两；
辅国公德谨交银一百五十两；
辅国公博尔忠鄂交银七十五两；
辅国公特通额交银一百五十两；
辅国公盛昌交银一百五十两；

辅国公崇让交银一百五十两;
不入八分公弘畅交银一百五十两;
不入八分公永璧交银一百五十两;
镇国将军弘曧交银五十两;
镇国将军永瑸交银五十两;
辅国将军弘富交银四十两;
八旗宗室觉罗交银六千九百三十三两五钱;
宗人府属官员交银三百八十五两;
内客交银一千九百十二两;
吏部交银三千两;
户部交银七千两;
户部三库交银三千两;
礼部交银二千四百两;
兵部交银二千四百两;
刑部交银三千六百五十九两;
工部交银三千两;
都察院交银二千八百两;
通政司交银五百二十五两;
大理寺交银五百二十五两;
顺天府交银二千两;
太常寺交银五百二十五两;
太仆寺交银五百二十五两;
光禄寺交银四百两;
鸿胪寺交银四百两;
国子监交银四百两;
钦天监交银四百两;
太医院交银四百两;
銮仪卫交银一千九百五十二两;
翰林院交银一千五百两;
詹事府交银二百两;
提督衙门交银一千两;
内务府交银六千两;
侍卫处散秩大臣侍卫等交银四千五百六十两;

八旗都统副都统等官交银三万七十一两一钱七分；

两翼前锋统领等官交银一千七百五十两；

八旗护军统领等官交银八千二百二十七两五钱；

各省督抚每省交银三万两，计十八省共银五十四万两；

漕运总督交银一万两；

江南河道总督交银一万两；

河东河道总督交银一万两；

仓场总督交银三千两；

盛京将军五部官员交银五千九百两；

各省将军都统等官交银三千五百两；

三处织造每处交银六千两，共银一万八千两；

凤阳关监督交银五千九百八十二两；

两淮盐政交银二十万五千两；

长芦盐政交银十万两；

河东盐政交银一万两；

两广盐商交银四万两。

以上共交银一百十一万二千一百七十二两一钱七分等因，于乾隆二十六年十二月二十八日具奏。

奉旨：余存银两内，十八省各拨回银一万两，漕运总督、江南、河道总督各拨回银三千两，河东河道总督拨回银四千两，三处织造各拨回银二千两。钦此。

## 六、乾隆三十六年皇太后八旬万寿庆典奏案

谨将乾隆三十六年恭办皇太后八旬万寿查出奏案十一件缮单呈览：

**（一）臣福隆安、丰昇额、温福、三和、英廉谨奏为请旨事：**

恭照皇太后八旬万寿，普天同庆，率土腾欢，业经臣等将内外臣工暨三处商众拨定地段敬谨办理，以抒下悃而襄盛典，另折具奏外，今据原任大理寺评事林树昆暨原任福建福州府知府李浚原等呈请，在于西直门内崇寿寺中及长河地方恭建经坛，稍展办香祝嘏之诚，略陈点缀，用献歌舞巷衢之悃等情，呈请前来。臣等伏查上年七月内，经顺天府府尹臣裘日修奏：据顺天府暨各省降革候补候选人员呈请，敬设经坛恭祝皇上六旬万寿一折。

奉旨:今岁不必举行,俟明年皇太后八旬万寿时请旨,钦此。

钦遵在案。是该员等均属受恩深重,业蒙天恩,准于本年恭祝皇太后万寿时奏请,因此各省人员均踊跃趋赴。查崇寿寺中地方原觉稍狭,难容多员行礼,而长河一带已定内外现任官员恭办,未便再为拨给。臣等拟请西直门内祝寿寺与崇寿寺二处,并与两寺相对街道地段,给与伊等公建经坛,点缀景物,以遂其葵向嵩呼之愿,则各员等莫不感戴皇恩于无既矣!所有该员等恳请下情,臣等不敢壅于上闻,理合据情转奏,如蒙俞允,俟命下之日,行文礼部及顺天府晓谕,敬谨办理可也,为此谨奏请旨等因,于乾隆三十六年二月初一日具奏。

奉旨:知道了。钦此。

**(二)臣福隆安、丰昇额、英廉谨奏为奏闻事:**

准礼部奏称,据原任工部尚书宗室蕴著暨八旗原任内外官员等先后呈称,恭照圣母皇太后八旬万寿,敷天集瑞,寰宇胪欢,薄海臣庶莫不踊跃祝厘。矧蕴著等仰荷圣恩,曾经供职,恭逢盛典,忭舞难名,愿抒葵藿微忱,共祝慈宁崇祐,谨请建立经坛,虔申叩祝等情,理合据情转奏,恭候命下,臣部行文庆典工程处,传知各员敬谨办理。至此后陆续呈请,庆祝人员照例令其一体恭与庆典等因,具奏。

奉旨:著查例办理,钦此。

钦遵发交到工。又据顺天府咨呈称,据原任礼部尚书陈惪华、原任詹事府詹事陈浩等呈称,本年恭逢皇太后八旬万寿,惪华等籍隶郊圻,荣叨簪绂,伏祈俯鉴微衷,拨给地段恭建经坛,庶几葵忱久积,得抒向日之诚,衢壤腾欢,稍效呼嵩之祝等情,具呈前来,相应据情咨呈,贵处查照示覆各等因前来。查八旗原任官员及顺天绅衿等,上次亦经礼部、顺天府咨送到工,经总理大臣拨给寺庙分建经坛在案。今岁皇太后八旬万寿,普天洽庆,应照上次之例,拟请八旗原任官员拨给真武庙建立经坛,顺天绅衿拨给万宁寺建立经坛,庶伊等得遂嵩呼,以抒忱悃,理合奏明,统俟命下之日,行文礼部、顺天府晓谕敬谨办理可也,为此奏闻谨奏请旨等因,于乾隆三十六年五月二十八日具奏。

奉旨:知道了。钦此。

**(三)总管内务府谨奏为奏闻事：**

据工部咨开，本年恭逢皇太后八旬万寿，加上徽号，遵旨敬谨成造玉册、玉宝，所有盛册宝籍并银镀金什件等项，恭照上次敬谨备办，照例核需头等赤金九两一钱五分四厘四毫，八成色金二百三十两，行文内务府取用等因前来，除前项所需头等赤金，请于两淮解到头等金内发给外，其八成色金二百三十两，即将两淮解到头等金内动用一百八十四两，照例加银四十六两，合为八成色金二百三十两，以备给发工部应用可也，为此奏闻等因，于乾隆三十六年十月十六日具奏。

奉旨：知道了。钦此。

**(四)总管内务府谨奏为请旨事：**

查乾隆十六年十一月二十五日皇太后万寿大庆礼仪，由臣衙门奏请，恭查每年皇太后万寿圣节中正殿、永安寺、阐福寺、弘仁寺、雍和宫并雍和宫佛堂等处，各念经九日。本年皇太后万寿大庆应念经处所，比照每届应添处所，念经日期由照料念经大臣会同章嘉呼图克图商酌办理。至中正殿、弘仁寺等五处仍照旧例念经，其雍和宫大殿令喇嘛一百八人由十一月二十一日起念经十日，雍和宫各处于十一月二十四日起令喇嘛等念经三日，慈宁宫令喇嘛三十六人由十一月二十一日起添念经九日，再灵諴寺学习满洲经卷小喇嘛等均随从本寺达喇嘛八十一人由十一月二十一日起念经九日，慈宁宫、雍和宫、雍和宫各处、灵諴寺均令章嘉呼图克图照例念经。再查皇上万寿大庆，大高殿、大光明殿均令念经。本年皇太后万寿大庆，拟请在大高殿于十月三十日起念经三十六日，大光明殿自十一月二十一日起念经九日，谨将应添念经处所另缮清单，恭呈御览，谨奏请旨：

万寿寺唪经九日；

贤良寺唪经九日；

觉生寺唪经九日；

柏林寺唪经九日；

静默寺唪经九日；

法源寺唪经九日；

拈花寺唪经九日；

广济寺唪经九日；

广通寺唪经九日；

普觉寺唪经九日；

大觉寺唪经九日；

岫云寺唪经九日;

西域寺唪经九日;

万寿戒坛寺唪经九日;

弘恩寺唪经九日;

大慈观音寺唪经九日;

西方寺唪经九日;

善果寺唪经九日。

(五)恭查乾隆二十六年皇太后七旬万寿,所有内外大小臣工以及老民老妇等,俱经派定段落处所,行知各衙门遵照跕班,跪迎銮舆在案。今年皇太后万寿进宫之日,各王公大臣官员等仍照二十六年分定段落跕班,跪迎圣驾,谨将分定段落处所另缮清单,恭呈御览,谨奏:

近派王公,西华门外;

八旗王公,承光殿东三座门外;

内阁大学士官员,养蜂夹道口;

领侍卫内大臣侍卫等,新开路口;

六部九卿翰詹科道,西安门内西什库东;

批本奏事处官员,西安门内路南;

内务府大臣官员,西安门外路南;

九老三班,四牌楼南咸宁缎铺前;

东四旗都统副都统等官,四牌楼东;

西四旗都统副都统等官,四牌楼西;

八旗原任大臣官员,四牌楼北真武庙;

前锋统领等官,石老娘胡同南;

宗人府觉罗府属官员,石老娘胡同北;

在籍大臣,观音庵前;

八旗护军统领,护国寺口南;

各直省原任并候选官员,祝寿寺前;

步军统领衙门官员,新街口路北;

顺天府大臣官员,新街口路西;

六部汉大臣命妇,新街口北广济寺;

国子监官员生监,崇元观西路北;

仓场总督衙门等官,草厂胡同口;

各省督抚布按道府等官,莺哥张铺门口东;

各省将军都统副都统,崇寿寺东;
各直省原任并候选官员,崇寿寺前;
顺天府属搢绅,万宁寺前;
理藩院,西直门瓮城内;
顺天府属老民直隶老民,高亮桥北石道东;
顺天府属老妇直隶老妇,高亮桥北石道西;
公主福晋格格八旗大臣命妇,高亮桥北行宫西;
内务府大臣命妇,紫禁城内瓷器库前;
八旗内务府七十以上老妇,西三座门内。乾隆三十六年十一月初八日具奏。

奉旨:知道了。钦此。

(六)查得畅春园宫门起至西直门各段点景,松柏树一千七百五十棵内,除无根松柏树二百五十棵,其余有根可种者一千五百棵,自畅春园至万寿寺两边土山已经栽好松柏树一千二百棵,毋庸移栽外,其余三百棵相应移往圆明园栽种。再城内各段点景,松柏树五百九十八棵内,除无根不可种松柏树一百九十四棵,其余有根可种者四百四棵相应移往景山山上栽种。为此谨奏等因,于乾隆三十六年十一月十二日具奏。

奉旨:知道了。钦此。

**(七)总管内务府谨奏为请旨事:**
查乾隆二十六年皇太后万寿大庆,王等情愿呈进九九饽饽桌张奏。

奉谕旨:阿哥等三九桌,近支王等三九桌,亲王等三九桌恭进。钦此。

钦遵。恭进九九百十桌内,近支呈进九桌交总管太监外,其余由西华门内至永康左门两边陈设桌张分赏,由畅春园至西华门止,一切备差官兵、各项玩艺人等在案。本年十一月二十五日皇太后万寿大庆,王等情愿呈进九九饽饽桌张,和硕额驸公福隆安口奏。

奉旨:仍照例进。钦此。

钦遵。本年呈进桌张,阿哥等三九桌,近支王等三九桌,亲王等三九桌,共八百十桌内,除近支呈进九桌照例交总管太监外,其余八百一桌赏给由畅春园至西华门止一切看管办事章京、官兵校尉、各项玩艺人等,查照桌数多寡匀分,由各该处分领。所有散给饽饽桌张数目另缮清单,恭呈御览,谨奏请旨:

赏銮仪卫官员校尉执事人等,五十张;
赏畅春园官员拜唐阿太监园户等,二十张;
赏奉宸苑官员笔帖式闸军人等,十张;
赏西华门起至畅春园沿途护军参领护军等,六十张;
赏沿途步营官员兵丁人等,八十张;
赏紫禁城内外八旗护军参领护军等,四十张;
赏内务府三旗护军参领护军等,三十张;
赏接驾回子男妇人等,三十张;
赏正觉寺接驾喇嘛人等,六十张;
赏西直门瓮城内接驾喇嘛人等,三十张;
赏南府景山人等,一百张;
赏中和乐太监等,十二张;
赏寿康宫总管太监并茶膳房人等,十二张;
赏乐部音乐人等,四张;
赏长河预备筋斗人等,五张;
赏十四段油画工程监督各省委派道府厅员等,五十六张;
赏自西直门外起至畅春园宫门二十一段点景官员等,四十二张;
赏自西华门起至西直门两淮芦东浙江委办点景官员等,二十张;
赏自西华门起至西直门两淮芦东浙江委办点景商众等,二十张;
赏长河承应戏子人等,五十张;
赏长河承应唱曲杂耍人等,三十张;
赏三处商众承应戏曲杂耍人等,三十张;
赏办理庆典总档房人等,六张;
赏内外番役人等,四张;

奉旨:畅春园太监苑户等不必赏此二十张,著赏给圆明园八旗官员护军等。钦此。

**(八)臣福隆安、丰昇额、英廉谨奏为遵旨议奏事:**

恭照乾隆二十六年皇太后七旬万寿大庆,所有接驾之年逾七十以上九老王大臣、王公大臣、王公福晋、夫人、大臣命妇及回子王公等,俱各分别赏给如意、荷包、缎匹等物在案。此次皇太后八旬万寿大庆,所有年逾七十以上之九老王大臣、八旗王、贝勒、贝子、公、满汉文武大臣、蒙古回子王公台吉及在籍来京之大臣,并王公福晋夫人、公主、格格、大臣命妇等,仍照依上次之例拟赏。谨将拟赏名单恭呈御览,为此谨奏请旨等因,于乾隆三十六年十一月十四日具奏。

奉旨:知道了,照议赏给。钦此。

皇太后八旬大庆拨赏王公满汉文武大臣清单:

赏七十以上九老亲王及现任文职大臣:

显亲王、恒亲王二人,每人如意一柄、鹅黄辫朝珠一盘、用金字缎一匹、倭缎一匹、宫绸五匹、金黄辫花大荷包一对、小荷包六个。

大学士刘统勋、协办大学士官保二人,每人如意一柄、朝珠一盘、上用金字缎一匹、倭缎一匹、宫绸三匹、补缎一匹、蓝辫花大荷包一对、小荷包五个。

尚书托庸、素尔讷、杨廷璋三人,每人如意一柄、朝珠一盘、上用素缎一匹、倭缎一匹、宫绸二匹、蓝辫花大荷包一对、小荷包四个。

侍郎三和、吴绍诗二人,每人如意一柄、朝珠一盘、上用二则缎一匹、倭缎一匹、宫绸二匹、蓝辫花大荷包一对、小荷包三个。

赏七十以上九老现任武职大臣:

都统四格、曹瑞二人,每人如意一柄、朝珠一盘、上用二则缎一匹、春缎一匹、宫绸二匹、蓝辫花大荷包一对、门小荷包四个。

散秩大臣伊松阿、国多欢、甘都三人,每人如意一柄、朝珠一盘、上用素缎一匹、宫绸一匹、倭缎一匹、蓝辫花大荷包一对、小荷包三个。

副都统富僧阿、萨哈岱、李生辉、端察四人,每人如意一柄、朝珠一盘、上用二则缎一匹、宫绸一匹、小卷五丝倾一匹、蓝辫花大荷包一对、小荷包二个。

赏七十以上九老休致文武大臣:

原任领侍卫内大臣福禄、原任尚书陈惪华、原任侍郎加尚书衔钱陈群三人,每人如意一柄、朝珠一盘、上用素缎一匹、漳绒一匹、线缎一匹、蓝辫花大荷包一对、小荷包四个。

原任侍郎彭启丰、吕炽、原任学士邹一桂陆宗楷、原任詹事陈浩、司业职衔王世芳六人,每人如意一柄、朝珠一盘、漳绒一匹、线缎一匹、蓝辫花大荷包一对、小荷包二个。

赏王公额驸等:

庄亲王、怡亲王、简亲王、裕亲王、諴亲王、和亲王、康亲王七人,每人如意一柄、鹅黄辫朝珠一盘、金黄辫大荷包一对、小荷包五个、鼻烟壶一个。

信郡王、顺承郡王、纯郡王、理郡王、果郡王五人,每人如意一柄、金黄辫朝珠一盘、小荷包三个、鼻烟壶一个。

贝勒永福、永琫、贝子弘景、弘闰、永硕、明韶、庆恒七人,每人如意一柄、小荷包二个、鼻烟壶一个。

镇国公弘昉、辅国公弘皖、弘曧、嵩椿、永玮、博尔忠额、崇尚、庆春、甯盛额、纯英、未入八分公弘畅、经讷亨十二人,每人如意一柄、小荷包一个、鼻烟壶一个。

赏额驸:

科尔沁亲王固伦额驸塞布腾巴尔珠尔、御前大臣尚书忠勇公和硕额驸福隆安、喀尔喀亲王固伦额驸拉旺多尔济、武毅谋勇公和硕额驸扎兰泰四人,每人如意一柄、金黄辫朝珠一盘、金黄辫大荷包一对、小荷包四个、鼻烟壶一个。

固伦额驸色布腾巴尔珠尔之子鄂尔追忒慕尔厄尔克巴拜、御前大臣尚书忠勇公和硕额驸福隆安之子丰申吉伦固山贝子、多罗额驸扎拉丰阿之子丹巴多尔济三人,每人如意一柄、金黄辫大荷包一对、小荷包一个、鼻烟壶一个。

赏文职大臣:

大学士高晋、刘纶、协办大学士于敏中三人,每人如意一柄、朝珠一盘、蓝辫花大荷包一对、小荷包三个、鼻烟壶一个。

尚书程景伊、永贵、王际华、蔡新、裘日修、观保、张若溎七人,每人如意一柄、蓝辫花大荷包一对、小荷包一个、鼻烟壶一个。

侍郎迈拉逊、瑚世泰、袁守侗、曹秀先、英廉、范时纪、蒋锡棨、诺穆浑、德福、金甡、倪承宽、绰克托、奉宽、李崇文、蒋元益、鄂宝、玛兴阿、钱维城、德成、阎循奇、稽璜、庆贵、瓦尔达、刘秉田、景福、罗源汉、黄登贤、总管内务府大臣刘浩二十八人,每人如意一柄、素大荷包一对、小荷包一个。

内阁学士全魁、富察善、博清额、谢墉、庄存与五人,每人素大荷包一对、小荷包一个、鼻烟壶一个。

赏武职大臣:

御前大臣努三、丰昇额二人,每人如意一柄、朝珠一盘、花大荷包一对、小荷包二个、鼻烟壶一个。

都统五福、范时绶、福永、富亮四人,每人如意一柄、素大荷包一对、小荷包一个、鼻烟壶一个。

护军统领庆泰、多敏、永德、虎什四人，每人如意一柄、大荷包一对、小荷包一个、鼻烟壶一个。

散秩大臣永瑸、隆兴、西明、特通额、阿克敦阿、张承勋、李景、鄂津、佛住、富廉十人，每人如意一柄、素大荷包一对、小荷包一个、鼻烟壶一个。

副都统瑚图里、艾肇昌、花善、春甯、弘昨、马元凯、陈晋、德云、德克精额、鄂尔齐达逊、勒克、黄承恩、塔永阿、富勒浑、和尔精额、栢和卓、舒昌、博龄阿、范宜宗、銮仪使达福二十人，每人素大荷包一对、小荷包一个、鼻烟壶一个。

赏在籍来京大臣：

原任户部左侍郎钱汝诚、原任浙江州抚熊学鹏二人，每人如意一柄、官用龙缎缎一匹、蓝辫花大荷包一对、小荷包二个、鼻烟壶一个。

原任都察院左副都御史鸿胪寺卿衔叶一栋、原任礼部左侍郎今三品衔彭树葵、原任兵部右侍郎降三品卿衔史奕昂（此分交回）、原任光禄寺卿王鸣盛、原任光禄寺少卿李敏行、原任宗人府府丞储麟趾、原任太仆寺卿葛峻起、原任通政使司通政使宫焕文、原任翰林院侍讲梁同书、原任甘肃布政使蔡鸿业、原任山东按察使沈廷芳、原任卿朱必堦十二人，每人官和龙襕缎一匹、素大荷包一对、小荷包二个、鼻烟壶一个。

赏外省来京：

衍圣公孔昭焕一人，如意一柄、朝珠一盘、金字缎一匹、漳绒一匹、素大荷包一对、小荷包三个、鼻烟壶一个。

江宁将军荣保、杭州将军木尔泰二人，每人如意一柄、花大荷包一对、小荷包二个、鼻烟壶一个。

荆州副都统绰和讷一人，素大荷包一对、小荷包一个、鼻烟壶一个。

赏蒙古回子王公合吉等：

御前行走科尔沁扎萨克亲王多罗额驸塞旺诺尔布、额勒克亲王多罗额驸罗卜藏多尔济二人，每人如意一柄、金黄辫朝珠一盘、金黄辫大荷包一对、小荷包四个、鼻烟壶一个。

科尔沁郡王和硕额驸齐莫特多尔济、巴林郡王巴图、喀拉沁扎萨克郡王拉特那什第三人，每人如意一柄、金黄辫朝珠一盘、花大荷包一对、小荷包二个、鼻烟壶一个。

翁牛特扎萨克贝勒诺尔布扎布苏、喀尔沁贝子多罗额驸扎拉丰阿、科尔沁贝子多罗额驸班珠尔、喀尔沁扎萨克贝子多罗额驸呼图凌阿、敖汉贝子吹济扎尔、敖汉镇国公多罗额驸罗布藏西拉普、敖汉辅国公多罗额驸桑济扎尔、巴林辅国公和硕额驸德勒克八人，每人如意一柄、朝珠一盘、小荷包二个、鼻烟壶一个、素大荷包一对。

喀尔喀扎萨克图汉齐旺巴尔翟、喀尔喀和硕亲王齐巴克雅拉木品尔、翁牛特扎萨克郡王布达扎普、和齐特扎萨克郡王齐苏隆多尔济、鄂尔多斯扎萨克郡王策凌多尔济、科尔沁郡王拉什嘎尔党、喀尔喀多罗郡王桑寨多尔济、土尔番郡王额敏和卓、绰罗斯郡王罗卜扎九人,每人(内交回四分)如意一柄、素大荷包一对、小荷包二个。

扎鲁特扎萨克贝勒西尔他拉、喀尔喀扎萨克贝勒阿玉尔、喀尔喀贝勒丹津、寨拉特扎萨克贝勒罗卜藏西拉普、毛明安多罗贝勒玉木冲、阿巴哈那尔扎萨克贝子达克丹硼苏克、巴林扎萨克贝子萨品尔多尔济、鄂尔多斯扎萨克贝子拉什塞楞、鄂尔多斯扎萨克贝子那木扎尔多尔济、喀尔喀贝子策木博尔、敖汉贝子吹济扎尔十一人,每人(内交回七分)如意一柄、素大荷包一对、小荷包二个。

乌拉特扎萨克镇国公索诺木拉普坦、翁牛特镇国公功额拉普坦、扎鲁特镇国公那逊俄尔克图、果尔罗斯辅国公功额拉普坦、科尔沁辅国公哈达、科尔沁辅国公拉扎普、额勒特公品级头等台吉旺亲拜巴尔、喀尔喀辅国公拉青苏隆、喀尔喀辅国公楚克达什、喀尔喀辅国公噶尔玛、喀尔喀辅国公拉旺多尔济、喀尔喀辅国公策凌多耀特、喀尔喀辅国公依什扎木楚十三人,每人(内交回七分)如意一柄、素大荷包一对、小荷包二个。

鄂尔多斯头等台吉旺扎尔策布登多尔济、科尔沁和硕额驸敏珠尔多尔济、科尔沁固山额驸敦珠普塞普登、奈曼固山额驸敦多普、敖汉和硕额驸密扎特多尔济、科尔沁固山额驸固木、敖汉固山额驸煞金阿尔必特呼、喀尔沁头等他布囊达克丹、科尔沁头等台吉拉特那、科尔沁二等台吉巴尔珠尔、翁牛特二等台吉吉衮布策布登、敖汉二等台吉巴尔珠拉普坦、科尔沁三等台吉济克济扎普、喀尔喀头等台吉固鲁扎普、喀尔喀头等台吉陌珠尔、喀尔喀头等台吉索木木敦多普、喀尔喀头等台吉那旺依什、喀尔喀头等台吉策登扎普、喀尔喀公主子孙二等台吉孙都布多尔济十九人,每人(内交回八分)素大荷包一对、小荷包二个。

回子郡王职衔贝勒霍济斯一人,如意一柄、锦缎一匹、官用龙襕缎一匹、蓝辫花大荷包一对、漳绒坐褥料一卷、小荷包四个。

公霍什克、额色音、图尔都三人,每人如意一柄、锦缎一匹、漳绒坐褥料一卷、素大荷包一对、小荷包二个。

台吉玛本特、阿布拉、玛扎帕尔、阿布都尔满帕尔萨、巴巴、喀申、和卓、内大臣胡达巴尔第八人,每人如意一柄、漳绒坐褥料一卷、素大荷包一对、小荷包一个。

回子头等侍卫阿什木特、回子二等侍卫额林布尔、回子三等侍卫莫克拉布沙、回子蓝翎侍卫依斯玛尹四人,每人大荷包一对。

赏喇嘛人等:

章嘉呼图克图,如意一柄、鹅黄辫朝珠一盘、鹅黄蟒缎一匹、妆缎二匹、金黄辫大荷包一对、小荷包二个。

敏卓尔呼图克图，如意一柄、金黄辫朝珠一盘、鹅黄蟒缎一匹、妆缎一匹、黄大荷包一对、小荷包二个。

康卜诺慕汉阿旺错尔体慕、拉果呼图克图、噶尔丹西勒图呼图克图（此分续交出）、阿旺巴尔珠尔呼图克图四人，每人如意一柄、鹅黄蟒缎一匹、黄大荷包一对、小荷包一个。

扎萨克喇嘛四名、额外扎萨克喇嘛一名、商卓特巴扎萨克喇嘛一名，六人，每人妆缎一匹、小荷包一个。

达喇嘛十四名、达喇嘛衔康卜一名、副达喇嘛六名，二十一名，每名黄大荷包一对、小荷包一个。

苏拉喇嘛二十四名，素大荷包一对、小荷包一个。

外来：

归化城掌印扎萨克达喇嘛锡勒图呼图克图、安远庙扎萨克喇嘛果蟒呼图克图、喀尔喀班成呼图克图、盛京掌印扎萨克达喇嘛丹巴运丹四人，每人如意一柄、鹅黄蟒缎一匹、黄大荷包一对、小荷包一个。

多伦诺尔掌印扎萨克达喇嘛必礼克士诺慕汉、归化城副扎萨克达喇嘛扬查尔胡必尔汉、盛京库伦锡勒固、盛京库伦达喇嘛丹巴加慕错、五台山台麓寺达喇嘛锡拉卜加慕错、哲卜尊丹巴呼图克图徒弟达喇嘛根敦达尔扎、普宁寺扎萨克喇嘛罗卜藏达尔吉康卜、希达拉庙扎萨克喇嘛桑宰鄂忒则尔康卜、图莫忒查汉第燕、归化城扎萨克喇嘛罗卜藏拉史、罗卜藏巴尔珠尔、普宁寺达喇嘛阿旺尊坠、溥仁寺达喇嘛呢嘛、盛京常宁寺达喇嘛加慕错册楞十四人，每人黄大荷包一对、小荷包一个。

正觉寺念经喇喇（嘛），银一千两。

万寿寺念经和尚，银一千两。

赏王公福晋夫人、公主格格、满汉文武大臣命妇等：

庄亲王福晋、怡亲王福晋、諴亲王福晋、和恭亲王福晋、果恭郡王福晋、和亲王福晋六人，每人如意一柄、小荷包二个、鼻烟壶一个、念珠一盘。

信郡王福晋、顺承郡王福晋、愉恭郡王福晋、果郡王福晋四人，每人如意一柄、小荷包二个、鼻烟壶一个、念珠一盘。

恭勤贝勒允佑夫人、贝子允祁夫人、弘昽夫人、明韶夫人、永硕夫人、庆恒夫人六人，每人如意一柄、小荷包二个、鼻烟壶一个。

辅国公弘晥夫人、弘曧夫人、永瑺夫人、永玮夫人、未入八分公弘畅夫人五人，每人如意一柄、小荷包一个、鼻烟壶一个。

和敬固伦公主、和静固伦公主、淑慎和硕公主三人，每人如意一柄、手炉一个、小荷包二个、鼻烟壶一个、胭脂一匣、宫粉一匣。

喀尔沁贝子多罗额驸扎拉丰阿之母和硕格格、额勒特贝子朋楚克之母和硕格格、额勒特亲王罗卜藏多尔济之妻多罗格格、喀尔喀郡王桑宰多尔济之妻多罗格格、喀尔沁贝子多罗额驸扎拉丰阿之妻多罗格格、喀尔沁贝子班珠尔之妻多罗格格、巴林多罗额驸丹津之妻多罗格格、巴林公和硕额驸德勒克之妻八人,每人如意一柄、胭脂一匣、宫粉一匣、梳篦一匣、鼻烟壶一个、包头一匣、小荷包一个。

喀尔沁他布囊格勒克三鲁布之母固山格格、翁牛特台吉恩克们都之妻公之女格格、土默特贝勒索诺木班珠尔之妻、喀尔喀贝子车卜登多尔济之妻固山格格品级格格、喀尔喀辅国公德勒克多尔济之妻公之女格格、绰罗斯郡王罗卜扎之妻公之女品级格格、公苏巴什里之妻、公苏巴什里之儿媳公之女品级格格八人,每人胭脂一匣、宫粉一匣、梳篦一匣、鼻烟壶一个、包头一匣、小荷包一个。

御前大臣尚书忠勇公和硕额驸福隆安之母、御前大臣尚书果毅公丰盛额之母、侍郎庆桂之母三人,每人如意一柄、小荷包四个、手炉一个、念珠一盘、十锦梳篦一匣、刷牙刮舌一匣、鼻烟壶一个。

御前大臣果毅公尚书丰盛额之妻、尚书温福之妻、杨廷璋之妻、左都御史观保之妻、内大臣三和之妻、都统职衔安泰之妻、舒赫德之妻七人,每人如意一柄、小荷包二个、手炉一个、宫粉一匣、胭脂一匣、包头一匣、十锦梳篦一匣。

侍郎鄂宝之妻、德成之妻、五诺尔之妻、庆桂之妻、总管内务府大臣迈拉逊之妻、刘浩之妻、内阁学士富察善之妻七人,每人如意一柄、小荷包二个、梳篦各一匣、胭脂一匣、宫粉一匣、包头一匣、手炉一个。

副都统奎林之妻、和尔经额之妻、富森布之妻、散秩大臣公特通额之妻、伊松阿之妻五人,每人如意一柄、小荷包二个、宫粉一匣、胭脂一匣、梳篦各一匣。

公明英之妻、候安林之妻、伯亨一之妻、子赛炳阿之妻、子穆克登额之妻、子班他哈之妻、子德尔格尔楞贵之妻、男富通阿之妻八人,每人如意一柄、小荷包一个、梳篦各一匣。

衍圣公孔昭焕之母、衍圣公孔昭焕之妻二人,每人如意一柄、念珠一盘、上用二则缎一匹、上用闪缎一匹、官用妆缎一匹、十锦梳篦一匣、鼻烟壶一个、手炉一个、小荷包二个。

大学士刘统勋之妻、大学士刘纶之妻、原任大学士蒋溥之妻、兵部尚书蔡新之妻、工部尚书裘日修之妻、原任吏部尚书汪由敦之妻、原任礼部尚书陈惪华之妻七人,每人如意一柄、胭脂一匣、宫粉一匣、官用补缎一匹、春绸一匹、十锦梳篦一匣、手炉一个、包头一匣、小荷包二个。

吏部侍郎袁守侗之母、袁守侗之妻、户部侍郎蒋赐棨之妻、礼部侍郎倪承宽之妻、兵部侍郎顺天学政李宗文之妻、刑部侍郎钱维城之妻、刑部侍郎吴绍诗之妻、内阁学士谢墉之妻、内阁学士庄存与之妻、仓场侍郎刘秉田之母、刘秉田之妻、原任河东河道总督张师载之妻、原任广东巡抚王检之妻、侍郎金甡之妻(续领)十四人,每人如意一柄、锦缎一匹、漳绒坐褥料一卷、宫粉一匣、胭脂一匣、刷牙刮舌一匣、包头一匣、梳篦各一匣、小荷包一个。

赏回子王公之妻:

郡王品级贝勒霍集斯之妻、公霍什克之妻、额色音之妻、图尔都之妻四人,每人如意一柄、梳篦各一匣、小荷包一个。

扎萨克头等台吉玛木特之妻、内大臣品级散秩大臣上行走呼达巴尔第之妻、二等台吉阿布都尔满之妻、三等台吉怕尔萨之妻、四等台吉巴巴之妻五人,每人梳篦各一匣、小荷包一个。

赏新到年班回子公等:

乾清门行走公三等伯克嘎岱莫特,如意一柄、蓝辫朝珠一盘、锦缎一匹、线缎一匹、五丝缎二匹、漳绒坐褥料一个、花大荷包一对、小荷包四个、鼻烟壶一个。

三等伯克迈第雅尔、希拉普阿散、四等伯克呢雅斯、阿里木和卓、阿普都拉、哈迈第、五等伯克玛麻达布拉、鄂堆和卓、阿拉呼里、木拉忒博格依、吉雅伯尔等十一人,每人八丝缎一匹、五丝缎一匹、素大荷包一对、小荷包四个、鼻烟壶一个。

六等伯克玛木特、莫罗玉努斯、托里雅和卓、沙玛木特、郡王额敏和卓之子帕尔敦等五人,每人八丝缎一匹、五丝缎一匹、素大荷包一对、小荷包二个、鼻烟壶一个。

加赏三九老亲王文武大臣及散秩大臣(一应物件俱由敬事房库发出):

显亲王、恒亲王二人,每人小卷八丝缎四匹、小卷宫绸四匹、紫檀嵌玉如意一柄、雕彩牙火链袋一件、蜜蜡扇器一个、螺蛔漆香盒一对、小荷包八个、文林茶盘一件、白铜手炉一件、柱杖一根、御制墨刻九老会诗一张。

刘统勋、官保二人,每人小卷八丝缎三匹、小卷宫绸三匹、紫檀嵌玉如意一柄、雕彩牙火链袋一件、蜜蜡扇器一个、螺蛔漆香盒一对、小荷包八个文竹茶盘一件、白铜手炉一件、柱杖一根、御制墨刻九老会诗一张。

杨廷璋、托庸、素尔讷、三和、吴绍诗五人,每人小卷八丝缎二匹、小卷宫绸二匹、紫檀嵌玉如意一柄、雕彩牙火链袋一件、蜜蜡扇器一个、小荷包六个、文竹茶盘一件、白铜手炉一件、柱杖一根、御制墨刻九老会诗一张。

四格、曹瑞、伊松阿、国多欢、甘都、富僧阿、萨哈袋、李生辉、端察、福禄、陈惪华、钱陈群、彭启丰、吕炽、邹一桂、陆宗楷、陈浩、王世芳十八人,每人小卷八丝缎二匹、紫檀嵌玉如意一柄、蜜蜡扇器一个、雕彩牙火链袋一件、小荷包四个、文竹茶盘一件、白铜手炉一件、柱杖一根、御制墨刻九老会诗一张。

**(九)臣永瑺等谨奏为遵旨查奏事:**

臣等于本月十二日奉旨,派出查看西直门外长河一带至倒座观音庵各处点景工程,遵即带领司员会同前往查验,得万国来朝景一处、线密山景一处、瀛海仙山景一处、瑞雨和风景一处、凤仪兽舞景一处、三官庆寿景一处、白猿献寿景一处、九老呈祥景一处、福门多喜景一处、王母庆寿景一处、九狮呈瑞景一处、罗汉庆寿景一处、罗浮仙境景一处、寿与天齐景一处、戏台八座、牌楼十二座、亭座游廊三百八十间、回子房十五座、门楼桥座木城共六座、席山凑长九百六十六丈五尺、席墙凑长三百四十七丈、药栏凑长六十三丈、花台围屏架五座、藤萝葡萄架三座、小线法景八座,并挂座画片地景花卉陈设铺垫等项,总计用过银十万六百三十八两内,除回残物料变价扣除银一万一千四百七十四两七钱,实开销银八万九千一百六十三两三钱。臣等逐段丈量丈尺做法,均属有盈无绌,所用工料按册核对亦各相符,惟查变价物料内,除像生鹤鹿地景花卉不堪为用,仍照依上次应免变价外,其板片一项每斤估变银二厘似属过少,应加增银二厘,计增银四百三十一两七钱三分。又八方开关亭一座,并所用钉铁等料,应令加增变价,计增银四百六十七两。以上共应扣除银八百九十八两七钱三分,实准销银八万八千二百六十四两五钱七分。再查册报用过柳枝三十二万余斤,原非办买,只开运价,应令将此项柳枝交营造司抵用烧柴,以免废弃。所有臣等查办缘由,理合据实奏闻,谨将续增变价各款细数另缮清单,恭呈御览,为此谨奏请旨。臣永瑺、臣永璧、臣努三、臣素尔讷、臣永贵、臣迈拉逊、臣鄂宝、臣德成、臣庆桂、臣弘旿。

变价物料增银两数目:板片原报每斤银二厘,今拟每斤增价银二厘,计增银四百二十一两七钱三分;八方开关亭一座,木植胎骨铁料等项按三成变价银一百二十两,各座点景钉铁挺钩等项按二成变价银三百四十七两,以上共加增变价银八百九十八两七钱三分等因,于乾隆三十六年十一月二十三日具奏。

奉旨:知道了。钦此。

**(十)**管理总管内务府大臣事务臣多罗贝勒永瑢等,恭进皇太后前大宴桌一张、跟桌二十九张。管理总管内务府大臣事务臣多罗贝勒永瑢、总管内务府大臣和硕额驸臣福隆安、总管内务府大臣臣丰昇额、总管内务府大臣臣三和、总管内务府大臣臣四格、总管内务府大臣臣英廉、兼办总管内务府大臣事务臣迈拉逊、总管内务府大臣臣刘浩等因,于乾隆三十六年十一月二十四日具奏。

奉旨:知道了。钦此。

(十一)恭照本月二十日皇太后安舆进宫后,据顺天府委员将接驾之老民老妇恭捧无量寿佛一百尊,敬设十龛呈送到工,理合奏闻,于何处供奉,请旨遵行,谨奏等因,于乾隆三十六年十一月二十五日具奏。

奉旨:著在万寿寺酌量安供。钦此。

## 七、礼部一卷

礼部谨奏为遵旨详查具奏事:

本年十月二十九日,准内务府文称:内务府大臣面奏,谕旨:

著将乾隆年间恭办皇太后七旬、八旬万寿庆典成案,并高宗纯皇帝七旬、八旬万寿庆典成案敬谨查出,一并开单呈览,并著传知礼部、工部一体敬谨详查具奏。钦此。

钦遵知照前来。臣等当即遴派司员,详稽档案,实因年久,未能完备,惟检查臣部《则例》及《会典》内所载,乾隆年间庆典叠逢,隆仪大备,宏纲钜目,昭示来兹。臣等悉心参酌,谨就乾隆二十六年暨三十六年皇太后七旬、八旬万寿,并高宗纯皇帝七旬、八旬万寿举行各典礼有关臣部应办之件,分列条目,缮具清单,恭呈御览,伏乞圣鉴,谨奏。

### 乾隆二十六年皇太后七旬万寿
### 乾隆三十六年皇太后八旬万寿各庆典

谨将乾隆二十六年皇太后七旬万寿、乾隆三十六年皇太后八旬万寿各庆典,敬稽例案,分别条款,开列清单,恭呈御览:

**一　崇上徽号**

恭查乾隆二十六年圣母皇太后七旬万寿,加上崇庆慈宣康惠敦和裕寿纯禧皇太后徽号曰"崇庆慈宣康惠敦和裕寿纯禧恭懿皇太后"。前期一日,高宗纯皇帝礼服御中和殿北向阅奏书毕,诣皇太后宫恭上奏书,届期,高宗纯皇帝礼服御太和殿阅册宝毕,率王公百官诣皇太后宫恭上册宝,行礼。又,乾隆三十六年圣母皇太后八旬万寿,加上崇庆慈宣康惠敦和裕寿纯禧恭懿皇太后徽号曰"崇庆慈宣康惠敦和裕寿纯禧恭懿安祺皇太后",其前期恭进奏书,届期恭进册宝,行礼,各典礼均乾隆二十六年同。

一 **制造册宝**

恭查乾隆三十四年奉上谕:

> 朕尊养璇闱,展爱承欢,一切务臻隆备。前者每逢庆典,加上圣母皇太后徽号,悉遵《会典》成规,敬制金册金宝,以为□仪昭度,程式宜然。近检稽体仁阁尊藏法物,乃知册宝原有刻玉之制,因思国家传宝,质皆瑑玉,是嘉玉,较视良金尤为宝贵。越岁辛卯,恭遇圣母八旬万寿,朕将躬率群臣恭加徽号,用洽彝章,所奉册宝,自宜备极尊崇,以称朕尊亲茂庆之意。著大学士会同该部博稽旧典,敬谨详议以闻。钦此。

遵旨议准:历代崇奉母仪,有加上册宝之文,考其制度,刻玉与范金互用,而册宝用玉,其礼特重。此次恭奉皇太后册宝,应用嘉玉,以隆庆典。

一 **升殿颁诏**

查定例,恭遇覃恩庆典,颁诏书于天下,恭查乾隆二十六年皇太后七旬万寿,高宗纯皇帝率王公大臣诣慈宁宫恭上徽号,进册宝行礼,礼成,御太和殿颁恩诏中外。乾隆三十六年皇太后八旬万寿,恭上徽号,礼成,升殿庆贺,颁诏礼同。

一 **特开乡会试恩科**

恭查乾隆二十五年奉上谕:

> 来岁恭逢圣母皇太后七旬万寿,今年为朕五十诞辰,仰荷上苍福佑,西陲大武告成,普天同庆,自壬申特开万寿恩科,于今十载,当此懋祉频臻,宜锡鸿恩,用昭盛典。著于本年八月举行恩科乡试,来岁三月举行会试,俾多士并得观光,益宏嘉禧。该部即遵谕行。钦此。

又乾隆三十五年奉上谕:

> 国家茂膺多福,瑞祉骈臻,思与海内同兹嘉庆,粤在壬申、辛巳,两遇庆典,再开万寿恩科,今岁为朕六十诞辰,明年恭逢皇太后八旬万寿,仰惟慈禧光被,欢洽敷天,允宜申锡无疆,汇征叶吉,用彰行庆,作人之盛。著于八月举行恩科乡试,来岁三月举行会试,俾多士忭舞观光,副朕锡福延厘至意。该部即遵谕行。钦此。

一　**彩服日期**

查定例，皇太后大庆圣节一月内，王公百官咸衣蟒袍，于前期具奏，得旨通行。在京各衙门及各直省，恭查乾隆二十六年皇太后七旬万寿，奉旨：

自初八日至二十八日服蟒袍补褂。钦此。

又三十六年皇太后八旬万寿，奉旨：

自初八日至三十日服蟒袍补褂。钦此。

一　**举行筵宴**

查定例，皇太后万寿，慈宁宫设宴，前期奏请得旨，命所司备馔。恭查乾隆二十六年皇太后七旬万寿，奉旨：

皇太后万寿筵宴，阿哥等进三九，近派王等进三九，显亲王等进三九，内务府遵旨办理，将向例王等各进桌一羊一酒一瓶，统入于六九数内。

乾隆三十六年皇太后八旬万寿，筵宴均遵照二十六年之例敬谨办理。

一　**撰演乐章**

恭查乾隆二十六年皇太后七旬万寿，慈宁宫筵宴乐舞，另撰乐曲二十章。乾隆三十六年皇太后八旬万寿，另撰乐曲十有八章，均先期演习。

一　**御制词章，进献祝嘏**

恭查乾隆二十六年皇太后七旬万寿，高宗纯皇帝亲撰万寿连珠词，制围屏恭献。乾隆三十六年皇太后八旬万寿，崇上徽号、奏书表文均御制，并撰进《鸿称积庆颂》八章。

一　**御彩衣进舞**

恭查乾隆二十六年皇太后七旬万寿，恭上徽号，礼成，高宗纯皇帝诣慈宁宫，侍宴彩衣，躬舞奉觞上寿。亲王及皇子、皇孙等以次进舞。乾隆三十六年皇太后八旬万寿大庆节，高宗纯皇帝诣慈宁宫侍宴，彩衣躬舞，奉觞上寿，皇子、皇孙、皇曾孙等以次进舞。

一　**耆臣庆祝**

恭查乾隆二十六年皇太后七旬圣寿，年逾七十以上之亲王及文职大臣九人、武职大臣九人，并在籍文武大臣九人，御制九老会诗，赐游香山御园。及皇太后自畅春园安舆还宫，诸老臣分列三班跪迎，懿旨颁赐，赏赉有差。又奉上谕：

今岁恭逢圣母皇太后七旬大庆,在籍老臣进京称祝,虽出谊分情愿,第念年齿既高之人,虽筋力未衰,而林泉优游日久,非夙夜在公者可比,朕视事甚早,日以为常,使耆耇悬车者每晨待漏奏名,节令届寒,殊非朕优老引年之意。可传谕诸臣,令其间数日一至宫门,俾得从容颐养,以示体恤。钦此。

又乾隆三十六年皇太后八旬圣寿,高宗纯皇帝率王公大臣诣慈宁宫恭上徽号,进册宝,行礼,礼成,奉皇太后幸万寿寺拈香,三班九老、王公宗室、满汉大小臣工,并在籍绅士等各于恭祝万寿亭前依次跪迎,皇太后颁赐赏赉各有差,赐三班九老宴游香山,命于次日赴乾清门内,令画工绘图文职九老、武职九老、致仕九老。臣部奏各省原任及候补候选人员,来京虔申应祝,应准其午门外一体随班行礼。

奉旨:准其随班行礼。钦此。

又奉上谕:

今岁恭逢圣母皇太后八旬万寿,庆洽敷天,朕躬率寰宇臣民,胪欢祝嘏。各省督抚等多有以远任封圻,未克随班舞蹈,奏请来京申祝者。但各文武大臣各有本任专责,势不可令其同时朝集京师,是以未为允准。且该督抚等届辰,各于所属率偕僚吏绅士,望阙呼嵩,自足以展申祝悃,所有未经奏请来京之督抚将军都统提镇藩臬,俱不必续有陈奏。钦此。

**一　顺天各直省绅民耆老人等在京建设经坛共申庆祝**

恭查乾隆二十六年奉上谕:

今岁圣母七秩大庆,海宇臣民同登寿域,而京师首善之地,近仰慈晖,抒诚弥切,允宜特沛渥恩,以光盛典。所有顺天府属恭与祝厘各绅士等,著照乾隆十六年之例休致,候补候选及现在原有职衔者,俱著各加一级,革职者复还原衔,俾邀章服之荣,用普福祥之泽。

又乾隆三十六年奉上谕:

本年恭逢皇太后八旬万寿,八旗及直省人员全集京师,建设经坛,虔申祝嘏，自应分别加恩，以敷庆泽。除顺天府属绅士及满汉原任文武大员并候补候选有职人员，业经降旨，分别给衔加级外，其余八旗各省文武废员等，经军机大臣交吏、兵二部查明缘事案由，分拟等次列单呈览。朕核其情节较轻、尚堪录用之沈清任等三十三员，著该部带领引见，再降谕旨。其三次恭祝之陈顾联等七十一员，俱著赏给原衔；二次之王硕等一百七十七员，俱著降一等赏给职衔；一次之秦峤等五百二十九员，暨八旗革职人员福葆等一百五十七员，俱著降二等赏给职衔。至佐杂微员无级可降者，均各给原衔。钦此。

## 一　进献礼物

查定例，皇太后万寿大庆，王以下、入八分公以上，进金银、珠宝、器皿、蟒妆、缎匹、鞍辔等项，未入八分公以下、镇国将军、民公侯伯都统子、内大臣、满洲大学士、汉大学士、尚书、左都御史、外省将军、总督等各进缎八匹，辅国将军、护军统领、前锋、统领、副都统、满洲侍郎、汉侍郎、巡抚、总兵等各进缎六匹，届日于午门外进献，由部于前一年具题。皇上恭奉皇太后懿旨下，行文在京各该衙门及各直省遵行。恭查乾隆二十六年皇太后七旬万寿、乾隆三十六年皇太后八旬万寿，臣部于前一年照例具题，均奉旨：

奉皇太后懿旨，停止进献礼物。钦此。

又乾隆二十六年奉上谕：

本年皇太后七旬大庆，各督抚等未免以进献称祝，务求备物将敬之意。上年以藩、臬等官阶未至，已叠经降旨申谕，其外廷及学政等各员即折奏，亦不令送览，此众人所稔知。惟是分属大僚，士下联情，势难概斥，伊等奏进，自不得不量存一二。钦此。

乾隆三十六年奉上谕：

今岁恭逢圣母皇太后八旬万寿庆洽，普天各省督抚等献芹效祝，原亦情义所应。朕如内而尚书、都统，外而总督、巡抚，有备仪庆祝慈寿者，自不妨俯允其奏。顾朝廷班列差分，宜有限制。昨岁朕六十诞辰，曾为分别敕禁，当此璇闱衍庆，诸臣自皆念切抒诚，而辨等威，以达悃忱。上年成例具在,其在京侍郎、副都统,并外省提督学政藩臬等,均毋庸进献称祝,奏事人员不得概行转奏。钦此。

一　遣官告祭

查定例,皇太后万寿大庆,恭上徽号,均前期告祭天地、太庙、后殿、奉先殿、社稷,遣官交太常寺及内务府奏派祝文,交翰林院撰拟。至恭上徽号,颁诏礼成后,祗告岳镇海渎及前代帝王陵寝、先师阙里,均遣官行礼。恭查乾隆二十六年皇太后七旬万寿、三十六年皇太后八旬万寿,恭上徽号均前期告祭及颁诏礼成后,遣官祗告各如仪,并致祭长白山。

一　展限刑鞫

查定例,恭遇皇太后大庆圣节,自初一日起至三十日不理刑名,于前期具奏,得旨通行。在京各衙门及各直省,恭查乾隆二十六年皇太后七旬万寿、乾隆三十六年皇太后八旬万寿,臣部均照例请得旨后,通行遵照。

一　乡会试年老生加恩赏给举人职衔

恭查乾隆二十六年奏,上谕:

本年恭遇皇太后七旬万寿,普天同庆,特开万寿恩科,所有应试举子年在七十、八十以上者,虽未经入彀,而耆年宿学,恭遇盛典,宜沛渥恩,以广慈福。八十以上之李勉等,七十以上之盛大业等,俱著赏给国子监学正职衔。钦此。

乾隆三十六年奉上谕:

本年恭逢圣母皇太后八旬万寿,庆洽敷天,兹当顺天乡试士子踊跃备来,其中皓首庞眉较上科倍盛。榜后虽未获售,念其耆年尚赴场屋,壮志足嘉,而福锡儒林,益征上瑞,著加恩将应试诸生年在八十以上之张文达等、七十以上之邵无逸等,及前日奏到之山西省乔玉桂、本日奏到河南省之甯维祺,俱赏给举人一体会试,以昭寿考作人有加无已至意。钦此。

又奉上谕:

本年恭逢圣母皇太后八旬万寿,敷天洽庆,特举恩科,多士云集观光,欣承茂典。有齿跻耄耋,挟策偕来者,多至三十余人,且有寿届期颐,矍铄应试。仰见慈庆覃增，光昭寿宇，允宜宏敷渥泽，用广鸿庥。所有本年会试举子内，年登百岁之李炜著赏给国子监司业，职衔八十以上之李珩等俱著赏给翰林院检讨，职衔七十以上之丁福隆等俱著赏给国子监学正职衔。俾耆儒膺秩，咸遂夙怀，以彰推恩引年之至意。钦此。

**一 会试举人拣选录用**

乾隆二十六年奉上谕：

本年恭遇皇太后七旬万寿，敷天同庆，特开万寿恩科，所有未经入彀举子，应照前例一体加恩，按其科分名次先后为序，派出大臣详慎拣选。择其年力壮盛可以及录用者，大省四十人、中省三十人、小省二十人，带领引见，别以知县试用教职铨补，不得专取年少新科之人充数。并著军机大臣会同该部查明应试举子中有年在七十、八十以上者，于揭晓后列名具奏，候朕加恩降旨，以普慈恩而光盛典。钦此。

又乾隆三十六年奉上谕：

今岁恭逢圣母皇太后八旬万寿，特开乡会恩科，俾欢洽汇征，永为例事。其年臻耄耋者，业于今春榜后，视其齿序，恩予职衔。而云集观光之众，亦当令其同沾庆泽，益广慈禧。著于明岁春闱后，仍照丙戌年之例，将应试举人分别等第，拣选引见录用，以彰锡类作人之至意。钦此。

## 乾隆四十五年高宗纯皇帝七旬万寿
## 乾隆五十五年高宗纯皇帝八旬万寿各庆典

谨将乾隆四十五年高宗纯皇帝七旬万寿、乾隆五十五年高宗纯皇帝八旬万寿各庆典敬稽例案，分别条款，开列清单，恭呈御览：

**一 庆贺**

颁诏查定例，万寿圣节皇上御太和殿，受诸王、内外百官进表庆贺。又恭遇大典，覃恩颁诏书于天下，恭查乾隆五十五年高宗纯黄(皇)帝八旬万寿，先于元旦受贺后，颁发万寿恩诏。八月十二日，驾由圆明园进宫。届日御太和殿升座，王以下文武百官，暨蒙古、回部、朝鲜等国使臣，金川土司、台湾生番等，恭进万寿贺表，行庆贺礼。

一　特开恩科

恭查乾隆四十三年奉上谕：

天下士民遇朕七旬，皆不免望恩倖泽。著于己亥年八月举行恩科乡试，庚子年举行恩科会试，以彰寿考作人之盛，其开科事宜著交礼部查例办理。钦此。

又乾隆五十二年奉上谕：

前据王公大臣及直省督抚大吏等，以乾隆五十五年朕八旬庆节，请举行万寿庆典，朕以内外臣工等胪欢祝嘏，出自积诚，是以降旨允行。朕临御五十余年，寿跻上耄，五世一堂，笃庆锡光，欢腾率土，宜沛特恩，用光钜典。除恩诏条款届期颁发外，所有下届乡会正科，著于五十三年八月、五十四年三月预行举行，五十四年秋举行恩科乡试、五十五年春举行恩科会试，以示朕乐育敷恩寿世作人至意。钦此。

一　臣民胪祝

查定例，万寿大庆各省来京庆祝人员，及进士举贡生监耆老等，礼部据呈奏请，一体于午门及天安门外排班行礼。恭查乾隆四十四年(年)奉上谕：

前因江浙督抚奏请巡阅河工海塘，已降旨允，于庚子春正月诹吉南巡。至所称明岁为朕七旬万寿，欲就近申祝，则断乎不可，业经宣谕饬禁。明年南巡回銮后，俟北郊礼成，即启程幸避暑山庄，驻跸八月，庆辰一切仍照常年例行。钦此。

又乾隆五十五年奉上谕：

今朕寿届八旬，普天同庆，薄海臣民，咸深抃舞。朕恐外省文武大员纷纷吁请，是以每省酌派二三员，并各带道府丞倅将备等官来京，以遂其祝厘瞻觐之忱至。各省耆民人等，虽未降旨准其赴阙，而草野情殷葵向思，欲远来效悃祝延万寿者，各省想亦不少。朕思年老之人正须颐养，长途跋涉，未免辛勤，不但外省地方道路遥远，不便前来，即顺天、直隶老民僻处乡隅，亦不必齐赴京师，致滋劳顿，以副朕安老引年之至意。钦此。

一　藩属觐祝

查定例，万寿圣节，外藩王公台吉、外国陪臣，有在京与朝贺者，一体排班行礼。恭查乾隆四十四年奉上谕：

明年南巡回銮后，俟北郊行礼，即启程幸避暑山庄驻跸八月，庆辰一切仍照常年例行。至西藏班禅额尔德尼豫请庆祝，实属吉祥盛事，是以允其前来，即令于山庄瞻谒，俾从其便。钦此。

又五十五年高宗纯皇帝八旬万寿，廓尔喀国长拉特纳巴都尔遣番目入觐，恭献寿经，豫祝万寿如礼。七月，驾驻避暑山庄，举行庆典，回子王公伯克及哈萨克汗台吉之子弟于初七十二等日内，外扎萨克诸蒙古汗王贝勒贝子公额驸台吉等于初九日，朝鲜国王李祘等皆遣陪臣于十一日，四川甘肃土司、台湾生番于十三日，俱叩觐于避暑山庄，仍入京称庆如礼。

一　朝鲜贡贺

恭查乾隆四十四年，朝鲜国王以明岁高宗纯皇帝七旬万寿豫进庆贺贡物，四十五年奉旨：

览王奏，以本年朕届七旬，遣使于春正庆贺，具见悃忱。知道了。所有进献礼物不必收受，若仍令来，使带回，未免徒滋往返。著暂行留贮，准作正贡，以示朕柔远至意。钦此。

是年，朝鲜国王复进庆贺万寿贡物，奉上谕：

朝鲜国王世守藩封，素称恭顺。今岁朕七旬万寿，该国王具表称贺，业已宣命来使，前赴行在，随朝臣一体行礼燕赉。其随表贡物，此次即行收受，以申该国王庆祝之诚。钦此。

乾隆五十五年高宗纯皇帝八旬万寿，奉旨：

朝鲜国王恪修职贡，恭顺可嘉。本年因朕八旬万寿，普天同庆，特于万寿正贡之外，另备贡物输诚祝嘏，情词恳挚，具见悃忱。著照所请准予赏收。钦此。

又朝鲜国王遣使庆贺万寿,恭进贡物,奉旨:

览王奏贺,知道了。本年朕八旬寿辰,该国王已先期备物呈进,今复具表称贺进贡方物,本无庸收受,但又令赍回,非所以申该国庆祝之忱。著仍行赏收。钦此。

一　衢歌迎驾

恭查乾隆五十五年高宗纯皇帝八旬万寿,吏部尚书彭元瑞恭集御制诗为万寿衢歌三百章。八月十二日,驾由圆明园进宫,卤簿用导迎乐外,兼设万寿衢歌,分为十二班次,于銮仗侍卫等奉引庆辇,各恭捧万年如意一柄,由圆明园至西华门,沿途恭备景亭,竞献歌舞,欢迎夹道,溢巷填衢。

一　彩服日期

查定例,万寿大庆圣节一月内,王公百官应衣蟒袍,前期具奏请旨通行。在京各衙门及各直省,恭查乾隆四十五年高宗纯皇帝七旬万寿。

奉旨:著照旧例。钦此。

又乾隆五十五年高宗纯皇帝八旬万寿。

奉旨:于八月初一日起至二十一日止。钦此。

一　各省督抚等进献贡物

恭查乾隆四十五年奉上谕:

前以庚子年为朕七旬万寿,恐内外臣工欲申祝嘏,屡经宣谕饬禁,更恐外省督抚不能仰体朕怀。闻因七旬万寿,有九九之仪,购备贡品,夸多斗靡。著再传谕各督抚,今年八月庆寿,一切仍照常例。若借七旬万寿为名,多事繁文,以申媚兹之悃。现今降旨,届期遇有多进贡物者,一概不准接收。诸臣其善体朕意。钦此。

又奉上谕:

本年万寿节,前虑及王公大臣及外省督抚等不能仰体朕怀,购备多品,以申庆祝,降旨通行晓谕,以期黜华崇实。乃诸臣等仍不免有夸多斗靡之习。但朕七旬庆节非常年可比,且因其远道诚殷,不得不酌留数件,其余发还。诸臣等谅亦共见共闻,知朕意之所在矣。钦此。

乾隆五十三年奉上谕:

前因五十五年值朕八旬万寿,经办理庆典,大臣议令各督抚等分别扣存养廉,备充经费,因恐各督抚等若仍备进万寿贡物,未免稍形竭蹶,其各恪遵谕旨,不但是年,即明年亦概毋庸备进万寿贡品,以仰副朕训谕至意。钦此。

五十五年奉上谕:

本年为朕八旬寿辰,内外臣工情殷祝嘏。昨诣恩慕寺、永宁寺拈香,见道旁点景处所,过于繁费,臣工等固属竞效胪欢,而踵事增华,不但不以为喜,抑且心觉不安。仍著该管大臣等将一应彩饰量为减省,以示朕戒靡崇俭至意。钦此。

**一　撰演乐章**

恭查乾隆四十五年高宗纯皇帝七旬万寿筵宴,另撰乐曲九章。乾隆五十五年高宗纯皇帝八旬万寿,另撰乐曲十有八章,均先期演习。

**一　恩赏年老**

恭查乾隆四十四年奉上谕:

本年恩科顺天乡试,诸生中年臻耄耋者,颇为踊跃观光,榜发俱未获售。著加恩将应试诸生年八十以上之王景绩等俱赏给举人,一体会试,用昭嘉惠耆年之至意。钦此。

四十五年奉上谕:

本年恩科会试,各省士子云集观光,其中庞眉皓首、挟策偕来者多至三十余人,实为熙朝盛事,宜加渥泽,用广作人。所有八十以上之李实生等系乡试中式举人,著加恩赏给翰林院检讨衔;其刘学耄等着与年七十以上之吴兆魁等,一体加恩赏给国子监学正衔。以彰推恩引年之至意。钦此。

又五十四年奉上谕:

本年顺天乡试,诸生中年届八十七十以上者,三场完竣,榜发俱未中式。该生等年臻耄耋,犹踊跃观光,洵为艺林盛事。其年在八十以上之左昌宗等,并年在七十以上之副榜单备,俱著赏给举人,准其一体会试。年在七十以上之高日新等,俱著加恩赏给副榜。钦此。

五十五年奉上谕:

本年朕届八旬,特开万寿恩科,各省举子年老应试者至一百余人之多,庞眉皓首踊跃观光,洵为昇平盛事。所有九十以上之刘湘,八十以上之吴霖等,俱著赏给翰林院检讨衔;七十以上之董继允等,俱著赏给国子监学正衔;其九十以上者,各加赏缎三匹;八十以上者,各加赏缎二匹;七十以上者,各加赏缎一匹。并年在九十、八十、七十以上,前经赏给职衔之段三连等七名,亦著一体分别赏给缎匹,以示朕嘉惠耆儒、仁寿作人之至意。钦此。

一　恩赉外藩

恭查乾隆四十五年,朝鲜国王遣使来京庆祝万寿,加赐国王缎十八,正副使等各加赏有差。

乾隆五十五年朝鲜国王遣使庆祝,特赐国王如意、缎匹、绢笺、笔砚等,并连日赏正副使等缎匹、荷包、瓷漆、盘碗等有差。

一　遣官告祭

查定例,皇上万寿大庆前期,告祭天地、太庙、后殿、奉先殿、社稷,遣官由太常寺及内务府奏派祝文,由翰林院撰拟。至庆贺颁诏,礼成后,祇告岳镇海渎、前代帝王陵寝、先师阙里,均遣官行礼。恭查乾隆四十五年高宗纯皇帝七旬万寿、五十五年高宗纯皇帝八旬万寿,前期告祭及遣官祇告各如仪,并致祭长白山、松花江。其北海之神,乾隆四十五年因山海关庙工未竣,仍于吉林望祭。

一　举行筵宴

查定例,万寿圣节设宴于太和殿。恭查乾隆四十五年高宗纯皇帝七旬万寿、五十五年高宗纯皇帝八旬万寿，均元旦举行太和殿筵宴。又五十五年万寿圣节，御太和殿庆贺礼成，上幸宁寿宫，赐王公、大臣、蒙古王、贝勒、贝子、公、额驸、台吉、外藩使臣等宴。御乾清宫，赐宗室诸王等宴皇子、皇孙、皇曾孙、皇元孙以次舞彩称祝。十六日，幸御园。二十日，御正大光明殿筵宴。

**一　举行千叟宴**

恭查乾隆四十九年奉上谕：

> 繄古帝王御世建极凝庥，上有敷锡之君，下享康宁之福。洎乎近代，史册鲜称。我皇祖冲龄践祚，统御寰区，仁渐义摩，涵濡休养。康熙年间，曾举行千叟宴，与中外臣民跻寿宇，而迓繁禧诚，为千载一时之嘉会。朕诞膺丕绪，敬绍鸿图，仰承昊苍眷顾，福佑朕躬，年逾古稀，尚能康强勤政。惟是敛时锡福，期举世咸登仁寿。著于乾隆五十年正月初六日举行千叟宴盛典，用昭我国家景运昌期，重熙累洽，嘉与中外臣民耆老介祉延禧之至意。所有一切事宜，各衙门敬谨豫备。钦此。

## 八、工部卷

工部谨奏为敬稽成案恭折奏闻事：

臣等准内务府大臣交称：光绪十八年十月二十九日面奉谕旨：

> 著将乾隆年间恭办皇太后七旬八旬万寿庆典成案，并高宗纯皇帝七旬八旬万寿庆典成案敬谨查出，一并开单呈览，并著传知礼部、工部一体敬谨详查具奏等因。钦此。

钦遵咨行到部。臣等遴派司员，参考旧闻，检寻档案，查乾隆年间恭办崇庆皇太后万寿庆典，如修建万寿寺、大报恩寺为皇太后祝厘之所。典礼崇隆，鸿规钜制，皆由高宗纯皇帝尊养兼隆，亲为指授，庀材鸠工，未由臣部承办，是以无案可稽。至当时皇太后万寿、高宗纯皇帝万寿，一切典礼攸关，应由臣部恭备者，谨开具清单，恭呈御览。其成案中咨行之件委曲繁重，多系督率工匠制造之事，亦谨择录开单。其制造各件事属细微者，未便一一详录。将来举行典礼，奉到各处咨行臣部，皆当敬谨预备。其余应备事宜，臣等随时奏明请旨。

又查乾隆五十五年万寿庆典，所有圣驾经由道路之沟渠一律兴修，谨将此案一并缮列，伏乞圣裁，为此谨奏。

谨查乾隆年间档案，事隔多年，间有未能齐备者，谨就《皇朝礼器图》及《大清

会典》各书所载有归臣部应备事宜,敬缮清单,恭呈御览:

一　**金册、金宝、玉册、玉宝**

金册应归臣部恭制,其金宝应归礼部敬备,玉册、玉宝应归内府敬备。

一　**万寿金辇一乘**

谨按乾隆十六年皇太后六旬万寿,上尊养祝厘,鸿仪备举,预涓吉日,自畅春园躬奉慈驾入宫。皇太后御金辇,明黄缎帏,绣寿字篆文,奉辇以二十八人。乾隆二十六年皇太后七旬万寿礼亦如之。恭查万寿金辇,业经遵旨敬备。

一　**仪驾分名目开列后**

龙凤舆、龙凤车、仪舆、仪车、九凤曲盖、拂尘一对、提炉一对、香盒一对、盥盆、唾壶、水瓶、马杌、交椅、九凤盖二对、花盖二对。

工部谨奏为请旨事:

窃工部准礼部咨称:甲午年皇太后六旬万寿,加上徽号,尊用玉册、玉宝一折,于光绪十九年二月二十五日具奏。

> 奉旨:依议。钦此。

抄录原奏,知照前来。恭查加上皇太后徽号,工部应用制造装盛玉宝金箱一个、金印池一个,需用八成色金二百三十两。又金钱一个,需用八成色金一两五钱。以上三项,连耗焊在内,需用八成色金二百三十四两八分二厘。□镀锁钥等项,需用头等赤金九两一钱七分二厘,加耗一分八厘在内。工部查照近案,此项金两由内务府支领,相应请旨饬下内务府照数给发,恭候命下,由工部出具印领,前赴内务府支领。俾得督饬司员先期敬谨恭制,以昭慎重。再此折系工部主稿,会同钦派王大臣具奏,合并声明,为此谨奏请旨。

工部谨奏为酌拟彩殿图式恭呈御览事:

窃本年二月十七日,工部准军机处交片:本日军机大臣面奉谕旨:

> 明岁皇太后六旬万寿,自颐和园还宫,应备彩殿,颐和园东宫门外一座,倚虹堂一座,咸安门外一座,著工部敬谨办理。钦此。

钦遵。臣等公同商酌,颐和园东宫门外暨咸安门外两处彩殿,为皇太后乘降金辇而设,均拟恭办五间,以便执差人等易于行走。颐和园东宫门本系东西向,地势宽展,即照东西向敬谨豫备。咸安门系南北向,若照原向豫备,地势稍有未敷,谨拟改为东西向,似较妥协。至倚虹堂之彩殿,前钦奉懿旨,至倚虹堂少等因,查倚虹堂宫门规制系属三间,臣等谨拟于宫门外按照东西向恭备彩殿三间,专为皇太后乘降金辇之处,谨绘具图说,并制成式样,恭呈御览,伏候训示。再由工部堂官督率司员,届期敬谨豫备,除应需彩绸木料等项另由工部核算办理外,所有先行酌拟图式进呈缘由,理合缮折具陈。再此折系工部主稿,会同钦派王大臣具奏,合并陈明,谨奏请旨。

工部谨奏为请旨事:

光绪十九年二月十一日,工部准銮仪卫咨称:掌卫事大臣多罗庆郡王奕□面奉谕旨:

> 皇太后仪驾銮仪卫,工部现有二分,已敷陈设,毋庸另制。内如有□旧者,著修理整齐。皇太后六旬万寿庆典金辇前应行豫备骑驾,著照仪驾内旌节伞扇等件加添数目。骑驾内应有乐器,著銮仪卫开单交工部制造,所有骑驾执差校尉,均著穿石青云缎地金寿字驾衣。钦此。

钦遵。希即派员赴本卫,会同详细查勘,斟酌尺寸,统俟改小,饬匠妥为成做等因,咨行工部前来,当即拣派司员前往銮仪卫,会同敬谨查看,并由臣等往返片商,详细酌拟。皇太后骑驾一分内旌节、拂尘、立瓜、卧瓜、吾仗、各色旗,仍恭照仪驾尺寸成做,毋庸改小。其各色伞扇拟照仪驾尺寸,每尺改小二寸成做,俾马工易于执持,庶于变通办理之中,仍合大小适宜之用。相应开具清单,恭呈御览,伏候训示。再由工部将应需绣片缎纺暨寿字袍等项,咨行苏州织造敬谨如数织办,务须质地纯厚,颜色鲜明,限文到六十日一律妥速办解,并知照户部转咨江苏巡抚拨给的款,以期无误。至各旗伞、顶木柄暨乐器等项,应由工部拣派司员妥慎制办,俟绣片各项解到后一并奏交銮仪卫,敬谨收存备用。至现用仪驾一分,应俟届时另行酌核办理。再此折系工部主稿,会同钦派王大臣具奏,合并声明,谨奏请旨。

谨将皇太后骑驾一分敬缮清单恭呈御览:

拂尘二对、旌节二对、五色缎销金龙凤旗十对、立瓜四对、卧瓜四对、吾仗四对,以上各件拟按照仪驾尺寸敬谨成做。

明黄缎绣九凤曲柄伞一把、明黄缎绣宝相花伞四对、五色云缎销金九凤伞十对、红素缎方伞二对、红云缎方伞二对、黄缎绣龙凤圆扇四对、红缎绣龙凤圆扇四对、黄缎绣龙凤方扇四对、红缎绣龙凤方扇四对,以上各件拟按照仪驾尺寸敬谨改小成做。

方伞二对、龙凤扇四对、鸾凤扇四对、龙凤旗五对、卧瓜二对、立瓜二对、吾仗二对、金节二对,恭查仪驾全分,业经遵旨敬备。

谨查乾隆二十六年崇庆皇太后七旬万寿庆典事宜:

一　加上皇太后徽号,恭进册宝应备箱架袱褥等项。

一　加上皇太后徽号,恭办宣读册文、宝文。又礼部咨恭办皇太后徽号金宝,需用镌字等匠,并黄绫匠等项。又礼部咨取恭逢加上皇太后徽号刊刷表文,应用黎木板等项。

一　本年十一月二十日恭进皇太后册宝,移咨工部备龙亭二座,先期送至内阁门外应用。

一　准礼部文开本年十一月十九日巳刻皇上升中和殿阅奏书,诣皇太后宫进奏书、行礼,二十日辰时皇上陞太和殿阅册宝,诣皇太后宫恭献玉册、玉宝毕,皇上率诸王大臣于皇太后宫行庆贺礼毕,升殿受贺颁诏。再二十二日辰时,皇上率诸王大臣于皇太后宫行庆祝万寿礼,均应铺设棕毯。

一　銮仪卫咨修皇太后凤舆、凤轿,以备万寿供用,敬谨修理。

一　銮仪卫咨取皇太后仪驾,请轿校尉豹皮帽捲檐毡帽,并线缨凉帽,共九百十六顶。又銮仪卫咨取皇太后仪驾内校尉,应用黄翎三百枝。

一　銮仪卫咨取恭逢皇太后万寿大安辇校尉,需用黄翎等项。

一　武备院咨取恭逢皇太后万寿圣节高亮轿支搭黄布城并椿、橛等项。

一　銮仪卫咨取恭逢皇太后万寿卤簿内,应用驾衣三千二百一件。

一　内务府咨取进立天坛万寿灯,需用搭运匠役。

一　内务府咨修万善殿工程。

一　礼部内阁咨取庆贺皇太后表文,需用黄绫袱匣,并双裱洒金红纸等项。

一　光禄寺咨取朝鲜进贡员役,应用食盒、花磁罐等项。

谨查乾隆三十六年崇庆皇太后八旬万寿庆典事宜:

一　恭逢皇太后八旬万寿加上徽号,遵旨敬谨恭造玉册、玉宝,所有盛册宝金箱,并银镀金什件等项,业经奏明,恭照上次敬谨备办,核需头等赤金九两一钱五分四厘四毫,八成色金二百三十两,行文内务府取用成造。时有应行添补之处,在于制造库存储金两内添补应用。

一　恭进皇太后徽号,宣读册宝,会同造办处官员照依玉册宝式样敬谨办造,册一分,宝一分,册匣一个,宝匣一个,明黄缎包袱四个。

一　准礼部文开,乾隆三十六年十一月二十日加皇太后徽号,恭进册宝,典礼隆重,已知会执事大臣官员,于十五日演礼,又十九日再行演礼,以期仪文娴熟,届期无误应用。龙亭二座,咨部先期派员送至内阁门外预备。又文开十八日皇上诣畅春园请皇太后安,恭进奏书,应用龙亭一座、华盖一柄、御杖一对。

一 内阁文开，尊上皇太后徽号，办理奏书需用明黄云龙缎，裱糊杉木匣，黄绫夹包袱，夹绫带等项。

一 内阁文开，皇太后万寿加上徽号，颁示诏书，需用裱造黄色纸。

一 准礼部知会十一月二十日，恭进皇太后册宝，并二十五日颁诏，例应铺设棕毯。

一 中书科移取备用裱造纸册一百道，龙边诰命二百道，敕书二百道。

一 恭办册封嫔，宣读册一分，并袱匣等项，又恭办册封嫔彩仗内，需用红绸夹驾衣八十件，绿绸带八十条。

一 准銮仪卫文开，恭照皇太后乘用大安辇，于十八日预备皇上御览所有，寿康左门及高亮桥安设大安辇，例应铺设棕毯。

一 銮仪卫咨取皇太后万寿恭请大安辇校尉，需用黄翎六百九十五枝。又銮仪卫咨取皇太后仪驾上，需用明黄羽翎二百三十二枝。

一 准銮仪卫文开，奏修皇太后仪驾一折，于乾隆三十五年十二月初二日奏。

> 本日奉旨：知道了，其换下之伞扇各件，亦交造办处呈览。有寺庙堪用处应用。钦此。

钦遵。抄录原奏，咨工部查照办理等因前来。查原奏单开内，有红缎龙凤扇二对、黄缎龙凤扇二对、红缎雉尾扇二对、黄缎雉尾扇二对，例由苏州织造绣解，相应照旧式样尺寸做法另行详细开单，照会该织造作速敬谨赴办齐全，送部应用。至所需工料银两，例系户部拨给。

一 准銮仪卫咨称，奏修皇太后仪驾一折，于乾隆三十五年十二月初二日奏。

> 本日奉旨：知道了，其换下之伞扇各件，亦交造办处呈览，有寺庙堪用处应用。钦此。

经本部派员会同銮仪卫派出之员，将前项仪驾应修应换各件业经办竣，咨送銮仪卫供用在案。今将换下各件详细开单，送造办处遵旨办理。又銮仪卫单开车轿上坐褥六铺，应行换面，行文内务府，照式换下伞衣扇面等项，遵旨交造办处。

一 銮仪卫咨取皇太后万寿仪驾内，应用红绸夹驾衣二百三十二件、绿绸带二百三十二条。

一 銮仪卫咨取大驾卤簿并金玉辇上及请轿上，需用红绸夹驾衣共二千五百二十七件、红纱驾衣二百二十八件、绿绸带二千七百五十五条。

一　内阁移取预备呈太后万寿,恭进表文,需用堆金立粉龙匣黄绫包袱、黄绫带等件,又内阁移取万寿舞词十六页。

一　礼部咨修龙亭一座、香亭一座、表亭八座。

一　武备院移咨,皇太后万寿圣节,在高亮桥支搭黄布城,需用运送布城门扇影壁等项。

一　光禄寺移咨,皇太后万寿庆典,需用桌张等项。

一　礼部恭奉恩诏致祭五岳四渎等祀,咨取黄缎销金云龙夹袱六十个、纺丝油单六十个,谨查乾隆四十五年高宗纯皇帝七旬万寿庆典事宜。

一　礼部咨修庆贺典礼应用龙亭、香亭、表亭大小桌案。

一　銮仪卫咨取红绸夹驾衣四百四十二件、绿绸带四百四十二条、黄布包袱四十四个,又绿布驾衣三千件、红布带三千条。谨查乾隆五十五年高宗纯皇帝八旬万寿庆典事宜。

一　礼部咨庆贺万寿圣节,在京诸王百官恭进表文,应用销金团龙夹包袱黄绫袱带木匣等项,又礼部咨修龙亭、香亭、表亭、表桌。

一　内阁咨帕克巴拉呼图克图等恭庆万寿回赐敕书,需用画筒油布单等项。

一　銮仪卫咨取万寿圣节大驾卤簿校尉,应戴黄翎三千六百八十枝,又銮仪卫咨取大驾卤簿内校尉,应用黄翎一千七百十二枝。

一　内阁移咨庆贺皇上万寿圣节,需用洒金鲜红纸张。

一　銮仪卫文开,皇上八旬万寿,咨取黄羽翎三千六百八十枝,查内有请辇校尉所戴羽翎四百六十六枝,其式样与卤簿校尉不同,须赴卫领取式样照办。

一　内阁文开,恭庆万寿敕书,需用勅筒绸布油单。

一　理藩院咨,恭庆万寿各国来使,应用柴炭等项。

一　乾隆五十五年欣逢圣寿庆典,管理沟渠河道大臣奏称:所有西城并皇城内地面,俱系皇上经由道路,且正值恭办万寿,点景一切事宜,拟将西城地面沟渠作为急修,东城地面沟渠作为次修,分为二年办理等因。

奉旨:知道了。钦此。

2019 年 11 月 12 日第一次整理

2020 年 3 月 26 日第二次整理

2022 年 6 月 6 日第三次整理

# 清代讼师秘本三种

李雪涛　整理

## 整理者按

随着近些年法律史研究纵深发展，对新材料的发掘越来越重要。龚汝富先生长期热衷于民间法律文书的搜集、收藏、整理与研究，本次所整理点校的三种清代法律文献，便是从其所藏数量浩繁的民间法律文书中精选的。这三种法律文献皆出自民间，对于考察中国乡土社会诉讼技巧的习得、法律知识的传播，以及官府与民间法律关系的互动等，皆有重要的史料和学术价值。

有学者指出："讼师秘本历来就是以刻本、抄本两种形式流传，其中一些秘本只有稿本、抄本，从未刊刻过。"①本次所整理的三种法律文献，即为未曾刊刻过的民间抄本。由于这些法律文书年代相对久远，保存条件有限，书页多有残破，因而亟待抢救和保护。加之这些法律文书多散落民间，属于孤本文献，学术界几乎从未有人引用过，其价值愈显珍贵，更值得深入挖掘探索。目前，有关讼师秘本及诉讼文书的研究日渐受到关注，收集和整理这些珍贵的民间法律文书，不仅能够为学术研究的开展提供更多的资料，从保存传统法律文化的角度来说，也是一件功德无量的事。总之，期待这三种法律文献的出版，能迎来学术界更多的关注和研究，使其内在价值得到充

① 杨一凡主编：《历代珍稀司法文献（第十一册）》，社会科学文献出版社2012年版，"整理说明"第4～5页。

分的认识与肯定。

《清代湖南讼师秘本》,不分卷,共一册,清抄本。原件由华东政法大学龚汝富先生收藏。此册原件无书名,无作者,扉页有“四柱头”字样,尾页有“道光二年”字样,这也是全文中最晚的时间点,因此该书可能作于清道光年间。另外,因文内有“湖南”“长沙”“岳州府”“浏阳县”等字样,大致可推知其应为清代湖南人所作。因原件没有书名标识,今姑且称其为《清代湖南讼师秘本》。该讼师秘本前录“十六字要诀”等内容,并摘录《左传》中相关段落,以阐明作状之要诀;又抄“括八字义诀”“释十六字”“七杀式”等内容,以展现律学之精华;后附“朱文炳呈词”五十余则,内含告词、禀词、诉词等,以供人学习模仿。该书既有教人撰状之理论,又有真实诉词之例证,内容较为全面、丰富,讼学之理论与实践相得益彰,实为清代讼师秘本之佳作。

《清代江西雩都县诉讼秘本》,不分卷,共一册,清抄本。原件由华东政法大学龚汝富先生收藏。该诉讼秘本原件无书名,无作者,封面用朱笔写一楷体“華”字。因告状人为清代江西赣州府雩都县人氏,今姑且称其为《清代江西雩都县诉讼秘本》。该诉讼秘本主要记载了发生在清代嘉庆年间江西赣州府雩都县的一桩刑事案件,告状人以“挖灭母骸”等事由,层层上告,涉及县、府、道、省四级,完整展现了地方上进行诉讼活动所经历的全部过程。该诉讼秘本字体工整,内容完整,共收录四十余则呈词,且附有知县、知府、道员、巡抚的批语,几可窥得该案之全貌,是难得的个案研究材料。

《清代江西兴国县诉讼秘本》,不分卷,共一册,清抄本。原件由华东政法大学龚汝富先生收藏。此册原件无书名标识,封面有“雷臻炳备”字样。因告状人为清代江西赣州府兴国县人氏,今姑且称其为《清代江西兴国县诉讼秘本》。该册现存十四则状词,记载了发生在清代嘉庆年间江西赣州府兴国县的一桩诉讼案件。告状人以“钱契两吞”等事由,状告本县粮书。该案前后历时九载,呈状十五篇,控县控府,并附有县、府长官之批语,几可窥得该案之全貌,具有较高的史料价值。

值得一提的是,《清代江西雩都县诉讼秘本》与《清代江西兴国县诉讼秘本》所记载的案件,均发生在清代嘉庆年间的江西赣州府辖区内,这为研究彼时的地方诉讼实况和司法运行状态提供了真实的材料。总之,这两本小册子作为珍稀的法史研究材料,不仅为个案研究提供了真实的素材,而且对于考察清代中期地方上的司法运作、诉讼程序等提供了新的实证,值得令人深入挖掘、研究。

另需说明的是,在整理点校上述文献的过程中,力求保持文献原貌,不作任何有损原意的改动,仅作文字及标点符号方面的处理:

（一）原文为手抄竖排，今更为横排。

（二）原文繁体字、异体字，今更为简体字、正体字。

（三）原文均无标点，今按现代阅读习惯标点。

（四）在整理上述文献时，发现错讹处，直接在文中以“（）”（圆括号）标出讹字，并以“〔〕”（六角括号）标出校正或补足的文字。

（五）因页面残缺，或字迹不可辨认者，对能确知所漏字数者以“□”代替，不可知者以“……”代替。

## 一、清代湖南讼师秘本

### 十六字要诀

一、立意。立一柱语，统辖全词之谓也。贵明显包举，言近而旨远，词简而意（该）〔赅〕，然又非隐语影射之类所可搀入。必使阅者看我柱语，即知吾全词大概，必也先事审量，迨落笔后，则无及矣。且一（蓎）〔篇〕之扼要，全词之关键，将来之胜负批驳，胥于是乎争。故立意为法家之第一要着。

二、字眼。立意后叙事指词之谓也。忌累赘缓漫，重复层叠。虚字切须审用，实字要有着落。稚弱则不森严，喝喊流于肤浅。大略柱语为白文，此即训诂注释之意，总不离明白深入者近是。

三、曰映。如八股对面用笔，借宾定主之意。如本欲辨赵甲如此之冤，却借钱乙如此之冤以明之，而赵甲之冤，不辨自明。

四、曰开。与文字开合反正之法相似而实非。或故留破绽，以俟其求隙，或设为赚诱，入吾彀中。我即用彼之矛攻彼之盾，彼即为自认供招。

（吾）〔五〕、曰对。即抵驳其词之谓也。词有虚诬，一驳则见其妄；词有夸诞，一驳则见我真。

六、曰脱。如文字离笔之意，说情处不可一笔写尽，讲理论法亦须留顿数语，为后手地步。

七、移花接木。彼有破绽，我即伺他之隙，还接其人之词，移攻其人。

八、生死。平情而论，事合填抵，必于情理之中，细心较量律例之内，用意推求，特开一径，以俟听讼者施好生之德。

九、出入。此与生死之义亦相似而实非。出以己意，入以人言。出则自重而之轻，且出则或有枉纵；入亦不无曲从，是在操办者之从心所欲可也。

**立意**

立定了意,应他左冲右突,总不可摇动,倘一改移,彼则攻我暇(瑕)矣。要先想上一句,四字的柱语前后左右,通盘打算,有二字三字四字,俱此案实理内,将此字发挥,或用个助语字,或一泛字,亦可有用四字,或又有用八字者。下句有一二字实理,余用泛字亦可,接到叙情,情已有十分真的,务必要装捏,须藏得好,又要叙彼之情,须指点得好,又要暗擒中人,此是二路叙来。末用侧笔,则必要夹议二三语,来转正面,必要将此案全理,镕炼二句,名为严肃中军,后头生机,俱从此出。逢着对手,或用偏师,或用游兵,中军总不可动。如今要求官批,批路要空得好,将来结局,不得已以柱语字面应转,若能如意浑结全篇更妙。二路叙伏中人官衙门批路,名为四柱头要诀,短幅中,须有千言百语在。若自己有一些破绽,逢着对手,不可与他辩驳,恐欲盖弥彰。如若他故意来搜我短处,我城门不开,彼兵从何而入?待他气尽力竭,自然引兵而去。破字法,以《左传·成公八年》"巫臣折渠丘公"语为祖。词宜短,待他如何,他若诉词有破绽,决不可就去攻他,一攻他会躲了,惟虚二三笔抱住,俟他头脚都来,然后一捆。若是我做诉词,要看柱语几个何字,要想某字对他,某字出脱,其叙事告词有破绽,亦如上文所言。此文只要情理清楚,通篇俱稳,有二三语动人,无有不胜。不可骤学,大手笔学问架不来,则上司翻控。先要弄个越控,自己状内寻生路,彼词内寻眼,审语寻眼,或辣手,或衙门,或枉赃诈赃索赃,不可说出,但摹写当日时事而已。用几千钱赃过户日月时要紧的,用为正告,自己案内带叙,无有不准者。命案有情,不暇言理,总要凶手口供说得好,亦只有几条活罪,救父兄情切,服制尊长,误杀、敌杀、斗杀,即此一件,他案可以微(徽)参。《襄公廿二年·晋人征朝于郑》,亦可微(徽)参。

多用粉饰补空隙,如《吕相绝秦》,通篇皆架罪之词。秦有些子过错,即尽力铺排;自己短处,竟绝口不提,或用一二句偷过,总用饰词出脱。曲在他人,则极力铺张;曲在自己,则恣意回护。

一、逢着蛮上司,不可与他对驳,须迎刃而解,他自然动听。

一、词令之妙,大约不外二种,一是就其词而入之,二是反其词以折之。

一、如大将出征,主意定了,着着摆布,面面可以应敌。

做词如用兵,要精要整。若敌手有快着,我一时难应,须静以镇之,久久自然有主意,不可动摇,主将一动,从风而靡矣。如古人挑战不出,辱骂不出,诚所谓守如处女也。俟他破绽尽出,我可以操必胜之权,则出如脱兔,攻其不备,一鼓可擒。

一、头词主意。总在开眼之柱语,第一要着,要虚却又要站得脚稳。虚则可左旋右转,稳则应人攻打。词句须不粘不脱,要函(涵)盖,面面玲珑,头头是道,则得矣。所谓千张百张,皆从头词主意生出也。此非烂熟(肓)〔盲〕左腐史者,不足以语此。

一、头词立言最难。后来所有之事，此时又难以尽说，又不可不说，一齐说出，恐露马脚；不说，后来无根。总要一笔有数十百笔，一句有数十百句，半吞半吐，藏而不露，方有救手，此等须细读左氏埋伏简炼之法。凡告衙门，告中人，须用侧笔。案有从头而递到官衙门中人，即上所云四柱头，要轻轻一笔侧倒，要紧担子，尽力推在身上，所谓案有数十年不结是也。《宣公四年 · 楚人献鼋于郑灵公》，左氏叙公子宋与子家，真李代桃僵之妙笔也。

以自己对头详叙，都是陪笔，极似带叙，中人云云，却是正笔。此非手法高敏，不足语此。《襄公廿六年 · 宋〔公〕杀其世子痤》中有曰，"（舍）〔合〕左师畏而恶之"，又用"则皆曰：'固（有）〔闻〕之'"，又着一笔，左师（晤）〔聒〕而与语，皆平空插入人罪之无迹可寻者。若能得其妙，则入人之罪，轻轻不觉，而无有不准不辨者也。

凡自坐实一笔，最为此中坐路。如八大家表状，多先认罪一番，然后大胆进言，故无兜脚之患。今世好手，疏章等类，亦都不出此，纵交部议，亦未见有加之罪者。盖人能认过，天大事亦消散也。

如若批驳绝路，更无转身处，官必逾加追问，此际只有放开喉咙，索性说个畅快，明目张胆，不由他不吃惊，不由他不着忙。要字生棱出角，鳞甲满腹，亦须辣处带朴诚，彼自难以捉摸，我又得游行自在也。可见此道不外一个活法，随我东行西走，上摇下摆，任他四面埋伏。持此法以（泩）〔往〕，何难偷关夺寨也。若下实成死句，一遇猛将，必坠马下。此系要着，故不惮再三言之。

又不惟学问精，见识高，还须世情透，入情入理。如场中文顺适条达，娓娓说去，无不赏目，无不动听。总在不亢不卑，不激不随，平心细语，所谓温厚和平之气，使人之意也消。

一、总宜以简，无间字间句为上乘。以某句为提纲，以某句为线索，以某处为眉眼，某处分界画，某处作转捩，有提有结，呼应联络，此是大紧要处。无此数法，纵说得风华，亦不见片段矣。此道如弈，须识得攻守杀夺、救应防拒之法。此道往往以间文间语，淡淡着笔，而罪状逾见，然非老手，则又支蔓矣。

一、左氏叙事，多平平叙去，不着断语，两边功罪皆见，此道最难得此妙笔。如太史公《项羽本纪》，叙楚之所以失、汉之所以得，此种隐露笔墨，稍易学步，然非熟读数十百遍，亦不见也。

**退步**

大案自己要坐实，即如命案，退在生罪，勿退在死罪。何谓生罪？敌杀、斗杀、误杀,顺势推去,或有磕伤,略举数端,皆生罪。谋杀、故杀、仇杀,略举数端,皆死罪。即小案,官府倒得来了,亦要坐实一笔,然后缓缓解松。“郑已知亡矣,苞茅不供,寡人敢不供给”,为监本。

**开眼**

空他批了,批在某处件紧,要自然出脱,他告那件紧,亦要自然出脱,决不可另起局,而与他对驳。“君其问诸水滨”,为监本。词语要针锋相对,《左传·成公三年·晋知罃对楚子》是也。

**进攻**

他有破绽,先把虚笔抱处了,使他无处可走,用一二语攻之足矣。不可用通篇纯去攻人,不顾自己,倘自失捡点,一扑即跌。

**改句**

字有宜在上者,宜在下者,或改一字,改一笔,即如“抽案”二字,提上不啻天壤矣。若在人坟上做屋,若构讼不可说坟前,或旁或侧亦可。

**改字**

昔一解粮官,舟被覆于江口,覆舟具报批驳。至再遇好手,改“口”为“中”,详准免议。移花接木,可以意会,不可以言传。

**做手**

《左传·襄公廿五年·齐崔杼弑其君光》,门启门闭是做手。

**案牍文书**

凡直省官长文行所属,曰牌;属员奉上,曰申,或详;移府移佐,曰关文;佐奉府,曰牒,呈州县长官、佐贰并同;直隶州与各府,曰牒;呈府,曰墨笔;照会学政,行两司,曰仰;经历司抄文呈堂,两司行学政,曰票;仰经历司转呈学政,行道员以下,曰牌;各道奉学政,曰呈文;织造府行府、州、县,曰牌;各部院及各省督抚、学政、两司、科道互行,曰移咨;全叙一事小者,曰扎;陈彼之恶,说己之善,或征召急疾,曰檄;加以鸡羽,曰羽檄;由通政递呈,曰折;非表非状,曰劄;内阁抄出,曰票。

【注:下文( )内文字是对〔 〕内文字的侧注。】

### 晋侯使申公巫臣如吴

晋侯使申公巫臣如吴,假道于莒。与渠丘公立于池上,曰:“城已恶!”莒子曰:“〔辟陋在夷,其孰以我为虞〕(托大语放纵之极)?”对曰:“〔夫狡焉〕(分明指楚)〔思启封疆以利社稷者〕(对他“虞”字),〔何国蔑有〕(破他“孰”字)?唯然,故多大国矣,〔唯或思或纵也〕(双顶上二句)。〔勇夫重闭,况国乎〕(又破他“辟陋”)?”

### 晋人征朝于郑

夏,晋人征朝于郑。〔郑人使少正公孙侨对〕(子产出头)曰:“在晋先君〔悼公九年〕(点年月日),我寡君于是即位。即位八月,而我先大夫子驷从寡君以朝于执事,执事不礼于寡君。寡君惧。因是行也,我二年六月朝于楚,〔晋是以有戏之役〕(此当征)。楚人犹竞,而申礼于敝邑。敝邑欲从执事,而惧为大尤,曰‘晋其谓我不共有礼。’是以不敢携贰于楚。我四年三月,先大夫子蟜又从寡君以观衅于楚,〔晋于是乎有萧鱼之役〕(此当征)。谓我敝邑,迩在晋国,譬诸草木,吾臭味也,而何敢差池?楚亦不竞,寡君尽其土实,重之以宗器,以受齐盟。遂帅群臣随于执事,以会岁终。贰于楚者,子侯、石盂,归而讨之。溴梁之明年,子蟜老矣,公孙夏从寡君以朝于君,见于尝酎,与执燔焉。间二年,闻君将靖东夏,四月又朝,以听事期。不朝之间,无岁不聘,无役不从。以大国政令之无常,国家罢病,不虞荐至,无日不惕,岂敢忘职?大国若安定之,其朝夕在庭,何辱命焉?若不恤其患,而以为口实,其无乃不堪任命,而翦为仇雠?敝邑是惧,其敢忘君命?委诸执事,执事实重图之。”

### 吕相绝秦

晋侯使吕相绝秦,曰:“昔逮我献公及穆公相好,戮力同心,申之以盟誓,重之以昏姻。天祸晋国,文公如齐,惠公如秦。无禄,献公即世,穆公不忘旧德,俾我惠公用能奉祀于晋。又不能成大勋,而为韩之师。亦悔于厥心,用集我文公,是穆之成也。”

“文公躬擐甲胄,跋履山川,逾越险阻,征东之诸侯,虞、夏、商、周之胤而朝诸秦,则亦既报旧德矣。郑人怒君之疆埸,我文公帅诸侯及秦围郑。秦大夫不询于我寡君,擅及郑盟。诸侯疾之,将致命于秦。文公恐惧,绥靖诸侯,秦师克还无害,则是我有大造于西也。”

“无禄,文公即世。穆为不吊,蔑死我君,寡我襄公,迭我殽地,奸绝我好,伐我保城,殄灭我费滑,散离我兄弟,挠乱我同盟,倾覆我国家。我襄公未忘君之旧勋,而惧社稷之陨,是以有殽之师。犹愿赦罪于穆公,穆公弗听,而即楚谋我。天诱其衷,成王陨命,穆公是以不克逞志于我。"

"穆、襄即世,康、灵即位。康公,我之自出,又欲阙翦我公室,倾覆我社稷,帅我蝥贼,以来荡摇我边疆,我是以有令狐之役。康犹不悛,入我河曲,伐我涑川,俘我王官,翦我羁马,我是以有河曲之战。东道之不通,则是康公绝我好也。"

"及君之嗣也,我君景公引领西望曰:'庶抚我乎!'君亦不惠称盟,利吾有狄难,入我河县,焚我箕、郜,芟夷我农功,虔刘我边陲。我是以有辅氏之聚。君亦悔祸之延,而欲徼福于先君献、穆,使伯车来命我景公曰:'吾与女同好弃恶,复修旧德,以追念前勋。'言誓未就,景公即世,我寡君是以有令狐之会。君又不祥,背弃盟誓。白狄及君同州,君之仇雠,而我之昏姻也。君来赐命曰:'吾与女伐狄。'寡君不敢顾昏姻,畏君之威,而受命于使。君有二心于狄,曰:'晋将伐女。'狄应且憎,是用告我。楚人恶君之二三其德也,亦来告我曰:'秦背令狐之盟,而来求盟于我,昭告昊天上帝、秦三公、楚三王曰:"余虽与晋出入,余唯利是视。"不穀恶其无成德,是用宣之,以惩不一。'诸侯备闻此言,斯是用痛心疾首,暱就寡人。寡人帅以听命,唯好是求。君若惠顾诸侯,矜哀寡人,而赐之盟,则寡人之愿也。其承宁诸侯以退,岂敢徼乱?君若不施大惠,寡人不佞,其不能以诸侯退矣。敢尽布之执事,俾执事实图利之!"

**楚人献鼋于郑灵公**

楚人献鼋于郑灵公。公子宋与子家将见。子公之食指动,以示子家,曰:"他日我如此,必尝异味。"及入,宰夫将解鼋,相视而笑。公问之,子家以告。及食大夫鼋,召子公而弗与也。子公怒,〔染指于鼎〕(必是食指),尝之而出。〔公怒,欲杀子公〕(两怒皆以饮食动杀机,此圣人需讼相次之旨)。子公与子家谋先。子家曰:"畜老,犹惮杀之,而况君乎?"反谮子家,子家惧而从之。夏,弑灵公。书曰:"郑公子归生弑其君夷",权不足也。君子曰:"仁而不武,无能达也。"凡弑君,称君,君无道也;称臣,臣之罪也。

郑人立子良,辞曰:"〔以贤,则去疾不足;以顺,则公子坚长〕(此两节是对局)。"乃立襄公。襄公将去穆氏,而舍子良。子良不可,曰:"穆氏宜存,则固愿也。若将亡之,则亦皆亡,去疾何为?"乃舍之,〔皆为大夫〕(此又大过,何不别其贤否而去取之?)。

**宋〔公〕杀其世子痤**

初,宋芮司徒生女子,〔赤而毛〕(此节都以三字句为片段),弃诸堤下,共姬之妾取以入,名之曰弃。长而美。平公入夕,共姬与之食。〔公见弃也,而视之,尤〕(看得甚美也,或以"尤"字绝,反不见句法)。姬纳诸御,嬖,生佐。恶而婉。〔大子痤美而很,合左师畏而恶之〕(句对上,而实另提起下,亦牵搭法)。〔寺人惠墙伊戾为大子内师而无宠〕(法与上"大子"句同)。

秋,楚客聘于晋,过宋。〔大子知之,请野享之〕(此自贻伊戚也。为人臣子,安得有外交乎?)。公使往。伊戾请从之。公曰:"夫不恶女乎?"对曰:"小人之事君子也,恶之不敢远,好之不敢近,敬以待命,敢有贰心乎?纵有共其外,莫共其内,臣请往也。"遣之。至,则欿,用牲,加书,征之,而骋告公,曰:"大子将为乱,既与楚客盟矣。"〔公曰:"为我子,又何求?"对曰:"欲速。"公使视之,则信有焉。〕(写宋公忽明忽暗,活写一种蔽惑人)问诸夫人与左师,〔则皆曰:"固闻之。"〕(明系同谋)公囚大子。〔大子曰:"唯佐也,能免我。"〕(明知彼两人之排矣)召而使请,〔曰:"日中不来,吾知死矣。"〕(着紧要语,大子死于此矣)〔左师闻之,聒而与之语。〕(可恨!)过期,乃缢而死。〔佐为大子〕(佐之受聘,亦利得其处耳)。公徐闻其无罪也,〔乃亨伊戾〕(彼皆曰固闻者,何以处之?)。

左师见夫人之步马者,问之,对曰:"君夫人氏也。"左师曰:"谁为君夫人?余胡弗知?"圉人归,以告夫人。夫人使馈之锦与马,先之以玉,曰:"君之妾弃,使某献。"左师改命曰"君夫人",而后再拜稽首受之。

**项羽本纪赞**

吾闻之周生曰"舜目盖重瞳子",又闻项羽亦重瞳子。羽岂其苗裔邪?何兴之暴也!夫秦失其政,陈涉首难,豪杰蜂起,相与并争,不可胜数。然羽非有尺寸,乘势起陇亩之中,三年,遂将五诸侯灭秦,分裂天下而封王侯,政由羽出,号为"霸王"。位虽不终,近古以来未尝有也。及羽背关怀楚,放逐义帝而自立,怨王侯叛己,难矣。自矜功伐,奋其私智而不师古,谓霸王之业,欲以力征经营天下,五年卒亡其国,身死东城,尚不觉寤而不自责,过矣。乃引"天亡我,非用兵之罪也",岂不谬哉!

**齐桓〔公〕伐楚盟屈完**

四年春,齐侯以诸侯之师侵蔡。〔蔡溃,遂伐楚。〕(伏"涉"字字法)

楚子使与师言曰:"君处北海,寡人处南海,〔唯是风马牛不相及也〕(谑语妙!)。不虞君之涉吾地也,何故?"

管仲对曰:"〔昔召康公命我先君大公〕(援王命以临之)曰:'〔五侯九伯,女实征之〕(破"不相及"),以夹辅周室。'赐我先君履:东至于海,西至于河,南至于穆陵,北至于无棣。〔尔贡包茅不入〕(破"何故"),王祭不共,无以缩酒,寡人是征;昭王南征而不复,寡人是问。"对曰:"贡之不入,〔寡君之罪也〕(间得妙!),敢不共给?昭王之不复,〔君其问诸水滨〕(冷语)。"师进,次于陉。

夏,楚子使屈完如师。师退,次于召陵。〔齐侯陈诸侯之师〕(伏"众"字),〔与屈完乘而观之〕(写得淋漓)。齐侯曰:"〔岂不榖是为〕(借诸侯作笼络,妙甚!)?先君之好是继。与不榖同好,如何?"对曰:"君惠徼福于敝邑之社稷,辱收寡君,寡君之愿也。"齐侯曰:"以此众战,谁能御之?以此攻城,何城不克?"对曰:"〔君若以德绥诸侯,谁敢不服〕(先作一扬,妙!)?君若以力,楚国方城以为城,汉水以为池,〔虽众,无所用之〕(自是实话,亦道破管仲心事矣)!"屈完及诸侯盟。

**晋侯、秦伯围郑**

九月甲午,晋侯、秦伯围郑,以其无礼于晋,且贰于楚也。〔晋军函陵,秦军氾南〕(犄角反为夜缒作地)。

佚之狐言于郑伯曰:"国危矣,若使烛之武见秦君,师必退。"公从之。辞曰:"臣之壮也,犹不如人;今老矣,无能为也已。"公曰:"吾不能早用子,今急而求子,是寡人之过也。〔然郑亡,子亦有不利焉〕(此便说秦大主脑,却于郑伯口中先透一机括)。"许之。

夜缒而出,见秦伯,曰:"〔秦、晋围郑,郑既知亡矣〕(先作一顿)。〔若亡郑而有益于君,敢以烦执事〕(随作一反,三"若"字亦片段处)。〔越国以鄙远,君知其难也〕(一转),〔焉用亡郑以陪邻〕(二转)?〔邻之厚,君之薄也〕(三转)。〔若舍郑以为东道主〕(四转),行李之往来,共其乏困,君亦无所害。〔且君尝为晋君赐矣〕(五转),许君焦、瑕,朝济而夕设版焉,君之所知也。〔夫晋,何厌之有〕(六转)?既东封郑,又欲肆其西封,〔若不阙秦,将焉取之?阙秦以利晋,唯君图之〕(不是"亡郑",直是"阙秦",恶极!七转)。"秦伯说,与郑人盟,使杞子、逢孙、扬孙戍之,乃还。

子犯请击之。公曰:"不可。微夫人之力不及此。因人之力而敝之,不仁;失其所与,不知;以乱易整,不武。吾其还也。"亦去之。

**晋知罃对楚子**

晋人归楚公子榖臣与连尹襄老之尸于楚,以求知罃。于是荀首佐中军矣,故楚人许之。

王送知罃,曰:"子其怨我乎?"对曰:"二国治戎,臣不才,不胜其任,以为俘馘。执事不以衅鼓,使归即戮,君之惠也。臣实不才,又谁敢怨?"

王曰："然则德我乎？"对曰："二国图其社稷，而求纾其民，各惩其忿以相宥也，两释累囚以成其好。二国有好，臣不与及，其谁敢德？"

王曰："子归，何以报我？"对曰："臣不任受怨，君亦不任受德，无怨无德，不知所报。"

王曰："虽然，必告不穀。"对曰："以君之灵，累臣得归骨于晋，寡君之以为戮，死且不朽。若从君之惠而免之，以赐君之外臣首；首其请于寡君，而以戮于宗，亦死且不朽。若不获命，而使嗣宗职，次及于事，而帅偏师以修封疆，虽遇执事，其弗敢违。其竭力致死，无有二心，以尽臣礼，所以报也。"

王曰："晋未可与争。"重为之礼而归之。

**齐崔杼弑君**

夏五月，莒为且于之役故，莒子朝于齐。甲戌，飨诸北郭，崔子称疾，不视事。乙亥，公问崔子，遂从姜氏。姜入于室，与崔子自侧户出。公拊楹而歌。侍人贾举止众从者而入，闭门。甲兴，公登台而请，弗许；请盟，弗许；请自刃于庙，弗许。皆曰："君之臣杼疾病，不能听命。近于公宫，陪臣干掫有淫者，不知二命。"公踰墙，又射之，中股，反队，遂弑之。贾举、州绰、邴师、公孙敖、封具、铎父、襄伊、偻堙皆死。祝佗父祭于高唐，至，复命，不说弁而死于崔氏。申蒯，侍渔者，退，谓其宰曰："尔以帑免，我将死。"其宰曰："免，是反子之义也。"与之皆死。崔氏杀鬷蔑于平阴。

晏子立于崔氏之门外，其人曰："死乎？"曰："独吾君也乎哉，吾死也？"曰："行乎？"曰："吾罪也乎哉，吾亡也？"曰："归乎？"曰："君死，安归？君民者，岂以陵民？社稷是主。臣君者，岂为其口实？社稷是养。故君为社稷死，则死之；为社稷亡，则亡之。若为己死，而为己亡，非其私暱，谁敢任之？且人有君而弑之，吾焉得死之？而焉得亡之？将庸何归？"门启而入，枕尸股而哭。兴，三踊而出。人谓崔子："必杀之！"崔子曰："民之望也！舍之得民。"卢蒲癸奔晋，王何奔莒。

**问拟**

问拟者，问其所犯之由，而拟其罪也。拟罪原有一定之律例，律乃一代之典章，例为因时之断制，以其所犯，与律例之条恰相吻合者，因而拟之，以定其应得之罪，非谳狱者所可以臆为之也。故有例须照例，无例方照律，其所犯例与律俱无正条，则用比照之法，合应比照某律、比照某例定拟，上请定夺，俟批允发落。（按：例有奉旨所行者，有六部请旨更定者，俱增入新例。直省通行故例，时有增改，非若律之为定程也。凡应照新例问拟者，尤宜留心，庶无舛错。）

律法虽有定条,颇为严密,然古人制律之心,原存恺恻。盖因所犯之罪虽一,而所犯之情不一,故又原其情,而同一罪中,更为分别。如同一死罪,则有立决、监候、真犯、杂犯之不同;同一笞、杖、徒、流,则有五十、六十、二年、三年递减之不同。又有的决、折赎,并赎锾有力、稍有力、收赎、赎罪之不同。今人用律之心,与古人制律之心,本无殊异,是贵原其情而分别之矣。然律之意义甚微,难以悉论,今姑就律中所载"以""准"等八字、"加""减"等十六字,详以释义,著之于篇,以知凡有所拟,不离乎是。譬权之有衡,尺之有度,庶问拟者有所指归焉耳。至于则例,有因所犯,罪虽轻而情可恶,罪虽重而情可矜,或奉特旨,或经部议,因著为例。然时有更改,尤宜用心。

**括八字义诀**

以同真犯准有间,
皆无首从各同罪。
其变于先及连后,
即尽复明若上会。

**以**:以者,与真犯同。谓如监守贸易官物,无异真盗,故以枉法论,以盗论,并除名、刺字,罪至绞、斩。

**准**:准者,与真犯有间矣。谓如准枉法、准盗论,但准其罪,不在除名、刺字之例,罪止杖一百,流三千里。

**皆**:皆者,不分首从,一等科罪。谓如监临主守,职役同情,盗所监守官物,并赃满数,皆斩之类。

**各**:各者,彼此同科此罪。谓如诸色人匠,拨赴内府工作,若不亲自应役,雇人冒名,私自代替,及替之人,各杖一百之类。

**其**:其者,变于先意。谓如论八议罪犯,先奏请议,其犯十恶不用此律之类。

**及**:及者,事情连后。谓如彼此俱罪之赃,及应禁之物,则皆没官之类。

**即**:即者,意尽而复〔明〕。谓如犯罪事发在逃者,众证明白,即同狱成之类。

**若**:若者,文虽殊而会上意。谓如犯罪未老疾,事发时老疾,以老疾论。若在徒年限内老疾者,亦如之之类。

**释十六字**

一、曰加。加者,数满乃坐。如窃盗赃物,一两杖六十,至十两方加〔至〕杖七十,不及十两者不加也。又如笞满加杖,杖满加徒,徒满加流,流满加绞,本条无入死者,不得加入于死,罪止流三千里之类。

一、曰**减**。减者,〔从轻〕之法。如皆为从者减,失觉察者减,失出入人罪者减,无禄人减,二死三流,各同为一减之类。二死同为一减,谓绞、斩减一等,俱从轻拟流;三流同为一减,谓流二千里、二千五百里、三千里减一等,俱从轻拟(流)〔徒〕也。

一、曰**计**。计者,对并而言。如称计赃乃止其所得之(类)〔数〕科罪,计雇工赁钱为赃之类。

一、曰**通**。通者,总计而言。如通计前罪,先后并拟;贴徒贴杖,通减、通考之类。

一、曰**坐**。坐者,应得之位也。如逃叛自首,减罪二等坐之;家人共犯,坐家长;妇人犯罪,坐夫男;以所隐之罪坐之,不坐连坐之类。夫乃丈夫、男子也。

一、曰**听**。听者,由其意之所欲。如犯流,父子欲随者听;妻妾犯奸,欲留者听之类。

一、曰**依**。依者,欲附诸条。如造魇魅杀人依本杀法,依常人一体充赏,依已徒又犯徒,依杀尊长卑幼本律,依老疾幼小论之类。

一、曰**从**。从者,归一科断之意。如从重论,从夫嫁卖,从新拘役,从本(色)〔邑〕发落,从尊长遗言之类。

一、曰**并**。并者,数事均得本罪。如临军征讨,行粮违限不完,临敌缺(之)〔乏〕承调,不进兵策应,承差报告军期〔违限〕,因而失误军机,并斩之类。

一、曰**余**。余者,事外之意。如余罪定后发落,余皆征之,余皆勿论,余(皆)〔罪〕收赎,余为从论〔之类〕。

一、曰**递**。递者,按次循级之谓。如官司失出入人罪,吏减犯人一等,佐贰减首领一等,正官减佐贰一等,是曰递减。如卑幼于尊长坟墓内熏狐狸烧尸者,缌麻加凡〔人〕一等,小功加二等,大功加三等,期亲加四等,是曰递加之类。

一、曰**重**。重者,诸罪之魁。如重者更论之;已发又犯,从重科断,以重论之类。

一、曰**但**。但者,不分事之大小,物之多寡也。如盗已行,而但得财者,皆斩;子孙告祖父母、父母,但诬者,绞;男女婚姻,但曾受聘者之类。

一、曰**亦**。亦者,承接上文之意。如人在徒年老疾病,亦如老疾病论;总徒不过四年,亦各依上减罪;亦各依数决之;无赋役者,亦杖八十;亦准罪人自首之类。

一、曰**称**。称者,律所载之文也。如称子者,男、女同;〔称〕祖者,高、曾同;称日以百刻;称监临主守者,但有事在手;称嫡、(从)〔继〕、慈、〔养〕,母亲〔同〕之类。

一、曰同。同者,一体科罪也。如同罪,则同得其罪;充军、迁徙,皆同死罪减一等;众证明白,即同狱成之类。

**释死罪之不同**(凡二条:一曰真犯死罪,一曰杂犯死罪)

真犯死罪,宜加显戮者也。然其死之法则有二:一、决不待时,即立决。情真罪当,无庸再议也。二、监候。院司成招具题,法司复议,奏请已定,但令监候,秋后处决。每年秋决之时,复行朝臣集议,名曰"朝审",分别情真、矜疑两项,再具题请,候旨定夺。今朝审于情真、矜疑之外,又有缓决。盖前次奉有缓决之旨,审时仍遵前旨缓决。又有赃未完结,因追赃缓决者。大约缓决遇赦则可末减,矜疑者则概行末减之条矣。

又有杂犯死罪,如过失杀〔人〕,本出无心;赃止四十两以下,即处以死,未免过重。故虽拟死,宥(有)〔为〕杂条,准徒五年。后又以过轻,增定军罪,按罪分别军、徒,并沿边、腹里起发。盖例〔之〕当死以尽法,宥之不死以揆情。若累犯三次,须〔奏〕请定夺。

**释笞杖徒流决赎不同**(凡三条:曰无力,曰稍有力,曰有力)

家贫不足以入锾者,谓之无力。凡拟得罪状,依律决配,笞、杖则受责。今每笞杖二十,折责一板,不用荆条。徒、流按年里起发,民摆站,军瞭哨。

家道略饶于无力者,谓之稍有力。准纳工价,每应做工赎罪,一月折银二钱。如笞一十,纳工〔价〕一月,每加一等,加工半月;杖六十,纳工价四月,每加一等,加工半月。五徒皆按月纳价,杖不计。

饶裕之家,(门)〔谓〕之有力。照例赎罪,折银上库。如笞一十,赎银二钱五分,米则五斗,谷一石。盖米一石,折银五钱,谷一石,折银二钱五分,较与银数无异,但以春夏例纳银,秋冬例纳谷耳。每一十以次加之,如杖六十,赎银三两,每一十加银五钱。〔如徒一年,赎银七两五钱,〕每一等加银二两五钱,徒四年者亦如之。惟杂犯五年者,赎银二十五两,改纳米、谷皆称是。若流三等,唯论例不论力,例不准赎者,不得听赎也。(按:笞,赎止一两二钱五分;杖,止五两;徒,则于杖赎五两之上,每等加二两五钱,止十七两五钱,准徒四年者,又加二两五钱)

**释赎锾不同**(凡三条:曰折赎,曰收赎,曰赎罪)

上条分力定赎者,折赎也。除不准折赎,并下二项人员之外,俱得论力纳米纳银。

老幼、废疾、工役、乐户、妇人无力者折杖,余罪及一应轻者为收赎。

军职正妻，例难的决之人，及妇人有力者为赎罪。（按：同上条，赎银数目，详于律中内外纳赎条例）

**人命总论**

人命有真有假，真者不离乎“七杀”，曰劫杀，曰谋杀，曰故杀，曰斗殴杀，曰误杀，曰戏杀，曰过失杀；假者不离乎自缢、投河、自刎而已。七杀之中，惟谋、（杀）〔故〕、斗殴抵命，犹必有致命真伤，检验身尸，比对凶器，果系真杀，方定抵偿。若不行检伤、对器，虽是真杀，不准抵命，所以防冤诬、重生命也。至于自缢等类，或一时愤激，或以其死而贻害怨家，是皆自轻其生，非彼有欲杀之心也。然其间有威逼致死之条，不能无议。若其久病自故，捏词诬告，移尸图赖，吓诈金钱，此又刁风恶习，所宜惩创以杜其渐耳。其七杀之（办）〔辩〕与检验之要，并详于下。（此处“下”字，原文为“左”字。今因改为横排，故更“左”为“下”。）

**七杀式附**

据供：偶尔口角，互相争斗，用某物于某人某处，一下打重，当时殒命，并无同谋及下手之人，此系**斗殴杀**。

按律：“凡斗殴杀人者，不问手足、他物、金刃，并绞。（监候）”

按：斗杀，尔我争雄，谓斗。彼此交打，原无打死之心，或当时，或保辜限内，打有致命之伤而死者，皆为斗杀。斗（杀）〔殴〕，止一人相敌无从，若有从，即系同谋共殴。

按律：“若同谋共殴人，因而致死者，以致命伤为重，下手者，绞。（监候）”若有元谋，按律：“元谋者，杖一百、流三千里。余人，各杖一百。”余人，即指共殴之人。

按本律《条例》云：“其共殴之人，审系执持（创）〔枪〕刀等项凶器，或亦有致命伤痕者，发边卫充军。”夫致命伤重者，绞。此言有致命伤痕，非重也。共殴余人皆杖，此独边卫充军，以执有枪、刀凶器也。又按本律《条例》云：“必真系造意首祸之人，方以元谋拟流。其但曾与谋而未造意，毋得概拟流。”故元谋必有造意之实迹，方可作元谋问拟也。

据供：与某人素有仇嫌，偶然撞遇，一时忿起，用某物于某人某处一下，当时殒命，此系**故杀**。

按律：“故杀者，斩。（监候）”

按：故杀，事有怨恨，心无宿谋，逞怒一时，径情杀之者。未尝谋（尽）〔画〕，故次于谋杀；有死之心，故重于斗欧杀。或原系斗殴，因争斗不过，持刀刃、他物赶去,即时杀死,便是故杀,不得以斗(殴)〔杀〕拟罪。夫持物赶去,是有意欲杀之也。

本律注云:“临时有意欲杀,非人所知曰故。”是因其迹而诛其心也,故曰“非人所知”。

又按:故杀,不得有从。若有从,是已知故杀之情,即系共谋人死,从而加功之人,宜坐绞者矣,本犯安得仍拟故杀之条?若本〔犯〕实坐故杀,或有助打者,止问不应杖律。

据供:与某〔人〕素有仇隙,因与某人商谋,伺至僻静去处,用某物于某人某处一下,当时殒命,此系**谋杀**。

按律:“凡谋杀人,造意者,斩(监候);从而加功者,〔绞〕(监候);不加功者,杖一百、流三千里。杀讫乃坐。”

按律:以造意为重,则商谋之人,应依造意拟斩,而本犯止以加功论绞,所谓律重元谋也。如本犯造意自杀,即作造意杀人者律论斩。律内“杀讫乃坐”四字,要看注云:“若未曾杀讫,而邂逅身死,止依同〔谋〕〔共〕殴人科断。”其罪重在登时杀死也。

律云:“若伤而不死,造意者,绞(监候);从而加功者,杖一百、流三千里;不加功者,杖一百、徒三年。”罪虽递减,造意〔者〕犹以死论,以其人之不死者幸也。故谋杀律,以造意〔之罪〕为独重。

又按律注:“或谋诸心,或谋诸人”,皆为造意。夫谋诸人,以有同谋之人,谓之造意是矣。若谋诸心,虽其潜图密虑,人孰得而知之,遂指为造意乎?盖曰其人之死,原非起于互相斗殴,乘其不备而杀之,非谋而何?且自供素与有仇,夫因有仇,又乘其不备,是蓄意已久,乃至于此际,而始下手也,非造意而何?故因谋而始得,谓之造意,因与有隙而后动其谋。若问官遇此等〔狱〕,必讯其是否素有仇嫌,是否有造意实据,方照本律定拟。非是人命重大,未可概为引坐。故本律《条例》内云:“凡勘问谋杀人犯,果有诡计阴谋者,方以造意论斩。助殴伤重者,方以加功论绞。毋得据一言为造谋,指助势为加功,一概〔拟〕死。”仁哉古人之意,惟恐听狱者易失于苛,故特著之以为听断者告也。

据供:原与某人商量同去,用某物将某〔人〕杀死,又将他某物取了来,同某人分讫,此系**劫杀**。

按:人命律内,无“劫杀”字样,止“〔谋〕杀人”一条云:“若因而得财者,同强盗,不分首从论,皆斩。”

按本律注:“无问杀〔人〕与否”,但得财即同盗论,况得财而又杀人乎?律中一“因”字,下得甚细,盖初念止在杀人,未以得财起意,故曰“因”。一“同”字又下得甚深，盖强盗止利得财，初无杀人之意，今既杀其人，而又取其财，不更甚于强盗一等乎？故不曰“（与）〔以〕强盗论”，而曰“同”。以其所犯，无一不同于强盗，故不曰“以”，而曰“同”也。然于强盗之律无可加者，以强盗杀人劫财，亦止以斩论。且彼原为谋杀，而偶起利财之心，故竟同盗论，不分首从皆斩，是（以）〔于〕谋杀之律，又加一等矣。

（玩）〔按〕本律注：“行而不分赃，分赃而不（同）〔行〕，及不行又不分赃，皆仍依谋杀论。”则知所犯原在本律，因其得财，而又甚其罪者也。

又按本《条例》云：“谋而已行，人赃见获〔者〕，方与强盗同辟。毋得坐虚赃为得财，一概拟死。”则已行虽得财，而赃无现获，未可与强盗同论也。谳狱者其慎之哉！

据供：原与某人争斗，错打某人殒命，此系**误杀**。

按律内：“因斗殴而误杀、〔伤〕旁人者，以斗杀、伤论。其谋杀、故杀人，而误杀旁人者，以故杀论。”

按律因斗殴误杀、伤注：“死者，并绞。伤者，验轻重坐罪。”又谋杀、（误）〔故〕杀、伤注：“死者，处斩。不言伤，仍以斗（杀）〔殴〕论。”则断（故）〔误〕杀、伤人，必须先（办）〔辨〕起衅之由，原与本人偶尔争斗，或素心欲杀本人，或临时欲杀本人，而后可定其罪也。

夫斗殴杀人，本律论绞；谋杀、故杀人，本律论斩。今即以本律坐之，是以杀本人之罪，以抵误杀之旁人也。何也？夫推〔其〕斗殴争雄之忿，与谋杀、故杀人之心，不中之于旁人，必中之于本人矣。乃本人幸而未中，而中之于不幸之旁人，则旁人实代本人而死矣。彼中之者，宁得不以杀本人者而偿之乎？律之所以按三杀定拟，此据理言情，而皆不得辞者也。虽然，谋、故误杀人之罪，较之斗殴误杀，全其首领者有间矣。听狱者，宜于此〔而〕尤加详慎焉耳。

又按：若父谋杀人，而误杀子，当除故杀子罪，问以谋杀人已行而未曾伤人条。盖谋杀未伤之徒，重于故杀己子之徒也。（第）〔弟〕因与人斗误杀兄，当以殴杀兄论。因谋杀兄而误杀侄，当以谋杀期亲尊长〔论〕，为从重科断。

据供：与某人戏耍，误中某人某处殒命，此系**戏杀**。

按律内：“凡因戏而杀、伤人者，以斗杀、伤论。（死者，绞。伤者，验轻重坐罪。）”

按律：戏杀、误杀、过失杀伤人同条，今节取本文于此云。律“戏”字下注：“以堪杀人〔之〕事为戏，如比较拳（棍）〔棒〕之类。”后律文又云：“若知津河水深泥泞，而诈〔称〕平浅，及桥梁、渡船朽漏不堪渡人，而诈称牢固，诳令人过渡，以致陷溺、死伤者，亦〔以〕斗杀、伤论。”注云：“与戏杀相等。”由此推之，则凡以堪杀人之事为戏杀、伤人者,皆可以斗杀、伤论也。

据供:因拾砖打某物,不知某人在彼,着在某人某处殒命,此系过失杀。

按律内:"若过失杀、伤人者,各准斗杀、伤罪,依律收赎,给付其家。"

按本〔律〕注云:"较戏〔杀〕愈轻。"又云:"过失,谓耳目所不及,思虑所不到。如弹射禽兽,因事投掷砖、瓦,不期而杀人者;或因升高险〔足〕有蹉跌,累及同伴;或驾船使风,乘马(奔)〔惊〕走,驰车下坡,势不能止;或共举重物,力不能制,损及同举物者。凡初无害人之意,而偶致杀伤人者,皆准斗〔殴〕杀、伤人罪,依律收赎,给付被杀、被伤之家,以为营葬及医药之资。"云云。夫死者准斗殴杀人绞罪收赎,伤者验伤定罪收赎是也。

又按本《条例》云:"一、应该偿命罪囚,遇蒙赦宥,俱追银廿两,给付被杀家属。如果十分贫难者,量追一半。一、收赎过失杀人绞罪,与被(害)〔杀〕之家营葬,折银十二两四钱二分。"

按别注:过失杀伤人至笃疾应流者,准斗殴伤人罪,依律收赎银六两八钱五分七厘,以为医药之资。凡卑幼过失杀尊长,除有正条外,皆同凡人论。若一人过失杀二人,止收一人之赎;二人过失杀一人,分首、从俱赎,为首给主,为从入官。若因捕贼而误杀旁人,依过失杀论。

以上据供七杀,皆系平人之律,以其所犯者多,故并拟之以为式。若其各(条)〔杀〕律中,载所犯之条颇悉,如谋〔杀〕人律内,"谋杀制使及本管长官"之类,岂常所径见者?且一切详具律例,未敢烦引,以滋冗厌。

### 立状式

告户籍者,必以族长、坟产为定;告婚姻者,必以媒妁、聘定为凭;告田土者,必以契券、地邻为据。至于强盗,重在明火执仗;窃盗,重在出入踪迹,俱要粘连失单。人命,重在尸伤、凶器,亦要状后粘单。此〔其〕定式也。

### 朱文炳呈词

为一蠹抗十官,一案拖七载事。生祖张本洁,葬虎形山,遭隆盛棺堕棺、冢堕冢,迄今三县四府、两臬司、一守道,县逾府,府逾司,司而行牌严饬,无不断扦押扦,各案一目了然。奈蠹身充府书,告尽县,行一牌,只在蠹手便了,告百状,难经县搁阴消。生哭尽说尽,已将死念,想八府官员,有犯司院,片纸挥参。讵知当道狐狸,铁墙不可破。湖南有此一蠹书,小民何所措手足?哀叩钦命大人,先拿贪官污吏,后辨军民冤枉。如虚依律,抄案上告。

为一蠹抗十官,一案拖七载事。生祖张本洁,葬虎形山,遭谭隆盛棺堕棺、冢堕冢,自雍正十七年(雍正朝共十三年,此处“雍正十七年”应为误记。今依原文,姑且存之。)起,迄今三县四府、两臬司、一守道,审而踏,踏而详,详而批,批而行牌行扦,无断不扦,各案一目了然矣。奈蠹恃上役,交尽县役,扦由役手,不扦由役口。司檄道,道檄府,司檄道檄府檄,如风如火如雷。至新县,票无一字,差无一人,词批粘卷现据,千催百哭不与,奔前宪,批仍赴司、府禀催归结。可怜一告三禀催,催过七载;十宪不能结,结到何日。行一牌,只在蠹手便了;告百状,难经县搁阴消。想八府官员,有犯司道,片纸挥参。讵知当道狐孽抗官,铁墙牢不可破,总因百里侯,耳大软,三曹对,情大重。生兄弟,累将死,血尽髓尽,湖南有此一蠹书,小民何所措手足?哀乞督天,铁面铁心,毋得瞻徇。上告。

为蠹棍包官,第一奇冤事。去秋,生乡场,母抱病,妻进香,保姑命,宿石柱峰。十五晚,五更下殿,仆侄相随,崎路关头,遭妖道咒符噀水,迷入张维仲房内。十六日复加法水昏倒,晚即送至长沙,称系阳都饶宗武家轿夫饶宗孟,凿凿供吐。复讯妖道,云既谋死,磊石掩尸,哀分衣服,寄赃有人。彼时宪欲临看,蠹禀代查,臧仓一阻,平空一诺,左之右之,无不由之,供迷药,供送赃,供谋杀取财,供匿尸藏骸,一经蠹手便了,上权下夺,惨不可言。真正人命不究,长沙能有几官;邪教不诛,湖南再无二宪。可怜夫妻贴肉亲,离哭不停声,肝肠寸裂,夜哭亲怜。生无人,死无尸,宪不主,冤不白。上告。

为老寡独孤,不留无活事。熊文思拐带邹配,笼男作媒,寡妇之子无知,分赃银三两,案拟充烟瘴,军法应当然,俯伏无辞。阿三旬无发,孤熊凡苦教配。年迈七七,洒洒白发谁亲;孙甫二周,呱呱黄童待哺。男不料有烟瘴地,屡呈验老疾,案已招承,宪未暇问是否独子,未能详活。可怜朝廷无留养之律,男即就死甘心,家有次子承丁,阿即丧明何恨?一子作异域之鬼,一媳为随行之客。阿痛子必死,婆死孙必亡,哀哉三两四命,一命七钱五分。皇恩何浩荡,人命如泥沙。泪落满院,地暗天昏。但愿早赐施行,免得终朝抑郁。哀哀上告。

为老寡独子,不留不活事。熊文思拐带邹配,笼儿作媒,分赃银三两,蒙宪押妻,同拟烟瘴,法当其罪,夫复何辞?但阿三旬守沓,疲癃穷苦教配。年逾七七,苍苍白发何亲;孙甫二周,呱呱黄童待哺。可怜一儿作异域之鬼,一媳为偕污之人。使朝廷无留养之律,儿即就死甘心,家有次子承丁,阿即丧明无怨。儿痛母必死,婆死孙必亡,哀哉三两四命,一命七钱五分。皇恩何浩荡,人命如泥沙。嗳魂烟瘴地,肉落千斤;恼绝地天方,终无一靠。恨阿不早归冥途,免见孩儿就道。发遣虽奉部文,生死总由宪手。宪赐忖度,四命沾恩。上禀。

为千雀投罗,七姓齐哭事。蚁等七姓千丁,同居一塅,塅落税田八千余亩,历逢春淋则各注各塘,夏旱则各荫各业,虽有长江源流乌龙陂,无取彼水,不烦引入。

今岁天不降康,秧经两种,禾未一栽,恓恓惶惶,云霓望断。幸而数沛甘霖,总奈漏卮立涸。天无水则无苗,无苗则无岁,无岁,民何以望?势必饥馑荐臻,而老幼沟瘠。因公议于乌龙旁,呈请作圳,县批候勘。乃棍周克昌听劣生周鉴文、院役周至冕等,摆阻高搁,有水难通。七姓环庭呼吁,县始履乡勘明。下系蚁等新陂坝,蛟水冲洗,水圳现据,惟乌龙旁建圳灌田,事半功倍。未卜劣蠹归署,何缘批县查勘。各塘患旱,需水孔迫,天时偶值,地势夙成,遂难挹彼注兹,惟须待天安分。切塘为焦土,连雨经过,若待天时,大违农时,若安人分,定登鬼分,阴阳失候。我老爷挽回天心,提我国家,且修整地利,分不尽长江之波,只假乌龙旁一圳,不碍棍田,不夺棍水,要卖肯备价,白土肯认粮,无如官未设法,陷民束手,八千税田石田矣,八千子弟鸿雁矣,啼声海郊叹满道,秧成芦茅,牛成野马。各宪劝农,蚁境无农,譬如罗网,脚跳口鸣,望天救舍,遴员酌勘,七姓重睹二天。御史雨,荒年谷,引领迫待。上告。

为涸鱼泣生事。恨不深,谁敢犯分;惨惟极,冒死陈情。湖南自逆贼踞霸之后,大兵恢宏,三空四尽,九死一生,惟愿我皇上,选良牧,抚残黎,为国家培养元气可也。孰意汤火之余,贪酷相继,剥肉吮髓,流离万状。如武陵贪婪之李惟规、永兴之王点、九溪之孙惟震、衡山之袁守成等,赃盈九万千石。及蚁等具控青天,蒙批臬司转发永(戎)〔州〕府唐、常(戎)〔德〕府汤,此二官者,通行贿赂,将蚁等一十一案,刑禁一载,毙于杖者八十人,死于狱者七八人,可怜伸冤而冤反深,除害而害愈炽,是民之憔悴于虐政,未有甚于此时者也。及韩宪离任之日,即闻都天升任,有丁菩萨之名,将入境也,有丁佛爷之颂,蚁等私相告语曰:福星临楚,超度再生矣。殊都天莅任两月,未闻除一贪、处一蠹、准一词、雪一冤,虽有仁心仁闻,而民不被其泽。若云湖南之俗刁,合六十三县之群黎,未必郡郡皆刁;拟赃私之虚捏,合数十万之滥派,未必款款皆妄。无如贪蠹钱足以通神,情何以遏隙,贪诬满目而不揭,冤枉载道而难伸,明知披发逆鳞,死无焦额。与其冤死于狱底,莫若杖毙于朝廷。都天仁人也,积一善不如除一恶;都〔天〕重任也,杀一人可以生数万人。奕世同仁,早赐决切,合七府六十三县之穷民,感戴之德泽,如日月并垂而不朽矣。上告。

为戎差朦戎,违制扰累事。堂侄大成,正月闹口行凶,蚁控词咸服。殊挟忿,借鼻出气,串通戎差胡国,改名胡绍熹,昨二月廿一,朦禀本主,私典措勒事。廿五戎差来家,云蚁私开典当,勒措衣锣,原词朱票抄电。切蚁粮仅五石零,原非富户,北乡卅一都,米册可查稽。果开私典数年,在乡有保甲,在官有查拿,何无一人受害出控?勒加四时发富,彼何不鸣保追出所载陈厶、张厶衣锣物业?就即钱债属真,两差乘轿下乡之日,正皇太后忧信闻省之时,各上宪涕泣披麻,不理刑名,戎廉莫非臣子,事非命盗紧急,何得擅差扰累?此日戎差受嘱泄忿,恃役横行,乞宪亲提。上告。

为落花无主事。阿女二英,配孔氏之子为室。只因翁姑在堂,遂罹终风之暴。结发十有八年,欢枕竟无一夕。红颜命薄,谓之何哉?屡请媒邻,输接团圆,再三拜合。其为童子婚姻,终身落花流水。奄留女阁,狼狼狈狈;望断巫山,风风雨雨。欲誓柏舟,则故夫尚在;欲把琵琶,则七出无违。欲投岩石以明志,则母女爱重;欲老死于闺中,则夫妻伦消。义已绝矣,情已离矣,送之不合,守之何为?老牛舐犊,孤鸾堪怜。二十载虚春秋,安所再望桃夭;十八年假夫妻,重偕何日破镜。宪天读万卷诗书,菩萨心肠,成就民间子女,或遣仍归前度之刘郎,或买臣不收马前之覆水。望光上禀。

为颁示严禁,以维风化事。从来演戏,旌忠表节,惩恶除贪,虽曰半虚半实,寓赏罚劝惩。近来新出一名曰"采茶戏",无古无传,非歌非曲。唱则不曰郎送姐,而曰姐送郎;不曰哥思妹,而曰妹思哥。翻来(复)〔覆〕去,不离此二调;异出异新,不离此二词。舞则不但攀肩携手,而且斗嘴抱腰。丑则腿如丢纽软捏,头如歪斜柳折;旦则两眼偷斜如梭,双脸羞耻全无。端人正士,闭耳掩目;无知男子,废寝忘飧(食)。闺门因此污秽,游民以此深匿,害可言与。一家演戏,里不闭户,盗窃将以乘隙,父兄为甚切齿,子弟天真未定。且春夏如斯,秋冬如斯,四时皆然;乡村如斯,市镇如斯,四境皆然。不但邪说,竟是明怪;不但异端,竟是物怪。宪天抚浏,四民境业,此种妖怪,大为俗累,出示严禁,俗美风清。上禀。

为改图偏详,泣讯究根事。山以田凭,并天奉例,五十九都枧下田,永乐下屯,祖业有坟无业,止粮册宅墓两朝。康熙十年,割下牛首脑右角,卖朱戚,初不料其子孙至五六品也。仰谱碑刻人物,竟称朱官坟,亦未指朱官山,乃朱族逞势,抹原契不露,图占蚁葬祖处一带坟山,捏批巡司查勘,蚁诉并勘。客腊朦巡踏,官墓只三冢,并无损伤砖石。若欲大树碎压,蚁祖坟品列,宁有非躲过之理?则绘图四冲,一语破弊。蚁田两冲,高曾祖考子孙曾玄,耕纳百六七十载,既佃看守,谁敢出卖?由黎转彭,地隔二里。今谎历案,原词无案。此借来杨柳冲之案,从何足据?则图绘藕塘谁之塘,塘下之田谁之田?此吃紧关键,焉含而认真铁面耶?朱坟蚁山原无树,巡书画荫松,倘大人便道,恐童一夜无牛山。伊现捡字造新谱,匿老谱蔽蚁,经谱数十冢,例无粮不凭,藉坟跨占为凭。幸祈亲讯究根,穷民感戴无极。并勘一词,巡书不录,原图一纸,巡书摘落,乞恳宪察。上诉。

为无中生有,两息两翻事。雍正五年,蚁祖买甘业大林塅,田种九亩七分,王家坪屋基园土,业出于王,粮在王户,是甘藉手流买,非世守巢墓显然矣。去三月,甘绍先服毒诈冢,潘宪验印契无冢,甘状首用户头公立名,人人可插入,捏一冢劈半成墙造屋,是人伴鬼,理所无。六冢掘平种菜,菜轻法重,谁敢犯?因屡驳无凭,造碑谱,改初情。碑谱一家私物,田山印契确凭。僧道之宝印,宁敌紫篆铜章?亏审两次,央息字载无坟;加结在卷,殊知虎退狼来。总以公立名巧翻,差唤则拖,拖久又告,两息翻云(复)〔覆〕雨,一恃革蠹甘某,一恃户书某,亲笔如丸,犯证苦累。奉批候查案,加批唤讯,遇大人明决斩葛。顶祝上禀。

为良心难昧事。蚁祖自西接北乡王姓业,雍正四年仍买王厶之业王家坪,有基无屋,有山无坟,原契朗载,五年将业出售厶管。去清明,族厶怨蚁祖出业不留根,逼蚁服毒诈冢,糊涂上场,捏控王厶,潘宪验印契无坟屡驳。改户头公立名,两次临审两央息,无论官长烦聪,干证佐累。讵厶改易情节,告厶受贿,掘祖空圹栽菜,究蚁作证。切坟无两掘之理,前告王掘,今告自掘,案情矛盾。至碑不见,初告无碑,开墓棺,是谁目击?蚁穷民居乡饭歇,为祖宗留下祸胎,大人折狱如神,不敢附和到底。现奉查案唤讯,一面责蚁服毒之咎,一面集齐犯证讯结。

为偷生全生,生愈求生事。蚁赤贫,兼患痿肿,母老子幼,待哺嗷嗷,妻蒋氏,甘心改节。讵族厶乘间居奇,当索酒席(艮)〔银〕四两。殊恶欲怒复醮,以数月犹藉擅离,呶呶吓诈,诳称不控不丢,拖尽方饶。切愚民虽愚,讵不知饿死事小?奈既苦贫,又遭苦病,开条生路,平遭不厌,髓血几何?前月廿三奔控,沐批录面。宪得携生,每于死中又求生,遵再冒死伸晰,希赏原情,超生全冤。顶祝上禀。

为朋奸稳拐,死不甘心事。去八月十五,遭族大恶拐媳厶氏,年十九岁。激控差李获犯,法审,供有益县火烧铺文,家关不到支语诳控,供延岁暮,更遭灭之保户,系犯堂弟,皆犯一党,挺身助恶,嘱差侮法,掣保逍遥,拖搁至今。可怜鸡犬放,尚知求,活媳拐,谁甘心?家产虽尽,两目难瞑。再泣仁宪,格外施恩,赏赐雷霆,拘现犯,究朋奸,无远弗届,补媳团圆,阴骘齐天。上告。

为宪劈疑团,全节全命事。生女订罗大富,小有才,旧完娶,佳儿佳妇,鱼水绸缪。腊月过门,正底接,二月归,倘涉疑隐,即早反目。乃今六月廿七日产女,越日捡幅白帖,云令新妇产私等语。婿素性狂妄,心怒发火,立意休去。激控蒙批,如当头棒喝。据云丑播乡邻,就是白帖衅由;再云淫犯七出,律载指奸勿论。果娶时之月之私胎已著,事同火烈烧心,自应送娘家永绝,何双双肯来,双双携归,又双双团娶?讵同梦真在梦中,野血八月不问,是未白帖以前,原无疑议,偶因白帖触忿,逞性拆离,其达观者以为常,或人疑者以为变,暗昧难明之事,保甲扶报只顾钱,汪、邓两廪庠,违例赞证何忍?现老产女,受此污蔑,生父母何面?反诬唆日夜寻短,则其终成废疾。谁无儿女,但女子第一坏节而死,死臭两族,孽婿一场夫妻,作何善后之靠?全生颁宪,一家千恩。结草上诉。

为一占一插,讯究真凭事。蚁族平坑岗,两朝新旧葬坟图电。今正初十,遭厶等逞凶盗砍，获刀挟忿。十六晚，纠众乘月，扫砍护坟古松，棚民不敢阻。蚁与兄厶同保报，批一饬呈契，一饬呈册，一声明祖宗无契，粮串载册，批覆准讯。殊齐捏顺治九年卖王厶。切国初定鼎，设有税课，司禁白契，卸粮无白契管业，抄造讵同信卷。及结，忽出同姓异宗之王厶，称有崇祯契约、顺治分关。查崇兵陷全楚，契必用印，所以杜逃差之弊。伊契、关，墨不透背，纸无折痕，总染成样，难逃犀验。且伊山无寸骸，亏称伊往湖北，五同胞，九同堂，百丁同族。讵人人尽南从北游，不知今正聚砍，则其乘风插占，不打自招。泣非蚁坟山，何崇祯、顺治、雍正、乾隆年，俱接葬祖廿余冢？早何不禀？似此一占一插，乞宪讯究。上禀。

为遵断辜断，不威不惩事。蚁四控，赎坐输结。突朦宪占荒，宽免究，藉乘朦府，掣批查报强割强抢，埋伏于此。切清浏丈后，久结无垦，安得谎荒熟？棍属安能取诸其口？藐讯详，棍集党，党集众，一日扫田九十亩，非召募，讵得许多人？非暗通消息，讵能一呼至？非一领十，十领百，讵能挨次割？非倚丈，讵得不畏阻，不受官理？五日一再割，邻佑不救阻，保甲不肯报，目何官长？有刁健律，有白昼两抢律，有五十以上人律，有二百以上赃律，党非棍不集，棍非党不强，棍坐赃，党分赃，例应皆坐。坐首不坐从，从恶路开。奉府奉宪，明法饬罚，倘从姑宽视，设官置吏弁髦，何以靖民？应遵断辜断，恳按拟详究，威流令行。

为陷死陷生，易结无结事。生四岁，父兄亡，嫡母因婿勒买婢，罹罪案，搬财谷，验八挥，殊利孤儿，可图混占，葬祖墓田四石，无买约，无老契。生姊久为泉下鬼，乾隆十七年，接母禫服卒，为占产之媒，归不得脱。十八年扫坟便于审断无证，丧不容奔，连日哭六县，如申包胥哭秦廷，满堂心恻。县未寒心，迫控府，批县秉公确查。奈蠹余爵侯，耸翻两断，发学袒详。生泣无田不祭，讵墓产付戚之理，小人有母，宁及死不归葬之事。奔前院，批仍赴岳州府归结，府仍发县，县被蠹朦，月月禀催，批候讯详，忙忙公冗，奸承搁死票差。奔府檄饬，纸上空严，大辕案准，阴销不复。可怜祀产作嫁仪，岳州有几装？母棺添赔奁，湖南无二件。田待占，尸不待分；服已满，而棺难见面。痛杀人心，惨同野殍，死魂何依？生狗彘不若，赏先饬领葬，后讯案情，结草以报。

为跳界毁占，愈论愈横事。僧厶将置田山，先卖与厶，因无价交，自书约退，契朗。廿三年冬，毛等作中，复向蚁买，各山骑龙、倒水旋绕乾田堽李山为界，司契图电。蚁山批王九思，李山批毛文定。殊挟旧隙，奸唆庄主劣监李厶，藉界越占。今六月，统凶拔死乾田堽王佃烟叶，约计七千零，鸣保邻向论踏验。李倒右，蚁倒左，李围壕森森，蚁厂地遍种骑仑如印堂山。良界虽连共，但右目难紊左目，右眉焉扳左眉？公处照旧，毛耸李横，三月无清，契业稳占。泣王老佃土非新垦，僧管不争而争蚁，不过粤狐大嚼小户，保邻无解。图契上告。

为要犯不到,有法无惩事。惯棍江厶谋吉壤,去腊听地师厶,跨蚁祖厶坟,黑夜盗葬。奔控,批录面,宪法森严。棍胆高坐家中,硬不投讯。有盗葬律,有教唆律,江厶此案,祸首厶地师。此案祸胎,巨恶难容漏从。续禀,批饬差集讯,要犯皆逃。前月廿八,当堂禀,蒙谕着值日班头,催原差,差受棍贿,竟不往乡。切犯不到,从何讯?差已拖,乌能集?据捏伊祖厶坟,果棍祖,宁不顾尊卑失序,反抬媳跨葬?更出情理之外,刁占显然。且棍藉秧田坑连界越界,占壕确据。职祖厶墓下桥头软凹中分,层层铁凭。崇祯元年碑据,雍正七年某印契批载坟茔据,张宪断职管业、挂扫据,乾隆四十年重竖立碑据。祖宗受人跨下,子孙日坐针毡。近奉新律,杖流加迁,森严与寻常人犯有别。胆敢串差拖搁,此案已至。无着侵害,便哭无了。职等守候日久,只求饬差,拘齐要犯,批究赏究,无应漏网,大法有着。顶祝上禀。

为三监不靖,二哑投天事。山坟无言,豪强并吞。顺治六年,蚁祖落业唇口塅,接置胡厶田屋一所、山场一障、冲原冲,上至石精鬼,下至金鸡嘴为界。康熙四十一年,葬前母周氏。乾隆四年,葬父荣成。荐谱据,山脚蚁田据。缘蚁丁寡,介大富、朱与徐,去腊十六,徐带地师采蚁山场,方知健监朱厶,商中监朱厶,盗卖巨富监徐厶。投保邻,皆出伊族;向理论,不与蚁言。今春开期,粘契控县,批录呈。方欲补词,因公远出,只得含忍,候县公旋。讵三月廿七夜,胆于蚁母坟头,顿立新堆,正谓鲋鱼困涸,西水难得。为此泣奔提,虚甘处,议实应究。上告。

为指江作坝,灭圳诬绝事。枫林山发源,与石柱峰两河并流,共坝十二座,层层引田为圳,节节塞塅为坝,所谓上峡流于中峡,中峡流于下峡,盈科后进,无相侵犯也。今四月内,蚁照旧修培,免水冲洗,忽伊陂厶倡捏绝水,伙保同报,词称伊坝上新作一坝。不思大陂流于伊右掌,蚁板坝流于左腕,血脉贯通。上固不能绝下,两手各别,右讵得流于左?总之,指江作坝,乞宪亲讯。上告。

为挟隙诬粮,电案察情事。同胞六人,生居五满。因长房侄弻,廿年窃生(艮)〔银〕钱赃物一百四十两,魏宪审实,比追谳断案电。生尊母命,免结冤,免缴赃,但取悔罪,不敢再犯,甘结并电。殊弻不改悛,去六月,伙弟赓,又窃卜姓耕牛,供认收栅,捕案凿凿。生以伯叔有禁约,子弟之责责叱成仇,弻、赓捏欺国赔粮事朦张宪,掣批候讯夺。切弻、赓二十九年卖与生田一石七斗,照老册推收浮米七升三合。生念伊产已售,大事且宽,完串至今,不遗毫勺,族邻公秉在案。突将伊母尝粮加生户,且捏垫赔十六载。泣弻穿窬惯智,难兄难弟,不聋不哑不废,迷赔一载,即应告,岂至二三四五六七八至十六载?法堂有官,伊未吞炭,何甘心苦赔久卖之粮?事出情理之外,则其挟仇诬害欺隐,一见朗朗。恳乞大父师,彻底讯究,电案反坐。上禀。

为祈逢督天,釜鱼求生事。蚁孤寡老儿,同胞兄弟有二,仅生再贤孽侄一人,兄故嫂寡,蚁依教养,止望终身有靠,谁知老受折磨。孽侄无知,上控捕廉府司,控府司究,蚁转解浏阳县,不审结,放在狱中,撞遇查禁仇人捕廉,日间吹箫脚靠,夜卧挟床,手肘甘受刑罚,有口难分。可怜伤弓之鸟,怎得高飞翱翔?吞饴之鱼,焉能跳跃深渊?侄告捕廉款证审结,虚实分明。今幸祈逢督天,小民焚香上禀,或死或生,早赐讯结。上告。

为包赃塌赃,法尽呼法事。生被滑棍厶伙党魏厶等,盗囤仓谷三百二十七石,捕验明,县讯明。经承厶棍恨把持,作保脱释,赂差陈厶卧票三载,比追两塌。经生前后十八禀,严批颖秃。切谷逾三百零,情亦非轻;赐批十五回,官法已尽。矗有功令,带到一犯,比得一杖,刑得一次,缴得一颗。生为事主,亦所甘心。受害者仆仆公(廷)〔庭〕,包赃者公然包搁,案塌赃销,何时追领?总之,官法已尽矣,生喉已断矣。总奈经差受赃卖法,一味延搁,猫鼠同眠,严律究追,愚迈沾恩。切告。

为藉影混指,挟嫌诬害事。鹤三十七年捐主簿,德县验照;兄厶四十年捐千总职,母捐诰封,王主摄县具印结。兵吏二房,分咨六部,事关官箴。鹤去年加捐州同,奉上取户邻结。殊境内厶同为中,挟仇朦禀父充役,张主慎重名器,随查问根源。询及两班,供皂供快,均无确据。县讯森严,户邻畏法,只得招供免累。殊厶复串远族厶,插禀作证,拴鹤父鹤母,有碍捐例,同族同禀。惟鹤二叔廷辉,雍正时曾充役,鹤父并未在衙,各具结在案。果有违例碍捐,经今三宪四载,早何不禀?且族千丁百户,伊二人独禀,种种捏诬,明系挟仇索诈。自古萋菲成锦,青蝇变污,为害不小。今兄县捕收管,何日得出?奔恳大人,赏准提讯,泾渭攸分。迫切上告。

为不审朦销,盗产无究事。雍正六年,蚁伯有明,将老山冲杉窝口横路为界,田售陈洪猷,陈包买监生谢成公,亦批横路为界,伪添山场,经县审,朱笔涂抹,契案现质。谢审后呈续契,串南芳立笔,是一人卖,一人续,不续原田续下截,更出情理之外。因芳僻处折县,蚁控两批讯,两禀拘,未卜何朦禀折,批查此案,众证朦销,盗犯不到。蚁守候琴堂,若销盗卖不到,本犯在逃,即同狱成。且审语未协,尚须妥辨。从无不拘一犯、不取一供,两准讯夺、一词掣销之理。昨禀府主,批核契比销,理曲可知。核卖契,既朱涂山场;核续契,芳原卖无名。理之曲不曲,非审从何坠。奈房匿批示,无可抄呈,乞大人吊契案。上告。

为女生受磨,女命难逃事。懦女爱珍,凭媒匹配厶为媳。甫五岁遂咏三星,也只为贫苦逼人。思想出鸡窠,落凤窠,一步高一步;谁知脱苦境,入鬼门,一层下一层。亲家鸱鸮,亲母狼豹。飧饭仅一碗,眼睁睁谁人欢乐;身穿两层衣,战兢兢哪个哀怜!事无大小,时常敲敲打打;时无节气,终朝唧唧哝哝。日樵山里,朝出暮回;夜卧蓑衣,东摭西拽。但女之行终身不改,倘或一命难逃,遂作含冤之鬼。可怜公门上惟有儿女之痛,三木下哪管朱陈之情。人人有女,我女独苦;家家有妇,他妇独伤。聊呈目前之苦楚,以俟后日之章程。

为抚全民命事。耕牛、战马,两者非轻。然农桑乃朝廷首务,今春耕在即,未有不放牛食草者也。营兵放马抚风,耕牛错认为虎,两相颉颃,遂致牛存马毙。切思放马者必有看马之人,典守者固不能辞其责。昔楚王鹤挂金牌,鹤被犬伤,犬不识字,与人无干。设若马被虎伤,岂能问山寻虎乎?宪天亲亲而仁民,仁民而爱物。今恩足以及禽兽,而功不至于百姓者独何与?民闽地孤民,望风恳电。穷民削骨难填,不若人赔马命。

为成美不成恶事。六月初三日,父以强奸处女送张生到案收禁,差提贱婢质审,理合投到。切重夫重妇,刑无可逭,一旷一怨,恩有可全。张生才本出众,奇穷未婚;贱婢貌虽不扬,过笄未字。穿墉窥客,为惜惺惺;逾墙偷香,非关脱脱。以礼相绳,罪则均罪;以德相处,全可两全。罪则成恶,玷辱终身;全则成美,恩流奕叶。君子易刑以德,小人反辱为荣。相如援琴,文君解律,愚人何敢妄援;禹王泣罪,太宗纵囚,圣人有此旷典。

为天作孽,宪子民事。天不降康,自春徂夏并未雨,车尽长江,累脱皮肤。四月后始雨,端阳前始耕,芒种时始插。乃以早秧既死,拔去尽栽晚禾,依然皞旸渐烈,四野土枯,风火禾槁,千堤草赤,忙至三秋,辛苦一空,白露降矣,两成绝矣。荞既难种,棉梗无花。袄絮被帐留典铺,子啼女哭闹眼前。欲告籴,无点金;欲高卧,难辟谷。欲转徙,难寻乐土;欲拆卖,难割天伦。虽有仁亲富户,安能遍施长飧。即或明年减粮,现在煮粥无米。伤心哉!数里而外,饥多而渴亦多;百室少糠,人瘦而猪亦瘦。岂敢吁恩作(波)〔汲〕长(佈)〔孺〕矫制开仓,但求叩天将郑监门《流民图》上。祈望仁君心,化作光明镜,不照绮罗筵,惟照逃亡屋。有收无收,按册缉查虚拟妄报灾伤,以惩欺天诬上。

为一个大弊,呈缴提拆,恩饬免买,以苏寒骨事。切采买本养民善政,节经前宪,筹画精详,因遵宪牌,转奉县檄,明切晓谕,通湖南有耳目者,众共见闻。独生邑仓书谭曰班等,罔上行私,不遵功令。每逢发籴,一银发十家,家家贿脱;十封轮百户,户户营求。末后收煞,伊等拆干囊壁,竟与公项相埒。生兄弟二人分居,共止私粮三石,食指丁繁,俯仰竭蹷。前月廿七,谭等舆夫七人,来家发银二封,注谷二百石,市秤连纸,共重九十三两八钱,贫寒拂欲,致遭砖堕。生思宪示森森,不许胥役派买。若官封,自必照直;若按粮,未奉明文。且两封轻重不齐,若非短叩,定是私赃。缴县不收,哀房喉断,名登内簿,票差如雷。只得冒死匍缴大老爷阁下,差提躉收,当堂开拆,则率土春风,永颂二天。

为一雌三雄,弗与偕亡事。中冓之言不可道,禽兽之行不可长。从弟周君、周辅,兄弟八人皆鳏,强奸兄嫂有案。其弟七,出继周世开为子,娶解氏。妻长夫小,未免春色闹人;兄往弟来,竟作聚麀奇事。幸天不藏奸,昨产男孕,春宫乐事,和盘托出。奸情虽无据,奸胎足有凭。《洗冤录》合血,宁为虚语?昔日包公断乌盆,于今文宪剖疑狱,三尺具在,一鞫了然。生等读书,惟愿宗族男女,夫夫妇妇,弟弟兄兄。况雁行有序,相鼠有体,鹑雀有刺。今熊氏嫁矣,一之甚矣;解氏通矣,偷香足矣。明夺弟妇,大伦乱矣;苟合生子,家声坠矣。若不颁法究,急惩淫风,除非人心死,廉耻丧,则可于天地,否则合室男女,迸诸四夷,决不腼然人面。前两控宪,批应投戳,有冤莫伸。仁廉明人伦,司风化,是可忍也,孰不可忍也!请讨之。

为高山古庙一和尚,朝偷鸡鸭羊,夜穿墙割壁,养母猪图利,诈乡愚索金,诱童子为乐。此堂不是佛堂,乃是育婴堂。去岁荒,煽惑良民抢社谷。今年熟,敲梆化缘,化谷卅余石,化银四十余两,口称七月盂兰大会,超荐饿鬼。他不他,要唱戏,一不唱木莲行善,二不唱观音试道,三不唱唐僧取经。他要唱杨贵妃醉酒,小尼姑下山,张君瑞游寺。如来释伽,阿弥陀佛。

为一案十疑团,提劈了然事。祖穆艾,四川巡抚,明记朗赐敕书楼,(普)〔谱〕志据。因邻家胡廷仲等,近楼欺穹,去冬槽拆东角,阻留三角,并毁敕赐书石匾,控县。伊造崇祯艾依声契,一造顺治艾笃生契,县但以契凭,不察真与伪,府饬查,县胶案,哭辕批录。切契,管理法之常,但买楼疑团有十。敕楼何故出卖,一疑团;庶民焉敢宠建,二疑团;民产难漏税,敕楼用白契,三疑团;现存田与产,独弃君恩重,四疑团;依声谱不载名,五疑团;笃生父令尹,莅天官,身明经,宁不肖,六疑团;胡并未住,又未赁,判官多年,七疑团;买崇祯、顺治时,拆两朝五帝后,八疑团;生不争田,不争地,哭此数椽,九疑团;时在兵火流离日,二百余金买空楼,十疑团。假伊执岳阳契,县亦信伊祖买岳阳楼乎?总此楼未卖,非王谢旧燕比。县不感今惜悲孤鬼,生即捐躯于敕楼下,犹得为孝义之鬼。大人圣眷攸隆,中丞指日提契卷,查田房,劈疑团,死无怨。

为差不遵批,批禀不了事。生以土棍厶,拐仆贪赃之一案,控县,奉前宪准差集,棍不到案,复奉添差,又不到案。宪升接控,正差厶,串帮役厶顶帮,又不到案。生于八月以恳饬原差具禀,蒙批原差遵禀齐审,仍不到案。生昨复以厶等情具禀,又蒙批原差即齐审,再延定责,又不到案。批遵不遵,批齐不齐。不再延,公然延;定是责,不畏责。生已钱尽计尽禀尽,事无奈,却又禀哭。思今日禀,明日禀,禀至何日了?宪批齐,差不齐,齐至何时已?强盗尚获,土棍莫拿,岂六差不敌一棍,而一棍可拒六差?无非畏远畏蛮,玩法玩批。伏乞青天,换干差拘到案,儆蛮抚仆,惩窝究赃。生无事再禀,宪无烦再批。

为亡羊焚林,冤得无辜事。境内民厶,纵妻厶氏逐浪随波,以致保甲等报在案。更可异者,词内胎元未载民名,赫情跟要。若谓行奸知情,民非同伙;若谓拐去知情,民非宪捕快。自古姑无不束媳,夫无不管妻。人有鸡犬放,则知求之。岂闺中之妇女,不问东西?民佃种人田,八口在命,春宵一刻值千金,无故拖累在省城。县不除名,田不能耕,有口难分,冤得伤心。天恩赏恻释,包相剖乌盆。

为虎东嚼佃,穷命难逃事。民于厶年,误听厶批耕厶田山,去带批银若干外,顶替银若干,议定每年交租若干。苦耕四载,载载加租,佃且益瘦,东且益肥。屡辞退耕,求批银不转,顶替银不还,工本不给,遭东牵制,进退两难。若斯退脱,本是人不甘;若斯进瘦,佃难经东剥。租加四次,剥出筋骨;银吞三项,收拾一家。命脉尽归东手,死生俱由势下。可怜涸辙之鱼,只望西江之水。一番济一番,谁知遇虎东,食人无怨。一层剥一层,哀哉三吞四剥,一家穷如水洗,朝啼饥,暮号寒。若不颁法,羊入虎口,有死无生。贫难奈富,靠宪主张。倘恶一锄,根死苗绝。为此预禀,免死一家。

为负罪呼吁事。翁关天日,逆翁即以逆天。氏处茕独,靠君仍思靠父。泣氏命舛,适夫早丧,矢志柏舟,存心抚孙。无如夫兄厶因怜绝琴之痛,巧煽氏翁,厶遂无西河之伤。血泪未干,忍言再醮?夫丧未殡,遽令归宁。欲学引刀割鼻,呱呱儿难舍;欲就隐忍延命,时时叱詈难堪。氏犹负罪引匿,冀回兄翁天心。奈顽傲终难化解,携孙含羞外归。俄而二八艾婢,夫兄作为嬖妾;俄而田产千亩,孙儿不分寸土;俄而夏屋渠渠,母子不能托足;俄而(赃)〔妆〕奁钗钏,席卷尽为无有。孀妇视为路人,儿孙丢依外氏。一念及此,五内皆裂。今氏拭泪赴诉,知夫顿足地下。但思逼逐无依,难禁呼吁台前。伏乞宪天,垂怜孤孀,饬翁维持,俾残脉一线得存,死夫九原戴德。逆翁之罪,延颈无辞。

为烈不更生,控非谋利事。儿女私情,不渎大人之听;夫妻反目,实伤王化之原。侄女彭恪秀,适夫主张圣谟,终姑丧而毫不犯出,遭夫暴以无故弃妻。痛兄嫂早故,怜侄女无依。劝张逆鳞,颁宪绳法。两番批驳,一并粘呈。宪慎狱周详,民奉批涕泣。女被弃,实誓死难回;夫不良,愿易妻空想。纵成奇祸,岂忍贪财?且欲卖竟卖,圣谟既已串通;斯可瞒则瞒,地方谁堪觉察。此情可恕,不辨自明。恳辕赏准,谕圣谟不弃糟糠;彰法全伦,俾侄女勿嗟葑菲。恩同葬骨,报必衔环。

为包买累民,请示预禁事。采买以实仓储,善政何损百姓。只假胥役之手,而章程遂变,而弊累无底。前秋长善买谷,传各都社长,照里分领,官出民入,用本乡绅士,发本地居民,贫富所悉知,多寡若烛灼,稍涉于私,难逃公论。以故承(辨)〔办〕安然,如子弟服劳奉养,无德色,无怨言。狡点书差,从何染指?乃浏僻处山陬,仓房谭曰班、刘照书,兜金包放,挨户压领,有钱者千石谷经过,无钱者数亩田难饶。一银发十家,辗转居奇,短耗参潮,特其余事。总借原文不照粮,钳民口,蔽主聪,立法省派,巧取百倍,而派屡经受害,呈详但曰平买,如商客、刁民滋事。夫客秦越,官父母,不控客而訾官,知其中有大不便者,盖谷出于田,田本乎粮,粮多田多,田多谷多,合四乡之田,均各都之谷,大仓斗粟,谁不辨公?舆情乐从其便,长善宁有异民?今往害难追,新买将到,蠹仍包散,请旨晚矣。大人南北一家风雷,只字浏有公正,犹长善有社长,照里分领,毋假蠹手。千里求哭一示,便民莫非保民。

为实派诬假,留蠹长弊事。谭曰班、刘照书等,包买派买,奉督奉宪,务剪蠹安民,批饬严切。奈县庇蠹,回护自己;府庇县,屋乌恩深。如参潮九五六银,轻重不齐,验封浑过。胡大鹏紧要之犯,县称患病,即信为犯病,并不提讯。既县查粮册,称银赍送,原无派买,何以粮止七升之李梅高、七斗之陈大儒,缴银宪辕,岂自天来?则蠹包买已确,并未向买难假矣。谭蠹奉官赍银,何以赍到七升之家?吴既愿领买,何以缴银上控县主?因前案纪过,是蠹舞弊陷主。今罚生外,不责蠹革蠹,而反重谴长厚之主,主忧臣辱,只谓本官(辨)〔办〕理不善,蠹何漏网至此?李显升等,尚未面质,县覆何凭?大鹏等揹不解审,死求一讯。总派穷粮七升与七斗,派在缴银,蠹重犯,累累坚不可革,留长弊,详到辕,哭核正。

为禁城抄拆,南冤北哭事。党等系出曲江,国初来浏。雍正十年,沐恩纶达仁孝,卜县侧建宗祠,遭围城摆布鉴旗扶官大案犯汤崇朝等,恃宦矜捏,控违制,经府详审子虚。殊逆犯于三月初六日,聚众数百,喊声震天,蜂拥入祠,若大兵寇。拆祠壁,不留一木;劈主龛,不留寸牌。乡试官衔匾额,洒落粪沟;应考子弟行装,概行抢劫。防守摘情草报,县捕明知,不报藩宪饬武弁,且报该县何并无一报。又蒙抚宪批:聚众毁拆,大干法纪,速饬严拿究解。踏叠阻成风,一聚数百,不拿羁讯,案犯逍遥。可怜一俎一豆,先人灵也;一瓦一椽,子孙血也。文武魁朝廷名器,累各宪官衔,尽落沟中。衙署侧千重城池,结刁党抄毁禁地。奉例:真正光棍聚众百人以上,围绕房屋,抢夺家财者,地方官登时查拿,从重究拟。乃事发不禁止,事过不通详,事久不勘不拿不审,未卜县受何制。大案接批无权,安怪禁城不变、白日不横?若非临铁面,勘蜮情,拿刁党,收府狱,我蛮浏三围城矣,宦父愈猖于前矣,县终受制,冤终莫伸。党等惟率千百子弟,抱祖骨沉东海,葬尽鱼肠,霜飞六月。兹逢督部大老爷,两省青天,一字斧钺。党无郑(扶)〔侠〕《流民图》,惟洒千里风泪。如有半字涉虚,党等三举十七衿,先投府狱,先请褫革。虚坐边外充军,虽死不怨杀者。

为无辜久禁,恳恩释放事。民籍浏阳,投治耕山,虽不敢云秉礼度义,亦稍知守分安贫。但嫉恶大严,负性耿介,不得倚小人之良法,致见罪于不善乡人,每恃法吏循良,或幸见免。昨遭素不相容之何应然、商差厶,诬陷民男同贼,差即擅将民男木锁,押赴宪辕满拟。冰鉴高悬,奇冤立剖。宪讯何贼,已认仇攀,水清石见,泾渭已分。今及月余,禁不饬归,差仗官威,倍加需索。已已合板煽聪,未卜释放何时。可怜弱质稚孙,已绝日哺之粮;老妻病体,时洒倚门之泪。合家四命,尽悬宪手。若再赐结不结,不如早赐施行。哀哀上告。

为一详尽脱,一驳仍祖事。大案犯汤崇朝等,同日拆两祠堂,禁城抄毁,天日俱昏,县隐不报,蒙各宪如火如雷,敢沉匿半载,不拿不勘,挨斋戒日,糊涂一问,正犯不研,拆不究,听局外屡犯黄国柱等,不告挺认。八月初六,沐批:如贿买顶替,俟详解到日禀夺。县未奉严饬,情迷故纵,仅将黄棍三人,拟荡叔解府,而穷奇极恶之元凶,一详尽脱。府照如神,三人岂能一日拆两祠堂?且查皆经素犯,何容贿顶?应将各犯请褫研审,恐夹出黄棍真情,驳回下县,县藐驳。但将正犯纵回,并不拘候请褫研审,一恐夹出黄棍真情,一恐法加各犯难解。顾劣犯顶带,实自保考程;抹劣宦情罪,实自脱处分也。且聚众抄拆,事关重大,难堪防守,折已飞报,县匿半月,又肯续报?今做二十五人同供,在场并无一人。初审选斋期,驳审放正犯。吞舟漏网,故出军流。光棍恣情,猖横禁地。切思八府官员有犯,包面片简飞参。何武举、劣衿,铁牢城不可破?总攸县童生,各宪目击,浏蛮猖獗,绘图难形。初审详已冤,再审详又蔽,沐批:详解到日禀夺。今枉详顶解,冤至尽所。非临铁面,不褫监皮,不究劣皮;非饬员勘,莫拿正犯,莫鞫假犯。

为伙男谋膳,望光号全事。生男六,居邻富室李巨川,叔侄不务耕读,游宴赌钱,陆续卖田几担归李,卖皆瞒,生后觉。因恐年老失养,提出膳田四斗,携仆另爨,今已数年矣。生创屋华美,横正多栋,园囿宽敞,隔李一墙,虎视(躭躭)〔眈眈〕已久。男不守法,赌瞒,售中李姓乘男急,欲拼膳田,除夕前一夜,缴卖,不使生到场立契,男不敢言。今春中始以腾徙足价,追迫。控前宪,准差查李,尚有价银二百七十两未交,膳田生种,李税契,诉勒膳归一。本月厶日,割去膳田禾二斗,哭子不死家。生创于未死,眼同谢王堂,伤无论已,膳田并归,随男东飘西荡,不死风餐,即填沟壑。生年逾六旬,生无一枝栖,死作他乡鬼。男不孝,李不仁,生佛遥临,望光号泣。养膳苟延,重逢西伯。

为虎练肆害,日极万姓,饮恨吞声,陈知究除事。条陈有干功令,受害实难缄口。总练厶夤充日久,肆害日极。设公馆于墟场,受理民辞;招赤棍为壮役,听差掩扰。日取诱赌,良家之子弟受害;夜行窃掠,村落之鸡犬靡宁。造私(行)〔刑〕而酷勒平民厶,活捉拷毙;装私盐而诬骗户部厶,硬煽本倾。因公苛敛,假天谕而私派柴炭;遇事生风,借宪临而勒派夫役。各有受害可查,现存派单可凭。害犹未已,用地方为伥鬼,永令伊弟包当;以保正作走狗,又使伊弟承充。赌场十余处,处处悉伊抽缴;窃掠十余家,家家是恶分赃。遍社目为白额虎,通乡咸谓冤家头。张牙布爪,村愚任伊饕吸;剥肤削骨,平民哪敢号痛?厶等敢来上陈者,良以天台留心保赤,为万家生佛,锄强扶弱,作一路福星,断不容此豹虎,以致残虐苍黎。伏乞访实披陈大害,革除当道豹狼,民免扰害,德并日月。

为改名朦捐,县庇府徇事。生县易贵选,字以榜,离城百里,深村人,年十五,随父迁城卖豆(付)〔腐〕度日。少姣,与厶门上家人交,始得充吏书。后数年,改充户书。又数年,县爷项怀瑾始任用,厶年县爷邱宗周亦任用,厶年县主王宇谟尤信用。因入围府经所叶大秀署理察出舞弊,四十五年八月厶日革役,掌嘴四十收禁,厶日杖四十,示几日。县回复充,彭茂一控护宪冯,批署府朱审,详批,详内云"易贵选既经该署县因事斥革,该县王宇谟复令充书,殊属违例,本应参处,姑念王今已于另案参革,免其深求"等语。接任县爷成元,一专信用,伊遂钩通银匠谢上、钟春等,钱平银一两,完官则七钱五分。监生李晋控,制菩萨批:委南昌府黄、袁州府高、府承徐会审。案列粮户,生亦有名同审。厶月厶日,目击杖四十,掌嘴押锁南昌府,交差李标看守,案存南昌府。凡易贵选充书计廿余年,权富巨万,当身狱坐矣,枷示矣,满杖掌嘴二次矣。恃财包身,隐匿罪名。五十二年,改名朝铨,捐监,加捐州同。生禀县成,禀府张,互相弥缝。上控藩宪陈,批:仰袁州府,严查究报。署府顾审,仍前庇徇,抹落刑革实情,舞文详覆可捐,详不如实,上亦无由知。依详批缴可捐,刑余可捐,捐例不几顿乎?

为冒罪呈明,张冠李戴事。缘氏与张海构讼一案,前经仁宪讯结详结,氏虽女流,稍知王法,岂敢复行上渎?奈旧五月初六,有张铁斗等,抢张海材料、家物等件,无计抵搪。伊父张庄能盗窃氏名,牵拉氏案,翻控府提。氏若投讯,则宪断宪详难抹;氏不投讯,则差棍两逼难堪。延至十月终,经府委员审讯五次,氏姊妹历供无奸在卷。因抢赃未缴,将案发宪研究,自必仍提质追,以其临审恳释,曷若预禀廉阶。泣思氏前屈膝公庭,曾已含羞无地,若再集讯法堂,非投炭石则死。为此粘具手模切结,冒罪上呈,恩免愚夫愚妇,李戴张冠。上禀。

为扶危救危事。生闻怜危救苦,乃成丈夫。谁料怜危自危,救苦自苦。生自志学,见危不忍袖手;年至而立,遇难不忍旁观。作状者因家贫权为口计,只代哑子传言,并无半字虚捏;代诉者为老母暂作俸资,只携瞎子过桥,讵有一句虚语。切思作状明知故犯,若待束手,母食难供,绝除作状,哑瞎二屈,有口难分,罪一人而万方受枉,赦一人而万人伸冤。恳乞宪台,宽宥穷酸三口。衔结上告。

为犯童苦上层苦,恳宪天恩外施恩事。痛厶等雨滴墨池,数载磨穿铁砚;鸡鸣玉漏,寒毡坐到晓更。素抱飞腾之思,常怀翰苑之志。屡蒙各宪取录,未得万里鹏程。亲老家贫,遂致菽水难继;无田不祭,徒使风木兴悲。术尽计穷,顿设读文之想;见利忘义,遽作代考之行。同声附和,爰一步而一趋;响应猖狂,几若愚而若拙。执笔飞扬,甫入席而肆儒童伎俩;群小窥瞰,一举口遂张魑魅叫声。当禀学宪枷责,肢分体裂;随蒙宪天夹打,骨碎筋消。ㄙ等纵习礼乐三千,未知桁杨三尺。手拘足缚,竟成缧绁之囚;魄散魂消,无异疆场之鬼。可怜哉,一叶之命,席地为床;吁嗟乎,几死之身,带枷作枕。弃义背礼,生又何容毁体辱亲?死不足惜,然而蝼蚁尚且贪命,士人岂不爱生?况念彼劬劳,谁不心焚似火;兴言棠棣,畴非血泪如流。伏乞宪台,以好生为德,怜才为念。渔樵在在歌相答,咸称一路福星;鸡犬村村夜不惊,普颂万家生佛。岂ㄙ等颠连穷苦,独外覆载之中,所以忍苦苟延,尚望雨露之润。专求宪力,转求学宪。恩外施恩,须臾回生于死;罪中有罪,微末失经于辜。竭力尽能,自当酬于万一;衔勋佩德,尚可报效于毫毛。公侯奕世,涕泣上禀。

为冤诉衷肠事。淳奴年二十有一,系甫城招贤里妇。时因纵步南园,第见桃红似锦,柳绿如丝。鸳鸯好交颈之欢,蝴蝶舞翩飞之乐。梁间燕子对呢喃,枝上黄莺双睍睆。嗟叹物兴无穷,遐想青春不再。三七之女,幸逢折桂之夫;二九才郎,当诵标梅之句。每想织女,一年一度得相逢;自恨奴身,廿一年无匹配。转桃溪而登柳巷,过菜园以采花渠。后遇一秀才,当时淳奴惊恐。略问其名,答曰姓娄名芊。观其唇红齿白,目秀眉清,遂成亲于牡丹花下,遮羞于芍药丛中。结成谐老之欢,反遭离别之事。被叔里谣,捉获送官。宛如鸾凤〔双栖罗网〕,恰似(莺舞)〔鹦鹉〕对锁牢笼。父母官司,罪容分诉。明月尚有亏盈,江河岂无清浊?姜女初配于范郎,曾(止缘物)〔指绿杨〕作证;韩氏始嫁于(余幼)〔于祐〕,须凭红叶为媒。况上古乃有私通,淳奴岂无贞洁?重夫重妇,当受刑于琴堂;一男一女,难违条于法阶。荣枯总在案前,生死并由笔下。万乞大人,察其情而恕其罪,若得终身谐老,来生必报深恩。若不曲宥幽衷,恐遭毒叔斥去,卖与奴婢,故敢反今自择。但偶遇生,并无强奸,所供是实。

为弃妻不要钱,再嫁何干事。长男ㄙ,配钟ㄙ之女为妻,女德无极。翁故家贫,遂不以男为家,欺氏寡而忤之,押孤男而怨之。氏无奈,男心伤。去六月,致邀伊父钟ㄙ、家族张ㄙ等,书立退帖,还伊母家,嫁不嫁,氏母子(豪)〔毫〕不相干。昨奉差传,乃知系侄张如赞串族张毓璠,捏以悄卖等情妄控,口口是弃妻,不是卖妻,退帖据。钟嫁钟女,与张何干?男既弃妻,自是硬汉,又不要钱,岂有他图?上禀。

为见嫁图金,抹退捏卖事。童孽女ㄙ,配张ㄙ为妻。姑寡家贫,过爱生玩。经童屡责,致死不从。去六月,始凭族戚退归还童,任童另嫁,退帖呈。童因留家数月,挽回无路,畜老无力,致死无方。不得已,去腊始将孽女嫁卢。张如赞不思既退不能再嫁,口嫁索金,怒童理斥,捏情妄控。此情此理,缕禀法阶。谁是谁非,恳求一判。上禀。

……产业,例载业凭契管,不凭……指。道光二年冬,柳东杨藉坟冒占……图,抹民印契,叩前宪郑,批:仰县……案拖十五年,致柳接葬无休。柳之黄……日无光,县经四主,意指色授,悉听柳之……事金能语,说起人情剑欲鸣。奈何奈何……告。(因此页残缺,该则状词内容不全)

## 二、清代江西雩都县诉讼秘本

### 禀捕初词

为挖灭母骸,号叩急究,人鬼沾恩事。缘民有狮形,在左边梓山一处,岭右有富豪厶姓厶厶家地坟一席,豪家照界掌坟,民家掌山,历掌无异。讵厶主厶年间,遭豪等恃富,藉坟占山,曾经中论,各掌各业,屡被伐梓,计图民山,出售圆锦。奈民贫难富敌,不肯献买。讵豪见民弱肉可噬,一时势占。瞰厶月内,民将母骸迁葬己岭,豪胆于厶月厶日,纠将民母骸挖灭。厶日民在该坟经,骇见无坟,询问地邻厶姓厶号始知遭豪挖灭,投经保正厶姓厶厶等指实。豪等俯首无辞,声言山若献买,骸即交还,倘不遂欲,任告莫奈。似此豪强,势占挖骸,冤惨弥天。匍叩仁爷,迅赏差拿,究骸究挖,人鬼沾恩。迫切上禀。

被〔告〕厶厶、厶厶、厶厶、厶厶

干证厶厶、厶厶

保正厶厶、厶厶

### 又孙主台前进呈

具告人厶厶,年几十岁,住厶处堡几十里。

为谋占挖骸,迅恳究追事。缘民祖遗有土名狮形,水口木梓山一处,其山右边有富豪厶姓厶等,恃其族大人众,衿富两炎,计欲越占民山。厶主厶年,纠众强砍民山梓树,投经中保厶姓厶等理论,蒙中处豪礼谢,照界各掌,劝民免控。讵豪谋占心坚,去厶月民将母厶氏筋骸安葬己山,惨去厶月厶日遭豪统集凶徒厶姓厶等多人,胆敢挖掘民母坟骸,母筋莫卜何处。次日骇觉,旋经地邻、保正厶姓厶等指实。豪等排备,刀棍动辅斗杀,民单不敢与敌,恐成巨祸,旋报捕主。豪等藐捕法微,抗不投案,母骸至今乌有。人鬼含惨,律法何容?哭叩宪台,迅赏差拿,按律法究,斧追母骸,以杜巨祸,人鬼均沾。上告。

批:仰捕衙查讯详夺。

犯人厶姓厶名、厶厶、厶厶

干证厶厶

保正厶厶、厶厶

**又孙主台前呈**

为占挖母骸,颁恩准究事。惨去厶月,被豪厶姓厶号,谋占民水口梓山,纠集厶姓厶等多凶,挖灭民母厶氏坟骸,激民具控捕。讵豪藐抗,延今数月,母骸莫卜,惨情迫急。前月十八,民以谋占挖骸等事,具控宪阶,情悉在卷,奉批:"仰捕衙查讯详夺。"敢不凛遵?奈豪衿富两炎,欺官藐法,动称任控,案非捕制,差莫敢拘,总不投捕。痛民母坟筋骸遭豪挖灭,与豪不共戴天。若不颁恩准究,衿豪势炎,母骸灭匿,人鬼含惨,律法何容?再叩宪台,施恩舍准,赏差严拿,按律法究,斧追筋骸,人鬼均沾。上告。

犯人厶姓厶名、厶厶、厶厶

干证厶厶

保正厶厶

批:据捕衙饬差拘讯矣。

**四月十五孙主台前**

为母冤惨沉,冒叩准究事。惨遭豪监厶姓厶号等恃衿富强,去厶月强占民家水口梓山,挖灭民母厶氏筋骸,惟时宪驾公出,情急具报捕主。讵豪藐捕法微,拒差抗拘,负嵎味蛮,激控宪阶,层词悉卷,奉批:"仰捕主申详。"无奈捕书,违批搁详,埋祸故藐,案今半载,豪等无一投到,陷民母冤惨沉,痛民母骸挖灭,莫卜何处。山岗被占遭砍,与豪不共戴天。若不颁恩准究,惨情何伸?律法灰烬。为此三叩宪台,施恩舍准,恳赏差拿,按律法究,斧追母骸,以杜巨祸,人鬼感戴。哀切上告。

**又县呈**

为匿骸愈占,恳饬拘究事。惨遭豪棍厶姓厶名等,恃其衿富两炎,强占水口山岗,挖灭民母筋骸,激民惨情叠渎。豪蛮藐抗,案控半载,奉批:"捕主申详。"昨沐赏差,未拘到案。讵豪挖骸藏匿,愈横罩占,执持器械,叠砍树木,动称向阻,喝众斗殴。民属单弱,不敢与敌。痛民母筋挖灭,情惨迫急,豪叠凶强,不颁救究,祸实难支。为此哀叩,伏乞宪台,严饬差拘,按律法究,讯追筋骸,以杜(讵)〔巨〕祸,人鬼均沾。上告。

被证有案。

**又县呈**

为犯藐刁抗,饬差〔拘〕究事。惨遭豪棍ㄙ姓ㄙ名等,恃其衿富两炎,谋占民水口梓山,纠集ㄙ姓ㄙ名等多凶,挖灭民母ㄙ氏筋骸,激民披惨,叠叩宪阶,层词悉卷,蒙赏差拘。讵豪藐法,拒差抗拘,延今半载,胆不投案。痛民母筋挖灭,莫卜何处,山岗愈遭罩占,叠砍树木,凶强莫御。切挖骸占山,罪不容宥,遭豪抗搁,母魂夜泣,惨迫已极。为此吁叩,伏乞宪台,严饬原差,拘犯投案,赐讯按究,救追筋骸,清业杜祸。上告。

被证有案。

干证ㄙㄙ

保正ㄙㄙ

**又县呈**

为差搁犯抗,乞勒拘究事。缘民母ㄙ氏筋骸,叠砍树木,惨情叠渎,层词悉卷,金批明严。无奈案控半载,鳄等藐不投案,商差交搁,差玩又不力拘。民母筋骸挖灭,莫卜何处,惨迫弥天。痛民山被鳄占,树木叠砍,挖坟灭骸,又遭差犯交搁,种种奇惨,沉蔽母冤,律法奚容?哭叩宪台,饬差勒拘,赐审按究,斧追筋骸,清案杜祸,人鬼均沾。上告。

被证有案。

**又县呈孙主台前**

为强占挖骸,沉惨搁案,乞勒拘究事。惨去ㄙ月遭豪ㄙ姓ㄙ〔名〕等,强占民水口梓山,挖灭民母ㄙ氏筋骸,激控在案,叠词备悉,金批森严。案仅一载,豪等畏究,藐不投诉,商差交搁。惨民母骸,未卜何处,山遭强占,情迫莫伸。痛思谁无父母,不保坟骸,岂甘遭豪强占挖灭?出魂夜泣,惨迫不共戴天。更被交搁沉案,律法何容?为此情惨吁叩,伏乞宪台作主,施恩勒差,限比拘犯,赐审按究,研讯母骸,葬复原坟,清业杜祸,免遭蔽搁,人鬼均戴。迫切上告。

被证有案。

**又孙主台前呈**

告状人ㄙ姓ㄙ号,年几十岁,住ㄙ处几十里。

为案沉三载,母冤未伸,乞恩究追事。惨遭豪棍ㄙ姓ㄙ名等,恃其衿富两炎,彪占民家水口梓山,强砍树木,挖灭民母ㄙ氏坟骸。前岁腊月,激民具控在案,层词叠渎,豪等藐法,拒差抗拘,负嵎肆凶,案沉三载,母骸莫卜,冤惨未伸。痛思父母罔极,生事葬祭,坟墓为重,而子不能保守母骸,身陷汤火,死心不灰,仇不共天,情何甘休,律法奚容?为此哭叩宪台,严饬差拿,按律法究,追骸复坟,生死冤伸,案免沉搁。上告。

被证有案。

批:差速拘讯,再延干咎。

**又华主台前呈**

告状人ㄙ姓ㄙ名,年几十岁,住ㄙ处几十里。

为占挖母骸,冤沉四载,乞查案究事。缘ㄙ年,惨遭豪监ㄙ姓ㄙㄙ等,倚恃衿富两炎,强占民家水口梓山,纠砍树木,挖灭民母ㄙ氏坟骸,叠控前任各宪,均沐严饬差拿。讵藐刁抗,差属木偶,卧不拘犯。民投词数十纸,冤沉四载,民贫莫奈。痛思母恩罔极,生事葬祭,坟骸实重,为子不能保守母骸,身陷汤火,仇不共天,死何灰心,律法奚容?欣幸宪台,明并日月,仁孝为治,案无留牍,乞查原案,严饬差拿,按律法究,追骸复坟,人鬼均(载)〔戴〕,沉冤有伸。迫切上告。

被证有案。

批:候照案拘讯。

**五月廿三华主台前**

为衿富敌法,欺藐叠抗,沥血哀叩,乞拘讯究事。窃法以绳民,民之刁顽者,惟赖法以惩治之,从未闻有富豪ㄙ姓ㄙ名等之骫法实甚也。ㄙ主ㄙ年,蚁以挖灭母骸等词具报豪等在前主案下,蒙准拘讯。豪恃衿富两炎,藐〔法〕抗拘,激蚁叠叩各主,案几充栋。豪总置若罔闻,延今四载,并无只足投辕一诉。宪驾荣任,蚁亦层词渎禀,奉批森严。奈差受豪牢笼,动称豪等绅衿,不敢勒拘。不思法不专为庶民而设,况挖灭坟骸,律有明条。豪等身列衣衿,已属知法犯法,更敢欺官藐抗,尤为法所难容。为此沥血哀叩仁宪施恩,严饬差拘,按律讯究,追骸复坟,生亡均(载)〔戴〕。上告。

被证有案。

批:候催差集讯。

**赣州府何太爷台前**

雩邑告状人ㄙ姓ㄙㄙ,年几十岁,住崇贤里ㄙ地名,离府二百八十里。

为毁冢灭骸,抗搁四载,乞提讯究,冤伸覆盆事。缘蚁母ㄙ氏葬祖遗本邑地名崇贤里ㄙ住村ㄙ保ㄙ已山,周围蓄植护坟梓树。讵遭住居瑞邑之富监郭ㄙㄙ等,藉有坟一冢，在蚁母坟右，贪圆成锦，更图梓山出息，欺蚁族微人单，屡次纠砍，迫蚁将坟山献售，不遂豪欲，于厶年厶月，纠众百余，各持器械，将蚁母坟登毁掘，筋骸莫卜。县出报捕，验明详报。蒙县签差吴厶厶、厶厶、厶厶拘讯。奈豪粪金贿差，延至次年厶月厶日，始捏词一诉。嗣后并无只足赴县，任蚁叠禀，批虽森严，而差饱豪贿，卧票不行，愈长豪威。不惟母骸匿不交还，且山内梓树，任伊砍伐，梓粒恃强收摘。生者冻馁难忍，死者骨暴沙砾。更遭蔽搁四载，未蒙一讯，冤深覆盆。号叩大宪，赏准亲提讯究，追骸复坟，阴骘齐天。一字涉虚，愿甘廿磔。迫切上告。

被告厶姓厶名　监生厶厶、厶厶　生员厶厶

干证厶厶

地邻厶厶

保正厶厶

府批：据〔控〕厶姓厶名毁坟灭骸，如果属实，殊干法纪，雩都县速即勒拘究报，(母)〔毋〕再搁延干(究)〔咎〕。抄粘并发。

**又雩邑华主台前呈**

为遵批投到，乞严饬拘，追骸复坟，讯究详报事。蚁于厶年厶月以挖灭母骸等词控豪厶姓厶名等在前主任内，蒙准差拘。讵豪粪金贿差，一诉塞责，延搁四载，抗不投案。不惟母骸莫卜，豪更逞凶，纠将蚁山梓树、梓桃强砍、强摘。蚁族微人单，莫敢撄锋，而差既饱豪贿，兼畏豪威，任蚁迭禀，批虽森严，卧票不行，情迫莫何，哀吁府宪。奉批："据控厶姓厶名毁冢灭骸，如果属实，殊干法纪，雩都县速即勒拘究报，(母)〔毋〕再搁延干咎，粘抄并发等因。奉此。"为此遵批投到，伏乞宪廉，严饬原差，立拘齐案，示期镜讯，追骸复坟，赐详究报，生亡均戴。上告。

批：候勒差集讯。

**赣州府何太爷台前呈**

告状人雩都厶姓厶名，年几十岁。

抱告人厶厶，年几十岁。

为再叩宪恩，乞赏差提事。缘蚁遭豪监郭孟鸾等挖灭蚁母厶氏坟骸，报县差拘，叠被贿差，延搁四载，未蒙一讯。去十一月十三日，匍叩大宪提究，沐批录式。伏(渎)〔读〕之下，曷胜雀跃，乃沐县宪赏签严拘。奈差得贿复搁，迄今五载，豪监依旧逍遥事外，是财可通神，藐玩金批，虽蒙严饬，县役奈终终视为具文，仍然包(蔽)〔庇〕，冤何由伸？似此蔽搁延案，愈长刁风，若不颁恩提究，致蚁冤沉海底。为此再叩廉阶，伏乞大宪差提严拘，押解核讯究追，生没衔结。上告。

去十一月十三日,蚁呈奉。本府前批:“据控厶姓厶名毁坟灭骸,如果属实,殊干法纪,雩都县速即勒拘究报,(母)〔毋〕再搁延干咎。抄粘并发。”

被告监〔生〕厶厶、厶厶　生员厶厶、厶厶　民厶厶

干证厶厶

保正厶厶

府太爷未收　　又粘抄道大人台前

**讼抚院行辕进呈**

具告状人赣州府雩都县民袁万符,年六十八岁,歇赣城西街厶店内。

为禀明事。情因嘉庆十年腊月十七日,遭武断乡曲之富豪郭孟鸾挟前谋买民土名狮形左边梓山未遂,纠将民葬已岭母骸挖灭,次询地邻厶厶始知,投保指实,理向俯首。时值封篆,县又公出,只得报明捕主,未获详究。激民于厶年厶月具控前县,批:“仰捕衙查详。”已经查详到县,孰知该豪倚财舞弊,致县任民叠(摧)〔催〕,一味捺案蔽搁,今经五载,犯不一拘,迫民去控府署,荷灼冤沉,批:“仰县即勒拘究报。”民遵叩县,仍搁。泣思母坟遭挖骸灭,情非细故,岂堪呜冤五载无伸?兹幸大人临莅,泽及枯骨。为抄县、府初呈,匐叩舆前,伏乞怜冤县蔽,赏饬府提,实究虚坐。泣告巡抚部院大人台前。

被告厶厶、厶厶、厶厶、厶厶

干证厶厶、厶厶

保正厶厶、厶厶

粘抄县头词一纸、府词一纸

**又道爷台前呈**

告状人雩邑袁万符,年六十岁。

抱告侄世枝,年卅二岁。

为锢蔽冤封,控府批县,上号作主事。蚁遭富豪郭孟鸾等,倚伊衿富势炎,于嘉庆十年腊月,纠众挖灭蚁母梁氏坟骸,报县差拘。奈豪粪金贿摆,延搁四载,纵犯事外。激蚁叠叩县辕,批严,故夺不已。于十一月内,具情控府,泣望提揭盆冤,批:“仰县究。”蚁随遵批,赴县投到,县虽票勒差拘,终属任犯抗漏,冤封铁桶。可怜蚁母骸骨抛散旷野,化为乌有,蚁不能救,空负弥天大罪。伏思大人仁孝为治,凡有血气者,莫不沾恩。为此沥情,上号大人作主,赏准亲提讯究,按拟详办,生亡均戴,如虚甘坐。哀迫切告。

被告郭孟鸾　监生厶厶、厶厶、厶厶

干证ㄙㄙ

保正ㄙㄙ

道批:仰雩都县勒拘究报,(母)〔毋〕任延讼。粘抄并发。

**本邑华主台前呈**

具禀人ㄙ姓ㄙㄙ。

为冤沉五载,遵批投到,乞严饬拘,免遭玩延事。蚁被势豪ㄙ姓ㄙ名等占山挖骸一案,于ㄙ年控案,延搁四载,未蒙一讯。蚁层词迭禀,案几充栋,批虽森严,豪胆倚势藐抗,视为具文,情迫莫何。去ㄙ月,哀叩府宪,奉批宪勒拘究报,阅今逾岁,又已数月,豪置罔闻。昨又情控巡宪,奉批:"仰雩都县勒拘究报,(母)〔毋〕任延讼,抄粘并发等因。奉此。"为此遵批投到,伏望仁宪垂怜,蚁母筋骸遭挖,未卜存亡,冤沉五载,无从伸雪,恳恩大震雷威,严饬拘究,按拟详报,追骸复坟,生死衔结。顶祝上禀。

被证有案。

批:准到候饬集人证讯详,违式并饬。

**雩邑雷主台前呈**

为恃势坚抗,含冤五载,恳移究追事。民母ㄙ氏,ㄙ年卜葬己山,冤遭瑞金豪监郭ㄙㄙ等,藉坟横隔丈余占为禁步,纠众毁灭。激民始控前宪孙主,继禀华主,虽沐严批,奈豪等粪金摆(㧊)〔布〕,批严差玩。激控府宪、道宪,均蒙严批在卷,差又捺搁不拘。且发冢与杀人同科,灭骸比杀人尤重。今乃锢蔽日甚,母骨必化乌有。兹幸宪台荣任,为此匍叩作主,赏准关移,勒拘到案镜审,究毁究灭,仁同西伯,枯骨沾恩。衔环上告。

批:候关提讯究。

**又雷主台前呈**

为丢关勒投,缴案乞验,免遭冤蔽事。蚁以发冢灭骸控瑞邑豪监郭ㄙㄙ等在前主台前,讼经五载,含冤莫伸,迫控府、道二宪,均沐批前主提究,奈差捺搁。宪驾荣任,ㄙ月ㄙ日,蚁以势富坚抗苦情奔叩,蒙准关提。蚁凛金批静候,至ㄙ月ㄙ日,宪差吴荣、ㄙㄙ、ㄙㄙ始捧关来家,勒蚁往瑞盘费,以及投文挂号用度。蚁贫不能措,仅给钱三百文,差不遂欲,将关文并票丢落蚁家,令蚁自投,邻佑ㄙ姓ㄙ名眼见切证。蚁随于ㄙ日至辕,值宪公出,只得静候。欣宪荣旋,理合将关文并票呈缴查验,免遭冤蔽。沾恩上禀。

十九日批:该差领文提人,自应迅速前往,何得丢文延搁?大属胆玩。候即提案严究。粘文附。

**雷主台前进呈**

为挖骸占灭,抗搁六载,恳恩讯究,追骸复坟事。蚁于厶年厶月以挖灭母骸控瑞邑势豪厶姓厶名厶厶在前主案下,蒙准差拘,豪等藐抗,至次厶月始投案,一诉了事。身居瑞,差不敢拘,陷蚁迭禀,豪置罔闻,奔控巡、府二宪,沐批:"仰县勒拘究报。"奈豪势富两炎,抗延六载,只足不至。兹奉关提,仅豪厶姓厶名砌词捏禀,满纸虚诬,难以枚举。若不颁恩拘押,在辕伺候,豪如回瑞,何异放虎归山,万难弋获。为此禀退仁宪,将豪厶厶严押,饬差集讯,追究母骸,安葬原坟,幽冥均(载)〔戴〕。仰光上禀。

批:候即讯夺。

**雷主台前呈**

为挖灭冤惨,衿势藐抗,颁恩集讯,按拟详究事。冤遭瑞邑衿富两炎之势豪厶厶等,藉坟占山,厶年纠众挖灭蚁母厶氏坟骸,讼控前任孙主,蒙准差拘,豪等藐抗,陷蚁迭禀在案。延至厶年厶月厶日,豪始砌词,托人一诉了事,任差勒拘。豪恃居异邑,负嵎不睬,激蚁上控道、府二宪,批:"雩都县速即勒拘究报。"华主任内,蚁又禀催在卷,豪总只足不至,置若罔闻。蚁负五年沉冤,无门伸诉。去岁八月,仁宪荣任,蚁具情禀叩,蒙批:"准关讯究。"厶月尽豪始卒,劣监厶厶、厶厶来辕搪抵。幸眸豪等,逍遥在外,漠不关心。兹蚁年老家贫,住离百里之外,日给无资,坐困人房,奄奄待毙。为此禀乞仁宪施恩,饬差集讯详究,不但母冤得伸,蚁亦免作饿莩矣。切情上禀。

批:候差集讯。

**又雷主台前呈**

为恃衿藐抗,欺官屠民,乞拘讯详,幽冥均戴事。蚁遭瑞邑势豪厶姓厶名等贪谋风水,计图迫蚁将私山献买,不遂豪欲,于厶年纠众百余,将蚁母厶氏坟骸挖灭,控报在案,延今六载,豪仅一诉了事。去蒙关提,厶月豪率惫监厶厶、厶厶来辕,砌词抵搪,奉批饬豪缴〔谱〕集讯。奈豪狡计,匿谱不缴,仅刷蚁父成紫与前母厶氏、后母厶氏同葬厶处之原葬墓碑呈缴,谓厶氏之坟现在,以抵挖坟灭骸之罪。继又呈缴山图掩饰,奉批:"抄图不足为凭,仍饬将谱呈验。"豪硬不缴,其中显有别故。蚁厶月奉押在辕,至今已三阅月,日给无资。豪等住居瑞,逍遥虎穴,计在拖毙蚁命,所(无)〔谓〕杀人不见血。欣宪明镜,爱民如子,视民如伤。况蚁为救母骸,何惜身命?为此哀恳作主,速赐集讯,求施大刑,同夹研讯,救骸复坟,幽冥两戴。上告。

批:郭姓ㄙㄙ谱已缴到,候察讯夺。

**又雷主台前呈**

为呈缴山图碑墓,乞速核讯究冤,免遭计毙残喘事。蚁遭瑞邑富豪ㄙ姓ㄙ等贪谋风水,不遂〔豪欲〕,纠毁蚁母ㄙ氏坟墓,挖灭筋骸,控报到案,遭豪多金,拖搁六载。ㄙ月蒙赐关拘,豪恃健率衾监ㄙ姓ㄙ赴案挺讼,沐恩将衾押礼房,蚁入东人房,伺候讯详,今三阅月。蚁遵静候,豪等设计将衾领出,在外逍遥,更希致蚁命。ㄙ日乘宪公郡,突将蚁转押西人房,日间禁止水浆,夜即歇宿冷地,实苦难当。若不颁恩讯究详报,将见蚁命须臾。为此呈缴山图、碑墓,伏乞仁宪施恩,速赐核讯详报,追骸复坟,以延残喘。上禀。

批:候讯夺山图、碑墓。附不遵用状式,无钱粮戳记,特饬不合。

**又雷主台前呈**

为坟抗拖陷,欺官屠民,乞速讯详,免遭困毙事。蚁遭瑞邑富豪ㄙㄙ等挖灭母骸,报控在案,抗搁六载。蚁负冤莫伸,奔控道、府二宪,奉批:"仰县勒拘究报。"宪驾荣任,蒙关拘讯。奈豪等恃衿富势炎,藐抗不前。ㄙ月内豪率衾监ㄙㄙ来辕投到,蚁当禀宪,伊属异日,叠关不到,沐恩将衾羁押礼房,交出豪等到案,蚁押东人房,伺候讯详。此宪至公至明,敢不凛遵?奈豪等踞穴负嵎,又经延搁半载,只足不至。衾虽押,豪舞(毙)〔弊〕,逍遥在外,实属欺官。前月ㄙ日,宪台公郡,郭ㄙㄙ摆布恃蚁押入西人房,冀图施毙蚁命,更为屠民。兹蚁身染疾病,已经月余,奄奄待毙。为此禀恳仁宪施恩,严饬差集犯证,讯究详报,以伸母冤。沾恩上告。

批:尔等两造均着邀集人证赴案投到,不必呈催,徒滋案牍。无粮(截)〔戳〕,特饬。郭ㄙㄙ词,并发。

**周主台前呈**

为毁灭坟骸,冤沉六载,严饬拘讯,免遭捺搁事。缘富豪郭ㄙㄙ等贪谋风水,于ㄙ年纠众毁灭蚁母ㄙ氏坟骸,报控在案。奈豪藉隶瑞邑,恃符藐抗,激控道、府二宪,均奉批:"仰县勒拘究报。"延今六载,豪等负嵎如故。今年ㄙ月,雷主关提,豪始贿云,健讼之衾监郭ㄙㄙ来辕挺讼,蒙将摆羁押交犯示审,连蚁亦被押人房,至ㄙ月尽始放。切蚁母骸不保,罪固应尔,豪等毁灭藐抗,律尤难容。欣逢仁廉荣莅,正蚁冤伸有日。为此哀叩作主,严饬差集,讯究详报,追骸复坟,免遭捺搁,阴骘弥天。上告。

被犯监生郭厶厶　生员厶厶　监生厶厶

干证厶姓厶

保正厶姓厶

批:候催差集讯。

**又雷主复任台前呈**

为挖灭母骸,冤封六载,乞讯详究,免遭锢蔽事。缘豪监郭厶厶等,于厶年厶月纠众挖灭蚁母厶氏筋骸,报控前县孙主,蒙准〔差〕拘。豪等倚恃衿富延搁,陷蚁迭禀,各主奉批森严,豪总恃符抗藐,激控道、府二宪,均批:“仰县勒拘究报。”仁宪荣任,蚁(历)〔沥〕号叩作主,沐宪关提,豪住(幸)〔瑞邑〕,健讼叠监郭厶厶挺身出搪,豪等稳坐虎穴,负嵎莫撄。蚁自厶月坐守人房半载有余,豪等只足不至,宪可莫奈伊何。似此蔽搁六载,冤深覆盆。欣逢宪驾荣旋,伏乞饬差拘集豪等,施恩讯究,(案)〔按〕拟详报,追骸复坟,免遭蔽搁。哀切上告。

被〔犯〕郭厶厶　监厶厶　生员厶厶

干证厶厶

保正厶厶

地邻厶厶

批:候拘讯夺。

**道爷台前自进呈**

告状人雩邑厶厶,年几十岁。

为恃衿抗提,案沉骸灭,号檄拘解,按究衔结事。蚁遭豪厶厶等贪谋风水,厶年倡纠挖灭蚁母厶氏坟骸,迫报县主,沐准拘讯,遭贿差蔽,情迫不已。去三月初三日,(已)〔以〕锢蔽冤封等事匍叩宪辕,沐批:“仰雩都县勒拘究报,毋任延讼,粘抄并发。”情悉前词,不敢繁渎,跪读金批,衔结无既。蚁旋遵批叩县,勒拘究报,追交母骸。无如郭厶厶等,原居瑞邑,寄住雩都,窥奉宪批,檄拘究报,鬼计丛生,潜回原籍瑞邑。蚁叠禀雩主,赏赐关提,屡沐差关瑞邑移提,不啻豪等富衿两全,抗关抗捏,案沉六载,可怜母骸无着,幽魂夜泣。切蚁母骸遭毁,骸骨惨灭,生死两惨。去沐恩怜仰究,如见天日,何期又遭抗提,讼累髓枯,情万难已。为此,一字一泪,哭叩大人,恩全格外,檄瑞严拘,移解雩审,究追母骸,存殁两感。上告。

〔被〕犯监生郭厶厶、厶厶　生员厶厶、厶厶

干证ムム
保正ムム
地邻ムム
歇家七鲤镇袁万尧
道批:仰雩都县关拘究报。词不戳,并饬。

**又雷主台前呈**

为案沉骸灭,蔽搁冤惨,乞准关提,讯究详报事。惨遭豪监郭ムム等,于ム年挖灭蚁母ム氏坟骸控案,冤遭蔽搁,未沐审结,激控道、府二宪,均蒙〔批〕:“仰县关拘究报。”无奈豪等,衿富势炎,视宪批〔为〕具文,藐王法若弁髦,虽奉仁宪关拘,仅率惫监郭ムム来辕搪抵,豪等稳坐虎穴,负嵎莫(搂)〔撄〕。延今七载,并不赴案投讯,冤封铁桶。切杀人罪有可原,挖骸比杀人较重。可怜蚁母骸被挖多年,势必化为乌有,惨切冤深。豪等一门生监,富甲州郡,知法犯法,律尤难容。非颁宪恩急救,蚁罪重丘山,剉骨难偿。为此遵批,冒叩廉辕,乞赐关移提讯究,追骸复坟,按拟详报,存殁沾恩。上告。

奉批:候关提郭孔播等讯究。

**又雷主台前呈**

为情惨哀极,批严差玩事。ム年民母ム氏迁葬已山,惨被瑞邑豪监郭ムム等占为禁步,发冢灭骸,控经道、府两宪,叠奉送宪关提究报。ム年ム月ム日,民以案沉骸灭等情续叩,蒙批:“候关提郭ムム等讯究。”奈差不但藐宪批,沉关不投,竟敢倚豪为利薮,豪依差为泰山,内外交蔽。可怜母魂,号泣七载,民目血泪千行,呼天罔应,抢地无门,差反得意。民将欲哑忍投梁,母之冤沉莫雪;将欲效豪擅毁,犯科之罪条不轻。民之进退,实为狼狈。为此,情惨哀极,再叩作主,严饬差赏,关瑞邑勒拘豪等,押解赴辕,迅赐镜讯详报,追骸复坟,生死衔恩。上告。

奉批:候再关提。

**又雷主台前进呈**

为恃健挺讼,乞押交犯,讯究挖灭,追骸复坟事。蚁于ム年以挖灭母骸具控富豪郭ムム等到案,豪恃身居瑞邑,差拘负嵎,延次年腊月始率健讼之惫监郭ムム等砌词,一诉归空,任蚁叠禀,案几充栋。迫不得已,十三年具控前府宪何,奉批:“仰县速即勒拘究报。”豪藐批,负嵎如故。十四、十五年叠控巡宪,批仍仰县关拘。至去二月,关提惫监ムム来辕,蒙恩羁押。豪等稳踞虎穴,阅今逾年。又奉关提,ム厶恃健,胆敢单身来雩挺讼,各犯仍抗不到。切思母骸被灭,情比杀命更重,复遭抗延七载,冤枉弥天。若不颁恩羁押孔播,坐交全案各犯伺候示审,则豪等得志,蚁冤终无伸之日。哀叩仁宪,恩施西伯,泽及枯骨,阴骘万代。顶祝上告。

粘批:

十三年奉府宪何批:仰雩都县勒拘究报,(母)〔毋〕任延讼。粘抄并发。

十四年奉巡宪批:仰雩都县勒拘究报,(母)〔毋〕任延干咎。粘抄并发。

十五年奉巡宪批:仰雩都县(罔)〔勒〕拘究报。

〔批〕:候关催解讯。

**巡抚台前呈**

告状〔人〕赣州府雩都县袁万符,年六十三。

抱告男世振,年廿五,住珠田堡,离县一百廿里、府二百八十里。

为禀明事。厶年遭瑞金县籍富豪郭厶厶等恃众欺孤,将虫母厶氏坟冢发掘,筋骸灭匿,报捕藐抗,控县潜籍,任虫连篇累牍,历控四县,挥财蔽搁,激控道、府,批虽严明,均仍仰县,拖至去岁,业已六载,方据健讼豪监郭厶厶至县独挺,饬诉逍遥,差带一讯,随将虫押入人房五月之久,不集不审,原图拖毙了局。拖虫病危,方行释出,幸命不死。奈遭财巨通神,今闰三月,蚁投催审,又奉押复,舞(毙)〔弊〕搁羁,终延不结,所谓锢蔽封冤,掩禁留难,莫此之极。泣思母骸发灭,冤哭九泉,死者含悲,仇深不共,鸣冤未伸,生者锢羁,此种冤阱,民不堪命,冤沉七载。欣逢大人按临巡视,草木皆春,是敢抄粘全案词批,着男抱呈,冒渎崇舆。伏乞提究追骸,生死两感。上禀。

持授府正堂龙。

为禀明事。厶年厶月厶日,奉巡抚部院先(扎)〔札〕发该县民袁万符控告瑞金县籍民人郭厶厶等掘伊母坟等情一案,呈词到府,奉此查此案。前据袁厶厶据府具控,当(泾)〔经〕何署府批:"仰该县速即勒拘究报。"去后迄今,未据详到,殊属玩延。兹奉前因,合就抄词严催。为此,牌仰该县,文到查照,前发批词情节及今抄词,严(摧)〔催〕事理,立即比差,勒拘被告郭孟鸾等,及案内有名应讯人证到案,确究实情,录供妥协议拟,具文详府,以凭察夺。事关院件,(母)〔毋〕稍再延,致干未便。切速火速,须碑。

计:发抄院词一纸。

**府主王台前呈**

续状雩都县民袁万符,年几十岁。

为母骸惨灭，冤沉七载，父子锢押，吁提释苏事。蚁母梁氏坟骸，厶主厶年遭瑞金籍富豪监生郭孟鸾等挖灭，控经四县，挥财蔽搁，激叩前宪何、前道宪廖，批均录式。去岁方据健讼豪监郭孔播至雩挺诉，财通舞弊，略带一讯，随将蚁押人房五月有余，不集不审，拖病垂危，始行释出，幸命不死。今闰三月，赴县催审，又被复押，冤惨靡极。本四月，欣逢抚宪按临，只得着男袁世振抱叩，当沐委员，带讯供明，县即将男锁铐回邑，并押人房。又荷龙宪牌催，延今又已数月。纵被告于逍遥事外，锢原告以图拖毙灭口。泣蚁惟父子二人，何堪遭此？母冤未伸，父子两押，更惨蚁遭久押，患病命悬，非吁怜提苏释，锢押必死，层冤奚伸？为此，着侄抱呈，哀吁大宪俯怜，骸灭七载，死冤无伸，父子两押，锢蔽将危，舍提苏释，亲审究追。哀切上禀。

八月初四日批：候檄催速拘讯详，(母)〔毋〕任滋讼。

告状人雩都县民袁万符，年六十三岁。

抱告侄世振。

为违批徇情，苦蔽母冤，冒死上叩事。切挖冢灭骸案件，必究业掌根因，毋倚恃衿，讳蔑塞砥，定应罪坐，律法森严，难逃研鞫。蚁虽至愚，岂肯自罹法网？事非冤极，断不舍身，七载哀叩。若郭孟鸾，监籍瑞邑，富顿岳济奸林甫，故胆(籍)〔藉〕坟占山，挖母坟骸，无一不真。自夤缘县，以致徇情容究，内外交蔽，拘原纵被，稳坐虎穴，倩人包诉，四载无审，无款不确。激蚁控府与巡，批严县挟控违，置差不行，尤异一邑权蠹，逢迎县主，越贪容私，微论案件重大，实究虚坐，律有明条。奈县竟违徇处酷，勒蚁具遵结，蚁乃坚执，宁死于府。为此，翘望大宪亲提，以解倒悬，妥员关犯。目下蚁淹禁班房，以今六月，蓬头垢面，俨若重囚，乞檄解证，恩拂汤捆。若批回雩，不啻釜鱼。困其子不能为母复骸伸冤，不如早死于地下。一字一泪，哀哀上告。

**雷主台前呈**

为灭骸蒙勘，情实冤真，乞讯详报，追骸拟究事。蚁于嘉庆十年以挖灭母骸等词控棍郭厶厶等挖灭蚁前母梁氏迁葬狮形岗坟骸在案，讼经七载，激控府、道、院各大宪，均沐批县勒拘究报。棍等捏绞抵冒，刷蚁父成紫、前母梁氏、后母肖氏原葬地名屠刀嵊墓碑缴验，谓梁氏筋骸在，彼希抵挖灭之罪。厶月厶日，蒙宪驾亲诣该处，饬有两造及证佐人等取具切结，将缴碑之墓开看，墓内止有蚁父成紫同后母肖氏之筋骸，并无梁氏之骸，合村周知，并蒙踏看，狮形之坟与棍坟相离甚远，绝无干犯。切挖冢灭骸，律有明条。棍等身膺(石)〔名〕器，罪应加等。兹棍逍遥虎穴，蚁父子困守宪辕，饥寒难当。为此，哭叩宪廉施恩，超释讯拟详〔报〕，追骸拟究,存亡均戴。上告。

批:候开期讯断。

**王府台前进呈**

具状人雩都袁万符,年六十四岁。

本告男世振,年二十六岁。

为徇毙率结,哀提究追事。蚁父成紫前与母梁氏、肖氏合葬土名屠刀嵊,兄系梁氏出,蚁属肖氏生,兄因丁口不顺,将梁氏筋抽葬狮形。厶主厶年,遭瑞邑富衿郭厶厶等挖灭,控县贿蔽,屡叩前宪、道宪,触宪怒。十五年,锢蚁班房,腊病方释。十六年三月,赴催押复,延至四月,抚宪临郡,蚁着男世振具控,蒙发随员讯明,县郡加锁,男归邑并押班房。前宪(扎)〔札〕行,案关上件,应迅提审,乃任被告逍遥,原告受锢。七月廿八日,着侄抱叩大宪,批录县(味)〔昧〕,执屠刀嵊碑有"梁氏"二字。十二月,诣勘开坟,惟起出蚁父暨肖氏二筋,并无梁氏骸,是疑窦已释,仍不迅审,任豪摆毙停妥。至今三月廿一,徇率一讯,勒蚁具结,骸抛八载,生锢年余,死冤未伸,生惨几绝,只得遵具脱网,奔辕投生。泣蚁梁母骸归何处,埋应根究。果蚁诬告,案诬不辞,岂可草率了案?锢病命愈,着男抱告,大宪仁施西伯,提究追骸,剔(毙)〔弊〕伸冤,存殁两感。哀叩上呈。

批:〔被〕犯前案,干证前案。

批:仰雩都县勘讯详夺。

**查道爷台前呈**

具状人雩都袁厶厶,年几十岁。

本告男厶厶,年几十岁。

为禀明勒押事。切挖冢抛骸案件,必究虚实佐证根因,毋倚辣生贪缘伪词塞抵,定应反坐,例律森严,难逃研鞫,蚁虽至愚,岂肯自罹法网?事非冤极,断不舍身哀控。若辣生郭厶厶、厶厶恃富恃衿,瑞邑穷奇,往往藉占抛骸,结县嘱差,任控八载,闇(暗)蔽拘窨,三年押守人房,不讯不究,无一不真。去幻获计,摹坟碑三名,知骸迁梁氏葬在狮形岗,腊月踏躧(骊),押挖果存二骸,县郡拗折,惩蚁蔑坐,佐证不用,威逼取结,蠹书写成,勒押释放,无疑不确,无如钱使通神,冤屈甚易,激蚁抄案旋控。奈府仰雩,势必伪详封案,至此不甘。翘望大人亲提,急如水火,目下县竟骫(执)法徇辣,苦釃母冤。其子不能为母伸诉,不如早死于地下。一字一泪,哀哀上告。

被告厶厶　监生厶厶　生员厶厶

干证ㄙㄙ

保正ㄙㄙ

巡宪查批:〔此〕案呈控多载,何以该县延不讯结?仰赣州府立即亲提究报,(母)〔毋〕任延累。

**王太爷台前呈**

汤学浦具词。

具状人雩都袁ㄙㄙ,年几十岁。

抱告男ㄙㄙ,年几十岁。

为感恩叠檄,县玩抗提,再叩委员事。蚁遭瑞邑郭ㄙㄙ等纠挖母梁氏荣骸匿筋,ㄙ主ㄙ年ㄙ月,具报县孙,签差吴荣,抗搁多年,历控交衙,差ㄙㄙ立待。雷县莅治,辣又夤缘,拘蚁陷阱三载,于去腊幻术,一碑摹去,勒挖拗执,诬告威逼,蠹书写成,遵结惩押释放,激蚁匍辕,恐其禀,适公出,只得赴控巡宪,沐批:"此案呈控多载,何以该县延不讯结?仰赣州府立即亲提究报,毋任延累。"金批煌煌,敢不恪遵?候犯到案,蚁集人证投到。但辣邻县所治,势必恃富恃衿,藐抗檄文差提,不施关文,委员守提,此案亦属枉然。为此,具叩大宪,候辕守提到案,研鞫究报,则存殁沾恩。上告。

〔批〕:查此案业据该县讯明详结在案,何得复行翻控?殊属刁健。不准。

**查道爷台前呈**

具状人雩都县袁ㄙㄙ,年几十岁。

抱告男ㄙㄙ,年几十岁。

为违批徇详事。蚁于四月以一件禀明事勒押,具控瑞邑辣窖郭ㄙㄙ等九名到台,沐批:"此案呈控多载,何以该县延不讯结?仰赣州府立即亲提究报,毋〔任〕延累。"金批煌煌,敢不候辕?亲提辣犯抵府,蚁乃具投到究报。奈县ㄙ月内伪详,云称案结,府不察明可有付还筋骸,何人承领葬回,或另葬别处,糊涂了案,无如上下交征,一旦造成伪结徇详,以致不耳可恕。且蚁母骸无领,其心何忍?似此县听辣嘱,府徇县伪,亦不思案封冤蔽,蚁情何甘?为此,翘望大宪,委员遴提,急如水火。若批府提辣,势难关县,冤终永蔽。其子不能为母救骸,不如焚身碎骨,以报其恩。一字一血,哀泣再告。

被犯前案。

干证前案。

赣县状师具词。

**六月廿六报词**

报人厶姓厶名。

为母遭殴毙,报恳验究事。民父子孤单贫寒,厶年厶冬,借鳄监厶姓厶名田亩、房屋居住、耕作,每年议纳田谷几十担,历纳清楚,不欠颗粒。迨鳄见田耕作肥腴,计欲夺耕,顿起枭心。厶月厶日,瞰民父子在田割谷,遭鳄纠领工人彭俦戢、厶姓厶名,(贿)〔会〕同虎保厶姓厶名等多彪,不分皂白,搬去田谷几担零。二十一、二十二日连日又强搬数十余担零,陷民家收割无米绝食。廿十四〔日〕,鳄等复肆强搬,民母方氏将鳄箩绳扯住,被鳄厶号,恃衿富炎,视命草芥,擒民母方氏,倒地凶殴,经投保正厶姓厶号等指实,无不发叱。鳄忖情亏,反敢装伤,架词掣验。不料民母厶氏受伤沉重,于廿五日下午殒命,复经保邻看明。似此套耕搬谷,母遭(欧)〔殴〕毙,哀惨莫极。匍报仁〔宪〕,乞赐相验,研讯拟抵,生死冤伸。上报。

被告厶厶

干证厶厶、厶厶厶

批:候诣验,供单附。

**六月廿八日续报县主**

续报监生厶姓厶名。

为受害冤惨,律究苏良事。生遭厶姓厶名移尸图害一案,昨蒙诣厂验明,并无伤痕,自供服毒身死。蒙当饬押殓,当具领尸状在(巻)〔卷〕。复将厶姓厶名等将尸棺抬在生家门首、屋宇,门壁、器皿打碎无数,宪目亲见。且各持刀棍数百,猛不畏死,藐法藐宪。似此升平盛世,无法无天。痛生年老孙幼,人单力薄,声言必斩绝公孙方甘。宪台一邑父母,视睹如此情状,若不大震雷霆,按律究处,生家势遭斩绝。为此续叩,伏恳严究,合家(载)〔戴〕德。上续。

被告厶厶

干证厶厶

抱告厶厶

廿八日批:厶姓厶名等不干当厂吵闹,复敢纠众滋扰,殊属目无法纪。现饬兴仁司就近拿解,候再勒差严拘讯究。

**七月初一日四报县主**

报人监生厶姓厶名。

为纠众再抢,害又加害事。生遭厶姓厶名等吞骗租利,已属昧良,复将妻毒死,移尸图害,忍心已极,胆反捏报,遍身受伤,蒙恩诣厂验明,并无伤痕,步云供称委系服毒致死,当收领尸状,收殓饬押浅厝在岭。讵恃众抗瞒,以尸棺安放生家门首,人犯抗拘。又奉谕(词)〔司〕主,饬差拘集解案。讵司差弓兵厶姓厶名与步云同族,焉肯竭力拘犯?且查主唆有人,觊觎藉命(吵)〔抄〕抢,便可于中渔利,故廿八日又将门首尸棺抬入厅堂,数百人名恃刀棍、铳炮,蜂拥冲门乱抢,将现割回家中谷三百余石,并在田中割去谷数十石,及未割田禾十余丘,皆被抢罄尽,及田器、衣衫等项无数具,又将柴草周围插放,必有放火焚灭歪意。似此害上加害,天理安在?王章何容?伏乞迅谕司主,严行拘究,投案研讯,前后情由,按拟治罪,合家顶戴。上报。

被告厶厶、厶厶

干证厶厶

抱告厶厶

批:藉命纠抢,大干法纪。首恶厶姓厶名现已获案,候再饬差严拘全案犯证,并讯究(辨)〔办〕。至所抢之谷,究有若干,仍候饬兴仁司就近确查复察夺。

**六月廿六报县主**

具报人厶姓厶名,年纪几多,住安富里,离城八十里。

为杀妻抵戾,扛尸移害,颁验镜劈事。情因光绪厶年,将本处田一户厶姓厶名,浼中套借耕作,约载每年秋收共纳租几担正,借约炳据,并将生住老屋合家移住。讵掣借过手,历年短少,屡向起田自耕,味肆横踞。迄至今秋,禾更丰稔,向收竟颗粒不量,经中理叱无词。胆隐纠集多凶,约生登门清量,生信不疑,岂料进门遂捏称生威迫,喝集凶徒,各持刀棍赶杀,生虽奔逃,亦受刀棍四伤,昨报宪验明在卷。棍忖情亏法究,毒计更甚,将妻方氏谋死于下午,差胞弟兴堂背厶氏死尸来生家放落,举家惊惶,寅夜着人报知。切生上无伯叔,终鲜兄弟,仅只一孙六岁,既立意欺单屠害,难保不更生抄抢祸端。为此,报明乞恩,迅赏差拘,颁赐验明,法究图害,按拟治罪。(载)〔戴〕德上报。

**进公禀式**

具禀监生厶厶、厶厶、厶厶厶;生员厶厶、厶厶、厶厶、厶厶;民厶厶、厶厶;地保厶厶厶;民厶厶等。

为公共禀明事。缘厶月厶日厶时,民处厶里厶甲厶坊厶处,殒毙乞食化子一个,当日不知谁氏之人。越本月厶日,监生厶等突来民处,帖经中保,指称伊侄,因与厶厶雀口毙命,亲即查确,委系因病身故,并无异情,中保劝化钱米,厶厶等亲看掩埋。当立承兢息事字据,付与厶厶姓手执。越厶月厶日,厶姓厶名等复帖经中,称伊至亲,与向来ㄙㄙ等略为疏遯,不得承躭息事,翻控在案。但伊亲疏只伊自知,生等不能分辨。惟念事既处释,不忍翻控滋讼。为禀叩宪台,爱民息讼,平情两造,众等沾恩。切切上禀仁宪大父师台前。

## 三、清代江西兴国县诉讼秘本

……(前文缺失,仅存批语)

县宪批:是否纳税过户,业已清楚,候饬房查明禀覆,即将印契给还。

**告状人:雷胜亮**

为契税钱楚,遭承揹交,再叩饬还,得便管业事。切民间置业,投税叠禀,例禁,向税反累,例出何条?有业即投税,无业何以投税?民有业契六纸,廿一年六月向税,时有场送钟日班、雷永光等同送粮科,扣算并收粮过户,共钱廿七吊,现交廿吊。八月十二交楚钱七吊,房科当立收领二张,民执。但民归家,将收领转交日班手,得便领契。去以钱契两楚等事,控叩徐宪,情批悉卷。讵承契不给还,拖延四载,逍遥事外。民思置业投税,竟与讼论,蔽搁沉匿,情难以〔堪〕。宪台荣任,见天有日。昨以乞查缴给禀控,奉批:即将印契给还。(沭)〔沐〕批明晰。奈承仍如故套,视为泛常。泣民买业,契据永远之把本,兹遭揹匿,欺官藐法,莫此为甚。是敢具情,哀叩仁宪,迅即饬差,押令粮科,查缴税契六纸给还,恩深雨露。上禀。

被告大粮

干证原卷

嘉庆廿四〔年〕五月廿八日,告状人雷胜亮。

县宪批:候饬该房速查禀覆,将契六张缴案给领。

**告状人:雷胜亮**

为三叩禀给,批严承玩事。切蚁前月内,以乞查缴给等事,呈禀大粮房一案,情悉前卷,不赘。沐批前宪:是否纳税过户,业已清楚,候饬房查明禀覆,即将印契给还。奉批甚晰,延今一月矣。藐批如故,蚁复以契税钱楚等事,修叩仁宪,又沐批:候饬该房速查禀覆,将契六张缴案给领。等沐均批,严切。奈承稳蔽不缴,势力滔天,藐法如髦,痛恨已极。不思买业凭契,借钱凭约,天下通情。兹蚁投税,反被徇弊,抗不给还,将来业难永掌,例法设税何用?任承狡掣,匿吞嚼害,乡愚有契,不敢向税。朦混辨公,民难保业,死不甘休。为此具情三叩,伏乞宪天,迅即押粮书,将印契六张赏给,以便管业。蚁系候辕久,以免承玩,视为具文,藐无王章矣,衔恩施行。上禀。

被告粮房

干证原卷

嘉庆廿四年六月初八日，告状人雷胜亮。

县宪夏批：已批钟日班词内。

**告状人：钟日班，四十岁，北隅城内**

为据实禀追，以免陷累事。缘蚁有姻亲雷胜亮，嘉庆廿一年，又六月内，置买契六纸，伊称来辕投税等语。伊时耳目生疏，要蚁同往粮科，并雷永光肩挑钱廿吊，时有粮书曹辅廷、方锦文等，目睹领收，收据蚁亦当立领收，胜执。亮归称蚁代领，余钱七吊，存蚁税便，即当交楚。谁料粮书钱又到手，日推月搪，竟至三载，陷契不税，钱又无还。甚至年暮，只得向投，伊又寸约，诚恐失落。只得将契六纸交还蚁手，以致未投。切白契六纸，又不清税，钱又分文不偿，将来民业难掌。情迫莫奈，是敢据实禀叩仁宪，伏乞迅饬粮书，将原契税钱押缴，抑或将白契六纸，仍具尾数缴案投税，伏乞批示。衔恩上禀。

被告粮书：曹辅廷、方锦文、李隆章、赖恒荣

干证原卷

嘉庆廿四年六月初八日，告状人钟日班。

县宪夏批：是否税钱已交粮书交楚，尔与雷胜亮即行赴案投候，提同曹辅廷等质讯。词不遵用，代书戳记不合。并饬。

**具禀人：雷胜亮、雷永光**

为遵批投到，乞恩迅质还业事。缘民等以契税钱楚等事，叠禀控追在案，奉批：投案候质等示。切民买业投税，久奉例禁，乡民咸遵，乃请税逾匿，弊病害民，奸诡奇异。粮书曹辅廷等，掣钱藐法，陷契不税，多方实幻，神奸舞弊，图受白吞，不惟藐欺官长，即民懦遭骗，又属知法，更惟犯法。若不早叩究追，将来置业者，有契不敢请税，卖业者陷民无契，不敢掌业，滋事难防，遗累莫及。奉批之下，示民投案。况粮书专在衙署，不难传讯。值兹农(茫)〔忙〕，不得已匍匐具禀，遵批乞讯，是敢伏乞仁宪，早赐示讯，斧追契业管掌，免荒农务。衔恩上禀。

被告原卷

干证原卷

嘉庆廿四年六月廿八日，〔具〕禀人雷胜亮、雷永光。

县宪夏批：准投到候讯。

**具禀人:雷胜亮、雷永光**

为再叩讯追,犹解倒悬事。缘蚁以契税钱楚等事,具控粮书曹辅廷等一案,叠次鳞禀,沐准批严在卷。奈书抗不到案,陷蚁奔辕候久。况钟日班一居城北,粮书一近署前,朝夕随呼可鞫,何又任其拖搁,欺乡愚如鱼肉,藐宪法如片毛?第粮书等,现收票据,有图书字号,红记朗凿,非系卖买可比,亦非讼案可论。因公狡骗,税务何成例规?不叩早讯,业难难掌,契必遭匿。是敢粘呈票据,具情。伏乞仁宪,格外施仁,早赐讯结,随堂片折,谕传日班、粮书到案,究追保业。世祝上禀县宪太爷台前。

嘉庆二十四年七月跪禀

计:粘抄票一纸,其正票另讯呈电。

〔批〕:候勒差讯追。

**告状人:雷胜亮、雷永光**

为陷业吞税,乞早讯追事。缘蚁以契税钱楚等事,具控粮书曹辅廷等一案,沐准批严在卷,叠控鳞禀,层卷词堆,难逃镜鉴。切粮书寓在衙前,朝夕随传即至,但此税务,系伊专司,且遭税契揹印,钱又吞骗,昧良已极。且钟日班住居北隅,非远可比,互近城(箱)〔厢〕,何又藐抗?不惟欺懦乡民,抑且藐法殊甚。况民间置业,投税久禀,定例森严,并容刁嚼虎骗,久远之计,何甘狡吞枭视?则创业断难永掌,不再禀讯,契必遭匿,税必遭吞,陷业莫保,良莫冤伸。是敢具情续禀,伏乞仁廉,迅差拘案,早讯究追,免遭蔽搁,庶赋税不致吞骗,而耕业亦得永掌,世祝衙恩。上禀。

嘉庆廿四年十二月初三日,告状人〔雷〕胜亮。

被告原卷

干证原卷

县宪夏批:原差即带集钟日班、赖恒荣等听候示审。

**告状人:雷胜亮,年五十岁**

为遵批再叩,乞赐示讯究追事。缘蚁以钱契两吞等事,叠控大粮房曹辅廷、赖恒荣、方锦文在案,沐批、鳞催在卷。迄今五载,陷案莫结,任蚁频催,差置罔闻,卧票如冰,吞藐如故。蚁去腊月,以陷业吞税等事续叩,又奉批:原差即带集钟日班、赖恒荣等听候示审。延今又月年矣。泣民来辕投税,乃案仍前蔽,国课胜事,非理讼论,此等搁蔽,不叩示讯,定遭沉案,不惟冤累,即业莫掌。第思契据世远年湮,一旦陷空,凭何执据?是敢再情叩案,抄粘各批,伏乞仁宪,早赐示讯,乞勒严拘,限案究追，庶耕业得据，投税得免遭搁，吞儆良安。沾恩上禀。

被告原卷

干证原卷

嘉庆廿五年二月初八日，告状人雷胜亮。

县宪夏批：差速拘集带审，毋延。

**告状人：雷胜亮**

为屡控不拘，控亦弗灵，乞恩裁夺究追事。切词讼例有定限究结，兹非讼比，投税乃国课美事，设令粮书兑收，何容奸宄滋弊？若曹辅廷、赖恒荣、方锦文等，弊窦丛生。激蚁五载置业，契据投税，各据钱文，视交粮书，而书等始俱收领，现有钟日班等场暂过付可凿，收领确据。讵料套钱掣手，日推月宕，契无一投，陷蚁叠控频催，差视虚文，稳搁铁桶。忖思粮书系宪办公之书，进出自便，不难研鞫，揆此由来，总系差徇稳搁，以致不拘。宪批虽严，怎奈差索酒食，又勒差礼，百般摆布，如不遂伊，任控无用。蚁前抄粘批词叩案，沐批：差即速集带审，毋延。兹仍如故，不知作何办理。是敢再叩，伏乞恩示，恳牌赐审，裁夺讯究，免至差搁久累，赋业两赖。

被告原卷

干证原卷

嘉庆廿五年六月十三日，告状人雷胜亮。

县宪夏批：差速集讯，毋延干比。

**告状人：雷胜亮，五十岁，住兴国**

为禀明事。情民有白契六张，于嘉庆廿一年闰六月廿二，民同钟日班、雷永光送在本县大粮房投税，时粮书曹辅廷等，扣算税钱并收粮过户，共钱贰拾柒千文，其粮当已收除过户，税钱楚交，已收领字存据。讵伊得钱入手，民向催契，日推月宕，契不印还，叠取坚措。激民廿三年八月初三，以钱契两吞等语，具控县宪，批饬给契禀覆，置之不耳。民已叠叩九状，迄今五载，契终无给。切民间置业，将契投税，应即印给掌业。蚁当遵将税钱楚交，乃竟吞钱，措契不印，控县又遭差等庇蔽，案搁契悬，若不上号追给，业难永掌。为此具情，上叩大宪，伏乞格外施恩，赏提粮书，严究延措，追给印契，俾掌业有据。抄案上告。

嘉庆廿五年七月廿八日，进。

被粮书：曹辅廷、方锦文、赖恒荣、李龙章

证过付：钟日班、雷永光

府宪王批:投印契据,既将税银交清,粮书曹辅廷因何延搁数载之久,措不将契给还?有无别情?仰兴国县即提查讯追给,具覆,毋任蔽延。抄粘并发。

**告状人:雷胜亮,五十二岁**

为遵批叩追,案搁六载事。情遭粮书曹辅廷等,陷蚁白契六纸,请税遭匿,钱遭白吞。激蚁叠叩五载,情悉原卷。讵差卧抗,并不带讯。去七月廿八,蚁只得奔控府宪,奉批录粘。切蚁投税理之当然,交契措拖,典制何在?况民间词讼终有完结之日,蚁非讼案,不过税契一事,何无讯之期?总由原差扶同抗蔽,以至陷累莫堪,并不遵批投案,早赐讯追,将来有业无据,难为日久,弊生滋事无休。若契不税,将何收粮?但粮不收,而契何能掌业?两相误藐,非蚁之咎,实书之过也。仁宪权为万民,岂容粮书投税吞匿,致此小民受累,陷害六载,有冤莫伸,理法何在?为此抄粘上批,再情投叩仁宪,伏乞提差,勒限早结,斧追契据给领,仰沾厚泽。上告。

被告原卷

干证原卷

道光元年五月廿三日

县宪夏批:候勒集追给,无戳特饬。

**告状人:雷胜亮,五十二岁**

为遵批再叩,恳恩示牌严追事。缘蚁被粮书曹辅廷等匿契不税,钱遭白吞,收领确据,陷今六载,仍抗如故。激蚁叠叩,严批在卷,无如差不带讯,有屈莫伸,只得去控上宪,奉批饬县追给。蚁旋捧批投叩,又沐批:候勒集追给。迄今岁已半矣,契无给,钱无追,徒拖抗搁了事,万难甘灰。不思买业投税,天下通例,投税匿吞,惟此异奇。若不再叩,陷业莫掌,恃书更犯律纪,民有何约束?是敢遵批,伏乞仁宪,施准示牌,迅饬严追给还,庶免抗延,世沐厚恩。上禀。

被告原卷

干证原卷

道光元年九月十八日

县宪夏批:候饬集示审。

**告状人:雷胜亮,年五十五岁**

为案搁八载,叠叩叠蔽,乞查案究追给事。冤遭粮书曹辅廷等,套蚁税契钱文,匿契不投,陷业空掌,叠叩各宪,批严在卷,情悉原案,不叙。奈差抗拘不力,迫控府宪,批:仰候饬县追给。迄今八载,案搁如冰,差搁如故,并不尚紧催案,一味把抗,蚁实莫奈。切粮房常专署内,不时可讯,差随便允,何难一拘？此等差徇延搁,难瞒洞鉴。兹幸宪天荣任,无案不讯,无枉不伸,伏乞查案,勒差严拘追给,或已着将税钱缴案,或未税,斧契交还,钱归再行投税,免遭蔽搁,愚懦有天,业得可掌。沾恩上禀。

被告粮书:曹辅廷,余名原卷

干证:(中)〔钟〕日班、雷永光

道光三年六月十三日,进。

县宪蒋批:候查案立拘曹辅廷,严行审究。

**告状人:雷胜亮,年五十五岁**

为税楚匿契,欺旨吞税,乞查前案追给事。情民有白契六张,于嘉庆廿一年闰六月廿二日,民来投税,是日同钟日班、雷永光送在大粮房投税,时粮书扣算税钱,并收粮过户,共廿七千文税钱,民已交楚,收领存据,其粮当已收除过户,遭粮书曹辅廷等,套民税契钱文入手,匿契不还,陷业空掌,叠叩各宪,批严在卷,情悉前案。奈粮书契无交还,迫控府宪,批:仰候饬县追给。迄今八载,叠叩十三状,契终无给。切民间置业,将契投税,应即印给掌业,民遵将税钱楚交,乃竟吞钱,掯契不印,掌业何凭？兹幸宪天荣任,无案不讯,无枉不伸,乞查前案,吊契粘尾,业得凭掌,追还印契,良民沾恩。上告。

被告粮书原卷

干证原卷

道光三年十月十八日

县宪陆批:候查案饬差讯夺。

**告状人:兴国雷胜亮,年五十六**

为契沉九载,叠叩罔应,乞恩亲提,究追给领事。情民有白契六张,于嘉庆廿一年闰六月廿二,民同钟日班、雷永光送到本县大粮房投税,民已将税钱交楚,该房收领存据。讵粮书曹辅廷等,得钱入手,民向催契,日推月宕,契不印还,叠取坚掯。激民于嘉庆廿三年八月初三,以钱契两吞等语,控前署县,徐批:饬给契禀覆。置之不耳。延至廿五年七月廿八,激民禀明前大宪,奉批录式,民遵叩县。迄今九载,叠叩十四状,契不给还。切思民间置业,将契投税,请印者乃守法良民。况民携钱契赴房投税,遵例纳课,并无别情。且讼案终当有结,投税钱清,契无印给之理。似此掯契不印,控县又无追给,案搁契悬,业难凭掌,万不得已,上号崇辕,伏乞大宪,施恩作主,赏提粮书,严究锢掯,追给印契,俾民掌业有据,沾恩无既。上告。

被告粮房:曹辅廷、赖恒荣、李龙章、方锦文

干证:钟日班、雷永光

道光四年二月初三日,告。

奉府宪批:此案呈控已经数年之久,何以尚未究给?该县殊属怠玩。候檄饬该县立提曹辅廷等,确究详解。

# 湖南坟山案件选编(下)

姚澍 整理

**整理者按**

本文三个民事案件涉及的档案资料十分丰富,包括多份起诉状、上诉状、反诉状、辩状、证言、法院的履勘说明、审讯笔录和判决书等,文书的数量可观、种类丰富。通过以上资料,可以较为清晰地还原案件的争论焦点以及法院的审理思路。

从内容上看,本文所涉及的司法档案不仅能在一定程度上反映民国时期的司法运行实态,也能为我们了解当时的风土民情提供参考。坟山案件的争讼大多为争夺经济利益,但也不乏出于风水迷信的考量而引发的纠纷。在王振春与刘才生排除侵害并反诉迁坟案中,王振春一方认为"风水征信自晋郭璞著葬经以来,国人尊尚弥坚,数千年如一日""十四年当中死殇人数十一口之多。闻被反诉人葬父推棺而葬牵民先祖之脚,致发生如此之损害",可见一斑。

另外,本文的档案资料也能比较清晰地反映当事人的诉讼策略和伎俩。如弱者和受害者形象的塑造、使用夸张的表达将对方进行道德上的污名化,意图使自己在诉讼中占据主动,尤其是理亏的一方,更加如此。若单看一方状词,难免被当事人言之凿凿的话语诱导,形成先入为主的认识;若结合双方的状词以及法院的调查,就能对案件有一个相对公允的判断。

**一、案件名称:向品朝、谭振楚等因迁坟争讼案①,台北“中央研究院”台湾史研究所藏,全宗号:SC1-18-521-0588**

**1.**

<table>
<tr><td colspan="3">状心编号民字7960号</td></tr>
<tr><td colspan="3">诉 上 事 民</td></tr>
<tr><td>人 诉 上 被 左方</td><td>人 诉 上</td><td>右方</td></tr>
<tr><td>谭振楚<br>谭庚申<br>谭子山</td><td>向东阳公祠<br>法定代理人<br>向品朝<br>向树人<br>向钟瑞<br>向晋丰</td><td>姓名</td></tr>
<tr><td></td><td></td><td>年龄</td></tr>
<tr><td>湖南衡山</td><td>湖南衡山</td><td>籍贯</td></tr>
<tr><td>衡山潭泊乡</td><td>行衡头山东门瓦</td><td>住址</td></tr>
<tr><td></td><td></td><td>职业</td></tr>
</table>

① 台北“中央研究院”台湾史研究所官方网站所使用的名称为“向品朝、王焕章等因迁坟争讼案”,但本案的当事人中并无“王焕章”一人,故编者对案件名称进行了修改。

为不服第二审判决,于本年元月四日奉到三十六年十二月二十四日上字一二〇□号裁定,限上诉人于收受本裁定三十日内迳向最高法院会计科缴纳第三审裁判费法币九百七十五元等,□□将上项裁判费缴纳恳予察收转交会计科。本件事实已详叙在卷,不赘述□□。兹缕陈上诉理由,请求鉴核□□废弃第二审判决,更为适法判决,被上诉人起迁谭诗梅坟并负担一、二、三审诉讼费用,以维□□而惩强占事。窃读第二审判决谓"民国三年六月二一日调解字载'凭崎直下'系指凭崎所立第一界石□毫无可疑,上诉人主张系凭崎分水至湾里直下为界,殊难采信"云云。不知上诉人之山形状似女人,故名"仙女形",左右两边崎岭如人之两手,手有两节,山有两段:由脊崎至腕崎为第一节段,由腕崎至手掌为第二节段。当时清界就山形窖立界石三块:一在脊崎,一在腕崎,一在手掌,而调解字亦载"从向山右边凭崎□窖立向氏界石三块",是该字表明经界实在重□凭崎。所谓凭崎直下者,系凭脊崎直下至腕崎而至手掌□,凭脊崎直下而至手掌也,不然则立两界石足矣,又何须立三界石也?原判昧于该山地形,抹煞凭崎一字□当,第一审勘得中间界石倒置经松泥内,比于腕崎处发觉□履勘推事用纸扇量测与倒置□松泥内之界石,大小深浅一致,此种事实不仅两造指勘之人所见,即当时观众数十人亦所共睹。且□迹尚存,可以复勘,第一审将此情况变更,定必别有用心,本件非令行复勘不足以明真伪而资判断。二审认定"第一界石与第三界石未动移,而被上诉人所葬父坟在凭崎第一界石直下右方山地内,显系谭姓管业之范围",果如所云,当时何必要立三块界石?今日被上诉人亦何必偷移?且被上诉人所管之□公□木蔚然,上诉人所管之仙女形童山无树,彼居近山随时禁长,我居远隔无人管禁,成天然界线。原判不□事实上□求,仅拘束"直下"二字而又将"凭崎"二字抹煞,断章取义,奚能与事实相符合,与文理相会通?□怪夫原判之失当也!为此缕陈上诉理由,请求废弃原判,更为合法之判决,被上诉人起迁坟茔□发还复勘更审,以求事实明确,庶无枉屈矣!

谨状

最高法院民事庭公鉴

中华民国三十七年二月□日

向东阳公祠

**2.**

| | | |
|---|---|---|
| | | 状心编号 字 号 |
| | 诉辩事民 | |
| 人诉辩被 左方 | 人诉辩 | 右方 |
| 向东阳公 法定代理人 向品朝 向钟瑞 向树仁 向晋丰 | 谭振楚 谭庚申 谭子山 | 姓名 |
| | | 年龄 |
| 湖南衡山 | 湖南衡山 | 籍贯 |
| 行衡头山东门瓦 | 衡山潭泊乡 | 住址 |
| | | 职业 |

为依法提出辩诉,请求调卷集讯驳回被辩诉人等之上诉,维持原判以杜欺占事。缘民等于本年古又二月二十一日安葬先父诗梅公于所管之太公岭,当时被辩诉人等邀凭本乡前乡长罗歧周、代表会主席向峥嵘及本保保长陈伯钦等三面踏验,掀阅清界窖石字据,被辩诉人等毫无异议。讵诗梅公甫葬之后,该被辩诉人等故意偷挖该山泥土,将原有之中间界石一块扯出数寸,于诗梅公坟下挖一假空,仍用土掩盖,遂尔起诉第一审。核其调解状却无"移动界石"字样,核其起诉状则有

“偷移界石”之句，盖该被辩诉人等之偷挖假空，偷扯界石，无非指挖假空之处捏为先年立界之所，扯界石之所，证为本年偷移之处，诚所谓其智可及也，奚言之查阅氏三年古六月廿一日凭地绅陈添详、广德生及该被辩诉人等之族人向和卿等书立之清界窖石字，载明“从向右边凭崎直下窖立向氏界石三块，彼此遵允，嗣后各管各业”等语，该字双方呈交卷内确核，然双方所持之唯一证件亦是该项清界窖石字。诗梅公坟地位于被辩诉人等所管之仙女形界石之后，民等所管之太公岭之左距离界石甚远。第一审实地勘明山崎界石与终了界石直下相对中间扯松之界石上下成一直线，诗梅公之坟即被辩诉人等偷挖假空之处，完全系湾下曲形，既清界字载“凭崎直下”，诗梅公显系葬在民等所管太公岭山内。本案第一审认定被辩诉人等无理由，驳回其诉，于情、于理、于法极为恰当，该被辩诉人等欺占心坚不服第一审本年七月卅一日诉字第二二三号判决，上诉钧院，希图朦蔽拖延诉讼。殊不思清界字文意明白，总是凭崎直下窖立向氏界石，断不是凭崎湾下窖立向氏界石，现在系争之界石上下存在痕迹陈旧，界限井然，试问何能曲解文义，漠视界石其余各情？详陈原卷确调奉传前因，理合辩诉。请求驳回上诉，维持原判。

谨呈

湖南高等法院民事庭

中华民国三十六年十月十七日

谭振楚等

**3. 湖南高等法院民事调查笔录**

上诉人：向品朝等。

被上诉人：谭振楚等。

右开当事人间因迁坟涉讼不服衡山地院第一审判决上诉一案，于中华民国三十六年十月二十七日下午三时在本院民事二庭调查，出席职员列左：

推　事：宋瘦萍

书记官：唐　坚

推事点呼后到庭当事人如下：

推事问：（向品朝）你什么名字，住在哪里？

答：向品朝，住衡山东门外瓦新头。

问：向东阳公是祠堂还是一个会呢？

答：向东阳公是祠堂。

问：你在原审起诉是为什么事？

答：在原审起诉时为确定坟山经界。

问：你上诉有什么请求？

答:上诉事要请求废弃原判,另判令被上诉人起迁谭诗梅的坟墓。

问:山地是管什么名字?

答:叫仙女形山。

问:(成卓律师)上诉人向树仁、向钟瑞、向晋丰未到,他们的声明是怎样?

答:他们的声明也与向品朝的声明一样。

问:(向品朝)仙女形山是谁的?

答:是向东阳公的。

问:仙女形山与谭振楚的山毗连吗?

答:是和谭姓的山毗连的。

问:是与哪边毗连的?

答:与右边毗连,谭家的山在右边,我们的山在右边。

问:有什么为界?

答:是凭崎岭分水至湾里直下为界,埋了有三块界石。

问:谭姓是把谭诗梅的坟葬在左边山里来了吗?

答:他把中间的一块界石起动过了十几丈地,他谭诗梅的坟是葬我们左边山里来了。

问:你们这山以前也清过没有?

答:在民国三年(1914年)清过的立有窖石字。

问:窖石字上写有凭崎直下窖石三块是吗?

答:是的。

问:他的谭诗梅的山葬进你的山内有好远?

答:有六尺多远。

问:是何时葬的?

答:哪天葬的,我不记得了。

问:你隔谭姓家里有好远?

答:隔了三十多里。

问:这两块窖石字据都是真的吗?

答:都是真的。

问:谭振楚是他的什么人?

答:谭振楚是他的儿子。

问:上下两块界石移动没有?

答:上下两块界石没有移动。

问:(谭振楚)姓名?住址?

答:谭振楚,住衡山潭泊乡。
问:(谭子山)姓名?住址?
答:谭子山也是住在潭泊乡。
问:谭庚申怎么未到?
答:他病了。
问:你两个由哪个讲话?
答:由我说话(谭振楚)。
问:你们的山有太公岭,是吗?
答:是有一个太公岭。
问:你太公岭与哪个山毗连?
答:与仙女形山毗连的。
问:你们两姓的山以前是清过界的吗?
答:是在民国三年清过的。
问:窖石字上是写明窖了三块界石,是吗?
答:是的,是窖三块界石。
问:上诉人说中间□界你们都动了,是吗?
答:没有,这个事是他们自己移动的。
问:你们谭诗梅的坟是葬了仙女形山内里六尺,是吗?
答:没有葬在他的山,我是葬在我的太公内。
问:上诉人说要你起迁谭诗梅,你有什么话说?
答:我是葬在我的太公山里,我自己的主权不能起迁。
问:你现在请求如何判?
答:我请求维持原判驳回上诉。
问:陈伯钦是什么人?
答:陈伯钦是保长。
问:陈伯钦是来证明什么的?
答:是证明二月二十一日踏勘我所进葬的坟墓地点有上诉人自己在场的。
问:(陈伯钦)你叫什么名字,住在哪里,有什么年纪了?
答:陈伯钦,住衡山潭泊乡,有四十多岁了。
问:你和哪一方是亲戚?
答:和双方都没有亲戚,我是在地方做保长。
推事谕知:作证不能说谎,否则要犯伪证罪的,你要具结。
答:可以具结。

问:据上诉人说今年二月二十一日踏勘谭诗梅的进葬地,有这个事没有?

答:是的,是廿一日勘的,我在场。

问:勘时向家有人在场没有?

答:向家有人在场,但我不晓得是哪一个。

问:勘的时候界石勘了没有?

答:没有,□勘不过中间的一块松了。

问:谭诗梅的坟是哪天葬的,是在哪一方?

答:是二十一,是葬在界石的右边。

问:谭诗梅的山究竟是在哪一山内?

答:凭崎分水直下就在毗连的地方,凭界石直下就在谭姓山内与向姓的山相隔远。

问:(向品朝)你还有话说没有?

答:如果凭崎分水直下就应该只有两块界石,所以有三块界石就是因为中间有个湾。

问:三块界石是一直下的吗?

答:不是,一直下的凭崎在下就是在毗连的地方,凭湾□的界石在下就是在谭姓的山里。

问:(谭振楚)凭崎分水直下是在毗连的地方吗?

答:是的。

问:凭界石直下是在谭姓山里吗?

答:是的。

问:(向品朝)你是主张凭崎直下至湾里,再凭界石直下,是吗?

答:是的。

问:(谭振楚)你还有什么话说?

答:我还有一点声明就是如果以凭崎直下为界,这当然有天然的界限,毋庸再言,窖界石所以□窖界石就是不是凭崎为界。

推事谕知:续开合议庭。

中华民国三十六年十月二十七日

湖南高等法院民二庭

书记官:唐　坚

推　事:宋瘦萍

**4.**

| | | |
|---|---|---|
| | 状心编号　字　　号 | |
| | 诉　上　事　民 | |
| 人　诉　上　被　　左方 | 人　诉　上 | 右方 |
| 谭振楚<br>谭庚申 | 向东阳公<br>法定代理人<br>向品朝<br>向树人<br>向钟瑞<br>向晋丰 | 姓名 |
| | | 年龄 |
| 湖南衡山 | 湖南衡山 | 籍贯 |
| 衡山潭泊乡 | 行衡头山东门瓦 | 住址 |
| | | 职业 |

为不服衡山地院民国三十六年七月三十一日所为之山场经界及起迁坟茔判决,已于法定期内声明上诉并邮缴第二审审判费各在案,谨将本案详情及不服原判理由缕呈钧察。

(一)本案事实:缘上诉人所管潭泊乡第一保地名紫竹林仙女形山场一座,与被上诉人山林相连。民国二年(1913 年)被上诉人之父谭诗梅意图侵占,诉经地、高两院判决,系争山为向人主权,谭人不得藉占并判处谭诗梅徒刑八年(判词已呈缴在卷)。上诉人之子孙均离居该地甚远,为虑谭人贴近再行侵占,系于民国三年经凭地绅旷德生、陈添祥等清界立字,载明“右边山林凭崎分水与谭人山界毗连”,又载“凭崎直下窨立界石三块为界”(清界字已呈缴在卷)。以为杜绝后患矣,谁知奸心不死,竟以上诉人子孙远隔不能顾及,偷移界石,于本年夏历又二月二十一日扛其父诗梅之棺葬上诉人山内,上诉人闻之奔阻。席经地绅向峥嵘、陈伯钦等理论,均嘱被上诉人弄清界限再葬,被上诉人置之不理强迫葬下,上诉人远来人少莫敌,只好听之,惟有请求法律判令起迁原审偏袒,予以驳回。此本案经过事实也。

(二)不服原判理由:上诉人所管紫竹林仙女形,以山形状女人故名之为“仙女形”,清界字所谓右边者,系仙女形之右手也,又所谓凭崎分水者,即仙女形右手凭高处分开之水也。非直形而为曲形,由最上之崎脊向外斜至中间曲臂处内为腕,外为臂腕,低平于内,臂高突于外,既系凭崎,当以臂形高突处为准,而不以腕形低平处为准矣。再由臂形处向内斜至最下之掌形处,是以当时清界就山形窨立界石三块:一在最上之崎脊,一在中间之臂突,一在最下之掌形。原判昧于当时清界实情及凭崎意义,只注重“直下”二字,而将“凭崎”二字抹煞,谓“果如原代理人所指之曲崎终了处,则必载为‘凭崎曲下’,不至载为‘凭崎直下’,上面直崎既立有界石与最下之界石相直对”云云。不知当时之立三界石者,为曲形处而设也,果如原判所云则只须于最上立一界石,最下立一界石为已足,又何必要中间立一界石也?又清界字只须由山脚直上崎岭,不必凭崎直下,既载为“凭崎”而又窨立三界石,则系争地当然为上诉人所有,不待智者而后知也!陈伯钦系被上诉人之贴邻且为盟兄弟,证言偏袒,何能生效?况原判审推事履勘时,而中间之界石倒置,轻松泥内定有迁移情事,究系由何处何人迁来?比时勘得曲形高突处有一界□孔,迹与倒置轻松泥内之界石大小一致,若系上诉人所为,定必移置于被上诉人山内,决不至移置自己山内,其为被上诉人偷移而达越界强葬之目的灼然无疑。轻松泥内之界石,既勘明为曲形高突处偷移而来,则系争地为上诉人所有尤不待言矣。被上诉人状称“经向绅峥嵘与上诉人之法定代理人向品朝登山踏明,毫无异议及移动界石事实”云云,当时阻葬向绅峥嵘嘱其缓葬,须弄清证据,被上诉人置之不理,强迫要葬,非上诉人之毫无异议也,向君峥嵘尚在,可传质证。当时中间之界石尚未察觉,故未提及,嗣后发觉,始知为被上诉人偷移。现偷移之界石痕迹犹存,可以复勘。原审抹煞一切而为不当之判决,实难甘服,此本案上诉之理由也。

(三)□之请求被上诉人是否越界强葬,应从清界字载“凭崎”与三界石而研究,尤应以偷移界石为必要证据。如原审对偷移之界石,未能确实,则本案冤屈难白,非请求再行复勘不可;一经勘明,则被上诉人之越界强葬不能狡脱,而原判之不当亦明矣。被上诉人既系越界强葬,原判决不当,应请求为合法之判决,被上诉人起迁坟茔,负担一、二审诉讼费用,以惩强横而维主权,公便德便。

谨状

高等法院民事庭公鉴

中华民国三十六年十月□日

具状人:向品朝

**5. 湖南高等法院民事判决(三十六年度上字第一二〇九号)**

上诉人:向东阳公祠,住衡山东门外瓦新头

法定代理人:向品朝,住同右

向树人,住同右

向钟瑞,住同右

向晋丰,住同右

诉讼代理人:成卓律师

被上诉人:谭振楚,住衡山潭泊乡

谭庚申,住同右

谭子山,住同右

右当事人间因起迁坟墓事件,上诉人对于中华民国三十六年七月三十一日衡山地方法院第一审判决提起上诉,本院判决如左:

**主文**

上诉驳回。

第二审诉讼费用由上诉人负担。

**事实**

上诉人声明请求废弃原判,命被上诉人起迁谭诗梅坟,被上诉人声明请求驳回上诉,两造均未提出新攻击或防御方法,其余应记载之事实与第一审判决书同,兹依《民事诉讼法》第四百五十一条之规定引用之。

**理由**

本件上诉人所管潭泊仙女形坟山,右与被上诉人所管太公岭山地毗连,因经界纠纷曾于民国三年六月二十一日经陈添祥等调解,邀集两姓人士登山清界,立有窖石字据,各执一纸为凭,为两造所公认之事实。审阅该项字据内载"潭泊仙女形坟山一所,左右上下旧界井然,惟右边凭崎分水与谭人山界毗连,不无争论。余等邀集向文炳、谭文田等从向山右边凭崎直下,窖立向氏界石三块,彼此遵允"云云。足见该项字据前载"右边凭崎分水与谭人山界毗连,不无争论,后因调解彼此让步,不再凭崎分水为界,而从山右边凭崎直下窖立界石三块,以杜纠纷。"观其仅载“凭崎直下”,不载“凭崎分水直下”,即可了然所谓“凭崎直下”者当系指从凭崎所立第一界石直下,毫无可疑,上诉人主张系凭崎分水至湾里直下为界,殊难采信。且该第一界石(上边界石)□第三界石(下边界石)□,上诉人代理人指称均未移动,仍在远处,仅第二界石(中间界石)核□第三界石指勘图上,谭诗梅坟右下方所□黑点处系原中间界石之处。然据原审勘明,该处土痕深厚均不过五寸,与界石不符,更足见上诉人代理人所指上述黑点处并非原立第二界石地点。□明□被上诉人所葬父坟地点又经原审勘明□凭崎第一界石直下右方山地内,显系谭姓管业之范围,乃上诉人代理人指为向姓山地,请求起迁,殊非有理,原□□驳回其诉,委无不合,上诉意旨仍指该处系属向姓山地,请更改判起迁,非有理由。据上论结,本件上诉为无理由,应依《民事诉讼法》第四百四十六条第一项、第七十八条判决如主文。

中华民国三十六年十月二十九日
湖南高等法院民事第二庭
审判长推事:左景昌
推事:宋瘦萍
推事:刘向镐
本件核对与原件无异
书记官:□□□印
中华民国三十六年十一月□日

6.

| | | |
|---|---|---|
| 状心编号民字4755号 | | |
| 状 诉 事 民 | | |
| 人 诉 被　　左方 | 人 诉 原 | 右方 |
| 谭子山 谭庚申 谭振楚 | 向晋丰 向钟瑞 向树人 向品朝 法定代理人 向东阳公 | 姓名 |
| | | 年龄 |

续表

| | | |
|---|---|---|
| 籍贯 | 衡山 | 衡山 |
| 住址 | 行本头城东门瓦 | 雷潭坳泊头乡第一保 |
| 职业 | | |

为越界强葬仇欺图占调解无效依法起诉,状请传案集讯判令迁葬以全主权并负担讼费事。缘民等七代祖东赐公祖山坐原沱字二区潭泊乡一保,小地名“紫竹林”,于民国二年被被诉人谭振楚之父谭诗梅图占该山,经地、高两院判决,山系向姓主权谭人不得藉占,并判处诗梅有期徒刑八年,判词确呈。民国三年,复凭地绅旷德生、陈添祥等书立清界字据载:“向人右边山林凭崎分水与谭人山界连,复凭崎直下,窖立界石三块,是向、谭二姓之山应以凭崎分水为界,向人界内谭人不得侵占,谭人界内向人不得侵占。”此种有效之证据,了无疑义也。不料被诉人谭振楚兄弟以民等子孙遥远,偷移界石,胆敢于本年夏历又二月二十一日扛其父诗梅之棺越界强葬于民祖山内,经民等理论不耳,调解无效。不思山凭界管,界限显然,字据确呈,兹被诉人之所为是挟仇也!违据也!是欺我子孙微弱也!民等可欺,法岂能容!为此抄粘图据赍呈钧院,俯赐察核赏准,迅传该被诉人谭振楚兄弟一干到案严讯究办,依法判决勒令迁葬,以全主权而维祖山,殁存均沾。

谨呈

湖南高等法院民事庭

中华民国三十六年五月□日

向品朝

**7.**

| | | |
|---|---|---|
| | | 状心编号民字4267号 |
| | 诉 辩 事 民 | |
| 人 诉 辩 被 左方 | 人 诉 辩 | 右方 |
| 向品朝 | 谭根深 谭子山 谭振楚 | 姓名 |
| | 四六岁 四□岁 三二岁 | 年龄 |
| 衡山 | 湖南衡山 | 籍贯 |
| 详卷 | 潭泊乡第一保 | 住址 |
| | | 职业 |

为捏词朦诉依法答辩，请求集讯明晰，实地勘验，驳回被辩诉人等之诉，并令负担本审诉讼费用以维所有而申法纪事。窃被辩诉人等以确认山地经界事件朦诉一案，核其起诉理由满纸乌云，毫无足辩之价值，然既涉讼钧院，诚恐淆乱听闻，兹特依法答辩于左。按《民法》第七百六十五条规定“所有人于法令限制之范围内得自由使用、收益、处分其所有物并排除他人干涉”，本案被辩诉人等起诉之唯一证据系民国三年右六月二十一日凭地绅陈添祥、旷德生及该被辩诉人之族人向和卿等书立之窨石字，其起诉之唯一事实系指民兄弟偷移界石，越界强葬等谎。查窨石字既合法成立，自为双方应行遵守之约证，但该约内载明“凭崎直下窨立向

氏界石三块”等字样,约文昭彰,任何人不能漠视曲解。惟民兄弟所管之山名为“太公岭”,该被辩诉人等所管之山名为“仙女形”。该被辩诉人等管理该山之权源是否谋占而来,年代久远姑置勿论,至称民父诗梅公判刑一节,殊属狂吠。现在系争之标的只论诗梅公究竟葬在民兄弟所管太公岭山内,抑或葬在民兄弟所管太公岭山外,如果系葬在太公岭山外,民兄弟理当起迁,如果系葬在太公岭山内,则该被辩诉人等之无理滋闹实如禽兽之不若。奚言之民兄弟之于本年古又二月二十一日安厝父骸,该被辩诉人等先日即到,次早民邀请当地保长陈伯钦、副保长陈意生,乡民代表陈衍朝,地绅罗芝麟、成树庭等登山踏验,并由地方专人请同该被辩诉人等到场。嗣该被辩诉人等□前任乡长罗歧周,乡民代表会主席向峥嵘等至,三面评论,掀阅窖石字据,界限井然,佥谓民兄弟所开之穴纯系在民兄弟所管之太公岭界内,盖该被辩诉人等之仙女形之右就是民管太公岭之左也。民方进葬诗梅公棺于是,该被辩诉人等即归乡,保长等始散,绝未见有移界石之事,展阅钧院送达该被辩诉人等声请调解副状,亦未见有“移动界石”之句字,忽于起诉状内称“偷移界石”等语。经民兄弟询问该被辩诉人等住东公祠之陈恢业裁缝,据称“古三月二十二日夜半,有向东公经首二人呼门求宿,黎明即返”云云。旋民兄弟前往系争之地点察看三块界石,果然中间一块泥土挖动,将界石扯出树寸于诗梅公之坟下挖一假空用土掩盖,揣其居心,无非希图于钧院履勘之时指假空之处捏为先年立界之所,立界之所诬为民兄弟偷移之处。殊不思词可捏,界可移,试问双方遵守之窖石字岂容任其擅改?总之,该约载明“凭崎直下”,断未载明“凭崎湾下”,钧院秦镜高悬,一勘必明。为此答辩前情,状恳钧院察核赏准集讯明晰实地勘验,驳回被辩诉人等之诉,并令负担本审诉讼费用,以维所有而申法纪,深为德便。

谨状

衡山地方法院民庭公鉴

中华民国三十六年五月二十日

谭振楚

**8.**

<table>
<tr><td colspan="4" align="right">状心编号民字4268号</td></tr>
<tr><td colspan="4" align="center">明 证 事 民</td></tr>
<tr><td>人 明 证 被</td><td>左方</td><td>人 明 证 具</td><td>右方</td></tr>
</table>

续表

<table>
<tr><th>姓名</th><th>年龄</th><th>籍贯</th><th>住址</th><th>职业</th></tr>
<tr><td>陈柏钦</td><td>三十九岁</td><td rowspan="5">衡山</td><td rowspan="5">潭泊乡第一保</td><td>潭泊乡第一保保长</td></tr>
<tr><td>陈意生</td><td>三十五岁</td><td>潭泊乡第一保副保长</td></tr>
<tr><td>罗芝麟</td><td>三十一岁</td><td>学</td></tr>
<tr><td>陈衍朝</td><td>五十六岁</td><td>保代长</td></tr>
<tr><td>成树庭</td><td>二十九岁</td><td>学</td></tr>
<tr><td>谭振楚</td><td rowspan="3">详前卷</td><td rowspan="3"></td><td rowspan="3"></td><td rowspan="3"></td></tr>
<tr><td>谭庚申</td></tr>
<tr><td>谭子山</td></tr>
</table>

为据实证明以维视听而张正义,恳予采纳事。缘本保公民谭振楚兄弟秉性忠厚素不妄为,为此公民等之所深悉也,本年古又二月二十一日安厝伊父骸诗梅公于伊祖山太公岭山内,公民亲送至葬处。伊太公岭左即为向氏仙女形,向东公经首等七人先期在山当邀请罗前乡长歧周、乡民代表会主席向峥嵘等登山三面评论,并掀阅窖石字据,界限井然。诗梅公之葬穴确系在谭人所管之太公岭山内,向氏所竖界石三处确无移动情形属实,向东公经首等见无越界情事并无言论而去。嗣据谭振楚兄弟称被向氏诬诉越界强葬在案,公民等心即为之不平,复于古三月二十四日据谭氏兄弟称被向东公经首等二人于古三月二十二日夜半将先年所竖之窖石三块中间一块窖石泥土挖动,界石扯出数寸,并在伊父诗梅公之坟下挖一

假空，用土掩盖，请公民等踏看并证明等情，公民等即登山踏验，果与谭氏兄弟所称各节一一相符。似此行为，向人实属居心谋占，欺公藐法，诬害良善，公民等不敢漠视正义颠倒是非，特此联名据实证明状请□……

中华民国三十六年□月□日

陈柏钦

陈意生

罗芝麟

陈衍朝

成树庭

**9.**

| | | |
|---|---|---|
| 状心编号民字5531号 | | |
| 诉　告　事　民 | | |
| 人　诉　被　　左方 | 人　告　原 | 右方 |
| 谭振楚 | 向树仁　向晋丰　向钟瑞　向品朝 | 姓名 |
| | | 年龄 |
| | | 籍贯 |
| 详卷 | 详卷 | 住址 |
| | | 职业 |

为案经勘明补具理由,状请依法判迁并令赔偿诉讼费以全主权事。缘被告人谭振楚等越界强葬一案经钧院履勘,自是明镜高悬,毋庸赘渎,惟被告谭振楚所指之点殊多谬误,兹补具理由如次:

(一)查凭崎分水向谭两造字据相符,彼此自应遵守,乃该被告明知故犯,以其父谭诗梅之棺越界强葬,视法令为□试,等约券为具文,此补具理由者一。(二)细译清界字据全文一曰"凭崎分水",再曰"凭崎直下",认定该崎之全面自上至下向、谭两造各有管理权。兹被告谭振楚谓崎定为凭崎分水顶下即非,曲解全文,为此不通之语,此补具理由者二。(三)据载"凭崎直下,窖立界石三块",是崎顶一块,崎中一块,崎尾一块,当无疑义。兹被告将崎中界石现行移至民山界内,反诬为民等所移,以为侵占地步,其用意至为阴险,且界碑虽已移动,原立之旧迹犹存,经钧院勘验,宽狭大小相符,此补具理由者三。(四)民等如果自移界碑,当为利己之图,何反移入民等界内?民虽至愚,不为此捏诬情形理由者四。请求:(一)迁葬;(二)赔偿受害人之讼费;(三)迁移界石,仍窖原处,以符原约保主权。

中华民国三十六年七月□日

向品朝

**10. 中华民国三十六年七月十五日□960号**

乡长呈衡山地院

事由:为据实转呈恳赐察核依法判处由

呈中华民国三十六年七月六日嵩民字第〇六〇号

案据本乡第一保保长陈伯钦报告称,案据本保公民谭振楚本年五月十六日函称"先父葬地前经邀请台驾与罗前乡长并士绅多人登山踏明,向氏界石所在地点及先父所葬之处,与向姓山林了不相干,不忆向人翼图侵占,捏词控楚为越界强葬。前诉在调解庭未与理论,昨又诉之法庭诬楚之偷移界石,正拟答诉中不料向人竟出此卑污手段,于本月十三夜偷将第三块界石挖松,以示其为新移动来者,并将先父坟下约两三丈处亦挖松,以示为由此移去者。此种无耻残毒行为,除当邀请台端及乡长士绅乡民代表勘验外,合应函请转呈公所迅转法庭伸张正义,证明向人无耻不法谋占行为"等情。前来查函称"各节均属实,在职曾于该民葬父之时与本保乡民代表陈衍朝及前乡长罗歧周、向峥嵘先生、向东公经首等至该葬地踏明界石及谭向清界字据。谭振楚之父坟距向人界线数尺,此次向人私将中块界石挖松并将谭姓地址挖松图陷害实有不合。既凭职与陈衍朝等实地勘验,公理与正义所在,自不能缄默,理合将谭振楚函请证明一节及职从中经过情形一并备文报请钧所转报法庭,证明向人私将界石挖松翼图栽害,事关正义,合将前情鉴核"等情。据此,当经派本所干事李萃雄前往实地调查,去后旋据报称事实与□□相符,理合备文转呈钧院恳赐察核,依法判处。

谨呈

衡山县地方法院院长蔡

衡山县准园乡乡长陈益嵩

**11. 履勘向东阳公与谭振楚公坟山案说明**

勘得向姓所有之紫竹林即仙女形坟山,右抵与谭姓所有之太公岭坟山,左抵两相毗连其交界,要点分项说明于次:

一、山崎:自上而至谭振楚父坟之上系直形,由直形□了中,余势向右曲斜而入谭姓山约数丈,仍延与上崎相略对,再下非崎。

二、界石:计三块,依现在所有地论,系直线最上之界石系埋在上面,直崎中最下之界石埋在山脚内,该二界石现在所在地均属不争。惟中间界石,据向姓称系在曲崎终了山坡中被谭姓挖移于现在地;据谭姓称,原来即在现在地,两处挖毁痕迹均系向姓故意所挖。经挖验向姓所指挖移处土痕深厚均不过五寸,与界石不符,其现在处土色现已挖松,究系何方所挖尚待证明。

三、坟茔:谭振楚新葬其父之坟以界石直线论,系葬在直线以右曲形山地内。

推事:王□□

卅六、七、六

**12. 湖南衡山地方法院民事判决(三十六年度诉字第923号)**

原告:向东阳公。

法定代理人:向品朝,住本城东门瓦行头

向钟瑞,同右

向树仁,同右

向晋丰,同右

被告:谭振楚,住本县潭洎乡一保

谭庚申,同右

谭子山,同右

右当事人间因山场经界及起迁坟茔时间,本院判决如左:

**主文**

原告之诉驳回。

诉讼费用由原告负担。

**事实**

原告法定代理人求为判决意旨,其陈述略称"原告坐落潭洎乡一保紫竹林坟山一座,民国二年□与谭姓讼争判归原告所有,后复于民国三年请□地绅旷德生等窖立界石,书立清界字,载明向姓凭崎分水及凭崎直下界石三块为界,彼此不得侵占,有据可凭。被告兄弟竟偷移界石,于本年夏历又二月二十一日将其父谭诗梅越界强葬原告山内,请予确认山界并判令起迁坟茔”云云,提出清界字一纸为证。被告声明求为如主文之判决,其陈述略称“被告所有太公岭山场因与原告仙女形山场两相毗连,在民国三年□凭地绅旷德生等清明界限,书立字据,载明‘凭崎直下窖立向氏界石三块’字样,界约昭彰可凭。本年古又二月被告进葬先父诗梅公,管经请凭地绅陈柏钦、向峥嵘等与原告法定代理人向品朝登山踏明系葬被告山内毫无异议及移动界石事实,原告代理人事后暗将中间界石泥土挖动并于被告先父坟下挖一假空,用土掩盖,栽诬被告偷移界石。朦请判令起迁,请求驳回其诉”云云,提出清界字为证。

**理由**

被告谭庚申经两次合法传唤,均无正当理由不于言辞辩论之日到场辩论,依《民事诉讼法》第三百八十五条第一项之规定予以判决,合先说明。本案被告之父谭诗梅坟茔应否起迁,应以所葬山地究系何方所有为先决问题,查核原告所有紫竹林(仙女形)坟山右抵与被告所有太公岭坟山,左抵两相毗连其交界处。据双方提出民国三年缄口清界字所载:“惟右边凭崎分水与谭人山界毗连不无争论,余等(旷德生等)邀集向文□等(余略)从向山右边凭崎直下窖立向氏界石三块,彼此遵允,嗣后照界各管各业。”语意已将原告原有凭崎分水界限破除,惟以该字所载界限为准。又查该山山崎自上而至被告父莹之上,系直形再下系曲形,被告之父系葬在曲形山地内最上之界石,系在上面直崎中直与最下界石相对,两界石所在地为双方所不争,中间之界石原告代理人所指被告挖移之处,其痕迹限度均与界石不符,该界石现在所在处泥痕现已挖松。□经本院实地勘明“从向山右边凭崎直下窖立向氏界石三块”一语而论,为认凭崎□终了而直下则三界石均应埋于山崎终了之下,直下之间不至埋一于最上之直崎终,中间之界石果在原告代理人所指之曲崎终了处,则必载为“凭崎曲下”,不至载为“凭崎直下”。上面直崎既立有界石,与最□之界石相直对,中间界石现在所在处后经当地保长陈伯钦证明确系在该处,显应认为双方山场应凭上崎界石直下而至最下界石为断,左系原告所有,右系被告所有。原告代理人仍以凭崎分水为界,主张被告进葬其父坟茔山地系其山界以内,判令被告起迁自难认有理由。基上论结,应认原告之诉为无理由,依《民事诉讼法》第三百八十五条第一项、第二项,第七十八条判决如主文。

中华民国三十六年七月三十一日

衡山地方法院民事庭

**13.** 立窖石字,陈添祥、旷德生、向和卿、向润民、向湘庭等。原向东阳公支孙文炳等所管沱字二区潭泊仙女形坟山一所,左右上下旧界井然,右边凭崎分水与谭人山界毗连,不无争论。余等邀集向文炳、向畴五、向庆丰,谭文田、谭湘澄、谭书亮、谭日交等,除向右边凭崎直下窖立向氏界石三块,彼此遵允,嗣后照界各管各业,永毋挖移越占,恐口不凭,立此为据。

缄后为据,本笔批。

凭

陈添祥押

向和卿押

向湘庭笔

向润民押

旷德生笔

陈凤成押

民国三年旧历六月十一日

**二、案件名称:王振春与刘才生排除侵害并反诉迁坟案,湖南省档案馆藏,全宗号:28-14-267**

**1.**

| | | |
|---|---|---|
| 状心编号民字0258号 | | |
| 请 声 事 民 | | |
| 人 诉 上 被　左方 | 人 诉 上 | 右方 |
| 刘才生 | 王正春 王芝纪 | 姓名 |
| | | 年龄 |
| 湘乡 | 湘乡 | 籍贯 |

续表

| | | |
|---|---|---|
| 铜梁 | 铜梁乡 | 住址 |
| | | 职业 |

为不服祖判提出上诉状声请上诉事。缘声请上诉人等反诉被上诉人刘才生背约盗葬一案,三月二十八日收受钧院三十七年度诉字第三〇号民事判决,主文"确认系争松屋湾山地为原告所管,被告等不得侵害,被告等之诉驳回,诉讼费用由被告等负担。"理由略称"刘才生安葬父母之坟为善意占有,因时效取得所有权,声请上诉人等主权放弃",引用《民法》第七百七十条、第七百七十二条,同法《物权编施行法》第八条,以为判断极端错误。查中立倒批载:"在卖契系双务契约后,彼此有遵守义务,反之即为背约而非善良风俗,应受刑罚制裁。"本案先决问题应从倒批予以研究,倒批所载"克存丈界凭茔心起上二丈五尺,左右各方一丈五尺系凭山脚,山脚上树柴任葛修杀,拜台下王人不得蓄禁,树株等"字样,岂有蓄树田中之理?足证当日拜台下是山地而非悬田。上诉人虽迁浏阳,祖坟逐年委托挂扫,从未见拜台下有田,足证废田葬坟之虚伪。即令属实,垦山为田,废田葬坟皆被上诉人阴谋吉壤之所谓,足以推定其背约行为之开始,继续背约至今未已。乃钧院不从契约上审究而牵涉占有条文,故为祖判,岂有违背双务契约之行为,而可以善意占有论乎?况坟茔丈界非孳息之地,四至界址均视坟茔为标准,无主古坟尚有地位,况有双务倒批之凭据,坟茔所在即主权所在,何云放弃无祖坟?而祖坟丈界倒批谁姓无之?若如本案之判决以背约行为认为善意占有,则凡进买之家可任意设谋占有一切,出卖之人祖先骸骨将莫能保,社会风俗尚堪问乎?契约行为可以废矣!似此违法祖判理合于法定期间声明不服程度,提出上诉人理由,请求迅予解卷,上诉审法院依法核办废弃原判,更为适法之判决,确定被上诉人刘才生背约盗葬行为之不合,判令起迁恢复原状,负担两审诉讼费用,以昭法益,深为法便。

谨呈

湘乡县地方法院

上诉人:王芝纪

王正春

被上诉人:刘才生

中华民国三十八年四月十三日

**2.**

| | | |
|---|---|---|
| 状心编号 字 号 | | |
| 状 缴 事 民 | | |
| 人诉上被 左方 | 人诉上 | 右方 |
| 刘才生 | 王正春 王芝纪 | 姓名 |
| | | 年龄 |
| 湘乡 | 湘乡 | 籍贯 |
| 铜梁 | 铜梁乡 | 住址 |
| | | 职业 |

为遵照裁定呈缴裁判费恳祈核收迅予传案讯判事。缘民与刘才生因山地争执不服地院判决,声请解卷上诉,业奉湘乡地方法院送达裁定,饬缴二审裁判金圆二千五百元于二十日内呈缴钧院。兹特遵于法定期内汇缴裁判费金圆二千五百元,状请钧院核收迅予传案讯判,深为德便。

中华民国三十八年四月二十八日

王芝纪

王振春

**3.**

| | | |
|---|---|---|
| | | 状心编号民字 150 号 |
| | 诉 起 事 民 | |
| 告 被　　左方 | 告 原 | 右方 |
| 王正春 王芝纪 | 刘才生 | 姓名 |
| | 五七 | 年龄 |
| 湘乡 | 湘乡 | 籍贯 |
| 铜梁 | 铜梁 | 住址 |
| | | 职业 |

缘原告于民国二十二年(1933 年)冬在父遗契管铜梁乡第二保檀屋湾山脚下滩田,安葬先父坟茔一棺,旋又伴厝先母于其右,先后立有墓碑刊载明白,十余年来墓木已拱。不意本年夏间,被告王振春因垂涎该穴形胜,藉所管檀屋湾山内克存毗连该地,谬指原告改田为坟之处系其祖坟克存之山脚,如不迁出即需出备山价银洋二千元等语。经原告检齐契据请凭地保谷保生、彭绅仓、彭逸鹤、葛海涛等实地勘明界碑,宛然山田显别,咸以被告无理取闹,同声斥责。讵仍怙恶不悛,又于本年农历六月二十五日夜将先父母坟墓尽行掘毁,原告发觉前往制止时,被告早已逃逸,追之勿及。比经依法诉请钧院刑庭依法究办,指以证据不足证明被告之犯罪行为,致令被告得逍遥法外,然原告为保全先人骸骨,以尽人子

之道,决计难任其侵害,合依民诉法钧院察核准予依法保障排除侵害,并令被告负担本审诉讼费用,□……泉壤。

谨状

湘乡地方法院公鉴

中华民国三十七年元月□日

**4. 审讯笔录**

原告:刘才生。

被告:王振春。

右当事人间为坟山案件于中华民国三十七年三月十九日上午八时在本院民庭审讯,出席职员列左:

推　事:袁　迪

检察官:□□□

书记官:傅邻伯

书记官朗读案由

问:刘才生?

答:五十七岁,铜梁乡第二保。

问:你们那个山管□了多少年?

答:管了五十多年了。

问:山在何处?

答:在铜梁乡二保檀屋湾山脚下滩田,安葬先父坟一棺,又先母一棺。

问:有契吗?

答:有契。

问:契上是如何载的?

答:契上是载:"王姓克存坟一冢,凭冢形身起上二丈五尺,左右各一丈五尺,下有山脚,山脚上树柴□任受主修杀,□又背塘拜台下不得蓄禁树株。"

问:现在你所葬是在田里,还是在山脚呢?

答:是在田里。

问:现在他未说要你迁坟吧?

答:二十三年(1934 年)葬了我的父亲,后背又葬了我的母亲,到去年王振春他来毁我的坟,把碑拿去。

问:现在你的意思如何呢?

答:我的坟墓已有百十余年,他不能毁坏我的,现要他恢复原状。

问:(王振春)年龄?

答:四十岁。

问:你与刘才生争的坟山究竟是谁的?

答:那檀屋湾是地方的,山与田是我们先祖卖出去了,是卖给姓葛的,由姓葛的卖与姓刘的。因当时克存有坟茔冢界,但批□究克存多少宽,不得而知,后查出回批上载明檀屋湾四抵分明,才知姓刘的坟是葬在我克存的地方内,当时请地方的□登山踏看,才晓得刘才生的父母是葬在我的地界。

问:他葬有坟百有余年,为什么你去毁挖呢?

答:据他说前几年又葬了坟,到底他葬坟有多少年,我不知道。并没有挖他的坟,他自己把坟毁损,并把他自己的出头柄上刊个"王"字,曾起诉地方法院检察处,□经不起诉处分,因此他又做民事起诉,这实在是他诬告我。

问:他新坟隔你们的老坟相隔好远?

答:只有五尺远。

问:他的坟下是田还是山脚?

答:他的坟下是山,有二十丈许的荒山,田还在山脚外,他是毁田葬坟。

问:地方到底说是你的还是他的呢?

答:地方也未说。

问:他的坟的碑到何处去了?

答:我没有拿他的。

问:你来了状□答辩吗?

答:来了答辩状。

问:你的意思如何呢?

答:请依法办理,是他的我不要,如果是我的,他也不该来葬。

问:那山形势是如何的?

答:那山有嘴。

问:(刘才生)你契上的田是还在么,有丘数吗?

答:契上未载丘数。

问:你的坟葬在坳上还是葬在坳下呢?

答:我们父母的坟是葬在坳上。

问:你们的事和地方是否可以和解?

答:他能恢复原状,恢复碑石,那也可以和解。

问:(王振春)他的坟葬了几十年,你称了谎,他葬坟可好了吗?

答:我山是我们的,不能和,我还有一个老弟王鉴纪,这山是我与他两个人的,现在王鉴纪在赣北师管区。

问:(刘才生)由乡公所去和解好吗?

答:请法官去勘验。

问:有痕迹可勘吗?

答:有田。

问:你有饭吃吗?

答:(王振春陈述)他家很好。

问:(王振春)你的山可以勘验得吗?

答:可以□勘的。

问:如果勘着是田呢?

答:一切我可以负责,如果勘着是田,诉讼费用由我负担,如果坟□地是山,诉讼费用应由他负担。

刘才生 押

王正春 押

右笔录经当庭宣读无讹,推事谕知本案候实地履勘再行示期辩论□判。

中华民国三十七年一二月十九日

书记官:傅邻伯

推 事:袁 迪

**5.**

| | | |
|---|---|---|
| 状心编号 字 号 | | |
| 诉反事民 | | |
| 告被 左方 | 人诉反 | 右方 |
| 刘才生 | 王正春 王芝纪 | 姓名 |
| | | 年龄 |
| 湘乡 | 湘乡 | 籍贯 |

续表

| | | |
|---|---|---|
| 铜<br>梁 | 铜<br>梁 | 住<br>址 |
| | | 职<br>业 |

为继续背约盗葬谨抄呈倒批约据依法提起反诉,请求为如下列之判决以昭法益事:

一、被反诉人之诉驳回,负担本审诉讼费用;

二、被反诉人在檀屋湾上嘴王人拜台下新旧盗葬坟两棺克日起迁恢复原状;

三、被反诉人背约盗葬移付刑庭审判,科罪并赔偿反诉人因被害所生之损失。

**事实**

缘反诉人先祖光益公于光绪十九年(1893年)将分管大托全业出售与葛姓,克存四处祖坟,中立倒批为据,未几举家迁浏阳,此项倒批为从堂叔祖王桂堂收存。已而葛姓出卖与被反诉人,贪谋吉穴顿背倒批信约,将其父盗葬于檀屋湾上嘴克存坟拜台下,维时先祖光益与从堂叔祖桂堂均物故,反诉人兄弟皆幼稚,不知有此倒批,莫敢谁何。去年四月被反诉母死继续盗葬于其父坟右,至六月,反诉人振春在从堂叔祖母家寻获此项倒批,始知被反诉人新旧所葬两棺均在克存界内。旋即席请地绅讨论责令迁出,伊遂自毁坟台,诬告毁损,迫反诉人提起背约盗葬诬告之诉在案。及奉到不起诉处分书仅将诬告部分予以侦讯,关于背约盗葬则付阙如,正拟依民诉法提起确认主权之诉,适奉到钧院票传,合依法提起反诉只遵投案。□……

中华民国三十七年三月十八日

6.

<table>
<tr><td colspan="4" align="right">状心编号　字　　号</td></tr>
<tr><td colspan="4" align="center">状　诉　事　民</td></tr>
<tr><td>人　诉　被</td><td>左<br>方</td><td>人　诉　告</td><td>右<br>方</td></tr>
</table>

续表

| 姓名 | 年龄 | 籍贯 | 住址 | 职业 |
|---|---|---|---|---|
| 王芝纪 | | 湘乡 | 铜梁 | |
| 刘才生 | | 湘乡 | 铜梁 | |

为补呈被盗葬损害事实，请求迅赐履勘事。民反诉刘才生背约盗葬一案已蒙庭讯准予查勘，窃风水征信自晋郭璞著葬经以来，国人尊尚弥坚，数千年如一日，诚以山川钟毓死魄而乘生气，理固然也。民祖坟拜台下自被反诉人盗葬其父后，民兄弟子女殇凶相继：廿三年兰东、阳冬贞殇，廿四年满伢殇，廿七年谱伢殇，廿八年梅贞殇，三十年有贞殇，三十一年运伢殇，卅三年长孙殇，三十六年兆春殇，一贞殇，庆伢殇，十四年当中死殇人数十一口之多。闻被反诉人葬父推棺而葬牵民先祖之脚，致发生如此之损害，不沐救济，若敖之鬼将不血食。最可恶者，伊自毁坟茔希图造作山脚形式，则克存坟界下方不到一丈，故无论山脚不能变，勘验是非立剖，为此补呈被盗葬损害事实，请求迅赐履勘以资法判，深为法便。

谨呈

中华民国三十七年四月六日

具状人：王芝纪

状悉。即将应负担之勘费预□……可也。此批。

四月八日

**7. 刘才生与王振春为确认山地所有权涉讼一案图,三十七年十一月五日绘**

**说明**

山岭坐落铜梁乡第二保松屋湾极崇岭,王人坟葬于山之中,克存丈尺无界碑,坟亦无碑记。勘量坟身一丈拜台有五尺,拜台下即为刘才生安葬之父与母坟,原为滩田,有来水圳与荒废田塍痕迹,现为刘才生栽山植松柏,砌石作墓。至刘才生父坟原立碑石,现被毁弃,仅存碑顶遗落山麓。从刘人坟起至山脚约长二十丈,在系争山地内,有垦田一地为刘才生所耕管,树木亦为刘才生所蓄禁,即系争地属王人坟克存之山脚,对于主权亦不无放弃也。

推　事:袁　迪

书记官:李锡钧

**8. 案由:为案经勘验明确恳迅赐判决以免拖累由**

窃民诉王正春藉界混争意图不法侵占请求排除侵害一案,曾蒙庭讯翔实,并沐实地勘验明确各在案,是该王正春混争图占之不法行为当为钧院所洞烛,毋待赘陈。惟本案自兴讼以来,时逾年余,民所遭受之种种损耗已觉力不能胜,虽志切保全先茔,不辞踏汤附[①]火,然日薄西山,恐变生旦夕遗恨终者,□恳早赐判决,不足以尽子道而慰先灵。为此缕陈下情,并附抄原克丈界,伏恳察核,早日依法判决,以免拖累,深为德便。

谨状

□……

**9. 为案沐勘明请求迅予为起迁之判决,进行背约盗葬之追诉以彰法治事**

窃反诉人刘才生背约盗葬一案,兹沐实地履勘被反诉人先后盗葬坟两棺于克存界内拜台下,狡称废田而葬,并贿串地方少数无赖为之证明,谓当日葬坟反诉人之父在场等语。殊不思反诉人之父目不识丁,当日出卖实未在家,未知有此批克,即反诉人兄弟亦至去年六月始寻获此项克存到批。人证不如物证,如果是田则批克字当载为"下抵田边",必不为"下抵山脚",更无须限制王人蓄禁,此理明甚,于此适足以证明其背约盗葬之实在。换言之,即或是田,葛姓接业不过两三年即出卖与刘反诉人,举家乔居浏阳五十余年无人在乡,亦系刘姓图谋风水,将山垦田,预为侵夺张本,此理更明,甚居心险恶,损人利己尤为法所不许。反诉人遭此阴谋子女夭殇,受祸不少,情势急迫,痛恨可极,惟有仰乞钧院俯念芝纪为动员时期军人,正春亦军人家属,赐予优待,迅将本案提前判决,被反诉人在拜台下新旧盗葬坟两棺克日起迁,恢复山脚原状,准予进行背约盗葬刑事之诉,追赔偿因盗葬所生

① 此处的"附"应是"赴"的误写。

之损害,以彰法治,恩便。

中华民国三十七年十二月□日

具状人:王芝纪

王正春

**10. 案由:为刘财生、王正春经界争执一案据实证明恳察核由**

窃本保居民刘财生与王正春经界讼争一案,曾蒙钧院庭讯并勘验明确均在案,孰是孰非难逃明察。公民等以刘财生人素良懦,与世无争,而其荒田葬父确属实在,且所荒之田自王人出业葛人接业,即历有此田,确非刘人新垦,不但为公民等所目睹,且为邻里所共知。迄今时逾十余年虽墓木已拱,尚界碑宛然,田山显别,且从未闻王人出□……察核。

谨状

湘乡地方法院公鉴

| | | | | | | | | | |
|---|---|---|---|---|---|---|---|---|---|
| 葛荣生 | 押 | 彭皖生 | 押 | 秦立浦 | 押 | 彭勋时 | 押 | 朱宝元 | 押 |
| 朱少连 | 押 | 秦少� | 押 | 彭锦卿 | 押 | 朱汉春 | 押 | 彭石峰 | 押 |
| 彭成材 | 押 | 周三元 | 押 | 左正生 | 押 | 邬云桂 | 押 | 彭求斌 | 押 |
| 葛连生 | 押 | 周连安 | 押 | 彭国保 | 押 | 秦秋浦 | 押 | 彭和平 | 押 |
| 朱厚颜 | 押 | 彭俊生 | 押 | 赵春生 | 押 | 谷保生 | 押 | 彭致身 | 押 |
| 彭藻堂 | 押 | 彭秀荣 | 押 | 左轩山 | 押 | 王子春 | 押 | 王正生 | 押 |
| 左如凡 | 押 | 彭尚中 | 押 | 孙竹轩 | 押 | 彭祥泰 | 押 | | |

中华民国三十七年十二月二十三日

**11. 审讯笔录**

中华民国三十七年十二月廿三日上午九时在本院庭出席职员列左:

推　事:张　杰

书记官:李　□

问:(刘才生)到过庭没?

答:到过庭。

问:你今天有何请求?

答:请求坟山为我所有。

问:你说坟山是你所有,有何证据呢?

答:有契为证。

问:此坟山何年买的呢?

答:民国廿三年(1934年)买的。

问:此山买自何人呢?

答:买的葛姓,是光绪廿三年(1897年)买的。

问:你请求坟上界址其四抵是为何载的?

答:茔新起上二丈五尺,左右各方一丈五尺,下凭山脚。

问:你坟下有田吗?

答:有荒田。

问:此山你管业多久呢?

答:光绪廿三年买的,已管业有五十余年了。

问:山中栽有树木吗?

答:栽有柏树。

问:(王振春)到过庭吗?

答:到过庭。

问:此山你葬有何人呢?

答:进葬我高祖。

问:你克存坟山是为何载的呢?

答:凭茔新起上二丈五,左右各方一丈五,下凭山脚,山脚上之树木任受主修杀,拜台下王人不得蓄禁树株。

问:刘姓何年买的此山?

答:不晓得。

问:刘姓何年葬坟?

答:不晓得。

问:你有何请求?

答:请求他讲坟迁去恢复原状。

问:他内坟是民国廿三年葬的,何以今天才说话呢?

答:不知他何年葬的我们全家住在浏阳未归,无从知悉。

问:刘才生,他说你葬在他山上请你迁去呢?

答:□……

问:你父母是否合冢?

答:是分葬在一处。

问:他克存之地下至山脚,究竟至何处呢?

答:山脚,是指拜台下之塍上。

问:你所葬之坟是何地点呢?

答:是以荒田葬坟的在拜台之下面。

问:(彭致身)年龄?住址?

答:五十二岁,铜量。

问:你到庭为何呢?
答:来作证的,刘姓葬坟时我从场,所葬之地点是荒田,在拜台下面。
问:刘姓父亲是何年葬的呢?
答:民国三年(1914 年)葬的。
问:山上有树株吗?
答:栽有柏树,是刘姓于葬后栽的。
问:你所说的是实吗?
答:所陈的是实,并无虚伪。
依法令其具结。
问:王振春,他买的地,他说是荒田,用以葬他父母呢?
答:克存倒批载明下迄山脚既迄山脚当然此山为我有。
问:你何时出卖葛姓呢?
答:光绪十九年(1893 年)买出的。
右笔录无讹,推事谕知退庭。

刘才生　押
王振春　押
彭致身　押
中华民国三十七年十二月廿三日
民事庭
推　事:张　杰
书记官:李　□

**12. 审讯笔录**

原告:刘才生
被告:王振春
推事:李建才
书记官:李钊
问:(刘才生)到过庭吗?
答:到过庭。
问:你今天有何请求?
答:请求坟山为我所有。
问:你父亲母亲之坟何时葬的?
答:父亲之坟廿三年(1934 年)正月八日葬的,母亲是三十六年四月葬的。
问:坟山植有树吗?
答:廿三年进葬时植有柏树。

问:你父母进葬之处距离拜台有多高呢?

答:有一人多高。

问:(王振春)到过庭吗?

答:到过庭。

问:刘才生进葬处距离拜台有多高?

答:三尺多高。

问:拜台下柏树谁种植的呢?

答:我受限制不能蓄禁,契已载明,坟我未栽树。

问:王人为何载拜台下不能蓄禁树株呢?

答:因彼此均有妨碍,坟未植树。

问:拜台下原来是田吗?

答:是山不是田。

问:履勘时拜台下是田呢?

答:是他开垦的,我一家人都住在浏阳,家中无人,坟地他开田时我们不知道。

问:他说此田时他的,你意为何?

答:不是他的山,我请求他迁坟回复原状。

右笔录当读无讹,推事谕知退庭。

刘才生 押

王正春 押

中华民国三十八年三月五日

湖南湘乡地方法院民事庭

推 事:李建才

书记官:李 钊

**13. 湖南湘乡地方法院民事判决(民国三十七年度诉字第三〇号)**

原告即反诉被告:刘才生,年五十七岁,住铜梁乡二保

被告即反诉原告:王振春,年四十岁,住同右

王芝纪,未到

右当事人间因排除侵害并反诉迁坟事件本院判决为左:

**主文**

确认系争松屋湾之地为原告所有被告等不得侵害,被告等之反诉驳回,诉讼费用由被告等负担。原告声明求为排除侵害之判决,其陈述略称"原告于二十三年春在父遗契管铜梁乡第二保松屋湾山脚下滩田栽植松柏,废田为山,安葬先父坟茔一冢,旋又伴厝先母于其右,先后立有墓碑。三十六年夏,被告王振春等藉所

管松屋湾山内克存毗连山地,谬指原告改田为坟之处为其祖坟克存之山脚,而将先父母坟茔尽行挖毁,请求判令排除侵害”云云。被告声明求为驳回原告之诉,并反诉迁坟之判决,其陈述略称“被告先祖光益公于光绪十九年将分管大托全业出售与葛姓,曾克存祖坟四处,有中立倒批为据,因家迁浏阳,倒批字由芝堂叔祖保存,被告等年幼不知有此倒批。后葛姓又出卖与原告,而原告□背倒批,将其父盗葬于松屋湾上嘴,克存坟拜台下,卅六年四月原告又葬其母于该处。六月被告于从堂叔祖处寻获是项倒批,始悉原告之父与母坟葬在克存界内,应请驳回原告之诉,并请确定该地所有权,令原告将其所葬坟茔起迁”云云,提出倒批字一纸为证。

**理由**

查本件原告刘才生于二十三年进葬其父于铜梁乡第二保松屋湾之地,已历十余年之久,为被告等所不争之事实。且经本院实地履勘,刘才生安葬之父与母坟原为滩田,有来水圳与荒废田塍痕迹,现为刘才生栽植松柏,砌石作墓(略)。在系争山地内有垦田一丘,为刘才生所耕管树木,亦为刘才生所蓄禁。是原告占有是项山地,被告不能提出证据证明其占有之始系恶意及因其他权利而占有,自应推定原告之占有山地为善意,且无过失,并以所有之意思而占有。依《民法》第七百七十条、第七百七十二条,民法《物权编施行法》第八条之规定,原告已因时效而取得系争山地之所有权。即令原属被告坟克存之山脚,对于主权亦已视同放弃,被告等无争执为所有之余地,原告主张系争地为其所有为有理由,被告之反诉为无理由。据上论结,原告之诉为有理由,被告之反诉为无理由,应分别予以准驳,并依《民事诉讼法》第七十九条□为判决如主文。

中华民国三十八年三月九日

湖南湘乡地方法院民事庭

推　事:李建才

书记官:□　□

**三、案件名称:熊少连与熊月恒为确认场坪及坟山共有权争讼案,台北“中央研究院”台湾史研究所藏,全宗号:SC1-18-521-0069**

**1. 宣示判决笔录**

上诉人:熊月恒等

被上诉人:熊端章

中华民国三十七年十二月廿一日下午二时,湖南高等法院民事庭公开法庭宣示判决上诉一案出席职员如左:

审判长推　事:萧　毅

推　事:鲁兰馨

推　事:贺德宣

书记官:刘　焜

书记官报告案由

本庭宣示判决熊月恒等与熊瑞章确认坟地上诉一案,审判长朗诵主文并明白告知判决理由之要领,宣示退庭。

中华民国三十七年十二月廿一日

湖南高等法院民事第二庭

书记官:刘　焜

审判长推事:萧　毅

**湖南高等法院民事判决(三十七年度上字第一四五〇号)**

上诉人:熊月恒,住湘乡铜梁乡

熊梅生,住同右

熊云生,住同右

被上诉人:熊瑞章(熊少连之诉讼承受人),住同右

右当事人间请求确认坟山所有权事件,上诉人对于中华民国三十五年(1946年)八月六日湘乡县司法处第一审判决提起上诉,经本院判决后上诉人又提起上诉,由第三审法院发回更审,本院判决如左:

**主文:**

上诉驳回。

第一、第二审及第三审诉讼费用由上诉人负担。

**事实**

上诉人声明求为废弃原判决,另为驳回上诉人在第一审之诉之判决,被上诉人声明求为如主文之判决,两造未提出新攻击或防御方法,其余应记载之事实与第一审判决书同,依《民事诉讼法》第四百五十一条引用之。

**理由**

上诉人熊梅生、熊云生于言词辩论期日不到场,核无《民事诉讼法》第三百八十六条各款情形,依同法第四百六十条、第三百八十五条第一项,应准被上诉人之声请由其一造辩论而为判决。复按本件诉讼标的为坟地公同共有权之争执,对于上诉人等必须合一确定被上诉人,于第二审程序中追加熊梅生、熊云生为当事人尚非所不许。而依《民事诉讼法》第五十六条第一项第一款"公同诉讼人中一人之行为有利于公同诉讼人者,其效力及于全体"之规定,上诉人熊月恒一人声明之上诉又应认为

对于公同诉讼人亦生效力,故本判决并列熊梅生、熊云生为上诉人,合先说明。

次查本件被上诉人于原审起诉请求确认两造先人于咸丰四年(1854 年)十一月二十八日所立之分关为有效,其真意实系主张系争牛厂屋场坪依所葬熊兆伟等之坟茔上下左右各方约四丈,及系争凤形嘴所葬熊陈氏等之坟茔均照分关之批记为两造所公同共有。上诉人对于熊兆伟、熊陈氏等为两造同派之祖先及该项分关本文之为真正,均在所不争。是所应审认者,唯熊兆伟坟茔周围约四丈之坟地是否为坟茔余地,同属两造所公同共有,抑如上诉人所主张为上诉人熊月恒一人所私有。经查,熊兆伟坟茔周围四丈之坟地内曾陆续葬有熊秀爵等坟茔多冢,有熊姓族谱可稽,该熊秀爵等既非上诉人熊月恒支派两造之先人,已足证系争坟地非上诉人熊月恒所私有,其应为两造同源之祖熊兆伟后裔,即当事人全体所公同共有者,尤极明显。复查上诉人熊月恒之祖父熊学五于咸丰十年(1860 年)及同治三年(1864 年)接业契内虽载有"牛厂屋土"等字样,然据被上诉人述明该处山地极为宽阔,契内又未载明抵界,尚难证明系争坟地系在契管范围之内。嗣后,熊学五于同治十一年(1872 年)将祖遗及私置产业出卖与熊羽仪时所克存之坟地。核阅倒批所载抵界虽与系争坟地抵界相符,然并未记明系私人克存。被上诉人谓系为熊兆伟公坟茔所克存,应属熊兆伟公后裔,即两造当事人全体之公同共有物不无可信,则此项倒批仍难证明系争坟地为上诉人熊月恒所私有。原判决对于当事人声明之范围及两造使用证据之方法未详加阐明,虽属理由不备,而其确认系争牛厂屋场坪依所葬熊兆伟等之坟茔上下左右各方约四丈及系争凤形嘴所葬熊陈氏等之坟茔,均应依咸丰四年分关为熊兆伟公裔即两造当事人全体所公同共有,尚无不当。上诉仍难谓为有理。

据上论结,本件上诉为无理由,应依《民事诉讼法》第四百四十六条第二项、第七十八条判决如主文。

中华民国三十七年十二月二十一日
湖南高等法院民事第二庭
审判长推事:萧　毅
推事:鲁兰馨
推事:贺德宣

**2. 湖南高等法院民事判决(民国三十五年度上字第八九九号)**

上诉人:熊月恒,住湘乡铜梁乡

被上诉人:熊少连,住同右

右当事人间请求确认坟山所有权事件,上诉人对于中华民国三十五年八月六日湘乡县司法处第一审判决提起上诉,本院判决如下:

**主文**

上诉驳回。

第二审诉讼费用由上诉人负担。

**事实**

上诉人声明求废弃原判决,另为驳回被上诉人在第一审之诉之判决,被上诉人声明求为如主文之判决,两造未提出新攻击或防御方法,其余应记载之事实与第一审判决书同,依《民事诉讼法》第四百五十一条引用之。

**理由**

查本件被上诉人在原审起诉请求确认牛厂屋场坪为三房共有及凤形山地系其祖父于分家后接买之业,亦提出咸丰十年与同治三年之印契及同治十一年之倒批以为反证。被上诉人所提出之分关,上诉人已承认其正文为真实,不过谓其后开牛厂屋场坪属公及凤形嘴阴地属公之记载为非真实。兹核阅该分关正文与批载之字迹,实为一人手笔,已难指为有何瑕疵,况该系争地在咸丰四年以前即葬有三房公同祖先,在咸丰四年以后三房又曾陆续进葬,均经上诉人自认不虚,则被上诉人主张系分家时存留在公之业尤非无据。次查,上诉人祖父学五在咸丰十年及同治三年接业契内载有"牛厂屋场土及凤形嘴坟山"字样。然据被上诉人述明此两处山地极为宽阔,该印契又未载抵界,尚难证明分关所载地点即属契管范围之内。上诉人祖父于同治十一年出卖产业所克存之地点虽即为现在□笔地点,然该倒批仅记明坟山界段,并未载明系死人克存,被上诉人谓系为三房公同克存之物不无可信,则此项倒批仍难证明系争地为上诉人所私有。且两造先人分家时曾立分关三纸,各执一纸为据,上诉人不能提出自己或他人房之分关以反证被上诉人之分关为不符,徒藉上项记载不详之印契及倒批,以为攻击资料,殊不足采。原判决对于当事人声明之范围及两造使用证据之方法未予详加阐明虽属理由不备,而其确认系争山地应依咸丰四年分关为三房共有,尚无不当,上诉仍难谓有理。

据上论结,本件上诉为无理由,依《民事诉讼法》第四百四十六条第二项、第七十八条判决如主文。

中华民国三十五年十三月廿六日

湖南高等法院民事第二庭

审判长推事:张　勋

推事:施中谷

推事:张　健

当事人如有不服,应于送达后廿日内向本院提起上诉。

本件核对与原本无异

中华民国三十六年元月八日

**3. 湖南湘乡县司法处民事判决(民国三十五年度民字第一八〇号)**

原告:熊少连,住湘乡铜梁乡

被告:熊月恒,同上

代理人:姓星光,同上

右当事人间因确认坟山分关事件,本处判决如下:

**主文**

确认原告所持咸丰四年十一月廿八日熊陈氏分关为有效,诉讼费用由被告负担。

**事实**

原告声明求为如主文所示之判决,其陈述略称"原告关分牛厂屋场坪与被告共管凤形嘴坟山与被告阳分阴共,分关确凭,历年进葬,迄今已经数十年。现被告谓系独管,私伐树株,经交涉无效,为此起诉请判令共管",提出分关一纸为证。被告声明请求驳回原告之诉之判决,其代理人陈述略称"系争坟地系被告所有,有克存字可证,原告先人原系借葬伪造分关混争,应请驳回原告之诉",提出克存字一纸为证。

**理由**

本件原告手所持咸丰四年分关载"牛厂屋厂坪三人公同凤形嘴阳分阴共"等字样,被告所持克存字考起权源,在咸丰十年以前无可查考,是该处田业为其先人熊陈氏立关分管已无疑义,原告主张照关管业,尚非无理。

据上论结,原告之诉为有理由,应准其请求,爰依《县司法处办理诉讼补充条例》第一条、《民事诉讼法》第七十八条判决如主文。

中华民国三十五年八月六日

湖南湘乡县司法处

**4. 最高法院民事判决(民国三十七年度上字第五五八八号)**

上诉人:熊月恒,住湘乡铜梁乡

被上诉人:熊少连,住同右

右当事人间请求确认场坪及坟山共有权事件,上诉人对于中华民国三十五年十二月二十六日湖南高等法院第二审判决提起上诉,本院判决如左:

**主文**

原判决废弃,发回湖南高等法院。

**理由**

按公同共有物之处分及其他权利之行使,除依其公同共有关系所由规定之法律或契约另有规定外,应得公同共有人全体之同意,为《民法》第八百二十八条第二项所明定。本件被上诉人起诉主张讼争之牛厂屋场坪为三房共有,凤形嘴坟山为阳分阴共,以咸丰四年之分关为证。其所谓三房共有及阳分阴共是否为公同共有之关系,如系公同共有,被上诉人为第二房,其以第三房即上诉人为被告提起诉讼曾否得大房之同意?抑或其公同共有关系另有契约规定可以单独行使权利?原判决均未予阐明。按之首问法条规定,被上诉人之起诉是否欠缺当事人之适格即属无从断定,上诉人声明废弃原判决应认为有发回之原因,再被上诉人起诉如应得其大房之同意而该大房故不同意,被上诉人又未追加大房为他造当事人,仍难谓其当事人之适格无欠缺,合并指明。

据上论结,本件上诉为有理由,依《民事诉讼法》第四百七十四条第一项、第四百七十五条第一项判决如主文。

中华民国三十七年八月六日

最高法院民事第六庭

审判长推事:曹凤箫

推事:刘恩荣

推事:刘毓俊

推事:傅圣严

推事:谢　森

# 札　记

# 1881 年留美学生撤回事件始末考

陈灵海

1871 年，曾国藩（1811～1872 年）接受容闳（1828～1912 年）建议，奏请派遣学生留美得到清政府批准，于 1872～1875 年先后派出 4 批共 120 名学生留学美国。但在随后的几年中，留美学生事业日益遭到诋毁，1881 年所有学生被中断学习全部撤回。对于这一结果，学界已有一些研究，但并非题无剩义。① 从决策结构看，清廷高层一意维护旧制，逐利型官员在摇摆后倒向守旧，是导致撤回的根本原因。这一事件可以被视为清代洋务运动的缩影：以"制夷"为目标，以"师夷"为手段，期望获得新技术，目的是巩固旧制度，不愿进行深层改革和思想解放，手段与目的相互悖反。从学生回国后遭到刻意诋毁、压制乃至回炉改造，还可看到官员们为站队正确而层层加码，在转回守旧路线后甚至变得比决策层更为保守，责任也不容推卸。笔者不揣鄙陋，拟提出一些粗浅观点，欠妥失当之处敬请同人批评指正。

---

① 高宗鲁认为撤回原因有 6 点：一是陈兰彬和容闳不和；二是留美学生信教和剪辫；三是美国排华；四是美国海关对中国加税引起不满；五是 1878 年申请入军政船政学校遭拒；六是李文彬弹劾。参见高宗鲁搜集译注：《中国留美幼童书信集》，珠海出版社 2006 年版，第 4～5 页；梁碧莹：《陈兰彬与晚清外交》，广东人民出版社 2011 年版，第四章。

## 一、容闳建议派遣留美学生

容闳是近代中国最早的三名留学生之一。[①]（见图1）1847年，他与黄宽（1829~1878年）、黄胜（1827~1902年）一起随传教士布朗（Samuel Robbins Brown）赴美，考入耶鲁大学，1854年毕业。在美期间，他切身体会到中美教育的差距，产生了推动中国学生赴美留学的想法，并先后得到丁日昌（1823~1882年）、曾国藩等人的支持。但是，起初并不顺利。1863年，他赴美为江南制造局购买机器，1865年回国，1867年获五品衔，却迟迟未能推进留学计划。[②] 1868年，中美签订《中美天津条约续增条款》（又称《蒲安臣条约》），对中国人赴美学习提供优待，这为容闳实现计划提供了有利条件。[③]

**图1　容闳的一生几乎贯穿整部中国近代史**

图注：本照片为1909年《西方东渐记》卷首插图

颇有戏剧性的是，1870年"天津教案"爆发，曾国藩、丁日昌、陈兰彬（1816~1895年）、容闳先后赴津参与处理，进一步推动了容闳留学计划的落实。丁日昌借机将容的建议提交给曾国藩，得到首肯。[④] 1871年7月，曾国藩、李鸿章联名向总理衙门奏请派遣学生留美。有两位当时炙手可热的重臣的联手，终于使

① 高宗鲁搜集译注：《中国留美幼童书信集》，珠海出版社2006年版，第145页。

② 参见容闳：《容闳自传：我在中国和美国的生活》，石霓译注，百家出版社2003年版，第152、155页。

③ 参见王铁崖编：《中外旧约章汇编》（第1册），生活·读书·新知三联书店1957年版，第263页。

④ 建议称："政府宜派遣颖秀青年到国外接受完美的教育，以为国家服务。妥善的留学办法是：可先选派120名学生作为一次实验，分为4批，每批30人，按年递派。学生平均年龄12~14岁，完成留学教育需15年。"参见容闳：《容闳自传：我在中国和美国的生活》，石霓译注，百家出版社2003年版，第159页。

留学计划得以实质性推进。[1] 1872年1月,总理衙门奉旨议奏;2月,曾国藩去世;4月,总理衙门议准;8月,首批学生30人赴美,陈兰彬任总办,容闳任副总办。1873~1875年又分别派送了30人,共计120人。[2]

作为保守派代表的曾国藩,晚年受到一些新思想的影响,对当时中国"一傅众咻"的氛围已颇有认识:办实事的人少,看热闹的人、起哄的人、喝倒彩的人、说风凉话的人、拆台的人多。[3] 新思想和新见解,很难被这种氛围容纳,不但无法实现以"新"变"旧",反而是"新"遭到"旧"的嘲笑、愚弄和打压。容闳的建议启发了曾国藩,使他发现了让青年人远离这种氛围的途径——通过到国外学习,培养大量有用之才。

容闳为留美事业奋斗了十多年,"把这项事业作为一生最重要甚至是毕生的事业"[4]。他没有忘记曾国藩对这一事业的推动之功,对曾国藩的去世深表惋惜,认为"国家不啻坏其栋梁,无论若何,无此损失巨也"。他遗憾曾国藩没能再多活哪怕一年,否则"第一批学生已出洋,犹得见其手植桃李欣欣向荣",就可以"亲见手创事业之收效"。[5]

## 二、留美学生的历史性影响

容闳主导的第一批中国学生留美事业,对近代中国发展产生了一系列积极影响,尽管因为被撤回而严重减损,却也仍然值得铭记。

### (一)中国首次常设驻外机构

一般认为,1876年郭嵩焘(1818~1891年)出任驻英公使和建立使馆,是中国首次常设驻外机构。[6] 但正如学者所言,陈兰彬、容闳以"中国幼童出洋肄业局"正副总办名义抵达美国哈特福德,时在1872年,"该局实为中国有史以来第一个常设驻外机构",比郭嵩焘抵英早了四年多。[7] 1878年,陈兰彬、容闳二人代表清

---

① 参见陈学恂、田正平编:《中国近代教育史资料汇编·留学教育》,上海教育出版社2007年版,第91页。

② 《同治十年七月十九日大学士两江总督曾国藩等奏》,收入中国史学会主编:《中国近代史资料丛刊》之《洋务运动》二,上海人民出版社1973年版,第153页。

③ 参见陈忠倚:《清经世文三编》卷一九《治体七》,清光绪石印本。

④ 容闳:《容闳自传:我在中国和美国的生活》,石霓译注,百家出版社2003年版,第239页。

⑤ 参见陈学恂、田正平编:《中国近代教育史资料汇编·留学教育》,上海教育出版社2007年版,第104页。

⑥ 郭嵩焘光绪元年(1875年)十月十七日自上海出发,十二月初八日抵达伦敦,见《郭嵩焘日记》(第3卷·上),第65~93页。

⑦ 参见高宗鲁搜集译注:《中国留美幼童书信集》,珠海出版社2006年版,第186页。

政府在白宫向美国总统海斯(R. B. Hayes,1822~1893年)递交国书,实现了中美外交正常化,也推动了中国国际交往的正常化。

**(二)中国国际形象得以改善**

派出留美学生,正如1877年李鸿章、沈葆桢在奏疏中所说,被西方各国视为中国与之友好的标志。① 接受学生寄居的家庭,也都以帮助他们为荣,这些家庭的主人或后代,与学生们保持了良好的友谊,有些持续终生。寄居家庭主人之子罗伯特·布朗(Robert Brown)说:"对于全体中国留美学生,我都是乐于效力的,对我去世的父亲、伯父的一生事业来说,中国留美学生乃是活的见证。"②留美学生詹天佑(1861~1919年)、欧阳赓(1858~1941年)、罗国瑞(1860~?)、容良(1863~?)、黄有章(? ~?)等多年后仍与美国友人保持通信,让他们知道中国的发展,这对改善中国的国际形象也很有好处。

**(三)涌现了不少近代杰出人物**

第一批中国学生留美事业,涌现了不少近代杰出人物,如铁路工程师詹天佑,北洋大学校长蔡绍基(1859~1933年),清末外务部尚书、民初交通总长梁敦彦(1857~1924年),民国驻智利代办欧阳赓,海军中将吴应科(1859~?),民国首任内阁总理唐绍仪(1862~1938年),清末邮传部副大臣梁如浩(1863~1941年),电政总局局长周万鹏(1863~1927年),开甲舰舰长吴敬荣(1864~?),开济舰舰长吴其藻(? ~?),驻英公使刘玉麟(1862~1942年),驻美公使梁诚(1864~1917年),外交家兼翻译家蔡廷幹(1861~1935年)③等。如果不是提前撤回,并且遭到有意压制,业绩理应更加辉煌。④

**(四)引发派遣学生留洋高潮**

各地对于派遣留学生热情高涨。1872年,沈葆桢提出派福建船政学堂学生赴欧留学。1873年,左宗棠上书总理衙门,表示"遣人赴泰西游历各处借资学

---

① (清)葛士浚编:《清经世文续编》卷一二〇《洋务二十·选派闽厂生徒出洋习艺并酌议章程疏(北洋大臣李鸿章、南洋大臣沈葆桢)》,清光绪石印本。

② 高宗鲁搜集译注:《中国留美幼童书信集》,珠海出版社2006年版,第10页。罗伯特·布朗是带容闳赴美的塞缪尔·罗宾斯·布朗(Samuel Robbins Brown)的儿子。

③ 感谢汪岚教授在与笔者谈及蔡廷幹时指出,蔡廷幹不但是近代著名外交家,并曾于1926年短期代理内阁总理,还是第一位英译中国诗集的优秀翻译家。

④ 以蔡绍基为例,尽管他后来当到北洋大学校长,但仕途曲折,若非得到李鸿章、袁世凯等的提拔,其留美经历甚至不是优势而是劣势。参见(清)徐润:《徐愚斋自叙年谱》,民国十六年(1927年)香山徐氏本。容尚谦也回忆说:"在以后的岁月里,我们最终以处于低微卑下的地位的方式获得了成功。"参见容闳:《容闳自传:我在中国和美国的生活》,石霓译注,百家出版社2003年版,第380~382页。

习”,可以实现“彼之聪明有尽,我之神智日开,以防外侮,以利民用,绰有余裕矣”的目的。① 李鸿章见到英国军舰上有 7 名日本海军,也急于将中国海军派往英、法、德学习船政、火炮。② 留欧学生采取了与留美学生几乎相同的形式:分批派遣,人数相当,设留学监督:1877 年 3 月,第一批船政学生(30 人)由李凤苞率往英、法,得到驻英公使郭嵩焘接见,10 月又派 5 人赴法。③ 1882 年,第二批船政学生(10 人)赴英、法、德。1886 年,第三批船政学生(33 人)又由周懋琦率往英、法。1897 年 6 月,第四批船政学生(6 人)赴法。人们对于以留学推动富强一度非常乐观,称“从此中国端绪渐引,风气渐开,虽未必人人能成,亦可拔十得五,实于海防自强之基不无裨益”。④

## 三、留美学生突遭撤回、诋毁和压制

19 世纪 70 年代,清廷保守派卷土重来。1878 年,驻英副使刘锡鸿(? ~1891 年)与公使郭嵩焘严重冲突,后者黯然归国。继任公使曾纪泽(1839 ~ 1890 年)虽较开明,却在致李鸿章信中表示:“船政学生赴英法无大益处,即赴美生亦未必大有成就。”1879 年,清廷内部对于留美学生已经议论纷纭,认为“糜费”“滋弊”“终鲜实效”。同年,续派留欧学生遭到否决,理由是“此举无大益处”。⑤ 留美肄业局委员容增祥、区谔良等也屡次就是否继续留美事业发生争吵,以致李鸿章不得不去信劝解。⑥

1881 年 5 月,距离留美学生事业全部完成尚有 10 年,总理衙门奏请:“饬下南北洋大臣,趁各局用人之际,将出洋学生一律调回。”当日就获慈禧批准。容闳四处奔走挽救,美方人士也努力游说,但终告失败,120 名留美学生中的 94 名(43 人刚被大学录取)于该年秋冬凄然回国。⑦ 留欧学生也受到冲击,最后一批也在没

---

① 参见杨茂庆:《福建船政学堂赴欧留学生的贡献及其经验教训》,“《教育史研究》创刊二十周年暨中国教育史研究六十年”学术研讨会论文 2009 年于北京。

② (清)葛士浚编:《清经世文续编》卷一二〇《洋务二十·选派闽厂生徒出洋习艺并酌议章程疏(北洋大臣李鸿章、南洋大臣沈葆桢)》,清光绪石印本。

③ 参见李喜所:《中国近代第一批留欧学生》,载《南开学报》1981 年第 2 期。

④ (清)葛士浚编:《清经世文续编》卷一二〇《洋务二十·选派闽厂生徒出洋习艺并酌议章程疏(北洋大臣李鸿章、南洋大臣沈葆桢)》,清光绪石印本。

⑤ 参见容闳:《容闳自传:我在中国和美国的生活》,石霓译注,百家出版社 2003 年版,第 272 页。

⑥ 参见容闳:《容闳自传:我在中国和美国的生活》,石霓译注,百家出版社 2003 年版,第 265 页。

⑦ 4 批留美学生共 120 人,其中病故 3 人(潘铭钟、曹嘉爵,另 1 人不详),辍学 23 人(其中谭耀勋、容揆因信教而由美国友人帮助躲藏未归),其余 94 人分三批归国,留美时间最长者 9 年,最短者 6 年,只有 2 人(詹天佑、欧阳赓)已从大学毕业,另 60 名大学在读,32 名中学在读。

有学完的情况下撤回。留美学生的撤回既非孤立事件,也非基于个别原因,由此亦可见一斑,其中蕴含着时代趋势的力量,今人实有再次探究的必要。①

**(一)清廷隐瞒撤回的真实原因**

对于撤回留美学生,清廷始终没有说实话。② 学生也不明真相,回程之中,仍然保持着乐观的情绪。如薛有福(1863～1884年)回程经过旧金山,仍喜悦地表示"沐浴在海洋的微风中""海鸥随我们结伴而行""观赏浪中的鳞光,闪亮无比"。③ 抵达上海后,他又表示希望在美国学习更长时间。在这段时间里,清廷可能担心第一批撤回者感到不满,会让其后几批知晓和脱逃,因此采取了隔离分化的措施,以防他们互通信息。④

由于真相被刻意掩盖,许多学生认为今后仍可再次赴美。《字林西报》的评论员认为"最好再送他们出洋留学。"⑤周传谔更是在信中表达了自己的乐观和期望:

> 容闳、何天爵、丁韪良、恭亲王及李鸿章、张树声二总督,将会在总理衙门为我们的前途设法。当然,无人怀疑我们重返美国之事。据闻,我们政府与你们政府已达成协议,准许四十名幼童进入玛州安那波里斯之海军军官学校。……如果我回到美国,我将继续学医。⑥

他们被蒙在鼓里,只能凭道听途说胡乱猜测。哪怕多年之后的回忆中,温秉忠仍含糊地表示,是"一位翰林"的上奏导致了他们被撤回。⑦ 他们非常信任容

---

① 从经费看,1881年留美学生撤回后,留欧学生的经费也不升反降,至1894年经费只剩下最多时的1/7。聘请洋员的经费支出亦是如此,经费高峰出现在同治后期至光绪前期(1866～1881年),聘请范围也仅局限于海军、船政等领域。参见樊百川:《清季的洋务运动》,上海书店2009年版,第692～697页。

② 徐国琦先生在《中国人与美国人:一部共有的历史》(*Chinese and American: A Shared History*, 2014)中,也认为撤回的主要原因是"美国排华浪潮""一开始就注定了失败的命运",他还同意潘向明(2007)的观点,认为容闳在官场运作上缺乏技巧,这些观点似乎本末倒置。在清廷保守浪潮卷土重来之际,李鸿章也未能阻止撤回的发生,容闳虽是此事深度参与者,但就政治地位而言他本就是遭到怀疑的"外人",任何"技巧"恐都无济于事。参见徐国琦:《中国人与美国人:一部共有的历史》,尤卫群译,四川人民出版社2019年版,第91～95页。

③ 参见高宗鲁搜集译注:《中国留美幼童书信集》,珠海出版社2006年版,第11页。

④ 上引薛有福信中表示:"回到上海后,最大的失望是发现大多数朋友已去了天津,其中有蔡绍基、吴仰曾、梁敦彦等四人将留在上海工作。唉,长年聚首的朋友,连告别的机会都没有,就天南地北地分开了,不知何年何月重能相见。"

⑤ 参见高宗鲁搜集译注:《中国留美幼童书信集》,珠海出版社2006年版,第21页。

⑥ 高宗鲁搜集译注:《中国留美幼童书信集》,珠海出版社2006年版,第27页。

⑦ 参见高宗鲁搜集译注:《中国留美幼童书信集》,珠海出版社2006年版,第67页。

闳,认为"这一切全赖容闳先生,希望他为我们及为中国的前途,都能尽一番贡献"。[①] 突然接到撤回中国的命令后,他们都"期待容闳先生的到达,他是解救我们于政府虐待下的希望。我们对他的信心一直不变。"他们完全不知道容闳早已身不由己,后来一度人身也陷入危险之中。[②]

**(二)留美学生遭受冷遇和诋毁**

1882年年初,黄开甲(1860~1906年)描述了他们回国后遭到的冷遇、排斥和压制,关押四天后,他们在兵勇看押下,去向上海道台磕头请安:

> 我们蹒跚而行,诅咒这些噩运,冷淡的接待,愚蠢的承办人。……为防我们脱逃,一队中国水兵押送我们去上海道台衙门后面的求知书院。……想用笔来形容我们荣归故里后居住的"监狱",我实在力不从心,你也可以想像此地有多糟。……大门十年未开启,墙壁剥落,地板肮脏,石阶满布青苔,门窗均已潮湿腐烂。当你跨进门槛,立刻霉气熏鼻,这些阴暗似乎象征我们的命运。入夜,我们可以清楚地看见潮气由地上砖缝中升起,使我们衣衫尽湿,一种昏沉袭罩着我们,这种侮辱刺痛着每个人的心。最令人可怖的,是那些在留学监督头脑中荒诞不经的思想,使我们学未成而强迫返华。[③]

由于当时"外人纷纷议论,各有意见",清廷可能实施了新闻封锁,以掩饰真相。罗伯特·布朗报告说:"幼童刚到上海,立刻被送往城内,并且与外界严密隔绝,使我无法与他们联络。"[④]为了干扰舆论,有人还在《申报》头版刊载了"日本人致信于报馆者"的信,对留美学生横加诋毁:

> 去年中国曾派员赴美察看学徒,观其工夫之浅深、技艺之优劣。及抵美之后,一见情形,殊为不然,盖诸学徒所为,皆属不应为者。或剪去发辫,披发毵然;或服西人之服,尽弃中华之本来面目,而一变为美国之人。……中国第一次出洋并无故家世族、巨商大贾之子弟,其应募而来者类多椎鲁之子,流品殊杂。此等人何足以与言西学,何足以与言水师

---

① 高宗鲁搜集译注:《中国留美幼童书信集》,珠海出版社2006年版,第20页。

② 参见高宗鲁搜集译注:《中国留美幼童书信集》,珠海出版社2006年版,第26页。

③ 高宗鲁搜集译注:《中国留美幼童书信集》,珠海出版社2006年版,第14~21页。

④ 参见高宗鲁搜集译注:《中国留美幼童书信集》,珠海出版社2006年版,第10页。

兵法等事?性情则多乖戾,赋秉则多鲁钝,闻此辈在美,有与谈及国家大事及一切艰巨之任,皆昏昏欲睡,顾而言他,则其将来造就又何足观?①

从措辞看,这封所谓"日本人"的信很可能出自清廷保守派之手。② 其口吻与《翁同龢日记》中称容闳"久住美国,居然洋人矣"③很相似,且认为应派遣世家贵胄,而非平民子弟,又与陈兰彬的观点一致;而其中对学生剪辫、穿西服的仇视,很难让人相信会出自视留辫为怪癖、视西服为自然的日本人。

这些指责留美学生"乖戾""鲁钝"的人,不但与学生从无接触,而且与那些直接接触过学生的人看法截然相反。1876年赴美参加费城世博会的李圭(1842~1903年)恰好遇到了前来参观世博会的留学生们,对他们颇为赞赏,并记下了其观感:

数日前,各处新报早已播传其事,至是复论及中国办法甚善。幼童聪敏好学,互相亲爱,见人礼数言谈彬彬然。有进馆方年余者,西语亦精熟。此次观会又增其识见,诚获益匪浅。……问何以作洋人装束,则曰:"不改装有时不方便。我侪规矩,惟不去发辫,不入礼拜堂两事耳。"言皆简捷有理,心甚爱之。西学所造,正未可量。④

李圭还肯定西式教育模式"不尚虚文,专务实效,是以课程简而严,教法详而挚",但是,他也注意到,当时已经出现诸如"中国不尚西学,今此幼童越数万里而往肄业,弗乃下乔木而入幽谷欤"之类反对之声。

美国驻清副使何天爵(Chester Holcombe,1844~1912年)曾与撤回学生同船,也有直接的接触,对他们评价很高,说他们有"相当的绅士风度"和"顽强的自理自立能力"。⑤ 学生们的美国教师则评价更高:

幼童抵美以来,人人能善用光阴,珍惜自己的学习机会,因而其所学

① 佚名:《书日本报论中国学徒事》,载《申报》1881年7月22日,《申报》(影印本第19册),第333a页。

② 佚名:《书日本报论中国学徒事》,载《申报》1881年7月22日,《申报》(影印本第19册),第333a页。

③ 参见翁同龢:《翁同龢日记》,陈义杰整理,中华书局1989年版。

④ (清)李圭:《环游地球新录》,岳麓书社1985年版,第299页。李圭还亲自访问了留美学生驻地哈特福德市,称"吾华幼童,仍兼读中国书,而不参溷。使其专心致力,无此得彼失之虞,是其法之良善也。他年期满学成,体用兼备,并翊赞国家,宏图丕烈,斯不负圣朝作人之盛意也。"(清)李圭:《环游地球新录》,岳麓书社1985年版,第264页。

⑤ 参见[美]何天爵:《真正的中国人》,徐惠敏译,光明日报出版社2013年版,第166~167页。

各门课程进步很快,成绩极佳,并且对美国人民的语言、观念、艺术和风俗都有很好的了解和把握。论道德,这些幼童几乎无一例外地优美高尚;论风格,他们彬彬有礼,风度文雅;论行为,他们全都正派光明,极有教养。正因为如此,他们所到之处,无论是家庭、学校、城市和乡村,都为他们自己和他们的祖国赢得了友谊,留下了美好的印象。①

他们也明确指出,有人"谓中国学生在校中肄业,未得其益反受其损"纯属造谣诬蔑,对保守派所说的"一变为美国人矣"的情况也做了澄清:

在异国的土地上,他们认为自己是代表他们的家庭、代表他们的伟大的中华帝国的。虽然他们年龄尚幼,然而在人们看来,他们已经懂得他们承担着自己民族和国家的名誉的责任。②

寄居家庭的女主人巴特拉也称赞学生吴仰曾"是一个服务于他的国家的有用公民。"③可惜,对于他们来说越优秀、越文明、越值得赞赏的,在保守派看来恰恰是越离经叛道、越危险、越欲除之而后快的。两者考虑问题的角度,完全是背道而驰的。

**(三)留美学生被撤回后遭到压制**

撤回之初,留学生们遭到了来自各方面的压制,除被关押、看守、去衙门磕头外,无人得到重用,无人留在北京,无人进入总理衙门或各部工作。勒法吉指出,由于受到美式教育,学生们"与中国士大夫习气大相径庭,清廷当权派从未减少对他们的敌意和排斥。"李鸿章让一些学生进入船厂、工厂,推广他们操纵机器、枪炮的技术,想让他们学有所用,但多数官员们认为他们"不足替中国效命","仅比苦力地位较高"。④

如果留美学生的撤回,仅仅是因为经费不足、美国排华、官员不和等原因,就不会出现他们回国后遭到的诋毁和压制了,这些诋毁和压制,证明了撤回的主因是清廷对学生中出现的"西化"的忌惮。少数学生甚至可能遭到了迫害,他们撤回时间在秋冬,完全不适合游泳,两名学生(张有恭、卓仁志)却在上海黄浦江、苏州河分别溺亡,颇为匪夷所思。一名学生(黄有章)觐见慈禧时,仅因高度近视而

---

① 容闳:《容闳自传:我在中国和美国的生活》,石霓译注,百家出版社2003年版,第226页。
② 容闳:《容闳自传:我在中国和美国的生活》,石霓译注,百家出版社2003年版,第226页。
③ 高宗鲁搜集译注:《中国留美幼童书集集》,珠海出版社2006年版,第7页。
④ 参见[美]勒法吉:《中国幼童留美史》,高宗鲁译注,珠海出版社2006年版,第9~10页。

未摘下眼镜,就被斥为“无视朝廷”,责令即刻贬归,永不叙用。①

所有学生都被派到铁路、船政、矿业、邮传等基层,远离北京和政界,正如学生容尚谦后来回忆说,他们不得不忍受“到处弥漫着谎言和嘲笑,谬误和诽谤被人们翻来覆去地谈论着……无论从哪点看,我们实质上遭受了囚犯的耻辱”的环境,“月薪全都是四两银子,仅相当于职员中做苦力的报酬。”直到晚年,他们都不愿谈起这些忍辱含垢的经历,难得谈起时也“必须抑制住强烈的感情”。②

## 四、骑墙逐利:李鸿章、陈兰彬与吴嘉善

相对于其他社会科学,历史学的优点在于:强调言必有据,有一分证据讲一分话;不足之处也很明显,在缺少日记、信件等私人化史料(当然也不尽然)的情况下,较难探索人物的内心世界,导致事件分析因为缺少对人的心理分析而难免扁平化,低估当事人的行为动机的影响,动辄得出“生产力发展的必然结果”等机械决定论的结论。

不过,如果“历史是一系列偶然组成的链条”,人就是其中最重要的“偶然”因素。单个人的好恶虽不能决定历史的走向,许多单个人的好恶趋同之后,就可能成为决定历史走向的链条。在笔者看来,1881 年留美学生的撤回事件,是当时清廷官员自上而下集体倒向守旧所致,官员们的骑墙性、逐利性是评价撤回事件的一个不可忽略的环节。面对 19 世纪 70 年代初的开放,他们参与“师夷”而支持留美计划;面对 19 世纪 70 年代末保守派的回潮,他们转而倒向“攘夷”并主张撤回,可谓两头得利。

### (一)李鸿章:“痞子腔”的洋务派

曾国藩、李鸿章领导的湘淮集团是洋务运动的主力,其方针政策则是比他们年长一辈的魏源、林则徐提出的“师夷长技以制夷”。但是,他们在洋务方面之所以热情高涨,只是因为在平定太平天国的过程中借用洋枪洋炮,亲身体会到了“坚船利炮”的好处,而非意识到制度的弊病。

曾国藩去世前特意与李鸿章联衔上奏,希望李鸿章将这一事业继承下去,当时确实是周详的考虑。但他主张办洋务“老老实实,推诚相见,平情说理,脚踏实地”,让李鸿章记住“诚”字,李鸿章也声称“只捧着这个锦囊,用一个诚字”,实际上却喜欢“打痞子腔”。按照樊百川先生的解释,李鸿章就是“死皮赖脸”“满足侵

---

① 参见方炳焯:《“留美香山幼童”中的乡村教书匠》,载《中山日报》2018 年 9 月 1 日,A07 版。

② 参见容闳:《容闳自传:我在中国和美国的生活》,石霓译注,百家出版社 2003 年版,第 380 ~ 382 页。

略者部分要求”以实现“和外安内”的目的，并没有真正对外开放的诚意，想要洋枪洋炮，但并不准备真正向其学习。①

作为洋务运动的领袖，李鸿章对于留学事业的兴趣，甚至不如奕䜣（1833～1898 年）。1863 年，奕䜣在议复桂文灿的条陈时提出：“日本近遣幼童分往俄美两国，学习制造船炮铅药”“我国家亦宜行之”，认为聘请洋教员到中国来教，不如把学生送到外国更方便。1865 年，他向李鸿章征求意见，李鸿章竟表示反对，认为“远求不如近求，为客不如为主”“事体繁重，功效难期”。同年，薛福成建议“招后生之敏慧者，俾适各国”，也因李鸿章没有兴趣而不了了之。②

与倭仁、刚毅、徐桐等死硬保守派相比，主持洋务的李鸿章虽然开明一些，总体上仍很保守，只想维持现状。正由于此，他才能得到慈禧的宠信，委以重任。他把留学事业当成曾国藩的遗业，而非洋务的关键，屡屡希望“不负曾文正创办之初衷”，但并无光大之意。③ 李剑农评价说：“他的洋务事业，不外造船、制械、筑军港、设电报局、织布局、矿务局……就是兴学堂、派遣留学生，也是全为军事起见……对于政治、教育、思想及制度的根本改进，完全没有梦想过。”④也正由于此，他选择的肄业局总办如陈兰彬，比他还要保守。清廷最后向他征求是否撤回学生时，他未加反对，甚至主张要撤就全撤。从 1871 年支持派出，到 1881 年支持撤回，他的每次选择都以“对自己有利”为原则。

幕僚蒋同寅（？～？）对撤回事件发表评论说：“各学生在洋年久，习与性成，服食起居，均沾洋派，甚至鄙夷华人，乐而忘返。当事者深知其弊，于是遽议撤回。”⑤这段评论虽非出自李鸿章之口，却道出了他的真实想法。归根结底，李鸿章对于向西方学习，本来就视为权宜之计，并不坚定。也正由于此，他的好友格兰特（U. S. Grant，1822～1885 年）以美国前总统之尊，劝他帮助学生在美完成学业，也未能成功。⑥

---

① 参见樊百川：《清季的洋务新政》，上海书店 2009 年版，第 319～326 页。

② 参见樊百川：《清季的洋务新政》，上海书店 2009 年版，第 629～631 页。

③ 参见李鸿章：《李鸿章全集》，时代文艺出版社 1998 年版，第 3755 页。

④ 李剑农：《中国近百年政治史：1840～1926 年》，复旦大学出版社 2002 年版，第 116 页。

⑤ 陈忠倚编：《清经世文三编》卷一九《治体七》，清光绪石印本。

⑥ 根据美国著名作家马克·吐温（Mark Twain，1835～1910 年）信件中的记述，1880 年圣诞节前，容闳通过朋友特威切尔（Joseph Hopkins Twichell）联系到他，请他向格兰特总统请求帮助，希望格兰特能在写给李鸿章的请愿信上签字，不料格兰特热心地说：“我会亲自给李鸿章总督写一封信，把这些强有力的理由告诉他。我很了解他，我说的话对他很重要。我很乐意这样做，这是一项爱的工作，我会尽快写好这封信。”闻听此言，容闳、特威切尔、马克·吐温都非常高兴。格兰特后来还表示：“李是中国最有权势、最有影响力的中国人。他对我非常友好。我希望他有足够的信心，改变从这个国家撤出中国学生的决定。”但结果证明，李鸿章并没有理会格兰特的信。See *Complete Works of Mark Twain*，Delphi Publishing Ltd.，2013，p. 1163 – 1164.

**(二)陈兰彬:李鸿章的代理人,骑墙派的典型**

1875年,陈兰彬卸任肄业局总办,出任驻美公使,实际仍然主管肄业局,直到1881年卸任,在此期间还撰写了《使美纪略》,也算是中国较早"睁眼看世界"的人。① 当容闳在天津向曾国藩提出计划时,陈兰彬也是热情的支持者。但李鸿章只信任陈兰彬,说"容闳为人诚不如荔秋(即陈兰彬)之颠扑不破",认为容闳只是"熟悉洋情",但必须"得志正体直者赞助,则流弊较少"。② 所谓"志正体直",实际上无非是李的亲信而已。

李鸿章知道,陈兰彬是三品衔,既无出国经验,又不懂英文,"若无容闳为之先导,必致迷于所往,寸步难行",也仍然让他担任总办,掌握留美事务的决定权,位在二品衔的容闳之上。后来继任肄业局总办的区谔良、容增祥、吴嘉善,品级也都比容闳低,却位居其上,这也是李鸿章的"痞子"手段之一。1880年4月,李鸿章在信中支持陈兰彬"重中学",反对容闳"重西学",批评后者"意见偏执""固执己见"。③ 对容闳的评价越来越低,也预示着留学事业的基础日益动摇。

容闳对陈兰彬的评价极低,认为他保守无见识,非常反感西方教育,也不受学生欢迎。其中最严厉的批评,是认为陈兰彬推荐吴嘉善(1818~1885年)接任肄业局总办,是彻底破坏留学计划的关键:

> 为了毁坏留学教育计划……他推荐吴子登任肄业局委员,而除吴子登外,他找不到一个更为顺从和更善于谄媚的工具以达到他的目的。让吴子登做委员,清楚地揭示了这样的事实,即陈兰彬……在事实上代表着保守派。而由保守派形成的十足顽固僵化的保守势力,对一切试图改革行政管理或改善中国总体状况以促进中国全面进步的措施,都会予以

---

① 学界关于陈兰彬的研究,有Kim Man Chan,*Mandarins in America: The Early Chinese Ministers to the United States*,1878-1907,University of Hawaii,1981;黄志豪:《中国近代外交史上的一位杰出人物——陈兰彬》,载《吴川文史》第1辑,1983年版;林彬:《陈兰彬传》,载《吴川春秋》第1辑,1990年版;[澳]颜清湟:《出国华工与清朝官员:晚清时期中国对海外华人的保护(一八五一—一九一一年)》,中国友谊出版公司1990年版;夏泉:《清季首任驻美公使陈兰彬》,载《暨南学报(哲学社会科学版)》2000年第3期;贾熟村:《中国首任驻美使节陈兰彬》,载《学术研究》2002年第3期;梁碧莹:《艰难的外交——晚清中国驻美公使研究》,天津古籍出版社2004年版;李钦主编:《陈兰彬颂》,香港中国文化出版社2008年版;梁碧莹:《陈兰彬与晚清外交》,广东人民出版社2011年版;等等。

② 参见容闳:《容闳自传:我在中国和美国的生活》,石霓译注,百家出版社2003年版,第261~262页。

③ 李鸿章:《李鸿章全集》,时代文艺出版社1998年版,第3784页。

咬牙切齿的反对。①

容闳当时没有意识到，或许到死都没有意识到，清廷上至慈禧、奕䜣、李鸿章，下至陈兰彬、吴嘉善乃至基层官员，整个处于"朝士皆耻言西学，有谈者诋为汉奸，不齿士类"的闭锁状态，执政者和决策层对于向西方学习、派学生留学，兴趣本来就不大。洋务派只是为了获得枪炮器械，派学生留学只是为了完成曾国藩的遗业。这种氛围之下，一位像他那样的革新派的肄业局总办是根本不会出现的。

可笑亦可叹的是，1895 年陈兰彬去世后，其友朱祖谋在为其撰写的神道碑中，对其在留学事业中的"功绩"大加赞扬。② 洋洋洒洒数百字，可谓颠倒煽惑，其中无一字提及容闳、曾国藩，反称陈兰彬才是提出留学建议的人，并得到了李鸿章的支持。③ 不提容闳，意在夸大自己的功绩；只提李鸿章，则是因为李鸿章正得宠于慈禧，而曾国藩早已去世。

其神道碑中还说日本派遣留学生取得成功，在于派遣了贵族子弟，而中国派遣的学生"多孤寒幼稚，出洋后濡染欧风，眩目于宫室之华，醉心于饮食舆服之靡"，正与《申报》1881 年 7 月 22 日的"日本人"口径一致，堪称清廷官方版本。文末却又不顾前文对学生的诋毁，声称陈兰彬是"撤回"的反对者，还称其早就预料到未来会出现"中国才隽，不能与日本争优胜"的情况，既撇清了责任，还捞取了预言家之名。

**（三）吴嘉善："留学之大敌"**

吴嘉善任肄业局总办之前，清廷已经定下撤局的基调，剩下的只是执行了。所以，1879 年吴任总办后，首次召集学生，就发生了较严重的冲突。④ 1880 年年初，他又发布新的学生守则，要求加强经书学习。3 月，就与陈兰彬联名上奏，要求召回学生。有意思的是，《清史稿》作者也意识到清廷高层才是此事的决策者，吴嘉善一手操办撤回学生，只是充当"打手"而已，因此本传中仅称"光绪五年奉

---

① 容闳：《容闳自传：我在中国和美国的生活》，石霓译注，百家出版社 2003 年版，第 217～219 页。

② 汪兆镛辑：《碑传集三编》卷一七，《近代中国史料丛刊》续编第七一三辑，台北，文海出版社 2004 年版，第 987 页。

③ 参见《中国近代史资料丛刊》之《洋务运动（五）》，第 173 页。

④ 黄遵宪（1848～1905 年）在听到留美学生被撤回后，沉痛地写下《罢美国留学生感赋》，将主要责任归于吴嘉善："新来吴监督，其僚喜官威。谓此泛驾马，衔勒乃能骑。征集诸生来，不拜即鞭笞。弱者呼謈痛，强者反唇稽：'汝辈狼野心，不知鼠有皮，谁甘畜生骂，公然老拳挥。'监督愤上书，溢以加罪辞：'诸生尽佻达，所业徒荒嬉，学成供蛮奴，否则仍汉痴，国家糜金钱，养此将何为？'……郎当一百人，一一悉遣归，竟如瓜蔓抄，牵累何累累。"参见（清）黄遵宪：《黄遵宪全集》（上），中华书局 2005 年版，第 103 页。

使法兰西,驻巴黎,后受代还,旋卒",闭口不谈其任留美幼童肄业局总办之事,以免留下其职业生涯的一大污点。

吴嘉善任总办之后,留美事业急转之下,学生遭受国内、肄业局的双重攻击。1880年6月,御史李士彬以黄胜蛊惑入教等为由,要求撤回留美学生:

> 该局帮办翻译黄姓,久为教徒,暗诱各生进教,偕入礼拜堂中。总办欧姓,日吸洋烟,恋姬妾,十数日不到局一次,纵到亦逾刻即行,绝口不言局事。该学生等毫无管束,遂致抛荒本业,纷纷入教……或习游戏,或留为异教,非徒无益,反致有损,关系实非浅鲜……请旨饬下南北洋大臣,特饬确查洋局劣员,分别参撤,其入教各生,一并撤令回华。①

黄胜只是第二批学生(1873年)的带队者,本人随即返回中国,1878年由陈兰彬奏请在华盛顿当翻译,并未在肄业局任职。1879年,肄业局总办容增祥丁忧回国,无人顶替总办之职,容闳想请黄胜帮办,陈兰彬以其"洋习太重"反对,奏调吴嘉善出任总办。根本没有到过美国的李士彬,竟会弹劾根本不在肄业局任职的黄胜,还能悚动人心,原因只能是清廷已经决定撤回学生,只是缺一些口实,需要造一些声势而已。

正如容揆所说:"当吴子登被任命为出洋肄业局委员之时,肄业局的命运就被注定了。"②勒法吉也评论说:"从他以后所作所为看,吴似为中国守旧派派来,拟对肄业局有所行动的。……由于吴的来临,该局之撤回只是时间问题了。"③当然,作为打手的吴嘉善并不能免去撤回留美学生的责任,有学者撰文为其洗白,称其是一名"思想开明、颇具个性、较有作为的传统士大夫",不应将撤回责任归之于他。④ 这种观点是站不住脚的。

## 五、19世纪70年代的时代趋势与撤回留学生

对于历史事件的正确评价,必须结合其时代背景,以免误入歧途,得出偏颇结

---

① 参见《中国近代史资料丛刊》之《洋务运动(五)》,第249页;容闳:《容闳自传:我在中国和美国的生活》,石霓译注,百家出版社2003年版,第243~244页。《清德宗实录》卷一二四,光绪六年(1880年)十一月庚辰谕军机大臣等。

② 容闳:《容闳自传:我在中国和美国的生活》,石霓译注,百家出版社2003年版,第369页。

③ [美]勒法吉:《中国幼童留美史》,高宗鲁译注,珠海出版社2006年版,第37~38页。

④ 参见李志茗:《"留学界之大敌"吴嘉善的再评价——兼析容闳与吴嘉善之冲突》,载《史林》1994年第3期;高红成:《吴嘉善与洋务教育革新》,载《中国科技史杂志》2007年第1期。

论。即使是拥有后见之明的当代人,也只有认清当时的时代总体趋势,才能对历史事件进行合理的评价。1881年留美学生撤回事件后第17年,清廷发生“戊戌政变”,保守派全面掌权,对改革派进行反攻倒算,容闳也不得不逃亡上海。1898～1899年,流亡日本的梁启超(1873～1929年)撰写了《戊戌政变记》,深刻剖析了当时的时代趋势,将19世纪70年代称为“朝士皆耻言西学,有谈者诋为汉奸”的阶段。这为我们解释为什么1881年会发生留美学生撤回事件,提供了清晰有力的分析框架。

梁启超认为,第一阶段(1840～1862年)为“变法萌芽期”,除极个别人“睁眼看世界”外,仍一切守旧,即使魏源提出“师夷长技”之说,目的也仅在于技术层面的“制夷”,而非制度层面的“变法”:

> 我国迫于外侮,当变法者,盖六十余年矣。然此六十余年中,可分为四界:自道光二十年割香港通五口、魏源著《海国图志》倡“师夷长技以制夷”之说、林则徐乃创译西报,实为变法之萌芽。然此后二十余年迭经大患,国中一切守旧,实无毫厘变法之说也。是为第一界。

第二阶段(1862～1884年)为“变法开始期”,曾国藩、李鸿章等开展洋务运动,遭到保守派倭仁等猛烈攻击,朝士耻言西学,有谈者诋为汉奸,“攘夷”说战胜了“师夷”说。1881年留美学生撤回事件,正是在这个背景之下发生的:

> 同治初年创巨痛深,曾国藩会借洋将,渐知西人之长,创制造局以制器,译□设方言馆,招商局派出洋学生。文祥亦稍知时局,用客卿米人蒲安臣为大使,遍交泰西各国,变法之事于是筚路开山矣。当时又议选翰林部曹入同文馆学西文,而倭仁以理学重名为宰相,以死争之,败此大举,且举国守“攘夷”之说。郭嵩焘以通才奉使,深明时局,归而昌言,为朝士所攻,卒罢去。至于光绪甲申又二十年,朝士皆耻言西学,有谈者诋为汉奸,不齿士类。盖西法萌芽,而俗尚深恶。是为第二界。

这一阶段中,洋务派几乎遭到保守派的“围殴”,如李鸿章所说,当他建议开矿、修路、建学校时,除了文祥“目笑存之”之外,“廷臣会议,皆不置可否,王孝凤、于连舫独痛诋之。”作为洋务改革的主要推动者,他的努力不但“功效茫如捕风”,

而且“文人学士动以崇尚异端、光怪陆离见责”①。

第三阶段(1884~1894年)为“西学渐知期”,1884年清廷在“马江海战”中被法国击败,“攘夷”未果,不得不重回“师夷”之路,但仍然只学船炮器械,不学政制学术:

> 马江败后,识者渐知西法之不能尽拒,谈洋务者亦不以为深耻,然大臣未解,恶者尚多,议开铁路犹多方摈斥,盖制造局译出之书,三十余年而销售仅一万三千本,京师书肆尚无地球图,其讲求之寡可想矣。盖渐知西学而莫肯讲求,是为第三界。然尽此六十年中,朝士即有言西法者,不过称其船坚炮利制造精奇而已,所采用者不过炮械军兵而已,无人知有学者,更无人知有政者。

第四阶段(1894~1898年)为“纷言变法期”,1894年清廷在“甲午海战”中又被日本击败,终于认识到需要变革体制,光绪帝决意变法,但终仍被“戊戌政变”扼杀:

> 自甲午东事败后,朝野乃知旧法之不足恃,于是言变法者乃纷纷。枢臣翁同龢首先讲求,辅导皇上决意变法。皇上圣明,目明外事,乙未五月,翁同龢拟旨十二道,大行变法之事,以恭邸未协而止。然朝士纷纷言新法,渐知学堂为变法之本,而皇上频催铁路、矿务、学堂之事。未几,西太后复收大权,皇上几被废,新政遂止。②

1881年留美学生撤回事件,处于上述四阶段分期的第二期(1862~1884年)。相对于以个别人物、个别原因为基础的解释模式,用这一分期模式来解释何以发生撤回事件,视野更为宏观,也更有可把握性。

1860~1870年,清廷整体上仍相当封闭守旧,派遣学生留洋,就像后来容揆所说,本来就是一项“反常”的计划:“中国政府通常是那么的保守和排外,竟然赞成有人提出的派遣许多幼童到外国学习西方文明的方案……这一举措是直接违反自古以来都被严密遵守的中华民族的大政方针的。”③曾国藩、李鸿章的留美计划

---

① 吴汝伦编:《李文忠公朋僚函稿》,台北,文海出版社2004年版,第1282页。

② 梁启超:《戊戌政变记》,中华书局1954年版,第21~22页。

③ 容闳:《容闳自传:我在中国和美国的生活》,石霓译注,百家出版社2003年版,第354页。

之所以得到批准，只是历史时机较好：一是不久前平定太平天国“会借洋将，渐知西人之长”，二是曾国藩的老师、主张“以忠信为甲胄，以礼仪为干橹”、强烈反对部曹学习西文的保守派领袖倭仁（1804～1871 年）刚刚去世。

但是，清廷绝非真的喜欢西学，其只想“攘夷”，不想“变法”，要的是枪炮器械，不是科学文化，更不是西方政法。保守派虽然失去了倭仁，但仍然实力雄厚。1872 年曾国藩去世，守旧派卷土重来，并且更为表面化。① 总理各国事务衙门成为保守派的围攻对象，“愿意在随时忍受粗暴对待的情况下继续留任的人更少……这个职业的不可避免的困难，已经大到足以吓退大多数人。”②当时清廷保守气氛之浓重，由此可以想见。曾国藩三次奏请派遣留洋，前两次没得到答复，也是明证。1873 年，发生了外国公使觐见同治帝的跪拜礼仪之争。③ 1878 年，主张对外开放和学习的驻英公使郭嵩焘遭刘锡鸿“参奏十款，指为十大罪”，被迫黯然回国并郁郁而终，同样是明证。④

## 结论与思考

朱维铮先生曾指出，近代以来，中国人在“师夷”与“制夷”两种取向之间摇摆，归根结底，“师夷”只被作为手段，真正的目的只是“制夷”，洋务派的“向西方学习”，实则不过“依靠洋器洋人博取内战胜利”而已。⑤ 清廷的失败，主要不在于技术落后，而在于“保证尊君的政治体制”“唯重亲上的法律准则”“严惩异端的文化政策”“鼓励贪污的养廉机制”“以满驭汉的权力结构”等。⑥ 这些观点颇有启发性：为什么当时改革派总是势单力孤，为什么“睁眼看世界”者也纷纷倒向守旧，“师夷长技以制夷”的宗旨是否存在问题，这些问题都值得进一步反思。

---

① 美国学者勒法吉将 1872 年视为转折之年，他说：“1840 年和 1865 年战争教育淡忘以后，守旧派卷土重来，维新派又成为不受欢迎之士。1872 年曾国藩去世，守旧派再占上风。”参见［美］勒法吉：《中国幼童留美史》，高宗鲁译注，珠海出版社 2006 年版，第 9 页。

② ［美］何天爵：《真实的中国问题》，卢彦名译，南京出版社 2009 年版，第 86 页。

③ 参见［美］何天爵：《真实的中国问题》，卢彦名译，南京出版社 2009 年版，第 84 页。此时距何伟亚《怀柔远人：马嘎尔尼使华的中英礼仪冲突》中讨论的马嘎尔尼使团与清廷发生礼仪冲突（1792 年）已近一个世纪，清廷显然仍不愿改变其保守作风。

④ 郭嵩焘回国后，身处于“相戒以不谈洋务”的尴尬氛围之中。参见（清）郭嵩焘：《郭嵩焘日记》（第 3 卷），第 862～863 页。郭嵩焘死后，李鸿章奏请赐谥，竟遭清廷以其“所著书籍颇受外界争议”为由而拒绝。

⑤ 参见朱维铮：《重读近代史》，中西书局 2010 年版，第 292～294 页、第 297～298 页。

⑥ 参见朱维铮：《重读近代史》，中西书局 2010 年版，第 159 页。

### (一)反思"改革—保守"的二分法

中华帝国的政治格局中,为什么改革派总是势单力孤,落入"人人喊打"的境地,而守旧总是更为安全,以至于许多"睁眼看世界"甚至亲身参与洋务的人,包括奕䜣、李鸿章、陈兰彬、吴嘉善、刘锡鸿等,也纷纷选择保守的立场?归根结底,在于其将"祖宗之法"作为政权的合法性来源,正如"戊戌政变"时慈禧斥责光绪帝时所说的那样:

> 天下者,祖宗之天下,汝何敢任意妄为?试问祖宗重,康有为重?背祖宗而行康法,何昏愦如此?难道祖宗不如西法?鬼子反重于祖宗?①

代表"祖宗之法"的清廷高层,并没有认识到自身弊病。以奕䜣为例,他喜欢雪茄、洋酒、咖啡等洋物,人称"鬼子六",骨子里却十足保守,对西方制度文化非常警惕。他仇视康有为,告诫光绪帝"闻有广东举人主张变法,当慎重,不可轻视小人",也仇视推荐了康有为的翁同龢,认为其极端有害。② 仆人阿新剪了另一个仆人的辫子,何天爵劝奕䜣说:"那只是孩子气的行为,最好不要在意",认为不必过于严厉,奕䜣非常激动,执意抓住阿新,并将其处决。③

使用"保守派""改革派"等划分官员派系的词汇时,应当更谨慎。"保守派"中既有极为顽固的死硬派,认为中华文物制度举世最美,无须任何改作;也有在保守的基础上承认中国的某些不足,愿意适当"师夷";更有大量曾经参与改革的摇摆者,一有形势变化就见风使舵,转向保守。正是在这一意义上,美国学者德斯诺伊尔斯(Charles A. Desnoyers)用"楔子的薄边"来形容第一批中国留美学生的处境和命运:如果他们取得成功,将撬动整个中国走向新的命运;但结果是他们不但无力撬动沉重的国家,自身也会因为太"薄"而迅速崩坏,被碾得粉碎。④

1881年留美学生撤回事件,正是一场可悲的崩坏。李鸿章、陈兰彬等洋务派转回保守,使"改革—保守"的实力比急剧逆转。李鸿章本来就不是坚定的改革

---

① (清)胡思敬:《戊戌履霜录》卷一,收入沈云龙主编:《近代中国史料丛刊》第45辑,台北,文海出版社2004年版,第1496页。

② (清)胡思敬:《戊戌履霜录》卷一,收入沈云龙主编:《近代中国史料丛刊》第45辑,台北,文海出版社2004年版,第1496页。

③ 参见[美]何天爵:《中国人的本色》,徐惠敏译,人民日报出版社2013年版,第122页。

④ See Charles A. Desnoyers, "*The Thin Edge of the Wedge*": *The Chinese Educational Mission and Diplomatic Representation in the Americans*, 1872 - 1875, The Pacific Historical Review, Vol. 61:2, p. 241 - 263(1992).

派,正如梁启超所言,洋务运动归根结底是“不变其本,不易其俗,不定其规模,不筹其全局,而依然若前此之支支节节以变之”的改革,即使没有被战争打乱节奏,也断然无法取得成功。①

**(二)反思“师夷长技以制夷”**

1842 年,魏源在《海国图志》提出“师夷长技以制夷”的口号,很快被清廷君臣,包括部分在野学者接受。连对魏源甚为不满的曾国藩,也在奏折中说:“目前资夷力以助剿济运,得纾一时之忧,将来师夷智以造船制炮,大可期永远之利。”②这种观点很有代表性,认为只要仿造西洋的船炮,就能永远立于不败之地,实现天下太平。1872 ~ 1875 年派遣 120 名学生留美,肩负的正是“师夷长技以制夷”的使命,而 1881 年的撤回事件,则是“师夷”与“制夷”之间矛盾激化的产物。

从字面看,“师夷长技以制夷”确实是诱人的口号,却也很有欺骗性:对于清廷来说,它不要求其承认体制存在疾病,必须进行刮骨疗毒式的“自改革”;对于理论界、舆论界来说,它将国与国之间的竞争简化为技术之争,认为西方的优势只在于“坚船利炮”,掩盖了这些优势根植的制度文化土壤;对于具体的执行官员来说,“师夷”的方法很简单,把洋老师“请进来”或派学生“走出去”,就可以把外夷“长技”学到手,“制夷”就能轻易实现。③

表面的“师夷”,实际上并不能真正做到“制夷”,这还不是最重要的。最重要的是,当“师夷”导致了欺骗可能被揭开,清廷的体制性弊病可能暴露无遗,矛盾就会迅速激化。蒋同寅说,留美学生尽管“西学尚可观”,但在语言能力、官场礼节、政治议论三个方面,都不能让清廷满意,与其起用这些留学生,不如用那些“深通华学之西人”,道理就在这里。④ 所谓“深通华学”,无非是尊重中国的旧体制和旧文化,绝口不谈制度变革,只懂枪炮器械的人,他们才真正符合“师夷长技以制夷”的政治路线。

当时,中国并不是没有主张体制性改革的人,而是这种主张深层的体制改革的思想不能被主流接受,清廷更愿意接受的是“师夷长技以制夷”而已。

早在 1815 年,龚自珍(1792 ~ 1841 年)就在《乙丙之际箸议》中提出了“自改革”的主张。他认为中国之所以落后,关键不在技术而在制度:

---

① 参见梁启超:《戊戌政变记》,中华书局 1954 年版,第 82 ~ 83 页。

② (清)曾国藩:《遵旨复奏借俄兵助剿发逆并代运南漕摺》。董丛林编:《中国近代思想家文库·曾国藩卷》,中国人民大学出版社 2014 年版,第 175 页。

③ 朱维铮:《音调未定的传统》(增订本),浙江大学出版社 2011 年版,第 87 页。

④ (清)蒋同寅:《办理洋务人员以何者为称职论》,收入(清)陈忠倚:《清经世文三编》卷一九《治体七》,清光绪石印本。

无八百年不夷之天下,天下有万亿年不夷之道。然而十年而夷,五十年而夷,则以拘一祖之法,惮千夫之议,听其自陊,以俟踵兴者之改图尔。一祖之法无不敝,千夫之议无不靡。与其赠来者以劲改革,孰若自改革!抑思我祖所以兴,岂非革前代之败耶?前代所以兴,又非革前代之败耶?①

只有改革制度,才能为技术的革新提供合适的土壤,才能为人才的涌现提供宽松的环境,才能为国家的富强提供充沛的动力。只学习技术,不改革制度,必将导致要么技术无法学到手,要么学到手的技术缺乏人才去运用,要么又发展出新技术,而中国永远在后面追赶却永远追赶不上的窘境。

1875年,王韬(1828~1897年)发表著名文章《变法自强》,直接针对留美学生一事发表议论,认为"机器,固有局矣;方言,固有馆矣;遣发子弟,固往美洲攻西学矣;行阵用兵,固熟练洋枪矣。而何以委靡不振者,仍如故也?"原因不在于"西法不足效""西法之不善",而在于"效之者未至""变之之道未得",也就是说,不能只学技术,还要学习产生这些技术的文化土壤和体制。②

1883年,张树声(1824~1884年)又呼吁:

夫西人立国,自有本末,虽礼乐教化远逊中华,然驯致富强,具有体用。育才于学堂,论政于议院,君民一体,上下一心,务实而戒虚,谋定而后动,此其体也。轮船、大炮、洋枪、水雷、铁路、电线,此其用也。中国遗其体,而求其用,无论竭蹶步趋,滚不相及。就令铁舰成行,铁路四达,果足恃欤?③

他认为"马江之战"的失败,足以证明"中学为体,西学为用"的思路是不正确的,必须改之以"采西人之体,以行其用",才能使改革真正步入正轨,取得实效。然而良药苦口、忠言逆耳,张树声和龚自珍、王韬的观点,全然不能被清廷接受。魏源、林则徐充满诱惑和矛盾的"师夷长技以制夷",则成为晚清改革的指导原则。

① (清)龚自珍:《龚自珍全集》,上海古籍出版社1999年版,第6页。

② 参见郑振铎编:《晚清文选》,中国人民大学出版社2012年版,第398~401页。

③ (清)何嗣焜编:《张靖达公(树声)奏议》卷八《遗折》,收入《近代中国史料丛刊》第二三辑,台北,文海出版社1966年版,第560页。

综上所述,1872~1875 年容闳主导的派遣学生留美的事业,因为处于晚清中国保守派卷土重来的环境中,遭到全部撤回的可悲失败。这一失败归根结底是基于"师夷长技以制夷"这一近代中国改革指导方针的自身矛盾。日本近代思想家福泽谕吉(1835~1901 年)的《文明论概略》恰好出版于 1875 年,其中说道:"人心有了改变,政令法律也有了改革,文明的基础才能建立起来,至于那些衣食住等有形物质,必将随自然的趋势不招而至、不求而得。所以说,汲取欧洲文明,必须先其难者而后其易者,首先变革人心,然后改革政令,最后达到有形的物质。按照这个顺序做,虽然有困难,但是没有真正的障碍,可以顺利到达目的。倘若次序颠倒,看来似乎容易,实际上此路不通。"[①]钱满素教授也提出过类似观点。[②]

清政府派学生留学美国,本意恰是获取器械之学,而非学习制度思想,更不想变革人心。主张撤回的守旧派以留学计划"设计缺陷"为由,推卸责任,将罪责归于容闳,指责其为只懂西方文化、不懂中国文化的"香蕉人"。[③] 假如当年,这些学生能够学成归国,尽管所学是器械之学,也可能起到变革人心的作用,对中国发展大有裨益。清政府慌忙把他们全部撤回,不留余地,正是因为他们显示出了变革人心的征兆。李鸿章、陈兰彬、吴嘉善等作为当事人,为了私利而充当保守派的操刀手,自也难辞其咎,应当承担历史责任。

① [日]福泽谕吉:《文明论概略》,北京编译社译,商务印书馆 1959 年版,第 14 页。

② 钱满素在《觉醒之后》一书中说:"观念不革新,社会是不可能革新的。"参见钱满素:《觉醒之后》,香港城市大学出版社 2019 年版,第 282 页。

③ 参见周炽成:《最早的"香蕉人":留学先驱容闳新论》,载《学术研究》2011 年第 10 期;周炽成:《"香蕉人"容闳与留美幼童的撤回》,载《历史教学》2012 年第 4 期。